Dramâu Saunders Lewis
Cyfrol I

Dramâu Saunders Lewis

Y *Casgliad Cyflawn*
Cyfrol I

golygwyd gan
IOAN M. WILLIAMS

CAERDYDD
GWASG PRIFYSGOL CYMRU
1996

Ⓑ Rhagair, cyflwyniadau a nodiadau Ioan M. Williams © 1996

Erys hawlfraint y dramâu yn eiddo i ystâd Saunders Lewis.

Cedwir pob hawl. Ni cheir atgynhyrchu unrhyw ran o'r cyhoeddiad hwn na'i gadw mewn cyfundrefn adferadwy na'i drosglwyddo mewn unrhyw ddull na thrwy unrhyw gyfrwng electronig, mecanyddol, ffotogopïo, recordio, nac fel arall, heb ganiatâd ymlaen llaw gan Wasg Prifysgol Cymru, 6 Stryd Gwennyth, Cathays, Caerdydd, CF2 4YD.

ISBN 0-7083-1182-2

Mae cofnod catalogio'r gyfrol hon ar gael gan y Llyfrgell Brydeinig

Cyhoeddwyd gyda chymorth ariannol Cyngor Celfyddydau Cymru

Cysodwyd yng Ngwasg Prifysgol Cymru, Caerdydd
Argraffwyd gan Bookcraft, Midsomer Norton

Cyflwynedig i
Emyr Humphreys

Cynnwys

Rhagair — ix

The Eve of St John — 1
Gwaed yr Uchelwyr — 35
Buchedd Garmon — 99
Amlyn ac Amig — 151
Blodeuwedd — 205
Eisteddfod Bodran — 323
Gan Bwyll — 421
Siwan — 519
Gymerwch Chi Sigaret? — 593

Atodiad *Mair Fadlen* — 681

Rhagair

Fy amcan wrth lunio'r cyfrolau hyn oedd sicrhau bod y deunydd ar gael a fyddai'n ein galluogi i ddeall hyd a lled cyrhaeddiad Saunders Lewis fel dramodydd. Anelais at gyflwyno testunau cyflawn a gynrychiola feddwl diweddaraf y dramodydd, gan gyfeirio at fersiynau cynnar, lle'r oeddynt ar gael, ac at y fersiynau mwyaf diweddar a baratowyd ar gyfer radio a theledu. Sut bynnag, ni chynhwysaf gopïau o'r amryw sgriptiau radio a theledu, lle y cyflwynir tystiolaeth am weledigaeth cynhyrchydd yn hytrach nag am feddwl y dramodydd ei hun. Ar y llaw arall, lle y mae'r math hwn o destun yn cynnwys deunydd sy'n tystio i fwriad Saunders Lewis, ceisiaf ei gofnodi yn y cyflwyniadau ac yn yr ôl-nodiadau.

Ni fu'n bosibl bod yn hollol gyson yn y modd o ddynodi gwahaniaethau testunol. Yn achos *Gwaed yr Uchelwyr* a *Blodeuwedd*, er enghraifft, y mae angen dangos newidiadau testunol yr oedd y dramodydd yn eu cynnig fel gwelliannau. Ar y llaw arall, gydag *Excelsior*, oherwydd hanes neilltuol y ddrama, y mae gofyn dynodi'r berthynas rhwng testun cynnar a fersiwn mwy diweddar ond llai cywir. A chyda'r dramâu anorffenedig ceir problemau gwahanol eto, oherwydd cymhlethdod y fersiynau gwahanol, gyda newidiadau ac ychwanegiadau a ddilewyd gan yr awdur yn ystod y broses o gyfansoddi. Gobeithiaf fy mod wedi llwyddo i greu testunau sy'n ddarllenadwy ac eto'n awdurdodol. Yn ddiau, daw gwelliannau eraill yn eu pryd.

Ni chyflwyna dramâu Saunders Lewis broblemau testunol dyrys iawn. Cododd y rhan fwyaf o'r problemau golygyddol yn sgil amrywiaethau sillafu ac atalnodi. Drwy gydol y gyfrol cywirais enghreifftiau o gamsillafu a ymddangosai eu bod yn ganlyniad i esgeulustra'r wasg. Anelais at safoni ffurfiau, gan lynu wrth ychydig o egwyddorion sylfaenol. Er enghraifft, yn y fersiynau argraffedig o'r dramâu, gwelir anghysondeb llwyr ynglŷn â'r defnydd o'r collnod. Er bod Saunders Lewis ei hun yn weddol gyson yn hyn o beth, y mae'n amlwg ei fod ar drugaredd mympwy cysodwyr a golygyddion. Y tu mewn i'r un testun argraffedig ceir ffurfiau fel '*Fûm i erioed yn sobrach* a *Chefais i ddim cyfle*. Felly, teimlais yn rhydd i sefydlu'm rheolau fy hun. Heblaw am enghreifftiau lle y collir y rhagenw *fy* a gosod collnod ar ddechrau'r gair sy'n dilyn, penderfynais beidio â defnyddio'r collnod ond i ddynodi fod yna elfen o'r gair ar goll, fel yn achos *'Does* a *'Dyw*. Felly, er bod ffurfiau fel *'Ddywedaf* yn gyffredin yn y testunau gwreiddiol, *Ddywedaf* a welir drwy'r gyfrol hon, oherwydd nad yw'r geirynnau negyddol *ni* a *na* yn rhannau o'r geiriau a dreiglir ganddynt. Gyda geiriau fel *ddar'u* a *tyr'd*, a welir ochr yn ochr ar yr un dudalen â ffurfiau fel *ddaru* a *tyrd*, derbyniais sillafu sydd erbyn hyn yn gyffredin. Ni ddefnyddiais gollnod ar ddiwedd ffurfiau megis *dywedan* ond lle y'u dilynwyd gan y rhagenw *hwy*, ac nid oes collnod yn *sy*. Gan ddweud hynny, ni theimlais fod cysondeb yn cyfiawnhau diddymu rhai gwahaniaethau. O ran llunwedd y dramâu yr oedd rhaid sefydlu cynllun i'r gyfrol, ac yr oedd hynny'n fy ngorfodi i newid peth ar gynllun y fersiynau a gyhoeddwyd yn ystod bywyd y dramodydd. Ni chredaf fod y newidiadau hynny'n sylweddol yn achos y dramâu rhyddiaith. Ar y llaw arall, yr oedd rhaid newid cryn dipyn ar lunwedd y dramâu mydryddol, yn enwedig *Blodeuwedd* ac *Eisteddfod Bodran*, nid er mwyn cysondeb yn unig, ond er mwyn sichrau bod ansawdd mydryddol y dialog yn amlwg ar y tudalen. Ynglŷn ag acenion, ceisiais ddilyn arfer Gwasg Prifysgol Cymru.

Er mwyn gosod gweithiau Saunders Lewis ar yr un sylfaen â chlasuron llenyddol a dramataidd gwledydd eraill, teimlais fod angen cyflwyno sylwebaeth gyflawn ar y testunau. Felly yr wyf wedi ceisio cynnig sylwadau ac esboniadau lle bynnag y teimlais fod eu hangen. Ni chredaf mai'r golygydd hwn fydd y cyntaf i weld nac i ddatrys pob problem, a derbyniaf, er yn anfodlon, y byddaf wedi colli sawl cyfeiriad a methu â gweld anawsterau y bydd darllenwyr craffach yn eu gweld. Fe ddichon y bydd rhai'n teimlo hefyd fy mod wedi cynnig sylwebaeth lle nad oedd ei heisiau. Ond y mae fy mhrofiad o gyflwyno'r dramâu i bobl ifainc wedi fy mherswadio na ddylid cymryd yn ganiataol y wybodaeth fwyaf sylfaenol, yn arbennig am faterion Beiblaidd ac Ysgrythurol. Ymddiheuraf os ydwyf wedi mynd yn rhy bell ar brydiau ond teimlaf mai mwy o nodiadau fydd eu hangen wrth i'r blynyddoedd fynd heibio, nid llai. Y mae tuedd gan y rhai ohonom sydd wedi byw trwy bum degau a chwe degau'r ganrif hon i anghofio fod arferion ac ystrydebau'r blynyddoedd hynny mor ddieithr i'r rhai sy'n darllen gweithiau Saunders Lewis am y tro cyntaf yn awr ag yw moesau oes Fictoria.

Ynglŷn â geiriau anghyfarwydd, y gwelir nifer ohonynt yn *Buchedd Garmon*, *Eisteddfod Bodran* a *Gan Bwyll*, penderfynais beidio â chynnig nodyn mewn achosion y gellid eu hegluro wrth droi at *Geiriadur Prifysgol Cymru*. Ar y llaw arall, cynigiaf esboniadau yn y nodiadau i'r testunau gwahanol ynglŷn â geiriau anghyfarwydd a thafodieithol ac ymadroddion tywyll nad ydynt yn y geiriadur hwnnw.

Fel arfer cyfeiriaf at yr hen gyfieithiad o'r Beibl, fel y'i cyhoeddwyd gan Y Beibl Gymdeithas, gan gadw'r sillafu a ddefnyddiwyd yno, oherwydd dyna'r testun a oedd yn sail i fenthyciadau a chyfeiriadau Saunders Lewis. Ond ambell waith, wrth i mi yn bersonol gyfeirio at yr Ysgrythurau yn y cyflwyniadau i'r dramâu, defnyddiaf y cyfieithiad newydd. Cadwaf at yr un egwyddor wrth ddyfynnu o'r *Mabinogi*, gan gyfeirio at destun safonol Syr Ifor Williams yn yr ôl-nodiadau i'r dramâu ond gan ddyfynnu, ambell dro, addasiadau diweddar yn y deunydd rhagymadroddol.

Yn y sylwadau rhagymadroddol cynigiaf fraslun o hanes y testunau neilltuol, gyda manylion ynglŷn ag amgylchiadau eu cyfansoddi a'u cynllunio. Anelais hefyd at ddarlunio cyd-destun bywgraffiadol a deallusol y dramâu gwahanol, gan ddangos sut y maent yn perthyn i'w gilydd ac i weithiau eraill y dramodydd. Ni chynigiaf hanes perfformio'r dramâu, ond cyfeiriaf at amgylchiadau perfformio pan fônt naill ai'n bwrw goleuni ar eu cyfansoddiad, neu'n ein cynorthwyo i'w gwerthfawrogi fel testunau a gyfansoddwyd gogyfer â'u perfformio.

Yn y cyflwyniadau a'r nodiadau isod cyfeiriaf at waith amryw lenorion ac ysgolheigion fel y bo hynny'n berthnasol. Mewn atodiad i lyfr D. Tecwyn Lloyd, *John Saunders Lewis Y Gyfrol Gyntaf* (1988), ceir rhestr weddol lawn o ysgrifeniadau ar Saunders Lewis. Ers i'r llyfr hwnnw ymddangos cyhoeddwyd nifer o lyfrau yr wyf yn ddyledus iawn iddynt, yn cynnwys: R. Geraint Gruffydd (gol.), *Cerddi Saunders Lewis* (1992); Dafydd Ifans (gol.), *Annwyl Kate, Annwyl Saunders Gohebiaeth 1923–1983* (1992); a Mair Saunders Jones, Ned Thomas, Harri Pritchard Jones (eds), *Saunders Lewis Letters to Margaret Gilcriest* (1993). Gall y sawl sydd am gael gwybod mwy am Saunders Lewis a'i waith droi at: Pennar Davies (gol.), *Saunders Lewis Ei Feddwl a'i Waith*; Alun R. Jones a Gwyn Thomas (eds), *Presenting Saunders Lewis* (1973); D. Tecwyn Lloyd a Gwilym Rees Hughes (goln), *Saunders Lewis* (1975); Bruce Griffiths, *Saunders Lewis* (1979); Mair Saunders Jones (gol.) *Bro a Bywyd Saunders Lewis* (1987); a D. Tecwyn Lloyd, *John Saunders Lewis Y Gyfrol Gyntaf* (1988). Yn ddiweddar iawn, tra bod y gyfrol hon yn y wasg, cyhoeddwyd *Saunders Lewis a Theatr Garthewin* gan Hazel Davies, sydd yn cynnwys deunydd perthnasol iawn i rai o'r dramâu.

Y mae'n ddyletswydd arnaf ddiolch i lawer o gyfeillion am y cymorth a gefais ganddynt wrth baratoi'r gyfrol. Dylwn ddiolch mewn modd arbennig i Mrs Anwen Jones am ei gwaith fel ymchwilydd ac i Brifysgol Cymru, Aberystwyth am gefnogaeth ariannol o'r gronfa ymchwil ac o Gronfa Huws Parry. Hefyd i'r Academi Brydeinig am grant tuag at gostau'r ail gyfrol. Cefais gymorth arbennig drwy gydol yr amser oddi wrth Mr Dafydd Glyn Jones, y Tad John FitzGerald, yr Esgob Mullins, yr

Athro R. Geraint Gruffydd, yr Athro Geraint H. Jenkins, yr Athro J. Beverley Smith a'r Athro Derec Llwyd Morgan, y diweddar Tecwyn Lloyd, Mrs Hazel Davies, Mr Gwilym Tudur, Mr David Tinker a'r diweddar Athro Bedwyr Lewis Jones a oedd mor barod ei gymwynas. Rhaid diolch yn neilltuol i Dr Peter Callaghan am sgwrs yn y Falcon, Llanilar, ac am fenthyg llyfr a arbedodd lawer o waith imi wrth ymchwilio i gefndir *Gymerwch Chi Sigaret?*, ac i Mrs Menna MacBain, a fenthycodd ddeunydd imi o lyfrgell ei thad, Mr Robert Wynne, Garthewin, i'r Dr Harri Pritchard Jones, Mr George Owen, Mr Grahame Laker, Mr Pat Donovan, i Bleddyn Huws ac Ian Huws o Adran y Gymraeg, Prifysgol Cymru, Aberystwyth, i'r BBC yng Nghaerdydd, i Mr Dafydd Ifans a staff y Llyfrgell Genedlaethol ac i ddarllenwyr Cyngor y Celfyddydau a darllenydd Gwasg Prifysgol Cymru am eu beirniadaeth adeiladol. Ni allwn anghofio caredigrwydd y Parchedig Wynne Edwards, a ddarllenodd *Gymerwch Chi Sigaret?* er mwyn rhoi cyngor imi ynglŷn â benthyciadau o'r emynau. Diolchaf yn gynnes iawn hefyd i Mrs Mair Jones yr ydym i gyd yn ei dyled am ei gofal parhaus er cof am ei rhieni, ac i'r Dr Delyth George sydd wedi fy nghynorthwyo'n gyson iawn er dyddiau *Capel a Chomin*, ac i Mrs Meinir Macdonald. Nid hawdd imi fesur fy nyled i'r Dr Emyr Humphreys, sydd yn fawr ei barch tuag at Saunders Lewis ac yn hael iawn wrth rannu ei wybodaeth. Cefais fenthyg ganddo ef gopïau o *Gwaed yr Uchelwyr a Blodeuwedd* lle y gwelir nodiadau a newidiadau yn llaw y dramodydd ei hun, a chymwynasau eraill rhy niferus i'w cyfrif yma. Diolchir hefyd i Wasg Christopher Davies am ganiatâd parthed *Siwan* a *Gymerwch Chi Sigaret?*; i Wasg Gee am ganiatâd parthed *Blodeuwedd* ac *Eisteddfod Bodran*; ac i Wasg Gomer am ganiatâd parthed *Buchedd Garmon* ac *Amlyn ac Amig*. Teimlaf hefyd fod rhaid imi gofnodi dyled i Susan Jenkins a Ruth Dennis-Jones yng Ngwasg Prifysgol Cymru ac yn arbennig i gyfarwyddwr y Wasg, Ned Thomas, yr wyf yn fawr fy edmygedd o'i allu i oresgyn rhwystrau a fyddai'n trechu dyn cyffredin.

Ioan Miles Williams *Chwefror 1996*

The Eve of Saint John

CYFLWYNIAD

Adeg brysur a llawn digwyddiadau fu cyfnod cynnar gyrfa Saunders Lewis fel llenor. Ac yntau'n ddeunaw oed aeth i Adran Saesneg Prifysgol Lerpwl ym mis Hydref 1911, ac felly yr oedd yn nesáu at ddiwedd ei gwrs gradd BA pan ymunodd â'r fyddin yn 1914. Derbyniodd BA 'Gradd Rhyfel' yng Ngorffennaf 1916 yng nghwmni'r myfyrwyr eraill oedd yn yr un sefyllfa ag ef, ond erbyn Hydref 1919 yr oedd yn ôl yn y Coleg ac yn paratoi gogyfer â'r dosbarth cyntaf a ddyfarnwyd iddo ym Mehefin y flwyddyn ganlynol. Y mae'n debyg fod hedyn *The Eve of Saint John* yn tyfu'n dawel yn ei feddyliau yn ystod y cyfnod hwn, hyd yn oed pan oedd wrthi'n ysgrifennu'r traethawd ar S.T. Coleridge a gyflwynwyd fel rhan o'i radd, oherwydd aeth ati i ysgrifennu'r ddrama yn syth ar ôl gorffen ei arholiad.[1] 'My oral is not till the 26th or 28th and results are out on the 30th', ysgrifennodd at Margaret Gilcriest, 17 Mehefin 1920. 'I've had quite a lively week, played tennis yesterday and other days read and wrote. One effort was scene 1 of a comedy of Welsh life which I'll send you the Ms of when it's grown to its right size and shape.'[2] Rhaid mai dyma'r 'benighted comedy' y dywed ei fod wedi gorffen ei golygfa gyntaf erbyn mis Awst.[3] Erbyn 21 Medi yr oedd wedi ei chwblhau a'i rhoi i'w theipio. Fis yn ddiweddarach yr oedd yn y wasg ac fe'i cyhoeddwyd rywbryd ym mis Rhagfyr. Cyn diwedd y flwyddyn trafodai'r adolygiadau cyntaf gyda Margaret Gilcriest.[4]

Erbyn hynny, ac yntau'n byw ac yn gweithio yn Aberystwyth ar ysgoloriaeth Prifysgol Lerpwl, yr oedd Saunders Lewis wedi ymroi i'r ymchwil a arweiniodd at y traethawd MA a gyhoeddwyd wedyn dan y teitl, *A School of Welsh Augustans*.[5] Cyflwynwyd y traethawd erbyn Mai 1921 a dyfarnwyd y radd iddo yng Ngorffennaf. Erbyn hynny yr oedd wrthi'n cyfansoddi *Gwaed yr Uchelwyr* ers rhyw bedwar mis. Tua'r un pryd fe'i penodwyd yn llyfrgellydd Sir Forgannwg a symudodd i Gaerdydd i fyw. Yno gorffennodd y ddrama a'i pharatoi ar gyfer y llwyfan. Ymhen blwyddyn symudodd i Abertawe i swydd darlithydd yn yr Adran Gymraeg ac yr oedd fersiwn cyntaf *Blodeuwedd* eisoes ar y gweill.

Erbyn Hydref 1919 yr oedd y cyn-swyddog milwrol a wasanaethodd ac a glwyfwyd yn ffosydd Fflandrys, cyn symud ymlaen i dreulio gweddill 'ei ryfel ef' yng Ngroeg, yn llawer aeddfetach na'r myfyriwr ifanc a ymunodd â'r fyddin mor ddi-hid bum mlynedd ynghynt. Yn chwech ar hugain oed, ag erchylltra'r rhyfel yn fyw yn ei gof, yr oedd Saunders Lewis eisoes wedi byw trwy'r profiadau a bennai ei gymeriad ac wedi profi'r dylanwadau a gyfrannai at ffurfio'i feddwl. Erbyn hynny yr oedd dylanwad Walter Pater, a ysgogodd y weithred ffugarwrol o fynd yn filwr yn y lle cyntaf, wedi pylu, yn sgil darganfod gweithiau Maurice Barrès.[6] Felly yr oedd y seiliau meddyliol ac athronyddol a benderfynai hynt ei yrfa lenyddol a gwleidyddol eisoes wedi'u gosod yn gadarn.[7] Ar y llaw arall, yr oeddynt yn bell o fod wedi eu datblygu'n llawn. Dyna pam y bu'r cyfnod rhwng Hydref 1919 a Gorffennaf 1922 mor brysur a chyffrous iddo. Y mae'r egni a'r penderfyniad gweithgar a ddangosodd yn ystod y blynyddoedd hyn yn nodweddiadol ohono, yn ogystal â'r ffaith ei fod yn canoli ei holl egni creadigol ar y theatr. Yn y cyfnod cynnar hwn, fel yn ei flynyddoedd diweddarach, ei ddramâu yw ffon fesur orau ei ddatblygiad. A'r ddrama gyntaf, *The Eve of Saint John*, yw'r cam cyntaf tuag at sylweddoli a mynegi ei weledigaeth o'r byd.

Hyd yn oed tra bu'n paratoi gogyfer â'i radd yr oedd Saunders Lewis yn brysur iawn gyda gweithgareddau theatraidd. Yn aelod o gymdeithas Gymraeg ei goleg chwaraeodd ran rhyw Dici Bach Dwl.[8] Yr un pryd gweithredai fel beirniad eisteddfodol a olygai ei fod yn darllen rhyw gant o ddramâu.[9] Ysgrifennodd gyfres o erthyglau i gylchgronau megis *The Cambria Daily Leader*, *The Welsh Outlook* ac *Y Darian*, lle y mynegodd weledigaeth bendant a soffistigedig o swyddogaeth y theatr yn gyffredinol ynghyd â golwg neilltuol ar yr hyn yr oedd angen ei wneud yng Nghymru o ran drama yn y Saesneg ac yn y Gymraeg.

Y mae'n amlwg o'i ddadleuon a'i fynych gyfeiriadau fod Saunders Lewis yn ymwybodol iawn o'r prif ddylanwadau a digwyddiadau a effeithiai ar ddatblygiad y theatr yn y cyfnod cyffrous rhwng 1906 ac 1922. Er Mai 1918, pan welodd Chwaraeyddion yr Abbey yn cyflwyno *The Playboy of the Western World* yn Llundain, daethai dan ddylanwad athroniaeth yr Abbey a'r dramodwyr a gyflwynodd Yeats yn *Plays for an Irish Theatre* (1903–7 a 1913). O bryd i'w gilydd, deuai ar draws erthyglau mewn cylchgronau Ffrangeg yn trin gweithgarwch dynion fel Firmin Gémier a Jacques Copeau a oedd yn cadarnhau'r hyn a ddysgodd gan y Gwyddelod.[10] Dilynodd bob datblygiad diweddar yn Lloegr hefyd, gan ymddiddori'n ddwys yn nramâu barddonol Gordon Bottomley a John Drinkwater ac yng nghynyrchiadau William Poel, Norman Wilkinson a Granville Barker.[11] A'r tu ôl i'w hymdrechion hwy yr oedd yn ymwybodol hefyd o ddylanwad ysgubol Edward Gordon Craig. Yn y gyfres o lyfrau a gyhoeddodd rhwng 1905 ac 1921 ac yn y cynyrchiadau byd-enwog o *Rosmersholm* Ibsen ar gyfer Eleanora Duse yn Fflorens ac o *Hamlet* gyda Stanislafsci yn Theatr y Celfyddydau, Moscow, cyflwynodd Craig weledigaeth wrthfaterol o theatr. Dysgodd Craig mai priod faes y dychymyg yw'r theatr, yn hytrach na chyfrwng i ddadansoddi problemau cymdeithasol. Rhoddodd bwyslais newydd ar rôl y cyfarwyddwr ac ar y perfformiad yn hytrach na'r testun. Ac yn anad dim, mynnodd y dylid gweld y perfformiad theatraidd fel cyfanwaith dychmygol yr oedd pob agwedd ar y theatr a phob gweithiwr yn gwasanaethu i'w gynnal.

Yn ei erthyglau cynnar mynegai Saunders Lewis feirniadaeth ar theatr gyfoes Cymru a'r realaeth gyfyngedig a deyrnasai ynddi, beirniadaeth y gellid ei holrhain yn y pen draw at weledigaeth wrthfaterol Craig. Ymosododd ar y cymysgedd o felodrama a naturiolaeth a nodweddai'r oes o ran sylwedd y dramâu a'r dull o'u cyflwyno. Ymwrthododd â dylanwad Ibsen, gan ddadlau nad o'i agwedd wyddonol, wrthrychol y deilliodd ei lwyddiant fel dramodydd. Mynnodd mai trwy ymollwng i'r elfen o oddrychedd ynddo ef ei hun y daeth Ibsen i ymroi i 'wir waith dramodydd':

> Mewn anobaith y cyfansoddodd *Rosmersholm* (1886), a'r *Pen-Adeiladydd* (1892), a dyna ei ddau gampwaith, oblegid yn y rhain rhoes heibio ei awydd am wella'r byd, a cheisiodd bortreadu ei ddyrysni a'i freuddwyd ei hun.[12]

Ymosododd ar y fateroliaeth a reolai theatr Cymru flynyddoedd ar ôl i'r elfen honno gael ei disodli yn Lloegr gan weledigaeth fwy iachus. O Loegr yn wreiddiol y daethai'r naturiolaeth gyfyng a reolai theatr Cymru yn y blynyddoedd ar ôl y Rhyfel Mawr, meddai Saunders Lewis, ond erbyn hynny yr oedd beirdd a dramodwyr newydd wedi hawlio lle i'r dychymyg unwaith eto:

> Ryw ddeng mlynedd ar hugain sydd er pan ddechreuodd Ibsen ormesu ar ddrama Lloegr, ac am ugain mlynedd wedi hynny bu bri yn Llundain ar waith Shaw, Galsworthy, ac eraill. William Archer oedd apostol mawr yr efengyl lom honno. Heddyw, llwyr flina awduron ieuainc Llundain ar y ddrama-bamffled. Ymdrecha y dramodwyr a'r beirniaid newydd—W.J. Turner, Gordon Bottomley, Drinkwater, ddwyn barddoniaeth a dychymyg yn ôl i'r llwyfan, tra y ffy'r ddrama-bamffled i Gymru am loches, ac a'i ca.[13]

Trodd at Shakespeare i gynnal ei ymosodiad ar y fateroliaeth a reolai ar y llwyfan gyfoes. Darllened y sawl a fyn astudio celfyddyd drama ar ei gorau, meddai, olygfa gyntaf *Hamlet*: 'Sut i greu awyrgylch, sut i bortreadu cymeriad a'i ddatblygu, sut i drin iaith at bwrpas drama, a'r modd i ddangos y chwedl, chwi gewch y cwbl yno o law meistr nad oes un Ibsen yn y byd a'i rhydd i'w fedd fyth.'[14]

Dadleuodd Saunders Lewis y gall materoliaeth danseilio popeth mewn drama a phob agwedd ar gelfyddyd y dramodydd. Dyfynnodd enghraifft o waith J.O. Francis, *The Poacher*, lle y geilw'r dramodydd ar gymorth goleuadau i gyfleu'r awyrgylch barddonol y methodd â'i greu drwy gyfrwng deialog.[15] Sail y broblem, yn ei farn ef, oedd yr arfer o feddwl am y llwyfan fel rhywle y mae'r gynulleidfa yn ei ystyried fel y byd go iawn. Mynnai Saunders Lewis mai rhith yw cyflwyniad theatraidd ac y dylid ei dderbyn felly gan y gynulleidfa.

> Camgymeriad mewn celf felly yw pob ymgais at wironeddoliaeth (realism) mewn drama. Gwn nad hawdd fydd dysgu cynulleidfa i gredu hyn. Dyma'r rheswm am boblogrwydd y 'cinema'. Gwell gan ddynion dwyll a chyfaredd y llygaid na gweledigaeth yr ysbryd. Byddaf yn darllen pob beirniadaeth ar ddrama a welaf mewn newyddiaduron Cymreig, a gloes imi yw darllen mewn aml un, 'nid oedd yr olygfa hon mor agos ag y gallasai fod' at y peth a awgrymid; neu ynte 'gallasai'r chwareuwr ymwisgo'n debycach i'r doctor neu

i'r hwsmon a ddarluniai'. Safbwynt gnawdol a welaf fi mewn beirniadaeth felly, safbwynt a ladd yn ebrwydd gelf y ddrama.[16]

Hanfodion y gelfyddyd theatraidd a ddilynai yn sgil derbyn yr egwyddor hon, meddai Saunders Lewis, oedd symlrwydd a harddwch. Er mwyn creu drama dda dylai'r dramodydd ddibynnu ar ei ddychymyg i gasglu elfennau harddwch o bob cyfeiriad, a'u rhwymo at ei gilydd mewn patrwm syml. Ac wrth gyflwyno'r ddrama hon ar y llwyfan byddai cyfarwyddwr yn dilyn yr un egwyddor, gan ymdrechu i greu harddwch yn y theatr ac ar y llwyfan a fyddai'n cryfhau effaith y ddrama.

Dan ddylanwad Yeats yn anad neb yr oedd y llenor ifanc wedi magu barn bendant iawn ynglŷn â'r math o ddrama y dylid ei chyfansoddi yng Nghymru a'r modd y dylid ei chyflwyno ar y llwyfan. Gorffennodd adolygiad eithaf llym o dair drama fer yn *The Cambria Daily Leader* gan awgrymu braslun o raglen i ddramodydd ifanc a oedd yn awyddus i wella sefyllfa theatr ei wlad:

> Our Welsh drama, we are told, is peasant and village drama. And that is entirely good. Our dramatists' intention to describe only the life of the folk is quite justifiable. But I suspect that they fall short of their design and of the truth about peasant life. All the plays we have seen so far describe, and rather idyllically describe, village manners. But village life means more than 'manners'. It includes memories and traditions and song and even dance and mummery. Village and peasant drama, if it would tell the round truth, must include romance, the Mabinogion, the monastery, witchcraft, fairyland, and all the ancient playgrounds of men. Let us widen our field.[17]

Yn y cyfnod cyn ei flwyddyn derfynol yn Lerpwl ac ar ei hôl ymosododd yn gyson ar realaeth yn y theatr. Amcan pob ffurf ar gelf, yn cynnwys drama, meddai, 'yw apelio at y gallu hwnnw mewn dyn a elwir yn Lladin yn "imaginatio"', gair y mynnai ei gyfieithu nid fel dychymyg ond fel 'ffydd'— 'sef y gallu i amgyffred, i weled nid â'r llygaid eithr â'r ysbryd'.[18] Cyfryngau i fynegi gweledigaeth ysbrydol felly oedd adnoddau pob celfyddyd, boed eiriau, lliwiau, clai neu farmor. Yn achos celfyddyd theatr, 'Arwyddlun hefyd yw'r llwyfan, arwyddlun yw'r ddrama,' i gyfleu byd a bywyd 'na pherthyn i'r bywyd anianol'. Nid oes a wnelo'r gelfyddyd hon â'r hyn a gymerir fel sylwedd bywyd ym marn y dramodydd realaidd; y mae a wnelo yn hytrach â'r cyfanrwydd y mae'r pethau disylwedd yn rhannau hanfodol ohono. 'Hynny yw,' meddai Saunders Lewis yn bendant, 'y mae'n rhaid i'r celfwr drwy'r llygaid a'r glust egluro pethau na welodd llygaid ac na chlywodd clust.'[19] Yn ddiau, dyma'r ddadl a'i harweiniodd at chwedloniaeth Cymru fel deunydd drama, ac yn neilltuol at yr ofergoel sy'n sail i *The Eve of Saint John*.

Pan ddaeth Saunders Lewis i baratoi *The Eve of Saint John* ar gyfer darllediad radio yn 1955 rhoddodd is-deitl newydd iddi, sef, 'An experiment of thirty five years ago'.[20] Y mae'n hawdd gweld pam y dymunai dynnu llinell go glir rhyngddi a gweithiau mwy diweddar, yn arbennig o safbwynt iaith. Hyd yn oed yn 1920 yr oedd yn ymwybodol fod rhyddiaith liwgar, farddonol *The Eve of Saint John* yn arbrofol iawn. Credai y pryd hwnnw mai iaith drama oedd ei phriodoledd gwerthfawrocaf. Dywed yn ei ragair: 'Unless . . . the language be rich, expressive, individual, powerful, the drama will die.' Dyfynnodd Yeats i brofi'r cysylltiad hanfodol rhwng adeiladwaith cysyniadol mewn drama a'r iaith sy'n ei fynegi: 'No more than the Holy Ghost,' meddai, mewn erthygl yn *The Welsh Outlook*, 'can either of these spiritual gifts be bought; and the power of individual speech must truly be born with a man, though there must be fine construction to set it free.'[21]

Yr oedd Saunders Lewis yn ymwybodol ei fod yn anghyson wrth geisio creu iaith yn hytrach na gadael i'w gymeriadau siarad 'something fresh and living', ond ni welai fod gan y dramodydd cyfoes ddewis mewn gwlad lle'r oedd iaith naturiol y werin bobl wedi dirywio. Esboniodd hyn ym Medi 1919, mewn adolygiad o waith J.O. Francis:

> Welshmen have had to learn English in the worst of schools. Labour leaders of Cockney dialect, an army of unemployed who came from all industrial parts of England to help exploit the mineral wealth of South Wales, railways from Lancashire carrying the vowels and idioms of Manchester to the valleys of Snowdon, these have been our teachers of English. From these and the newspapers we have formed our Anglo-Welsh speech, and no feebler stuff is spoken in these islands.[22]

Arferai gymharu sefyllfa Cymru ag Iwerddon. Y rheswm paham y cynysgaeddwyd theatr newydd Iwerddon ag iaith, 'richer in imagery, more beautiful in idiom, sweeter in sound, than any since the flowering time of the Elizabethan stage', meddai, oedd gan fod y Gwyddelod wedi dysgu Saesneg gan y boneddigion yn y ddeunawfed ganrif a'u bod wedi cadw cyfoeth trosiadol yr hen farddoniaeth, 'translated into the literary English of the eighteenth century and preserved for us to-day by the political loneliness of the Irish people.'[23]

Byddai ceisio gweu harddwch o fratiaith Morgannwg, meddai, yn afradloni nerth. Gwell symud tua'r gorllewin a throsi cyfoeth y Gymraeg i'r Saesneg. Wrth lunio rhaglen ar gyfer dramodydd Eingl-Gymreig y dyfodol, bedwar mis cyn dechrau ysgrifennu *The Eve of Saint John*, fe'i disgrifiodd yn troi oddi wrth fratiaith dramâu J.O. Francis i chwilio am bentrefi yn y gorllewin a'r gogledd lle y daliai'r Gymraeg yn iaith bur.

> And his chief task will be one of translation. Accepting the imagery and ideas of our language, he will seek in English a r[h]ythm, a turn of idiom, a choice of words, which will, I think, be artificial or archaic, or perhaps Biblical, but will garner the remnant of homely or traditional images left from the

Saxonising influences of the last 50 years—the railways and the Welsh Education Boards. For you may still and often hear unhackneyed phrases in the talk of Welsh folk.[24]

Hyd yn oed wrth iddo ysgrifennu'r geiriau hyn fe'i haflonyddwyd gan y cwestiwn, 'Why not write only in Welsh?' Pan gyhoeddwyd *The Eve of Saint John* gwnaethpwyd y pwynt yn gryf gan adolygydd cyfeillgar a oedd yn deall amcanion ac egwyddorion y dramodydd ifanc: 'I ni ymddengys yn beth ofer iawn gwneud cymaint ymdrech, fel y gwna llawer o ysgrifenwyr y dyddiau hyn, i lunio Saesneg nas siaredir gan neb a'i roi yng ngenau Cymry.'[25] Yn fuan wedyn derbyniodd Saunders Lewis y ddadl honno, gan droi at y Gymraeg unwaith ac am byth. Ond ym Medi 1919 yr oedd yn dal dan ddylanwad rhamantiaeth yr awduron Seisnig a Gwyddelig y buasai'n eu hastudio'n frwd er dyddiau ysgol. Ac yn eu hiaith hwy yr atebodd y cwestiwn a ofynnodd iddo'i hun:

There is but one answer: A thing of beauty justifies itself, and until it appears there is neither pleasure nor reason. The immediate future is, I think and hope, with the purely Welsh Theatre; but there are growing numbers of English-speaking Welshmen who yet brood on their heritage of race, and it is well that they also, in the language they know, should try to shape their memories and hopes into forms of literature and drama.[26]

W.B. Yeats a John Millington Synge oedd y pwysicaf ymhlith yr awduron hynny y mae eu dylanwad ar Saunders Lewis yn amlwg yn y cyfnod a arweiniodd at gyfansoddi *The Eve of Saint John*.[27] Ac o'r ddau, er bod Yeats wedi cael effaith ddyfnach ar ei ffordd o feddwl yn gyffredinol, yr oedd ei ddyled i Synge fel dramodydd yn fwy, yn arbennig mewn perthynas ag iaith ac arddull ddramatig.[28] Y mae'r berthynas rhwng *The Eve of Saint John* a drama Synge, *The Shadow of the Glen* (1903) yn ddigon trawiadol i'm gorfodi i'w hystyried yn symbyliad onid yn ffynhonnell i *The Eve of Saint John*. Try'r ddwy ddrama o gwmpas dewis dwy ferch rhwng rhyddid digysur a materoliaeth ddigysur mewn priodas â gŵr na allant ei garu. Ond nid yw Saunders Lewis yn caniatáu'r elfen o ramantiaeth sy'n sail i ddrama Synge ddod ar gyfyl ei ddrama ef. Tua diwedd *The Shadow of the Glen* cynigia'r trempyn ramant yr heol agored i Nora, sydd wedi ei dadrithio'n llwyr gan hunanoldeb ei gŵr a gochelgarwch ei chariad ifanc:

Come along with me now, lady of the house, and it's not my blather you'll be hearing only, but you'll be hearing the herons crying out over the black lakes, and you'll be hearing the grouse and the owls with them, and the larks and the big thrushes when the days are warm . . . it's fine songs you'll be hearing when the sun goes up, and there'll be no old fellow wheezing, the like of a sick sheep, close to your ear.[29]

Er gwaethaf swyn y geiriau hyn nid oes ymdrech yn y ddrama i guddio caledwch digysur bywyd yr heol nac i esgus ei bod yn fodd osgoi trueni'r cyflwr dynol. Y mae sôn drwy gydol y ddrama am yr hen wraig, Peggy Cavanagh, y cyfeiria gŵr Nora ati fel rhybudd:

> Let her walk round the like of Peggy Cavanagh below, and be begging money at the cross-roads, or selling songs to the men. [To Nora] Walk out now, Nora Burke, and it's soon you'll be getting old with that life, I'm telling you; it's soon your teeth'll be falling and your head'll be the like of a bush where sheep do be leaping a gap.[30]

Dengys ymateb Nora i gynnig y trempyn ei bod hi'n deall hyn yn iawn: 'I'm thinking it's myself will be wheezing that time with lying down under the heavens when the night is cold.' Serch hynny, fe'i derbynia'n llawen yn gyfnewid am gysur digysur ei bywyd gyda'i hen ŵr: 'but you've a fine bit of talk, stranger, and it's with yourself I'll go.'[31]

Er bod cymeriadau Synge yn byw mewn byd y mae ei galedwch yn cael ei amlygu gan iaith liwgar ac ystwyth y ddrama, cymer ei rosydd a'i fynyddoedd wedd hudol dan hugan y niwl a'r glaw mân. Dyma fyd lle y mae dyn a menyw'n medru dioddef yn arw boenau sylweddol newyn ac unigrwydd a marw mewn ffos, ond dyna hefyd fyd sy'n cynnig rhyddid i'r enaid i gyflawni beth bynnag yw ei dynged. Gwrthodir rhamant rhyddid yn *The Eve of Saint John*. Er bod estheteg Saunders Lewis yn rhamantaidd, y mae seicoleg y ddrama yn realaidd iawn.

Y mae diwedd *The Eve of Saint John* yn gyfaddefiad na welai Saunders Lewis fodd i gymodi rhwng gofynion cyfiawn y breuddwyd rhamantaidd ar y naill law a goblygiadau'r weledigaeth faterol ar y llall. Er gwaethaf yr egni sy'n tanio breuddwyd rhamantus Megan a chomedi ddidrugaredd y driniaeth a roddir i'w mam ac i'w darpar gariad, fe'i gadewir hi yn y diwedd yn fud ac yn ddiymadferth, heb y gallu i'w hamddiffyn ei hun yn erbyn rhesymeg faterol ei mam. Dangosodd Saunders Lewis ei awydd i bwysleisio hyn, drwy newid diwedd y ddrama ar gyfer cynhyrchiad arfaethedig.[32] Ysgrifennodd at Margaret Gilcriest:

> Tell 'em to emphasise the ending in this way for stage-purposes. After the Tramp's final speech, he goes out. They who are left look at each other. Harri says:—Did he say his wife?
>
>   Mother:—He did.
>   Harri:—Then maybe it was the devil after all.
>
>   (Curtain)
>
> The purpose is to drive the point home for the audience so that they won't miss the meaning. As for Megan she says nowt. Its the fate of romanticists to have to eat their disillusion in silence.[33]

Gellir esbonio rhai o'r gwahaniaethau rhwng Synge a Saunders Lewis drwy gyfeirio at ddylanwad Shakespeare, ond nid yw'r dylanwad hwnnw'n esbonio amwysedd diwedd *The Eve of Saint John*. Er bod drama Saunders Lewis yn ysgafnach na *The Shadow of the Glen* ac yn nes at arddull comedïau Shakespeare, yn y rheini cymerir yn ganiataol yr union gymod rhwng rhamant a realaeth a wrthodir yn niwedd *The Eve of Saint John*. Er ffyrniced y gwrthdrawiad a'r peryglon sy'n bygwth y cariadon yn ystod *A Midsummer Night's Dream*, er enghraifft, cawn yn y diweddglo adferiad cytgord ac addewid o ffrwythlonrwydd.

Yn y pen draw fe'n gorfodir i dderbyn diweddglo *The Eve of Saint John* fel arwydd o rywbeth a godasai yn ymwybyddiaeth y dramodydd ei hun, sef y ddealltwriaeth nad oedd modd creu'r cymod a oedd yn angenrheidiol i gyflawni natur yr unigolyn yn y byd sydd ohoni. Dyna a sbardunodd y broses o feddwl a arweiniodd at *Gwaed yr Uchelwyr*, dan ddylanwad Maurice Barrès.[34] Gellid dweud rhywsut fod gweddill gyrfa Saunders Lewis fel dramodydd wedi bod yn ymdrech i ysgrifennu trydedd olygfa *The Eve of Saint John*, a fyddai'n penderfynu dyfodol Megan ar ôl y sylweddoliad tyngedfennol na chynigir drws ymwared i'r enaid rhydd yn y byd sydd ohoni. Y cam cyntaf yn y broses hon oedd newid cywair ac arddull ddramataidd, a'r ail oedd newid iaith. Wrth iddo orffen *The Eve of Saint John* agorodd llwybr o'i flaen na phetrusodd am eiliad cyn ei ddilyn.

Nodiadau

[1] Y mae'n amlwg fod rhamantiaeth Coleridge a Wordsworth yn dylanwadu ar Saunders Lewis yn y cyfnod hwn ac iddi symbylu'r diddordeb yn y diwylliant gwerinol Cymreig a'i harweiniodd at *The Eve of Saint John*. Yn ôl yn Lerpwl ym Medi 1922, i weithio ar ei draethawd ar Coleridge, yr oedd ef hefyd yn casglu caneuon gwerin Cymraeg ac yn darllen, 'old papers on Welsh mummeries and village plays'. 'It is very interesting', meddai wrth Margaret: 'Something may come of it later.' Mair Saunders Jones, Ned Thomas and Harri Pritchard Jones (eds), *Saunders Lewis Letters to Margaret Gilcriest* (1993), 367.

[2] *Letters to Margaret Gilcriest*, 404.

[3] Ibid., 414.

[4] Ibid., 433.

[5] *Being a study in English Influences on Welsh Literature during part of the 18th century* (Hughes a'i Fab, Wrecsam, 1924); adarg. Firecrest Publishing Ltd. (Portway, Bath 1969).

[6] Gweler 'Maurice Barrès. Prif lenor Ffrainc. Cysylltiad dyn a'i genedl', *Y Faner*, 24 Ionawr 1924.

[7] Gweler Ioan Williams, *A Straitened Stage* (1991), 21–4, lle y dyfynnir datganiadau Saunders Lewis ar ddylanwad Pater a Barrès a lle y disgrifir y broses a'i trodd o fod yn un a ymdrechai i fyw er mwyn synwyrusrwydd i fod yn genedlaetholwr a gredai mai sail iechyd meddwl oedd derbyn nad oedd modd cyflawni gofynion synwyrusrwydd yr unigolyn ond y tu mewn i'r adeileddau cymdeithasol a diwylliannol a'i ffurfiodd.

⁸ Ni soniodd wrth Margaret ba ddrama a gyflwynwyd gan y gymdeithas, ond y mae'n bosibl ei fod yn cyfeirio at *The Poacher* (1914) gan John Oswald Francis (1882–1956), lle y gwelwyd y cymeriad hwnnw'n ymddangos am y tro cyntaf. Gweler *Letters to Margaret Gilcriest*, 390, 20 Chwefror 1920: 'We are giving an English play of Welsh village life, and I am playing the part of a village natural. It sits gracefully on me, of course.'

⁹ Gweler *Letters of Margaret Gilcriest*, 389.

¹⁰ Gweler 'Y ddrama yn Ffrainc', *Y Darian*, 7 Gorffennaf 1921.

¹¹ Gordon Bottomley (1874–1948); canmolodd Saunders Lewis ei ddrama *Gruach* (1923) mewn erthygl, 'Recent Anglo-Celtic drama', *The Welsh Outlook*, IX (March 1922), 63–5. William Poel (1852–1934), sefydlydd yr Elizabethan Stage Society (1894), awdur llyfrau ar y theatr ac yn bennaf cyfrifol am gyflwyno dull newydd o gynhyrchu dramâu cynnar, gan gadw at symlrwydd cymharol y llwyfan yn oes Elisabeth I. Norman Wilkinson (1882–1934), arlunydd theatraidd, a ddaeth yn enwog am y gwisgoedd a'r setiau a ddyfeisiodd ar gyfer cynyrchiadau Granville Barker yn y Savoy (1912). Harley Granville Barker (1877–1946), a ddaeth yn enwog am ei gynyrchiadau yn y Court Theatre o 1904 ymlaen ac yn gyfrifol am waith arloesol yn y cynyrchiadau a gyflwynodd ar y cyd â Wilkinson yn y Savoy wyth mlynedd wedyn.

¹² 'Nodyn ar Ibsen', *Y Darian*, 23 Rhagfyr 1920.

¹³ 'Celfyddyd y ddrama', *Y Darian*, 25 Tachwedd 1920. William Archer (1856–1924), beirniad a dramodydd a gyfieithodd ddramâu Ibsen i'r Saesneg. Walter James Redfern Turner (1889–1946), cyfaill Yeats, a oedd yn fardd ac yn feirniad toreithiog. Ysgrifennodd gomedi ddychanol, *The Man Who Ate the Popomack* (1922). John Drinkwater (1882–1937), bardd ac awdur sawl drama hanesyddol, yn cynnwys *Abraham Lincoln* (1918).

¹⁴ Ibid.

¹⁵ 'Celfyddyd y ddrama. II—Pa fodd i drefnu'r Llwyfan', *Y Darian*, 27 Mai 1920. 'Ond gan nad oes fymryn o nerth barddonol yn yr awdur, a chan iddo fethu'n lan â rhoi na llinell, na brawddeg, o farddoniaeth yn y cymeriad, pa beth a wnaeth? Galw ar y goleuadau i'w gyfarwyddo, a thrwy offerynnau peiriannol felly daflu lloer-belydrau ar draws y llwyfan, er mwyn creu argraff o farddoniaeth a chyfriniaeth, a hynny er nad oes dim gwir gyfrin neu wir farddonol yn mater y ddrama.'

¹⁶ 'Celf drama. I—Sut i drefnu llwyfan', *Y Darian*, 20 Mai 1920.

¹⁷ *The Cambria Daily Leader*, 22 October 1919.

¹⁸ 'Celf Drama. I—Sut i drefnu llwyfan', *Y Darian*, 20 Mai 1920.

¹⁹ Ibid.

²⁰ Gweler papurau'r BBC sydd ar gadw yn y Llyfrgell Genedlaethol Bocs 341, Dramâu A–K, 1955.

²¹ 'The present state of Welsh drama', *The Welsh Outlook*, (December 1919), 304. Cyfeirir yma at eiriau Pedr i Simon, Actau viii.20: 'Bydded dy arian gyd â thi i ddistryw, am i ti dybied y meddiennir dawn Duw trwy arian.'

²² 'Anglo Welsh theatre. The problem of language', *The Cambria Daily Leader*, 10 September 1919.

²³ Ibid.

²⁴ Ibid.

[25] *Y Darian*, 6 Ionawr 1921, 8. Gweler isod, t.41.
[26] *The Cambria Daily Leader*, 10 September 1919.
[27] Gweler 'By way of apology', *Dock Leaves*, (Winter 1955), 10–13 a 'Dylanwadau', *Taliesin*, II (Nadolig 1961), 5–18.
[28] Gweler 'By way of apology', 12: 'Synge seemed to me a classic. I delighted in his profound poetic irony, so central and un-eccentric.'
[29] *John Millington Synge Plays, Poems and Prose* (1968), 15–16.
[30] Ibid., 14.
[31] Ibid., 16.
[32] Sonnir sawl tro yn llythyrau Saunders Lewis at Margaret Gilcriest am y posibilrwydd y bydd rhai o'i chyfeillion yn llwyfannu *The Eve of Saint John*, er nad ymddengys y bu hynny. Sonnir hefyd yn Chwefror 1922, am 'a very good little village company', a oedd yn ymarfer y ddrama ac yr oedd Saunders Lewis wedi addo ei gynorthwyo. Bu cynhyrchiad arall yn Glasgow, gan y Lennox Players, tua diwedd Ebrill 1924. Dywedodd Saunders Lewis am y cynhyrchiad hwnnw: 'I enclose a photo of the scene. The reports I got spoke quite well of it. This is all quite strange, for most of my things have so far collapsed horribly on the stage.' Gwelir y llun hwn yng nghyfrol Mair Saunders, *Saunders Lewis 1893–1985 Bro a Bywyd* (1987), 24; *Letters to Margaret Gilcriest*, 474, 476, 482 a 532.
[33] *Letters to Margaret Gilcriest*, 474.
[34] Gweler isod, tt.39–41.

The Eve of Saint John

A Comedy of Welsh Life
(In Two Scenes)

~

Beth a dâl anwadalu
Wedi'r hen fargen a fu?

(Gruffydd Grug)[1]

FOREWORD

The practice of 'conjuring', which provides the main incident of this little play, was frequent in Wales up to the early years of the last century.[2] There are other beliefs—such as in the efficacy of the holy bell to ward off evil spirits, and in the dogs of Hell,—which lingered until very recently, and may still exist in quiet corners of the land. But elementary education, in Wales as elsewhere, has well waged its war on the imagination; only the scientists now treat these things seriously.[3]

I would say something on the language of the play. I have tried to suggest in English the rhythms and idioms of Welsh, and the play is practically a translation. Even to-day it may be of use to remind English people—and especially English novelists—that we do not speak *Welsh* as Sir Hugh Evans spoke English.[4] Schools and railways have indeed done their worst for Welsh civilisation; and the Anglo-Welsh of the border counties, of popular holiday towns in North Wales, and of mining regions in Glamorganshire, is something more hideous than any parody can suggest. But in places where trippers from Lancashire and workers from the English midlands have not spread their devastating accents and newspapers, there yet remains a Welsh speech that delights in muscled rhythm and vivid imagery. Since I have come to Cardiganshire, I have heard shepherds, in the inn-kitchens of remote hamlets, use words and phrases that were common in Welsh poetry in the seventeenth century, words of noble race, phrases that give dignity to a speaker.

The fault of my own attempt to render that richness is that it suggests too often a convention of Anglo-Celtic dramatists,—instead of something fresh and living. But perhaps thus to state the problem will rouse some other to its solution, and that shall be my excuse for publication. Yet of this we may be certain,—drama's chief business is talk; all else, characterisation, action, reveal themselves through it. Unless, therefore, the language be rich, expressive, individual, powerful, the drama will die. That is what we need to remember in Wales.—J.S.L.

P.S.—The fragment of song in the second scene I have translated from a familiar folk-song in Anglesey, which was published in one of Mrs. Gwyneddon Davies's collections.

SCENE 1

(SCENE: *A Welsh farm-house in the late afternoon of St John's Eve, some early year of the last century.* SARA MORRIS *has been talking to her daughter and the girl interrupts.*)

MEGAN: I couldn't marry him, Mam, not if he were the Angel Gabriel come from Heaven to woo me.

SARA: Be quiet with thy nonsense. Angel or devil is all one in a husband. It is the woman of the house makes heaven and hell, and she's no woman who cannot make the two, as her needs be. Be satisfied now with a plain man that has money to his back. There's none in the village has a tidier homestead than Harri Richard.

MEGAN: What's a tidy homestead when there's no man to walk into it? I want a strong man without fear in him of stuff or spirit, and can give a right clout with his hand. It's little pleasure I'd have from a husband would be too timid to lift his eye to a woman's face a year after he'd married her.

SARA: If it was after thy father thou wert taking, Megan Morris, I'd listen to thy talk. But it's thy mother's spirit is in thee, stiff-necked as thou art and the most fearful tongue of any girl in the county. And to marry thee to a man that was quick his hand and quick his temper, it would be fashioning for thee a grave, and for him the knot of a rope.

MEGAN: Wouldn't that be less bitter for a girl of spirit than to be wooed by a man, and he while he walks the lane to see a thick-coated sheep and to wish he were at shearing, or to be repairing a gap in the hedge, and any weary labour rather than be asking a girl to marry him? For it's that way Harri Richard will be coming here, and he wouldn't be coming at all if you had not seen him stealing the hair-ribbon I dropped on Sunday.

SARA: A fearful task I had making up the man's mind. And take heed thou dost not refuse him, or I'll let thee free into the world to find thine own husband. And what sort of end would that be for a farmer's daughter?

MEGAN: Isn't there many a pretty man may walk this road all the days of the twelvemonth, and I with no more than eighteen years to wait a little while?

SARA: And what sort of man dost think will walk to this dark corner of the world, except some tramp that a lean year throws up like a dead sheep mouldy from a wreck?

MEGAN: It was not a mouldy sheep that Lowri Puw married, but a sailor and wayfarer on his road back from the far America, and his parents dead and a neat sum of money waiting against his return. Wasn't he shipwrecked here on the coast, and sheltered in Lowri's kitchen, and he wedded to her within the month, and farming her bit of field from that hour to now?

SARA: Hist with thy prattle. He's on the path now, and stopping to watch the kine in the far byre. Thou would'st think it was to kill a hand-reared lamb he was coming, and not to ask a young woman for his wife. Look, we have the blankets on the dresser to fold. There's nothing to put heart in a lukewarm young man like the sight on a girl working, and comfortable blankets to her dowry. —

(A knock at the door.)

Now who can there be to come to a quiet cottage like this in the early evening? Will you come in, stranger?

HARRI RICHARD: Good evening to you, Sara Morris. Good evening, Megan Morris.

MEGAN: Good evening, Harri Richard.

SARA: Sit you down, Harri Richard. And what can bring such a strong-backed farmer as you to this place, and you every day in the fields and with the good animals, and without an hour in the week to pay a call on a neighbour or to smoke a pipe in the kitchen?

HARRI: It is the brave evening it is, Sara Morris, and that I have to see Huw Morris about the wain, and the bull he was wanting to loan.

SARA: It's not for the hiring of a bull and it's not for the chattel you'd be putting on your clean clothes, and this neither fair-day nor Sunday, but one of the six days of the week. And not here will you find Huw Morris at this time of the afternoon, but down at the Cross Roads Inn, where he stays his thirst the while he carries two pails of water from the well. Many a turn has Huw said he would not drink from the pails, lest we should be seeking water in the morning.

(Here SARA, who has been folding blankets with MEGAN since the visitor's arrival, drops her end of the blanket. HARRI picks it up for her, and, being a thrifty farmer, feels its quality.)

HARRI: Warm thick blankets, you have, Sara Morris.

SARA: They are so, Harri Richard. How many farm daughters do you think are sleeping the nights of their life in white sheets and heavy blankets the way of Megan here? But perhaps now you'll be willing to help Megan with the quilts, the time I am folding the small cloths on the table?

(This compels HARRI to conversation with MEGAN).

HARRI: Nice quilts they are, Megan Morris.

MEGAN: I suppose they are no better than your own. We did buy them from the gipsy women from England in the last Autumn, and till to-day they have not been out of the chest.

HARRI: I've heard that there are gipsies come to the common this week, and I'm in fear for my fowl every night that passes, though it is nearly all cockerels I've had from this Spring's hatching.

MEGAN: I think, if but we be civil to them, there is no malice in the gipsies. I gave two eggs to a dark woman last night, and she told me strange things that are happening at times.

HARRI: It is a peck of knowledge they have in truth, and they wandering over the world and seeing queer sights in the day and in the night.

MEGAN: She told me the way the devil can take the likeness of a human being.

HARRI: I was thinking purely the same thought the while I was coming up the lane now.

MEGAN: And how the devil can help a man to a wife and a maid to a husband.

HARRI *(looking at SARA)*:
There is no need of a wise woman to tell you simple truth the kind of that.

SARA: You are not in haste, Harri Richard?

HARRI: No haste, Sara Morris.

SARA: Then perhaps you will be saying to Megan the thing is on your mind, the time I am milking the two cows in the byre. I'll be telling Huw Morris when he brings the water not to interfere with you.

(This leaves HARRI *and* MEGAN *alone. They finish the quilts in silent discomfort. Then* MEGAN, *quite without warning, falls into a chair and cries outright; which is the last straw for* HARRI.)

HARRI: Megan! Megan Morris! In the name of the Father what is a man to do? Megan, I never thought I'd be seeing a spirited woman, the kind of you, crying.

MEGAN: It's upset I am. I know that you are going to ask me to marry you. And I'm not wishing you for a husband one bit.

HARRI *(feeling chains slip from him)*:
Then perhaps you will be refusing me, Megan Morris?

MEGAN *(putting the chains back)*:
How can I refuse you and Mam in the byre not fifty yards from here?

HARRI: It is a queer thing that two people should be marrying and neither of them desiring it.

MEGAN *(with some heat)*:
Is it that way it is? Are you not wanting me either?

HARRI: I was always afraid to ask you. I have no way with fine girls the likeness of you. I've been watching you grow up through the years, and you with a laugh on you like the bell is calling people to morning prayer in the early year before the Spring is weaned. And often I've thought how it would be to be kissing a girl the sort you are, and to feel her hair loose about me, and I holding her in my arms. But it's always to myself I'd be making pictures on that kind, for I'd never stand against the raillery of girls.

MEGAN: Then there was no call for you to be stealing my ribbon on Sunday and giving Mam a hold on you.

HARRI: Why did you drop the ribbon, Megan Morris?

MEGAN: It was not for you.

HARRI: It's little you know the queer thoughts are often in a man's mind. Many a time I've been riding home from the fair, and the young men would be showing me favours, ribbons and lace and brooches, that the girls would be giving them. And they would jeer at me that though I'd the largest farm hereabout, not a girl in the county had given me a token. And then when I saw your ribbon, I thought it would be a thing to show them at the Cross Roads, and you the proud woman you are. But I didn't mean more than that.

MEGAN: Ah, so it was your boasting that Mam got hold of, and that is why a rich farmer, the kind you are, is here to-day. It's a dirty crawling louse you are, Harri Richard, to be bandying a girl's name in an inn and vaunting of stolen favours. Is that the likeness of man I'd be proud to call my husband?

HARRI: Have you ever thought the likeness of man you would have, Megan Morris?

MEGAN: Don't I see him plain before me the moment I shut my eyes? A strong man with a beard would blunt the edge of a new scythe, and great muscles to his chest, and it rough and hairy the time he'd be swinging a sickle in the heat of August and his shirt open for the breeze. Not a sorrowful thin shadow the way you are, but a man would make the church-pew of a squire creak when he sat down. A brave, easy, comfortable man.

HARRI: There's comfort in a tidy farm, and a house of your own, and good animals to your share, Megan Morris.

MEGAN: What comfort is there in a farm and house and animals, and I to be going to bed every night with a meagre ghost the sort you are?

HARRI: And bitter comfort 'twill be to me to be marrying a woman will abhor me more than the devil at midnight.

MEGAN: The devil at midnight! What evening is this, Harri Richard?

HARRI: It's the eve of Saint John surely.

MEGAN: Then it is this evening of all nights of the year that the black gipsy told me. She said that if a maid will rise half an hour before midnight on the eve of Saint John, and will have the fire bright, and lay a meal and a jug of beer and a pipe of tobacco, and have a lamp lit and the door on the road open, then the devil will come in the shape of a man and will eat and smoke, and that man shall be her husband within the twelvemonth.

HARRI: It would be a fearful rash thing for a girl to meet the devil alone in the still night, and he with so many tricks would filch her body and soul, and leave only the wrack[5] of a smell of sulphur to show what had been. You'll not be venturing that, Megan Morris?

MEGAN: Wouldn't that be better than for me to be married to you, and then within the month he should walk this way, the man appointed for me, and he to walk back again, and I fastened here to a bleating calf is afraid of a woman's mocking.

HARRI: It is a terrible sin you are preparing, young woman. And isn't it known how the devil waits at the last hour of men's lives to chase the souls of the conjurers, so that in the great storms of Winter you can hear the crying of the hunted ones, and the yapping of the hounds of Hell? It is often in the rainy nights I've lain listening to them and shuddering, and they beating with the rain at my window and whimpering for shelter, and the red-eared dogs barking down the wind.[6]

MEGAN: A queer pitiful coward you are, Harri Richard, with your shy thoughts on women and your lying awake fearfully in the stormy nights, the time other folk are in slumber is peaceful like a drunken drover's the night after a fair. But I'm not about listening to you at all; and it's hard I'm thinking if a little sin is not forgiven me, when the angels above shall see how cruel set I am between my mother's purpose and a queasy wooer the sort of you.

(SARA *has returned.*)

Mam, I've made a compact with Harri Richard.

SARA: Then thou shalt have the best blankets for thy bridal bed of any farmer's daughter in the land.

MEGAN: It's not that, Mam. Have you ever heard how the devil will sometimes show a maid her husband to be, and that in the quiet night?

SARA: I've heard tell how Lowri Puw laid a meal for the devil at midnight on the eve of Saint John, and he came to her in the likeness of her mate. But when she died, old Klidro the

	Sexton, that measured her coffin, he swore there was a smell of sulphur over the whole house where she lay. Thou'lt not be doing that?
MEGAN:	In truth I will, and isn't it known that Klidro had a grudge against Lowri, and she having jilted him for the first sailor that landed from the wreck? Mam, my dear, let me be going now, and if the devil shows me Harri Richard to-night I'll marry him, and I'll take him if the devil fails to come at all. But if it's another man that comes. I'll wait the months of my life for that mating.

(And to settle the argument she goes out, leaving SARA the indomitable to cast another line of strategy.)

HARRI:	Sara Morris, I'll not be marrying a girl that has been alone in the night with the devil. And there's no curate from Llandaff to Bangor will read the banns for a girl of that kind.
SARA:	Isn't it known in all the village, Harri Richard, that you have walked here to-day to ask Megan Morris for your wife?
HARRI:	In truth, it is likely you've told the world I'd be coming.
SARA:	An odd thing to think of the mocking when it is whispered that a girl would spend a night with the devil rather than marry the richest farmer hereabout.
HARRI:	It is the devil is in you, Sara Morris, with your tormenting tongue.
SARA:	And a great laugh there will be at the Cross Roads to-morrow when Huw Morris will be telling the story, and the young farmers will be taking it home to their wives.
HARRI:	It is a strange thing that a little talking in an inn should bring me all this trouble.
SARA:	You should be married, Harri Richard, for a married man knows that what he speaks in his liquor he shall hear again in his bed, and every story does come back to its source.
HARRI:	Will you not help me, Sara Morris?
SARA:	Perhaps I've no need to. For when it is known that you are the man was jilted for the devil, who is there will believe your story of the token?
HARRI:	If you will prevent this from happening to-night, Sara Morris,

SARA: I will marry Megan, and I will give Huw Morris the wain he was thinking to hire.

SARA: Is it the truth you are saying?

HARRI: It is, may God be my witness.

SARA: Do you be going home now then and be having a little drink for your courage. And do you be taking a Prayer Book, and from now till the half hour before mid-night let you be learning a collect or a prayer for the day or the Apostles' Creed.

HARRI: And what good may that be, Sara Morris?

SARA: Did not the old curate say how a man may drive off the devil by repeating a prayer or a creed, and that the devil will not pass a man on the road, and he with the book of prayer in his pocket? Do you come out then half an hour to mid-night, and when you see the light in the kitchen and the door open, do you stand outside till the hour be past, and the book in your coat, and you saying a collect over and over.

HARRI: Sara Morris, is it I who can stand in the roadway at the dead of midnight and alone, and to face the devil and not to know in what likeness he may come, and he able to change to a pig or a goat, so that in my fear perhaps I'll forget the prayer, and be taken in darkness to flaming Hell?

SARA: Don't I tell you that you'll have the book of prayers under your coat? But if it's more you need than that, let you call past Klidro the Sexton on your way home, and do you borrow the corpse bell that is under the altar in the church. For it's with that the curate drove away the devil and it playing pranks by the North door, and 'tis the best bell in the parish for laying the Evil One. Then if it's shivering with fright you'll be, the tongue of it will clang the better, and you'll have a great peace.

HARRI: A bell is a consoling thing, Sara Morris, but I've a terrible fear of the still night, and I alone.

SARA: Then you'll not be alone. For I'll be myself the other side of the house in the garden, and watching lest the devil should come over the orchard wall, blown over, as I've heard tell of him, in the likeness of an old carol-sheet caught by the wind.[7]

HARRI: You'll be doing that? Then may the Lord bless you, Sara Morris, and I'll be going now for the bell and to be learning a prayer—

SARA: And do you come in at the toll of midnight and be betrothed to Megan.

CURTAIN

SCENE 2

(SCENE: *As in the first part, but the time is half an hour to midnight.* MEGAN MORRIS *comes in with a lamp and begins to lay the table for a meal.*)

MEGAN: May the Lord keep me this night, for there's terrible fear at my heart. It's a bitter thing that a young girl is selling herself to the Evil One because of a scheming mother and a cankerworm young man. And on the Judgment Day, when they're dancing about the Throne of Heaven like we'd be singing and roystering round the booths in a Michaelmas Fair, which of them will be heeding me, and my naked soul crying in the outer darkness. *(She puts the jug on the table.)* I'll leave him the jug and no cup at all, for he'll be wanting a quart drink, I'm thinking, and he half suffocated climbing through the reek of Hell. May he be a quiet seemly guest for a lonely woman, and may he find the pipe to his taste. *(She opens the door.)* God help me, there's the owl screeching in the apple tree. They say it means death. *(There is the sound of a man singing outside;* MEGAN *gives a cry.)* He's here on me, and he merry and singing at the thought of my soul's purchase. *(She sits down to wait.)*

(The singing comes nearer, and the TRAMP *appears at the doorway. He is obviously drunk, and does not stop his song until, inside the room, he sees the table and the food.)*

TRAMP: 'I walk to London and Chester Town,
Where earnings are found to delight her,
I squeeze myself in a narrow room,
And sometimes I'm roaming wider;
I'd kiss the flowers of the moor—'[8]

A door open and a room that is lighted. It's great fortune has met me surely, and I with no companion but the chill winds that are walking the night. Is it bread there is and cheese, and a pipe for when I've eaten, and a jug of ale? I'll be drinking good health to the woman of this house, and may she have the desire of her heart.

(And after drinking he falls heavily into the chair and begins to eat.)

MEGAN *(between tears and anger)*:
: It's little you are caring for my desire, when I've paid my life away to see the dirty shape is on you to-night.

TRAMP: Your pardon, young woman, and I to have come in without noticing you at all. Is it you has laid this supper for me?

MEGAN: It is, God forgive me. For I was thinking there'd be a grand sight on you, like an English lord maybe, or a soldier in a scarlet jacket come from Spain.

TRAMP: You've a right to be saying so, young woman. And if I'd known the way you were keeping a meal for me, I'd be putting on fine clothes of gold and purple, the sort the king in London has when he's eating dinner with his wives and bishops. But do you not be looking at my coat now, and it worn to shreds with the tugs and embraces of the young girls from here to Saint David's.

MEGAN: Is it a great host of maids has been cajoling you this night?

TRAMP: A great host, indeed, with their tricks and blandishments, seating themselves on my two knees and their bare arms round my neck, so that they'd be wearing the nap off my beard.

MEGAN: It must be a bold woman would be doing that to you. Would it be Elin Huws now, that is the most daring young maid in the village?

TRAMP: It was not. I was at the Cross Roads Inn, and taking the froth off a thimbleful of ale with Siani Harris.

MEGAN: But it's a married woman she is these ten years.

TRAMP: What would I be caring if she was maiden or married? For it's a fine coaxing way she has, so that she could lead an archbishop into naughtiness with the flattery and laughter on her lips. Wasn't she making promises of how we'd do when she was widowed, and the great dower of drink she'd be bringing me,—when her rat of a husband came in with Klidro the Sexton, and they rushing to have my life, and the two of them nigh drowning me in the pool is behind the house?

MEGAN: It's a famous man Klidro is for driving out devils, but perhaps now you were too powerful for him?

TRAMP: I was indeed, so that they were both fighting and bawling out prayers to Heaven in the quiet night. And it's a long age before Sion Harris will be turning the tap of a tun of beer again, and many slow months before the church bell will be calling men to Sabbath service in this parish. It's a godless heap of heathens you'll be, every one of you. And do you be bringing me a light for the pipe now, young maid.

MEGAN: You are putting great fear upon me, if it's neither praying nor the power of a sexton can drive you away. *(She brings him a light.)* Were you never laid under water at all?

TRAMP: Laid under water! Is it a washing you mean, the like they give you in the union? Do you not be angering me now.

MEGAN: The Heavens keep me from that, sir. But the parson would be telling us that the way to deal with your kind would be to fasten you in a bottle and lay you under the river, and the water flowing over you by day and by night, so that you'd never rise from it till the end of the world.

TRAMP *(piteously)*:
You wouldn't be letting them do that cruelty to a poor creature, would you, little woman?

MEGAN *(looking earnestly at him)*:
You've got queer decent manners about you, though it is a blaspheming devil you are, indeed, and wicked dirty. *(She sits down by him.)* Will my husband be entirely like to you?

TRAMP: Do you not be enticing me now with your flatteries. Isn't it enough of love-talking I've done to-night, so that I was nearly drowned for it?

MEGAN: And will you not be saying a word of comfort to a poor maid that has called you up from the smoke of Hell, so that she may know the husband will be falling to her?

TRAMP: It is strange talk is on you, young maid, but it's a good supper you have indeed, and fine tobacco and ale. *(He leans towards her and puts his arm round her.)* And if it is the like of me you'll be taking to your house, then it's great joy I'll be bringing you, and telling you tales of the clean women I'd be seeing in England, and they dressed in silk and camlet,[9] but not one of them with the coaxing ways you have yourself, and your great kindness for a thirsty wanderer.

MEGAN: It's a baffling fiend you are this night, with not a word of sense to be had from you. Is it numb and stupid you are growing with the long centuries of torment you do endure?

TRAMP *(letting his head fall on her shoulder)*:
It is few indeed that know the sorrows I am enduring, and the fearful, uncertain life. But it's a pleasant rest I am having with you. And do you not be shifting now, my dear, and I'll take a short sleep, the way I'll be moving on afterwards and not be troubling you at all.

(He begins to sleep.)

MEGAN: If Siani Harris had the daring to play with his beard, what is that to be boasting of, when it's known that he's been sleeping on my shoulder, and his breath coming and going the way of a new-born babe? And if it's a beggar-clad man I'll be marrying indeed, what other woman in the county will have a thing to talk about the like of this? I'll be a great wonder in the parish from this night forth.

(But meanwhile the vigil outside is ended, and SARA and HARRI are approaching the house. They peer cautiously through the open door, and, at the sight of MEGAN and the TRAMP, they give a shriek of dismay).

SARA: God help us, he's with her indeed.

HARRI *(dragging SARA away)*:
Run for your life, Sara Morris, or he'll have the two of us as well.

SARA *(holding him)*:
Do you stay here and be helping me to save her. Ring the bell now.

MEGAN: Hist with your row. Would you have him wake savage?

SARA: Don't be heeding her. Ring the bell I'm saying.

HARRI: I'm so fearful I cannot loose my hand from the tongue of it.

(And while he rings with his whole might, the voice of SARA is heard above the din).

SARA: 'From fornication, and all other deadly sin, and from all the deceits of the world, the flesh, and the devil, Good Lord, deliver us. From lightning and tempest, from plague, pestilence and famine, from battle and murder, and from sudden death, Good Lord, deliver us.'[10]

HARRI *(exhausted after the bell-ringing)*:
> I've heard of the devil slaying men, and he hurling in their faces an armful of coals from the burning pit, but I've never before heard of him sleeping through the Litany and the clanging of the holy bell of death. It's a sleep like the Black Mountain is on him.

SARA: Megan Morris, is it the Evil One thou hast there himself, or is it a mortal man?

MEGAN: It is the devil surely. And do you leave him alone, for I've a great pity in my heart from him this night.

(SARA and HARRI step gingerly nearer to examine him).

SARA: It isn't the appearance of a ghost he has, I'm thinking, and there's a powerful smell of drink on him.

HARRI: The holy angels, but it's the tipsy tinker from Carmarthen he is, in truth.

MEGAN *(jumping up so that the TRAMP's head falls back and he half wakes)*:
> It's a sorry liar you are, Harri Richard. *(She shakes the TRAMP fiercely.)* Let you wake up now and show them the immortal spirit is in you, so that you'll be confounding the infidels with your might.

TRAMP *(to SARA and HARRI)*:
> Is it daft she is?

SARA: It's daft we've all been, I'm thinking. Are you from Carmarthen at all, stranger?

TRAMP: I am, indeed, and I after walking the hard roads so that it's great need of sleep is on me.

HARRI: And it's a mortal man you are, in truth?

TRAMP: I'm a thirsty wanderer in the world the like of all men.

HARRI: Then glory to the Heavens, it's a mighty deliverance we've had this night.

SARA: We've been queerly cheated, I'm thinking.

MEGAN *(with dangerous quiet)*:
> Stranger, it is better for you to walk out of this house, for I'll be hitting you if you stay longer.

TRAMP: What is it troubling you, young woman? Did you not set me a great supper a while back, and we having a fine talk together?

MEGAN *(breaking out)*:
: Will you stay from angering me. For it's a cozening scoundrel you are with the tricks you have played, and the shame you have put on me. Walk out now, I'm saying, and if anywhere in the collied[11] night the Evil One is prowling for drunken sinners, may he rip your soul from its bloated carcase, so that the screaming weasels will be sucking your blood in the grey of dawn.

HARRI *(to the rescue with a new idea)*:
: Perhaps he has a claim to be stopping, Megan Morris.

MEGAN: How would that be?

HARRI: Wasn't it your pledged word that you'd marry the man came to you this hour, whoever he'd be? You've a right surely to your bargain.

MEGAN: I've a right to be putting my nails to your face, Harri Richard. For it's yourself with your cowardly watching and funeral bell kept the devil from me this night.

(Since the talk has turned from him the TRAMP goes to sleep again.)

HARRI: Who else would you be marrying but the man has had his arm round your waist and his head leaning on your bosom? It's grand quick ways of courting he has indeed.

SARA: Harri Richard, what would she be doing with a travelling man that has no roof for his head, and he sleeping sometimes in a ditch, and sometimes kicking a cow so that he'd have the dry patch of a field to lie on, and the rain falling on him, and the winter frost?

HARRI: Didn't she tell me herself the kind of husband would please her, and this the very image of her fancy, — a brave, easy, comfortable man, with a beard would blunt the edge of a new scythe?

MEGAN *(gingerly touching the TRAMP's face)*:
: Is it a beard you call this muzzle against kissing, this bramble-bush grown in the dews of Summer, and the sheep tearing their coats on the thorns of it?

HARRI: It was not a bramble-bush you thought it a while back, and it lying easy on your bosom, the like of a medal on a soldier's chest. You'll be searching long years before ever again you'll find the man you desire.

MEGAN: Harri Richard there's an end now to my desire, and it's a contented wife I'll be to you from this night forth.

HARRI: You will not, then. It's another wife I'll be seeking, and do you take what the devil has sent you. Will I be marrying a woman that has made love to a tramp?

SARA: It is great courage has come to you, young man? Was it you in truth I was holding a while back, and you running out of your skin for fear of a sleeping wanderer? You'll have a great story to spread in the village when the sun is rising.

HARRI: Wasn't it natural I should be afraid? But it's not myself will have the mockery from this night's story.

SARA: Maybe not. But when it's known how a woman held you the time you were ringing the holy bell in front of a drunken tramp, and he snoring on a girl's shoulder, there'll be a tempest of jeering will bring the house-walls down upon you.

HARRI: Sara Morris, will you brand your own daughter with the shame of a conjurer, so that the little children will be avoiding her eye in the lanes,—will you do that, I say, to raise a week's laughter at a quiet Christian does be fearing the dark night-wanderers?

SARA: I will, indeed. For if it's a good friend I am, it's a stern woman you'll find me to cross. And what harm will come to the maid, when there's more women in the parish than you know of, have feasted the devil in the murky night?

HARRI *(beaten)*:
You're a cruel and terrible woman, Sara Morris, where your mind is set. Will there be peace between us if I marry her now?

SARA: There'll be peace and understanding, surely, and she the only child, and a dower of cattle to her share greater than the Lady of the Lake brought the mountain shepherd, when he found her combing her hair on the water.[12]

HARRI: Then it's strange courting we've had, Megan, my dear, but I'll be making you my Christian wife three Sundays from now.

(And he crosses over to embrace her, but she stops him with a slap on the face.)

MEGAN: You will not, Harri Richard, nor yet three years from now. For it's enough I've had this night of your coward wooing and my mother's wiles. And do you be seeking another wife indeed, for it's brave ways you have with women, so that they'll be eager for your flatteries and proud of your strong arm. But I'll be marrying myself to my coffin rather than to you, and I'll suffer an eternity of torment before a month of your honey-mooning. It's with this tinker I'll be going now, Mam, and taking the gift the devil has sent me, for it's a merry companion he'll be on the roads, and we'll have a great laugh together at this night's doings.

(She shakes the TRAMP *awake for the last time).*

MEGAN: Do you wake now, Stranger, I've a thing to ask you.

TRAMP *(rising slowly to his feet)*:
Aye, aye, my dear, I'll be moving now, and a deal of thanks to you. For it's my wife will be waiting me these many hours, and she sleeping the night in the loft is above the Vicar's stable.

CURTAIN

NODIADAU

1. 'Y Ferch Anwadal': 'Y fun uchel o fonedd/ Sy ymysg osai a medd,/ Bonheddig, osgeiddig wyd, Ac anwadal, Gwen, ydwyt. Beth a dâl anwadalu/ Wedi'r hen fargen a fu?/ Os balchder sy'n ei beri/ Haeach nid anfalchach fi./ Od wyd fonheddig a doeth,/ A gafael yt o gyfoeth,/ Na fydd falch, fy nyn galchliw . . .' Y mae'n amlwg fod Saunders Lewis yn dymuno awgrymu fod tebygrwydd rhwng Megan a Gwen, merch anwadal cywydd Gruffudd Gryg. Yn ddiau byddai rhywbeth tebyg i anerchaid olaf y bardd i'w gariad yn naturiol pe bai Harri yn ei ddweud wrth Fegan ar ddiwedd y ddrama: 'Cymer, Wen, rybudd genny'/ Er lles . . ./ 'Mogel gael gafael gyfell,/ Fy ngwaeth wrth geisio fy ngwell.' Gweler Ifor Williams a Thomas Roberts (goln.), *Cywyddau Dafydd ap Gwilym a'i Gyfoeswyr* (1935).

2. Nos Ŵyl Ifan yw 23 Mehefin, y 'Midsummer Night' a ddethlir yn nrama Shakespeare. Y mae'r ofergoel y seilir drama Saunders Lewis arni yn rhan o'r 'rhamanta' a arferid ar yr ŵyl hon a gwyliau eraill, fel Calan Mai a Chalan Gaeaf. Gweler Revd E. Owen, *Welsh Folk Lore—A Collection of the Folk-tales and Legends of North Wales* (1897), 168, 280–1.

3. Cyflwynodd W.E. Forster ddeddf addysg elfennol i'r Senedd a ddaeth yn gyfraith gwlad yn 1870 ar ôl dadlau hir rhwng y carfanau crefyddol a oedd yn ymweud ag addysg tan hynny. Llwyddodd y mesur i osgoi anawsterau crefyddol ac i symbylu gweithgarwch ym mhob rhan o Brydain. Yn 1870 yr oedd lle i ddwy filiwn o blant mewn ysgolion; erbyn 1876, tair miliwn a hanner. Gwelir dyddiadau yn y saithdegau cynnar uwchben pob hen ysgol gynradd yng nghanolbarth Cymru ac er bod cofrestri'r cyfnod yn dangos nad oedd y disgyblion yn mynychu'r ysgol mor aml ag a ddisgwylid gan y llywodraeth, gwelwyd effaith yr addysg uniaith Saesneg a roddwyd iddynt yno yn fuan iawn.

4. Sir Hugh Evans, 'a Welsh parson'; Shakespeare, *The Merry Wives of Windsor*, I, 1: 'It is not meet the Council hear a riot; there is no fear of Got in a riot; the Council, look you, shall desire to hear the fear of Got, and not to hear a riot; take your vizaments in that.'

5. Gwneir defnydd llac o'r gair 'wrack', a all olygu broc môr neu sbwriel ar lan afon, neu rywbeth sydd wedi ei adael ar ôl digwyddiad difaol ac felly, fel yma, ceir arlliw egwan o'r aroglau darfodedig.

6. Y mae cŵn y diafol, yn ôl Harri, yn debyg iawn i gŵn brenin Annwn yn 'Pwyll Pendefig Dyfed'. Gweler I. Williams (gol.), *Pedeir Keinc y Mabinogi* (1930), 1: 'Ac o'r a welsei ef o helgwn y byt, ny welsei cwn un lliw ac wynt. Sef lliw oed arnunt, claerwyn llathreit, ac eu clusteu yn gochyon. Ac val y llathrei wynnet y cwn, y llathrei cochet y clusteu.'

7. Ynglŷn â'r carolau a werthid gan bedlerwyr ledled Prydain o gyfnod Shakespeare tan y bedwaredd ganrif ar bymtheg, gweler *A Winter's Tale*, IV, 3, lle y dychenir hygoeledd y werin sydd yn eu llyncu: 'Here's another

ballad, of a fish that appeared upon the coast on Wednesday the fourscore of April, forty thousand fathom above water, and sung this ballad against the hard hearts of maids . . . The ballad is very pitiful, and as true.'

8. ' 'Rwyf weithiau yn Llundain ac weithiau yng Nghaer/ Yn gweithio'n daer amdani;/ Weithiau yn gwasgu fy hunan mewn cell,/ Ac weithiau'n mhell oddiwrthi;/ Mi gofleidiwn flodau'r rhos/ Pe bawn yn agos atti.' 'Titrwm, Tatrwm', *Alawon Gwerin Môn a gasglwyd ac a drefnwyd ar gyfer y Berdoneg* gan Grace Gwyneddon Davies (heb ddyddiad).

9. 'Camlet': un o eiriau llenyddol Saunders Lewis. Gweler Shakespeare, *Henry VIII*, V, 4; deunydd a wnaed yn wreiddiol o sidan a blew camel, wedyn o wlân a chotwm neu liain.

10. Litani'r seintiau; cymharer isod *Buchedd Garmon*, n. 61. Y mae'r litani yn gofyn am amddiffyn yn erbyn llawer perygl, mewnol ac allanol. Y mae elfen o eironi yn yr alwad hon ar ran Harri o bawb!

11. 'Collied' = wedi'i dduo/pardduo: gair arall wedi'i fenthyg gan Shakespeare. Gweler *A Midsummer Night's Dream*, I, 1, 145 ac *Othello*, II, 3, 206.

12. Cyfeiriad at chwedl Llyn y Fan Fach. Yn ôl fersiwn Rees Tonn, a welir yn John Rhys, *Celtic Folklore: Welsh and Manx* (1901), I, 8, daeth morwyn y llyn at ei chariad â gwaddol a oedd yn cynnwys, 'as many sheep, cattle, goats, and horses as she can count of each without . . . drawing in her breath'.

Gwaed yr Uchelwyr

CYFLWYNIAD

Yr oedd cyfansoddi *Gwaed yr Uchelwyr* a'i chyflwyno ar lwyfan yn rhan o'r un ffrwd o brysurdeb ag a esgorodd ar *The Eve of Saint John* a'r gyfres o erthyglau ar y theatr Gymreig a Chymraeg a gyhoeddai Saunders Lewis ar ôl iddo ddychwelyd i'r coleg yn Hydref 1919. Penderfynodd ysgrifennu drama arall ar y cyfle cyntaf ryw wythnos ar ôl gweld yr adolygiad cyntaf o *The Eve of Saint John* yn Rhagfyr 1921, a dechreuodd arni yn Ebrill 1922. Ac er ei fod yn ei chael hi'n llawer anos i'w hysgrifennu na *The Eve of Saint John*,[1] gallodd anfon gair at Margaret Gilcriest erbyn 25 Hydref yr un flwyddyn i ddweud ei fod wedi ei gorffen.[2] Yr un pryd cyfeiriodd at ymgyrch i sefydlu cwmni theatr a fyddai'n cyflwyno *Gwaed yr Uchelwyr* a dramâu newydd eraill yn y dull a amlinellid yn ei erthyglau. Erbyn Chwefror 1922 yr oedd y cwmni hwn wrthi'n casglu actorion a dywedodd wrth Margaret Gilcriest—'We even talk of a limited company and buying a theatre.'[3] Ni ddaeth dim o hwn ond llwyddwyd i ffurfio cnewyllyn dan nawdd Cymrodorion Caerdydd, gyda Saunders Lewis yn rheolwr llwyfan.[4] Yr oedd *Gwaed yr Uchelwyr* yn un o'r ddwy ddrama a lwyfannwyd dan ei gyfarwyddyd ef ar nos Sadwrn, 13 Mai 1922 yn Neuadd y Ddinas, Caerdydd. Y llall oedd *Y Dieithryn* gan D.T. Davies.

Derbyniad cymysg iawn a gafodd *Gwaed yr Uchelwyr* mewn adolygiadau.[5] I raddau, gellid priodoli'r storm a dorrodd ar y cynhyrchydd noson y perfformiad i'r ffaith y teimlai rhai beirniaid fod dinasyddion Caerdydd yn anwybyddu'r hyn a wnaethpwyd eisoes gan Abertawe.[6] Ar y llaw arall dihangodd *Y Dieithryn* yn gymharol ddianaf, er bod y ddwy ddrama wedi eu cyflwyno yn yr un modd. Fel y gellid disgwyl, cafwyd sylwebaeth anffafriol ar y modd y llwyfannwyd y ddwy ddrama, a hynny'n tarddu o'r union safbwynt 'cnawdol' yr ysgrifenasai Saunders Lewis amdano gynt.[7] Yn ôl beirniad goleuedig y *Cardiff Times*, siomedig oedd y cyfan:

> 'Amateurish' was written large across the whole affair; there was a total lack of scenery, except in the curtain, which only worked with a will of its own, and marred the close of D.T. Davies' pathetic little sketch. (Imagine a farmhouse and a public house with only drapings for a background, and an early 19th century lass wearing patent 20th century shoes, with rouged cheeks and pencilled eyelashes.)[8]

Yr oedd y *Western Mail* yn fwy milain, gan gynnig cyfieithiad Saesneg o'r teitl fel 'The Blood of the Highbrows' ac yn amlwg yn elyniaethus i'r egwyddorion newydd:

> The stage itself was somewhat novel, no attempt having been made to represent the ordinary walls, fireplace, pictures &c., a few curtains, with the

necessary openings in place of doorways, sufficing for these. This, I am informed, was done of set purpose, but what the purpose was I have failed to discover. One cannot imagine why Jacobean tables and chairs should be regarded as helpful to the play, but not Jacobean fireplaces. There is no doubt some profound esoteric meaning in all this, and it is hoped that in time we may be initiated into the secret. Meanwhile we share the feeling of a prominent Welshman who, when he saw the curtained walls, exclaimed, 'Great heaven, what is this?'[9]

Fel cynhyrchydd, gallai Saunders Lewis fod wedi ennill clod y beirniaid hyn am gysondeb o leiaf, gan ei fod yn ymarfer yr egwyddorion yr oedd wedi bod yn eu pregethu mor egnïol ers amser. Ond o safbwynt sylwedd ac arddull, yr oedd ei ddrama yn ymddangos yn anghyson. Ar ôl ymosod yn chwyrn ar natur ystrydebol y ddrama Gymraeg a'i dull pamffledol, sut y gellid esbonio'r newid cywair a welir rhwng *The Eve of Saint John* a *Gwaed yr Uchelwyr*? Yn lle'r ymdrech i harddu realiti'r byd a fynegwyd yn *The Eve of Saint John*, dychwelir at y dull realaidd yr oedd wedi gobeithio'i alltudio o lwyfannau Cymru.[10] Sylwyd ar hyn ar y pryd gan feirniaid a gwynodd fod y dramodydd ifanc yn troi'n ôl at hen bethau yr oedd wedi'u gwrthod.[11] Yn fwy diweddar, esboniwyd hyn gan Dafydd Glyn Jones, a ddadleuodd fod Saunders Lewis wedi defnyddio rhai o sefyllfaoedd a chymeriadau stoc traddodiad y ddrama Gymraeg, 'gan ryw led ddisgwyl . . . i'r gynulleidfa weld fod ei ddefnydd o'r elfennau hynny yn wahanol i'r arfer, nid o ddamwain ond o fwriad'.[12] Y mae'r datblygiad ar y traddodiad a geir yn *Gwaed yr Uchelwyr*, meddai'r beirniad hwn, 'yn gwbl groes i duedd y dramâu traddodiadol'.[13] Synhwyrwyd hyn gan W.J. Gruffydd ar y pryd. Sylwodd ef fod Saunders Lewis, mewn rhai rhannau o'r ddrama, 'yn cerdded ar ganol priffordd' traddodiad drama Saesneg dechrau'r ganrif ac yn bradychu dylanwad George Bernard Shaw. Cwynodd hefyd ei bod yn anodd derbyn golygfeydd y dafarn yn yr ail Act; yr oedd cymaint o 'osod dynion meddwon ar y llwyfan yn yr holl ddramâu . . . [fel bod] . . . gofyn cael act arbennig o lwyddiannus i'w gyfiawnhau'. Ar y llaw arall, yr oedd yn hollol ymwybodol fod yna wreiddioldeb yn y ddrama ac ymgais newydd 'i adael hen draddodiadau llwm a threuliedig "cegin y fferm"'.[14]

Y gwir yw mai'r hyn a gafwyd rhwng *The Eve of Saint John* a *Gwaed yr Uchelwyr* oedd datblygiad hollol resymegol ar ei egwyddorion sylfaenol, er gwaethaf gwahaniaethau arwynebol. Gwelir hyn yn glir yn newis iaith y dramâu. Wrth newid o'r Saesneg i'r Gymraeg yr oedd Saunders Lewis wedi rhoi'r gorau i'w ymgais i fathu iaith ddramataidd newydd nas siaredid gan neb. Ar y llaw arall, daliai i deimlo'n gryf mai iaith y ddrama oedd un o'r offer cryfaf y gallai'r dramodydd eu defnyddio i gael effaith uniongyrchol ar ddychymyg y gynulleidfa. Fel y dywedodd yn rhagair *The Eve of Saint John*: 'Drama's chief business is talk . . . Unless, therefore, the language be rich, expressive, individual, powerful, the drama will die.'[15] Nid oedd felly yn fodlon caniatáu i ystyriaethau realaidd amharu ar yr ymdrech i greu deialog hardd a hyblyg. Daliai i fod mor benderfynol ag erioed o osgoi'r iaith sathredig a feirniadodd yng ngweithiau ei gyfoeswyr.

Fel y gellid disgwyl, siom oedd ymateb rhai o'r beirniaid. 'Possibly Mr Lewis's play suffers,' medd y *Western Mail*, gan geisio lliniaru tipyn ar y feirniadaeth ar y cynllun a'r cymeriadu, 'because of its stiff and archaic Welsh style, harking back to the seventeenth and eighteenth century, and unearthing strange words and idioms which puzzle the average Welshman.'[16] Ar y llaw arall, cododd sawl amddiffynnydd i glodfori'r ymdrech a ddisgrifiwyd gan adolygydd *The Welsh Outlook* fel, 'the first real attempt to present us with a phase of intimate Welsh life in a language that closely approaches and frequently achieves the classical style'.[17] Y mae'r newidiadau a wnaeth ar gyfer darlledu'r ddrama yn 1958 yn dangos ei fod wedi sylwi erbyn hynny fod rhywfaint o'r feirniadaeth yn gyfiawn.[18] Ond rhaid cydnabod ei fod hyd yn oed yn y fersiwn cyntaf yn ymarfer yr union egwyddorion a symbylodd ei arbrawf cyntaf ac y daliai i'w harddel flynyddoedd wedyn.[19]

Ar un wedd, gellid esbonio'r datblygiad a fu rhwng *The Eve of Saint John* a *Gwaed yr Uchelwyr* fel canlyniad i gyfnewid y rhamantiaeth esthetig a ddysgodd Saunders Lewis gan W.B. Yeats a Synge am realaeth seicolegol Maurice Barrès. Gwyddom fod y dadleuon rhwng Luned ac Arthur yn nhrydedd Act *Gwaed yr Uchelwyr* yn cwblhau'r broses a ddechreuodd ym mhen Saunders Lewis wrth iddo ddarllen gweithiau Maurice Barrès yn y ffosydd yn Fflandrys.[20] Y mae datganiad Saunders Lewis ei hun yn cadarnhau hyn, wrth iddo gyhoeddi ei ddyled i Barrès ar achlysur ei farwolaeth: 'Mae fy nyled innau iddo yn fwy nag a allai ei chyfrif . . . Nid yw fy nrama *Gwaed yr Uchelwyr* ond ymdrech aflwyddiannus i droi *Colette Baudoche* yn Gymraeg a Chymreig.'[21] Ond nid oedd y broses hon yn syml. Wrth fynegi ei weledigaeth newydd yn *Gwaed yr Uchelwyr* rhoddodd Saunders Lewis y gorau hefyd i'r wrthramantiaeth a amlygir ar ddiwedd *The Eve of Saint John*. Yn ei lle cawn ddelfrydiaeth seicolegol newydd yr oedd Saunders Lewis ei hun yn ei gweld fel ffurf ar ramantiaeth.[22] I ddeall y berthynas gymhleth rhwng y ddwy ddrama rhaid gofyn sut y datblygodd yr hyn a dderbyniodd Saunders gan Yeats dan ddylanwad newydd Barrès?

Erbyn diwedd ei ddrama gyntaf gwelodd Saunders Lewis ei fod mewn cyfyng-gyngor nad oedd modd dianc ohono heb newid ei safbwynt. Nid oedd am gymeradwyo'r ymdrech ramantaidd i gyflawni gofynion yr unigolyn ar draul y byd; ond ar y llaw arall nid oedd yn fodlon derbyn materoliaeth y rheini a wadai bosibilrwydd rhyddid. Cynigiodd Barrès fodd o symud ymlaen a datrys y ddilema hon. Yn nhrydedd gyfrol ei gyfres o nofelau, *Le Culte du moi* (1891),[23] dadleuodd Barrès ei bod yn bosibl bodloni'r chwant am ryddid wrth i'r unigolyn ddysgu ei weld ei hun yn gynnyrch y byd gwrthrychol. Ar sail yr athroniaeth hon yr oedd gobaith iddo gyflawni ei natur fel unigolyn trwy weithredu yn y byd hwnnw. Felly, dywedodd Saunders Lewis: 'Barrès had convinced me that Wales for me was not a net but a root.'[24]

Y broblem fawr a wynebai ar ôl gorffen *The Eve of Saint John* oedd sut i greu o'r athroniaeth newydd weledigaeth a fyddai'n achub Megan rhag ei diflastod. Cafodd fodd i'w datrys drwy ddarllen *Colette Baudoche* (1908), lle'r aeth Barrès â'i ddadl ymhellach. Gofynnai'r cymod rhwng yr arwr ifanc a byd y barbariaid a gynigiwyd yn *Le Jardin de Bérénice* am elfen o ffydd yr oedd creawdwr Megan eisoes wedi dangos ei fod yn brin ohono. Ond yn *Colette Baudoche* dangosodd Barrès sut y gellid gwireddu'r cymod hwnnw lle y mae gelyniaeth rhwng yr unigolyn a'r byd y'i gorfodir ef i fyw ynddo. Ac yr oedd y weledigaeth honno o gymorth uniongyrchol i'r dramodydd o Gymro.

Is-deitl nofel Barrès oedd 'Hanes Merch Ifanc o Metz'. Edrydd stori Colette, merch ifanc sy'n byw gyda'i mam-gu yn y ddinas a feddiannwyd gan yr Almaenwyr ar ôl y rhyfel rhwng Ffrainc a'r Almaen yn 1870. Daeth y rhyfel hwnnw i ben gyda chwymp Ymerodraeth Napoleon III a Ffrainc yn colli'r ddwy dalaith, Alsace a Lorraine, lle y cyflwynodd y llywodraeth newydd bolisi o 'Almaeneiddio'. Y mae Colette yn byw yn dawel gyda'i mam-gu, yn dilyn traddodiadau trigolion Ffrengig y ddinas er gwaethaf ymdrech yr awdurdodau Almaenaidd i ddisodli'r iaith a'r diwylliant Ffrengig, nes y daw athro ifanc o Almaenwr i letya gyda hwy. Yna, er gwaethaf ei addysg a'i ragfarnau Almaenig, daw'r athro, Herr Asmus, i gydymdeimlo â'r Ffrancwyr ac i dderbyn llawer o ddiwylliant Ffrainc. Cyn i'r naill na'r llall sylwi pa mor bell y mae'r haearn wedi treiddio maent yn caru ei gilydd. Felly â Herr Asmus adref i ymryddhau o bob rhwystr, a dychwel i Metz a gofyn i Colette ei briodi. Ei wrthod a wna, er ei bod yn ei garu:

> 'Dr Asmus,' meddai'r ferch ifanc, 'ni allaf eich priodi. Rwyf yn eich edmygu, byddaf yn teimlo cyfeillgarwch mawr tuag atoch; rwyf yn ddiolchgar ichi am feddwl yn uchel ohonom. Peidiwch â gofyn imi ei wneud.'[25]

Gyda'r geiriau hyn chwelir breuddwyd yr Almaenwr ifanc, nad oes gan Barrès lawer o gydymdeimlad ag ef oherwydd ei ddiniweidrwydd a'i ryfyg. 'Beth ydych chi'n ei ddisgwyl, annwyl Mr Frederic Asmus', gofyn y traethydd iddo. 'Rydych chi'n dioddef yn sgil y rhyfel . . . Mae merch ifanc wedi dewis y ffordd y mae anrhydedd yn y dull Ffrengig wedi ei dangos iddi.'[26] A chyda geiriau olaf y traethydd daw y nofel i ben. 'Tebyg i ryw leian wedi ei haberthu mewn clwysty', meddai, 'rwyt yn creu barddoniaeth, ti sy'n medru amddiffyn d'enaid a chynnal dy ffordd o weld pethau.'[27]

Wrth amddiffyn ei henaid a chynnal ei gweledigaeth hi ar draul rhamant serch, daw Colette â neges i'r byd, neges y cydiodd Saunders Lewis ynddi. Dengys Colette y gall unigolyn ddatblygu a chryfhau yn fewnol hyd yn oed pan fo'r byd yn wrthwynebus i'r gwerthoedd y mae ei gymeriad wedi ei seilio arnynt. Er y cynhyrchwyd y gwerthoedd hyn yn wreiddiol gan y byd gelyniaethus hwnnw, llwydda Colette trwy eu gwneud hwy'n rhannau o'i natur ei hun i gadw'n fyw i'r dyfodol ddelfrydiaeth yr oesoedd a fu. Felly, meddai Barrès, y tyf cymeriad dynol i fod yn rhywbeth nad oes modd i'r byd ei ddifa.

Y mae deall pam y mabwysiadodd Saunders Lewis yr athroniaeth hon yn ein galluogi i esbonio'r newid o'r Saesneg i'r Gymraeg. I raddau gellid ei esbonio fel canlyniad i'r ffaith iddo symud yn ôl i Gymru i fyw.[28] Cofiwn ddatganiad ei dad yn 'Dylanwadau', na fyddai'n gwneud dim ohoni onid âi'n ôl at ei wreiddiau.[29] Anodd credu na fyddai wedi pwyso a mesur geiriau dynion fel beirniad *Y Darian*, a oedd yn deall ac yn gwerthfawrogi amcan arddull *The Eve of Saint John*:

Dywedwn hyn, beth bynnag, y buasai ddengwaith yn well gennym ped ysgrifenasid hi'n Gymraeg. Cais yr awdur yw cyflwyno'n Saesneg gyfoeth a grym ymadroddion Cymraeg Llafar. I ni ymddengys yn beth ofer iawn gwneud cymaint ymdrech, fel y gwna llawer o ysgrifenwyr y dyddiau hyn, i lunio Saesneg nas siaredir gan neb a'i roi yng ngenau Cymry. Y mae Mr Lewis wedi llwyddo i lunio rhyw fath ar iaith sydd a thipyn o urddas arni, ond methu a wna yntau yn aml.[30]

Y mae'n debyg fod Saunders Lewis yn adnabod awdur y geiriau hyn ac iddo gael y cyfle i drafod ei sylwadau gydag ef, gan ei fod yntau'n ysgrifennu'n gyson i *Y Darian*. Os felly, rhaid ei fod wedi teimlo effaith yr apêl bersonol a wnaethpwyd ar ddiwedd yr erthygl: 'Mae ar y Cymry sydd yn ymladd i gadw'u hiaith ac yn deisyf gweled cyfoethogi llenyddiaeth eu gwlad eisiau help dynion fel Mr J.S. Lewis.'[31]

Serch hynny, pan gynigiodd Saunders Lewis esboniad ar ei benderfyniad i droi at y Gymraeg, ni soniodd am ddylanwadau allanol ond pwysleisiodd resymeg y penderfyniad. Dywedodd mewn sgwrs radio yn 1955 am *The Eve of Saint John*: 'This was my first play, and so far my last in English. I couldn't be satisfied with its diction and I settled the issue by turning and learning to write in Welsh. It was the logical thing to do.'[32] Y gwir yw nad oedd newid iaith yn ddim ond un agwedd ar y newid a ddigwyddodd yn y cyfnod byr hwnnw rhwng y ddwy ddrama, newid a symbylwyd gan yr un resymeg danddaearol a'i gyrrodd i dderbyn athroniaeth Barrès.

Yr hyn sy'n awgrymu beth oedd ym meddwl Saunders Lewis y pryd hwnnw yw'r ffaith i'w sylw droi at *Colette Baudoche* yn hytrach nag at un o nofelau mawrion y gyfres, 'Le Roman de l'énergie nationale',[33] sef *Y Dadwreiddiedig* (1897), *Yr Apêl at y Milwr* (1900) ac *Eu Hwynebau Hwy* (1902). Yn y nofelau hyn ceir datganiad mwy cyflawn o athroniaeth Barrès nag a geir yn *Colette Baudoche*. Maent yn trin hanes grŵp o fechgyn a fegir yn Lorraine cyn symud i Baris, lle y chwaraeant rannau gwahanol yn nrama genedlaethol degawdau olaf y bedwaredd ganrif ar bymtheg. Y gwahaniaeth rhwng 'Le Roman de l'énergie nationale' a *Colette Baudoche* yw'r gwahaniaeth rhwng Paris a Metz. Ym Mharis gall yr unigolyn gyflawni gofynion ei natur trwy neidio i lif llawn y bywyd cenedlaethol, ond ym Metz ni chynigir i'r Ffrancwr ond bywyd cyfyngedig.

Onid oedd Saunders Lewis yn cydnabod y tebygrwydd rhwng sefyllfa trigolion Ffrengig Metz a sefyllfa'r Cymry Cymraeg cyn darllen cofiant Emrys ap Iwan gan T. Gwynn Jones, yn sicr ddigon yr oedd yn ei gydnabod wedyn.[34] Emrys ap Iwan oedd y llenor cyntaf i sylweddoli beth oedd sefyllfa Cymru yn oes y Philistiaid, sef oes y dosbarth canol Rhyddfrydol a oedd yn barod i gyfaddawdu â'u Cymreictod er mwyn meddiannu cyfoeth Prydain. Canlyniad y cyfaddawd hwn oedd tanseilio'r Gymraeg a Chymreictod, brad syfrdanol David Lloyd George a *débâcle* mudiad Cymru Fydd.[35] Gwrthwynebodd Emrys arwyr y dosbarth hwn, gan ymladd yn ddewr dros yr iaith a'r hen werthoedd yr oedd y traddodiadau Cymreig yn seiliedig arnynt.

Y mae'n amlwg i Emrys ap Iwan a Colette Baudoche chwarae rhannau pwysig yn y broses hir o droi Saunders Lewis o'r hyn ydoedd o ganlyniad i'w addysg Saesneg a Seisnig a'i fagwraeth yn Wallasey a Lerpwl, i fod yn genedlaetholwr o Gymro a llenor gwreiddiol a threiddgar. Gallwn ddweud yn bendant mai trwy addasu gwaith Barrès y daeth Saunders Lewis i ymgymryd â dyletswydd a rôl y llenor o Gymro fel y'i diffiniwyd ym mywyd Emrys ap Iwan. A gwyddom hefyd iddo dderbyn y rôl honno nid mewn chwerwder ysbryd un a ymladdai yn erbyn nerth y gwynt a'i chwythodd, ond yn hytrach â llawenydd. Yr oedd ar awdur *The Eve of Saint John*, a fethodd lunio dyfodol i'r ferch ddychmygol gyntaf a gyflwynwyd ganddo i'r byd, angen Cymru. Yn Philistia Cymru gyfoes cynigiwyd swyddogaeth i gymeriadau beiddgar fel Megan a chaniatawyd iddynt gyfnewid eu rhamantiaeth afreal am ddelfrydiaeth ddisgybledig ac urddas arwr trasiedi.

Dangosodd Saunders Lewis ei fod yn ymwybodol o hyn y tro cyntaf y cyfeiriodd at hanes Luned, mewn llythyr at Margaret Gilcriest yn Hydref 1921: 'It's a study of a girl torn between duty to her country and the love of her heart,—a Welsh Antigone I want her to be.'[36] I Luned, yn *Gwaed yr Uchelwyr*, fel ag i Antigone yn nhrasiedi Soffocles, yr oedd yna bris i'w dalu am yr urddas hwn, sef aberthu'r gobaith am gyflawnder a boddhad yn y byd. Ond yr oedd yna hefyd wobr i'w hennill wrth i'r unigolyn dyfu i fod yr hyn yr oedd wedi penderfynu bod. Golygai fuddugoliaeth dros y byd a thros hunanoldeb anaeddfed y rhamantydd; buddugoliaeth a ddeuai trwy dderbyn fod yr unigolyn yn dibynnu'n llwyr ar y byd am ei hunaniaeth, ond bod ganddo, serch hynny, y gallu i'w gadw ei hun rhag y byd trwy ymarfer rhyddid ewyllys a mynnu parhad y gwerthoedd a'r delfrydau a ddewiswyd ganddo.

Yn ddiau bu dylanwad trasiedïau hynafol Groeg yn drwm ar Saunders Lewis yn y cyfnod hwn, pan oedd yn eu hastudio'n bwrpasol iawn.[37] Erbyn hyn, hefyd, yr oedd yn dechrau mynd dan ddylanwad dramodwyr neo-glasurol Ffrainc a barhâi ar hyd ei oes. Yr oedd dylanwad Pierre Corneille yn neilltuol bwysig yn ystod y broses o gyfansoddi *Gwaed yr Uchelwyr*. Felly dywedodd yn 1950: 'Problem yn null Corneille, sef gwrthdrawiad rhwng serch a ffyddlondeb teuluaidd, a geisiais i ei gosod yn fy nrama gyntaf.'[38] Serch hynny, nid trasiedi mo *Gwaed yr Uchelwyr*. Ni wyneba Luned Gruffydd yr un cyfyngder creulon ag Antigone Soffocles neu Polyeucte Corneille. Â

Luned fwy na hanner ffordd i gwrdd â'i thynged ac y mae hi'n benderfynol iawn o'i reoli. Dioddefa Luned, yn y pen draw, oherwydd yr hyn y mae hi'n penderfynu bod, yn hytrach na'r hyn y mae'n ei deimlo yn rhinwedd ei dynoliaeth.

Er mwyn llwyr ddeall yr hyn y llwyddodd Saunders Lewis i'w wneud yn *Gwaed yr Uchelwyr* rhaid inni ystyried nid yn unig ddylanwadau llenyddol ond y modd y mae'n adlewyrchu digwyddiadau yn y byd o'i gwmpas. Wrth iddo lunio trydedd Act y ddrama, cefnodd y Ceidwadwyr ar y glymblaid a gynhaliai lywodraeth David Lloyd George a dyna ddiwedd ar ei rym gwleidyddol yntau a diwedd grym y blaid a oedd wedi rheoli bywyd gwleidyddol Cymru am dri chwarter canrif. Efallai nad oedd hyn yn glir i bawb ar y pryd, ond yr oedd Saunders Lewis yn hollol ymwybodol fod y Rhyddfrydiaeth, a fuasai'n ail grefydd i ddynion mawr fel Thomas Gee, Gwilym Hiraethog a Roger Edwards, wedi ei hen ddihysbyddu erbyn diwedd y ganrif. Erbyn 1920 yr oedd yn hysbys i bawb fod diddordeb Lloyd George a'r Rhyddfrydwyr mawrion, a oedd wedi gweiddi mor groch dros achos cenedlaetholdeb Cymreig, wedi ei symbylu nid gan genedl a gwareiddiad ond gan fuddiannau dosbarth. Oherwydd hyn, o fewn tair blynedd iddo orffen *Gwaed yr Uchelwyr* ymunai Saunders Lewis ag eraill i sefydlu Plaid Genedlaethol Cymru ar seiliau cenedlaetholdeb athronyddol. Ac yn 1922 yr oedd *Gwaed yr Uchelwyr* yn ymdrech i adolygu'r myth hanesyddol yr oedd awdurdod Rhyddfrydiaeth wedi'i seilio arno, a'i addasu ar gyfer amcanion newydd.

Ym marn Saunders Lewis yr oedd y myth Rhyddfrydol yn seiliedig ar sawl celwydd, ac yn neilltuol ar y gred fod yna egwyddorion cynhenid yn perthyn i'r werin Gymraeg, ymneilltuol. Agwedd arall ar y gred ganolog hon oedd y duedd i gymryd yn ganiataol fod y genedl a'r werin hon yn unffurf, ac felly fod cyflawni rhaglen wleidyddol y Blaid a hawliai gynrychioli'r werin honno yr un peth â chyflawni hunaniaeth y genedl. Oherwydd hyn yr oedd yr arweinwyr Rhyddfrydol yn medru hybu, yn enw'r genedl Gymreig ei hun, bolisïau yr oedd dynion fel Emrys ap Iwan yn sylweddoli eu bod yn niweidiol i Gymreictod.

Yr oedd dehongliad Saunders Lewis o hanes y bedwaredd ganrif ar bymtheg yn wahanol i'r hyn a welir mewn testunau Rhyddfrydol. Mynnai fod yr elfennau o drefn a thraddodiad yn y gymdeithas wledig Gymreig yn hanu o barhad yr hen fonedd yn hytrach nag o aruchsledd cynhenid y werin. Ei ddadl oedd y byddai'r werin yn methu â chynnal traddodiadau'r genedl heb fod yna rywbeth i gyfryngu rhyngddi hi a'r hen gymdeithas a'i creodd.[39] Ond yn ei ymdrech i gyfleu'r ddadl newydd hon daliai i ddibynnu ar y syniad fod bywyd gwledig Cymreig yn y bedwaredd ganrif ar bymtheg yn cylchdroi o gwmpas y rhwyg rhwng y tenant o Gymro a'r landlord o Sais.

Y mae hyn yn fwy trawiadol yng ngoleuni'r ffaith nad oes seiliau hanesyddol cryf i'r gwrthdaro economaidd rhwng y werin Gymraeg a'r tirfeddianwyr a oedd yn elfen mor bwysig ym mhropaganda'r Rhyddfrydwyr.⁴⁰ Nid oes amheuaeth ynglŷn â'r gwrthdaro gwleidyddol a fu yng Nghymru drwy gydol ail hanner y bedwaredd ganrif ar bymtheg gan orffen gyda buddugoliaeth Rhyddfrydiaeth a'r dosbarth canol newydd. Yr oedd y frwydr ar ei phoethaf ar ôl Etholiad Cyffredinol 1868 ond gwelid arwyddion eglur o'r ornest fawr mor gynnar ag 1840. Erbyn 1835 penodwyd y radical David Rees yn olygydd *Y Diwygiwr* ac yr oedd David Owen (Brutus) wedi cymryd at *Yr Haul* a'i ddefnyddio'n arf dros Doriaeth Ucheleglwysig. Felly diffiniwyd safleoedd y byddinoedd gogyfer â'r rhyfel gwleidyddol a ymladdwyd gan holl arwyr y genedl tan ddiwedd y ganrif.

Serch hynny, nid oes sail hanesyddol i'r honiad y cafwyd y math o wrthdaro hanfodol rhwng buddiannau'r werin a'u meistri a gymerir yn ganiataol yn *Gwaed yr Uchelwyr* ar unrhyw adeg yn ystod y ganrif. Er bod tuedd drwy gydol y bedwaredd ganrif ar bymtheg i'r tirfeddianwyr bychain wasgu eu tenantiaid fel y codai costau byw, byddai unrhyw un a oedd yn caniatáu i'w stiward weithredu polisïau Robert Puw yn *Gwaed yr Uchelwyr* wedi difetha'i stad yn gyflym iawn. Gobaith y landlord oedd cael tenant da a chanddo ddigon o gyfalaf i ffermio'r tir yn effeithiol. Cododd rhenti'n uchel o dro i dro ac yn arbennig yn ystod ac ar ôl y rhyfeloedd yn erbyn Ffrainc, ond tueddir erbyn hyn i weld y broses hon yn ganlyniad naturiol i'r ffaith fod yr hen system o osod ffermydd am gyfnod o dair cenhedlaeth wedi cadw'r rhenti'n annaturiol o isel.⁴¹

Gwanhaodd Saunders Lewis seiliau hanesyddol y ddrama ymhellach wrth ei lleoli ym mlynyddoedd cynharach y ganrif. Ei fwriad gwreiddiol oedd gosod hanes ei Antigone Gymraeg yn y pedwardegau. 'It's a grand theme,' meddai wrth Margaret Gilcriest, 'the Welsh land laws circa 1840.' Dyma gyfnod Beca, pan oedd prisiau'n isel iawn a phan oedd y berthynas rhwng tenant o Gymro Rhyddfrydol a'r tirfeddiannwr o Dori wedi dechrau dirywio.⁴² Ar y llaw arall, yn 1827 yr oedd prisiau amaethyddol yn uchel, nid yn eithriadol isel, fel y dywedir yn y ddrama, ac yr oedd yr arferiad o gystadlu am ffermydd yn llawer llai cyffredin nag yn y pedwardegau, pan fytheiriodd Beca yn ei erbyn.⁴³ Heblaw hynny, y mae 1827 yn ddyddiad anacronig o safbwynt yr ymfudo i Wisconsin y mae cymaint o sôn amdano yn y ddrama. Yn ôl y dystiolaeth hanesyddol ni welwyd Cymry yn Wisconsin tan ddechrau'r pedwardegau, er iddynt lifo yno yn eu miloedd am rai degawdau wedyn.⁴⁴

Y gwir oedd nad oedd gan Saunders Lewis fawr o ddewis ynglŷn ag amgylchiadau hanesyddol. Ei fan cychwyn yn y ddrama hon oedd yr angen i ddod o hyd i sefyllfa lle y gallai ddisgrifio ei arwres yn dioddef yr un math o wrthdaro mewnol ag a brofwyd gan Colette Baudoche ym Metz dan yr Almaenwyr. Er bod y gwrthdaro trawiadol a gafwyd yng Nghymru yn ystod pedwardegau'r bedwaredd ganrif ar bymtheg yn ei gyflwyno ei hun ar unwaith iddo, rhaid ei fod wedi sylweddoli nad oedd cyfnod Beca yn gweddu i'w amcan. Yr oedd merched Beca'n ferched gwerinol iawn ac yn bell o allu cynnal y math o ddehongliad gwrthwerinol yr oedd y dramodydd am ei gyflwyno. Rhaid felly oedd symud y digwyddiad ymhellach yn ôl, at gyfnod a oedd yn ddigon pell oddi wrth y terfysg gwerinol y cyfeiriwyd ato, nid yn unig gan y Rhyddfrydwyr, ond hefyd gan y Blaid Lafur newydd a oedd yn cael ei sefydlu mor gyflym ledled y wlad.

Gellid dadlau nad oes a wnelo gwendid hanesyddol â gwendid llenyddol. Ac yn wir, byddai'n rhaid cyfaddef, ar sail *Buchedd Garmon* yn unig, nad yw anacroniaeth yn rhwystr i effeithiolrwydd drama hanesyddol. Serch hynny y mae a wnelo cywirdeb hanesyddol â chysondeb cymeriadu o dan rai amgylchiadau. Gan gofio hynny, y mae'n ddiddorol cymharu *Gwaed yr Uchelwyr* â'r nofel *Waverley* (1814) gan Walter Scott, sy'n perthyn i gyfnod sy'n agos iawn at y cyfnod a gyflwynir yn y ddrama. Symbylwyd y ddau lyfr gan yr un nod o gymodi rhwng gorffennol rhamantaidd a phresennol diramant. Anfonodd Scott ei arwr o Sais i grwydro ucheldiroedd Yr Alban yng nghyfnod tyngedfennol ymgyrch olaf cefnogwyr y Stuartiaid ac i weithredu fel eiriolwr rhwng ei hiraeth ef ei hun am draddodiadau hynafol ei wlad a'i deyrngarwch i'r system a'u difethodd. Ei lwyddiant yn hyn o beth oedd sail ei boblogrwydd fel llenor ac fel cynrychiolydd y dosbarth canol hwnnw a ddisgrifiwyd gan Barrès a Saunders Lewis fel barbariaid a philistiaid am eu bod yn euog o'r union gyfaddawd a ddethlir ym mhriodas Waverley a Rose Bradwardine.

Yn *Waverley*, cawn arwres arall heblaw Rose, sef Flora MacIvor, a gymhellir gan deimladau tebyg i'r rhai sy'n gyrru Luned i'w halltudiaeth unig yn Wisconsin. Y mae Flora'n hynod o ymwybodol o'r hen draddodiadau ac o'r gwaed sy'n rhedeg trwy wythiennau ei theulu ac o'r herwydd y mae hi'n ddeniadol iawn i'r arwr ifanc. Ond fel yr â'r ymgyrch filwrol yn ei blaen, gan ysgubo'r arwr ifanc yn ei sgil i wynebu diflastod y gwrthdaro gwaedlyd, cyll ef ddiddordeb yn rhamant y gorffennol a rhamant Flora. Erbyn diwedd y nofel, tra bod Rose yn ddiogel ym mreichiau Waverley, gadewir Flora'n unig ac yn druenus ymhlith y lleianod, wedi ei harteithio gan y teimlad ei bod yn rhannol gyfrifol am y farwolaeth erchyll a roddir i'w brawd mewn dienyddle cyhoeddus yng Nghaerliwelydd.

Pe bai Luned Gruffydd wedi ei hanfon i'r ysgol yn Llundain tua'r flwyddyn 1825 y mae'n bur debyg y byddai wedi dod o dan ddylanwad y beirdd rhamantaidd Saesneg hynny yr oedd Saunders Lewis wedi'u hastudio'n drylwyr iawn yn Lerpwl. Byddai hi wedi darllen *Waverley* a'r holl gyfres o ramantau a'i dilynodd, onid oedd hi'n wahanol iawn i bob merch arall yn y cyfnod hwnnw. Ac, yn wir, gwelir ôl dylanwad Scott a Wordsworth yn y sgyrsiau a gafwyd yn Llundain rhyngddi hi ac Arthur. Y mae'r cynllun i adnewyddu'r hen fywyd gwledig Cymreig a ddatblygir rhyngddynt yn ddigon noddwediadol o'r cyfnod. Ond os felly y mae'n bur annhebyg y byddai hi wedi datblygu'r ddelfrydiaeth arwrol y mae hi'n ei harddel yn y ddrama. Y mae'r cysyniad rhamantaidd fod ystyr bywyd dynol i'w chyflawni trwy gyfrwng emosiynau'r unigolyn yn hanfod sylfaenol i'r holl lenyddiaeth honno y byddai rhyw Luned hanesyddol wedi ei magu arni. Sut felly y gallai hi fod wedi troi yn ei herbyn, gan apelio at egwyddorion nas mynegir mewn unrhyw lenyddiaeth cyn cyfnod Saunders Lewis ei hun?

Y mae'r ddadl hanesyddol hon yn bwysig yn y cyd-destun hwn, oherwydd y cwyd o fethiant y dramodydd i wreiddio penderfyniad Luned yn y digwyddiad a gyflwynir inni yn *Gwaed yr Uchelwyr*. Ond y gwir yw bod nerth yn yr awgrym gwawdus y gellid newid y teitl i 'The Blood of the Highbrows'. Yr unig gymhelliad dros yr ymddygiad eithafol a briodolir i Luned yn y ddrama yw ei dymuniad i efelychu'r aberth a wnaethpwyd gan yr uchelwyr, ei chyndeidiau, pan ddywed hi: 'Mi garwn innau fy mhrofi fy hun yn un ohonynt hwy.'[45] Ni ddengys o ble y daw'r dymuniad hwnnw, na pham y mae'n ei harwain at y penderfyniad nad oes modd iddi gymodi gofynion ei natur ei hun â'i dyletswydd i'w chenedl.[46] Pe bai Walter Scott wedi ysgrifennu *Gwaed yr Uchelwyr* byddai Luned wedi priodi Arthur, gan gymodi gweddillion yr hen fyd Cymreig â'r dosbarth ariannog newydd. Gwelodd Saunders Lewis y cyfaddawd hanesyddol hwnnw fel brad a arweiniodd at gwymp yr hen fonedd Cymreig ac a adawodd y ffordd yn glir yng Nghymru i Philistiaid y dosbarth canol newydd.[47] A phrif amcan *Gwaed yr Uchelwyr* oedd eu diddymu, wrth ddisodli realiti hanes â realiti ei ddychymyg ef. Ond sut y gellid gwneud hyn pan oedd y dychymyg yn dibynnu ar y dystiolaeth a roddwyd gan hanes? Yr ateb yw, wrth gwrs, nad oedd yn bosibl, a dyna sy'n esbonio gwendid *Gwaed yr Uchelwyr* o'i chymharu â *Blodeuwedd*, yr oedd Saunders Lewis yn prysur ysgrifennu ei Hact gyntaf prin dri mis ar ôl anfon Luned i Wisconsin. Y mae prysurdeb a ffrwythlondeb y cyfnod byr rhwng Mehefin 1920 a Chwefror 1923 yn rhyfeddod.

Nodiadau

[1] Ysgrifennodd at Margaret Gilcriest ar sawl achlysur i gwyno amdani. Yr oedd yr Act gyntaf yn gyfan erbyn 4 Ebrill 1921 a'r ail erbyn 16 Medi, ond bryd hynny yr oedd yn bygwth ei llosgi: 'I hope to get the play published this year, unless I get disgusted and burn it in the end.' Ar 7 Hydref cyfaddefodd ei bod yn rhoi cymaint o drafferth iddo nes ei fod wedi anghofio ysgrifennu at Margaret. Yna ddau ddiwrnod wedyn cwynodd: 'My Welsh play grows slowly: a page today.' (Mair Saunders Jones, Ned Thomas and Harri Pritchard Jones (eds), *Saunders Lewis Letters to Margaret Gilcriest* (1993).

[2] *Letters to Margaret Gilcriest*, 471, 25 Hydref 1921: 'I've just finished my Welsh play, too, so I'm very pleased with myself.'

[3] Gweler *Letters to Margaret Gilcriest*, 482, 7 Chwefror 1922.

[4] Dyma swyddogion y cwmni yn ôl y *Cardiff Times and South Wales Weekly News*, 20 May 1922: cadeirydd, Yr Athro Morgan Watkin; rheolwyr llwyfan, Mr Saunders Lewis MA a Mr Dan Matthews; rheolwr busnes, Mr T.W. Thomas; darllenydd, Mr D.T. Davies BA; arlunydd, Mr Tim Evans ARCA; trysorydd, Mr John Thomas; ysgrifennydd, Mr W.I. Jones BA. Ar noson y cyflwyniad yr oedd cadeirydd y noswaith, Syr William James Thomas, yn absennol.

[5] Dywedodd un beirniad: 'This play has already been subjected to a great deal of comment. One critic declared it to be the worst play ever written, and

the following week another writer firmly avowed that it was the best play that has yet appeared in Welsh. The former estimate is grotesquely absurd, and the latter a trifle flattering.' *The Welsh Outlook*, (November 1922), 272. Ni ddeuthum o hyd i unrhyw sylwadau sy'n cyfateb yn fanwl i'r rhain. Dywedodd Saunders Lewis ei hun: 'It was killed right away, and all the critics sent up a howl of fierce contempt and execration of my masterpiece. Such unanimity of judgement was never heard before,—this is strictly true. One critic wrote that it was the worst play in the Welsh language.' *Letters to Margaret Gilcriest*, 486, Sunday, 5th after Easter 1922. Ond gweler *Cambria Daily Leader*, 15 May 1922, 3 ac *Y Faner*, 25 Mai 1922, 5.

[6] Gweler *Cambria Daily Leader*, 17 May 1922, 5: 'Cardiff's laudable effort to put us right in the matter of the Welsh drama and give Swansea a lead by founding a National Dramatic Society, has been a brilliant success. True to that city's traditions they chose the Duke of Plaza-Toro's strategic position in the advance. As pioneers in Welsh art movements their method seems to be to show Swansea how to do things they have done for years. But this last effort is Gilbertian.' Gweler hefyd lythyr gan 'aelod y gynulleidfa' (*Cambria Daily Leader*, 16 May 1922, 7), dan y teitl 'Cardiff Cymrodorion & Welsh drama': 'Sir—I should like to know how far the Welsh drama movement is supported by such performances as *Gwaed yr Uchelwyr* at the City Hall on Saturday evening last. If the Cardiff Cymrodorion, and its choice of plays and players, cannot produce anything better, then let them leave it to the the drama societies up and down the countries to do so. To me a better way for the Cardiff Cymrodorion to give its support to Welsh drama is to give protection to the many organizations in existence, rather than compete with them—to bring these societies out by engaging their services in a week of Welsh drama.'

[7] Gweler uchod, tt.5–6. n.16.

[8] 'Welsh drama at Cardiff. Disappointing debut', *Cardiff Times and South Wales Weekly News*, 20 May 1922.

[9] 'Welsh drama. Two new plays produced at Cardiff', *Western Mail*, 15 May 1922.

[10] Gweler, er enghraifft, *Y Darian*, 2 Mehefin 1921, lle y cyhoeddwyd beirniadaeth Saunders Lewis ar Eisteddfod y Ddraig Goch: 'Os teg derbyn y dramâu fel darlun o fywyd Cymru heddyw, rhaid casglu mai dyma'r bywyd mwyaf undonog a diflas a di-liw a ddarluniwyd erioed . . . Pan ystyriom eu cymeriadau, eu pregethwyr a'u blaenoriaid diddiwedd, teimlwn nad mewn bywyd y cafwyd y patrwm ohonynt, ond mewn dramâu eraill ac yn nofelau Daniel Owen.'

[11] Rhoddodd beirniad *Y Darian* y ddrama yn bendant yn y traddodiad theatraidd Cymreig, gan ddweud: 'Dywedir bod y diacon a'r gweinidog yn cael gormod o'u dangos ar lwyfan y ddrama yng Nghymru. Yn sicr mae'r un peth yn wir am y cipar a'r herwheliwr, a hynny gyda llai o esgus.' *Y Darian*, 6 Mai 1922, 1.

[12] Dafydd Glyn Jones, *Saunders Lewis a thraddodiad y ddrama Gymraeg*, darlith a draddodwyd yng Nghyfarfod Blynyddol Cymdeithas Theatr Cymru, Eisteddfod Dyffryn Clwyd, 1973; *Llwyfan*, 9 (Gaeaf 1973), 9.

[13] Ibid. Yr esboniad a gynigia Dafydd Glyn Jones am hyn yw bod 'elfen o barodi yn un allweddol bwysig' yn y ddrama. Ni theimlaf mai dyna'r esboniad

cywir ond yn hytrach fod Saunders Lewis yn ymdrechu i adolygu myth hanesyddol a oedd yn dal i ddylanwadu ar ei feddwl ei hun. Gweler isod tt.43–4.
[14] W.J. Gruffydd, *Y Llenor*, I (1992), 149.
[15] Gweler uchod t.14.
[16] *Western Mail*, 15 May 1922.
[17] *The Welsh Outlook*, (November 1922), 272. Gweler hefyd *Y Darian*, 4 Mai 1922: 'Iaith lyfr bron yn gyfangwbl a sieryd y cymeriadau, a rywfodd swnia honno yn naturiol yn y ddrama hon. Hwyrach y cymerwn yn ganiataol mai felly y siaradai Cymry gwaedglas dechreu'r ganrif ddiweddaf. Gwyn fyd na chlywid Cymraeg tebig ac ymadroddion mor fyw-farddonol ar wefusau Cymry'n dyddiau ni!' Rhoddodd W.J. Gruffydd y mater mewn cyd-destun ehangach yn *Y Llenor*, I (1922), 150: 'Ceisiodd yr awdur wneuthur peth newydd arall, er bod yr Athro Gwynn Jones (yn ei gyfieithiad o Ibsen) wedi dangos y ffordd. Yr wyf yn cyfeirio at yr ymwrthod ag iaith lafar sathredig a cheisio llunio iaith safonol lenyddol fel offeryn i'r ddrama. Wel, y mae hon yn broblem y mae'n rhaid inni ei hwynebu'n hwyr neu'n hwyrach, ac yr wyf yn ddiolchgar iawn i'r ddau a enwais am gymryd y cam cyntaf.' Cyhoeddwyd cyfieithiad T. Gwynn Jones o *Dychweledigion* Ibsen yn ail gyfrol Cyfres y Werin, II, yn 1920 ar gais Ifor Evans a Henry Lewis. Gweler D. Jenkins, *Cofiant T. Gwynn Jones* (1973), 273–4. Fe'i darlledwyd gan y BBC, 4 Tachwedd 1947.
[18] Gweler y newidiadau hyn yn y nodiadau testunol isod.
[19] Wrth gyhoeddi ei gyfieithiad o *Le Médecin malgré lui* Molière yng Nghyfres y Werin (1924), gwnaeth gyfle i ddatgan ei gred y dylid seilio iaith drama ar Gymraeg lenyddol: 'Fe daerir yn rhy aml o lawer gan feirniaid difeddwl nad yw Cymraeg llyfr ddim yn gymwys i ddrama. Y mae hynny, wrth gwrs, yn gwbl wir, ac mor amlwg fel na welaf i ddim rhinwedd mewn dywedyd hynny. Oblegid i'w darllen yr ysgrifennir llyfrau, ac nid i'w hactio. Ond tasg y dramodydd yw sgrifennu Cymraeg *llenyddol* nad yw ddim yn Gymraeg llyfr. Canys y mae llenyddiaeth yn cynnwys mwy na llyfrau, a llawer mwy. Fe gynnwys ymadrodd a chân, ac fe all gynnwys drama.' *Doctor Er Ei Waethaf. Comedi gan Molière*, Cyfres y Werin, 13 (1924), 35.
[20] Gweler 'Maurice Barrès. Prif lenor Ffrainc. Cysylltiad dyn a'i genedl', *Y Faner*, 24 Ionawr 1924. Gweler hefyd Ioan Williams, *A Straitened Stage* (1991), 21–5.
[21] *Y Faner*, 24 Ionawr 1924.
[22] Efallai nid oes sail dros ddweud ei fod yn sylweddoli hyn yn 1922, ond yn sicr gwnaeth erbyn iddo ysgrifennu *Brad*, lle y mae Albrecht yn cyhuddo Hofacker o fod yn rhamantydd oherwydd yr elfen honno o ddelfrydiaeth yn ei feddwl.
[23] Dilynwyd *Sous l'oeil des barbares* (1888) ac *Un Homme libre* gan *Le Jardin de Bérénice* yn 1891.
[24] 'By way of apology', *Dock Leaves*, (Winter 1955), 10–13.
[25] *Colette Baudoche* (1908), 261. '—Monsieur le docteur, dit la jeune fille, je ne peux pas vous epouser. Je vous estime, je vous garderai une grande amitié; je vous remercie pour le bien que vous pensez de nous. Ne m'en veuillez pas.'
[26] Ibid., 262.
[27] Ibid., 263.

[28] Digwyddodd hyn cyn ei benodi i swydd llyfrgellydd ym Morgannwg a symud i Gaerdydd ym Mai 1921. Yr oedd wedi symud o Wallasey i Abertawe yn 1916. Ar ôl gorffen ei radd yn Lerpwl ym Mehefin 1920, symudodd i weithio ar ei draethawd MA yn Aberystwyth.

[29] 'Dylanwadau', *Taliesin*, II (Nadolig 1961), 5.

[30] 'Comedi newydd', *Y Darian*, 6 Ionawr 1921, 8.

[31] Ibid.

[32] 'By way of apology', 13. Cyfieithiad o sgwrs radio.

[33] Y mae'n anodd cynnig cyfieithiad Cymraeg o'r teitl hwn, sy'n awgrymu rhywbeth tebyg i 'Ramant grym y Genedl'.

[34] Gweler 'Dylanwadau', 10–11. Dywed yno mewn ateb i'r cwestiwn, 'Pryd f'asech chi'n dweud y gwnaethoch chi'r dewis ymwybodol cyntaf i feistroli'r Gymraeg fel cyfrwng llenyddiaeth?', mai Barrès 'ar ôl Yeats a'r Gwyddyl . . . a'm troes i'n genedlaetholwr Cymreig'. Yna, edrydd hanes darganfod cofiant Emrys ap Iwan yn siop Morgan a Higgs yn Abertawe, 'tua'r flwyddyn 1916' ac 'fe setlodd hynny bopeth yr oedd Barrès wedi'i baratoi.' Y mae lle i amau fod y broses wedi ei chyflawni erbyn y dyddiad hwn. Yn sicr cymerodd sawl blwyddyn ar ôl hynny i'w sgil-effeithiau weithio trwy ymwybyddiaeth y llenor ifanc. Heb hynny, sut y mae esbonio *The Eve of St John*?

[35] Gweler Meic Stephens (gol.), *Cydymaith i Lenyddiaeth Cymru* (1986) a Chyfrol II o dan *Cymru Fydd*.

[36] *Letters to Margaret Gilcriest*, 469.

[37] Ysgrifennodd at Margaret Gilcriest yn Hydref 1921, pan oedd ynghanol *Gwaed yr Uchelwyr*: 'In my spare time now I'm reading nothing but Shakespeare and the Greek dramatists. I'm very anxious to catch a fever from them, but it's most useless.' *Letters to Margaret Gilcriest*, 470.

[38] *Y Faner*, 4 Ionawr 1950, 8.

[39] Synhwyrodd W.J. Gruffydd amcan gwleidyddol Saunders Lewis a'r ergyd a anelai'r dramodydd yn erbyn y traddodiad theatraidd a ymgorfforai'r myth Rhyddfrydol. Dywedodd, 'Nid tyddynwyr a thaeogion (dyma sy'n gorffwys dan ddadl Mr Lewis) ydyw holl breswylwyr Cymru, a chamgynrychioli'r wlad ydyw rhygnu drachefn a thrachefn ar dannau'r rhinweddau gwerinol.' *Y Llenor*, I (1922), 150.

[40] Gweler enghraifft effeithiol iawn o'r propaganda hwn yn nhaflen Samuel Roberts Llanbrynmair, *Ffarmwr Careful Cilhaul-Ucaf* (1856). Fel Rolant Gruffydd, gorfodir Ffarmwr Careful i ymfudo i America gyda'i deulu a llawer o'i gymdogion gan drachwant ac aneffeithiolrwydd stiward, ond y mae Roberts yn gwneud pwynt y mae Saunders Lewis yn ei anwybyddu, sef mai difetha'r stad yw pen draw'r cyfan.

[41] D.W. Howell, *Land and People in Nineteenth-Century Wales* (1978), 9.

[42] Gweler ibid., 6: 'A general fall in prices came only in 1842 and 1843 and partly accounts for the Rebecca Riots occurring precisely in these years.'

[43] Gweler D. Williams, *The Rebecca Riots A Study in Agrarian Discontent* (1955), 104–6.

[44] Gweler P.G. Davies, *The Welsh in Wisconsin* (1982): 'the Welsh had begun to arrive as early as the 1840s . . . The first known Welsh in Wisconsin seem to have been John Hughes and his family of seven, who came to Genesee in

Waukasha County in 1840. By 1842 there were fifteen families and ninety-nine Welsh people in the community', 4–6. Hefyd, T.D. Jones, 'Wales, Wisconsin, U.S.A.', *Y Ddinas*, XII–XIV (Hydref 1958), 14–16: 'when the early Welsh immigrants migrated westward from Milwaukee in the early 1840's.'

[45] Gweler isod, t.58.

[46] Barn W.J. Gruffydd oedd y dylid bod wedi cyflwyno'r ddadl rhwng Arthur a Luned ynghynt, 'a gadael i weithrediad y chwarae fod yn esboniad arno' (*Y Llenor*, I (1922), 149), ond byddai angen newid mwy sylweddol yn y ddrama er mwyn argyhoeddi darllenwyr fel Gruffydd 'fod rhinwedd yn y balchder aristocrataidd'.

[47] Gweler 'Trasiedi', *Y Ddraig Goch*, (Gorffennaf 1926), 5, lle y mae Saunders Lewis yn dadansoddi hanes dirywiad yr ysweiniaid Cymreig. Digwyddodd cwymp yr ysweiniaid, meddai, oherwydd 'nad oeddynt ddim yn ddigon o geidwadwyr, nad oedd ganddynt ddim digon o draddodiad, nad oedd eu bonedd ddim yn ddigon dwfn'. Wrth anghofio'r iaith, meddai, collent gysylltiad â'r traddodiad: 'Hynny yw: yn yr un peth angenrheidiol, yr un peth a oedd yn fwy traddodiadol na dim arall, y peth hynaf yng Nghymru, y peth boneddicaf yng Nghymru, y peth a oedd yn hanfodol draddodiadol, yn Gymreicach na dim arall, fe fradychodd yr ysweiniaid eu genedigaeth fraint, fe ymddygasant fel groseriaid cyfoethog, a gwadu eu holl athroniaeth a'r gwareiddiad yr ymffrostient eu bod yn ei ymgeleddu.' Tybed a oedd wedi sylwi erbyn iddo ysgrifennu'r geiriau hyn mai dyna dynged Luned hanes?

Gwaed yr Uchelwyr

(Drama Mewn Tair Act)

Cymeriadau

Rolant Gruffydd, Isallt
Lowri, ei wraig
Luned, ei ferch
Arthur Gwynn, mab yr yswain
Gwilym Rhys, cipar
Robert Puw, ystiward
Siôn Edward ⎫
Robin Llwyd ⎬ ffermwyr
Huw Ifan ⎪
Dafydd Tomos ⎭
Marged, tafarnwraig
Gito, gwas yn Isallt
Twm, gwas bach

Amser

Tua'r flwyddyn 1827

Y mae mis o seibiant rhwng yr Act gyntaf a'r ail a deuddydd rhwng yr ail a'r drydedd.

NODYN

Diwygiwyd *Gwaed yr Uchelwyr* gan Saunders Lewis yn 1957 gogyfer â fersiwn radio a gynhyrchwyd gan Emyr Humphreys ac a ddarlledwyd ar 17 Rhagfyr. Y fersiwn gwreiddiol a gyflwynir isod ond dangosir newidiadau fel a ganlyn:

1. Rhoddir darnau a dociwyd yn 1957 mewn bachau petryal.
2. Dangosir geiriau ac ymadroddion a newidiwyd yn 1957 gan seren sy'n cyfeirio at y nodiadau testunol ar waelod y tudalen.
3. Rhoddir geiriau ac ymadroddion a ychwanegwyd at y testun yn 1957 mewn bachau dyblyg ({}).

YR ACT GYNTAF

(Y mae'n brynhawn yn ffermdy Isallt, a ROLANT GRUFFYDD a LOWRI yno.)

ROLANT: Gwrando eto, Lowri:

> Dyma'r tiroedd, mae pawb yn taeru
> Y byddan' hwy i gyd yn codi;
> Ac ni wiw inni siarad a gwneud trwyn sur,
> Mae stiwardiad yn wŷr stwrdi.
>
> Rhaid i ddyn ddysgu pratio,
> Tynnu het, a mynych fowio,
> Ac edrych pa sut yr agorir ceg
> A dweud yn deg rhag eu digio.[1]

LOWRI: Dyna fardd yn adnabod ei fyd.

ROLANT: Dechrau 'roedd y math yma ar fyd yn amser Twm o'r Nant. Er eu dryced, Cymry oedd y stiwardiaid y pryd hwnnw. 'Does fawr o flynyddoedd er pan ddaeth y [Scotwr]* cyntaf i'r ardal hon. A heddiw ein stiward ni yw'r unig Gymro yn y fro.

LOWRI: Ac am a wn i, Mr Gwynn yw'r unig feistr tir yn y wlad i gyd a fedr Gymraeg.

ROLANT: Bydd rhaid iddo yntau ddewis cyn bo hir, un ai bod yn Gymro gyda'i denantiaid neu fynd fel ei frodyr. [Mi glywais fod aml un yn achwyn arno am nad yw'n ffyddlon i'w ddosbarth ei hun.] Hyd yn hyn ni chawsom ni un ocsiwn tir ar y stad, ond wn i ddim beth a fydd ym mhen y chwarter.

LOWRI: Pa haint sydd ar y ffermwyr eu bod yn torri eu gyddfau eu hunain? [Dyna'r ocsiwn yn Llanfair fis yn ôl.] Mi glywais i am denantiaid na thal'sant erioed bunt yr erw yn cynnig yno hyd at chwe phunt.

ROLANT: Y cwrw rhad yw'r drwg. Mae'r ffermwyr yn meddwi'n garn ac yna yn cynnig un yn erbyn y llall, a'r stiward craff, sobr, yn eu dal at y fargen. Fe fydd eu hanner yn methu

---

*Sgotyn

talu pan ddelo'r amser, ac yna dan orfod ymfudo a gadael pob dim fu ar eu helw yn nwylo'r meistr tir. Daw ocsiwn ar eu ffermydd hwythau maes o law . . . [Wyddost ti, fe gododd yr hen Gymry mewn gwrthryfel am gymaint â hyn. Ond amdanom ni—Rhaid i ddyn ddysgu pratio, tynnu het, a mynych fowio.]

LOWRI: Wel, wel mae Luned yn hir iawn.

ROLANT: Aeth hi â'r ci allan?

LOWRI: Gelert? Do, all hi ddim mynd allan hebddo fo. Mae o'n ei chanlyn hi i bobman.

ROLANT: Mae'n rhyfedd fel yr oedd o'n ei chofio hi, a hithau wedi bod ddwy flynedd oddi cartref. I ble'r aeth hi?

LOWRI: Am dro, mae'n debyg. Feallai iddi hi gyfarfod Arthur Gwynn eto.

ROLANT: Mab y ['swain]*? Sut y daeth hi i'w adnabod o?

LOWRI: Yn Llundain. Wyt ti'n cofio iddi ddywedyd mewn llythyr amdano fo a'i fam?

ROLANT: Do, do, 'rwy'n cofio. A da iawn ei fod o yma, rhag ei bod hithau'n unig heb y cyfeillion a enillodd hi yn Llundain.

LOWRI: Ie, a llanc rhagorol yw Arthur Gwynn.

ROLANT: Mi fûm i'n ofni ei fod yn annheg ei danfon hi i Lundain a disgwyl iddi ddyfod yn ei hôl i fyw atom ni . . . Fe fyddai yn wahanol petai hi'n fachgen. Pe buasai'r mab wedi byw, fe allasai fo gymryd y ffarm ar fy ôl i—

LOWRI: Paid â sôn am hynny eto, Rolant.

ROLANT: Ie, gwell i mi dewi. Ond yn wir, y mae Luned yn fy synnu i. Mae hi wrth ei bodd yma, a fûm i fy hun erioed yn falchach o'r hen dŷ nag yw hi.

LOWRI: Dacw [hwy]'n* ôl! A glywi di'r ci yn cyfarth?

ROLANT: Pa ryw helbul sydd arno?

(LUNED *a'r gwas bach yn dyfod. Dyd yntau ysgyfarnog ar y bwrdd, ac yna cilia.*)

---

*plas
*nhw

LUNED:	Beth feddyliwch chi o hon, 'nhad?
ROLANT:	[Rhad Huw arnat!]²★ P'le cefaist ti hi?
LUNED:	Gelert a'i daliodd yng nghae'r afon.
LOWRI:	Yr annwyl trugarog, a welodd rhywun o?
LUNED:	Wn i ddim. 'Does dim drwg yn hynny, oes?
ROLANT:	Fy merch fach i, fe gollodd aml un ei ffarm am lai na lladd ysgyfarnog.
LUNED:	Colli . . . ffarm!
LOWRI:	Ie, mewn difri', mewn difri'.
LUNED:	Ond nid arnaf fi 'roedd y bai. Cerdded ar lan yr afon yr oeddwn i pan welodd Gelert y creadur, ac ymaith ag o ar ei ôl, a minnau'n sefyll yn wirion i'w wylied . . . Un braf yw hi hefyd.
ROLANT:	'Does wahaniaeth am hynny, Luned.
LUNED:	Be[th a] wnaf i felly?
LOWRI:	Y peth gorau yw mynd â hi yn union i'r Plas.
LUNED:	Mi af heb oedi. Ac mi egluraf fy hun i Mr Gwynn yr helynt a fu.
ROLANT:	Nag ei di ddim, ferch. 'Does arnaf fi [ddim] ofn i ti siarad â'r yswain a'i fab, ond y tebyg yw na welet ti onid Robert Puw. A phe rhon fod gwaed tywysogion yng ngwyth-iennau tenant, 'dyw hynny fawr ymgeledd rhag sarhad ystiward . . . Peidiwch â dychryn, eich dwy; mi gymeraf fi'r ['sgyfarnog]★ iddo.
LOWRI:	Hynny fydd orau. Mi af finnau i'w glanhau, ac mi roddaf ddeubwys o fêl a photelaid o win [Burgwyn]★ yn anrheg i wraig y tŷ. *(Hithau'n mynd i'r gegin. Ennyd o dawelwch.)*
LUNED:	'Nhad, faint o amser a fu'n teulu ni yn Isallt?
ROLANT:	Fe ddywedir mai tua chanol y ganrif ddiweddaf y daethom yma.
LUNED:	P'le'r oeddem ni cyn hynny?

★'Sgwarnog? ★cartre'
★'sgwarnog

ROLANT: Yn y Plas.

LUNED: Plas Mr Gwynn?

ROLANT: Nage, fel y deallaf. Yr hen blas a losgwyd yn y rhyfeloedd cartrefol.

LUNED: Sut y bu hynny?

ROLANT: [Mae'r hanes yn bur niwlog. Mi wn i'th hendaid a Huw Siôn o Langwm[3] chwilio'r ffeithiau rywdro.] Un Gruffydd ap Rolant a'i feibion a fu'n dal y fro [hon] dros y brenin yn erbyn Crwmwel. [Wedi hir ymladd] fe'i lladdwyd yntau a llosgwyd y plas. Gwrthododd y meibion gyfle i newid baneri a gwadu eu ffydd, a gorfu iddynt ddianc i Ffrainc. Mab i un ohonynt hwy a ddychwelodd [gyda'r cyffro yn '45,[4] ac wedi methu o'r gwrthryfel, fe giliodd yntau i'r wlad yma], ac ymhen amser fe [brynodd]⋆ dyddyn bychan, a dyna ailgychwyn ein teulu ni yn Isallt. Ac yn araf fe dyfodd y ffarm nes iddi fod y[n] fwyaf ar y stad.

[LUNED: A gallasem ninnau fod yn berchenogion y tir heddiw ond i un o'r teulu wrthod ei werthu ei hun?]

[ROLANT: Mae hynny'n ddigon tebyg.]

LUNED: A phryd ddaeth teulu Mr Gwynn yma?

ROLANT: Yn amser maboed fy nhad. [Bagad o farsiandwyr]⋆ o'r dref a wnaeth arian yn rhyfeloedd America. [Ond chware teg iddynt, maent yn llai anwar na'r rhelyw o'u bath.]

LUNED: Meddyliwch, 'nhad, am y bechgyn hynny yn crwydro o fan i fan ar hyd y cyfandir yn hytrach na gwerthu eu ffydd . . . Mae'n dda meddwl ein bod yn perthyn i ddynion felly.

ROLANT: Hen uchelwyr Cymru, fy merch. Cewch lawer stori debyg ar hyd a lled y [broydd]⋆.

LUNED: Mi garwn innau fy mhrofi fy hun yn un ohonynt hwy.

ROLANT: Ie, [fy ngeneth]⋆. Dichon mai dy gyfle di ddaw nesaf.

(Daw LOWRI i mewn[, a dyd fasged ar y bwrdd].)

⋆gafodd ⋆wlad
⋆Cyfreithiwr ⋆'ngeneth i

LOWRI:	Dyna fo iti, Rolant. Mi roddais fêl a photel o win a deubwys o 'fenyn i gladdu'r ['sgyfarnog]* druan. A chofia dithau er dim siarad yn fwyn wrthyn nhw.
ROLANT:	Ti weli, Luned, mai prynu heddwch fodd bynnag y galler yw dyfais dy fam.
LOWRI:	Duw a ŵyr mai cam a thrawster yw'r unig bethau rhad y dyddiau hyn.

(Y forwyn wrth y drws.)

MARI:	Mae Gwilym Rhys y cipar yn gofyn am weld y mistar.
LOWRI:	Y cipar. Dyfod am y ['sgyfarnog]* y mae. Dyna hi'n rhy hwyr arnom.
ROLANT:	Tyrd ag ef i mewn, Mari. [*(Munud aros, yna daw'r cipar i mewn.)*] Tyrd i mewn, ddyn. Neges sy gennyt?
GWILYM:	Yn wir, neges go ddiflas.
ROLANT:	Ai 'sgyfarnog sy'n dy boeni?
GWILYM:	Nage, mae hi'n ddigon marw, mi gredaf.
ROLANT:	Dacw hi yn y cawell.
GWILYM:	Ai Gelert a'i lladdodd?
ROLANT:	Ie, medd y ferch.
GWILYM:	'Does dim modd profi mai rhyw gi arall [a'i g]wnaeth?
ROLANT:	Fe ddigiai Gelert yn enbyd pe gwnaem. Oes yna helbul mawr?
GWILYM:	Oes. Mae'r stiward yn cuchio'n swga.
ROLANT:	A rhaid i minnau ddyfod i ymddiheuro iddo?
GWILYM:	Wel, wn i ddim . . . Wyddoch chi, Mr Gruffydd, i mi a aned yn y fro, gwaith diflas yw gorchwyl cipar. [Sais yn unig a ddylai gymryd y gwaith, mae o'n rhy fudr i Gristion.]
ROLANT:	Beth yw'r neges?
GWILYM:	Roger, y Sais a welodd y ci. [Efo]* yw'r cipar newydd, heb adnabod neb yma, ac fe redodd â'i chwedl i glustiau'r

---

*'sgwarnog   *Fo
*'sgwarnog

stiward. Yr oedd Robert Puw yn ei elfen, ac fe'm danfonodd innau i nôl y ci.

ROLANT: I nôl y ci?

GWILYM: Wel, ie . . . ie.

ROLANT: O, mi welaf . . . i'w saethu?

GWILYM: Ie.

LUNED *(ar ei thraed)*:
Saethu Gelert? Na chânt fyth [, y taeogion llwfr]. Dos dithau a dywed wrth Mr Puw am iddo ddyfod ei hun pan fynno saethu Gelert, ac mi fyddaf finnau ar lwybr ei ergyd.

LOWRI: Paid ag ynfydu, Luned. Nid dyma'r adeg i orffwyll.

LUNED: 'Nhad, ewch chi ddim yno fel caethwas dan lywodraeth gelyn, a rhoi'r ci i'w ladd, a ch[w]ithau'n wladaidd heb rwgnach gair?

[ROLANT: Dan lywodraeth gelyn yr ydym, fy merch, ond mai ychydig ohonom sy'n ddigon gwrol i gofio hynny.]

LOWRI: Cymer bwyll, Rolant. Mae ci yn llai colled na ffarm.

ROLANT: Eitha' gwir. Ond gwell colli ffarm na cholli hunan-barch.

LOWRI: Os byddi di'n ddoeth, 'does raid i ti golli na'r naill na'r llall. Dos i'r swyddfa fel y trefnaist, ac mi gredaf y cei di'r stiward yn lled resymol.

GWILYM: Ceisio swllt yng ngwalfa blaidd yw dal pen rheswm â stiward. Gwell i chi roi Gelert imi, Mr Gruffydd.

ROLANT: Na wnaf hynny. Mi ddeuaf gyda thi fy hunan, ac mi gymeraf bob cyfrifoldeb am y ci.

GWILYM: Purion. Ond os goddefwch chi air [o'm cyngor]*, gofalwch am fesur eich geiriau wrth y stiward. Beth bynnag am feddwl y Plas, mae'ch safle chi a bri eich teulu yn ferwin yng nghlustiau Robert Puw. Ac y mae o'n aros ei gyfle y tro hwn.

ROLANT: Diolch, mi gofiaf hynny. Bydd dithau'n dawel, Luned. Ni saethir ({mo}) Gelert heno. *(Egyr y drws i'r cipar.)*

---

*o gyngor

LOWRI: Rolant, 'rwyt ti'n anghofio'r [cawell]★.

ROLANT: Nag wyf. Nid oes angen amdano bellach. (*Ânt allan.*)

LOWRI: 'Does wybod pa ddiwedd fydd i hyn.

LUNED: Mam, fedran nhw erlid ffarmwr am fod ganddo gi sy'n dilyn ei anian?

LOWRI: Ti fuost oddi cartref yn rhy hir, ferch. Mae pob rheswm yn ddigon dros erlid dyn yng Nghymru . . . Dywed imi, Luned, sawl gwaith welaist ti Mr Gwynn ifanc yn Llundain?

LUNED (*wedi ennyd o syndod*):
O ryw bum gwaith neu chwech.

LOWRI: Yr oedd o'n garedig iawn i ti?

LUNED: Am [a] wn i. Wybu o ddim pwy oeddwn ({i}) ar y cyntaf. Wedi hynny daeth o a'i fam a'i chwaer i'm cymryd am dro mewn cerbyd, ac eilwaith i'r opera. Ond welais i ddim ohonynt am y tri mis [diweddaf]★. Ac echdoe mi gyfarfûm ag o yn pysgota ar lan yr afon.

LOWRI: A 'doedd o ddim yno pan aethost ti heddiw?

LUNED (*dan chwerthin*):
Un gyfrwys ydych chwithau, mam.

LOWRI: Sut dderbyniad roddodd Mrs Gwynn iti?

LUNED: Eithaf siriol. Fe all o wneud y peth a fynno gyda hi.

LOWRI: Wel, dyna un fantais, bid sicr.

LUNED: Mam fach, 'dych chi ddim yn meddwl ein bod ni'n caru?

LOWRI: Meddwl yr wyf fi fod perygl y'n troir ni allan o Isallt, ac mai ti yw'r unig un a fedr ein cadw yma.

LUNED: Fi, mam?

LOWRI: Gwrando am funud. Y mae dy dad a minnau'n mynd ymlaen mewn dyddiau. Wedi marw dy frawd ddeng mlynedd yn ôl, 'does yma'r un gŵr i gadw Isallt [pan gilio]★ dy dad. Mi wn i gymaint loes yw hynny iddo fo. Yr

---
★fasged   ★ar ôl
★dwaetha

oeddit tithau'r pryd hwnnw yn eneth fach ddeng mlwydd, ac fe wastraffodd yntau ei serch yn gwbl arnat. Ti gefaist fynd at fy chwaer i Lundain er mwyn cael ysgol [, a buost yno eilwaith y ddwy flynedd ddiweddaf yn gweld tipyn ar y byd]. Ti wyddost tithau mai peth go anghyffredin yw hynny i ferch, ond dyna a fynnodd dy dad [gan gymaint ei falchter ohonot ac o hen dras y teulu]. Yn awr, oni ddylit tithau dalu'n ôl iddo pan [ellych]★?

LUNED *(yn dawel)*:
Mi wnawn i'r cwbl a fedrwn iddo fo ac i ch[w]ithau.

LOWRI: Mi wn hynny, a'r cyfan a ofynnaf yw iti helpu cadw pethau'n wastad rhwng dy dad a'r yswain. A phe digwyddai i ryw Ruffydd fynd yn ôl i'r Plas, byddai hynny'n adennill hen safle'r teulu yn y fro . . . Y mae'r llanc [yntau yn]★ wahanol i'r cyffredin o'i ddosbarth. Mae o'n llariaidd ac yn onest fel yr ancr.[5]

LUNED: Ond, mam, wn i fawr yn y byd am feddwl Mr Gwynn. Mae dynion a merched yn Llundain yn siarad yn rhwyddach nag yma, ac heb unrhyw fwriad neilltuol.

LOWRI: Hwyrach felly, ond fe ŵyr o fod mwy o barch i'n teulu ni nag iddynt hwy. Dyna'r eglurhad ar eiddigedd y stiward. [A hyd yn hyn, ychydig o'r meistri tir o gwmpas sy'n cymryd llawer o sylw o Mr Gwynn.]

(Y forwyn wrth y drws.)

MARI: Mae Mr Gwynn ifanc yn dymuno gweld Miss Gruffydd. A meistres, 'rwy'n credu fod y 'menyn yn barod bellach.

LOWRI: Mi ddof 'rŵan. Tyrd dithau â Mr Gwynn yma.

[*(Hithau'n casglu ei gwaith ac yn mynd i'r gegin. Y forwyn yn agor y drws i ARTHUR GWYNN.)*]

ARTHUR: *Good afternoon*, Miss Gruffydd.

LUNED: Prynhawn da, Mr Gwynn. Ddaeth neb erioed yn fwy ffodus na chi heddiw.

ARTHUR: A ddaeth neb â chystal neges. Bûm yn y dref y bore yn prynu cyfrwy i geffyl, ac y mae gennyf wahoddiad i chi ({i}) ddyfod gyda ni 'fory i hela llwynog. Fe fydd fy chwaer yno a llawer eraill a adwaenoch. Chi ddeuwch chwithau?

★gei di gyfle   ★yntau'n

YR ACT GYNTAF

LUNED: Diolch. Ond mi gefais i fy ngwala o hela heddiw. Mi arhosaf gartre' 'fory.

ARTHUR: Hela heddiw? Sut y bu hynny?

LUNED: [Chwi gewch]* glywed. Mi euthum am dro gyda'r ci a welsoch chi echdoe. Fe welodd yntau 'sgyfarnog mewn cae, ac i ffwrdd â Gelert ar ei hôl fel petai o'n arwain [huaid]⁶* y brenin. Fe'i daliodd hi hefyd, ac fe ddaeth â hi imi cyn falched ag y buasech ch[w]ithau ar ôl eich llwynog cyntaf.

ARTHUR: Campus. Mi ddywedais wrthych mai ci da oedd hwnnw. 'Roedd yn hawdd gweld wrtho. P'le mae o 'rŵan?

LUNED: Dan ddedfryd i'w saethu.

ARTHUR: Sut?

LUNED: Tybed nad ydych yn anghofio Mr Gwynn . . . Geneth rydd oeddwn i yn Llundain, yn rhydd fel chwithau. Ond yma un o denantiaid eich tad wyf fi. I mi gyfaddef y cwbl, heddiw y deallais i ystyr hynny gyntaf. Y mae'n debyg i un o'r ciperiaid weld fy helbul y prynhawn, a'r canlyniad fu i'r stiward anfon yma i saethu'r ci. Fe aeth fy nhad yno i ymbil drosto.

ARTHUR: 'Rydych chi'n peri i mi gywilyddio, Miss Gruffydd. Credwch fi, ŵyr fy nhad ddim yn y byd am y digwyddiad hwn. Cynllun i rwystro *poachers* yw'r rheolau cŵn. [Nis bwriadwyd hwy]* erioed i bobl o'ch safle chi. Mi siaradaf fi â'm tad heno, a chi welwch y bydd popeth yn dda.

LUNED: Chwithig, onide, fod croeso i mi ladd llwynog yfory, a gwarth am ladd 'sgyfarnog heddiw?

ARTHUR: [Ie, mae gennych le i'm gogan, ond peidiwch]*, da chi, â digio . . . Dyma'r tro cyntaf i mi'ch gweld chi yn eich cartref eich hun. Rhyfedd i ni fynd i Lundain i gyfarfod?

LUNED: Mi gofiaf eich gweld yn yr eglwys ambell waith pan oeddem yn blant.

---

*Cewch *Fwriadwyd monyn-nhw
*cŵn   *Peidiwch

ARTHUR: Sut, tybed, na sylwais i arnoch chwithau?

LUNED: Mab yswain yn sylwi ar ferch i denant, Mr Gwynn?

ARTHUR: Tewch. Y gwir yw eich bod chi'n deirgwaith balchach ac yn fwy ffroenuchel nag wyf fi. Fyddaf fi ddim yn cofio mab i bwy ydwyf bob pum munud.

LUNED: Dichon nad oes gennych gystal rheswm dros gofio . . . [Maddeuwch imi, ond yr wyf yn teimlo'n chwerw am hyn.

ARTHUR: Pa raid i chi fod mor groendenau?

LUNED: Chwi synnech mor groendenau yw'r llyffant dan yr og. Mi fûm innau dan og y stiward heddiw.

ARTHUR: Ac yr ydych am ddial arnaf fi?

LUNED: Na, ddigiais i ddim wrthych chi, Mr Gwynn. Eto, ni fedraf]* fi lai na chynhyrfu. Fe all y bydd heddiw yn newid llawer ar fy myd i.

ARTHUR: Anghofiwch ef, Miss Gruffydd.

LUNED: Na wnaf, anghofiaf fi byth. Nid teulu sy'n anghofio ydym ni. ['Rwyf yn ei deimlo fel bonclust, a'i ôl yn llosgi ar fy ngrudd.]

ARTHUR: I mi y mae'r gwarth mwyaf . . . Oni chofiwch chi'r siarad fu rhyngom yn Llundain, ein breuddwyd am adfywio hen fywyd [pendefigol] ein gwlad, y cymwynasgarwch, a'r diddanwch moesgar gynt?

LUNED: Cofiaf yn dda. Ond sut y gellir hynny â dynion fel Robert Puw yn fwrn ac yn ddolur arnom? Meddyliwch am fy nhad, a'r enw a'r parch sydd iddo, yn gorfod ymbil â'r cnaf ystiward oblegid i mi ladd [ysgyfarnog]* ar ddamwain. [Ai dyna ddiddanion pendefig?]

ARTHUR: Dyna derfyn felly ar ein gobeithion?

LUNED: Yn sicr, dyma ddechrau ein gwarth. Hawdd oedd breuddwydio yn Llundain, onide? Ond yma, bywyd sydd yma.

ARTHUR: Ie, ac mewn bywyd y mae i ninnau sicrhau ein breuddwyd. Gwrandewch, Miss Gruffydd, hawsaf peth yn y byd yw i ni

*Fedraf
*ysgwarnog

anobeithio. Ond camp inni [a] fyddai pontio'r cwerylon hyn. [A phes mynnem, gallem ni, chwi a minnau, wneuthur hynny.]★ [Gallem liniaru'r llid a dofi'r erlid, a dwyn]★ ein teuluoedd yn nes, nes at ei gilydd . . . A faddeuwch chwi'r tro hwn, a dyfod gyda ni yfory i'r hela? Mi siaradaf finnau wrth fy nhad, ac yn sicr fe arbedir y ci.

LUNED: Tybed? Mae arnaf ofn—

ARTHUR: Bwriwch eich ofnau heibio. Onid oes gennych ymddiried yn fy ngair?

LUNED: Oes, oes ond—

ARTHUR: Yr un gair arall [, nag ond, nag os, nag onibai, na phe]. A ddowch chwi?

LUNED: Ddymunwn i ddim bod yn anfoesgar, Mr Gwynn. Mi ddof felly, os bydd popeth yn dda. Pa bryd yfory?

ARTHUR: Am ddeg o flaen y tŷ. Ffodus, [onide]★, i mi alw yma heddiw? Un rheswm yr oedd yn dda gennyf ddyfod yn ôl o Lundain oedd er mwyn gweld mwy ohonoch. A dyma hwn agos â dryllio popeth . . . Ond dacw Mr Gruffydd yn ei ôl. Cawn glywed ei hanes.

(ROLANT a GWILYM yn dychwelyd.)

ROLANT (yn sychlyd):
Brynhawn da Mr Gwynn.

LUNED: 'Nhad, mi ddywedais yr hanes wrth Mr Gwynn, ac y mae o'n addo y bydd popeth yn iawn.

ROLANT: Mae o'n rhy hwyr, ferch.

(LOWRI yn dyfod i mewn.)

LOWRI: Sut y bu hi arnat?

ROLANT: Rhaid i mi fynd â'r ci i'w saethu heno, neu golli'r ffarm ymhen y chwarter.

(Distawrwydd. Pawb yn edrych ar ARTHUR GWYNN.)

ARTHUR: Y stiward ddywedodd hynny wrthych, Mr Gruffydd?

★Gallem ni, chi a minnau, wneud hynny   ★onidê
★Gallem ddwyn

ROLANT: Ie, Mr Gwynn.

ARTHUR: Welsoch chi mo'm tad?

ROLANT: Mi ofynnais am ei weld. Ond fe'm gwrthodwyd.

ARTHUR: Mae'n sicr gennyf fi mai camddealltwriaeth yw hyn. Mi gymeraf fy llw na ŵyr fy nhad ddim am y peth.

GWILYM: Maddeuwch i mi, syr. Yr oeddwn i yn y swyddfa pan adroddodd y stiward yr helynt i'r yswain.

ARTHUR: Pwy wyt ti?

GWILYM: Cipar, syr.

ARTHUR: Beth yw d'enw?

GWILYM: Gwilym Rhys, syr.

ARTHUR: Ti welodd y ci?

GWILYM: Nage'n wir, mi wn i yn iawn pryd i beidio ag edrych.

ARTHUR: Beth [a] dd'wedodd y stiward?

GWILYM: Dweud fod angen esiampl ar y tenantiaid, ac na byddai fo'n gyfrifol am y stad heb iddo gael ei ffordd yn y mater hwn.

ARTHUR: Pa ateb [a gafodd]*?

GWILYM: Fe gafodd ei ewyllys[, syr].

(ARTHUR yn fud am eiliad.)

ARTHUR: Mr Gruffydd, a gaf fi drefnu i chi gyfarfod â'm tad? Chwi allech wedyn roi'r agwedd iawn ar y stori iddo, ac mi wn y bydd yntau yn falch o'r cyfle.

ROLANT: Diolch i chwi, Mr Gwynn, ond peidiwch ag ymyrryd yn y mater hwn. Fe ŵyr eich tad lle y saif, ac fe ŵyr y stiward, ac mi wn innau. [Chwi fyddech chwithau yn anniddig rhwng y gwersylloedd.]

LOWRI: Paid â pharablu mor ffôl, Rolant. Beth petai Mr Gwynn yn cael oediad inni hyd nos yfory?

ROLANT: I ba ddiben?

LOWRI: Wel, i'r stiward gael ystyried, ac i ninnau oeri'n gwaed a meddwl dros bethau.

---

*gafodd o

ROLANT: 'Does arnaf fi ddim chwant am oeri 'ngwaed. Ni chymeraf fi'r ci i'w saethu na heno na 'fory na byth!

(LUNED yn mynd at ochr ei thad ac yn gafael yn ei fraich.)

LUNED: Mr Gwynn, diolch i chi am eich gwahoddiad, ond [ni byddaf finnau]* gyda chi yfory yn yr hela.

LLEN

---

*fydda innau ddim

YR AIL ACT

(O flaen tafarn. Ffermwyr yn ymddiddan.)

SIÔN EDWARD:
    Wel, cwrw gwych yw cwrw rhad, a chan diolch i'r stiward. Ond serch hynny, chaiff neb fy nghlywed i yn cynnig ceiniog am y darn tir gorau yn Isallt.

[ROBIN LLWYD:
    Na minnau, myn f'enaid.

SIÔN EDWARD]*:
    Welwch chi, os bydd hwyl ar ocsiwn rent y tro hwn, fe fydd pob ffarm ar y stad ar ocsiwn cyn bo hir, a ninnau'n talu ganwaith mwy nag a ddylem bob chwarter.

[HUW IFAN]*:
    A heblaw hynny, chynigiaf fi ddim dimai i droi Rolant Gruffydd o'i dŷ ei hun. 'Does gennym ni'r un teulu tebyg yn y fro.

DAFYDD TOMOS:
    Mi glywais i'r hen bobl yn dweud fod rhyw Ruffydd neu arall yma yn 'i floneg ers y dilyw.

[ROBIN LLWYD:
    A fu erioed y fath deulu am garedigrwydd. Nid ymenyn blewog ac enwyn sur a gaech yn Isallt, ond bwrdd glân a lliain a newydd o fwyd a hen o ddiod.]

[HUW IFAN]*:
    Wyddoch chi, llwyth y cebystr yw'r stiward yma . . . Marged, Marged, mae'r siwg yn wag.

DAFYDD TOMOS:
    Dyna'r gwir, Huw Ifan. Chredaf fi ddim y buasai'r fath feddwl ym mynwes Mr Gwynn ond am y chwaingi sy wrth ei benelin.

---

*DAFYDD THOMAS   *SIÔN EDWARD
*SIÔN EDWARD

YR AIL ACT

SIÔN EDWARD:
    Cwnffon y cythraul. A'r sbardunau ar ei esgidiau fel petai o'n ŵr bonheddig.

(MARGED yn dyfod i lenwi'r tancrau.)

MARGED: Gobeithio na thagwch chi ddim wrth yfed ei gwrw, [Mr]* Edward.

SIÔN EDWARD:
    'Does berygl am hynny, wraig, a thithau'n bragu.

MARGED: Cwrw gwan i ben gwan, [Mr]* Edward. A pha raid i chi wrth well? Mi'ch gwelais chi droeon yn feddw dwp yn unig am fod y gwynt yn chwythu heibio drws y dafarn. 'Does yma ail i chi yn y fro am feddwi'n rhad.

SIÔN EDWARD:
    A glywsoch chi'r wraig? [Ys gwir mai ellyll a gwrach ar wyneb llyn a'i cenhedlodd.]

MARGED: Ie, ie, mae llymeityn o ddiod yn canu'n huawdl yn eich genau, ond arhoswch nes dyfod y stiward, a chi fyddwch yn fwynach nag oen llawfaeth.

({LLAIS *(yn sibrwd)*:
    Hei! Dafydd! Edrych! Mae'r stiward yn y drws.})

SIÔN EDWARD:
    Y fi? 'Does arnaf fi ofn na stiward na gwylliad . . . [*(Daw ROBERT PUW, y stiward, i mewn wrth y cefn.)*] A welsoch chi o'n marchogaeth erioed fechgyn? 'Roedd ei liniau o'n cosi clustiau'r anifail, a'r sbardunau ar ei draed yn pigo'i ben ôl ei hun, ac yntau'n wylo ei serch i fwng y gaseg. ['Roedd o'n debycach i geiliog ar glwyd wedi colli ei grib mewn ffrwgwd—]

MARGED *(yn gweld PUW)*:
    Ddywedech chi hynny yn ei ŵydd o, [Mr]* Edward?

SIÔN EDWARD:
    Mi ddywedwn hynny i'w wyneb o. Mi rown gyfrwy ar hwch, a dal y llwynog, cyn y câi o ei droed i warthol merlyn.

---

*Siôn   *Siôn
*Siôn

ROBERT PUW [*(yn dod ato a rhoi llaw ar ei ysgwydd)*:]
    Wel, os gennych chi ddigon i'w yfed, Siôn Edward?

[*(SIÔN yn hanner llewygu. Y lleill yn codi eu tancrau.)*]

Y CWMNI: Iechyd da, syr. Diolch yn fawr, syr. Hir oes i chi, syr.

ROBERT PUW *(yn gellweirus)*:
    Beth sy'n bod, Siôn Edward. Prinder diod, mi warantaf, a ch[w]ithau ar ganol eich araith. Marged, tyrd â'r siwg yma.

SIÔN EDWARD *(yn wan)*:
    Diolch yn fawr, syr, diolch . . . Ie, sôn am brynu'r tir yma yr oeddwn i.

ROBERT PUW:
    Debyg iawn. A mi gymeraf fy llw mai am faes yr afon y bu'ch breuddwyd chi neithiwr . . . P'le mae gŵr y tŷ, Marged?

MARGED: Yn y parlwr, syr. Mae llu o'r ffermwyr yno yn aros yr ocsiwn.

ROBERT PUW:
    Mi af atynt . . . Oes gennych chi ddigon o bres yn y boced yma, Siôn Edward? Dywedwch y gwir, ddaethoch chi ddim yma â llai nag ugain punt?

SIÔN EDWARD:
    Rhywbeth felly, syr, ie'n wir.

ROBERT PUW:
    Purion, purion. Fe fydd eu hangen arnoch hefyd. Ni [a] ganwn y gloch pan fo'n amser cychwyn. [*(Yntau'n mynd i'r tŷ a MARGED yn ei ddilyn yn fuddugoliaethus.)*]

SIÔN EDWARD:
    Y cadno ganddo fo. Beth sy'n ei feddwl o—y bydd eu hangen arnaf? Ddeallodd o tybed mai amdano fo'r oeddem ni yn siarad?

[ROBIN LLWYD]★:
    Sawl erw sy 'maes yr afon, Siôn Edward?

SIÔN EDWARD:
    Pump. Porfa fras a thir hawdd ei droi.

★DAFYDD THOMAS

YR AIL ACT

[HUW IFAN:
Mi ddymunais i droeon am feysydd felly. Lle enbyd sydd acw ar dywydd sych, llechweddau eithinog yn unig.

ROBIN LLWYD:
Wel, mae'n well gen i droi llechwedd tir eithin na throi morfa tir clai.]

DAFYDD TOMOS:
Welwch chi, os na ddaw Rolant Gruffydd i'r ocsiwn, bydd rhywun yn sicr o gael y tir.

SIÔN EDWARD:
Yr andras, wyt ti'n meddwl cynnig amdano?

DAFYDD TOMOS:
Nag wyf fi. Dweud fy marn yr oeddwn ({i}) . . . Oes yna beth yn y siwg?

[ROBIN LLWYD:
Rhannu'r ffarm yn dair yw'r cynllun, a'r rhan fwyaf yn un â'r tŷ, a maes yr afon yn rhan arbennig.

SIÔN EDWARD:
Ie, cywilydd i'r neb a geisio am y tŷ, ond os na fyn Rolant Gruffydd gadw maes yr afon, 'does gan neb gystal hawl arno â mi.

HUW IFAN: Celwydd i'th ddannedd di, Siôn Edward. Mae'r maes yn gyfleus wrth f'ymyl i ar draws y ffordd.

DAFYDD TOMOS:
Tewch â'ch sŵn. 'Does gan neb fwy hawl na'i gilydd. Talu yw'r gamp, ac mi wnaf fi hynny gyda'r cyntaf.

Y CWMNI (*yn groch un ar draws y llall*):
Aie, aie? Myn fy marf, na wnei. Paid â'th freuddwyd.]

(*Cân y gloch yn y dafarn. Y dynion yn cychwyn yno dan dyngu eu gallu i brynu'r maes.* ROLANT GRUFFYDD *a* LOWRI *a['r gwas bach]*★ *yn dyfod atynt. Hwythau yn tawelu yn anesmwyth, ac yn ceisio ysgwyd ei law.*)

[ROBIN LLWYD:
Mae'n dda gennym eich dyfod, Rolant Gruffydd.]★

★*GITO*
★SIÔN EDWARD: Wel, dyma chi. Rolant Gruffydd a Mrs Gruffydd.

DAFYDD TOMOS:
: Dod yma i ddangos ein teimladau da—

SIÔN EDWARD:
: Ie, gobeithio y cewch chi'r cwbl yn rhad, yn rhad. Dowch i'n canlyn, fe ganodd y gloch.

ROLANT:
: Ewch ch[w]ithau. Mi [ddeuaf]* finnau ar eich ôl.

Y CWMNI *(yn cilio yn frwysg)*:
: Ie, ie, ond peidiwch ag oedi.

ROLANT:
: A welaist ti nhw, Lowri? Dyna fy nghyfeillion i, a fu'n bwyta wrth fy mwrdd, yma am y cyntaf i rwygo'r to oddi ar fy mhen, ac eisoes yn hanner meddw.

LOWRI:
: Wyt ti'n cofio d'addewid, Rolant?

ROLANT:
: Mi gynigiaf ddeugain punt am y tŷ a'r rhan o'r maes sy gydag o.

LOWRI:
: Nage, nage. Hanner can punt a dd'wedaist ti. Paid dithau â'm bradychu innau.

ROLANT:
: Mi af hyd hanner can punt. *(LUNED yn dyfod atynt.)* Luned, yr wyf fi am gynnig am y tŷ.

LUNED:
: Wedi newid eich meddwl?

ROLANT:
: Newid fy mwriad, a methu â gwrthod dy fam. Yr wyf wedi addo iddi y gwnaf fy ngorau i ennill Isallt.

LUNED:
: 'Nhad, ddywedwn i yr un gair a fai'n rhwystr i chi gadw eich egwyddorion, ond fe fyddai'n enbyd gennyf finnau fadael o Isallt.

ROLANT:
: Ie, gobeithio na bydd rhaid, ac y cawn aros flwyddyn arall o leiaf.

LOWRI:
: Gwrando, dyna hwy'n dechrau. Dos atynt ar unwaith.

ROLANT:
: Mi af. Dos dithau adref gyda Luned. Fe gaiff [Twm]* ddod â'r newydd iti. *(ROLANT yn mynd i'r tŷ.)*

LOWRI:
: [Twm]*, aros di wrth y drws a dyro wybod pwy sy'n cynnig . . . O Arglwydd!

LUNED:
: Mam, [beth a]* wnewch chi yma? Dowch yn ôl gyda mi.

---

*ddof *Gito
*Gito *Be'

YR AIL ACT

LOWRI: Dyma fy lle i, ferch, yn gwarchadw fy nghartref. Fedrwn i ddim bod yn fy nghroen oddi yma. Yr wyt ti a'th dad yn meddwl mwy am ryw egwyddorion oerion nag am hen aelwyd y teulu. O, fe all egwyddorion droi dynion yn greulon fel dur. [Pe buasit tithau wedi beichiogi, ti a ddeallit beth yw cronglwyd i fam, a'r ystafell y bu farw ei phlentyn.]

(Clywir sŵn lleisiau o'r dafarn.)

LOWRI: Beth sy 'rŵan [, Twm]*?

[TWM]*: Robin Llwyd wedi ennill cae'r mynydd.

LOWRI: A ŵyr o, tybed, fod pob cynnig yn mynd fel nodwydd drwy 'mronnau? A hwythau'n diota ac yn ysbeilio fy nhŷ . . . Clywch, dyna waedd arall!

[TWM]*: Maes yr afon sy dan y morthwyl.

LOWRI: Mae 'nghalon innau dan y morthwyl.

[TWM]*: 'Dyw'r mistar ddim yn cymryd un sylw . . . Huw Ifan a Siôn Edward sy'n lleisio am y gorau . . . Mwy o gwrw, mae'r gyddfau'n sychach na phin y felin . . . Dacw Siôn a Huw fel dau geiliog ar ben bwrdd yn dechrau cwffio . . . Tair punt yr erw, medd Huw, [a phluen o grib Siôn geiliog] . . . A deg swllt . . . Ni thalwyd mo hynny erioed am y maes cyfan. Mwy eto . . . yr annwyl, Siôn Edward piau fo—pedair punt yr erw.

LOWRI: Onid oes ganddo fo wraig ei hun? Oni chladdodd yntau blentyn ym mynwent y plwyf? Tybed nad oes arno fo ofn?

LUNED: Mam, mam, [chwi]* ewch yn wallgof fel hyn. Dowch gyda mi.

LOWRI: Af fi ddim o'r fan yma nes bod Isallt yn furddyn dan draed fy nghymdogion. Pam na [werthant]* hwy fy nillad i, fy mhais a'm siôl, fy nghwbl, a'm gadael yn noeth i wynt yr Hydref?

(ROLANT yn dyfod ati.)

ROLANT: Dos adref, Lowri, paid â dangos iddynt hwy faint dy archoll.

---

*Gito: *GITO:
*GITO: *mi
*GITO: *werthan'

LOWRI: Paid dithau â chellwair â mi. P'le mae fy nghartref?

LUNED: Duw a dalo i Siôn Edward.

ROLANT: Na, na, ferch, ŵyr o ddim beth y mae o'n ei [wneuthur]*. Mae cyffro'r ocsiwn wedi ei ddal [yn]* llwyr. ['Roedd y stiward wrth ei elin yn llenwi ei wydr bob cynnig. Ac fe dâl Robert Puw iddo maes o law heb gymorth Duw.]

LOWRI: Dos yn d'ôl, Rolant. Y tŷ sydd i'w werthu nesaf.

ROLANT: Mae arnaf fi ofn i ti dorri dy galon.

LOWRI: Paid ag ofni, Mi fyddaf yn galed fel y graig, [ac fel craig yn llom].

(ROLANT *yn dychwelyd. Sŵn yn codi eto o'r dafarn.*)

LOWRI: A glywch chwi eu sŵn [hwynt]*? Fel sŵn pryfed ar domen.

[TWM]*: Dyn yr ocsiwn sy'n disgrifio'r tŷ . . . Hen ffermdy da, medd efo, un o'r hynaf yn y wlad. Dywed wrthynt, y llwfrgi, mai hen deulu'r plas sy'n byw ynddo. [Beth a]* wyddost ti am Isallt? Mae llygod y pantri yn ei adnabod yn well. [Beth pe clywit ti hwy yn ei ganmol liw nos? . . . Pedair siambr, dd'wedaist ti? Ie, a chutiau moch o'r gorau i'th fath di.] Aie, aie, mae'r teulu yn debyg o werthu'r dodrefn derw! Sicr iawn, hwy [werthant]* bopeth ond eu henw da, a her i ti a'th fath brynu hwnnw . . . Yn awr, faint amdano? Hwrê! pump ar hugain Rolant Gruffydd . . . Deg ar hugain, Dafydd Tomos. [O na chawn i afael ar dy glos di . . .] Pump arall medd mistar . . . Deugain punt . . . A phump . . . Hanner can punt.

LOWRI: Pwy, pwy?

[TWM]*: Y cythraul—Dafydd Tomos.

LOWRI: Fe dd'wedodd Rolant na roddai o geiniog yn fwy na hynny.

[TWM]*: Aethoch ch'n fud, fistar? Neu a dorrodd eich calon fel yr hwch dan y fwyall? . . . Beth sy 'rŵan?

---

*wneud
*o'n
*nhw
*GITO
*Be'

*werthan'
*GITO:
*GITO: (Ni newidiwyd yr enw yn 1957 er y dylid wedi ei wneud)

LUNED:	Beth [, Twm]?
LOWRI:	Pa wahaniaeth beth? Mae'r cleddyf ar fy ngwar i weithian.
[TWM]*:	Fe gafodd y gwerthwr gynnig trigain punt cyn yr ocsiwn. Ac os na rydd Dafydd Tomos fwy na hynny, y cynnig hwnnw sy'n dal. [A weli di, Ddafydd, mae rhyw gnaf yn darpar gwaeth uffern na thydi . . . Trigain punt i lawr, a'r ffair ar ben . . . Hai, feistres, fe anghofiwyd gwerthu un peth. Robert Puw, dyma was bach ar werth, un a gollodd ei feistr a'i le a'i galon. Faint amdano? Mi ddof atat ti neu'r Gŵr Drwg, 'does waeth p'un. *(TWM yn cilio.)*]*
LOWRI:	[Wele]* fi'n anghyfannedd bellach[, ac heb ddarn o ddaear yn y fro, namyn llecyn petryal dan gysgod y llan. Sut na roddant hwy hwnnw ar ocsiwn? Onid oes arnynt flys am y siambr honno? Mae hi'n glyd ac yn gynnes, a digon ynddi o ymborth i ryw rai]. *(Cwmni'r ocsiwn yn dyfod allan ac ymaith dan chwerthin a dadlau.)* Gwrando [arnynt yn]* cyfarth. Mae'r hela ar ben, a'u boliau hwythau yn drymion gan waed. [Dyma nhw, y cŵn, y cŵn, a sugnodd fy nghalon yn wen.]

(ROLANT yn dyfod ati.)

LUNED:	Pwy gafodd Isallt, 'nhad?
ROLANT:	Wn i ddim. Ni chyhoeddwyd ei enw.

(SIÔN EDWARD a ROBERT PUW yn dyfod [allan fraich ym mraich, SIÔN yn feddw iawn].)

SIÔN EDWARD:
    Fi enillodd yntê, Mr Puw?

ROBERT PUW:
    Ie, ti enillodd, ond paid â chanu cyn yr hwyr. A fedri di gerdded dy hun?

SIÔN EDWARD [*(gan geisio)*]:
    Cerdded fy hun? Gallaf, fel march i'r stabl.

ROBERT PUW *(yn ei wthio fo)*:
    Dos ynteu, y cnaf meddw. *(Siôn yn syrthio ac yn dyfalu ei lwybr allan.)* Erbyn nos yfory, fe fydd maes yr afon yn gallestr ar d'wddf di. [Ni a gawn weld wedyn p'un ai ti ai

---

*GITO:
*Trigain punt, a'r ffair ar ben

*Dyma
*arnyn nhw'n

myfi all farchogaeth orau . . .] Wel, Rolant Gruffydd, ci go ddrud yw Gelert, onide? Fe dalai'n well ichi a'r goegen acw o Lundain barchu eich meistr. [Pe gwnelsech hynny, ni byddai raid eich gyrru o'r gwenith i'r braenar i brynu dysg.

LUNED: Gedwch iddo, 'nhad. 'Dyw o ddim yn werth eich poeri chi.

ROBERT PUW: Oho, mae'r gath fach yn codi ei gwrychyn. Fe wna les iddi hi chwilio am ei thamaid . . .] [Mi roddaf bythefnos i chi symud o Isallt, a gwych fydd gweld yr hen deulu parchus yn mynd, fel llwynog pan fo cerrig ar ei ffau a'r cŵn o'i ôl—]*

ARTHUR: [*(a ddaeth i mewn yn araf tra bu PUW yn siarad)*: Mae gennyt ti gorff bach bras a bywiog, Robert Puw.

ROBERT PUW *(mewn dychryn)*:
Sut, syr?

ARTHUR *(yn craffu ar y stiward, ac yn troi o'i gwmpas o)*:
Ie, mewn difri', corff doniol i'r pwrpas. A fedri di redeg, dywed?

ROBERT PUW:
'Dwyf fi ddim yn eich deall, syr?

ARTHUR: Meddwl yr oeddwn i mai difyr fyddai plastro gwaed llwynog ar dy goesau di, a throi'r cŵn hela ar d'ôl.

ROBERT PUW *(bron syrthio o fraw)*:
Na, na, syr. O Arglwydd, na!

ARTHUR: Ydi Gelert gyda chi, Mr Gruffydd. Mae ganddo fo gownt gyda Robert Puw, mi gredaf?

ROBERT PUW:
Mr Gwynn, syr. Er mwyn Duw, gwrandewch arnaf—

ARTHUR: Lletaf yw biswail o'i sathru, onide? Dos o'm golwg rhag i mi lychwino fy mysedd arnat. *(Â ROBERT PUW ymaith a thry ARTHUR at ROLANT.)*] Cennad atoch chi wyf fi, Mr Gruffydd.

ROLANT: Cennad ataf fi?

ARTHUR: Ie. A fynnwch chi aros yn Isallt?

---

*Rhaid i chi symud o Isallt ar ben y chwarter. O! Mr Arthur! Welais i mono' chi.

ROLANT: 'Does dim golwg pobl ar frys ymadael arnom, [a] oes, Mr Gwynn? Ond y mae'r tŷ wedi ei osod bellach.

ARTHUR: Nag yw. Mi gefais gan fy nhad beidio â gosod y tŷ os na roddai rywun drigain punt amdano . . . Y mae o'n cytuno i chi aros yno ar delerau.

ROLANT: Pa delerau?

ARTHUR: Mae o'n gofyn deg punt ychwaneg o rent.

ROLANT: Dyna'r cwbl?

ARTHUR: Nage, nid y cwbl, Mr Gruffydd. Fe deimla fy nhad fod yn rhaid iddo gefnogi awdurdod y stiward, ac felly mae o'n disgwyl y gwnewch chi eich hunan ddinistrio'r ci.

ROLANT [(wedi munud o ystyried)]:
Yr wyf fi'n mynd yn hen ŵr, Mr Gwynn, ac ni wn yn iawn i ble i droi pan ddelo'r awr i mi gau drws Isallt ar f ôl a chefnu ar feddrodau fy nheulu. Ond tra bo gwynt yn fy ffroenau a'm traed yn abl i'm dwyn, nid arhosaf fi yma yn ddirmyg i'r stiward. Mae gennyf ormod o barch i'm hynafiaid. Fe fydd Isallt yn wag [mewn pythefnos]★.

ARTHUR: Yr wyf fi'n fodlon cydnabod, Mr Gruffydd, fod fy nhad yn ystyfnig ar y mater hwn, ond tybed nad ydych chwithau? Mi wneuthum i fy ngorau i wella popeth. A wnewch chi ailfeddwl am hyn?

ROLANT: 'Does gennyf fi ddim ateb arall.

ARTHUR: Mrs Gruffydd?

LUNED: Na, na, Mr Gwynn. 'Dyw hynny ddim yn deilwng.

ARTHUR: Maddeuwch i mi. Wn i ddim beth yr wyf yn ei wneuthur.

[(LOWRI yn codi i fynd a ROLANT gyda hi.)]

ROLANT: Dydd da, Mr Gwynn, a diolch i chi am eich moesgarwch.

[(Ânt allan y ddau. LUNED hithau am fynd.)]

ARTHUR: Luned, ydych chwithau am fynd?

LUNED: Ydwyf.

ARTHUR: Chi wyddoch mai er eich mwyn chi y ceisiais i hyn?

★ar ben y chwarter.

LUNED *(yn dawel)*:
    Gwn.

ARTHUR: Pam na ddywedwch chi rywbeth?

LUNED: 'Does dim mwyach i'w ddweud. Dyma'r diwedd.

ARTHUR: Na, na. Nid dyma'r diwedd. Luned, gwrando [—*(yn ceisio ei chadw)*].

LUNED: [Gedwch i mi fynd. Ni allaf fi wrando ar ddim heddiw. *(Hithau'n dianc.)*]★

ARTHUR: Luned, Luned—

LLEN

★Alla' i ddim gwrando heddiw.

Y DRYDEDD ACT

(Yn Isallt, tuag amser y llwydnos. ROLANT a LOWRI.)

LOWRI: Sut y trefnaist ti am y da?

ROLANT: Rhaid eu gollwng i'r ffair. 'Does dim gobaith i ni gael hanner eu gwerth. [Fe ŵyr pawb fod yn rhaid eu gwaredu. Ac y mae prisiau gwartheg wedi syrthio i ddim, gan gymaint yr ocsiynau.]

LOWRI: Rolant, a oes rhaid 'sgrifennu heddiw am y llong?

ROLANT: Heddiw neu yfory.

[LOWRI: Aros ddiwrnod ynteu.

ROLANT: I ba ddiben?]

LOWRI: Mi welais Arthur Gwynn fore heddiw. Mae o am ddyfod yma.

ROLANT: Druan o'r llanc. Dylai gael gwell tad.

LOWRI: Ie, i hynny y daw o yma.

ROLANT: Sut? . . . Ydi Luned ag yntau—

LOWRI: Ydynt, neu o leiaf y mae o, beth bynnag am Luned.

ROLANT: Beth ddywedaist ti wrtho?

LOWRI: Mi ddywedais fod croeso iddo ddyfod pan fynno, ac fe gaiff hithau bob rhyddid i ddewis drosti ei hun . . . Wyt ti'n deall bellach nad oes raid 'sgrifennu heno?

ROLANT: Wraig, a fynni di i'r eneth ei gwerthu ei hun er mwyn [diddosrwydd]* i ni?

LOWRI: Ti wyddost fod rhywbeth rhyngddynt.

ROLANT: Os prioda Luned etifedd y Plas, ni wna hynny ddim gwahaniaeth i mi.

LOWRI: Rolant!

ROLANT: Bydd yn bwyllog, Lowri. Wyt ti'n meddwl y caniatâ'r

---

*cadw'r tŷ

yswain iddynt garu? A hyd yn oed [pedfai]* o'n fodlon, ac yn rhoi Isallt yn ôl imi'n grwn, 'does berygl y newidiai fo na'r stiward eu dull. Arhosaf fi ddim yma i weld troi fy nghymdogion o'u gwlad, a hwythau wrth ymadael yn dannod i mi mai hen deulu Isallt yn unig a'i gwerthodd ei hun i'r gelyn.

LOWRI: Ti welaist pa fath gymdogion sy gennyt.

ROLANT: Fedraf fi ddim gwerthu fy mhobl, a rhoi fod pob Cymro'n llechgi.

LOWRI: Na, ond [ti]* fedri alltudio dy wraig, a throi dy gefn ar fedd dy fab.

ROLANT: Lowri, 'does gennyf fi ddim yn y byd ond f'anrhydedd i'm cadw rhag torri fy nghalon. Rhaid imi ymladd dros f'anrhydedd.

LOWRI: Rhaid i minnau amddiffyn fy nghartref. Rolant, meddwl am unwaith am dy ferch ac amdanaf finnau. Yr wyf fi wedi breuddwydio yn y nosweithiau am siglo crud fy wyrion, am gael bachgen eto yn fy mreichiau, a chlywed llais mab yn diasbedain yn yr hen dŷ yma. Yr wyt ti'n myfyrio [feunydd]* am orffennol dy deulu. Ond beth a ddaw o'r teulu yn Wisconsin? Fath fyd fydd hwnnw i Luned?

[ROLANT: Wyt ti'n meddwl na wynebais i ddim hynny? Lowri, fe fydd goruchafiaeth y stiward yn gyflawn os llwydda fo i greu rhwyg rhyngom ninnau.

LOWRI: O na welit ti mai d'ystyfnigrwydd di yw arf sicraf y stiward.]

ROLANT: O'r gorau, mi ddywedaf fi ddim wrth Luned. Caiff ddewis drosti ei hun.

LOWRI: Wyt ti'n addo hynny?

ROLANT: Ydwyf. Bydd dithau'n deg wrthi.

LOWRI: Mae gan fam hawl i siarad â'i merch.

LUNED (wrth y drws):
Mae Siôn Edward yn dyfod yma.

---

*petai
*mi

*beunydd

LOWRI: Un o gymdogion dy dad. Dyfod i gydymdeimlo â ni, bid sicr.

LUNED: Golwg truan sydd arno fo heddiw . . . Dowch i mewn, [Mr]* Edward.

SIÔN EDWARD:
Bendith Dduw arnoch yma.

LOWRI: Yr wyt ti'n rhy fuan, Siôn Edward. 'Dyw'r dodrefn ddim ar ocsiwn heddiw.

SIÔN EDWARD:
Mrs Gruffydd, mi wneuthum i gam mawr â ch[w]i ddeuddydd yn ôl, ond mi wneuthum ddrwg mwy i mi fy hunan, a dyna sut y gallaf fi ddyfod yma heddiw. Yr wyf fi am ofyn i chwi faddau imi.

LOWRI: Y gath yn ymddiheuro i'r llygoden dan ei phalf.

SIÔN EDWARD:
Mi glywais mai i Wisconsin yr ewch chwi, Rolant Gruffydd?

ROLANT: Dyna fy mwriad.

SIÔN EDWARD:
Fath wlad yw honno?

LOWRI: Gwlad yn diferu o laeth a mêl.

LUNED: Mam, mae o mewn trallod.

ROLANT: Mae sôn y gellir cael tir yno yn rhad, Siôn Edward, ac wmbredd o waith ffarmio arno. Yno mae'r Cymry yn tyrru ar ôl yr ocsiynau.

SIÔN EDWARD:
Ydi o'n lle pell, dywedwch?

LOWRI: Yr ochr yma i uffern.

SIÔN EDWARD:
Ydi o 'mhellach na Sir Fôn?

ROLANT: Ydi, dipyn pellach.

---

*Siôn

SIÔN EDWARD:
>Mi fûm yn Lerpwl unwaith. 'Dyw o ddim pellach na hynny?

LUNED: Yn America mae o, [Mr]* Edward.

SIÔN EDWARD:
>Yr annwyl. Rhaid croesi'r dŵr i fynd yno?

LUNED: Rhaid croesi'r môr.

SIÔN EDWARD:
>Un tila wyf fi ar y môr. Mi fyddaf yn teimlo fy nhraed yn siglo o'i weld.

ROLANT: Wyt ti mewn helbul, Siôn Edward?

SIÔN EDWARD:
>Nid mwy nag a haeddaf. Mae'n rhaid imi fadael o'r ffarm.

ROLANT *(wedi munud o ddistawrwydd)*:
>Wyt ti'n deall, Lowri?

LOWRI: Beth yw'r achos, Siôn Edward?

SIÔN EDWARD:
>Chwi wyddoch imi gymryd maes yr afon yn yr ocsiwn. Mewn diod yr oeddwn, a dechrau ymdderu â'r cwmni p'un ohonom oedd orau'i fyd. Yr oeddwn innau ar fy hwde i'w curo, ac mi [gynhygiais]* bedair punt yr erw am flwyddyn. Neithiwr dyma air oddi wrth y stiward fod yn rhaid imi dalu yn gyfartal am y cwbl o'm ffarm, neu weld ei rhoi ar ocsiwn ymhen y chwarter. Chi wyddoch na fedraf fi dalu hanner hynny, a 'does dim amdani ond bwrw fy henflew mewn gwlad arall.

LOWRI: Siôn Edward, rhaid iti esgusodi fy ngeiriau brwnt. A allaf fi dy helpu rywfodd?

SIÔN EDWARD:
>Gallwch, Mrs Gruffydd. I hynny y deuthum yma. Gallwch faddau i mi.

LOWRI: Mi wnaf hynny'n rhwydd.

SIÔN EDWARD:
>Welwch chi, hen ŵr gwacsaw a ffôl ydwyf fi, yn bradychu

---

*Siôn
*gynigiais

Y DRYDEDD ACT

              fy nghymwynaswyr pennaf. Ond er pan gofiaf fi, i Isallt y deuai pawb yn y fro pan fyddai helbul arno. A fedrwn i ddim bwrw noswaith arall heb eich maddeuant.

LOWRI: I ble'r ei di, Siôn Edward?

SIÔN EDWARD:

              Dyn a ŵyr, a 'does fawr o wahaniaeth 'chwaith. Yr unig beth yn y byd 'ma sy'n gafael ynof fi yw'r ffarm fach acw. Yr ydwyf fi'n caru ei phridd coch hi. Fe fydd sŵn y tyweirch lleithion a minnau'n eu troi yn fiwsig i'm clustiau. Mi fûm i droeon yn gyrru'r aradr i'r graig yno, do i'r graig. Yr ydwyf wedi fy nghrymu ac wedi chwysu uwch ben pob congl i'r caeau. A 'rŵan rhaid i mi eu gadael i eraill, a hynny oherwydd fy nylni fy hun. 'Does arnaf fi ddim angen ail ffarm. Fe fydd darn bach bedd yn ddaear ddigon imi bellach. Ac wedi imi gael eich cymod chi, mi af oddi yma yn llai fy nghywilydd.

              (GWILYM RHYS, y cipar, yn dyfod i mewn.)

GWILYM: Ydi Mr Gruffydd yma?

ROLANT: Ydwyf.

GWILYM: Dowch ar unwaith, da chi, ar unwaith. Edrychwch, mae'r awyr i gyd yn goch. Gallwch weld [brigau]*'r mynyddoedd.

Y CWMNI: Be' sy, be' sy?

GWILYM: Teisi gwair Mr Puw sy ar dân.

ROLANT: Sut?

GWILYM: Y gweision sydd yno, yn wallgof am golli eu gwaith.

ROLANT: Pa weision?

GWILYM: Gweision Isallt, a gweision [Mr]* Edward a Dafydd Tomos, ag eraill.

SIÔN EDWARD:

              Gafodd Dafydd Tomos yntau notis?

GWILYM: Mae rhai am roi tân i'r tŷ . . . Fe anfonodd y stiward am y sawdwyr.

LOWRI: Y sawdwyr?

---

*cribau
*Siôn

SIÔN EDWARD:
:   Gedwch iddynt orffen, Mr Gruffydd, mae o'n haeddu hyn.

ROLANT: Taw'r ynfytyn . . . Luned, fy het a'm ffon . . . Gwilym, rhed ar d'union i rybuddio'r plas.

GWILYM: Mi fûm yno. Fe aeth Mr Gwynn ifanc yn syth i'r fan, ac fe'm danfonwyd innau yma. Meddwl y gallech chi [luddio]*'ch gweision.

ROLANT: Beth am ei wraig a'r plentyn? Ydyn nhw'n ddiogel?

GWILYM: Ydynt hyd yn hyn. Fe aeth Mrs Puw i'r Plas am gysgod. Ond mewn gwirionedd y mae arnynt ofn enbyd.

ROLANT *(wrth LUNED)*:
:   Diolch . . . Gwilym, dos yn d'ôl a dywed fy mod ar fy ffordd . . . [Tyred]*, Siôn Edward, a Duw a roddo ein bod ({ni}) mewn pryd. *(Y dynion yn mynd.)*

LUNED: Faint o ffordd sydd i'r dref, mam?

LOWRI: Mae gwersyll milwyr yn Llanerw, dwy filltir oddi yma. Gwelais hwy ddoe yn arfer eu meirch.

LUNED: Dacw'r awyr yn cochi fwyfwy. Tybed a arbedir y tŷ? Fydd o mewn pryd?

LOWRI: Ŵyr o ddim ei berygl. Beth pe cyhuddid ef o hyn?

LUNED: Mam, peidiwch â siarad felly.

LOWRI: Mi adwaen i gastiau'r [bytheuaid]*.

LUNED: Diolch i'r nefoedd, mae'r gwynt yn chwythu oddi wrth y tŷ . . . Mam, 'dyw hynny ddim yn bosibl?

LOWRI: Beth?

LUNED: Iddynt ddrwgdybio 'nhad.

LOWRI: Gall stiward brofi'r peth a fynno.

LUNED: Ond fe geir ymchwiliad?

LOWRI: A'r ciperiaid yno i dyngu yn ôl ewyllys Robert Puw.

LUNED: Ydych chi'n meddwl . . . ? O na, na, na . . . Gellir crogi dyn am hynny.

---

*rwystro
*Tyrd

*cnafon

LOWRI: Gellir.

LUNED: Edrychwch, dacw fflamau newydd yn codi'n uchel tua'r de . . . [Beth a]* wnawn ni? . . . . Atebwch.

LOWRI: Mae Arthur Gwynn yn dyfod yma heno.

LUNED: 'Dyw hynny'n ddim. Mi wn iddo ymbil â'i dad bob dydd o'r mis aeth heibio, er pan gawsom ni notis. [A ddoe fe ddigiodd yr yswain wrtho am a wnaeth o i'r stiward ddydd yr ocsiwn.]

LOWRI: Luned, wyt ti'n deall amcan Arthur Gwynn yn dyfod yma?

LUNED: Mam fach, peidiwch â bod yn greulon. Fedraf fi ddim dal heno a 'nhad mewn perygl.

LOWRI: Am dy dad yn hytrach nag amdanat ti yr wyf finnau'n meddwl, fy merch. A wnei di fy ateb?

LUNED (*yn ateb gydag anhawster*):
Mae'r helbul yma wedi drysu pethau rhyngom. Fedraf fi [wneuthur]* dim ag ef mwy.

LOWRI: Os [yw e'n]* dy ddeisyf di yn wraig, yr helynt hwn yw'r rheswm cryfaf dros i ti ei dderbyn.

LUNED (*yn troi yn arw*):
Mam, mae Mr Gwynn yn ŵr bonheddig. Fe wna'r fo cwbl a fedro drosom, heb i mi fy nghynnig fy hun yn wobr iddo.

LOWRI: Mi wn i hynny. Ond ti ddywedaist dy hun na all o ddim.

LUNED: Do. Ac felly ni waeth inni heb â meddwl amdano.

LOWRI: Yr wyt ti'n ddall iawn.

LUNED: Sut, ynteu?

LOWRI: Wyt ti mewn difrif am achub dy dad?

LUNED: [Chwi] wyddoch hynny, mam.

LOWRI: O'r gorau. Rhaid i ti dderbyn Mr Gwynn yn ddarpar-ŵr iti heno.

LUNED: Mam, ni wnâi hynny ddim ond digio'r yswain, hyd yn oed petai o'n beth anrhydeddus.

LOWRI: 'Does gen i ddim ofn hynny. Byddai gennym afael arno felly, a feiddiai o ddim cyffwrdd â'th dad wedyn.

---

*Be' *ydy o'n
*wneud

LUNED [(*gydag ysgrech*)]:
: Mam . . . buasai'n dda gennyf fod yn farw cyn eich clywed ch[w]i yn dywedyd y fath beth.

LOWRI: Nid dy fywyd di sydd mewn perygl, ferch, ond bywyd dy dad, a'i enw da . . . Dos i edrych sut liw sydd ar yr awyr.

LUNED (*yn mynd at y drws*):
: 'Does dim fflamau i'w gweld 'rŵan, ond rhyw lwyd olau.

LOWRI: A glywi di sŵn sawdwyr?

LUNED: Na, sŵn dynion yn gweiddi o gyfeiriad y tân . . . Mam, ai cellwair yr oeddych?

LOWRI: Ti gei weld fath gellwair a fedr y milwyr a chwrt y sir.

LUNED: Wedi'r cwbl, dyfalu yr ydych. Eithaf tebyg na ddigwydd dim o'r fath beth.

LOWRI: Os na bydd, fe erys perygl arall, ein troi ({ni}) o Isallt. Ai dibris yw hynny yn dy olwg?

LUNED: Nage, mam, ond yr ydym ni wedi arfer byw yn lân.

LOWRI: Ac ni raid peidio. Mae'r bachgen yn dy hoffi, a chan i Ragluniaeth daflu rhaff i'n dwylo, dylem gydio ynddi . . . Luned, pam na ddealli di? Ti glywaist ddigon gan dy dad am draddodiadau dy deulu. Ti welaist pa mor annwyl iddo yw Isallt [a'r fro y bu ei hynafiaid yn bendefigion ynddi]. Cofia dithau mai merch ydwyt, ag nad oes yma un mab i gadw ein henw ar gof. Os gwrthodi di Arthur Gwynn, bydd yn rhaid i ninnau ymlusgo i America. Cei dithau Sais yn ŵr i ti, a dyna ddiwedd ar ein hach. Nid bywyd un dyn ond bywyd y teulu sydd yn dy ddwylo di heno.

LUNED: Mam, a glywsoch chi 'nhad yn adrodd hanes meibion Gruffydd ap Rolant? Sut y bu raid iddynt hwythau ddewis rhwng bywyd ac anrhydedd? A sut y buont yn crwydro'r cyfandir yn ddigartref ac heb obaith am eu teulu?

LOWRI: Paid ag ynfydu, ferch, 'dyw hyn ddim yn debyg.

LUNED (*â chri yn ei llais*):
: Nag yw, mam, 'dyw hyn ddim yn debyg. Oblegid nid oedd neb [ohonynt hwy]* yn caru ei elyn.

---

*ohonyn nhw

LOWRI: [Beth a]* dd'wedaist ti? . . . Luned, ydi hyn yn wir? Wyt ti yn ei garu o?

LUNED: Ydwyf, er pan welais i [ef]* gyntaf.

LOWRI: Pam na ddywedaist ti hynny wrthyf? Bendith Dduw arnat, fy merch.

LUNED: Na, na, 'does i mi na bendith na golau, na chymorth yn y byd . . . Yr ydych chi eich hunan yn barod i'm gwerthu i . . . Mam, mam, [beth a]* wnaf fi?

LOWRI: Gwrando ar dy galon. Mae dy ddyletswydd i'th deulu, i'th aelwyd, i'th rieni, a churiad dy waed dy hun, yn gofyn iti dderbyn y gŵr a geri. ([Saif LOWRI â'i llaw ar ben ei merch.] GITO, un o weision ISALLT, yn dyfod i mewn yn llechwrus.)

GITO: Mrs Gruffydd . . . Feistres!

LOWRI: Gito, beth a fynni di?

GITO: 'Does yma neb arall?

LOWRI: Nag oes, pam?

GITO: Rhaid imi ddianc . . . Mae'r sawdwyr ar y ffordd.

LOWRI: Fuost tithau yno?

GITO: Do. Ond fe rwystrodd y mistar i ni orffen y gwaith. Pam nad arhosodd o gartref?

LOWRI: Wyddost ti dy fod ti'n peryglu'i fywyd o?

GITO: 'Doedd dim rhaid iddo wybod dim am y peth. A ninnau'n dial ei gam o. Amdanaf fy hun, chaf fi ddim gwaith yn y wlad hon, ac nid gwaeth crogi am ddafad nag am oen. 'Fory, mi fyddaf yn Lloegr, allan o gyrraedd y corgwn. O feistres, na chaech chi gip ar y stiward yn wylo dros ei deisi. Ni chlywsoch chi regi mor rhugl yn eich byw. 'Roedd o'n disgyn fel gwlith y nefoedd i ddiffodd y fflamau.

LOWRI: Ydi'r tân drosodd? P'le mae'r gweision eraill?

GITO: Heibio i'r mynydd cyn hyn. Feistres, rhaid i mi adael y teulu yma am ddeuddydd. [Chwi ofalwch]* drostynt hyd hynny?

*Be'   *be'
*o   *Mi ofalwch chi

LOWRI: Llawer a haeddi di gennyf . . . 'Rwyt ti agos â dryllio fy holl gynlluniau . . . Dos, dianc ar frys.

GITO: Un peth arall, feistres. Mi af fi i Lerpwl.

LOWRI: Wel?

GITO: Peidiwch ag anghofio rhoi rhybudd imi ddiwrnod y llong. Mi weithiais i er yn blentyn i deulu Isallt. A 'dwyf fi ddim am newid ym mhrynhawn fy oes. Mi fyddaf yn gystal gwas i chi yn America ag a fûm yma.

LOWRI: O, am hynny, 'does dim sicrwydd, Gito. Feallai nad awn ni ddim i Wisconsin.

GITO: Ewch at Miss Consil neu ryw wraig arall. [Dewiswch y wlad a fynnoch a'r cyfaill a fynnoch, mi ddeuaf gyda chi.]★

LOWRI: Ie, cewch glywed os awn ni. Ond y tebyg yw yr arhoswn ni yma.

GITO: Aros ym mhle?

LOWRI: Yma . . . yn Isallt.

GITO: Feistres druan, yr ydych yn drysu. Mae'r stiward am eich troi i'r mynydd [mewn pythefnos].

LOWRI: Mi wn hynny. Ond fe newidia'r stiward ei feddwl.

GITO: Ydych chi'n dweud y gwir? . . . Ydi Rolant Gruffydd wedi'n gwerthu ni? Aeth yntau drosodd at y stiwardiaid a'r meistri llediaith? . . . O mi welaf. Dyna pam y rhwystrodd o i ni orffen â'r teisi?

LOWRI: Taw di. Onid digon y drwg a wnaethost i mi heno? Dwyn gwarth a drwgdybiaeth ar fy nhŷ. Pwy ŵyr na theflir fy ngŵr i garchar o'th achos di, ei was?

GITO: Ai dyna fy niolch? I hyn y gweithiais i drwy'r blynyddoedd?

LOWRI: A feiddi di ddweud mai er ein mwyn ni y gwnaethost ti hyn? Tyred i'r gegin i ti gael tamaid ar dy daith, a phaid ag aros yn hwy. *(Hithau'n mynd.)*

★Mi ddof i gyda chi.

GITO *(yn dilyn yn drwsgl)*:
:	Beth ddaw ohonof, beth ddaw ohonof?

LUNED:	Gito. *(Yntau'n troi.)* Gyda'th chwaer y byddi di yn Lerpwl?

GITO:	Ie, feistres.

LUNED:	O'r gorau. Dos 'rŵan.

(Â yntau allan. Erys LUNED *fel un mewn llewyg. Yna, yn y diwedd, ymsytha.)*

LUNED:	Gito, ti sy'n iawn . . . Y nefoedd a'th ddanfonodd di yma.

*(*ARTHUR GWYNN *wrth y drws.)*

ARTHUR:	Feallai hynny. Ond yr oedd fy ewyllys innau yn fy nghymell yn daer.

LUNED:	Arthur. Sut y daethost ti? Ydi 'nhad yn ddiogel?

ARTHUR:	Diogel, ydi.

LUNED:	'Dyw e' ddim mewn perygl?

ARTHUR:	Nag yw ddim.

LUNED:	Feddyliodd neb ei fod o'n gyfrifol am hyn heno?

ARTHUR:	Na, neb mewn difrif, er bod Robert Puw am ei feio pe medrai.

LUNED:	Lwyddodd o?

ARTHUR:	Naddo. 'Roeddwn i yno'n dyst i'w erbyn. Oni bai am Mr Gruffydd, buasai teisi a buarth Robert Puw, ie, a'i gartref hefyd, yn fflamau cyn hyn.

LUNED:	Ddywedaist ti hynny wrtho?

ARTHUR:	Wrtho fo ac wrth fy nhad.

LUNED:	O, sut y diolchaf fi iti?

ARTHUR:	Ond dyna'r gwir [llymun]*.

LUNED:	Arthur, sut mae dy dad?

ARTHUR:	Yn wyllt. 'Rwyf finnau hefyd. Mae'r ffyliaid wedi difetha 'ngobeithion i. Mi garwn weld crogi pob enaid ohonynt.

LUNED:	Paid â siarad felly. 'Rwyt ti'n fy mrifo.

---

*plaen

ARTHUR: Dy frifo? Wyt ti ddim am gymeradwyo rhyw gastiau budron, ysgeler fel hyn?

LUNED: 'Does gen i ddim dy foesoldeb Seisnig di. 'Roeddwn i'n darllen y 'Cronicl' fore heddiw. Rhyw druan o Wyddel wedi saethu landlord arall, a dyfala fel y mae'r Saeson yn ei felltithio yn enw Duw a chrefydd.[7] 'Rwyt tithau cynddrwg. Ond soniaist ti ddim am grogi dy dad ac yntau'n ein deol ni o'n [hannedd]★ am ladd ['sgyfarnog]★ . . . Mae'n ddrwg gen' i am hyn heno . . . oblegid y canlyniadau. Mae 'nghalon i gyda'r Gwyddel, ond yn amddifad o'i [lewder]★.

ARTHUR: Luned, paid â ffraeo . . . mi gefais i drybini ddigon heno.

LUNED: O Arthur, do. Maddau imi, un felly [ydwyf]★.

ARTHUR: Yr oeddwn i'n meddwl hyd y diwedd y caech chi aros yn Isallt rywsut. Ond dyma glo ar bopeth. Mae 'nhad fel adamant bellach.

LUNED: Arthur, ai dyna'r gwir . . . yn sicr?

ARTHUR: Ysywaeth, ie. Yn sicr iawn.

LUNED: Fedri di ymbil â'th dad unwaith eto?

ARTHUR: Cred fi, mi [wneuthum]★ fy ngorau. 'Rwyt ti'n gwybod hynny.

LUNED: A 'does dim gobaith i ni aros?

ARTHUR: Welaf fi ddim.

LUNED: Dim . . . dim . . . diolch i Dduw.

ARTHUR: Luned, [beth a]★ ddywedaist ti?

LUNED: Am fy rhyddhau i.

ARTHUR: Dy ryddhau di?

LUNED: Oddi wrth demtasiwn. Oddi wrth faich na fedrwn i mo'i ddal.

ARTHUR: 'Dwyf fi ddim yn dy ddeall.

LUNED: Paid â cheisio . . . Yr wyf fi'n [ddynes]★ rydd yr awr hon,

★cartre' ★wnes i
★'sgwarnog ★be'
★ddewrder ★eneth
★ydw' i

Arthur Gwynn, yn rhydd i ddewis fy mywyd a'm llwybr.

ARTHUR: Luned, [a wyddost]* ti? Ein hawr ni yw hon.

LUNED: Nage. Mae ein hawr *ni* wedi mynd heibio.

ARTHUR: Gwrando. Ti wyddost fy mod i yn dy garu. A [ddeui]* di'n wraig i mi?

LUNED: Mae hynny'n amhosibl, Arthur.

ARTHUR: Pam?

LUNED: Dy dad.

ARTHUR: Ti ddywedaist wrthyf dy fod ti'n eneth rydd heno. Yr wyf finnau'n rhydd yr un modd.

LUNED: Rhydd? Sut? 'Rwyt ti'n fy nychryn. Ffraeaist ti ddim o'm plegid i?

ARTHUR: Ni ffraeais i â neb. Cei glywed. Er pan ddechreuodd y cynnwrf hwn yn Isallt mi ddeisyfais i ar fy nhad gadw ei ddwylo'n lân. Mi grefais arno nid dros Isallt yn unig, eithr dros y tenantiaid oll. Ond na, ni fynnai o ymyrryd ag awdurdod y stiward. Fe gaiff hwnnw wneuthur ei ewyllys tra bo. Ac felly y mae ym mhobman yng Nghymru. Dyfala dithau fath fywyd fydd yn y wlad hon mewn hanner canrif; y ffraeo rhwng landlord a thenant, rhwng eglwys a chapel a thai cyfarfod, a'r lecsiynnau budron. Fe â pob ochr yn gas a chrebachlyd, ac fe fydd harddwch a mireinder wedi cilio o Gymru . . . [8] Luned, yr ydym ninnau'n ifanc. Arhosaf fi ddim yma i'm suro yn y wlad druan hon. Mae dy dad am fynd i'r America. A [ddeui]* dithau yno gyda mi, i ddechrau bywyd newydd mewn awyr [nas llygrwyd]*? Mi rof fi f'etifeddiaeth heibio'n rhwydd am dy law di a'th lendid corff a meddwl.

LUNED *(fel mewn myfyr)*:
Bywyd newydd . . . byd newydd.

ARTHUR: Ie, byd a bywyd newydd, wedi eu seilio ar ein cariad ni a'n rhyddid.

LUNED: A'r hen fyd, yr hen fywyd, y gorffennol?

---

*wyddost   *ddoi
*ddoi   *heb ei llygru

ARTHUR: Anghofia hwynt, corsydd sy'n maglu dy draed.⁹ Tyrd yn rhydd oddi wrthynt.

LUNED: Fedraf fi ddim. Mae fy ngwreiddiau'n rhy ddwfn yma. A phe medrwn, ni fynnwn i gefnu ar fy ngwlad. Llwch o'i llwch hi ydwyf.

ARTHUR: Ond mae'n rhaid i ti gefnu arni.

(Clywir sŵn meirch yn pasio'r tŷ.)

LUNED: Gwrando, Arthur.

ARTHUR: Lleisiau Saeson.

LUNED: Ie, sawdwyr yn dyfod yma ar gais y stiward. Dyna pam y rhaid i mi fynd o'm gwlad. Mynd fel alltud a wnaf fi. Nid dianc.

ARTHUR: Nid wyf innau'n gofyn i ti ddianc. Ond gofyn i ti droi alltudiaeth yn fuddugoliaeth.

LUNED: Yr wyt ti'n gofyn i mi anghofio. Ac anghofio yw bradychu.

ARTHUR: Ond rhaid i ti anghofio. Yr wyt ti'n ifanc, a'th fywyd o'th flaen. All bywyd ddim datblygu heb anghofio rhai pethau o hyd. Fe fydd fel pren wedi gwywo.¹⁰

LUNED: Os gwywo wnaf, boed y cyfrifoldeb arnynt hwy a rwystrodd i mi [ddatblygu]* yn fy awyr a'm daear fy hun.

ARTHUR: Luned, yr wyf fi'n cynnig fy nghwbl iti heno, yn cynnig fy nghariad. [Ai dibris yw hynny yn d'olwg?]*

LUNED: [Nage, nage]*, Duw a ŵyr.

ARTHUR: Pam na ddoi di felly? Fe aeth y byd yma yn rhy hen i gariad, yn rhy hen i brydferthwch. Ond yn y byd newydd, yn yr America draw, cawn ninnau ddaear [wyryfol ac eangach nef i drin ein serch]*. A ddoi di, Luned?

LUNED: Fedraf fi ddim. Mae sŵn y sawdwyr yn fy nghlustiau i y funud hon.

ARTHUR: Ac fe gaiff mympwy felly reoli dy dynged?

LUNED: Nid mympwy mohono. Aeth neb o'm teulu i erioed o Gymru ond yn alltud o flaen gelyn. Felly yr af finnau. Yma

*dyfu
*Ydy hynny'n ddibris gennyt ti?

*Nag ydy
*newydd ac ehangach nef i'n serch

mae fy nghartref, ac ni wnaf fi gartref arall mewn un man o'r byd.

ARTHUR: Luned, wyt ti'n fy ngharu i?

LUNED: O Arthur, paid â gofyn hynny imi.

ARTHUR: Mae'n iawn i mi ofyn, a rhaid i tithau ateb.

LUNED: 'Does gan fy nghariad i ddim hawl heddiw ar fy mywyd i.

ARTHUR: Ti gyffesaist felly. Yr wyt ti'n fy ngharu ({i}) . . . Luned, mae gan gariad hawl dros bob dim. Cariad *yw* bywyd, cariad yw'r dyfodol; gwrthod cariad yw gwrthod cyfrifoldeb.

LUNED: Mae gennyf fi gyfrifoldeb arall. Yr wyt ti'n rhoi pris mawr ar fywyd. Ond fe ddysgodd rhai o'm hynafiaid i daflu eu bywyd ymaith fel petai ond peth bychan. Chaiff bywyd ddim gormesu arnaf finnau.

ARTHUR: Beth a fynni di ynteu?

LUNED: Dioddef gyda'm gwlad.

ARTHUR: Beth a wnei di i'th wlad yn America?

LUNED: Gweini ar fy rhieni yn eu halltud. Gwasanaethu fy nghenedl drwyddynt hwy.

ARTHUR: Ond beth wedyn? Mae dy dad a'th fam yn hen, Luned. Beth wedyn?

LUNED: Dyna'r gwahaniaeth rhyngom ni, Arthur. Pobl newydd ydych ch[w]i, yn edrych ymlaen o hyd, yn gobeithio. Ond yr wyf fi yn perthyn i bobl hen iawn; mae fy ngwreiddiau i yn ôl yn y gorffennol. A 'does gan obaith ddim rhan yn fy null i o fyw. 'Dwyf fi ddim yn ofni nac yn gobeithio bellach. Mi fyddaf yn grwydryn fel meibion Gruffydd ap Rolant. Mi wnaf fy mywyd yn allor i atgofion fy nghenedl. Mi fyddaf yn lleian i'm gwlad. Ac fe fydd fy nheulu farw gyda mi, ond yn marw heb fradychu eu delfrydau na'u traddodiad.[11]

ARTHUR: Wyt ti'n deall beth yr wyt ti'n ei wneuthur? Fe fydd dy fywyd yn llwm erchyll.

LUNED: Fe fydd yn gyfoethog o drysorau fy ngorffennol balch.

ARTHUR: Ti fyddi'n ddigartref.

LUNED: Byddaf.

ARTHUR: 'Rwyt ti'n lladd dy gariad, yn newynu dy galon.

LUNED: Cariad yw'r gelyn.

ARTHUR: Yn lladd y plant a allo fod iti.

LUNED: O Arthur, bydd yn drugarog wrthyf.

ARTHUR: 'Does arnat ti ddim angen trugaredd. Yr wyt ti'n rhy gref, yn sefyll ar furiau dy atgofion. Luned, a drugarhei di wrthyf fi? Mi ddeuthum yma heno wedi'r ffrwgwd, gan feddwl ymysgwyd yn rhydd o'r budreddi, y gormesu ar dlawd a gwan, yr ymgecru a'r gwarth. Mi freuddwydiais am noddfa gyda thi, am fyw yn gain ac yn fonheddig, yn deilwng ohonot. A ddoi di, fy ngeneth, er fy mwyn i? Os na ddoi di, yr wyt ti'n fy nhaflu i'n ôl i'r llaid, ac fe fydd fy mywyd i yn wag i gythreuliaid anobaith chwarae fel y mynnont ynddo. Luned, a ddoi di?

LUNED *(â thosturi mam yn ei llais)*:
Arthur, yr wyt ti dipyn yn hŷn na mi, ond y mae gennyf fi ddoethineb nad yw eiddof fi heno. Gwrando dithau arno. Os diengi di o'r anawsterau hyn, yr wyt tithau yn sicr o deimlo ymhen blynyddoedd dy fod ti wedi bradychu rhywbeth, wedi bradychu dy gyfrifoldeb a'th enedigaeth fraint. Fy nyletswydd i yw mynd gyda'm rhieni. Dy ddyletswydd dithau yw aros yma, i etifeddu dy stad yn dy dro, a gwneuthur cyfiawnder ynddi fel y bo dy gyfle. Gwna hynny, ac er chwerwed y briw yn awr, ti deimli dithau mewn amser, pan fyddo dy wraig a'th blant o'th gylch, mai da [a] fu fy nghyngor. Ac yn yr America, pan fyddwyf finnau'n unig, mi gofiaf i fachgen dewr fy ngharu i unwaith, ac mi fyddaf yn dawel ac yn falch o'r atgof.

(Daw tawelwch a ymddengys yn hir. Pan siarado ARTHUR eto, mae ei lais fel petai wedi colli ei nerth.)

ARTHUR: Gwell i mi fynd, Luned . . . Mae dy dad yn hir.

LUNED: Ydi.

ARTHUR *(wrth y drws)*:
Mae'r nos yn ddu hefyd.

LUNED: Ydi.

ARTHUR: Luned, a gaf fi un peth gennyt?

LUNED: Beth?

ARTHUR: Chefais i erioed dy gusanu di.

LUNED (*â'i llais yn grynedig*):
Na, na, Arthur. 'Dwyf fi ddim yn ddigon cref . . . O Arthur, dos, dos ar frys.

ARTHUR: Ffarwél, Luned . . . *(Nid oes ateb. Yntau'n mynd. Tawelwch eto. Yna daw ROLANT GRUFFYDD i mewn.)*

ROLANT: Wel, Luned, p'le mae Mr Gwynn? Luned, beth sy, ferch? [Wyt ti'n wylo?] Beth a wnaethost ti?

LUNED: O 'nhad, allaf fi [byth]* fyw hebddo fo . . . Arthur, [fy nyn,] fy nghariad ({i}) . . .

[ROLANT: Gwaed yr uchelwyr sydd ynot ti, fy merch . . .

LUNED: 'Nhad, rhaid i chi 'sgrifennu at Ito.]

DIWEDD

*fyth

NODIADAU

1. Twm o'r Nant, *Pedair Colofn Gwladwriaeth*; gweler G.M. Ashton (gol.), *Anterliwtiau Twm o'r Nant* (1964), 16.
2. Gair teg sy'n sefyll yn lle Duw. Ystyr 'Rhad' yma yw 'bendith'.
3. Y mae'n debyg fod Rolant yn cyfeirio at Huw Jones o Langwm (1700?–82), baledwr a chyhoeddwr, cyfaill i'r Morrisiaid, golygydd *Dewisol Ganiadau yr Oes Hon* (1759) a *Diddanwch Teuluaidd* (1763).
4. Cyfeirir at wrthryfel llwythau Gaelaidd ucheldiroedd Yr Alban yn erbyn yr Hanoferiaid yn 1745, dan y Tywysog Siarl, ŵyr y Brenin Iago II, a ddiorseddwyd yn 1688.
5. Ancr: rhywun yn byw naill ai yn unig neu mewn grŵp ar wahân i'r byd er mwyn crefydd. Cyfeirir yn *Geiriadur Prifysgol Cymru* at enghraifft o'r ymadrodd 'fal yr ancr' yn L.J. Hopkin-James a T.C. Evans (goln), *Hen Gwndidau, Carolau a Chywyddau* (1910), 121.
6. 'Huaid y brenin': 'bytheiaid', cŵn hela.
7. Cyfeiria Luned at ddigwyddiadau cyffredin iawn yn Iwerddon yn negawdau cynnar y bedwaredd ganrif ar bymtheg. Cwynai'r werin yn Iwerddon oherwydd eu tlodi, gormes y cyfreithiau yn eu herbyn a baich y degwm. Yna yn 1829, gyda newid yn y drefn gogyfer ag ethol aelodau seneddol, cyflwynwyd cyfraith newydd a arweiniodd at gynnydd sylweddol yn y nifer a drowyd o'u tyddynnod. Gweler C.F. Kolberth a T. O'Brian, *Land Reform in Ireland* (1975).
8. Cyfeiriad at y frwydr wleidyddol rhwng Rhyddfrydwyr a Thorïaid a gyrhaeddodd uchafbwynt ar ôl etholiad 1868. Dyma Saunders Lewis yn herio mytholeg y dosbarth canol Cymreig a gredai fod y fuddugoliaeth dros Dorïaeth yng Nghymru wedi cyflwyno oes newydd o gyfiawnder a rhyddid i'r werin Gymraeg. I Saunders Lewis dyma fuddugoliaeth y Philistiaid dros weddillion hen geidwadaeth Gymreig.
9. Cymharer y darn o *Portrait of the Artist* gan James Joyce a ddyfynnir gan Saunders Lewis yn 'By way of apology', *Dock Leaves* (Winter 1955), 12: 'When the soul of a man is born in this country, there are nets flung at it, to hold it back from flight. You talk to me of nationality, language, religion. I shall try to fly by those nets.'
10. Y mae iaith y sgwrs hon yn Feiblaidd, er nad yw Saunders Lewis yn gwneud i Luned ac Arthur ddyfynnu o'r Beibl. Cymharer Joel i.12: 'Gwywodd y winwydden, llesgaodd y ffigysbren, y pren pomgranad, y balmwydden hefyd, a'r afallen, a holl brennau y maes, a wywasant; am wywo llawenydd oddi wrth feibion dynion.' Hefyd, *Buchedd Garmon*: 'A gwywo o gainc y Brythoniaid/ A'r gangen yn pydru o'r pren.' Gweler isod, t.124.
11. Gellid olrhain yr ideoleg y mae Luned yn ei datgan yma at sawl ffynhonnell yn y ddrama Eingl-Wyddelig. Yn *Clan Falvey*, gan Daniel Corkery, er enghraifft, ceir mynegiant trawiadol o afael y gorffennol ar yr

unigolyn sy'n ei symbylu i anwybyddu gofynion y byd o'i gwmpas; canmolwyd hyn gan Saunders Lewis ('Recent Anglo-Celtic Drama', *The Welsh Outlook*, 9 (March 1922), 63). Ac y mae'n ddiddorol cymharu Luned â Megan gyda Maire yn *The Fiddler's House* (1909), gan Padraic Colum. Gedy Maire ei thŷ a'i chariad i grwydro'r heolydd gyda'i thad.

Buchedd Garmon

CYFLWYNIAD

Mor gynnar â Rhagfyr 1919, yr oedd Saunders Lewis wedi synhwyro fod ganddo ddyfodol fel dramodydd. Ysgrifennodd at Margaret Gilcriest: 'I think there's a chance of my having something to do with Welsh drama sometime.'[1] Ymhen blwyddyn ymddangosai *The Eve of Saint John* a ddilynid gan *Gwaed yr Uchelwyr* ychydig dros flwyddyn wedi hynny. Dywedodd y pryd hwnnw ei fod wedi darllen 'dros ddau gant o ddramâu Cymraeg', ynghyd â 'phob beirniadaeth ar y ddrama, a welaf mewn newyddiaduron Cymreig'.[2] Yr un pryd ysgrifennai'n gyson ar gelfyddyd theatr ac yr oedd yn prysur sefydlu cwmni theatr y bwriadai ysgrifennu dramâu ar ei gyfer. Yn syth ar ôl anfon *Gwaed yr Uchelwyr* i'r wasg rhoddodd gychwyn ar ddrama newydd, gan ysgrifennu at ei gariad i ddweud cymaint yr oedd yn mwynhau'r gwaith. 'Och, do you know', meddai, 'the finest fun I know is building up characters in this way. Writing plays is a grand job, best of all when your creatures sort of come to life, and in the big parts of your work they really write themselves, and the difficulty is to put the ideas down in time.'[3] Dyna *Blodeuwedd*, yr oedd ei Hact gyntaf yn barod erbyn dechrau Gorffennaf 1923.

Erbyn Hydref 1922 yr oedd Saunders Lewis wedi symud o Gaerdydd i ddechrau gwaith fel darlithydd yn Adran y Gymraeg, Coleg Prifysgol Abertawe. Oherwydd hynny yr oedd y cwmni theatr wedi mynd i'r gwellt, ond ni fu'r dramodydd yn Abertawe'n hir cyn magu perthynas â Chymdeithas Ddrama'r ddinas.[4] Erbyn Rhagfyr 1923, ar ôl iddo orffen dwy Act gyntaf *Blodeuwedd* yr oedd wrthi'n cyfieithu *Le Médecin malgré lui* gan Molière a gyflwynwyd gan y Gymdeithas yn Theatr Abertawe nos Iau, 1 Mai 1924, ac a gyhoeddwyd wedyn yng Nghyfres y Werin. Ym mis Gorffennaf yr un flwyddyn priododd Margaret Gilcriest yn Workington a symudodd i fyw i'r Mwmbwls. Yn y cyfamser parhâi i weithio ar *Blodeuwedd* a chyhoeddwyd yr ail Act yn *Y Llenor* tua diwedd 1925.[5] Erbyn hynny, fodd bynnag, yr oedd yn mynd i'r afael â gweithgarwch gwleidyddol, ymrwymiad a newidiodd bob agwedd ar ei fywyd a'i orfodi i roi'r gorau i'r theatr a'i waith fel dramodydd am flynyddoedd.

Hyd yn oed cyn sefydlu'r Blaid Genedlaethol yn 1925 yr oedd Saunders Lewis yn cwyno na fedrai ysgrifennu drama yn ystod y tymor. 'Play-writing,' meddai, 'especially in verse, absorbs all mý mind.'[6] Ac erbyn iddo ymgymryd â llywyddiaeth y Blaid yn 1926, er iddo barhau i ysgrifennu beirniadaeth, rhaid oedd rhoi'r ffidil yn y to fel dramodydd. O 1926 tan 1939 bu'n ddiwyd gyda'i waith gwleidyddol ac am ran helaeth o'r cyfnod hwn ymgollodd yn yr ymdrech i greu seiliau athronyddol i bolisïau newydd ei blaid. Pwysleisiodd J.E. Jones faint ei gyfraniad: 'Saunders Lewis yw pensaer Plaid Cymru. Ef yn anad neb a'i cynlluniodd ac a ofalodd am yr adeiladu a fu arni am ei chyfnod cyntaf.'[7] Rhwng Medi 1926 ac Ionawr 1937 ysgrifennai 'Nodiadau'r Mis' yn

Y Ddraig Goch, papur newydd y Blaid, ac o fis Awst 1925 tan yr un dyddiad ni chollodd ond un cyfarfod o'i phwyllgor gwaith.[8]

Wrth gofio hyn ymddengys yn eironig mai ei yrfa wleidyddol a ddaeth ag ef yn ôl at y ddrama. Yn sgil penderfyniad y llywodraeth i sefydlu ysgol fomio yn Llŷn yn 1936 a hynny yn nannedd gwrthwynebiad pob mudiad diwylliannol Cymreig, ac er gwaethaf tynnu'n ôl gynlluniau tebyg ar gyfer nifer o leoliadau yn Lloegr, penderfynodd Saunders Lewis fod arno ddyletswydd i weithredu y tu allan i'r gyfraith. Felly ym Medi 1936, aeth yng nghwmni D.J. Williams a'r Parchedig Lewis Valentine a chynnau tân yn y defnyddiau adeiladu a gasglwyd ym Mhenyberth. Y mae'r hyn a ddilynodd, yn cynnwys y prawf cyntaf yng Nghaernarfon, yr ail brawf yn Llundain a'r ddedfryd o garchar am naw mis, erbyn hyn ymhlith hanesion enwocaf Cymru. Yn y cyfnod cyn yr ail brawf, pan oedd yn segur oherwydd ei ddiswyddo gan Goleg Prifysgol Abertawe, derbyniodd wahoddiad i ysgrifennu drama i'w darlledu ar ddygwyl Dewi 1937.[9] Dyna'r symbyliad yr oedd ei angen arno iddo greu *Buchedd Garmon*. Fe'i gorffennwyd ymhen deufis a chafodd y tri charcharor y pleser mawr o ddianc o'u celloedd am ysbaid fer, nos Fawrth, 2 Mawrth 1937 i wrando ar y darlleadiad.[10]

Ar y pryd ac ers hynny synnwyd sylwebyddion gan y cadernid meddwl a ddangosodd Saunders Lewis wrth iddo droi oddi wrth amgylchiadau personol mor gythryblus at ramant hanes a harddwch chwedl.[11] Yng ngoleuni ymateb cachgïaidd awdurdodau Coleg Prifysgol Abertawe, rhaid ei fod yn sylweddoli mai prin oedd y gobaith am newid sylweddol yn agwedd y dosbarth canol Cymreig at gyflwr y genedl. Ac yn wir, wrth ysgrifennu *Buchedd Garmon*, meddai yn 1957, 'Tybiais innau . . . mai hon[no] fyddai fy siawns olaf i ddweud dim o bwys fyth mwy yn Gymraeg.'[12] Nid anghofiodd chwerwder y foment wrth fachu'r cyfle hwnnw,[13] ond cododd uwchlaw'r teimlad hwnnw. Dathliad yw *Buchedd Garmon* o un o'r eiliadau hanesyddol pan gyffyrdda Ysbryd Duw â chymdeithas dyn a'i gwneud yn genedl. Yn treiddio drwyddi y mae ffydd ddi-sigl y gall fod dyfodol i'r genedl honno. Fel y dywedodd Dafydd Glyn Jones, er gwaethaf methiant ei uchelgais gwleidyddol,[14] yn *Buchedd Garmon* y mae'r freuddwyd wedi ei gwireddu: 'It is total victory.'[15]

Y mae naws ogoneddus *Buchedd Garmon* yn ganlyniad i'r weledigaeth newydd a ddatblygodd Saunders Lewis ers iddo orffen *Gwaed yr Uchelwyr*. Yn y ddrama honno penderfynodd Luned nad oedd modd cyflawni ei breuddwyd o adfywio Cymru ei chyndeidiau yn Philistia faterol y stiward a'r werin ddiobaith. Yr unig fodd a welai hi o gadw'r hen Gymru wareiddiedig yn fyw oedd trwy ymfudo i Wisconsin, gan ei hynysu ei hun rhag y byd yn gyfan gwbl. Erbyn iddo ysgrifennu *Buchedd Garmon* credai Saunders Lewis ei bod yn bosibl gwireddu'r cymod hwnnw heb aberthu'r byd. Dan ddylanwad y weledigaeth Gatholig a ddatgelwyd iddo yn llenyddiaeth Gymraeg yr Oesoedd Canol ac a gadarnhawyd gan weithiau llenorion Ffrangeg modern,[16] aeth i gredu fod yna fodd o gyflawni'r delfryd, hyd yn oed yng nghanol Philistia.

O'r cyfnod pan aeth yn ddarlithydd i Abertawe a dechrau astudio llenyddiaeth Gymraeg o ddifrif, aeth Saunders Lewis yn fwyfwy ymwybodol o naws a rhin llên Cymru yr Oesoedd Canol. Yng ngwaith y cywyddwyr gwelodd adlewyrchu'r grefydd wrthrychol, gymdeithasol honno a gysylltir ag athroniaeth Tomos Acwin ac a gedwir ym mhrif ffrwd y traddodiad Pabyddol. Dyna sail 'yr estheteg Gymreig' a amcanai at ganmol cyfundrefn gymdeithasol ddelfrydol y credid ei bod wedi ei gwireddu ym myd y beirdd a'u noddwyr yng nghyfnod 'clasurol' llên Cymru.[17] Tanseiliwyd yr estheteg hon, yn ôl Saunders Lewis, yn yr unfed ganrif ar bymtheg a'r ail, pan ddinistriwyd seiliau'r hen ffordd Gymreig o fyw, gan ddod â thywyllwch ac anhrefn yn lle 'trefn a gwareiddiad'.[18] Daeth dan ddylanwad y traddodiad Catholig hwn yn gynnar iawn, wrth ddarllen Yeats a Synge, lle y câi ei adlewyrchu yn y portreadau o fywyd y werin Babyddol.[19] Yna, meddai wrth Aneirin Talfan Davies, 'fe droes y rheiny fi at bobl fel Lionel Johnson, Alice Meynell, ac oddi wrth y rheiny mi es i mewn i lenyddiaeth Ffrainc, ac yn raddol mi ddaeth Ewrop Gatholig â mi i geisio deall beth oedd Catholiciaeth [sic].'[20]

Ymatebodd i'r weledigaeth hon yn reddfol pan ddaeth ar ei thraws yn gyntaf yng ngweithiau Paul Claudel.[21] Rhywbryd ar ôl ei benodi i swydd darlithydd yn Abertawe, disgrifiodd Claudel wrth Margaret Gilcriest—'He is a French writer, a great poet, and a Catholic and a mystic'—a chyfaddefodd fod darllen *L'Otage* wedi ei gadw o'i wely: 'Do you know I couldn't keep seated to finish it. I simply had to read it kneeling. It was four o'clock when I went to bed, and I was never less tired or sleepy.'[22] Ac erbyn diwedd y dauddegau yr oedd yr ymateb hwnnw wedi esgor ar newid sylfaenol yn ei grefydd bersonol a'i harweiniodd i ymadael ag eglwys ei dadau a throi'n Babydd. Yn y dyddiau mwy eciwmenaidd hyn gall fod yn anodd inni ddychmygu mor sylweddol y cam a gymerodd Saunders Lewis y pryd hwnnw, yn arbennig ac yntau wedi'i fagu mewn teulu a oedd mor amlwg yn hanes enwad y Methodistiaid Calfinaidd.[23] Nid oedd yn gam hawdd ei gymryd, a barnu wrth yr ateb swta a roddodd i'r cwestiwn, pa mor anodd a fuasai? —'Fe gymerodd ugain mlynedd.'[24] Ni wyddys ym mha gyfnod y dechreuodd,[25] ond rhaid bod tröedigaeth Margaret Gilcriest o gryn ddylanwad, yn arbennig ar ôl eu priodas yn 1924, oherwydd iddo gael cyfle i fynd gyda hi i'r offeren yn wythnosol.[26] Beth bynnag, er iddo oedi am ryw bum mlynedd, yr oedd yn teimlo erbyn 1932, ar ôl i'w dad ymddeol o'r weinidogaeth, ei fod yn barod i dorri ei gysylltiad â'r Hen Gorff, ac ymlyniad a arddelai ei deulu dros ganrif.[27]

Y mae modd olrhain datblygiad Saunders Lewis yn ystod y cyfnod pwysig hwn trwy astudio ei driniaeth o hanes yr emynydd a'r diwygiwr Methodistaidd, Williams Pantycelyn. Yn ei ddadansoddiad o ffigwr canolog y traddodiad y magwyd ef ynddo, gwelwn gysgod o'i brofiad ef ei hun. Dioddefodd William Williams yr union unigedd a'r union deimlad ei fod wedi'i ynysu rhag y byd ag a brofodd Saunders Lewis yn Philistia'r ugeinfed ganrif: 'Bardd unigedd yw Williams, bardd a ganai['r] . . . dull ffoëdig, ymneilltuol o feddwl.'[28] Wedi'i ynysu rhag byd a oedd yn elyniaethus i'w grefydd, datblygodd Pantycelyn ei brofiad eneidiol, mewnol, yn enghraifft gynnar o'r bardd rhamantaidd. 'Yn ei unigedd nid oedd ganddo i ganu amdano onid ef ei hun.' Felly, medd Saunders Lewis, enillodd 'gyfandir newydd i'r awen, daear wyryfol nas troediodd neb bardd yng Nghymru o'r blaen.'[29] Ond daeth ei wir fawredd fel bardd a llenor o'r ffaith ei fod yn sylweddoli perygl llysiau gwenwynig y diriogaeth newydd hon, sef 'sentimentaleiddiwch ac afiechyd moesol a meddalwch gorsynhwyrus', ac iddo frwydro yn eu herbyn. Ymdrechodd Pantycelyn, fel diwygiwr Methodist a bardd, i sefydlu disgyblaeth newydd a gwrthrycholedd newydd a fyddai'n caniatáu iddo ddianc rhag canlyniadau naturiol ei ramantiaeth ef ei hun. Daeth i bwysleisio cyd-ddibyniaeth y mewnol a'r allanol, yr unigolyn a'r byd o'i gwmpas:

> Gan hynny, nid ym mhrofiad cyfrin yr unigolyn y mae awdurdod . . . Nid ychwaith y tu allan iddo, mewn cymdeithas neu eglwys neu ddatguddiad gwrthrychol. Ond yn hytrach: *yn y ddau ynghyd*. Felly, rhydd yr argyhoeddiad mewnol werth moesol i'r datguddiad gwrthrychol; a'r gymdeithas hithau a'r byd gwrthrychol yn sicrhau realiti'r profiad personol, yn ei achub rhag ymgolli mewn dychmygion pathologaidd mewnblyg.[30]

Yn ôl Saunders Lewis, llwyddodd Pantycelyn 'i dyfu o'i ramantiaeth gynnar i letach amgyffred o ystyr bywyd a byd a chymdeithas', ac ennill coron y bardd clasurol.

Erys y goron hon, meddai Saunders Lewis ar ddiwedd ei lyfr ar Bantycelyn, i'w hennill yn y byd modern gan y llenor a all cyflawni'r un gamp ag a gyflawnwyd gynt gan yr emynydd:

> Gofyn hynny inni symud mewn dau fyd a'u hadnabod yn un. Gofyn inni gydnabod sylwedd y byd gwrthrychol y tu allan inni a'i hawl arnom, a'r un pryd arfolli'r profiad mewnol a'n chwilio'n hunain fwyfwy.[31]

Dyna ddatblygiad rhesymegol yr athroniaeth a fynegwyd yn *Gwaed yr Uchelwyr* ac a ddysgodd gan Barrès. Y mae'n sail i'w feirniadaeth lenyddol, i'r feirniadaeth gymdeithasol a fynegir yn ei nofel *Monica* (1930) ac i'w athroniaeth wleidyddol. Gan hynny, ni ddylai neb synnu wrth sylwi ei fod hefyd yn esbonio ei symudiad at yr Eglwys Babyddol, lle y chwiliai am yr union weledigaeth letach o ystyr bywyd a chymdeithas nad oedd ar gael bellach y tu mewn i'r traddodiad Protestannaidd Cymraeg.

Esboniodd yn ei astudiaeth o Bantycelyn fod dylanwad diwygwyr Protestannaidd yr unfed ganrif ar bymtheg a'r ail wedi arwain at ddirywiad yn y traddodiad Cristnogol, oherwydd iddynt bwysleisio crefydd bersonol a phrofiad mewnol y credadun ar draul y cyd-destun cymdeithasol. Yng

Nghymru cafwyd canlyniadau eithafol i'r Diwygiad oherwydd y dirywiad sylweddol yn adeiladwaith y gymdeithas draddodiadol Gymreig yn sgil y Ddeddf Uno a newidiadau eraill. Felly collwyd gafael yn llwyr ar yr hen weledigaeth Gatholig, gan adael y Cristion i ymladd mewn unigedd yn erbyn y byd. Yn nhyb Saunders Lewis, erbyn 1927, nid oedd llyfr tristach yn y byd na *Taith y Pererin* John Bunyan (1678) y buasai ei ddylanwad ar Gymru mor drwm, oherwydd unigedd cyflwr y Cristion a fynegir ynddo.[32]

Wrth golli'r hen weledigaeth grefyddol, meddai Saunders Lewis, collodd Cymru afael ar hanfodion Cristnogaeth hefyd, gan adael y dyn cyffredin yn ysglyfaeth i ffurfioldeb oer yr Eglwys Anglicanaidd a materoliaeth y byd. Protest oedd y mudiad Methodistaidd yng Nghymru'r ddeunawfed ganrif yn erbyn materoliaeth a ffurfioldeb y cyfnod a diddymai ymwybyddiaeth dyn o bechod a'r weledigaeth sagrafennol o'r byd. Credai Saunders Lewis fod y sagrafen yn gyfrwng hollbwysig i'r berthynas rhwng dyn a Duw, yn ddefod ddynol ac iddi werth ysbrydol, fel y bedydd neu offrwm yr offeren. Trwy'r sagrafennau yn unig y gallai'r Cristion addoli'n iawn. Cynigient gyfle i ddyn estyn dwylo at Dduw wrth gyfaddef yr angen sydd ynghlwm wrth wreiddiau'r natur ddynol. Yr oeddynt yn gyfrwng i Ras Dwyfol ddisgyn arno a thrawsffurfio ei brofiad.

Adferwyd crefydd sagrafennol yng Nghymru, meddai Saunders Lewis, gan ddynion fel William Williams a'r diwygwyr Methodistaidd, a ymdrechai yr un pryd i'w sicrhau y tu mewn i'r cymdeithasau crefyddol a grëwyd ganddynt drwy Gymru benbaladr. Ond wedi eu dyddiau hwy gwelwyd dirywiad trychinebus yn y traddodiad a sefydlwyd ganddynt. Yn Philistia'r bedwaredd ganrif ar bymtheg collwyd gafael ar sylwedd Cristnogaeth ac ysigwyd ei gwreiddiau gan ryddfrydiaeth lac. Erbyn dechrau'r ugeinfed ganrif tanseiliwyd Calfiniaeth yr hen dadau Methodistaidd gan y rhyddfrydiaeth grefyddol yr ymosododd Saunders Lewis arni dan enw moderniaeth:

> Erbyn heddiw y mae mwyafrif gweinidogion ymneilltuol Cymru, sy hefyd yn ysgolheigion o ryw fath, yn Foderniaid . . . Tuedd amlwg ymhlith yr ysgolheigion ifainc hyn yw ymwadu â phob cred mewn miragl, yn y cwbl a elwid ers talm yn 'oruwchnaturiol'. Nid oes mewn sacrament,—neu yn yr hen ddull, sagrafen—ystyr iddynt o gwbl. Nid yw'n ddim ond peth i helpu'r cof a thynnu sylw, peth y gallai'r Cristion cryf ei hepgor yn rhwydd. Yn wir, gwlad ddisagrafen yw Cymru ymneilltuol heddiw.[33]

Yr oedd canlyniadau'r golled hon, dadleuai Saunders Lewis, wedi effeithio ar bob agwedd ar fywyd y genedl ac yn dal i wneud hynny, drwy symbylu dyhead am basiant a sioe allanol a fyddai'n disodli'r harddwch mewnol sy'n rhoi lle priodol i'r ysbryd:

> Collodd Cymru ei ffydd mewn sagrafen a chrefydd sagrafennaidd. Un o

effeithiau hynny oedd colli ei chwaeth, a cholli cariad at fireinder mewn capel ac addoliad. Lledodd y diffyg chwaeth hwnnw i gylchoedd eraill ein bywyd, i'n llenyddiaeth a ddirywiai'n fwyfwy fel y darfyddai'r meddwl sacramentaidd o'n mysg, ac yna i'n tai a'n pentrefi a'n trefi sy'n hacrach na thai a threfi unrhyw wlad arall yn nhiroedd cred ... Dirywiai'r meddwl sagrafennaidd o hyd, a dirywiai chwaeth a chelfyddyd a phob gras ac addfwynder. Erbyn heddiw diflannodd pob syniad am sagrafen, ond sylwer ar ganlyniad hynny. Daeth arnom arswyd rhag llymder a thlodi a hacrwch ein byd. Cododd dyhead am liw a cheinder, defod ac urddas. Rhaid cael pasiant yn ôl.[34]

Agwedd arall ar foderniaeth oedd y duedd i gyfeirio at yr Iesu fel proffwyd yn hytrach na gwaredwr a dyfodd yn sgil colli'r ymwybyddiaeth o bwysigrwydd pechod. Esboniodd Saunders Lewis hyn yn ei lythyr enwog at W.J. Gruffydd, 'Ynghylch Catholigiaeth', a gyhoeddwyd yn *Y Llenor* yn 1927, gan ei olrhain i effaith athroniaeth Jean-Jacques Rousseau. Yr oedd Pantycelyn wedi'i amddiffyn rhagddo gan ei ymwybyddiaeth gref o bechod personol ond cyflwynodd y ddysgeidiaeth newydd yn ei gerdd epig, *Bywyd a Marwolaeth Theomemphus*, drwy'r cymeriad, Arbitrius Liber:

Y rheswm na fedrodd Theomemphus dderbyn yr athrawiaeth honno oedd oblegid iddo, drwy ryw anffawd ffol, ddarganfod ei fod yn 'bechadur.' Ond tua'r un adeg ag y darganfu Theomemphus ei fod yn bechadur, fe ddarganfu Rousseau ei fod yn fab Duw; a Rousseau yn hytrach na Phantycelyn yw ffynhonnell y meddwl diweddaraf yng Nghymru. Nid yn uniongyrchol, wrth gwrs, ond trwy farddoniaeth ramantus Lloegr a gwyddoniaeth y ganrif ddiwethaf a thrwy droi damcaniaethau Darwin yn ddiwinyddiaeth. Y canlyniad yw mai gwan iawn a disylwedd yw'r syniad am 'bechod' yng Nghymru heddiw.[35]

Prif berygl y grefydd ôl-Rousseauaidd a welai Saunders Lewis ymhobman yng Nghymru'r pryd hwnnw oedd difetha sail y syniad o Dduwdod a phwysigrwydd yr Iesu: 'Arbenigrwydd Cristnogaeth erioed a fu rhoi bri neillduol ar bechod; codi pechod i'r fath ogoniant a phwysigrwydd fel yr oedd yn rhaid i Grist fod yn neb llai na Duw, a hwnnw'n marw fel dyn er mwyn diorseddu pechod.'[36] Yn feibion i Adda, rhannai pawb yn y farwolaeth a'r addewid a gynigiai Crist dan y Cyfamod Newydd.[37] Felly, yr oedd difa pechod yn gwanhau ymwybyddiaeth dyn ohono'i hun fel rhan o ddynoliaeth gyfan. I'r meddwl Cristnogol, meddai Saunders Lewis, 'pechod yw priodoledd arbennig dyn, y peth mwyaf dynol mewn bod'. Heb bechod try pob dyn yn grist bach, 'hynny yw, colli ei ddynoliaeth gyflawn gyfoethog'.[38]

Ceir yn *Buchedd Garmon* ymosodiad eofn ar y ffurf a gymerodd moderniaeth yn yr Oesoedd Canol. Amcan ymweliad Garmon â Phrydain oedd diddymu heresi'r Brython Pelagius, a gydnabuwyd ar y pryd fel bygythiad i'r union agweddau ar y ffydd Gristnogol y meddyliai Saunders Lewis eu bod mewn perygl yn y byd modern. Ategwyd ei farn gan un beirniad modern, yr Athro B.B. Warfield, a ddywed: 'The struggle with Pelagianism was . . . in reality a struggle for the very foundations of Christianity . . . here the practical substance of Christianity was in jeopardy.'[39] Dadleua Warfield fod gweledigaeth Pelagius a'i ddisgyblion o natur dyn wedi mynd yn hollol fecanyddol yn sgil eu hymwrthodiad â'r syniad o bechod gwreiddiol. Trwy fynnu rhyddid yr ewyllys i ddewis peidio â phechu, aethant i feddwl am bechod ac am dduwioldeb nid fel cyflyrau eneidiol, ond fel cyfresi o weithgareddau digyswllt. 'They appear', medd ef, 'not to have risen above the essentially heathen view which had no notion of holiness apart from a series of acts of holiness, or of sin apart from a like series of sinful acts.'[40]

Oherwydd hyn yr oedd Pelagiaeth yn bygwth nid yn unig y ffydd Gristnogol ond hefyd fodolaeth y gymdeithas ddynol a sefydlwyd ar egwyddorion Cristnogol ac yn wir, y gwareiddiad ei hun.

> To the Pelagian Adam was a man, nothing more; and it was simply unthinkable that any act of his that left his own subsequent acts uncommitted, could entail sin and guilt upon other men. The same alembic that dissolved the individual into a succession of voluntary acts, could not fail to separate the race into a heap of unconnected units.[41]

Felly yr oedd tebygrwydd sylweddol rhwng athrawiaeth y Brython cynnar a dysgeidiaeth y rhyddfrydwyr o Gymru a oedd yn bygwth bodolaeth gweddillion y gwareiddiad Cristnogol yng Nghymru'r ugeinfed ganrif yn sylweddol. Dyna pam yr oedd Saunders Lewis yn gallu dweud am *Buchedd Garmon* ei bod yn ddrama gyfoes, am ei bod yn cyflwyno trwy gyfrwng y chwedl hynafol feirniadaeth dreiddgar ar sefyllfa'r Gymru fodern.[42]

Y dylanwad uniongyrchol yn *Buchedd Garmon* fu campwaith Awstin Sant, *De Civitate Dei*, lle y disgrifiwyd y berthynas rhwng Dinas Duw a Dinas Dyn. Symbylwyd llyfr Awstin gan gwymp dinas ymerodrol Rhufain, a esboniodd fel canlyniad i freuder hanfodol pob gwaith dynol, mewn cyferbyniad â'r eglwys anweledig a bery byth. Gwelir dylanwad Awstin yn glir yn araith y Brython Paulinus yn Rhan Gyntaf y ddrama, lle y gwahaniaethir rhwng hen Rufain ddarfodedig y milwyr a 'Rhufain newydd, ysbrydol, Dinas ein Duw'.[43] Gormodiaith yw honni fel y gwna Saunders Lewis mewn ôl-nodyn i *Amlyn ac Amig*, mai 'Aralleiriad o frawddegau gan Sant Awstin oedd y pethau gorau ym *Muchedd Garmon*'.[44] Ar y llaw arall, anodd fyddai gorbwysleisio pwysigrwydd *De Civitate Dei* yn natblygiad yr agwedd a gyflwynir yn y ddrama. Dylanwad Awstin oedd yn gyfrifol am drawsffurfio'r ddelfrydiaeth ynysig a gyflwynir yn *Gwaed yr Uchelwyr* yn argyhoeddiad hyderus a symbylodd brotest yr ysgol fomio ynghyd â *Buchedd Garmon*. Cydnabu Saunders Lewis yn hanes gwneuthuriad y genedl Gymraeg yr union drawsffurfiad o'r materol i'r ysbrydol a gyflwynodd Awstin yn *De Civitate Dei*. A dysgodd brif wers y llyfr hwnnw wrth sylweddoli nad oedd modd i fateroliaeth, na moderniaeth ddifa o'r byd naill ai Dinas Duw na'r genedl Gymreig yn ei gwedd ysbrydol.

Ni wyddys pa bryd y darllenodd Saunders Lewis gofiant chwedlonol y mynach Constantius lle y cofnodir hanes Garmon a'r fuddugoliaeth a sicrhaodd seiliau Cymru, ond y mae'n debyg mai ymddangosiad llyfr Arthur Wade-Evans, *Welsh Christian Origins* (1934) a symbylodd y myfyrdodau a'i harweiniodd ato. Derbyniodd Saunders Lewis syniadaeth Wade-Evans yn sail i'r ddrama oherwydd ei bod yn cyd-fynd â phopeth yr oedd ef ei hun erbyn hyn yn ei gredu ynglŷn â'r traddodiad a fynegwyd mewn ffyrdd gwahanol gan farddoniaeth glasurol Cymru ac emynau diweddarach Williams Pantycelyn. Dadl Wade-Evans oedd fod Prydain Rufeinig wedi ei rhannu'n ddwy ar hyd llinell a redai o rywle i'r gogledd-ddwyrain o Gaer at Ynys Wyth. Cyfeirid at y diriogaeth ddwyreiniol, ogleddol fel *Britannia Inferior* ac at y rhannau a orweddai i'r de-orllewin fel *Britannia Superior*. Wedyn, yn OC 296, creodd yr Ymerawdwr Diocletian bedair talaith yr ychwanegwyd pumed atynt yn OC 369, ond nid effeithiodd hyn nemor ddim ar y rhaniad sylfaenol a oedd, meddai Wade-Evans, yn sail i'r rhaniad diweddarach rhwng Lloegr a Chymru.

Defnyddiodd Wade-Evans y cysyniad sylfaenol hwn fel modd i ddehongli pob tystiolaeth ynglŷn â hanes y cyfnod ar ôl i'r Rhufeiniaid ddechrau cilio o Brydain. Disgrifiodd sut y llwyddodd y Saeson i oresgyn y diriogaeth a orweddai i'r dwyrain i'r llinell, tra oedd cryfder cymharol y Brythoniaid a ddaliai'r dalaith orllewinol yn eu galluogi i gadw rhywfaint o'r gwareiddiad Cristnogol, Rhufeinig yn gyfan yno. Dyna'r diriogaeth a aeth mewn amser yn sail i daleithiau newydd Cymru, Cernyw, Dyfnaint a Wessex. Tra sefydlid y breniniaethau Saesneg yn Lloegr, daliai'r Prydeinwyr, dan arweinwyr fel Emrys ac Arthur, i gadw'r Saeson a'r Brithwyr a ymosodai dros y môr o ogledd Yr Alban rhag ymsefydlu yn *Britannia Superior*.

Yn ôl Wade-Evans, daeth yr Esgob a'r Sant Germanus, a elwid yn Garmon gan y Brythoniaid Rhufeinig, i *Britannia Superior* ddwywaith, yn 429–30 ac yn 447, er mai'r ymweliad cyntaf yn unig y mae Saunders Lewis yn ei drin yn *Buchedd Garmon*. Er mwyn cynnal y gosodiad hwn rhaid oedd lleoli merthyrod Alban Sant yng Nghaerllion yn hytrach nag yn Verulamium ond nid achosodd hyn unrhyw broblem i Wade-Evans, nac i Saunders Lewis a'i dilynodd yn hyn o beth fel ym mhopeth arall.

Ar ôl darllen llyfr Wade-Evans rhaid bod Saunders Lewis wedi troi at fuchedd Garmon gan Constantius, sydd ar gael yn *Historia Ecclesiastica Gentis Anglorum* (731) gan y mynach Beda. Dyma lle y darganfu sylwedd y chwedl a'r deunydd a gymhwysodd ar gyfer ei ddrama. Cymerodd ohono ddau ddigwyddiad cyflawn ac addasodd un arall at ei ddibenion. Mae'r Ail Ran, 'Ar y Môr', yn dilyn Constantius yn ffyddlon, er bod caneuon y cythreuliaid sy'n ei gwneud yn ddiddorol o safbwynt dramataidd, yn hollol wreiddiol. Mae'r Bedwaredd Ran, hanes Maes Garmon, hefyd yn tarddu o'r fuchedd yn ei hanfod, oherwydd gellid dadlau nad yw'r elfen leisiol yma ond datblygiad o'r hyn a awgrymir gan hanes gwreiddiol y frwydr. Awgrymwyd prif ddigwyddiad y Drydedd Ran hefyd gan stori Constantius, sy'n adrodd sut y mae Garmon yn adfer golwg merch arweinydd Rhufeinig o blith y Brythoniaid, ond y mae triniaeth Saunders Lewis o'r syniad hwn yn amlwg yn annibynnol iawn.[45]

Gellid dadlau mai'r Rhan Gyntaf, sy'n disgrifio'r ddau fynach yn cyrraedd Auxerre ac yn adrodd hanes eu hapêl at Garmon, yw rhan fwyaf trawiadol y ddrama. Rhydd gyfle inni weld sut yr oedd Saunders Lewis yn ymgorffori ei brofiad ei hun yn ei ddrama. Y mae'n ddatblygiad o'r awgrym a wneir gan Constantius ac awdurdodau eraill fod y Brythoniaid wedi anfon cynrychiolwyr at Garmon. Yn ogystal, daeth dau atgof i gynorthwyo'r dramodydd wrth iddo ddechrau ei ddatblygu: y cyntaf yn deillio o brynhawn yn Auxerre pan eisteddodd gyda'r Athro P.M. Jones uwchben yr afon, 'a synio ar y wedd a fuasai ar y dref yn amser Garmon esgob'; a'r ail o wasanaeth cysegru'r Esgob McGrath yn Wrecsam a chinio cofiadwy wedyn yng nghwmni'r bardd T. Gwynn Jones.[46] Ffrwyth y dychymyg yw gweddill yr olygfa, pan roddwyd cnawd ar yr esgyrn sychion a phriodoli i'r cymeriadau syniadau a symbyliadau yr oedd Saunders Lewis yn ymwybodol ohonynt yn ei brofiad ei hun.

Trawyd beirniaid 1937 gan un agwedd arall ar gamp Saunders Lewis yn *Buchedd Garmon*, sef effeithiolrwydd a gwreiddioldeb yr iaith farddonol, ddramataidd yr oedd Saunders Lewis wedi ei moldio ar ei chyfer. Tueddai'r dramodydd ei hun i siarad yn ddigon gostyngedig amdani. 'Mi ymgroeswn heddiw,' meddai yn 1957, 'rhag ysgrifennu'r farddoniaeth areithyddol sydd ynddi.'[47] Hyd yn oed ar y pryd methai â gweld yr hyn a welai Tom Parry ynddi. 'He is very generous in his praise, and rather surprising in his judgement', meddai o'r carchar. 'Frankly, I thought my verse-play good, but I didn't think it as good or as important as he makes it to be.'[48] Serch hynny, y mae nerth awdurdod yn sylwadau Parry ar y modd yr addasodd y dramodydd hen fesurau at amcanion newydd ac ar gyfraniad iaith y ddrama i hanes barddoniaeth Gymraeg:

Dyma'r tro cyntaf i *vers libre* gael ei osod ar sylfaen sicr yn Gymraeg. Ni fedr neb achwyn bellach nad yw *vers libre* yn ddim ond rhyddiaith wedi ei dorri'n llinellau wrth fympwy. Caed egwyddor, caed rheswm am ei fodolaeth. Nid newydd-beth di-dras a nyddir wrth y llall yn ddigynllun, mohono; ond datblygiad ystyriol a gofalus o hen, hen fesurau'r iaith. Ymgysyllta ag oes Taliesin yn y chweched ganrif, a daw yn offer cwbl addas i feirdd yr ugeinfed ganrif.

Ni wn pa faint o bobl a sylweddola hynny, ond y gwir yw bod ym *Muchedd Garmon* wrhydri mor bwysig â gwaith Dafydd ap Gwilym yn perffeithio'r cywydd, neu John Morris-Jones y delyneg. Cafodd beirdd yr oes hon eu priod fesur.[49]

Os ymddengys hyn yn ormodiaith drigain mlynedd yn ddiweddarach tybed a yw hynny oherwydd bod rhythmau *Amlyn ac Amig, Blodeuwedd, Siwan* ac *Esther* wedi addysgu'n clustiau ac wedi effeithio gymaint ar ein syniad o'r hyn y gall iaith drama fod?

'Fe welwch chi . . . o'i dadansoddi hi', meddai Saunders Lewis yn 1957, 'mai pentwr o atgofion o lawer math, a hefyd rhyw fath o apologia, a hyd yn oed o gerdd ffarwêl, oedd *Buchedd Garmon*.' Pan ysgrifennodd y geiriau hyn yr oedd ei yrfa fel dramodydd wedi datblygu'n bell iawn. Yr oedd *Gymerwch Chi Sigaret?* newydd ei chyhoeddi ac yr oedd wrthi'n myfyrio ar ddeunydd *Brad*. Yr oedd yn ysgrifennu y pryd hwnnw dan ddylanwad siom oherwydd, 'bod thema ac achlysur y ddrama mor briodol i 1957 ag ydoedd i 1937. Nid enillasom ni ddim oll.'[51] Erbyn hyn ni fyddai neb yn derbyn y geiriau hyn. Enillwyd llawer gan y tri a losgodd yr ysgol fomio ac yr ydym yn dal i elwa ar eu gweithred, er bod sefyllfa'r iaith yn dal yn fregus. Ac o safbwynt hanes y ddrama a theatr Saunders Lewis yn neilltuol, rhaid mynnu fod ei ddedfryd ef ei hun yn rhy arw. O'i chymharu â *Gwaed yr Uchelwyr* dengys *Buchedd Garmon* ddatblygiad sylweddol o safbwynt crefft, er gwaethaf y blynyddoedd o wleidydda a'i cadwasai rhag y theatr. Deil mor drawiadol ag ydoedd yn 1937, yn brawf sylweddol o allu'r dychymyg i addasu ac i greu o'r newydd o blith gweddillion gobaith.

Nodiadau

[1] Mair Saunders Jones, Ned Thomas a Harri Pritchard Jones (eds), *Saunders Lewis Letters to Margaret Gilcriest*, 380, 10 Rhagfyr 1919.

[2] *Y Darian*, 2 Mehefin 1921 a 2 Mai 1921.

[3] *Letters to Margaret Gilcriest*, 483, 16 Chwefror 1922.

[4] Yr oedd Abertawe'n bell o fod yn lle dieithr i Saunders Lewis pan aeth i fyw yno yn Awst 1922. Symudasai ei dad i'r ddinas yn 1916 lle y bu byw tan 1932. Arferai Saunders Lewis ymweld â'i gartref yn 1 Ffynone Villas, Abertawe yn gyson ac aeth i fyw yno ar ôl ymadael â Chaerdydd. Felly yr oedd yn gyfarwydd â llawer o Gymry llengar y ddinas cyn cael ei benodi'n ddarlithydd yn y Coleg.

[5] Gweler isod, tt.212–13.

[6] *Letters to Margaret Gilcriest*, 513, 29 Hydref 1923.

[7] J.E. Jones, 'Saunders Lewis fel gwleidydd ymarferol', yn Pennar Davies (gol.), *Saunders Lewis ei feddwl a'i waith* (1950), 137.

[8] Ibid., 140–1.

[9] Ymddengys mai Syr Rhys Hopkin Morris, pennaeth Talaith Cymru'r Gorfforaeth Ddarlledu Brydeinig a fu'n gyfrifol am y gwahoddiad pwysig hwn. Gweler 'Drama ar gyfer Gŵyl Ddewi', *Radio Times*, 22 February 1957, 9.

[10] Y mae'n werth dyfynnu disgrifiad Saunders Lewis o'r achlysur hwn: 'A chyfaddef y gwir, ni wnaeth y ddrama ei hunan unrhyw argraff o gwbl ar fy meddwl i. Ond cael bod gyda'n gilydd, y tri ohonom, mewn tawelwch a hamdden, a gwrando ar y lleisiau Cymraeg o Gymru a miwsig Arwel Hughes yn dathlu Gwyl Ddewi, yr oedd hynny yn ddarn bach o nefoedd.' Ibid.

[11] Gweler, er enghraifft, adolygiad D. Myrddin Lloyd, *Tir Newydd*, (Awst 1937) 21–3: 'Rhyfedd meddwl i'r awdur gael y nerth i ganu fel hyn i Gymru ac i

Dduw pan oedd cynifer o oludogion ei wlad ar eu gwaethaf yn llunio ei frad. "O garchar ofn daeth yn rhydd".'

[12] *Radio Times*, 22 February 1957.

[13] Mynegir yn araith y cythraul yn Yr Ail Ran: 'Myfi yw nerth proffidiol frad/ Y parchus anudonwyr.' Rhaid edmygu'r gallu i siarad heb flewyn ar dafod pan fydd ei angen lawn gymaint â'r gallu i roi teimladau personol o'r neilltu!

[14] Gwnaethpwyd ei gyfaddefiad enwog yn y sgwrs gydag Aneirin Talfan Davies: 'Yr oedd gen i awydd, nid awydd bychan, awydd mawr iawn i newid hanes Cymru. I newid holl gwrs Cymru, a gwneud Cymru Gymraeg yn rhywbeth byw, cryf, nerthol, yn perthyn i'r byd modern. Ac mi fethais yn llwyr.' ('Dylanwadau', *Taliesin*, II (Nadolig 1961), 13.) Ond dywedodd yn 1957 iddo deimlo peth o'r methiant hwn ar ôl y prawf cyntaf yng Nghaernarfon (*Radio Times*, 22 February 1957).

[15] D. Glyn Jones, 'Aspects of his work. His politics', yn Alun R. Jones a Gwyn Thomas (eds), *Presenting Saunders Lewis* (1973), 73.

[16] Bu ychydig o ddadlau ynglŷn â'r awduron Ffrangeg a ddylanwadodd ar Saunders Lewis yn y cyfnod hwn. Awgrymodd W.J. Gruffydd, er enghraifft, mai awduron y dde, fel Charles Maurras, oedd yn gyfrifol am duedd ei feddyliau yn ystod y dauddegau. Serch hynny, datganodd Saunders Lewis yn blaen mai i lenorion fel Jacques Maritain, Etienne Gilson a Jacques Rivière yr oedd yn ddyledus o blith beirniaid a bod arno ddyled drom i Paul Claudel. ('Llythyr ynghylch Catholigiaeth', *Y Llenor*, VI (1927), 73.) Gellid ychwanegu enwau tri nofelydd at y rhestr, sef Léon Bloy, François Mauriac a Georges Bernanos.

[17] Sef y cyfnod rhwng 1330 ac 1640, pan welwyd 'crisialu y meddwl Cymreig am farddoniaeth'. Ar ôl y cyfnod hwn, meddai Saunders Lewis, 'ni bu meddwl Cymreig pur, ond meddwl Seisnig ar ŵyr i gyfeiriadau Cymreig.' *Williams Pantycelyn* (1927), 16.

[18] Ibid., 21.

[19] Holodd Aneirin Talfan Davies sut y gallai Yeats, a oedd yn ymwrthod â Chatholigiaeth Iwerddon, fod wedi cael yr effaith hon ar Saunders Lewis ac esboniodd yntau: "roedd e'n defnyddio ffigurau Catholiciaeth [sic], a hynny'n peri i mi fod yn awyddus i ddeall y ffiguraeth honno.' 'Dylanwadau', 16.

[20] 'Dylanwadau', 15–16. Lionel Pigot Johnson (1967–1902), beirniad a bardd a ysgrifennai'n gyson i brif gylchgronau Lloegr. Alice Meynell (1847–1922), bardd ac ysgrifwr. Nid oedd y rhain ond dau ymhlith grŵp mwy niferus o lenorion Catholig a fu'n dylanwadu ar feddwl Saunders Lewis yn ei flynyddoedd cynnar, yn cynnwys y bardd Coventry Patmore (1823–96).

[21] Gweler isod, t.672, n.6.

[22] *Letters to Margaret Gilcriest*, 499, heb ddyddiad.

[23] Yr oedd cysylltiadau Calfinaidd cryf ar ddwy ochr teulu Saunders Lewis. Ei dad-cu ar ochr ei fam oedd y Dr Owen Thomas, Lerpwl, 'un o bregethwyr mwyaf ei oes'. Ei dad oedd y Parchedig Lodwig Lewis, gweinidog capel Seacombe Rd, Wallasey. Disgrifiodd Saunders Lewis beth o hanes ei deulu yn *Merch Gwern Hywel* (1964) a *Dwy Briodas Ann* (1975). Gweler D. Tecwyn Lloyd, *John Saunders Lewis Y Gyfrol Gyntaf* (1988), Pennod 1, 'Tras a Theulu'.

[24] 'Holi Saunders Lewis', *Mabon*, I (Gaeaf 1974–5), 7.

[25] Er iddo ddweud wrth Aneirin Talfan Davies mai darllen Yeats fu dechrau'r

daith, ni roddodd fanylion ynglŷn â chamau pwysig y broses—ac yn neilltuol, y cam pwysig pan ddechreuodd feddwl am ei berthynas ef â Chatholigiaeth, er y gellid tybio fod a wnelo hynny â darllen y llenorion Saesneg a enwyd ganddo.

[26] Cofiwn bwysigrwydd yr offeren, yn ôl ei eiriau ef ei hun: 'Mi drois i'n Gatholig am un rheswm enbyd o syml, fy mod i'n meddwl mai yn offeren yr Eglwys Gatholig y mae Duw yn cael ei addoli fel y dylai ef gael ei addoli gan ddynion' ('Dylanwadau', 15). Dengys ei lythyrau iddo fynychu'r offeren yn aml yn ystod blynyddoedd ei garwriaeth. Magwyd Margaret Gilcriest ymhlith y Wesleaid ac achosodd ei thröedigaeth gryn drafferth i'w theulu.

[27] Bu farw Lodwig Lewis yng Ngorffennaf 1933, ychydig fisoedd ar ôl iddo roi'r gorau i'w ofalaeth dros y Grug-las yn Abertawe. Gweler D. Tecwyn Lloyd, op. cit., 34.

[28] *Williams Pantycelyn* (1927), 23.

[29] Ibid., 31.

[30] Ibid., 237.

[31] Ibid.

[32] Ibid., 23.

[33] 'Pasiant neu sagrafen? Dwy duedd yng Nghymru heddiw', *Y Faner*, 8 Gorffennaf 1926.

[34] Ibid.

[35] 'Llythyr ynghylch Catholigiaeth', *Y Llenor*, VI (1927), 75.

[36] Ibid., 76

[37] Gwnaethpwyd y Cyfamod cyntaf rhwng Duw a Noah, pan addawodd na fyddai dilyw fyth eto. Gwnaethpwyd cyfamod wedyn gydag Abraham a chyda Moses, gan addo iddynt ddyfodol i'r Iddewon fel pobl etholedig Duw. Ond gwnaethpwyd y Cyfamod Newydd a gyflawnwyd gan yr Iesu â'r Cenedlddynion ac â phawb a oedd yn gymwys yn ôl Gras Dwyfol i fod yn aelodau o'r Eglwys Anweledig.

[38] *Y Llenor*, VI (1927), 76.

[39] *A Select Library of the Nicene and Post-Nicene Fathers of the Christian Church*, P. Schaff (ed.), V, *Saint Augustine: Anti-Pelagian Writings* (1887), xiv.

[40] Ibid., xvi.

[41] Ibid.

[42] Sylwodd yr holl adolygwyr ar hyn a chyfaddefodd Saunders Lewis yr un peth ei hun yn 1957: 'Hawdd gweld yn y ddrama ddrych o'n sefyllfa ni'n tri ar y pryd. Hawdd gweld ynddi gais i amddiffyn ein bwriadau a'n cymhellion. Drama gyfoes yw hi, wrth gwrs, yn trafod Cymru yn 1937 . . . er mai 429–30 yw dyddiad ei digwyddiadau hi.' *Radio Times*, 22 February 1957.

[43] Gweler isod, t.124.

[44] Gweler isod, t.199.

[45] Gweler sylwedd hanes Constantius mewn fersiwn Saesneg yn Bede's *Ecclesiastical History of the English Nation*, cyf. J. Stevens (1723), adol. J.A. Giles (1847), cyf. gan D. Knowles, Everyman's Library (1963).

[46] *Radio Times*, 22 February 1957. Symudodd Joseph McGrath (1882–1961) i Fynwy o Clifton yn 1920. Fe'i cysegrwyd gyntaf yn esgob Mynyw ac wedyn yn archesgob yng Nghaerdydd yn 1940.

[47] Ibid.

[48] *Letters to Margaret Gilcriest*, 611, 6 Mehefin 1937.
[49] *Western Mail*, 29 May 1937, 11.
[50] *Radio Times*, 22 February 1957 'Cerdd ffarwel' oherwydd wrth iddo ddisgwyl dedfryd a olygai flynyddoedd yn y carchar, 'Tybiais innau gan hynny . . . mai hon fyddai fy siawns olaf i ddweud dim o bwys fyth mwy yn Gymraeg.'
[51] Ibid.

Buchedd Garmon

Drama Radio mewn Pedair Rhan

Rhan I: Auxerre 429 AD
Rhan II: Ar y Môr
Rhan III: Caerlleon ar Wysg
Rhan IV: Maes Garmon, Sul y Pasg, 430 AD

Perfformiwyd y ddrama hon gyntaf pan ddarlledwyd hi o astudfa'r BBC yng Nghaerdydd, nos Fawrth, 2 Mawrth 1937, o dan gyfarwyddyd T. Rowland Hughes, a chyda cherddoriaeth a gyfansoddwyd yn arbennig gan Arwel Hughes.

Cymeriadau

Garmon
Paulinus
Illtud
Porthor
Lupus
Padrig
Gwyliwr
Cythraul 1
Cythraul 2
Cythraul 3
Cythraul 4
Cythraul 5
Capten y Llong
Plentyn
Adroddwr
Mam
Efrydd
Un o'r Dorf
Emrys
Cennad

RHAGAIR

Dyma hanes cyfansoddi *Buchedd Garmon*:

Hydref 13, 1936, sefais gyda'r Parchedig Lewis Valentine a Mr. D. J. Williams i'm profi yn y llys yng Nghaernarfon am inni losgi'r ysgol fomio yn Llŷn. Ni chytunodd y rheithwyr ar ddedfryd, a thaflwyd yr achos i'w wrando eilwaith ym mis Ionawr. Yr wythnos ddilynol gwaharddwyd imi ailafael yn fy narlithiau yng ngholeg Abertawe.

Yn union wedi hynny gofynnodd Mr. Owen Parry, swyddog rhaglenni yr Adran Gymreig o'r Gorfforaeth Ddarlledu Brydeinig,[1] imi ei gyfarfod, a rhoes imi wahoddiad i sgrifennu ar gyfer Dygywl Dewi 1937 ddrama radio ar Oes y Saint yng Nghymru, drama a gymerai ryw 75 munud i'w darlledu. Cytunais innau, ac addewais orffen y gwaith cyn yr ail dreial ar achos yr ysgol fomio. Felly y lluniwyd ac yr ysgrifennwyd *Buchedd Garmon*. Mr. Owen Parry a'r Gorfforaeth Ddarlledu sy'n gwbl gyfrifol am symbylu ac awgrymu'r gwaith, a bu'r swyddogion—Mr. Rowland Hughes a Mr. Arwel Hughes—yn garedig ac yn eiddgar dros ben i roddi i'r gwaith bob mantais mewn trefniad a cherddoriaeth i'w ddarlledu'n effeithiol.[2] Nid anghofiaf y rhawg garedigrwydd Adran Gymreig y Gorfforaeth Ddarlledu yn y cyfnod rhwng yr *assize* yng Nghaernarfon a'r prawf yn yr Old Bailey yn Llundain.

Ceir yn *Buchedd Garmon* wmbredd o'r hyn a elwir yn anachroniaeth, megis sôn am Gymru, Llydaw, Arfon, Powys, yn y flwyddyn 429. Ond i wrandawyr heddiw y sgrifennais, ac nid yw'r enwau hynny'n fwy anachronyddol na pheri i Garmon a Paulinus siarad Cymraeg.[3] Rhoddais hefyd yn yr ail act gyfieithiad o emyn Lladin, *Ave, maris stella*, nad oedd mewn bod cyn y seithfed ganrif neu'r wythfed.[4] Ni ddeuwn i ben â'r cyfryw addefiadau. Tybiaf eu bod yn oddefol mewn gwaith fel hwn.

Dylwn sôn am fy nyledion a'm benthyciadau. Sgrifennwyd buchedd Garmon yn Lladin gan Constantius yn y flwyddyn 480. Y gwaith hwnnw a Llyfr y Salmau a thraethodau Awstin Sant ar heresi Pelagius[5] sy'n gyfrifol am bethau da'r ddrama hon. Ac ymhlith yr haneswyr y mae fy nyled yn fawr i *Welsh Christian Origins* y Parchedig A. W. Wade-Evans.

Ffigurau hanesyddol yw fy mhrif gymeriadau, Garmon, Lupus, Paulinus, Padrig ac Emrys.[6] Seiliais y darlun o Paulinus ar y disgrifiad enwog o ddyn o'r enw a gadwyd ar faen sydd yn amgueddfa Caerfyrddin. Dilynais ddisgrifiad Gildas[7] o Emrys Wledig gan gofio hefyd y dystiolaeth fod i'r Pelagiaid nawdd swyddogol llywodraeth yng Nghymru. Newidiais dair blynedd ar ddyddiad cysegriad yr esgob Lupus. Y mae buddugoliaeth yr Halelwia Sul y Pasg 430 yn hanesyddol sicr. Germaniad o dras ac enw oedd Garmon, a defnyddiodd ddull brwydro a briodolir i'w hynafiaid gan Tacitus.[8]

Mydryddiaeth oedd yr unig gyfrwng i ddrama fel hon. Efallai mai ar y radio y mae gobaith am ddrama fydryddol Gymraeg. *Vers libre* yw'r mesur.[9] Nid yw'n fympwyol. Disgrifiwyd *vers libre* Jules Laforgue fel hyn: 'Mesur ydyw sydd yn estyn, yn crychu, ac yn ystumio'r mesur Ffrangeg traddodiadol.'[10] Flynyddoedd yn ôl mi sgrifennais ddwy act o ddrama fydryddol ar y mesur diodl.[11] Anfodlonais y pryd hwnnw ar y mesur diodl fel cyfrwng i ddrama heddiw. Credaf fod mesurau'r gynghanedd yn briodol i ddrama fer delynegol fel *Mair Fadlen* neu i ddrama gerddorol megis *Tir na n-Og* yr Athro Gwynn Jones.[12]

Arbraw mewn *vers libre* i ddrama siarad naturiol yw *Buchedd Garmon*. Dylai'r *vers libre* ddibynnu ar fesurau traddodiadol er mwyn sicrhau elfen gref o ddisgyblaeth. Felly er mwyn ystwythder a chymhlethdod cymerais dri mesur yn sylfeini neu'n 'batrymau,' ac yna 'eu hestyn, eu crychu a'u hystumio,' sef mesur y Toddaid, mesurau'r awdlau hanesyddol a briodolir i Daliesin, a'r mesur diodl.

Gofynnais i Mr. Stephen Williams o Goleg Abertawe a wnâi ef ofalu am gywiro proflenni'r llyfr hwn, a chymryd fy lle yn y gwaith o gyfarwyddo'r cyhoeddwr yn y pethau a berthyn i awdur.[13] Iddo ef ac i'r cyhoeddwr ac i swyddogion y Gorfforaeth Ddarlledu Brydeinig yr wyf yn wir ddiolchgar am eu cymwynasau.[14]

Ionawr 6, 1937

Y RHAN GYNTAF

(Auxerre, 429 A.D.)

ILLTUD: *Sursum corda*, fy mrawd Paulinus.

PAULINUS: *Habeo ad Dominum*.[15] Nid fy nghalon sy'n drom,
 Ond er pan lusgodd Adda ei ddeudroed oediog drwy borth Eden,
 Ni bu gan bechadur draed trymach.

ILLTUD: Dyma ninnau drwy borth Auxerre,
 A'r teithio blinderus dros fôr a thros diroedd ar ben.

PAULINUS: I Dduw y bo'r diolch;
 Mae'r cyrn yn gori ar fy nhraed.

ILLTUD: Ai gardd yw pob dinas yng Ngâl?
 Edrych y llannau hyn, a'r gwinwydd yn dringo'r llethrau
 O'r afon hyd at fur y fynachlog,
 Dirion gyfannedd Duw.

PAULINUS: Nid oes neb ar yr heol, a gweigion yw'r gwinllannoedd.
 Ai cysgu mae ciwdod Auxerre dan haul canol dydd?
 Neu a oes heddiw ŵyl, neu angladd tywysog,
 Neu wledd, a dynnodd y trefwyr i neuadd neu eglwys?

ILLTUD: Arhoswn. Wele lidiart y clas.

PAULINUS: A drws y fynachlog.
 Penliniwn. Cusanwn y trothwy a droedia'r saint.

Y DDAU *(bob eilwers)*:
 Ymgrymaf tua'th deml santaidd,
 A chlodforaf dy enw.
 Arglwydd, hoffais lendid dy drigfan,
 A phreswylfa dy ogoniant.[16]

PAULINUS: Enaid, dyma derfyn y daith:
 Pan glywom y barrau'n symud ar y drws draw,
 Bydd tynged gwlad y Brythoniaid yn ein haros ni yma.

ILLTUD: Ond pam y mae'r llwch yn llonydd a'r heolydd yn ddistaw?
 'Rwy'n ofni'r distawrwydd.

PAULINUS: Gwrando.

> *Tair gwaith yn olynol, a phob tro yn uwch na'r tro o'i flaen, clywir llais clir yn canu o bellter:*

AD MULTOS ANNOS.[17]

PAULINUS: Fy mrawd, ar frys: dyro sbonc ar y drws.

> *(ILLTUD yn curo'r drws deirgwaith.)*

PAULINUS: A adweini di'r llais?

ILLTUD: Clywais gân esgob, sy newydd ei dywys i'w orsedd,
Dair gwaith ar ei ddeulin ger uchel allor Crist
Yn cyfarch y gwŷr a'i cysegrodd.

PAULINUS: A'r funud hon rhoir iddo gusan tangnefedd
A'i arwain â halelwia o'r gangell i'r clas.
Bydd yno esgobion Gâl a llond ffair o offeiriaid;
Trefnwyd awr dda inni ddyfod.

ILLTUD: Mihangel, y santaidd archangel, sy â'i gleddyf tros Gymru.[18]
Dacw sŵn traed yn dyfod at y drws;
Mae'r bar mawr yn symud o'i fodrwy;
Mae'r ddôr yn agor.

> *(Daw PORTHOR i agor y drws a'i dynnu wedyn ar ei ôl.)*

PORTHOR Y CLAS:
Dominus vobiscum.

Y DDAU: Et cum spiritu tuo.[19]

PORTHOR: Croeso i chwi, eneidiau. Pwy ydych chwi?

PAULINUS: Dinasyddion Rhufain a chaethion ein Harglwydd Crist.[20]

PORTHOR: Bendigedig yw'r neb sy'n dyfod yn enw'r Arglwydd.
O ba wlad y daethoch, wŷr da?

PAULINUS: Tros fôr a thiroedd o eithaf yr ymerodraeth,
Cenhadon o wlad y Brythoniaid.

PORTHOR: Undod yw gwledydd cred.
Cyd-ddinasyddion yw gwerin Crist.
Derbyniwch gusan tangnefedd.

Y TRI *(dan ymgofleidio)*:
Pax tecum.[21]

ILLTUD: Gynnau, pan safem yma yn heol amddifad y ddinas,
Clywsom o allor yr eglwys gân un newydd eneiniog

Yn deisyf am hir flynyddoedd i abadau Crist.

PORTHOR: I Dduw y bo'r clod: heddiw'r bore
Cysegrwyd Lupus offeiriad yn esgob Troyes.
Garmon ein tad a'i cysegrodd.
Daeth yma breladiaid Gâl yn gôr gorseddog,
A'r awron eisteddant i ginio ar lawnt y clas.
Chwithau, westeion, a roddaf i yno i eistedd
Ar ddeheulaw Esgob Auxerre.
Deuwch i'r byrddau. Mae'r cwmni ar hir gythlwng.
Nid oes ond croesi'r hiniog i ymuno â hwy ar y lawnt.

(Teifl y drws yn agored. Clywir cwmni mawr yn gorffen gofyn bendith ac yn ymgroesi ynghyd:)

In nomine Patris, et Filii, et Spiritus Sancti.[22] Amen.

PORTHOR: Gosteg.

(Cenir cloch. Tawelir ar unwaith.)

Fy arglwydd esgob, f'arglwyddi a'm tadau oll,
Dygaf i chwi westeion o gyrrau pella'r Gristnogaeth,
Mynaich o wlad y Brythoniaid a gurodd yn awr ar ein
  porth.

YR ESGOB GARMON:
Yr Arglwydd a fo gyda chwi.

PAULINUS AC ILLTUD:
A chyda'th ysbryd dithau.

Y CWMNI OLL:
Dominus vobiscum.

GARMON: Frodyr a phellenigion, mawr yw eich croeso;
Daethoch o wlad nad yw ddieithr nac anenwog
Yng nghronig saint a merthyron. Chwithau, yn wir,
Ar awr o orfoledd y trawsoch; tadau y Ffydd yng Ngâl
Sydd yma i'ch derbyn, a rhoi i chwi ran o'u gwynfyd
A chyfran o'u gwledd. Cans heddiw codasom i'w orsedd
Esgob newydd i'r Ffrainc, tywysog i eglwys Troyes.
Deuwch, eisteddwch gan hynny rhwng f'arglwydd Lupus a
  minnau,
Bwytewch gyda ni ac yfwch. Ac yna, pan weloch yn dda,
Holaf eich neges a'ch helynt, ac ymddiddanwn dro.

PAULINUS: Fy arglwydd a'm tad, taled Duw iti'r pwyth;

| | Iawn yw i ninnau roi iti hynaws ufudd-dod,
Ond yn y peth hwn a erchaist, erfyniaf faddeuant.

GARMON: Ai dan adduned yr ydych, fy mrodyr?

PAULINUS: Llw a dyngasom ar sgrîn yng Nghaerlleon ar Wysg,
Ar feddrod Alban ferthyr, ein seren fore.[23]

GARMON: Bendigedig fo Duw yn ei ferthyron:
A ellir gwybod y llw?

PAULINUS: Llw na phrofem saig na thorri ympryd
Ond unwaith y dydd, ar fara a dŵr, cyn noswylio,
Oni thraddodem i esgobion Gâl
Druenus gri ffyddloniaid Crist yng Nghymru.

GARMON: Llefared fy arglwydd Lupus.

LUPUS: Fy nhirion dad,
Diogel yw gennyf i mai Ceidwad y Teulu Santaidd
A ddug y cenhadon hyn tros gors ac afon a diffaith
A thrwy enbydrwydd fforestydd a'r di-feudwy fôr,[24]
A'u glanio yma'n brydlon yng nghanol preladiaid Gâl
Er mwyn eu gollwng hwy heddiw mewn hedd o'u duwiol ddiofryd
A pheri gogoniant i'w anwylyd, Alban sant.
Atolwg, felly, oedwn ychydig ein bwyd a'n diod,
A gwrando'n gyntaf mewn cariad ar y gwroniaid hyn.

GARMON: Brawdol a duwiol y dywaid esgob Troyes;
Ac ef piau'r wledd; ymgrymwn felly i'w air.
Fy mrodyr, yn enw'r Drindod fendigaid, traethwch eich neges.

PAULINUS: Fy arglwydd a'm tadau,
Yr wyf i, Paulinus, yn hen, yn hanner cant oed,
A phan edrychaf o'm blaen, nid i'r byd hwn yr edrychaf,
Byr fydd fy nyddiau yma,
Digon im yma mwy yw ufuddhau ac aros.
A phan edrychaf yn ôl, yn ofer y llafuriais,
Blin fu fy nyddiau yma,
Ac nid oes a garaf oddieithr atgofion mebyd:
Pedair oed oeddwn i ar fraich fy nhad yng Nghaerlleon
Yn gwylio byddinoedd Macsen Wledig ac Elen, ymerodres Arfon,[25]
Yn rhodio allan o'm dinas,

Allan dan lygaid y ddinas,
Allan ar gerrig Sarn Elen o glyw y ddinas,
A dywedodd fy nhad, dyma'r byd a wyddom yn darfod,
Darfod hir hwyl yr haul,
Darfod sefydlogrwydd,
Darfod y naddu meini i'r tai parhaol,
Darfod di-ddarfod ganrifoedd Rhufain a'i heddwch;
Ac wylodd fy nhad.
Ond atebodd fy mam:
Pan ddarffo heddwch Rhufain fe saif tangnefedd ein
   Harglwydd;
Offrwm beunyddiol offeiriaid Crist yw meini saernïaeth ein
   dinas,
A chredo ddisyflyd yr Eglwys balmanta undod gwareiddiad.
Gwir fu ei gair. Canys wedyn,
Wedi cilio o'r canwriaid a'r llengoedd a baneri'r eryr,
A'n gado'n weiniaid i gadw'r ffin,
A'r barbariaid yn tynnu'n nes dros y tir,
A'r Sgotiaid yn hyach o hyd dros y môr,
Wele, er hynny, y pryd y blagurodd dysg a dwyfoldeb
Fel gwanwyn hwyr yn ein gwlad.
Atom yn gyson, i Ddyfed a Gwent a Morgannwg,
Y ffoes ac y ffy athrawon gramadeg a dysgodron y gyfraith
O barthau'r goresgynwyr ac o'r dinasoedd llosg,
Ac megis blodau'r pren ceirios yw'n llannau a'n hysgolion,
A brwd y croesewir gan Emrys, Gwledig Caerlleon a'r
   Deau,
Etifeddion huodledd Quintilianus a Fferyll
A duwiol ddilynwyr Sierôm o Fethlehem.[26]

GARMON: Bendigedig fo Duw yn ei feudwyaid a'i saint.

Y CWMNI OLL *(ar siant)*:
Laudate Dominum, omnes gentes,
Laudate eum, omnes populi.[27]

PAULINUS: Wylwch, fy nhadau, wylwch.
Troes ein golau yn dwyll.
Un ohonom ni, mynach o'r clas ym Mangor,
Thuser dysgeidiaeth,
Y tafod aur,
Treisiwr y nefoedd
A'i ympryd a'i einioes yn un,
Hwnnw, Pelagius y Brython, a beryglodd undod cred.[28]

GARMON: Adwaenwn ef, Paulinus,
Meistr y gloyw ymadrodd.
Na thybiwch, fy mrodyr, i'r enaid crwca erioed
Lithio'r ffyddloniaid. Gwŷr mawr,
Heuliau'n pelydru grym, a greodd yr heresïau;
Rhyfeddwn ddwyfoldeb athrylith, a gweddïwn dros yr
    enaid.

PAULINUS: Gweddïwch hefyd, fy arglwydd, dros gyfyngder fy ngwlad.
Tra na bo ond rhuthr y barbariaid o barthau'r rhew a'r
    dwyrain
Yn cau arnom ni a chwithau a'r Rhufeiniaid oll,
Gallwn, â chalon ddur, amddiffyn ein hetifeddiaeth;
Canys Crist yw ein Rhufain mwy, ac Ef biau dysg y
    Groegiaid,
Ac undod yr Ysbryd Glân yn ei Eglwys fydd sail
    dinasyddiaeth cred.[29]
Ond pallodd ein dewredd a'n pwyll;
Daeth atom ddysgawdwr,
Glân ei fuchedd a nerthol o air,
Disgybl Pelagius, Agricola,
A denodd, o'n mynaich ac o deulu'r Ffydd, dorf ar ei ôl.[30]
Pa gwrs a gymerem, fy mrodyr?
Nid rhydd yw i ni ddadwreiddio'r efrau o'r cae.
A rwygwn ni unwe'r Eglwys yng ngŵydd y paganiaid,
Neu ddatod rhwyd y Pysgotwr cyn cyrraedd glan?
Na ato Duw;
Ymbil mewn amynedd sy'n gweddu'n well.
Ond unpeth, nis medrwn 'chwaith—
Gweld nodd y Winwydden,
Y Wir Winwydden sy â'i cheinciau drwy wledydd cred,
A'r nodd sy'n undod ei cheinciau,
Y nodd sy'n sug y grawnsypiau,
Ei weld yn diffygio, a diffrwytho cainc y Brythoniaid,
A gwywo o gainc y Brythoniaid,
A'r gangen yn pydru o'r pren.[31]
Yn fab, fy mrodyr, mi wylais fod Rhufain fy nhadau
Yn bradwyo, a'i braich yn byrhau;
Ond Rhufain newydd, ysbrydol, Dinas ein Duw,
Etifedd ei thegwch a'i dysg,
A welais yn llamu o'i llwch;
Ac iddi gwrogodd fy ngwlad,
Ynddi mae iechyd fy ngwlad,

Yn undod un ffydd, un bedydd, un offrwm, un Arglwydd.
A welaf i yn fy mhenwynni ein deol o hon?

Y CWMNI OLL:
Na ato Duw.

PAULINUS: Am hynny, fy nhadau,
Yn eisteddfod abadau fy ngwlad,
'Nôl ympryd a phenyd ac offeren a chymuno ynghyd
Dewiswyd Illtud a minnau i erchi i grefyddwyr Gâl:
Deuwch drosodd i'n cymorth,
Gyrrwch inni esgob i gyhoeddi i'n gwerin y ffydd a
    ddaliasom erioed,
Fel na bo na sect nac ymraniad yng ngwlad y Brythoniaid,
Eithr pawb o'r ffordd hon,
Yn cerdded wrth yr un rheol, yn synio'r un peth.
Wele, traddodais i chwi apêl fy mhobl;
A'r awron, Arglwydd, y gollyngi dy was mewn tangnefedd,
Yn ôl dy air.[32]

ILLTUD: I Dduw y bo'r diolch.

PAWB: Amen.

GARMON: O Paulinus,
Dduwiol weinidog y ffydd a ffyddlon wlatgarwr,
Llosgai'n calonnau ynom tra lleferaist.
Nid ofer y teithiasoch, fy mrodyr, yma.
A lanwodd y newynog â phethau da,
Cennad ei wlad a'i eglwys ni ad yn waglaw.
Teulu yw gwledydd y ffydd,[33]
Dinas a gydgysylltiwyd ynddi ei hun,
Ac er eich mwyn, fy nghyfeillion, dywedaf yn awr,
Heddwch a fyddo i chwi,
Ac er mwyn tŷ yr Arglwydd ein Duw, ceisiaf i chwi
    ddaioni.
Ond y mae yma'r awron
Yn gwrando'ch llith
Un na chrwydrodd ei galon
Erioed o'ch plith:
Padrig, garcharor Iwerddon,
Rho groeso i'th gyd-Frython.

PADRIG: Fy arglwydd a'm tad,
Gwir yw y gair ac nis gwadaf—

Yn alltud a digysylltiad
Yr af ar y ddaear hon
Nes dychwelyd i dud fy nghaethglud
A'm hurddo yn rhwymau Iwerddon.
A heddiw llaw angel a welaf
Yn tywys y rhain dy westeion
I'n clas ac i'n côr;
A thithau a Lupus y bugail
Yn gryf o'r cysegru hwn
A ddenir i wlad y Brythoniaid
I'w gwisgo â tharian y ffydd ac â chleddyf yr Ysbryd
Ac i amgylchwregysu ei lwynau hi â gwirionedd[34]
Fel y safo yn y dydd drwg,
Yn nydd y di-ffydd a diffoddwyr gwareiddiad.
Minnau, fy arglwydd, a ddof yn was gweini i chwi,
Ac wedi heddychu fy ngwlad,
Yna, yn Nyfed fwyn, yr olaf tro,
Ffarwelio â'r pridd a garaf
A'th fendith dithau a gaf
I'm bwrw eto i'r môr,
I gyrchu tir fy nghaethiwed
A marw yng ngwlad fy mabwysiad,
Fel mai rhwym y bydd f'enw fyth wrth ynys Iwerddon,
A hithau a Chymru am byth yn rhwym wrth Grist.
Illtud, Paulinus, ymunwch â mi ar ein gliniau:
Doed Garmon i wlad y Brythoniaid.

PAULINUS:
ILLTUD: } Garmon i wlad y Brythoniaid.

PAWB: Garmon i wlad y Brythoniaid,
          A Chymru i Grist.

TERFYN Y RHAN GYNTAF

YR AIL RAN

(*Ar y môr*)

RECITATIVO:
(*Trwy'r chwe phennill hyn y mae sŵn llong ar fôr i'w glywed, a thua'r terfyn clywir tymestl yn codi.*)

Ebrwydd y rhuthra nos dros y don
Rhwng Llydaw a Chymru bell,
Ac ar benrhyn craig y mae meudwy llon
Yn gweddïo ar Dduw o'i gell.

Y mae'r meudwy llon ar ei liniau oer
Yn ymbil dros long y saint
A fendithiodd gynnau a'i gollwng i boer
Y tonnau miniog eu daint.

Padrig, Paulinus ac Illtud ddewr
A Lupus, esgob Troyes,
Canant laswyr i Fair a'i Chrëwr
Tra bochella'r hwyl dan y chwa.[35]

Ond cysgu mae Garmon, ddibryder ei hynt,
Yn dawel ar drawstiau'r bwrdd,
Ni chlyw ef y llongwyr, ni chlyw y gwynt
Na'r tonnau chwyrn eu hwrdd.

Ond pwy yw'r rhain sy'n marchogaeth y glaw
Ac yn rhincian yn rhu y tonnau,
Gan foddi emyn y morwyr mewn braw
A delwi gwaed eu calonnau?

Padrig, Paulinus ac Illtud ddewr
A Lupus yr esgob call,
Saethwch weddi at Fair a'i Chrëwr
Y rhain yw cythreuliaid y Fall.

MYNAICH A LLONGWYR (*yn canu*):
Afe seren foroedd,
Dirion Fam ein Duw,
Ddedwydd borth y nefoedd,
Fythol forwyn wiw.[36]

CYTHRAUL 1:
>Myfi yw ellyll y cymyl dreng
>Ordoa'r wybr â'u gwyll.[37]

(Y mae'r storm yn chwyddo.)

CYTHRAUL 2:
>Myfi yw meistr cynddeiriog leng
>Y cenllysg geirwon, hyll.

LLONGWYR *(yn parhau i ganu)*:
>Drwy yr Afe gynta'
>Ganodd Gabriêl
>Pan droes enw Efa,
>Dy dangnefedd ddêl.

CYTHRAUL 3:
>Myfi yw draig y gwyntoedd croch
>Sy'n llarpio llong i'w thranc.

CYTHRAUL 4:
>Myfi yw ysgyrnygllyd roch
>Y tonnau rhwth a'u gwanc.

LLONGWYR *(yn canu)*:
>Datod rwymau'r caethion,
>Pâr oleuni i'r dall,
>Eiriol am fendithion,
>Chwâl ddrygioni'r Fall.

CYTHRAUL 5:
>Myfi yw nerth proffidiol frad
>Y parchus anudonwyr,
>Torwyr gair, bradychwyr gwlad,
>A chenfaint y cynffonwyr.
>A'r rhain ar y llong yw gelynion fy nhrâd,
>Amddiffynwyr ffydd y Brythoniaid,
>Plaid fechan, ddi-gownt, a fyn achub eu gwlad—
>Trawn hwynt yn awr, y gwirioniaid.[38]

(Cynydda'r storm, a chlywir y cythreuliaid yn eu tro.)

CYTHRAUL 1:
>Cenllysg a yrraf i'w blingo'n fyw.

CYTHRAUL 2:
>Dallaf eu llygaid â'm mellt.

CYTHRAUL 3:
 Rhwygaf â'm gwyntoedd eu hwyl a'u llyw.

CYTHRAUL 4:
 Ysgytiaf eu hestyll yn ddellt.

CAPTEN Y LLONG:
 Allan â'r rhwyfau. Mae'r llyw yn fratiau,
 A'r hwyl ar y bwrdd yn gadachau.

CYTHRAUL 5:
 Ati, fy nghethern,[39] nes bo'r styllod yn gatiau;
 Chwipiwch hwy'n ysgraglachau.[40]

CAPTEN Y LLONG:
 Mae'r dŵr yn y llong yn uwch na'n migyrnau,
 Clywaf y llestr yn soddi.
 Garmon gysgadur, tyrd at y celyrnau;
 Ai bychan yw gennyt ein boddi?

CYTHRAUL 5:
 Ow, pwy yw hwn sy'n codi o'i hun
 A gwneud arwydd y groes dros y berw?
 Ato, gythreuliaid. Nac ofnwch y dyn.
 Ato, chwi gethern lerw.

(Tra adroddir y salm De Profundis bob eilwers y mae'r dymestl yn raddol yn gostegu.)[41]

GARMON: O'r dyfnder y llefais arnat, O Arglwydd;
   Arglwydd, clyw fy llefain.

LLONGWYR *(ynghyd)*:
 Ystyried dy glustiau wrth lef fy ngweddïau.[42]

GARMON: Os creffi ar anwireddau, Arglwydd,
   O Arglwydd, pwy a saif?

LLONGWYR: Ond y mae gyda thi faddeuant fel y'th ofner.

GARMON: Fy enaid sydd yn disgwyl wrth yr Arglwydd
   Yn fwy nag y mae'r gwylwyr am y bore.

LLONGWYR: Yn fwy nag y mae'r gwylwyr am y bore.

CYTHREULIAID:
 Paham y diffygiaist, O wynt y gorllewin?
 Paham na ddaw mellten i'w ddallu?
 Mae crafanc y don yn anelu'n ddi-ewin;
 A pham y mae'r cenllysg yn pallu?

GARMON: Arglwydd, trugarha wrthym.

LLONGWYR: Arglwydd, trugarha wrthym.

GARMON: Crist, trugarha wrthym.

LLONGWYR: Crist, trugarha wrthym.[43]

GARMON: Santaidd Fair, seren y morwyr,

LLONGWYR: Gweddïa drosom ni.

CAPTEN Y LLONG:
Seren a welaf drwy hollt yn y cymyl,
Seren y gogledd yw;
Rhwyfwch, fechgyn, mae'r porthladd yn ymyl,
A Garmon yn ymbil â Duw.

(Clywir y llong yn mynd dan y rhwyfau mewn môr sy'n dawel, a chlywir yr emyn yn graddol ymbellhau:)

Afe, seren foroedd,
Dirion Fam ein Duw,
Ddedwydd borth y nefoedd,
Fythol forwyn wiw.

etc., etc.

TERFYN YR AIL RAN

Y DRYDEDD RAN

(Caerlleon ar Ŵysg)

Plentyn tua'r deuddeg oed sy'n siarad wrth ei Fam.

PLENTYN: P'le'r ydym ni, Mam?

MAM: Hwn yw porth yr eglwys yng Nghaerlleon ar Ŵysg.
Safwn yn awr rhwng colofnau'r porth. O'n blaen y mae
   sgwâr y ddinas.
Doe, lle y sefi di'n awr y safodd yr esgob Garmon
I draethu'r gwir yn erbyn y gau athrawon
I dorf ar y sgwâr.

PLENTYN: Ac ef a orchfygodd?

MAM: Ie, Garmon. Ildiodd yr hereticiaid.
A heddiw'r bore bydd uchel offeren o ddiolch
Yma'n yr eglwys, a Garmon ei hun yn offeiriad
A'r esgob Lupus yn porthi.

PLENTYN: Fe ddaw cannoedd yma?

MAM: Daw, cannoedd. Fe wnawn ffortun heddiw'n cardota.
Ond gofala di na bo dy lais yn rhy iach.
Busnes yw cardota, nid sbri.
Dy anffawd di yw dy fod di wrth natur yn llawen.
Chei di fyth bres fel yna.
Mae clywed cardotyn yn chwerthin yn cau pob pwrs
   Cristnogol.
Am ddagrau mae pobl yn talu,
Am gael gweld bod eu byd yn dda wrth y byd sydd ar rai.
Profa dy lais yn awr.

PLENTYN: Fel hyn:
Trugarhewch, trugarhewch wrth y plentyn dall.

MAM: Gweddol. 'Does fawr o argyhoeddiad yn dy lais di.
Mi ddylaswn dy chwipio'n sownd cyn cychwyn o dref
Iti fagu'r dôn iawn.

PLENTYN: Druan ohonot ti, Mam.
Mae dy law di'n gystal chwip ag yw gwe pry cop.
Ust, pwy sy'n dod?

MAM: Mae eto sbel hir cyn dechrau offeren yr esgob.
Nid oes yn awr ond yr isel offeren fore.
Fydd fawr o'r plwy yn honno.
Hen ddinas sy'n marw yw hon.

PLENTYN: Trugarhewch, trugarhewch wrth y plentyn dall.

(Clywir syrthio darn pres i flwch y plentyn.)

Duw a dalo iti, fy meistr.
Pwy oedd ef, Mam?

MAM: Adwaen i neb yma, fy mab.
Gŵr duwiol ond odid yn mynd i'w gymun.
Ust. Dyma un arall.

PLENTYN: Gŵr naill goes sy'n dyfod, a ffon fagl ganddo.

MAM: Mae dy glustiau di'n gweld ymhellach na'm llygaid i.
Dechrau lefain eto.

PLENTYN: Trugarhewch, trugarhewch wrth y plentyn dall.

(Clywir y ffon yn agosáu, a'r efrydd yn tuchan.)

Trugarhewch wrth y plentyn dall.

EFRYDD: Myn cebystr . . . myn fy magl i . . . Beth yw hyn? Beth yw hyn?

PLENTYN: Trugarhewch wrth y plentyn dall.

EFRYDD *(yn gweiddi):*
Lleidr, bradwr, twyllwr, y plentyn llwyn a pherth—

PLENTYN: Trugarhewch, trugarhewch wrth y plentyn dall.

EFRYDD: Y drewgi, y fflamgi, y bychanigyn tywyll, y tylwythyn teg gennyt ti, y darn poeryn—

PLENTYN: Trugarhewch wrth y plentyn dall.

EFRYDD: Aros di, was bach, imi ddringo'r grisiau santaidd yma, aros di fymryn—mi ddysgaf iti ddwyn bara hen filwr o'i enau, mi ddysgaf iti halogi porth yr eglwys santaidd yma, aros di—

MAM: Os ceisi di ddringo'r grisiau mi afaelaf innau yn dy un goes di a'th ddal di ynghrog ar dy un fagl yn hofran fel sgerbwd ar groesbren.

Y DRYDEDD RAN 133

EFRYDD: Os doi di o fewn cyrraedd fy magl i mi drawaf dy aelodau di a'u gwasgaru'n greiriau ar lawr yr eglwys yma mor niferus â hen esgyrn y merthyron—

PLENTYN: Trugarhewch, trugarhewch wrth y plentyn dall.

EFRYDD: Y llais pres, melltith y mamau, y cnaf diffaith, aros di—

MAM: Y llofrudd ungoes, y mwrdrwr plant, yr horgest crachlyd, y baglogyn barfog, y bwgan brain—

PLENTYN: Trugarhewch wrth y plentyn dall.

EFRYDD: O'r gorau, mi eisteddaf yma ar y grisiau ac mi chwipiaf fy magl rhwng colofnau'r porth, a gwae di a'th fam os sefwch chwi ar ei llwybr hi.

(Clywir ei fagl yn chwipio fel pendil cloc mawr rhwng y ddwy golofn, a'r plentyn wedi dianc fymryn o'r ffordd yn gweiddi yn hapus ddireidus.)

PLENTYN: Trugarhewch wrth y plentyn dall.

(Daw torf o bobl ynghyd ac ymyrryd.)

LLEISIAU O'R DORF:
Beth sy'n bod? . . . Tewch, y tri ohonoch . . . Oni wyddoch chwi fod yr offeren ar gychwyn a'r offeiriad wedi mynd at yr allor? . . . A wnewch chwi wradwydd o borth yr eglwys?

MAM: Mwrdwr . . . Mwrdwr . . .

EFRYDD *(gan barhau ei bendil)*:
Mi'ch malaf yn friwsion—

PLENTYN: Trugarhewch, trugarhewch wrth y plentyn dall.

UN O'R DORF:
Dyma'r esgob . . . Yr esgob Garmon . . . Pawb ar ei liniau . . .

GARMON: Pa beth yw'r cynnwrf hwn ger bron tŷ Dduw?

O'R DORF: Dau gardotyn, fy arglwydd esgob, sy'n ffraeo am hawl i gardota ym mhorth yr eglwys.

GARMON: Pa ddau?

EFRYDD: Dyma fi, fy arglwydd, hen filwr a gollodd ei goes yn amddiffyn yr ymerodraeth.

O'R DORF:	A gwaed yr ymerodraeth ar ei drwyn ef fyth wedyn.
GARMON:	Pwy yw'r llall?
PLENTYN:	Trugarhewch wrth y plentyn dall.
EFRYDD:	Wyt ti'n ailgychwyn ar dy driciau, y mochyn bach—
GARMON:	Tewch, eich dau. Yn awr, pwy ohonoch chwi ddaeth yma gyntaf?
PLENTYN:	Yr wyf i yma gyda'r wawr, fy arglwydd.
EFRYDD:	Yr wyf innau yma ers deng mlynedd yn cardota bob Sul a gŵyl eglwysig, ac ni cheisiodd neb o'r blaen ddwyn fy stondin i.
GARMON:	Ai gwir hynny, fy mhobl?
O'R DORF:	Gwir.
GARMON:	Gan hynny, y milwr piau'r lle. A enillaist ti rywfaint, fy mhlentyn?
PLENTYN:	Un ddrachma,[44] fy arglwydd.
GARMON:	Dyro dy gardod i'r milwr. Pwy a'th ddug di yma?
MAM:	Myfi, fy arglwydd esgob. Myfi yw ei fam ef. Gwraig weddw a'i hunig fab yn wynepclawr o'r groth.
GARMON:	Cymer dy fab ar frys i'r isel offeren hon, A phan gano gloch y dyrchafael a chodi Haul Cyfiawnder Uwchben tywyllwch plant dynion,[45] tro dithau, fy mhlentyn, yna Dy lygaid di-olygon tuag at Oleuni'r byd, Ac addola Ef yn dy galon. Nac oeda; dos.
UN O'R DORF:	Fy arglwydd esgob, Nyni yw'r bobl gyffredin. Ni cherdda'n meddyliau ni mewn ystwythder geiriau Fel ymresymu'r athronwyr. Mewn llestri pridd a chelfi o goed, Mewn gêr ac offer ac arlwy o fwyd a diod, Mewn dofi march neu durnio olwyn drol, Yr ymrithia'n meddyliau ni; Tywyll a sacramentaidd[46] yw meddyliau'r bobl gyffredin Yn ymwthio o'r deall drwy'r dwylo i fold ystyfnigrwydd eu rheidiau.

Nid hawdd â gwaith llaw y'n twyllir, ond rhwydd yw ein
   rhwydo â geiriau.
A doe fe'th glywsom dithau yn dadlau â'r diwinyddion
Am ras ac am aberth y groes a chyfiawnder drwy Grist,[47]
Oni thawodd dy elynion â'u sôn,
A ninnau'n dorf yn dy frolio heb frwynen o amcan pam.
Ond yn awr, O esgob,
Cyn dy gipio drachefn a'th gladdu yng nghadachau
   dy offerenwisg,
Dywed wrthym ni, y crefftwyr crediniol, di-ddysg,
Ba ddrwg oedd dan gorun Pelagius.[48]

GARMON: F'anwyliaid,
Y mae caerau gwareiddiad yn gwegian.
Yn nesnes yma o'r dwyrain fe fflachia ffaglau'r barbariaid o
   fforest i fforest,
A draw yn yr Affrig dywodlyd
Llama myrddiynau'r Fandal i warchae ar furiau Hippo,[49]
Tra yno, yn sŵn tarianau,
Mae Awstin, y gwron claf,
Henwr ac esgob y ddinas,
Yn llenwi ei femrwn olaf ag amryfuseddau'r Pelagiaid
A sicr erthyglau'r Ffydd.
Canys arnom ni
Disgynnodd dydd yr amddiffyn,
Dydd y ddeublyg amddiffyn,
Dydd adeiladu'r Gristnogaeth a chadw'r ffin.
A pha fodd y gwarchedwir y ddinas,
Pa gyfannedd a wnawn,
Pa gydadeiladu mewn cariad a pha gydwylio,
Onid ydym yn un yn Adda, yn un yng Nghrist?[50]
A hyn yw drwg y Pelagiaid,
Chwalu undod ein natur, a'n hundod newydd drwy ras,
Fel na bo gŵr llên yn un genedl â gŵr tlawd,
Eithr ennill, ohono ei hun, ei nefoedd ei hun,
Mewn hunan-foddhad diysgog
Yn nydd goresgyniad y Goth.[51]

(Clywir o'r tu mewn i'r eglwys ganu cloch deirgwaith yn glir ond isel. Ennyd o ddistawrwydd. Yna'r gloch deirgwaith eto fel o'r blaen.)

GARMON: Fy mrodyr, dacw gloch y dyrchafael.
Cysegrwn ninnau'n calonnau gyda'r offrwm hwn.

Priodas yw aberth Crist,
Ac yma, ym mhriodas yr aberth, y mae undod teulu'r
  ffydd;[52]
Cans yn union cyn dweud y geiriau
'Hwn yw Fy Nghorff,'
Fe ddywed yr eglwys,
'Hwn yw aberth dy deulu Di'[53]—
Mair a Phedr a Phawl, Andreas, Iago,
Ieuan, Tomas, Phylip, Bartholomeus,
Linus, Cletus, Clement, Xystus, Cornelius[54]—
Clychau priodas Calfaria,
'Hwn yw fy Nghorff.'

(Clywir gweiddi o'r eglwys, yna'r drws yn agor a'r gweiddi yn glir ac yn tyfu'n gyflym.)

LLEISIAU O'R DORF:
    Halelwia . . . Halelwia . . . Y plentyn, y plentyn dall . . . Mae'n rhedeg . . . Mae'n dawnsio o gylch y colofnau . . . Mae'n wyllt . . . Mae'n wallgo' . . . Mae'n gweld . . . Mae'n dewis ei gamre . . . Mae ganddo lygaid . . . Tyrd yma, blentyn . . . Tyrd yma . . . Tyrd at yr esgob Garmon . . .

PLENTYN: Prun yw'r esgob?

LLEISIAU: Hwn, hwn . . . Dyma fe, tyrd ato.

PLENTYN:
    Fy arglwydd esgob, maddau fy amarch, ond collais fy mhen.
    'Rwy'n gweld, 'rwy'n gweld.
    Dyna dy wyneb di, dyna dy farf,
    A hon yw dy law a gusanaf.

Y DORF: Halelwia . . . Halelwia.

GARMON: I Dduw y bo'r clod. Sut y bu hyn, fy mhlentyn?

PLENTYN:
    Ni wn i, fy arglwydd.
    Gwneuthum a orchymynnaist.
    Wedi mynd i'r offeren a sefyll gerllaw fy mam,
    A'm trechu fy hun rhag sleifio'n ôl at y porth
    I weiddi ar y bwgan naill goes
    'Trugarhewch',
    Pan ddaeth y cysegru,
    A chodi'r Arglwydd i'w ddangos a'i addoli,
    Minnau, codais f'amrannau:
    Llosgodd fy llygaid. Gwelais. Ni wn i fwy.

GARMON: Fy mab, dyro ddiolch i'th angel
A'th ganfu gynnau yn cynnig dy unig ddrachma
Yn ufudd i'r milwr hwn.
Dos, cusana dy fam ac edrych arni.
Cyfododd goleuni i'r uniawn yn y tywyllwch,
A gwelsom â'n llygaid dy iachawdwriaeth di,
Goleuni i oleuo y cenhedloedd,
A gogoniant dy bobl.[55]

PAWB YN CANU:
Laudate Dominum omnes gentes:
Laudate eum omnes populi.
Quoniam confirmata est super nos misericordia ejus:
Et veritas Domini manet in æternum.[56]

(Clywir utgorn arian yn seinio cyfarch ymerodrol.)

LLEISIAU O'R DORF:
Dacw'r brenin yn dyfod tuag yma,
Yn dyfod i offeren yr esgob,
Ein brenin, Emrys.

(Seinia'r utgorn yn ymyl.)

Salve, Emrys Wledig.
Salve, amddiffynnydd ein gwlad.
Salve, Garmon esgob.
Salve, amddiffynnydd yr eglwys.
Salve, gwledig ac esgob.

EMRYS: Fy arglwydd esgob, dydd da fo it;
Dyro i minnau dy fendith.

GARMON: Dydd da it, fy mab.
Ai ti, ŵr ifanc hardd a dewr,
Brenin ar feibion balchder,
Yw Emrys Wledig,
Etifedd y porffor a rhaglaw ymherawdr Rhufain?

EMRYS: Myfi yw hwnnw, fy arglwydd.

GARMON: O achos mai oddi uchod
Y deillia pob awdurdod ymhlith dynion,
Bendithied dydi yr hollalluog Dduw.

EMRYS: Fy swydd a'm goruchwyliaeth a fendigaist.
Minnau, O Garmon, pa gerydd a haeddais i?

GARMON: Fy arglwydd frenin,
Myfi yn fy mherson yw'r gwaelaf o bechaduriaid,
Ond rhaglaw wyf innau, fy mab, tywysog fel tithau,
Ac wele fi yn dy wlad er gŵyl puredigaeth Mair,[57]
Ac mewn tridiau daw y Garawys,
A hwn yw'r dwthwn y daethost gyntaf i'm cyfarch.

EMRYS: Gwir, fy arglwydd, ond gwêl—
Doe, pan brofwyd dy werth, y plygodd iti'r Pelagiaid.

GARMON: Dywysog dewr,
A ddysgodd uchelgais it eisoes anfad gast y cynffonwyr
I wenu ar lwyddiannus a rhoi llais gyda'r llu?

EMRYS: Dysgaf gennyd, O esgob;
Eithr cref fu plaid y Pelagiaid yn ein plith
A brenin Gwynedd yn eu cynnal hwy,
A minnau ond mab ar fy ngorsedd. Maddau fy ngham.

GARMON: Dy ateb arafaidd, fy mab, a ataliodd fy llid;
Dy ostyngeiddrwydd a gadarnha dy goron:
Dywed, pa beth a chwenychi?

EMRYS: Fy arglwydd Garmon,
Meistr byddinoedd a fuost ti gynt yng Ngâl
Cyn dy gipio gan ddwyfol serch i fynachlog saint
Minnau heddiw, mynnaf fy nysgu gennyt.

GARMON: Pa elyn sy'n dy beryglu?

EMRYS: Neithiwr cyrhaeddodd cenhadon Gwrtheyrn o'r gogledd:[58]
Dwy gad sy'n ymgrynhoi ar lannau Dyfrdwy,
Saeson y dwyrain a llynges y Brithwyr o Brydyn,
Gan aros gwyntoedd y gwanwyn i sychu'r siglennydd
Er cyrchu Powys y Pasg.

GARMON: Pa beth a fynni â mi?

EMRYS: Bendefig Duw,
Gwinllan a blannodd dyn mewn bryn tra ffrwythlon,
Cloddiodd a phlannodd ynddi'r winwydden orau,
Caeodd o'i chylch a chododd dŵr yn ei chanol,
A rhoes hi i'w fab yn dreftadaeth
I gadw ei enw o genhedlaeth i genhedlaeth.
Ond cenfaint o foch a ruthrodd ar y winllan
Gan dorri ei magwyr i'w mathru a'i phori hi;
Onid iawn yw i'r mab sefyll yn awr yn yr adwy

Y DRYDEDD RAN

        A galw ei gyfeillion ato,
        Fel y caeer y bwlch ac arbed ei etifeddiaeth?
        Garmon, Garmon,
        Gwinllan a roddwyd i'm gofal yw Cymru fy ngwlad,
        I'w thraddodi i'm plant
        Ac i blant fy mhlant
        Yn dreftadaeth dragwyddol;
        Ac wele'r moch yn rhuthro arni i'w maeddu.
        Minnau yn awr, galwaf ar fy nghyfeillion,
        Cyffredin ac ysgolhaig,
        Deuwch ataf i'r adwy,
        Sefwch gyda mi yn y bwlch,
        Fel y cadwer i'r oesoedd a ddêl y glendid a fu.
        A hon, fy arglwydd, yw gwinllan d'anwylyd di,
        Llannerch y ffydd o Lan Fair i Lan Fair.
        A ddoi dithau i arwain fy myddin i Bowys draw?[59]

GARMON: Yn enw Arglwydd y Lluoedd,
            Deuaf, O frenin.

Y DORF: Halelwia. Salve,
            Garmon dros wlad y Brythoniaid,
            Garmon dros wlad y Brythoniaid,
            A Chymru i Grist.

                TERFYN Y DRYDEDD RAN

Y BEDWAREDD RAN

(*Maes Garmon, Sul y Pasg, 430*[60])

Rhwng terfyn Rhan III ac yn awr cafwyd miwsig rhyfelgyrch, ac fe dry hynny'n awr yn sŵn tabyrddau a byddinoedd yn ymsymud, ac fe bery hynny yn isel ond yn bendant tra bo cwmni o fynaich dan arweiniad yr esgob LUPUS *yn adrodd yn gyflym ac unllais litani'r saint.*[61]

LUPUS *(a'r mynaich yn porthi)*:
    Duw dad o'r Nef.   Trugarha wrthym.
    Duw Fab, Iachawdwr y byd.   Trugarha wrthym.
    Duw Ysbryd Glân.   Trugarha wrthym.
    Santaidd Drindod Un Duw.   Trugarha wrthym.
    Santaidd Fair.   Gweddïa drosom ni.
    Y Santaidd angylion
        ac archangylion.   Gweddïwch drosom ni.
    Chwi'r santaidd apostolion
        ac efengylwyr.   Gweddïwch drosom ni.
    Chwithau oll, santaidd
        ddisgyblion ein Harglwydd.   Gweddïwch drosom ni.
    Chwi'r santaidd ferthyron.   Gweddïwch drosom ni.
    Chwi'r santaidd esgobion
        a chyffesorion.   Gweddïwch drosom ni.
    Chwi'r santaidd fynaich a
        meudwyaid oll.   Gweddïwch drosom ni.

    (Tyr llais sydyn, milwrol y gwyliwr ar y weddi.)

GWYLIWR: Pwy ddaw? Saf. Dangos dy hun. Pwy wyt ti?

CENNAD: Brython a chyfaill.

GWYLIWR: Dyro'r gair.

CENNAD: Halelwia.

GWYLIWR: Croeso, enaid. Beth yw dy neges?

CENNAD: Cennad oddi wrth gapten y fyddin, yr esgob Garmon.

GWYLIWR: Wele'r esgob Lupus. Traddoda dy genadwri.

CENNAD: Fy arglwydd Lupus, y mae pob dim yn barod.
    Eisoes cychwynnodd y gelyn i fyny'r dyffryn.
    Dyma rybudd yr esgob Garmon—

Y BEDWAREDD RAN

            Na ddeued neb o'r mynaich ar ôl y gad,
            Dygir y clwyfedigion atoch i'r llannerch hon.

LUPUS: Gwnawn fel y gorchmynnir.
            Heddiw yw dydd atgyfodiad ein Harglwydd ni,
            Bydded i ninnau yn ddydd o orfoledd.
            Dywed wrthym, enaid, ba gynllun a gymerth Garmon.

CENNAD: Hen ddull ei bobl ei hun, llwyth y Germaniaid,
            Pan frwydrent gynt yn erbyn y Rhufeiniaid.
            Doe, teithiodd Gwrtheyrn yn daer,
            A llygaid y Sais yn ei ganlyn,
            Draw dros y bryniau i Gaer
            Ddeng milltir o ddyffryn Alun;
            Ac Emrys, liw nos, ar ei ôl
            A lanwodd y fforest ddu
            Sy o ddeutu'r glyn a'r ddôl
            Â'i anweledig lu.
            Daw'r gelyn yn awr drwy'r glyn
            A'i gyrch yn hy ac yn eon,
            Fod y Brython draw dros y bryn
            Yn llechu dan furiau Caerlleon.
            A phan fo'r cwm yn llawn
            O'u meirch a'u gwartheg a'u llengoedd,
            Yna'n ddisyfyd draw'n
            Y cudd caeadfrig rengoedd
            O boptu'r byddinoedd gwasg,
            Gan daro'r adleisiol riwia',
            Cwyd bloedd buddugoliaeth y Pasg—

            (Yn gyflym, yn swta, o bob cyfeiriad clywir llefau'n codi'n crescendo.)

            Halelwia, Halelwia,
            Halelwia, Halelwia, Halelwia,
            Halelwia, **HALELWIA, HALELWIA**.

            (Ymbellha seiniau'r Halelwia gan fod byddin y Brython yn erlid ar ôl y gelyn. Clywir y tabyrddau'n chwyddo eu sŵn yn y cefndir, a'r un pryd clywir gweddi LUPUS *a'r mynaich sydd wedi ailafael yn y Litani.)*

LUPUS *(a'r mynaich yn porthi)*:
         Bydd drugarog.   Arbed ni, Arglwydd.
         Bydd drugarog.   Gwrando ni, Arglwydd.

	Rhag y drwg.	Gwared ni, Arglwydd.
	Rhag pob pechod.	Gwared ni, Arglwydd.
	Rhag dy lid.	Gwared ni, Arglwydd.
	Rhag y peryglon parod.	Gwared ni, Arglwydd.
	Rhag angau sydyn.	Gwared ni, Arglwydd.
	Rhag haint a newyn a rhyfel.	Gwared ni, Arglwydd.

CENNAD: Dychryn a dagodd eu trais;
Mae Brithwr a Brithwr draw
A Sais pendraffen a Sais
Yn brathu'i gilydd mewn braw.
Mae angau, y porthmon gwyllt,
Yn annos ei gŵn ar y gyrroedd,
Gan chwipio'r fyddin fel myllt
A thaflu'r gwŷr yn bentyrroedd.

(Seinia utgorn arian.)

GWYLIWR: Dyma Garmon,
Garmon goncwerwr.

GARMON: Frodyr, mae'r pagan ar ffo,
Ni losgir allorau'r Ffydd;
Mwyach ni ddaw dros eich bro
Ormes anffyddiaeth brudd.
Dydd atgyfodiad Crist,
Dydd rhyddid eneidiau'r mad
A'u harwain o Limbo drist,[62]
Yw dydd gwaredigaeth eich gwlad.
Llawen fo Cymru'n awr;
Byth bythoedd fe saif ei Ffydd;
Daeth ar ei thywyllwch wawr,
Ac o garchar ofn daeth yn rhydd.

MYNAICH *(yn canu)*:
Gaude et laetare, Virgo Maria: Alleluia.
Quia surrexit Dominus vere: Alleluia.
Gloria Patri, et Filio, et Spiritui Sancto,
Sicut erat in principio, et nunc, et semper,
et in saecula Saeculorum.[63] *Amen.*

Y TERFYN

NODIADAU

1. Penodwyd Owen Parry yn gynorthwywr yn y BBC yn 1933. Gweithredai fel swyddog addysg o 1935 tan 1937, pryd y dilynodd William Hughes Jones fel swyddog rhaglenni. Gweler J. Davies, *Broadcasting and the BBC in Wales* (1994), *passim*. Gweler hefyd, ibid., 99–100 am sylwadau diddorol ar amgylchiadau y comisiwn a roddwyd i'r dramodydd.

2. T. Rowland Hughes (1903–49), bardd a nofelydd, cynhyrchydd rhaglenni nodwedd y BBC yng Nghaerdydd o 1935–45, pan ymddiswyddodd oherwydd afiechyd. Arwel Hughes (1909–88), cyfansoddwr, pennaeth Adran Gerdd y BBC rhwng 1965 ac 1971. Cyfansoddodd gerddoriaeth ar gyfer *Buchedd Garmon* ac *Amlyn ac Amig*. Ysgrifennodd Saunders Lewis *Serch yw'r Doctor* fel libretto i gerddoriaeth Arwel Hughes.

3. Garmon/Germanus (c.378–448), dug Armorica ac esgob Auxerre; ymwelodd â Phrydain ddwywaith i frwydro yn erbyn y Pelagiaid ac i sefydlu trefn wleidyddol; gweler buchedd Garmon gan Constantius o Lyon (c.480); S. Baring-Gould and J. Fisher, *The Lives of the British Saints* (1911), III, 52–60. Paulinus, athro Dewi Sant, a sefydlodd Langors, Sir Frycheiniog. Cedwir ei garreg fedd yn yr amgueddfa yng Nghaerfyrddin.

4. Gan Venantius Fortunatus (chweched ganrif):

> Ave, maris stella
> Dei Mater Alma
> Atque semper Virgo
> Felix caeli porta

Gweler *Saint Andrew Daily Missal* (1958), 1040.

5. Y mae hyn yn gamarweiniol. Nid oes arwydd yn *Buchedd Garmon* o ddyled i draethodau Awstin ar Belagiaeth. Ni cheir yn ei draethodau ar y ddysgeidiaeth Belagaidd ynglŷn â gras, bedydd, priodas, ewyllys rhydd, tarddiad yr enaid, etholedigaeth a phechod gwreiddiol unrhyw arwydd o'r ehangder dychmygus a geir yn *De Civitate Dei*, y mae dyled Saunders Lewis yn amlwg iddo. Gweler *A Select Library of the Nicene and Post-Nicene Fathers of the Christian Church*, P. Schaff (ed.), V, *Saint Augustine: Anti-Pelagian Writings* (1887). Y mae'n debycach fod Saunders Lewis yn ddyledus i ragair Warfield nag i draethodau Awstin.

6. Lupus, esgob Troyes, cyfaill a disgybl Germanus, a ddaeth gydag ef ar ei ymweliad â Phrydain yn 429. Padrig (c.385–c.460) wedi'i eni ym Mhrydain, treuliodd chwe blynedd yn gaethwas yn Iwerddon. Cafodd addysg yng Ngâl dan Germanus fel dyn ifanc cyn dychwelyd i Iwerddon i gychwyn ar ei waith cenhadol ond y mae Baring-Gould a Fisher yn amau na fu'n ddisgybl i Garmon. Emrys Gwledig/ Ambrosius, a ddisgrifir gan Gildas fel arweinydd y Brythoniaid yn yr ymgyrch yn erbyn ymosodiadau'r Sacsoniaid a'r Brithwyr. Yn ôl A.W. Wade-Evans, *Welsh Christian Origins*

(1934), 74, yr oedd Emrys (*fl*.430-75), yn ŵyr i Facsen Gwledig ac Elen ac yn nai i Wrtheyrn.

7. Mynach o'r chweched ganrif ac awdur *De Excidio Britanniae*, lle yr ymesyd yn ffyrnig ar arweinwyr Brythoniaid ei gyfnod, gan eu beio am ymosodiadau'r Sacsoniaid. Gwadodd Wade-Evans fod Gildas yn gyfrifol am adran hanesyddol y *De Excidio*, gan ei dadogi ar awdur o'r wythfed ganrif y cyfeiriai ato fel Auctor Badonicus (708). Dywedir am Emrys/Ambrosius yn y *De Excidio Britanniae*, 25.3: 'Cymerant arfau gan herio'u concwerwyr o dan y blaenor, Ambrosius Aurelianus, gŵr diymhongar, yr unig un o'r genedl Rufeinig a ddigwyddodd ar ddamwain oroesi cyffro'r fath dymestl—tymestl y llofruddiwyd ei rieni ynddi, pobl yn ddiddadl a wisgid a phorffor—gŵr hefyd y mae ei ddisgynyddion yn awr yn ein dyddiau ni wedi dirywio ymhell oddi wrth eu rhagoriaeth hynafol. I'r rhain, gan ganiatâd yr Arglwydd, y daeth buddugoliaeth.' A.W. Wade-Evans, *Coll Prydain* (1950), 33-4.

8. Cornelius Tacitus (*c*.55-120), *Germania*, VI.

9. Cyflwynwyd *vers libre* gan grŵp o 'Symbolwyr' mewn gwrthymateb i ffurfiolaeth y 'Parnassiens'. Yn y *vers libres* Ffrangeg, a ymddangosodd gyntaf tuag 1881, rhoddwyd y gorau i batrymau mydryddol cyson ac i'r arfer o gyfrif sillafau. Nid yw'n wir dweud fod y dull hwn o farddoni yn dibynnu ar fesurau traddodiadol, 'er mwyn sicrhau elfen gref o ddisgyblaeth'. Gall fod penderfyniad Saunders Lewis i seilio iaith ddramataidd *Buchedd Garmon* ar y tri mesur yn ddoeth, ond ni ddylid disgrifio'r canlyniad fel *vers libre*.

10. Jules Laforgue (1860-87), y mwyaf adnabyddus ymhlith nifer o feirdd yr arferir cysylltu eu henwau â'r mudiad *vers libre*. Ni lwyddais i olrhain y dyfyniad hwn i'w ffynhonnell.

11. Sef *Blodeuwedd*, y cyhoeddwyd ei dwy Act gyntaf yn *Y Llenor*, II (Gaeaf 1923), 231-44 a IV (Gaeaf 1925), 196-210.

12. T. Gwynn Jones (1871-1949), *Tir na n-Og* (1910).

13. Ymunodd Stephen Williams â Saunders Lewis yn Adran y Gymraeg, Coleg Prifysgol Abertawe yn 1927, lle yr olynodd Henry Lewis fel Athro yn 1954. Ar wahân i'w gampau fel llenor ac ysgolhaig cofir Stephen Williams am ei ffyddlondeb fel cyfaill. Bu'n gyfrifol am lywio *Buchedd Garmon* trwy'r wasg tra oedd yr awdur yn y carchar.

14. Ni chynhwysir yma frawddeg a gyfeiria at *Mair Fadlen* a gyhoeddwyd yn yr un gyfrol â *Buchedd Garmon* yn 1937. Cyflwynir testun Mair Fadlen mewn atodiad isod, tt.689-95.

15. 'Dyrchafwn ein calonnau.' 'Fe'i dyrchefais at yr Arglwydd.' Deialog rhwng offeiriad a'r gynulleidfa yn ail ran yr offeren.

16. Salm 138.2, gydag addasiad o Salm 26.8: 'Arglwydd, hoffais drigfan dy dŷ, a lle preswylfa dy ogoniant.'

17. 'Am flynyddoedd lawer'.

18. Nid yw'r cysylltiad rhwng Mihangel a Chymru yn mynd ymhellach yn ôl na'r wythfed ganrif a'r cofnod yn *Annales Cambriae* o gysegriad eglwys

iddo yn 718. O hynny ymlaen cynyddodd nifer eglwysi Mihangel yng Nghymru yn gyflym iawn. Dywed J.W. Willis Bund: 'The belief in magic, evil spirits and the power of the saint to protect Christians from these evils, formed a very strong feature in the faith of the Celtic Church. Michael was the saint of the Latin Church who had overcome the Devil and so would be regarded by the Celts as the best protector against the Devil and all his works. Doubtless it is to this idea that Michael owes his great popularity in Wales. If any Latin saint was really the saint of Wales, it was Michael; no less than ninety four churches and chapels spread over the whole of Wales are dedicated to him.' *The Celtic Church of Wales* (1897), 424–6.

19. 'Yr Arglwydd a fo gyda chwi.' 'A chyda'th ysbryd dithau.' Deialog yn adleisio agoriad ail adran yr offeren.

20. Estynnwyd hawliau dinasyddiaeth i bob trigolyn rhydd yn yr Ymerodraeth gan yr Ymerawdwr Caracalla (211–17). Dywed Wade-Evans: 'The Edict of Caracalla is a starting point in the history of the Welsh people, because by it they became Romans as well as Britons, and their country Romania as well as Britannia', *Welsh Christian Origins*, 24.

21. 'Tangnefedd a fo gyda chwi.' Adlais o'r gusan neu gyfarchiad tangnefedd, defod hynafol wedi'i hymgorffori yn yr offeren, lle y daw'n syth ar ôl y cymun.

22. 'Yn enw'r Tad, Y Mab, a'r Ysbryd Glân.'

23. Y merthyr cyntaf o blith y Brythoniaid, naill ai dan Decius (251–2), neu Valerian (257–9). Derbyniodd Saunders Lewis farn Wade-Evans mai yng Nghaerllion y dioddefodd Alban ei ferthyrdod. (*Welsh Christian Origins*, 18).

24. Y mae'n anodd gweld yn fanwl beth oedd ym meddwl Saunders Lewis wrth iddo ddewis yr ymadrodd hwn, oni bai ei fod am awgrymu fod presenoldeb meudwyon yn cysegru rhannau anial o'r ddaear lle'r oeddynt yn dewis byw, yn bell o ddinasoedd a gwareiddiad dyn, yn gysegredig, a bod y môr, lle nad oeddynt yn gallu byw, yn ddigysegr.

25. Macsen Wledig/Magnus Maximus, cadlywydd y lluoedd Rhufeinig ym Mhrydain, a arweiniodd fyddin i ddisodli'r Ymerawdwr Gratian yn 383, cyn iddo gael ei ddisodli a'i ddienyddio gan Theodosius bum mlynedd wedyn. Adroddir hanes Macsen ac Elen yn *Breuddwyd Macsen*. Y mae'r cysylltiad rhwng enw Elen Luyddog a'r heolydd a adeiladwyd yng Nghymru gan y Rhufeiniaid yn chwedlonol. Y mae'n debyg fod Macsen wedi gadael ei feibion ar ôl i amddiffyn Prydain yn erbyn ymosodiadau'r Brithwyr a'r Sgotiaid a bod eu disgynyddion yn bennaf cyfrifol am gadw ffiniau'r wladwriaeth yn ystod y ganrif nesaf.

26. Marcus Fabian Quintilianus (*c*.35–95), rhethregydd, awdur *Institutio oratoria*. Publius Vergilius Maro, 'Fferyll' (70–19 CC), bardd mwyaf Rhufain. Sierôm o Fethlehem (*c*.342–420), meudwy, cyfieithydd ac ysgolhaig ysgrythurol, a fu'n gyfrifol am y Beibl yn Lladin, fersiwn y cyfeirir ato fel y Fwlgat.

27. Salm 117.1: 'Molwch yr Arglwydd, yr holl genhedloedd: clodforwch ef, yr holl bobloedd.'

28. Cymharer Colossiaid ii.1–8.

29. Yn y geiriau hyn ac yn araith nesaf Paulinus y mae Saunders Lewis yn bennaf dyledus i *De Civitate Dei* Awstin. Gweler D. Knowles (ed.), *Augustine: City of God*, cyf. H. Bettenson (1972), 593 a 594. Nid yw ond dyled gyffredinol. Datblygodd Saunders Lewis syniadau Awstin heb fenthyg ei eiriau.

30. Yn ôl Prosper o Acwitania, yn ei *Chronicon*, Agricola, mab yr Esgob Severianus, oedd yn gyfrifol am ledaenu heresi Pelagius ym Mhrydain ar ôl iddo gael ei gondemnio gan y Pab Celestinus (m.432). Yn ôl rhai fersiynau o hanes Germanus, Celestinus a'i hanfonodd i Brydain i ddadwreiddio heresi Pelagius ar ôl iddi gael ei difetha ar y cyfandir. Gweler N.K. Chadwick, 'Intellectual contacts between Britain and Gaul in the fifth century', *Studies in Early British History* (1954), 210.

31. Cymharer Salm 80.8–16 ac Ioan xv.1–8.

32. Adlais o gân Simeon, Luc ii.30–3: 'Canys fy llygaid a welsant dy iachawdwriaeth,/ Yr hon a barattoaist ger bron wyneb yr holl bobloedd; Goleuni i oleuo y Cenhedloedd, a gogoniant dy bobl Israel.'

33. Cymharer Galatiaid vi.10: 'Am hynny tra yr ydym yn cael amser cyfaddas, gwnawn dda i bawb, ond yn enwedig i'r rhai sydd o deulu y ffydd.'

34. Cymharer Effesiaid vi.14–17: 'Sefwch gan hynny, wedi amgylch-wregysu eich lwynau â gwirionedd, a gwisgo dwyfronneg cyfiawnder . . . Uwch law pob dim, wedi cymeryd tarian y ffydd, â'r hon y gellwch ddiffodi biccellau tanllyd y fall. Cymmerwch hefyd helm yr iachawdwriaeth, a chleddyf yr Yspryd, yr hwn yw gair Duw.'

35. Efallai o'r gair 'bochio', sy'n golygu, chwyddo'r bochau, ac felly chwyddo'r hwyliau fel bochau.

36. Gweler uchod, n.4.

37. Y mae 'Ordoa' yn dreiglad meddal o 'Gordoa', sef trydydd unigol presennol mynegol y ferf 'Gordoaf, gordoi', 'cuddio'n gyfan gwbl'. Ffurf ar 'gwmwl' yw 'cymyl', nas cydnabyddir yn *Geiriadur Prifysgol Cymru*. Y mae'r Athro Geraint Gruffydd wedi tynnu fy sylw at y defnydd ohono yng ngherdd R. Williams Parry, 'Y Mynydd a'r Allor': 'Hyd fron Cymffyrch yn yr entyrch,/ Bron anhygyrch bryn unigedd,/ Dim ond cymyl ar fy nghyfyl/ A rhu megnyl ar y Mignedd' (*Cerddi'r Gaeaf* (1952), 19).

38. Enghraifft arall o'r 'wmbredd o'r hyn a elwir yn anachroniaeth'. Fel yn ail Act *Siwan*, gwelir Saunders Lewis yn bachu'r cyfle i greu cymhariaeth union-gyrchol rhwng cyflwr Cymru a'i thrigolion mewn cyfnodau cynt a'i gyfnod ef.

39. 'Cethern', 'ciwed', criw o rai drwg, llu neu leng o gythreuliaid yn ôl *Geiriadur Prifysgol Cymru*. Ar lafar yn y ffurf 'cether', yn ôl W.M. Morris, *A Glossary of the Demetian Dialect* (1910), gyda'r ystyr, 'clan'.

40. Gweler esboniad geiriadur Spurrell am 'ysgraglach': 'mob, rubbish, rabble'. Awgryma Dafydd Glyn Jones mai 'ysgyrion', 'splinters', a olygir yma, gan mai at 'ystyllod' y cyfeirir.

41. Salm 130 yw'r *De Profundis* (O'r dyfnder), oherwydd ei llinell gyntaf; 'O'r dyfnder y llefais arnat, O Arglwydd.'

42. Cymharer y cyfieithiad newydd: 'bydded dy glustiau'n agored i lef fy ngweddi', *Y Beibl Cymraeg Newydd yn cynnwys Yr Apocryffa* (Cymdeithas y Beibl, 1988), 518.

43. Cyfieithiad o'r *Kyrie eleison* a ddaw cyn y *Gloria* yn y rhagarweiniad i'r offeren.

44. Nid yw'n debyg fod y ddrachma yn gyffredin ym Mhrydain Rufeinig ond y mae'n bosibl fod Saunders Lewis yn dilyn Shakespeare wrth gyfeirio ati fel hyn. Gweler *Coriolanus*, I, v, 5: 'See here these movers, that do prize their hours/ At a crack'd drachma!' Hefyd, *Julius Caesar*, III, ii, 244: 'To every Roman citizen he gives,/ To every several man, seventy five drachmas', lle y mae Shakespeare yn dilyn disgrifiad North o ewyllys Cesar.

45. Anacroniaeth arall. Cyfeiria'r ymadrodd 'Codi Haul Cyfiawnder' at yr eiliad yn yr offeren pan gwyd yr offeiriad yr afrlladen gron o flaen y gynulleidfa, yn symbol o'r Crist aberthol. Ond ni sefydlwyd yr arferiad hwn cyn y drydedd ganrif ar ddeg.

46. Defnyddir y gair 'sacramentaidd' yn drosiadol yma.

47. Y mae'r tri pheth hyn yn ffurfio rhannau hanfodol o athrawiaeth y Testament Newydd y tueddai Pelagius i'w diystyru wrth fynnu gallu dyn i gyrraedd perffeithrwydd yn ôl ei haeddiant ei hun. Yn ôl athrawiaeth uniongred ni all dyn droi tuag at Dduw heb ymyrraeth Gras; trwy ei aberth ei hun ar y Groes achubodd Crist ddyn rhag canlyniad marwol ei bechod; trwy aberth Crist cyfiawnhawyd dyn er gwaethaf pechod.

48. Gall araith cynrychiolydd y dorf ein hatgoffa o ddull llefaru gwerin Caergaint yn siarad yn *Murder in the Cathedral*, T.S. Eliot. Y mae'n amlwg fod arddull 'areithyddol' drama Eliot, a gynhyrchwyd gyntaf yn eglwys gadeiriol Caergaint yn 1935, wedi dylanwadu ar Saunders Lewis yn *Buchedd Garmon* ac yn *Amlyn ac Amig*.

49. Cwympodd Hippo, y ddinas yn nhalaith Rufeinig Gogledd Affrig lle y gwasanaethodd Awstin fel esgob i fyddinoedd y Fandaliaid yn 430. Bu farw Awstin ychydig cyn hynny.

50. Gweler 1 Corinthiaid xv.22: 'Oblegid megis yn Adda y mae pawb yn meirw, felly hefyd yng Nghrist y bywheir pawb.'

51. Ymosododd y Gothiaid dan eu brenin Alaric ar Rufain yn 410, gan ei hanrheithio. Oherwydd hynny cysylltir eu henw ag eiddo'r Fandaliaid, a'u hystyried yn farbariaid a dinistrwyr gwareiddiad.

52. Cymharer Mathew ix.15; Ioan iii.19; 2 Corinthiaid xi.2.

53. Cyfeirir yma at ran o'r offeren Ladin lle y dywed y gynulleidfa, 'Hanc igitur oblationem servitutis nostrae, sed ut cunctae familiae tuae'.

54. Linus, esgob Rhufain ar ôl Pedr a Phawl; Cletus, Anacletus, olynydd Linus; Clement, trydydd esgob Rhufain ac awdur Llythyr at y Corinthiaid; Xystus neu Sixtus (m.257), esgob Rhufain yn 257 a merthyr; Cornelius (m.253), esgob Rhufain yn 251 a merthyr.

55. Gweler uchod, n.32.

56. Salm 117.1–2: 'Molwch yr Arglwydd, yr holl genhedloedd: clodforwch ef, yr holl bobloedd. Oherwydd ei drugaredd ef tuag attom ni sydd fawr: a gwirionedd yr Arglwydd a bery yn dragywydd. Molwch yr Arglwydd.'

57. Dethlir gŵyl Puredigaeth Mair ar 2 Chwefror.

58. Gwrtheyrn/Vortigern, mab yng nghyfraith Macsen Wledig, a gipiodd rym ar ôl marwolaeth meibion yr ymerawdwr mewn rhannau sylweddol o Gymru (yn cynnwys Powys) ac efallai yng nghanolbarth Lloegr. Yn ôl *Historia Brittonum* Nennius, gwahoddodd Vortigern y Sacsoniaid i Brydain i'w gynorthwyo yn erbyn y Brithwyr ac felly rhoddodd iddynt droedle yn nhiriogaeth y Brythoniaid am y tro cyntaf. Yn ôl hanes a chwedl, Vortigern oedd un o brif bechaduriaid ei oes a dywedir bod Germanus wedi ei erlid i'w farwolaeth yn ystod ei ail ymweliad â'r ynys. Serch hynny, ymddengys fod Saunders Lewis yn derbyn dehongliad Wade-Evans o yrfa Vortigern ac yn ei weld yn cydweithio â'i nai, Emrys Wledig i amddiffyn etifeddiaeth meibion Macsen. Gweler H.M. Chadwick, 'Vortigern', in N.K. Chadwick (ed.), *Studies in Early British History* (1954), 21–46, a D.P. Kirby, 'Vortigern', *Bulletin of the Board of Celtic Studies*, XXIII (1970), 37–59.

59. Cymharer dameg y winllan, Marc xii.1–9; Luc xx.9–16.

60. Dywedodd Saunders Lewis yn ei ragair fod brwydr Maes Garmon yn un o'r digwyddiadau hanesyddol prin hynny yr ydym yn gallu dibynnu'n llwyr arnynt. Serch hynny erys cryn ansicrwydd ynglŷn â dyddiad a lleoliad y frwydr, ond dilynodd y dramodydd farn y sylwebyddion hynny sy'n ei lleoli ger Yr Wyddgrug, ym Mhasg 430.

61. Addasiad o Litani'r Seintiau a genir cyn yr offeren ar noson y Pasg.

62. Yn ôl diwinyddiaeth yr Eglwys Rufeinig, yn limbo y cedwid eneidiau di-fai nad oeddynt wedi'u cymhwyso i rannu dedwyddwch presenoldeb Duw—er enghraifft, plant a fu farw cyn cael eu bedyddio. Ymddengys yn y llinell hon fod Saunders Lewis yn cyfeirio at gred gyffredin yr Oesoedd Canol fod holl eneidiau'r cyfiawn yn aros yno tan ddydd y Farn, pan gânt eu rhyddhau gan yr Iesu i rannu ei ogoniant.

63. Hanner cyntaf anthem i'r Wyryf, wedi ei chydio wrth y fawlgan arferol. 'Bydd lawen a llon, O Wyryf Fair,/ am i'r Arglwydd wir gyfodi./ Gogoniant i'r Tad ac i'r Mab ac i'r Ysbryd Glân,/ megis yr oedd yn y dechrau, y mae'r awr hon, ac y bydd yn wastad,/ yn oes oesoedd.'

Amlyn ac Amig

CYFLWYNIAD

Y mae *Buchedd Garmon* yn eithriad ymhlith dramâu Saunders Lewis, am ei bod yn mynegi gweledigaeth o'r gymdeithas ddelfrydol a ysbrydolodd lawer o'i waith beirniadol a gwleidyddol. Fel y dywedodd D. Myrddin Lloyd, yr oedd *Buchedd Garmon* yn gynnig ar ysgrifennu drama a oedd yn darlunio bywyd cenedl gyfan: 'Nid yn hanes Illtud na Phaulinus na neb arall fel unigolyn y mae craidd y ddrama, ond yn hanes gwlad fel peth byw.'[1] Nid ymdrinia theatr aeddfed Saunders Lewis â'r delfryd, ond yn hytrach â'r gwrthdaro mewnol a brofir gan gymeriadau sy'n ymdrechu tuag at y delfryd mewn byd nad yw'n ei ganiatáu. Gydag *Amlyn ac Amig* cymerodd Saunders Lewis gam sylweddol tuag at y math hwn o ddrama aeddfed. Yn llys Amlyn a'i wraig Belisent cawn gymdeithas sy'n cydnabod bodolaeth yr ysbryd yn yr un ffordd ag y'i cydnabuwyd yn *Buchedd Garmon*. Ond cwyd gweithgarwch *Amlyn ac Amig* o'r frwydr y mae'n rhaid ei hymladd y tu mewn i'r gymdeithas er mwyn atal y gydnabyddiaeth honno rhag troi'n ystrydeb.

Ymleddir y frwydr hon y tu mewn i un cymeriad yn unig. Er bod y llwyfan yn fwy eang a chwmpasog nag y mae yn y dramâu diweddarach, megis *Blodeuwedd* a *Cymru Fydd*, nid yw gweithgarwch dramataidd *Amlyn ac Amig* yn cyffwrdd â'r rhan fwyaf o'r cymeriadau ymylol. Cymeriadau llanw yw'r bardd, y ffŵl, y morynion a'r porthor. Maent yn gweithredu fel y Côr yn nramâu hynafol Groeg yn hytrach na fel cymeriadau. Fe'u defnyddir i reoli naws y ddrama ac i lywio ymateb y gynulleidfa i'r digwyddiadau. Arhosant tan y diwedd heb wybod dim am y prawf echrydus a wyneba Amlyn a sut yr ymetyb iddo. Cyffyrddir Amig a Belisent gan y gweithredoedd canolog ond nid yn yr un ffordd ag Amlyn. Er eu bod yn agored i bwysau ac angerdd emosiynol, y mae eu ffydd ddi-sigl yn eu hamddiffyn rhag ei brofedigaeth ef. Trwy gyfrwng profiad Amlyn yn unig y mae'r dramodydd yn datblygu ei weledigaeth o'r tyndra parhaol sydd rhwng gofynion yr ysbryd ac anghenion natur dyn. Er mwyn gwneud hyn rhaid oedd newid ffocws y stori wreiddiol o'r naill gyfaill at y llall. Fel y dywed yn ei ragair: 'Amig yw canolbwynt y stori wreiddiol. Argyfwng a thröedigaeth Amlyn yw pwnc fy nrama i.'[2]

Nid tröedigaeth yn null Sant Paul mo hon, oherwydd gŵyr Amlyn fod gan Dduw Fab.[3] Y mae'n nes at y math o dröedigaeth a geir yn nhraddodiad Calfiniaeth Gymreig, a gyflwynir fel geni newydd i ymwybyddiaeth o bechod a darganfyddiad o Ras achubol.[4] Ond y mae'n brofiad nas ceir yn aml yn y traddodiad Cymreig, sef adnewyddu a dyfnhau tröedigaeth, drwy ddychryn ac aberth.[5] Gŵyr Amlyn am yr Iesu a derbyn ddyletswydd y Cristion i'w gydnabod, ond y mae ei gydnabyddiaeth wedi mynd yn ystrydeb iddo. Y mae wedi ymgolli mewn hunanfoddhad ac y mae ei gariad at Dduw ar goll yn ei gariad ato ef ei hun, a adlewyrchir yn ei lys, ei wraig a'i blant.

Cyfeiria Saunders Lewis yn ei ragair at newid arall sy'n cael cryn effaith ar gyfeiriad ac ystyr y stori fel y'i cyflwynir yn y ddrama, sef ei benderfyniad i'w gosod ar noswyl Nadolig.[6] Y Pasg yw gŵyl bwysicaf y Cristion, oherwydd dyna ddathliad y Cyfamod rhwng dyn a Duw yn ei gyflawnder: y Crist Croeshoeliedig yn codi o'i fedd i ddyrchafu dynion o fedd angau pechod.[7] Ond yng Ngŵyl y Nadolig dethlir agwedd arall ar amlygiad y Duwdod yn yr Iesu. Yng ngeni Duw fel baban cawn ffynhonnell a hanfod y weledigaeth sagrafennol a welai Saunders Lewis yn gonglfaen bywyd cymdeithasol yr eglwys.[8] Deall Amlyn y weledigaeth hon ond gwrthyd ei derbyn am ei bod yn bygwth diogelwch caer ei egoistiaeth. Tan yr eiliad pan ddaw Belisent i mewn gyda'r ddau fab yn fyw, metha Amlyn â gweld ymyrraeth yr ysbryd a'r cnawd ond fel bygythiad hyll i drefnusrwydd rheswm dyn:

> Tafod yn dweud peth, fel dyn yn ei bwyll,
> Yn ymadrodd â'i gydryw,
> Yn parablu brawddegau,
> Ac wele, bydd dŵr yn win, neu fara yn gnawd,
> Neu ddeuddyn yn uncnawd,
> Ar ffrwydriad y geiriau . . .
> Ac wele mae ffenestr rheswm yn garn dan fy nhraed
> A baw ydyw bywyd.[9]

Yr hyn a ddatgelir iddo ef yn y ddrama yw canlyniadau gogoneddus y ffeithiau hyn fel y'u datgelir yn y Nadolig.

'Troes y baban Iesu bob baban yn sacrament mwy', medd Amlyn ar ddiwedd y ddrama, '. . . dilynwn y plant tua'r preseb/ A'u dodi wrth droed y Forwyn yn aur ac yn thus a myrr.' Dyma gyflawni o ddifrif am y tro cyntaf y weithred a ystumiwyd yn agoriad y ddrama pan roddwyd y gannwyll yn y ffenestr. Dylai Amlyn fod wedi cynnig y gannwyll fel ernes o'i barodrwydd i dderbyn neges y Nadolig i'w fywyd. Ni allai wneud hyn oherwydd nad oedd yn deall ystyr yr Ŵyl. Yng ngewewyr ei brofedigaeth a thrwy ddatgeliad gogoneddus yr ail wyrth, dysg nad yw'r Nadolig yn ffaith hanesyddol yn unig ond yn hytrach yn symbol o'r berthynas barhaol rhwng dyn a Duw. Nid unwaith ac am byth y ganwyd yr Iesu ond y mae'n rhywbeth parhaol, a phrif ddyletswydd y Cristion yw ymateb i'r ffaith hon.

Wrth gyplysu'r hen chwedl â dathliad y Nadolig gwelodd Saunders Lewis fodd i adeiladu ei ddrama ar yr eironi trawiadol sy'n sail i ddysgeidiaeth Gristnogol. Gwreiddyn ei ddiddordeb yn stori Amlyn oedd y darlun o dad yn lladd ei feibion, sy'n ein hatgoffa o ebyrth y Hen Destament, a oedd, 'yn gysgod o aberth Duw Ei Hun o'i Fab yntau, a gychwynnodd Ddydd Nadolig ei siwrnai i Gethsemane o wellt y stablau'.[10] Gŵyl ddynol, deuluol yw'r Nadolig yn anad dim. Wrth edrych ar Dduw fel baban y mae dyn yn gallu teimlo agosatrwydd a thynerwch y Duwdod a'r un pryd cryfhau ei argyhoeddiad fod y byd dynol yn ddiogel. O'r safbwynt hwn y mae hanes geni'r Iesu'n gwneud inni deimlo fod ystyr a threfn i ffurfiau arferol ein bodolaeth a dyfeisiwyd y ddrama fel dathliad o'r holl bethau dynol y rhoddodd ef sancteiddrwydd iddynt—'cartref, teulu, plant bach, cariad, cyfeillgarwch'.[11] Ond yn gefndir i'r pethau hyn cawn aberth Isaac a lladdedigaeth bechgyn Bethlehem gan Herod y bu'n rhaid i Ioseff a Mair a'r Iesu ffoi rhagddi i'r Aifft. A heb y cefndir hwnnw, meddai Saunders Lewis, 'nid achubid Amlyn nac iacháu Amig o'i wahanglwyf na throi noswyl Nadolig enbyd yn fore o orfoledd'.[12]

Y mae'n dra phosibl fod y sefyllfa a gyflwynir yn *Amlyn ac Amig*, fel y stori ganoloesol y mae'n seiliedig arni, yn cyflwyno anawsterau mawr i ddarllenwyr cyfoes na ddeallant y cysyniad o Dduw a amlygir ynddo. Y mae'r syniad mai 'Duw Cariad yw' yn un hawdd ei gymodi â'r math o ddyneiddiaeth sy'n sail i feddwl cyffredin ein cyfnod ni. Y mae testunau fel yr un a gyflwynir yn Mathew x yn llawer mwy dyrys:

> Na thybygwch fy nyfod i ddanfon tangnefedd ar y ddaear: ni ddeuthum i ddanfon tangnefedd, ond cleddyf. Canys mi a ddeuthum i osod dyn i ymrafaelio yn erbyn ei dad, a'r ferch yn erbyn ei mam, a'r waudd yn erbyn ei chwegr.[13]

Cyfeiria'r Ffŵl yn *Amlyn ac Amig* at y testun hwn pan sonnir yn y teulu am ddod â'r clafr i mewn i'r tŷ. Y mae Belisent yn hyderus yn ei ffydd, 'ni ddwg Crist i neb dristwch y nos hon', ond ymetyb y Ffŵl wrth ein hatgoffa fod yna berygl i'r rhai sy'n cyfyngu Duw i'r fformiwla hwn: 'Ni ddaeth Yntau ychwaith i ddwyn i ddyn hedd,/ Bu castiau go od ganddo weithiau a chledd.'

Gŵyr y Cristion sy'n deall yr hyn a ddatgela'r Testamentau am natur Duw fod gelyniaeth rhwng ysbryd a chnawd a all fod yn ddinistriol. Oherwydd hyn y mae elfen o fraw yn ei agwedd, er bod ganddo sail gadarn i deimlo'n hyderus yn y Cyfamod newydd a wireddwyd yn hanes yr Iesu. Man cychwyn y sant yw derbyn y braw a ffieiddio'r elfennau ynddo ef ei hun sy'n ei symbylu.[14] Ei nod yw gallu gorfoleddu yn yr elyniaeth hanfodol rhwng ysbryd a chnawd oherwydd ei fod yn amod i oruchafiaeth y naill dros y llall.

Camp y Cristion yw derbyn Duw gydag ufudd-dod ac yn hyderus. Y mae'r hyder hwn yn sail i'r gorfoledd a fynegir gan gymeriad canolog y nofel gan Léon Bloy y cyfeirir ati yn y ddrama. Ar ddiwedd *La Femme pauvre* gwelwn Clothilde, arwres Bloy, yn crwydro Paris mewn tlodi eithafol, wedi ei dihatru o bopeth a allai wneud ei bywyd yn ddioddefadwy. Er gwaethaf hyn ei hateb i offeiriad sy'n ei gweld yn ei dagrau o flaen yr allor ac sy'n cynnig ei gydymdeimlad, yw: 'Rydw i'n berffaith hapus . . . Nid yfory awn ni i Baradwys, na thrennydd, nac ar ben deng mlynedd. Cawn fynd heddiw pan ydym yn dlawd ac wedi'n croeshoelio.'[15] Dyma'r gorfoledd sy'n sail i'r dywediad sy'n cloi nofel Bloy ac a adleisir yng ngeiriau olaf yr angel Raffael at Amig: 'Nid oes ond un tristwch . . . i beidio cael bod yn un o'r seintiau.'[16]

Dyma'r cyfle a roddir i Amlyn trwy gyfrwng ei brofedigaeth, i fod yn sant yn yr ystyr a roddwyd i'r gair gan Bantycelyn a'r Methodistiaid, sef un sy'n cydnabod Duw a'i berthynas â dyn. Cynigir i Amlyn gyfle i gyrraedd y math o ffydd a amlygir yn stori Abraham ac Isaac yn yr Hen Destament[17] ac yn rhinwedd ei ddioddefaint y mae'n llwyddo i fanteisio ar y cyfle—nid trwy gyfrwng unrhyw ddaioni ynddo ef ei hun ond er ei waethaf. Cryfder yr elfen o ddrygioni sydd ynghlwm wrth ei ddynoldeb sy'n caniatáu i Amlyn gymryd y cam olaf tuag at Dduw. Y mae'n lladd y plant mewn dicter ac anobaith ac yng ngwaelod uffern yr anobaith hwn dargenfydd lawnder y drygioni sy'n ei ddallu i wir natur Duw.

Cawn sylwebaeth ddiddorol ar hanes Abraham ac Isaac mewn llyfr gan Søren Kierkegaard, *Ofn a Dychryn*.[18] Dywed Saunders Lewis nad oedd yn gwybod amdano cyn gorffen ei ddrama, ond bod Kierkegaard yn trin 'yr un broblem yn union' ag a geir fel sail i *Amlyn ac Amig*. Cymer Kierkegaard Abraham fel enghraifft o'r 'Marchog ffydd', sy'n hollol hyderus y bydd yn aberthu ei fab ac eto'n ei gadw ef. Nid yw'n meddwl ymdrechu i gysoni daioni a chreulondeb Duw. Dywed ei ffydd wrtho ei fod yn rhaid fod Duw yn gyson a gweithreda'n ddigwestiwn ar sail y wybodaeth honno. Enillodd Amig y ffydd hon yn uffern ei ddioddefaint a'i unigedd; medd Belisent arni yn rhinwedd ei gwyleidd-dra. Felly, er eu bod yn dioddef yn y cnawd, maent yn osgoi'r terfysg ysbrydol a'r angerdd dramataidd a brofir gan Abraham ac Amlyn ill dau.

Dyn da yw Amlyn, y mae Duw yn cynnig rhywbeth amgen na'i ddaioni iddo. O safbwynt dynol ymddengys y rhodd hon yn un greulon, ond y mae'n un y gall Amlyn ei gwrthod heb berygl iddo ef ei hun na'i blant. Rhydd Amig gyfle iddo wneud hyn wrth ei atgoffa na fyn Duw ddim ganddo a all fod y tu hwnt i'w allu:

> Ni ofyn Duw i tithau ond barnu'n ôl dy olau,
> Ac os rhag ofn cythreuliaid neu falais fy nghalon i
> Y berni'n wag fy neges, yna bydd dawel dy ysbryd,
> A gosod hunllef heno o'th gof.

Ni all Amlyn wneud hyn oherwydd nad yw'n ddigon didaro i fyw yn y byd heb sylwi ar ei beryglon.[19] Oherwydd iddo gymryd bywyd o ddifrif y mae'r awgrym y gallai Duw ofyn iddo ladd ei feibion i wella ei gyfaill yn ddigon ynddo'i hun i wenwyno'r holl bleserau yr oedd yn fodlon arnynt gynt: 'Heno, heno'r Nadolig', medd, 'i mi aeth y byd yn dom.' Y mae'n barod, ymron, i gymryd y cam erchyll mewn digalondid pur: 'Ie, braidd na laddwn fy mhlant cyn eu chwerwi â'r sôn am gyfaill.'

Yn y diwedd, lladd y plant oherwydd y llw o ffyddlondeb a gymerodd y ddau gyfaill flynyddoedd yn ôl. Y mae'r dramodydd yn ein paratoi i ddeall ac i dderbyn hyn wrth ei drin ynghynt yn y ddrama. Defnyddia eiriau Amlyn, 'Byth nid anghofiaf y llw' fel cloch cnul i gyflwyno ac i gau'r ôl-fflach yn y rhan gyntaf pan gawn ein tynnu'n ôl at yr olygfa yn eglwys Sant Jermyn. Yna ar ddiwedd yr ail ran, ar ôl i Amlyn apelio at y llw er mwyn sicrhau fod Amig yn dweud y gwir am neges yr angel, clywn y geiriau eto. Bob tro maent yn arwydd o'r fyfiaeth sydd ynghlwm wrth gariad Amlyn tuag at ei deulu a'i ddiolchgarwch i Dduw. Cyfeddyf hyn ar ddiwedd y ddrama, pan ddywed iddo ladd y plant nid oherwydd ei fod yn credu geiriau'r angel, nac oherwydd cyfeillgarwch tuag at Amig, 'Ond yn unig fod llw yn fy nal'—llw sy'n rhan annatod o'i ddelwedd ohono'i hun.

Cyrraedd Amlyn ddyfnder ei brofedigaeth wrth sylweddoli gwacter echrydus y bydysawd sy'n troi o gwmpas haul ei hunaniaeth ef ei hun. Nid yw ei chwerwder yn ganlyniad naturiol i golli'r plant bychain. Gall Belisent alaru o ddyfnder calon mam gariadus heb brofi dim o'r artaith mewnol a adlewyrchir yn ymddygiad hagr ei gŵr. Gan fod Belisent yn meddu ar y math o ffydd nad yw ei gŵr eto wedi ei gyrraedd, medr dderbyn yr hyn a ddigwyddodd. Os oes Duw, rhaid bod cyfiawnder er gwaethaf tristwch yr eiliad. Y mae angen yr ail wyrth i dynnu'r cen oddi ar lygaid Amlyn, gan roi iddo'r tynerwch sy'n amlwg o'r dechrau yn ei gyfaill. Nid yn unig oherwydd i'r plant gael eu hachub y digwydd hyn. Cwyd hefyd o'r gwrthgyferbyniad rhwng haelioni diderfyn y Duw a anfonodd ei unig anedig fab i'r byd a ffieidd-dra myfiaeth dyn.

Gellid dadlau ei fod yn wendid yn *Amlyn ac Amig* nad yw Saunders Lewis yn ceisio dramateiddio'r newid syfrdanol yn Amlyn. Ond swydd y nofelydd yw cofnodi proses fewnol. Gwaith y dramodydd yw cyflwyno digwyddiad nad yw newidiadau yn y cymeriadau ond yn rhan ohono. Sylwn yn *Blodeuwedd* a *Siwan* mai canlyniad i broses fewnol sydd i'w weld yn nramâu gorau Saunders Lewis, yn hytrach na chyflwyniad o'r broses ei hun. Er bod newid meddwl Gronw ym mhedwaredd Act *Blodeuwedd*, er enghraifft, yn rhan hanfodol o'r ddrama, nid yw ond cyfrwng i'r gwrthdrawiad y mae'r dramodydd yn dymuno inni ymateb iddo. Felly nis cyflwynir yn uniongyrchol ac fe'n gedy i synfyfyrio ar amseru ac amgylchiadau'r newid ar ddiwedd y ddrama.

Yn *Amlyn ac Amig* yr hyn sy'n bwysig yw bod y gynulleidfa'n ymateb i'r gwrthgyferbyniad trawiadol rhwng chwerwder anobaith y tad sy'n credu iddo ladd ei feibion a'r gorfoledd tyner a ddengys wrth eu derbyn yn ôl o law Duw. Amcan y dramodydd yw rhoi i ni y profiad o groesawu Amlyn i'r byd yr ydym yn perthyn iddo yn rhinwedd ein gallu i ddeall a dathlu Gŵyl y Nadolig. Dyna pam y mae'n gwrthod cyflwyno'r olygfa lle y lleddir y plant, golygfa a fyddai wedi'n gorfodi i rannu profiad Amlyn ac i amau cyfiawnder Duw.[20] Yn lle gwneud hyn fe'n gedy ar ddiwedd yr ail ran gyda'r gwrthgyferbyniad rhwng sicrwydd tawel Amig ac ansicrwydd angheuol ei gyfaill. Ni chais y dramodydd ein tywys ar hyd llwybrau troellog profedigaeth y llofrudd. Ar ddechrau'r drydedd ran gwelwn olau dydd unwaith yn rhagor a sylwn ar artaith Amlyn, nodwedd sy'n rhan o'i gyfansoddiad cymhleth a bywiog. Down i ddeall yr hyn sydd wedi digwydd i'r cymeriadau eraill, ac i raddau trwy gyfrwng eu ffydd ddi-sigl. Y mae anwybodaeth y morwynion yn cyflwyno eironi creulon y mae Amlyn a'r gynulleidfa'n ei rannu. Ond yr un pryd y mae'r morynion yn ein hatgoffa o gyflawnder a bywiogrwydd y byd dynol a rannwn gyda hwy ac un y mae Amlyn wedi cefnu arno. Safwn gyda hwy a gweld llonyddwch a hyder Belisent ac Amig mewn gwrthgyferbyniad â gwylltineb a chwerwder Amlyn tan y funud olaf pan ddaw'r plant i'r llwyfan dan chwerthin.

Wrth wylio Amlyn yn dioddef argyfwng ei brofedigaeth ef y mae aelodau'r gynulleidfa'n dioddef profiad sy'n llai angerddol ond sydd eto'n anghysurus iawn. Cedwir ystyr arferol y Nadolig yn eu meddyliau drwy'r caneuon, gan sicrhau eu bod mewn cyflwr o ansicrwydd ac amheuaeth boenus. Maent yn gorfod ymateb yn uniongyrchol i ganu'r Côr, sy'n sefyll fel pe bai hanner ffordd rhyngddynt hwy eu hunain a'r gweithgarwch dramataidd, yn enwedig gan fod sawl un o'r caneuon yn amlwg yn perthyn i'w byd hwy yn hytrach nag i gyfnod hanesyddol y cymeriadau. Gwelir hyn yn eglur iawn ar ddiwedd yr ail ran. Fel y cilia Amlyn yn ôl i'w wely, gan ailadrodd geiriau'r llw, y mae'r Côr yn canu 'Tawel nos, santaidd y nos', ac y mae'n rhaid inni ymateb iddi fel rhan annatod o'n Nadolig ni. Ac unwaith eto, wrth i Belisent ddod i mewn i'r llys i gyhoeddi gwyrth adferiad iechyd ac ymddangosiad Amig, dyna'r cymeriadau i gyd yn troi yn gôr i ganu emyn moliant yn null poblogaidd ein heglwysi cyfoes ni: 'Cenwch, haul a lloer a seren,/ Glod, glod i Dduw.' Dim ond wrth weld y plant yn dod i mewn gyda'u mam ar ddiwedd y ddrama a chlywed araith olaf Amlyn y gall y gynulleidfa gael gwared ar ei hymwybyddiaeth boenus o'r anghysondeb. Yna gellir derbyn anacroniaeth yr emyn olaf a theimladau gwahanol iawn: 'Adeste fideles . . ./ Venite adoremus Dominum'[21]

Y mae yna elfen anacronig i ddeialog y ddrama hefyd, fel y gwelwn wrth i'r cymeriadau ddyfynnu'r beirdd Cymraeg. Fel yn ei ddramâu diweddarach, gweodd Saunders Lewis gyfeiriadau llenyddol i mewn i iaith *Amlyn ac Amig*—nodwedd y dymunai i'r gynulleidfa sylwi arni a gwerthfawrogi'r dyfyniadau. O'r safbwynt hwn gellid disgrifio'r ddrama hon fel un sy'n amlygu'r newid rhwng arddull *Buchedd Garmon* a'r iaith fwy hyblyg a chyson a geir yn *Blodeuwedd* fel y'i cyhoeddwyd yn 1948. Yn *Amlyn ac Amig* yr ydym fel pe baem ni'n gweld yr elfen ymddiddanol yn ymdrechu i ymryddhau rhag elfennau croes. Nid yw'r adlais Beiblaidd fyth yn bell o'r glust ac y mae goslef aruchel *vers libre* i'w glywed o hyd, yn arafu rhediad naturiol sgwrs ond heb ei danseilio. Yr oedd Saunders Lewis yn ymwybodol ei fod mewn perygl o greu bwystfil o arddull gyfansawdd wrth gyplysu rhythmau *vers libre* â chystrawen y Beibl Cymraeg,[22] ond wrth adael i rythmau naturiol sgwrs gadw'r elfennau eraill mewn cymesuredd naturiol, gobeithiai greu, 'barddoniaeth yn ymddiddan ystwyth dan bwys cyffro ac angerdd'.[23]

Disgrifir *Amlyn ac Amig* gan Saunders Lewis fel comedi, nid oherwydd yr elfennau digrif a gyflwynir gan y Ffŵl a rhai o'r cymeriadau eraill, ond yn yr ystyr a awgrymir gan deitl cerdd Dante, *La Divina Commedia*. 'Comedi yw hi, ond comedi pethau dwyfol', meddai yn y rhagair i'r rhaglen a gynhyrchwyd ar gyfer y perfformiad cyntaf yng Ngarthewin.[24] Yn y cyd-destun hwn comedi yw unrhyw ddigwyddiad dynol a chwaraeir yng ngoleuni rhagluniaeth, er tristed y bo, oherwydd o safbwynt 'Rhagluniaeth Fawr y Nef' nid yw'r stori dristaf ond yn rhan o gyfanrwydd perffaith creadigaeth Duw. O bryd i'w gilydd yn y blynyddoedd ar ôl *Amlyn ac Amig* ymgeisiodd Saunders Lewis fel comedïwr yn y dull mwy arferol, gan drin ymddygiad dynion mewn persbectif a gyfyngir i'r byd dan y nefoedd. Ni lwyddodd y comedïau hyn oherwydd iddo fethu â dyfeisio cynllwyn a godai'n naturiol o'r gwrthdaro rhwng unigolion. Yn ei ddramâu eraill, sy'n agosach at gywair trasiedi, y mae'r cynllwyn dramataidd yn ganlyniad i ymdrech ei gymeriadau i fyw mewn byd sy'n elyniaethus i'r pethau a rydd werth i'w bywydau.

Ar ôl cyfansoddi *Amlyn ac Amig* newidiodd persbectif dramâu Saunders Lewis. Yn lle dathlu buddugoliaeth ffydd yn y byd, trodd i gofnodi profedigaethau mwy dynol cymeriadau fel Llew Llaw Gyffes a Siwan, sy'n dysgu sut i fyw gyda diflastod a siom yn y byd sydd ohoni. Yn y cyd-destun hwn ymddengys *Amlyn ac Amig* fel arbrawf diddorol sy'n cofnodi cam ar y ffordd at fynegiant llawn o weledigaeth y dramodydd. Pan gyhoeddwyd hi gyntaf yn 1940 yr oedd yn wreiddiol ac yn drawiadol, a chyfrannodd rywbeth newydd at hanes drama a'r theatr Gymraeg. Ac ar ôl hanner canrif erys yn ddrama drawiadol, sy'n cyflwyno cyfuniad unigryw o unigedd ingol yr enaid a hyder gostyngedig ffydd.

Nodiadau

[1] D. Myrddin Lloyd, *Tir Newydd*, (Awst 1937), 21–3.

[2] Gweler isod, t.168.

[3] Cymharer isod, t.672, n.6.

[4] Ceir fersiwn gwreiddiol y tröedigaethau sy'n britho cofiannau crefyddol y ddeunawfed a'r bedwaredd ganrif ar bymtheg yn llyfr hunangofiannol John Bunyan, *Grace Abounding to the Chief of Sinners, or the brief Relation of the exceeding Mercy of God to his poor Servant John Bunyan* (1666) yn hytrach nag yn hanes Saul yn y Testament Newydd. Cyfeirir yn aml, pan ymdrinnir â'r dröedigaeth hon, at destun Beiblaidd sy'n berthnasol i'r newid a welsom yn Amlyn erbyn diwedd y ddrama, sef Eseciel xxxvi.26: 'A rhoddaf i chwi galon newydd, ysbryd newydd hefyd a roddaf o'ch mewn chwi; a thynnaf y galon garreg o'ch cnawd chwi, ac mi a roddaf i chwi galon gig.'

[5] Gwelodd Daniel Owen angen y dröedigaeth angerddol hon fel unig gyfrwng i adnewyddu ffydd y rhai a berthynai i'r ffydd Galfinaidd yn rhinwedd genedigaeth naturiol yn lle'r 'geni i'r ysbryd', ond ni allai gredu ynddi fel posibilrwydd iddo ef nac i'w gymeriadau. Dyna sy'n esbonio llawer yn ail hanner *Rhys Lewis*.

[6] Gweler isod, t.165: 'Nid oedd a wnelai'r stori wreiddiol ddim â'r Nadolig.'

[7] Gweler uchod, t.147, n.47.

[8] Gweler hefyd uchod, t.105.
[9] Gweler isod, t.194.
[10] Gweler isod, t.163.
[11] Ibid.
[12] Ibid.
[13] Mathew x.34–6.
[14] Defnyddir y gair 'sant' yma yn yr un ystyr a roddir iddo gan Saunders Lewis, sef yr ystyr a oedd yn draddodiadol ymhlith y Methodistiaid Calfinaidd. Rhoddir yr ystyr gyffredin, eglwysig, gan yr OED fel, 'One of those persons who are formally recognized by the Church as having by their exceptional holiness of life attained an exalted station in heaven.' Nid dyna sail defnydd Saunders Lewis, ond yn hytrach y diffiniad a roddir yn *Y Geiriadur Beiblaidd* (dan olygyddiaeth Thomas Rees *et al.*, 1926, II, 1261): 'y rhai sydd yn ymateb i gariad cyfamodol Duw at Israel drwy ufuddhau i'w orchmynion, a derbyn ei addewidion.' Dywed yn y *Geiriadur* fod yr ystyr yn newid yn y Testament Newydd fel y derbyniai'r berthynas gyfamodol â Duw yng Nghrist bwyslais newydd. Nid oedd modd i'r seintiau fod yn rhydd o bechod a gallent fod yn euog o bechod difrifol, fel y Corinthiaid, yn ôl Paul, er y byddai disgwyl iddynt 'rodio yn ffyrdd yr Arglwydd'. Byddai Saunders Lewis yn neilltuol ymwybodol o'r defnydd a wneir o'r gair yng ngweithiau Pantycelyn, lle y mae'n cyfeirio at y rhai sy'n derbyn oblygiadau'r Cyfamod Newydd ac yn neilltuol at y rhai sy'n amlygu hynny drwy eu haelodaeth o Gymdeithas y Saint, neu'r Gymdeithas Brofiad—y seiat.

[15] *La Femme pauvre* (1897); Collection Folio, Mercure de France (1972), 392. Gweler isod, *Amlyn ac Amig*, nodyn 26.

[16] Ibid., 393.
[17] Genesis xxii.
[18] Cyhoeddwyd *Ofn a Dychryn* yn 1843 (*Frygt og Baeven*) o dan y ffugenw, Johannes de silencio. Y mae'r teitl yn cyfeirio at eiriau Paul at y Philipiaid: 'Am hynny, fy anwylyd, megis bob amser, . . . gweithiwch allan eich iachawdwriaeth eich hunain trwy ofn a dychryn.' Philipiaid ii.12.

[19] Cofier sylw tad Dewi yn *Cymru Fydd*: 'Rhaid bod yn eithafol o benchwiban i fwynhau bara beunyddiol.' Y mae diddordeb Saunders Lewis fel dramodydd bob tro yn y rhai nad ydynt yn gallu bodloni ar fara beunyddiol.

[20] Er y byddai'r olygfa hon yn un echrydus, gellid casglu llu o enghreifftiau o ddramâu Shakespeare a'i gyfoeswyr, dramâu Sbaen o'r un cyfnod a dramodwyr modern fel Edward Bond a Howard Barker i gynnal y ddadl nad oes rheswm pam na ddylid cyflwyno'r fath erchyllter ar y llwyfan pe bai rheswm dros wneud hynny.

[21] Perthyn yr emyn hwn naill ai i'r ail ganrif ar bymtheg neu i'r ddeunawfed. Y mae'r awdur yn anhysbys ond y mae'n debyg ei fod naill ai'n Ffrancwr neu'n Almaenwr.

[22] Gweler isod, t.165: 'Y mae vers libre a chystrawen feiblaidd ynghyd yn gyfuniad digrif ac anffodus.' Gweler hefyd uchod, t.109.

[23] Gweler isod, t.165.
[24] Gweler isod, t.163.

Amlyn ac Amig
Comedi

Lleisiau'r Ddrama

Yr Archangel Raffael
Amlyn, Iarll Normandi
Belisent, ei briod
Ei ddau blentyn
Amig, iarll a chyfaill iddo
Bardd; Ffŵl; Porthor; Merched; Côr

NODYN

Oherwydd sefyllfa darlledu Cymraeg yn ystod yr Ail Ryfel Byd ni ddarlledwyd y ddrama yng Nghymru cyn iddi gael ei chyflwyno ar y llwyfan, er ei darlledu deirgwaith yn Iwerddon mewn cyfieithiad Saesneg gan Robert Wynne, Garthewin, o dan y teitl *A Christmas Candle*. Robert Wynne oedd yn gyfrifol am drefnu'r darllediad. Llwyfannwyd y ddrama am y tro cyntaf yn Theatr Garthewin gan y grŵp o actorion amatur a ymffurfiodd wedyn fel Chwaraewyr Garthewin, 31 Ionawr a 1 Chwefror 1947.

Cyhoeddwyd y nodyn canlynol yn y rhaglen ar yr achlysur hwnnw.

Stori Ffrangeg a droswyd i Gymraeg yn y Bymthegfed Ganrif yw hanes *Amlyn ac Amig*, ac y mae peth o liw ac awyrgylch yr Oesoedd Canol yn aros yn y ddrama. Bardd tebyg i feirdd Cymraeg cyfnod yr Uchelwyr yw'r bardd, ac ar destunau'r cywyddwyr Cymraeg y cân yntau. Y mae'r ddrama yn peri inni gofio hefyd am aberthau'r Beibl, aberth Abraham o'i fab Isaac, a oedd yn gysgod o aberth Duw Ei Hun o'i Fab yntau, a gychwynnodd Ddydd Nadolig ei siwrnai i Gethsemane o wellt y stablau. Pair inni gofio hefyd am Herod yn lladd plant bychain Bethlehem, ac felly, os hanes lladd plant Amlyn gan eu tad yw'r ddrama hon, y mae iddi ddrama arall yn gefndir, drama'r Breseb a'r groes. Heb y cefndir hwnnw nid achubid Amlyn nac iacháu Amig o'i wahanglwyf na throi noswyl Nadolig enbyd yn fore o orfoledd.

Comedi yw hi ond comedi pethau dwyfol, ac aberth yw ei thestun. Cân yw hi am y pethau hynny y rhoes y Nadolig cyntaf santeiddrwydd iddynt— cartref, teulu, plant bach, cariad, cyfeillgarwch, ac fe glywir y rhain oll ynghyd yn y terfyn pan gyflwynir aur, a thus, a myrrh yn aberth i'r Plentyn Dwyfol yn y preseb.

Cyfansoddodd Arwel Hughes gerddoriaeth arbennig ar gyfer *Amlyn ac Amig*. Fe'i cyflwynwyd yng Ngarthewin gyda chymorth Cerddorfa Gwynedd, a gyflawnodd y rhaglen ganlynol fel rhagarweiniad i'r ddrama:

1. Rhagarweiniad i'r 'Messiah'	Handel
2. Cyfres yn D: Gavotte, Bourée, Alaw	Gigue-Bach
3. Allegro—Ariodante	Handel
4. Minuet—'Berenice'	Handel

Perfformiwyd y darnau canlynol yn ystod y ddrama:

Rhwng Act I ac Act II

Payane, Pieds en l'air — Warlock

Rhwng Act II ac Act III

Sarabande—Minuet — Handel
'Rhosymedre' — Vaughan-Williams

RHAGAIR

Mis Gorffennaf diwethaf gofynnodd Mr. T. Rowland Hughes o'r Gorfforaeth Ddarlledu Brydeinig imi ysgrifennu rhaglen fydryddol i'w darlledu ar ddydd Nadolig 1939. Y llyfr hwn yw'r canlyniad. Cwblheais y ddwy ran gyntaf cyn mis Medi. Yna daeth y rhyfel; darfu am ddarlledu Cymraeg. Bu gennyf innau orchwylion eraill. Gorffennais y ddrama bythefnos ar ôl y Calan 1940.[1]

Barddoniaeth i'w siarad a'i gwrando'n flaenaf oll a geir yma, a'i llefaru'n naturiol fel pob siarad. Dyna, mi dybiaf i, briodoldeb y mesur; y mae *vers libre* a chystrawen feiblaidd ynghyd yn gyfuniad digrif ac anffodus. Yr hyn yr anelaf ato yw cadw trefn naturiol y frawddeg lafar a gwneud barddoniaeth yn ymddiddan ystwyth dan bwys cyffro ac angerdd, ac nid yn arddull lenyddol *sui generis*. Dylai'r rhithmau gyfleu hynny a dylai'r addurniadau achlysurol, megis cyflythreniad ac odl a chynghanedd, fod yn ddarostyngedig i hynny. At hynny yr oeddwn yn cyrchu yn fy *Muchedd Garmon*; hyderaf imi ddyfod beth yn nes at fy nod y tro hwn.

Dylwn fynegi fy niolch i Mr. Rowland Hughes am sgwrs fuddiol a gwerthfawr i mi ar ddulliau technegol dialog radio. Wrth ddarllen Rhan III fe wêl y darllenydd fod ymddiddanion ger y tân yn y neuadd, wrth y porth ac ar y ffordd o'r eglwys i'r castell, oll yn torri ar draws ei gilydd yn y pum munud cyntaf.

Hen chwedl a gyfieithwyd i'r Gymraeg yn y bymthegfed ganrif yw *Amlyn ac Amig*.[2] Cyhoeddwyd hi gan y Dr. Gwenogvryn Evans yn 1909.[3] Dywed fy nghyhoeddwr wrthyf mai ychydig o bobl a ŵyr am y chwedl ac mai da fyddai dweud tipyn amdani. Nid oedd a wnelai'r stori wreiddiol ddim â'r Nadolig. Yn ôl y stori wreiddiol, a droswyd i Gymraeg o'r Lladin, dau gyfaill mor debyg i'w gilydd â dau efell oedd Amlyn ac Amig. Bedyddiwyd hwynt ynghyd gan y Pab yn Rhufain a rhoes ef iddynt ddau gwpan: 'Ffiolau o eurychwaith odidog o aur ac o arian. A meini gwerthfawr oedd ar y ffiolau, yn un lliw ac yn un faint ac yn un eurychwaith. Ac o'r a'u gweli o'r neilltu, nid oedd yn fyw ddyn a wypai wahaniaeth rhyngddynt.' Yn eglwys Sant Jermin yn y meysydd gerllaw Paris,[4] uwchben yr allor fawr a'r creiriau yno, tyngodd y ddau hyn, wedi myned yn wŷr, lw na phallai neb ohonynt i'w gilydd nac o gariad, nac o gyngor, nac o gynhorthwy tra fai fyw, herwydd cyfiawnder cyfraith Duw o bopeth a berthynai ar gydymdeithas gywir.

Ym Mharis carodd Amlyn ferch yr ymerawdwr, sef Belisent, a phan oedd ei gyfaill o'r llys ac wedi mynd i ymweld â'i wraig briod, cyffesodd Amlyn ei gariad i iarll arall. Bradychodd hwnnw ef i'r ymerawdwr

Chyarlymaen, a rhoddwyd ar Amlyn brofi ei ddiniweidrwydd mewn twrnameint.[5] Ond daeth Amig i'r llys a chymerth le a llun Amlyn yn y frwydr a lladdodd y bradwr. Rhoes yr ymerawdwr ei ferch yn briod i Amlyn a chastell a daear yn Normandi. Yno y gwledychodd a bu iddo ddau fab bychan.

Goddiweddwyd Amig wedi hyn gan anffodion a blinderau, ac yn olaf oll y gwahanglwyf. Mewn dygn dlodi daeth i lys Amlyn. Adnabuwyd ef wrth y cwpan a gawsai gan bab Rhufain a gwnaethpwyd iddo wely brenhinol yn ystafell Amlyn:

A megis yr oedd noswaith, ef a'r iarll, yn cysgu yn yr un gwely, a'r arglwyddes wedi myned i'r eglwys, yr anfones Duw Raffael angel i alw ar Amig ac i ddywedyd wrtho fel hyn: 'Amig, a wyt ti yn cysgu?' Sef a wnaeth yntau, tebygu mai Amlyn a oedd yn galw arno, a dywedyd, 'Nac wyf, arglwydd gyfaill'. 'Iawn', eb yr angel, 'yr atebaist, oherwydd i Dduw dy wneuthur yn gyfaill i'r angylion o'r nef . . . Angel i Dduw wyf i a elwir Raffael, yn dyfod i ddangos meddyginiaeth iti o'r clefyd y sydd arnat; canys y mae Duw yn trugarhau wrthyt trwy dy weddïau cyfiawn. Arch dithau gennyf i, oblegid Duw, i Amlyn ladd ei ddau fab, ac â gwaed ei feibion dy olchi di. Ac felly ti a geffi iechyd'. Ac yna y dywaid Amig wrth yr angel: 'Nid ef a wnêl Duw lladd o'r iarll ei feibion er iechyd i'm corff i?' Ac yna y dywawd yr angel: 'Rhaid yw gwneuthur yr hyn y mae Duw yn ei orchymyn'. Ac ar hynny y diflannodd yr angel. Amlyn iarll, hagen, a oedd yn clywed yr ymadroddion megis drwy ei hun, a chymryd ofn mawr a wnaeth, a gofyn i Amig pwy a fuasai yn ymddiddan ag ef. 'Arglwydd', eb Amig, 'ni bu neb, namyn mi yn gweddïo ac yn ymbil â Duw dros fy mhechodau'. 'Nac ef, y rhof a Duw', eb yr iarll, 'ef a fu ryw beth yn ymddiddan â thi'. Ac yn gyflym cyfodi a wnaeth yr iarll i edrych a ddarfu i neb agori yr ystafell.

A gwedi caffel yr ystafell yn gaead, yna yr erchis yr iarll iddo, er y gymdeithas a'r cariad a oedd rhyngddynt, ddywedyd iddo pwy a fuasai yn ymddiddan ag ef.

Ac yna y disgynnodd rhyferthin o wylo ar Amig, a dywedyd wrth yr iarll yn y modd hwn: 'Arglwydd, nid oes dim anos gennyf na'i ddweud wrthyt; canys o'i ddywedyd it, mi wn na chaf na chariad na chydymdeithas gennyt fyth o hynny allan.' 'Dygaf i Dduw fy nghyffes', eb yr iarll, 'beth bynnag a ddywetych, na ddigiaf wrthyt mwy na chynt'.

'Raffael angel, arglwydd, oblegid Duw, a ddaeth ataf i erchi i mi beri i ti ladd dy ddau fab; ac â gwaed dy feibion fy ngholchi innau; a dywedyd y caffwn wared o'r clefyd y sydd arnaf o'r ffordd honno'.

A gwedi clywed o'r iarll yr ymadrodd hwnnw, llidio yn fawr a wnaeth a dywedyd wrth Amig: 'Amig, pan ddaethost ataf i, drwy ddirfawr lawenydd y'th derbyniais, mi a'm gwraig a'm nifer. Ac er hynny hyd heddiw, fy nhylwyth a'm da a fu gyn baroted i ti ag i minnau drwy anrhydedd a pharch a chariad. Cam a wnaut ti bod yn gymaint dy greulonder a'th anwiredd, a thi yn glaf gwahan fel yr wyt; ac ystyo drwy dy gelwydd ceisio lladd fy meibion,[6] a thalu drwg imi dros fy na a'm hanrhydedd it'.

Ac yna trwy wylo y dywawd Amig: 'Arglwydd, meddylia mai fy nghymell a wnaethost i ddywedyd hyn it. Ac wrth hynny, er Duw ac er dy fonedd, yr archaf na fyddi dig wrthyf yn gymaint â'm gyrru o'th lys . . .'

'Na yrraf, er Duw, tra fych fyw. Namyn erchi a wnaf it, er y frawdoliaeth ysbrydol y sydd rhyngom, ac er y ffydd y sydd iti wrth Dduw, ddywedyd i mi yn ddigelwydd a fu wir ddyfod yr angel atat yn y modd y dywedi di?'

'Arglwydd,' eb yr Amig, 'herwydd fel y mae gwir hynny, felly y caffwyf wared gan Dduw i'm henaid ac i'm corff o'r clefyd hwn'.

Ac yna y disgynnodd wylo ar Amlyn, a meddylio a wnaeth wrtho ei hun fel hyn: 'Os y gŵr acw a fu barod i oddef angau drosof i, paham na laddaf innau fy meibion er ei gariad ef . . .'

A gwedi meddylio ohono y cywirdeb a'r urddas a wnaethai Amig iddo ef, cyrchu a wnaeth parth â'r gwely yr oedd ei feibion yn cysgu ynddo a dywedyd wrtho ei hun fel hyn: 'Pwy a glywodd nac a welas erioed dad a laddai ei feibion o'i gwbl fodd? O heddiw allan ni ellir fy ngalw yn dad i chwi, namyn yn furnwr creulon, ac yn gynllwynwr anwiraf o'r gwŷr'.

A chan ddagrau eu tad yn wylo y gwlychodd eu dillad a'u hwynebau. A dihuno a wnaethant ac edrych yn wyneb eu tad. A chwerthin a wnaeth yr hynaf ohonynt—nid oedd fwy ei oed na theirblwydd.

'Arglwyddi feibion, eich chwerthin a drosir yn wylo, a'ch llawenydd yn dristyd, o achos bod eich tad creulon yn barod i ddangos mai nesaf cymydog i chwi yw angau'.

Ac ar y gair hwnnw lladd eu pennau a wnaeth, a derbyn y gwaed mewn cawg o arian, a gado eu cyrff yn y gwely a chyweirio dillad arnynt yn yr un ansawdd â phe baent yn cysgu.

A dyfod a wnaeth rhagddo yn y lle yr oedd Amig, a golchi a'i holl gorff a wnaeth a gweddïo . . . Ac wedi y weddi honno yn ddiannod y bu gyn iached ef ag nad oedd yn fyw un dyn a fai iachach nag ef . . . A gwisgo dillad a wnaethant a mynd parth â'r eglwys. A phan welas yr iarlles hwy yn dyfod i'r eglwys ni wyddai hi o'r byd pwy ohonynt oedd ei gŵr priod hi. 'Arglwydd', eb hi, 'dywed pa fodd y cafwyd gwared i Amig?' 'Diolchwn i Dduw', eb ef, 'ac na cheisiwn wybod pa ansawdd fu hynny'. A bu gwledd a dirfawr lawenydd yn y neuadd, a pho fwyaf fai y llawenydd, mwyaf y tristâi yntau am angau ei feibion. Ac yna yr erchis y iarlles ddihuno y meibion a'u dwyn i'r neuadd.

Yna y dywawd yr iarll: 'Arglwyddes, gad y meibion i gysgu digon.' Ac ar y gair hwnnw ef a âi i'r ystafell ac a wylai. A phan ddaeth parth â'r gwely, yr oedd y ddau fab yn chware, a chwerthin a wnaethant fel y gwelsant eu tad. A chraith ar fwngwl pob un ohonynt fel edau sidan coch yn dystiolaeth i'r gwyrth a wnaethai Duw er Amig.

Dyma'r stori. Nis dilynais hi bob cam, ond gall y darllenydd yn awr weld beth a gymerais a pha gyfnewid a wneuthum. Y cyfnewid pennaf yn ddiau yw hyn: Amig yw canolbwynt y stori wreiddiol. Argyfwng a throedigaeth Amlyn yw pwnc fy nrama i. Wedi imi orffen y gwaith gwelais mewn ysgrif yn y misolyn Saesneg, *Nineteenth Century*, Ionawr 1940, fod gan y llenor mawr Søren Kierkegaard lyfr tra enwog ar yr un broblem yn union.[7] Gofidiaf na wyddwn hynny cyn gorffen y ddrama hon.

Dymunaf yn olaf ddiolch i Mr. Prosser Rhys, cyhoeddwr sy'n llenor ac yn caru llenyddiaeth Gymraeg, am ei barodrwydd ffyddiog i gyhoeddi gwaith fel hwn ar adeg o ryfel.[8]

YR ACT GYNTAF

(Y mae'r cwbl o'r ddrama yn digwydd mewn castell yn Normandi, rhwng noswyl Nadolig a'r bore Nadolig, ganrifoedd yn ôl.)

AMLYN: Borthor, a gaewyd y porth?

PORTHOR: Do, fy arglwydd Amlyn.

AMLYN: Mae'r byrddau'n wag ac nid oes sŵn o'r gegin.

BELISENT: Ysgafn y swper heno, f'arglwyddi.

FFŴL: A gaed o fwyd ac o win,
Dyn a'i rhôi dan yr ewin.

AMLYN: Byr yn awr yw'r aros cyn yr offeren ganolnos.
Nid gweddus yw mynd yn lwth i gyfarch y baban Crist.

FFŴL: Naw wfft i'r pab am roi cyn Nadolig rawys;[9]
Pa raid inni farw o hyd cyn cyrraedd paradwys?

BELISENT: Cadwaf, er hynny, fy Amlyn, arlwy o fwyd a gwin,
Rhag dyfod rhyw deithiwr hwyr
A churo fel Joseff a Mair ar ddrysau Bethlem.

AMLYN: Belisent, yr orau o'r gwragedd, doeth yw dy air.
Chwithau, ganhwyllau ein hallor,
Fy nau fab bach a dau lygad eich mam,
Yfory fe godwch yn glau i glodfori'r preseb
A chanu carolau i'r Crist yn y gwellt:
Gan hynny, i'r gwely, y gweilch.

FFŴL: Bant â'r gwin, bant â'r bwyd,
Bant â'r plant a'r adfent llwyd.

BELISENT: Fy mhriod, defod i'r plant ar noswyl Nadolig
Oleuo cannwyll a'i gosod yn ffenestr y tŷ;
Cans heno, pwy ŵyr na ddaw Ef, megis unwaith i Fethlem Jwda,
Yn faban i chwilio am lety, neu yn rhith cardotyn,
Ac yn gymaint â'i wneuthur ohonoch i un o'r rhai bychain hyn,
I Mi y gwnaethoch:[10] gan hynny,
Fe fyn y ddau hyn cyn huno
Oleuo'u cannwyll i dywys y Baban a'i fam drwy'r nos.

Chwithau, wŷr da a rhianedd,
Ymunwch â ni yn y ddefod:
Tra dygo'r plant eu cannwyll i lonni'r llwybr i Fair,
Cenwch chwithau garol Nadolig i gyfarch Mam y Gair.

(Canant, wŷr a merched, bob yn ail cwpled, ond pawb ynghyd yn y pennill olaf.)

GWŶR: Dywed, Fair, pa bryd i'n llesu
Y derbyniaist i'th fru Iesu?[11]

MERCHED: Gwelais gennad Duw yn canu
Ger fy mron a'm syfrdanu.

GWŶR: Dywed Fair, pa nefol riniau
Ganodd Gabriel ar ei liniau?

MERCHED: 'Afe, ffiol trugareddau
I druenus hil camweddau'.

GWŶR: Dywed, Fair, pa orfod fu
Iti dderbyn Duw i'th fru?

MERCHED: Rhydd y creodd Duw bob oed,
Ni thresbasodd Ef erioed.

PAWB: Henffych well, O ufudd eiddgar,
Syndod y seraffiaid treiddgar,
Mam a morwyn, dôr a ffynnon
Y Goleuni a ddaeth i ddynion.

AMLYN: Wele, goleuwyd y gannwyll.
Siriol fel t'wyniad seren yw'r pabwyr;
Bwy ŵyr ba bererin
O weld ei fflam drwy'r nos flin
Ddaw heno â'i fendith arnoch, fy mhlant cu,
Ac ar y tŷ ac ar y teulu, er taliad.

BELISENT: F'anwyliaid, nos da.
Angylion y preseb sy o'ch cwmpas heno.
Ni rodia heno ysbrydion na chythraul
Na chwithig beryglon;
Bydd difyr deffro yfory, ŵyl y plant,
I wyrth y geni a gwên Nadolig.
Ceisiwch yn awr wrth fynd fendith eich tad.

AMLYN: Y nos hon ac yn awr angau,
Cadwed chwychwi, fy mhlant, y Tad goruchaf, Amen.[12]

PAWB: Nos da, arglwyddi blant, Nadolig llawen.

AMLYN: Pum mlynedd i heddiw, Belisent, a gofi di'r dydd?

BELISENT: Pa fodd yr anghofiwn? A anghofiaf i Amig, ein ffrind,
A anturiodd ei einioes erot ti a minnau?

FFŴL: Os gwela' i hwnnw, caiff gennyf galennig.

BELISENT: Y Ffŵl, pa galennig i Amig?

FFŴL: Caiff ef fy nghlychau a'm cap, fy lle yn y llys a'm molach;
Am bres yr wyf i yn Ffŵl; o'i fodd y mae yntau'n ffolach.
Ystyriwch fod gŵr yn mentro'i groen i ennill merch ymerodres,
A'i rhoi hi wedyn, heb ddim am ei boen, yn rhodd i'w ffrind!
Y fath rodres!

BELISENT: Ond Ffŵl, gŵr priod oedd Amig.

FFŴL: Ffolach yntau na chymerth y dlos:
Cans y wraig a ddigwyddo i ffŵl pan briodo,
Arthes anynad yn gwisgo'r clos.

AMLYN: Taw, Ffŵl, ni wyddost ffoled dy odlau.
Nepell o Baris, gerllaw afon Sein,
Yn y meysydd meillion,
Mae eglwys a mynachlog Iermyn sant;
Yno, un pnawn, a'n dwylo ar yr allor fawr a'i chreiriau,
Tyngasom lw gerbron yr Aberth, Amig a mi,—
Byth nid anghofiaf y llw . . .

★ ★ ★ ★

(Cainc o fiwsig; daw ei atgof i'w feddwl gyda sŵn pedolau meirch.)

AMIG: Dyma hi'r eglwys. Awn iddi.
Dewr yr ymleddaist ti, Amlyn.

AMLYN: Tithau, buost bron â'm lladd.
Gwybydd, O Amig, imi grwydro Ffrainc i'th geisio.

AMIG: A minnau'n cyniwair y byd yn cwyno am Amlyn.
Ac wele, pan ddaethom ynghyd, yn arfog ein dau fel hyn,
Ysbeiliwr pen ffordd y barnodd pob un ei gilydd
A brwydro hyd berygl bywyd.

AMLYN:	Eilwaith ni ddaw inni hynny. Byth o'r awr hon, os yn y purdan y'th ddaliaf,[13] Neu ba ddelw bynnag fo arnat, Amig fy nghâr, Fe naid fy enaid i'th annerch. Penliniwn. Esgynnwn i'r allor. Dodwn bob un ei ddwylo ar y creiriau: Tyngaf i Dduw, ac i tithau, Amig, tyngaf—
AMIG:	Tyngaf i Dduw, ac i tithau, Amlyn, tyngaf—
Y DDAU:	Na phallaf fyth o gariad nac o gyngor Na dim fo'n iawn i gyfaill dros ei gyfaill,
AMLYN:	A rhyngof i a thi ni bydd anwiredd fyth.
AMIG:	A rhyngof i a thi ni bydd anwiredd fyth.

★ ★ ★ ★

AMLYN:	Byth nid anghofiaf y llw.
BELISENT:	O na bai Amig gyda ni'r Nadolig. Ba wledd neu ba ysbleddach Na bai gyda'r ddau fab bach.
AMLYN:	Minnau, pe dôi, Llanwn fy nghwpan hwn a'i gwpan ef, A hir fai'r yfed ato.
BARDD:	Hardd yw dy gwpan, fy arglwydd. Maddau gywreinrwydd bardd sy'n craffu ar grefft; Ffiol wnaeth eurych yw hon, godidog o aur ac o arian, A meini gwerthfawr sy arni. Ni welais ei hail erioed.
AMLYN:	Nis gweli y rhawg. Bernaist yn graff, O fardd. Y pab Cystennin a'i rhoes i mi yn Rhufain;[14] Bedyddiodd fi ac Amig gyda'n gilydd, Dau faban ddygwyd ato i eglwys Bedr, A rhoes i ni ddau gwpan, dau un lliw, Un faint, a gwaith un eurych: a'u gwelai o'r neilltu Nid oes yn fyw o ddyn a dd'wedai p'un yw p'un.
BARDD:	Un wedd â'r cwpan hwn dy fuchedd dithau, Iarll, Yn gron, yn ddigon, Heb arni dolc na breg; I ti fe roes y nefoedd nefoedd yma Megis ym mynwes llyn y gwêl yr haul ei ddrych; Dy glod yn siarad gwledydd,

	A'th wraig wen a'th ddau aer gwych; Drud ddawns drwy oriau diddinistr euraid, Dy ffyniant a'th blant, a ffawd o'th blaid.
FFŴL:	Aeth gwynt y cwpan i'th ben, y swbach; Ar gân y mae moli; mewn sgwrs y mae'n fwbach.
BELISENT:	Gad iddo, Ffŵl. Tydi biau dweud y caswir.
FFŴL:	Rhwng bardd a ffŵl daw dynion ar y gwir.
AMLYN:	Caned y bardd, os myn.
BARDD:	Mi ganaf foliant Iarll Normandi A'i wraig, Belisent, ferch ymherodr Ffrainc.
FFŴL:	Minnau, fel ffŵl, mi gymeraf y byrdwn.
	(Y BARDD yn canu, a'r CWMNI yn cynnal y byrdwn.)
BARDD:	I grair y Normaniaid cyweiriaf fy nhelyn, I ganmol afallen ymhlith y coed celyn, Fy undyn addfwyndeg, dwyfronneg ei fro, A chapten llawenydd y trefydd tra fo.
	Iechyd i'w wedd, ein clennig a'n cledd, A ffynnon a hinon ein heinioes a'n hedd.
FFŴL:	Pennill i'r Iarlles yn awr.
BARDD:	Mi drawaf y tant i fodrwyog ei thresi, I ferch ymerawdwr a lili'r Ffrancesi; Fel mafon a mefus ei gwefus a gaf, Ei gwên yw ein gwanwyn a'n hancwyn[15] yr haf.
	Iechyd i'w gwedd, ein manna a'n medd, A ffynnon a hinon ein heinioes a'n hedd.
FFŴL:	Ac yn awr i'r plant; hwy biau'r wledd yfory.
BARDD:	I ddeuwas fy neulyw addasaf fy nhelyn, Y gwenith da delaid,[16] gain nythaid di-elyn, Y blodion difeius, ba lydnod[17] a fu Dan heulwen ffurfafen mor gymen, mor gu?
	Iechyd i'w gwedd, ein glendid a'n gwledd, A ffynnon a hinon ein heinioes a'n hedd.
	(Clywir curo trwm ar y porth.)
PORTHOR:	Pwy a'i wŷs

	Sydd yn curo ar y drws Ac yn hollti hedd y nos?
	(Curo eilwaith.)
FFŴL:	Moliant i'r plant, cododd eu cannwyll bysgodyn cynnar; Mae'r curo acw fel angau'i hun.
AMLYN:	Agor iddo, fy mhorthor. Ni throir neb ymaith heno.
	(Clywir y porth yn agor, ac yn union wedyn sŵn ffusto clapiedydd yn null y gwahangleifion.)
BELISENT:	Sancta Maria! Cloch y gwahanglwyf ydyw.
LLAWER:	Y clafr! . . . Y gwahanglwyf! . . . Duw cato pawb!
PORTHOR:	Pa beth a fynni, enaid?
AMIG:	Noddfa ac elusen i drueni.
PORTHOR:	Nid oes ysbyty yma, Ond tyaid llawn yn disgwyl y Nadolig; Dos hanner milltir pellach i dŷ'r mynaich.
AMIG:	Mae'r nos yn enbyd; ymbil â gŵr y castell Fel y caffwyf orwedd heno yn ei stabl.
FFŴL:	Ha, ha! 'Am nad oedd iddo le yn y llety'.[18]
BELISENT:	F'arglwydd, ar noson y geni a drown ni drueni o'r drws?
AMLYN:	Ond y clafr? Beth am y plant a'r teulu?
BELISENT:	Ni ddwg Crist i neb dristwch y nos hon Os i'w enw y credwch.
FFŴL:	Ni ddaeth Yntau ychwaith i ddwyn i ddyn hedd, Bu castiau go od ganddo weithiau â chledd.[19]
BELISENT:	Na foed sôn am gleddyf heno.
AMLYN:	Sut olwg sydd ar y gŵr, borthor?
PORTHOR:	Mae urddas yn ei lais. Ni welais ei wedd.
AMLYN:	Dwg ef i mewn fel yr holwn ef, A chadwed pawb yr ochr yma i'r bwrdd.
	(Clywir y ffusto'n nesáu.)
AMIG:	Bendith fo ar y tŷ a'r teulu trugarog hwn.

AMLYN:	O ble y daethost, enaid, a phwy wyt ti?
AMIG:	Alltud o bell dan law a cherydd Duw.
BARDD:	Och, ei wyneb. Welwch chwi? Mae wedi ei gnoi Fel nad adwaenai ei fam ef.
AMLYN:	Paham y crwydri fel hyn y Nadolig?
AMIG:	Cyfaill sy gennyf, pe gwypai'r adfyd sy arnaf, Nawdd ac ymgeledd a gawn ganddo, A'i gyrraedd ef yw fy nod.
AMLYN:	Onid oes gennyt deulu i'th ymgeleddu?
AMIG:	Bu gennyf wraig. Yn awr 'rwy'n waeth na gweddw.
FFŴL:	Mae pob gŵr priod yn waeth na gweddw.
AMLYN:	Gwâr yw d'atebion, enaid, Ac er mor druan dy ffawd, nid wyt heb ddysg, Os mynni fod yma heno, cei gennym do a gobennydd; Fe wyddost tithau ba ofal sy raid i wahanglaf.
AMIG:	Duw a dalo it, arglwydd; Yma hefyd mae dagrau am bethau dyn A throeon dynion yn cyffwrdd y galon ddynol.[20]
BELISENT:	A fynni di fwyd, fy nghyfaill?
AMIG:	A gaf i ddiod o win?
BELISENT:	Fe'i cei a chroeso.
AMIG:	Nage, arglwyddes, nid yn dy gwpan di, Rhag i ryw forwyn gael drwg wrth ei olchi. Mae gennyf fy nghwpan fy hun; tywelltwch y gwin i hwn.
BELISENT:	Y cwpan! Och, y cwpan! Santaidd Fair!
BARDD:	Un lliw, un wedd â'r cwpan ar y bwrdd; Nid oes yn fyw o ddyn a dd'wedai p'un yw p'un.
FFŴL:	Hen stori Benjamin gynt: Os cwpan fydd yn y sach, Cwpan ddaw allan, bobl bach.[21]
AMLYN:	Ddieithryn gwahanglwyfus, Ai ysbeiliwr a llofrudd wyt ti? Ai dyna achos dy gosb? Y cwpan sydd yn dy law, nis rhoddai'r perchennog o'i fodd;

	A wyddost ti bwy a leddaist? Ac at bwy y daethost am ddial?
AMIG:	Trwy deg, mewn twrnameint, a thros fy nghyfaill, Yn unig yr ysbeiliais i enaid neb. Ai hynny fu achos fy nghosb, ni wn i ddim.[22]
BARDD:	Mewn twrnameint! Och Dduw, bu yntau unwaith yn farchog?
AMLYN:	Ateb fi, ŵr, nac oeda'n hwy fy mhryder, Sut y daeth y cwpan acw i'th feddiant?
AMIG:	Y pab Cystennin a'i rhoes i mi yn Rhufain.
AMLYN:	Amig? Nage, nid Amig?
AMIG:	Na chyffwrdd â mi, Amlyn. Cadw draw.
AMLYN:	Maddau fy nallineb. Amig, fy mrawd.
AMIG:	Ti piau maddau i mi fy nyfod yn afiach glafr atad, Yn hagr wahanglaf dan dy gronglwyd.
BELISENT:	Na foed sôn am faddeuant. Dy ddyfod, O Amig, Yw Nadolig ein haelwyd.
AMIG:	Tydi, Belisent, a'm hadnabu gyntaf.
BELISENT:	Wrth dywallt y gwin. Gan fraw y cwpan syllais ym myw dy lygaid. Y clafr a fu'n cnoi'r cnawd, ni dduodd ganhwyllau dy ddeall; Ynddynt pefrai'r fflam o dawelwch a welswn yn nhwrnameint Paris. Ond sefais yn fud, a'r ing fel saeth yn fy ngwddf, Amig, pa fodd y bu arnat?
AMIG:	Fel llong pan ollynger i anterth rhyferthwy'r gwyntoedd A'i hysgwyd yn asgwrn, yn noeth ac yn wyn.
BELISENT:	Rhwyfaist dy lestr i'w hafan heno; Cei yma hedd ac ymgeledd aelwyd, Dwylo i leddfu'r dolur, chwerthin plant—
AMIG:	Mae gennych blant? Moliant i Dduw am hynny.
BELISENT:	Dau faban teirblwydd. Fe'u clywi hwynt yfory Yn d'alw i'r Nadolig. Eu cannwyll hwy a'th d'wysodd di yma'n awr.

AMLYN:	Belisent wen, na holwn ychwaneg. Edrych, mae blinder a phoen yn crymu ei war. Yfory cei olrhain dy helynt, Amig fy mrawd, A throeon ffawd hyd erwin rawd dy yrfa; Ond heno noswylio sy well. Huliwn iddo ef wely brenhinol yn f'ystafell i. Tithau, Belisent, a'r teulu, ewch oll i'r offeren ganolnos I ddweud eich diolch i'r Baban ar ei allor. Minnau, arhosaf i weini ar fy nghyfaill, A chyda'r wawr fe awn ynghyd i'r eglwys I adnewyddu'r llw wnaed ym mynachlog Iermyn, Na phallaf fyth o gariad nac o gyngor Na dim fo'n iawn i gyfaill dros ei gyfaill—
AMIG:	A rhyngof i a thi ni bydd anwiredd fyth.
AMLYN:	Byth nid anghofiaf y llw.

(*Miwsig.*)

CÔR (*yn canu*):[23]

    Pam mor llachar, sêr y nos,
    Pleiades a Seirios?
    Christus natus hodie,
    Goleuni'i hun, yn Dduw a dyn, a anwyd.
    I bwy mae'r môr yn canu'i rŵn,
    Awel leddf yn lwlian sŵn?
    Ex Maria Virgine,
    I faban nef ym Methlem dref a gafwyd.

        Noel. Noel. Noel.
        Ar ganolnos gudd, serennog,
        Heb na chri na gwewyr esgor,
        Llithrodd Iesu, berl y nef, o groth ei fam.[24]
        Noel. Noel.

    Seraffin a Cherwbin,
    Pa ryfeddod aned in?
    Ecce qui creavit nos,
    Mae'r nef yn salm, fe gafwyd balm Gilead.
    Sabwlon a Nafftali,
    Darfu'ch hir gystuddiau chwi,
    Lux fulgebit super vos,
    Fe heuwyd gwawr fel gwlith ar lawr y cread.

        Noel. Noel. Noel.

Ar ganolnos gudd, serennog,
Heb na chri na gwewyr esgor,
Llithrodd Iesu, berl y nef, o groth ei fam.
Noel. Noel.

YR AIL ACT

YR ARCHANGEL RAFFAEL:
    Amig, a wyt ti'n cysgu?

AMIG: Nag wyf, fy nghyfaill Amlyn.

RAFFAEL: Iawn yr atebaist. Cyfaill it sy'n galw.
    Eithr nid Amlyn wyf i.

AMIG: Pwy wyt ti, Arglwydd?
    A sut y daethost ataf ar ganol y nos fel hyn?

RAFFAEL: Angel i Dduw wyf i a elwir Raffael.

AMIG: O waelod fy niddymdra,
    Croeso it, arglwydd Archangel,
    Os dyfod yr wyt i hawlio fy enaid i.

RAFFAEL: Nage, fy nghyfaill, nid angau a fyn ei brae.
    Gwnaethost iti anwyliaid o angylion nef
    A ganodd fawl i Dduw o'th weld yn dy wae
    Fel Job yn ddiachwyn dy lef;
    Anfonodd yr Iôn finnau, y nos hon,
    At ei sant i'w iacháu.

AMIG: Pa fodd y'm hiacheir i, Arglwydd?
    Ewyllys Duw a wneler. Ond crynaf, ofnaf.
    Nac arwain finnau'n wan i brofedigaeth,
    Ond gwared fi rhag drwg.

RAFFAEL: Mae gan dy gyfaill, Amlyn, ddau fab bach;
    Arch iddo eu lladd â'i gleddyf, ac â'r gwaed
    Dy olchi dithau oll o'th ben i'th draed.
    Felly, medd Duw, y daw dy gorff yn iach.

AMIG: Raffael angel, nid Duw a ofyn hyn?

RAFFAEL: Cennad wyf innau, Amig. Ef biau'r ffordd.

AMIG: Gofyn i'm hunig gyfaill
    Ladd ei ddau blentyn â'i law
    Er mwyn difa cur i mi?

RAFFAEL: Ni dd'wedais hynny. Nid er trwsio'r cnawd
    Y gyr Ef archangylion i fyd y cablau.
    Ond ar bwysicach rhawd daeth Yntau'n faban tlawd

Ar siwrnai i Gethsemane o wellt y stablau.

AMIG: Ai er mwyn enaid Amlyn, felly, y bydd hyn?

RAFFAEL: Haws yw i gamel fynd drwy grai y nodwydd ddur
Nag i oludog fynd i deyrnas nefoedd.[25]

AMIG: F'arglwydd Archangel, i mi estynnwyd braint
Unwaith i fentro 'nghorff dros ei gorff ef.
Gwrando'n awr fy eiriolaeth:
Os yw'n rhy fras ei fyd,
A'i weddi tua'r nefoedd dros ei ysgwydd,
Yntau'n rhy gadarn gyda'i wraig a'i feibion,
Os, ddyddiau'r wledd, ond odid iddo bechu
Gan ystrydebu moes i Dduw,
Boed arnaf innau dalu ei bardwn ef,
Dyfnha fy mhla, trymhaed dy law arnaf,
Yn alltud gyr fi eto ar ffo,
A derbyn drosto ef fy nioddefiannau oll.

RAFFAEL: Melys a gweddus yw goddef dros raid
Enaid a fo annwyl;[26]
Ond os Duw a esyd wae ar ei blant
Troir yn ogoniant eu truan gwyno.
Nid oes ond un
Archoll a fai'n erchyll fyth,
Sef, colli bod yn sant.[27]
Ai dyma a fynni di i Amlyn?

AMLYN *(o'i wely)*:
Amig, Amig. Pwy sy 'ma?

AMIG: Nid oes yma neb, fy nghyfaill.

AMLYN: Deffrois. Clywais leisiau'n ymddiddan.

AMIG: Myfi oedd yn dweud fy ngweddïau.
Maddau imi dy ddeffro.

AMLYN: Nage, mae rhywun gyda thi yn y 'stafell . . .
Ydi'r drws yn agored?

(Clywir ef yn croesi'r ystafell yn y tywyllwch.)

Na. Mae'r drws ar gau.

(Yn nesáu at wely Amig.)

Amig, pwy oedd gyda thi?

AMIG:	Nid oedd un dyn byw, fy nghyfaill,
	Ond mi'n gweddïo ac yn ymbil ar Dduw.
AMLYN:	Synhwyrais ef. Un arall, nid tydi.
	Af ar fy llw iddo yngan fy enw i.
AMIG *(yn gyffrous)*:	
	Sut? Beth glywaist ti?
AMLYN:	Ha, cefaist fraw. Yr oedd yma rywun felly.
AMIG:	Amlach yw d'enw di ar fy ngweddi nag enw neb,
	Eithr i glust y nef y gweddai eiriol.
AMLYN:	Nid tydi a'm henwodd. Llais arall oedd.
AMIG:	Fy nghyfaill, dywedais: ni bu yma un dyn byw.
AMLYN:	Paham yr ofni, Amig? Ble mae dy gynefin ddewrder?
	Os gwas neu osgordd sy gennyt, fel y gweddai i'th urddas gynt,
	Pa les eu cuddio na'u danfon ymaith liw nos?
	Mae rhyddid yma i'th weision megis i minnau a'm tylwyth,
	A braint Belisent fydd eu porthi hwynt.
AMIG *(dan chwerthin)*:	
	Mae f'osgordd i'n glyd dan dy gronglwyd.
	Y clafr yw fy unig was sy'n glynu'n ffyddlon.
	Dos, fy arglwydd, i'th wely, a chwsg, canys daeth y Nadolig.
AMLYN:	Nac af, ar fy llw.
	Mi wn ddod dieithryn i'm tŷ ac i'm 'stafell hon.
	Fy nghyfaill puraf, na threisia'n hwy fy nghroeso.
	Er y cariad fu rhyngom, er tynerwch Belisent fy ngwraig
	A huliodd â'i dwylo y gwely brenhinol hwn,
	Dywed: pwy oedd yma'n ymddiddan?
AMIG:	Oni ddywedais nad oedd yma un dyn byw?
AMLYN:	Beth gan hynny oedd yma?
AMIG:	Na ofyn imi, Amlyn, er mwyn Duw.
	Na ofyn im.
AMLYN:	Iawn imi wybod.
AMIG:	Dy nefoedd yw nas gwyddost.
AMLYN:	Rhaid imi wybod.

AMIG: Nid oes dim anos gennyf na'i ddweud wrthyt.
Cans o'i ddywedyd,
Mi wn na chaf na'th gariad na'th gymdeithas
Fyth fythoedd wedyn.

AMLYN: Dygaf i Dduw fy nghyffes,
Beth bynnag a ddywetych, ni ddigiaf wrthyt fyth.

AMIG: Ni elli addo hynny. Ni wyddost, ni ddychmygi
Y pwll a egyr rhyngom os dywedaf.

AMLYN: A wyt ti'n amau'r gair a roddais?

AMIG: Raffael archangel a ddaeth ataf oddi wrth Dduw.

(Seibiant ennyd)

AMLYN: Nid rhyfedd 'chwaith. Ymhlith angylion nef
Y bu dy ymddiddanion di ers tro.
Pa beth a fyn yr angel gennyf innau?

AMIG: Pam gennyt ti? Paham y rhuthri di i lyn trueni?
I mi y rhoes yr angel ei orchymyn.
Boed arnaf innau gosb fy anufudd-dod.

AMLYN: I mi yr oedd ei neges. Mae gennyf hawl i'w gwybod.

AMIG: Mae gan bawb hawl i'w boen. Nid oes gan ddyn hawl arall.
Ond rhoi i ddyn ei hawl, gras Duw a fedr hynny.
Amlyn, na ofyn gennyf i dy hawl.
Na ofyn ddim ychwaneg.

AMLYN: Rhoddais fy ngair. Mae'n rhaid iti gyffesu.
Os Duw piau'r neges, ni all Duw addo drwg.

AMIG: Dyma ei eiriau:
Mae gan dy gyfaill, Amlyn, ddau fab bach;
Arch iddo eu lladd â'i gleddyf, ac â'r gwaed
Dy olchi dithau oll o'th ben i'th draed;
Felly, medd Duw, y daw dy gorff yn iach.

(Wedi ennyd o ddistawrwydd, tyr AMLYN i chwerthin annaturiol.)

AMLYN: 'Rwy'n haeddu hyn. Deliaist fi'n deg, fel pry' mewn magl.
Ond, gyfaill, mae dy smaldod di heno'n chwerw.
Ai dy wahanglwyf a'th wnaeth mor annaturiol?

AMIG: Dos, fy arglwydd, i'th wely. Mae'r chwarae ar ben yn awr.
'Rwyf innau'n rhydd a thithau. Yfory, af eto ar gerdded.

AMLYN:	Yn rhydd, ba fodd?
AMIG:	Oddi wrth d'orchymyn di ac oddi wrth arch yr angel.
AMLYN:	Ai arch yr angel oedd hulio dwy arch i'm plant I arlwyo'r ford Nadolig i mi a'u mam? Rhai od yw archangylion.
AMIG:	Ie, dibarch fel pob eirchiad.
AMLYN:	A'u henwau yw Celwydd, Cenfigen. Pan ddaethost yma, Amig, llawen fu dy groeso, Anrhydedd a pharch a chariad a gefaist, yn glafr ac esgymun digartref. Gwelaist ti heulwen fy nhŷ a gwawr Belisent, Clywaist am fy nau fab, dau aer fy nghadernid, Swmbwl y duwiau i ddynion a'u cyffry i ardderchowgrwydd, I sefydlu gogoniant llinach o dad i fab ac i ŵyr. Tithau yn amhlantadwy, gwelaist hyn ac fe'th yswyd Yn dy wendid gan wenwyn cenfigen a malais mall. Yma'n dy wely trosaist, cynlluniaist ddialedd I ddwyn arnaf i, y Nadolig, gorwynt a gaeaf o ddinistr. Gwnaeth y clafr di'n greulon, Amig, talu drwg dros dda fel hyn.
AMIG:	F'arglwydd, nid fel newyddion da o lawenydd mawr Y rhuthrais i ddweud fy chwedl, Ac nid heb gymell yr addefais hi.
AMLYN:	Ni wyddwn i'r eiddigedd a gronnai ynot.
AMIG:	Nid minnau ddyfeisiodd yr angel y tyngaist it' glywed ei lais.
AMLYN:	Ond tydi a arfaethodd alanas gethin ei neges.
AMIG:	Gan Dduw, na baut yn iawn.
AMLYN:	Onid oes arnat ofn rhoi ar Dduw greulondeb Herod?[28]
AMIG:	Ys truan wyf i, sy'n ofni wyneb dyn Yn fwy na'r Duw di-wyneb.
AMLYN:	Pam nad arswydaist felly rhag dy angel?
AMIG:	Am mai fy angau a groesewais gyntaf.
AMLYN:	Sut y gwyddost ti mai angel ydoedd?
AMIG:	Ef a'i dywedodd.

AMLYN: Welaist ti ef?

AMIG: Naddo. Ond clywed ei lais.

AMLYN: Sut lais sy gan archangel
Fel yr adwaenit ef?

AMIG: Fe'i clywaist ef, Amlyn.

AMLYN: Llais dyn a glywais i, llais dyn yn yngan f'enw.

AMIG: Llais dyn a'm galwodd innau, llais tebyg i'th lais di.

AMLYN: A fyddai angel mor ddi-gownt â hynny?

AMIG: Onid fel dyn y daeth Mab Dyn at ddynion?
Ni allwn glywed angel ond fel dyn.

AMLYN: A glywaist ti 'rioed o'r blaen leferydd angel?

AMIG: Naddo erioed.

AMLYN: Fedri di brofi i mi mai Raffael ydoedd?

AMIG: Pa fodd y medraf? Ni fedrai Joseff 'chwaith
Pan glywodd mewn breuddwyd, 'Nac ofna briodi Mair'.[29]

AMLYN: Dywed wrthyf, Amig, pe deuai i fryd Diawl
Dy demtio i ddamnio enaid a gaseit
A'i yrru i gablu Duw,
Onid â llais dyn y llefarai yntau?

AMIG: Y nef a'm cadwo rhagddo.

AMLYN: Ateb fi. Ond â llais tebyg i lais dy gyfaill
Y galwai Diawl dy enw yn y tywyll?

AMIG: Ie, fel yna y galwai.

AMLYN: Pa beth a dybi? A weiddai ef yn dy glust
Mai ef oedd adarwr d'enaid?[30]

AMIG: Nage. Nid yn ei fodd ei hun y rhithia cythraul.

AMLYN: Onid yn hytrach fel archangel nef
Yn dwyn it siars i brofi ffydd dy gyfaill
Y codai Diawl ddyhead cudd dy galon
Yn alwad erchyll Duw yn y nos?

AMIG: Pwy ŵyr? Mae'r galon yn fwy ei thwyll na dim
A drwg diobaith ydyw. Pwy a'i hedwyn?[31]

YR AIL ACT

AMLYN: A dyngi di i mi mai angel ydoedd?

AMIG: Na thyngaf, am na wn. Ond d'wedaf imi gredu
Mai Raffael oedd, a rhoi fy mhwys ar Dduw
Na'm gedy Ef fi'n anrhaith i Ddiawl.
Rhodio fel un a wêl, a gwybod nos y deillion,
Yw bywyd beunyddiol ffydd.
Ni ofyn Duw i tithau ond barnu'n ôl dy olau,
Ac os rhag ofn cythreuliaid neu falais fy nghalon i
Y berni'n wag fy neges, yna bydd dawel dy ysbryd,
A gosod hunllef heno o'th gof.
Pan ddelo'r wawr af innau draw i'r eglwys,
Drwy ffenestr y gwahangleifion dilynaf yr offrwm
   Nadolig,[32]
A'm bendith adawaf arnat ac ar dy deulu am byth.

AMLYN: Amig, gŵr cnawdol wyf i,
Sydyn fy nhymer, nwydwyllt, fel y cofi gynt.
Ond brwydraf yn awr dros fy mhlant;
Y plant sy'n anwylach gennyf na'm heinioes fy hunan;
Buont ar fy nwyfron ganwaith, yma'n fy mreichiau,—
Ni allwn, ni allaf eu lladd.

AMIG: Ni allwn innau, Amlyn. Digon o boen a roed arnat.
Mi daerais i â'r angel yn unig er osgoi
Byr gur y siarad hwn. A thybiais yn fy angerdd
Mai drosot ti yr ymbiliwn; felly mewn gweddi ar
   Dduw
Mae calon dyn yn ei dwyllo.
Tithau, gwnaethost a ellaist. Ffordd Dduw, nis deall dyn.
Dos, gyfaill, i'th wely'n awr.

AMLYN: I'm gwely? Pa fodd y gorweddwn?
Taenellaist ar fy ngobennydd wenwyn a ysodd gwsg.
O na bawn innau'n angel neu ynteu'n gythraul
I lithro i gilfach dy enaid a chipio'r gwir neu'r gau.
Os gwir a ddywedaist heno, malais sy ar orsedd y cread
Yn chwarae â'r ffyliaid o ddynion fel cath yn barnu
   ysgubor;
Os celwydd sydd yn dy fron, ba fyw fydd mwyach i
   minnau
A hanner fy enaid i,— fy nhyst fod bedydd yn onest,—
Yn magu crawn ei gynddaredd mewn calon hadl?[33]
Heno, heno'r Nadolig, i mi aeth y byd yn dom,

	Llenwais fy ysguboriau â chydau'r mwg.[34]
	Ie, braidd na laddwn fy mhlant cyn eu chwerwi â'r sôn am gyfaill.
AMIG:	Nid oes iawn gyfaill ond Un.
AMLYN:	Amig, rhy ddu yw'r nos imi weld dy wedd na'th lygaid;
	Yma'n y düwch nid wyt tithau ond llais megis angel,
	Ond llais megis angau.
	Ers talwm gynt bu gŵr a elwais yn gyfaill,
	Fe ddug yr un enw â thithau;
	Ar greiriau sant, ar allor y sagrafen,
	Fe roes ei air i Dduw a'i air i mi;
	Fy arglwydd Amig,
	A gofi di'r llw a dyngwyd yn Sant Iermyn?
AMIG:	'Penliniwn. Esgynnwn i'r allor;
	Dodwn bob un ei ddwylo ar y creiriau.'
	Tyngaf i Dduw, ac i tithau, Amlyn, tyngaf—
AMLYN:	Tyngaf i Dduw, ac i tithau, Amig, tyngaf—
Y DDAU:	Na phallaf fyth o gariad nac o gyngor
	Na dim fo'n iawn— fo'n iawn— i gyfaill dros ei gyfaill—
AMIG:	'A rhyngof i a thi ni bydd anwiredd fyth.'
AMLYN:	Tynghedaf di er y llw,
	Ac fel y cadwer d'enaid,
	Ai gwir i'r hwn ddaeth atad
	Ddweud fel y d'wedi di?
AMIG:	Fel y gwareder f'enaid,
	Gwir, fy arglwydd, yn rhy wir.
AMLYN *(dan gilio'n ôl i'w wely)*:	
	Byth nid anghofiaf y llw.

★ ★ ★ ★

Y CÔR *(yn canu)*:	
	Tawel nos, santaidd y nos,
	Eira ail dail y rhos
	Sydd yn llathru'r to, a Mair
	Ar ei gliniau yn y gwair:
	Wele mewn preseb mae Duw.

Tawel nos, santaidd y nos,
Llonydd wyn, llyn a ffos;
Cariad biau'r awr, mae'r ŵyn
Difref cyntaf ger y twyn:
Wele, fe anwyd Oen Duw.[35]

Y DRYDEDD ACT

MERCH 1: Bore da, Borthor.

MERCH 2: Nadolig llawen it, Borthor.

PORTHOR: Bnawn da, lodesi.

MERCH 1: Gwrando ar yr hen gecryn yn edliw inni
Am iddo godi chwarter awr o'n blaenau.

MERCH 2: A ninnau oll wedi bod yn yr offeren ganolnos.
A 'dyw hi ddim eto'n olau.

PORTHOR: Brysiwch, forynion, i hulio'r bwrdd;
Dowch â'r cwpanau a'r costreli;
Bydd syched ar y teulu pan ddychwelont.

MERCH 2: Beth sydd i'w ganfod o'r drws, borthor? Dyro weld.
Mae'r niwl yn codi o'r ddôl. Gallaf weld hyd at borth yr
  eglwys.

MERCH 1: Tybed a aeth Amlyn i'r offeren fore?
'Roedd drws ei 'stafell ar gau.

PORTHOR: Gwelais y gwahanglaf yn ymlwybro tuag yno.
Megis miaren yn cerdded.

MERCH 2: Bu'r iarlles gyda ni ganolnos.

MERCH 1: Chysgodd hi fawr. Aeth drachefn i'r offeren fore.
Caf ymuno mewn offrwm dros y plant, ebr hi.

PORTHOR: Dacw rai'n dyfod allan o'r eglwys.
Llwythwch y tân yn goelcerth i'w derbyn.
Beth sydd arnyn' hwy'n dawnsio a charoli?

MERCH 2: Dyro weld. Ha, ha. Fel meddwon a'u dwylo am yddfau'i
  gilydd,
A'u coesau digri' o'r golwg yn y niwl.
Fe ddaeth y Nadolig, tra, la, la.
Dawnsia gyda mi, borthor, a rhoddaf gusan it.

PORTHOR: Byddai'n well gennyf fonclust. Fe frifai lai.

MERCH 1: Dyma'r iarll Amlyn . . . Nadolig llawen, fy Arglwydd.
Ni chododd y plant ddim eto.

AMLYN: Naddo? Gad iddynt gysgu. Mae'n fore eto.

MERCH 1:	Bydd hen gwyno pan welant hwy bawb ar lawr. Fe losgodd eu cannwyll i'r bôn.
PORTHOR:	Mae rhialtwch rhyfedd wrth borth yr eglwys, fy iarll.
MERCH 1:	Mae f'arglwydd yn rhynnu gan annwyd. Saf wrth y tân, fy iarll. A gymeri di win i'th gynhesu?
PORTHOR:	Mae rhywbeth ar droed, fy arglwydd. Dacw'r Ffŵl yn dawnsio tuag yma.
MERCH 2:	Dyro weld, y tew.
PORTHOR:	Mae'r iarlles yn dilyn a'r teulu.
MERCH 2:	Dacw farchog dieithr yn cerdded gyda'r iarlles. Un tal, gosgeiddig a main.
MERCH 1:	P'le'r aeth y gwahanglaf, ys gwn i?
AMLYN:	A aeth ef ymaith?
PORTHOR:	Fe aeth i'r offeren, fy iarll.
AMLYN:	Edrych a weli di ef gyda'r teulu'n dychwelyd.
MERCH 2:	Dyro weld. Nag yw ef ddim, fy arglwydd.
AMLYN:	Da hynny.
MERCH 1:	A gaf i ddeffro'r plant i gyfarch eu mam, fy arglwydd? Nid oes ond awr cyn yr offeren olaf.
AMLYN:	Gad iddynt gysgu'r rhawg. Bydd digon o boen i'w deffro.
PORTHOR:	Mae'r iarlles yn cerdded ar fraich y marchog dieithr. Pe na baut ger y tân, fy iarll, mi dyngwn mai Amlyn oedd hwn.
FFŴL *(o bell)*:	Oyez! Oyez! Oyez!
MERCH 1:	'Rwyt ti'n oer o hyd, fy iarll. Dyma gwpanaid o win.
AMLYN:	Gad iddo. Ni fynnaf ddiod.
MERCH 1:	Wyt ti'n mynd i'r cymun felly? Ni chredaf y dylit. Mae dy fysedd di'n farw wyn.
AMLYN:	Buont goch eu gwala gynnau. Dwy law, dwy gelain.[36]
BELISENT:	Tyn fi gyda thi, Amig.

	Ni red fy nhraed i gystal â'm dyhead.
	Mae'n wir, on'd yw e? Ti wyt ti? Dywed mai e.
AMIG:	Myfi fy hunan, Belisent.
BELISENT:	Down, rhedwn eto'n dau.
	Peth ffôl yw ymorol merch.
	'Rwy'n chwerthin ac wylo am yn ail, ac yn tripio fyth wrth redeg.
	Brysiwn at Amlyn, brysiwn.
PORTHOR:	Bu rhyw gymun od yn yr eglwys. Mae'r plwy' acw oll yn feddw.
MERCH 2:	Dyro weld, dyro weld. Wn i ddim pam, ond 'rwyf innau eisoes yn chwil.

FFŴL *(yn nes)*:

Oyez! Oyez! Oyez!

MERCH 1:	Hen dro na cha' i godi'r plant iddynt weld y rhialtwch.
	Oes rhyw dwymyn, d'wedwch, ar yr iarll? A gyffyrddodd ef â'r gwahanglaf?
BELISENT:	Cerddwn dro eto, Amig. Mi gollais f'anadl yn dawnsio.
	Yr wyt ti heddiw fel llanc a fu ddoe'n efrydd a chlaf.

FFŴL *(wedi cyrraedd)*:

Oyez! Oyez! Newyddion da'r Nadolig.

PORTHOR:	Beth yw'r helynt?
FFŴL:	On'd ydw i'n dweud? Rhyfeddod! Gwyrth!
MERCH 2:	Dyro weld, dyro weld. Be' sy'n bod, y Ffŵl?
FFŴL:	Oni dd'wedais i eisoes? Gad i ddyn gael ei wynt ato.
MERCH 2:	Beth dd'wedaist ti? Beth sy?
FFŴL:	Mi dd'wedais droeon. Pam na chredwch chwi, y rhai hurt.
PORTHOR:	Mae hi heddiw'n Nadolig. Bydd y calan wythnos i heddiw.
	Dyna ryfeddod y Ffŵl.
	Fe gollodd ei wynt yn rhedeg yma i'w ddweud.

BARDD *(yn cyrraedd)*:

A glywodd yr iarll? Ble mae ef?

| MERCH 1: | Draw wrth y tân. Tyrd ato, fardd, inni glywed y stori. |

BARDD:	Fy arglwydd, a glywaist ti'r newydd?
FFŴL:	Am Amig, Amlyn, am Amig, A roes atal dweud arnom oll.
BARDD:	Sy'n awr megis gefell i ti.
FFŴL:	Nid rhyfedd iddo gymryd dy le di yn nhwrnameint Paris.
BARDD:	Nid yw eich dau gwpan aur yn debycach i'w gilydd.
FFŴL:	Ond haws eu lladrata, beth.
AMLYN:	Beth yw hyn oll? A aeth pawb fel finnau o'i gof, A cholli ei synnwyr neithiwr?
FFŴL:	Fe gollodd Amig ei glafr, Mi gollais i 'ngwynt, 'sbo; Dyna ddigon o golli, myn gafr, Heb i tithau golli dy go'.
MERCH 2:	Dyma nhw. Wele'r iarlles ar fraich Amig. Tyrd yma, borthor, rhaid imi roi cusan i rywbeth.
PORTHOR:	Dacw'r drws iti. Mae hwnnw'r un lled â'th enau. Yr Iarlles, fy arglwydd.
BELISENT:	O Amlyn, rhy hir oedd y llwybr byr o'r llan Gan drymed baich fy llawenydd. Rhoes y nef inni rodd Nadolig: Wele, Amig, dy gyfaill, yn iach.

PAWB YN CANU:	Cenwch, haul a lloer a seren,
	   Glod, glod i Dduw,
	Chwithau, ddyfroedd y ffurfafen,
	   Glod, glod i Dduw;
	Gwlith a chawod, rhew ac eira,
	Gwyntoedd môr, a haf a gaea',
	Mellt a th'rana', rhowch hosanna,
	   Clod, clod i Dduw.[37]

BELISENT:	Yfwn oll at Amig, iechyd a hir lawenydd.
Y CWMNI:	I Amig . . . Nadolig gwyn i Amig.
BARDD:	O ing a gafael angau y dygwyd; Fe dagwyd ein dagrau—
FFŴL:	Aed ei glafr gyda'i glwyfau

At wŷr y llyngyr a'r llau.

BELISENT: Nid wyt ti'n yfed, fy Amlyn. A ei di i'r cymun olaf?

AMLYN: Digon o offrwm a roddais i i Dduw.
Ni ofyn Ef gennyf ychwaneg.
Ai rhith ai Amig yw hwn?

BELISENT: Fy mhriod, paham yr amheui?

AMLYN: Pa fodd yr iachawyd ef?

BELISENT: Tawel oedd teulu'r plwyf ar ein gliniau yng ngwyll yr eglwys,
Yn astud fel y ddwy gannwyll gynheuwyd ar garreg yr allor,
A Goleuni'r byd yn y canol yn crynhoi ein calonnau
Ar freichiau canhwyllbren ei groes.
O beraidd addoli beunyddiol yr isel offeren
Yn santeiddio â'i gynefindra ben blwydd y Gair;
Allan yn y niwl plygai Amig drwy ffenestr y gwahangleifion,
Yn esgymun o'r côr,
Ond fe'i cipiwyd ar esgyll ein gweddi a dwylo dihalog angel
Gyda'r Aberth i wyddfod Iôr.
Dwys oedd llawenydd y cymun.
C'lomennod brwd y plwyf wrth fwrdd y seraffim
A'u pigau ar led i lyncu'r nefol rawn;
A phan welais Amig yno'n y cylch, ni synnais na chyffro dim,
Cans glân gan angylion ei gwmni ef ers talwm iawn—

AMLYN: Diawl a'th dago di, wraig.

BELISENT: Fy Amlyn, beth yw hyn?

AMLYN: Dim, dim.
Digon a gefais am dro ar ymddiddanion angylion.
Ni chlywais eto ba bryd yr iachawyd y marchog?

BELISENT: Ti, Amig, a ddywed hynny.

AMIG: Pwyso yr oeddwn ar ffenestr y gwahangleifion
Fel un yn Hades yn sbio ar agor y nef.
A chlywais lais yn fy ngalw—

AMLYN: Llais? Eto lais? Taer y pentyrri anwiredd.

Fe wyddost nad llais a'th lanhaodd.

BELISENT: Fy arglwydd briod, 'rwyt ti megis un gwyllt o'i gof.
Gras y Nadolig erioed yw gwysion negeswyr y nefoedd;
Daethant at Fair a'r doethion o'r dwyrain,
Hyd erwau'r bugeiliaid canasant;
Nesânt atom ninnau'n awr.
O'r pryd y cynheuodd y plant eu fflam yn y ffenestr neithiwr
Ac agor y ddôr i dderbyn Crist yn yr aflan crupl,
Mae siffrwd adenydd o'n cwmpas
Yn llunio miraglau gras.
Rhodd Nadolig y nefoedd yw iechyd Amig.

AMLYN: Nid rhoddwr yw'r nef ond bargeiniwr,
A chwerw ei chwsmeriaeth hi.

BELISENT: O Amlyn, na chabla heddiw.
Mi wn beth yw achos dy chwithdod.
Mae'r plant a bereiddia'r Nadolig eto'n cysgu,
A gwag fyddai gŵyl y Geni a gwyrth adferiad ein cyfaill
Heb chwerthin a chlebar y ddau.
Af atynt i'w deffro'n glau.

AMLYN: Wraig, wele fy nghleddyf.
Trywanaf ef yn dy galon os ceisi di'r plant.

BELISENT: Duw o'th blaid di, fy mhriod.
Mae gwaed ar dy gleddyf.

AMLYN: Dwy g'lomen a leddais gynnau, rhai gwirion na ffoisant rhagof.
Nid yw hynny'n ddim. Gwylia dy wddf dy hun.

AMIG: Belisent, na chynhyrfa. Y sy'n corddi dy arglwydd
Yw pryder tad dros ei feibion a'i ddychryn rhag cerydd echrys.
Ond, Amlyn, y Duw di-ymlid, haelach y gwnaeth na'n hawliau;
Profodd neithiwr mai pryfed ydym mewn hawddfyd ac adfyd;
Llwythodd ni hyd at allu eithaf gŵr i ddioddef gwae.
Heddiw maddeuodd anhaeddiant, maddeuodd i mi fy addewid,
Fe drôdd i ffwrdd fy mudreddi yn farc o'i drugaredd fawr.
Aeth heibio'r prawf a'th aberth dithau, Iarll.

A daeth y wawr. Dos at y plant; na foed ofn.

BELISENT: Beth yw hyn oll, fy arglwyddi?

AMLYN: Dywed wrthi hi, Amig, a'r pris a roed ar dy iechyd.

AMIG: Neithiwr, pan oedd pob dim mewn distawrwydd tawel
A'r nos ar ganol ei gyrfa fuan,
Llais a ddaeth ataf, Iarlles, fel rhyfelwr ffrom,
A llenwi'r lle â marwolaeth.

AMLYN: Llais, dim ond llais.
Tafod yn dweud peth, fel dyn yn ei bwyll,
Yn ymadrodd â'i gydryw,
Yn parablu brawddegau,
Ac wele, bydd dŵr yn win, neu fara yn gnawd,
Neu ddeuddyn yn uncnawd,
Ar ffrwydriad y geiriau.[38]
O air annewidiol,
O saeth aeth o'r llinyn.[39]
Neithiwr i minnau 'roedd ystyr a threfn ar fyw,
Fel ar lu'r darnau gwydr
Sy'n lliwio ar ffenestr eglwys ddelw paradwys;
A daeth gair at fy nghyfaill,
Llais yn y nos yn dywedyd ac yna'n tewi,
Ac wele mae ffenestr rheswm yn garn dan fy nhraed
A baw ydyw bywyd.

BELISENT: Ba awr y bu hyn?

AMIG: Ar ganolnos.

BELISENT: Awr angylion y preseb.
Beth a dd'wedodd dy lais?

AMIG: 'Mae gan dy gyfaill, Amlyn, ddau fab bach;
Arch iddo eu lladd â'i gleddyf, ac â'r gwaed
Dy olchi dithau oll o'th ben i'th draed:
Felly, medd Duw, y daw dy gorff yn iach'.

BELISENT *(yn wan)*:
Ie . . . Beth fu wedyn?

AMIG: Hir ddagrau ac amheuon,
A chanu'n iach ac achwynion;
Iâ, lle y bu dwy galon;
Yna'n y wawr y wyrth hon.

Y DRYDEDD ACT

AMLYN: Fe gysgaist wedyn, Amig?

AMIG: Fy mlinder a'm llethodd.

AMLYN: Ni welais gysgu rhagorach.
Fel cysgu corff a olchir at ei gladdu.

AMIG: Maddau imi, Amlyn.

AMLYN: Pa angen maddau? Cysgu a weddai it.
Myfi, nid ti, a archwyd i ladd ei feibion.
Onid hwylus fuasai dy drymgwsg wrth dywallt y gwaed i'r cornwydydd,
A throi a throsi'r ysgerbwd brwnt i'w golchi o'r bron?

BELISENT: Fy enaid, buost yn y Poenau.
Af i nôl y plant.
Cei weld na ddial y nef ar anallu dyn.

AMLYN: Yn araf deg. Mae 'nghleddyf i eto o'r wain;
Ar berygl d'einioes y neséi.
Cysgaist yn drwm, fy nghyfaill,
Drwy'r oriau di-baderau nas torrwyd gan lais un angel—

BELISENT: Oriau'r bugeiliaid a'r Baban—

AMLYN: Oriau hunllefau'r llofrudd.
Taerais dan harn eu hewinedd du nad Duw a anogai alanas,
Fod rheswm a deddf a rhaid yn darian i'm plant yn y nos.
Ond pan alwodd y marchog hwn ar y llw a dyngais fel marchog—

AMIG: Fe'm dychryni, Amlyn. Ni elwais i ddim erioed.

AMLYN: Fe wyddit pan dawodd ein dadl fod y llw fel maneg o'm blaen.
Gwrando arnaf dro: ni chredais i yn dy angel:
Credaf weithian a chrynu'n fy enaid coll.
Neithiwr pan glywais dy gysgu,
Codais drwy'r gwyll i syllu ar dy huno anudonus.
Ped ofnit ti dranc fy nhŷ, onid dianc a wnaut i'r tywyll,
Nid gorwedd yno mewn heddwch yng nghafn fy nghur?
Edrychais ar lun dy afiechyd a hawdd fyddai gennyf dy dagu,
Eithr safodd llonyddwch dy gwsg fel gwyliwr dreng o'th gylch.
Nid am im' gredu dy air na thrydar gweddi,

Nid er anrhydedd cyfeillgarwch clodfawr,
Nid o ufudd-dod i'th angel,
Y rhodiais y ffordd oedd o'm blaen.
Ond yn unig fod llw yn fy nal, llw marchog a'i law ar y creiriau,
Yn fy nal yn gaeth wrth fy nhynged, ie petai anwir y nef,
Am hynny, heb Dduw, heb ffydd, na gobaith na chariad,
Y tynnais fy nghleddyf o'r wain.⁴⁰
F'arglwyddes a mam fy mhlant,
Dydi a drewais mor druan,
Byr fydd y canu'n iach.
Daeth yr awr imi ffoi o'th ŵydd, yn wibiad dan warth;
A mwyach pan welir fy nghysgod, bydd mamau'n rhoi bys ar wefusau
A'r plentyn sugno yn tewi heb noethi bron.
Gwybydd gan hynny a deall: dan felltith y farn
Y dyrchefais i gledd fy neheulaw, yr heriais Raffael i'm hatal,
Yr oedais funudyn oer heb na llais nac arwydd na dim:
A disgynnodd y cledd.

AMIG: Fe leddaist y plant?

AMLYN *(megis wrtho'i hun bellach)*:
Dwy gelain feinwen a gleddir heddiw,
Rhai eiddil a'm carodd;
Gwae fy llaw a'u tarawodd . . .
Dwy gelain feinwen a gleddir heddiw,
Esgyrn o'r esgyrn mau;
Fy nghleddyf a'u gwant, y ddau.
Duw, o'i gas, ni'm cladd innau.⁴¹

BELISENT: Cliriwch y byrddau, ferched.
Gwnewch yma ddwy elor.
Af i nôl y plant.

(Clychau'r Eglwys yn canu cnul araf, tra cano'r bardd.)

BARDD *(yn canu'n isel)*:⁴²
Pa ddiasbedain
    Glywir yn Rama,
Galar, wylofain,
    Rhincio dant?
Dwys yw dolefain
    Bethlehem Judah,

Rahel yn ochain
    Am ei phlant.

Osgordd sy'n canu
    Gwyryf delynau
Yn sŵn taranu
    Rhëydr yr Oen,
Ddeuddeg deuddengmil
    Gannaid eich gynau,
Flaenffrwyth Efengyl,—
    Gwrando'n poen.

Tithau, O Iesu,
    Kyrie eleison,
Tyrd i'n hachlesu,
    Trugarha,—
Ni sy'n cyffesu,
    Christe eleison,
Fynych aflesu
    Iesu da.

(Yn sydyn try cnul y clychau yn garoli gorfoleddus; clywir chwerthin y ddau blentyn yn nesáu, ac yna eu lleisiau'n galw.)

PLANT: Mama, Nadolig llawen.
Dada, gawn ni fynd yn awr at y preseb?

BELISENT: Wele fi a'r plant a roddes yr Arglwydd im
Yn arwyddion a rhyfeddodau.
Fe'u cefais yn chwarae'n y gwely.
Gwelwch y rhimyn bach coch fel rhuban aur am eu gyddfau
Lle y trawodd y cleddyf . . .
Na sefwch yn stond, fy anwyliaid, rhag brawychu'r babanod:
Ni wyddant hwy ddim ond am gwsg dan adenydd gwarcheidiol angylion.
Trugaredd cynefin y Ceidwad a wnaeth hyn oll.

AMIG: Mewn llwch a lludw yr ymgrymaf,
Canys gwelodd fy llygaid dy iechydwriaeth Di.[43]

AMLYN: Gwelodd fy llygaid yr Arglwydd;
A ffiaidd gennyf fi fy hun.
O Amig, heb gri na gwewyr y ganwyd Baban Mair;

Ond gwewyr gwaeth na marwolaeth fu ei eni'n fy nghalon i.
Ni welais i'r meibion hyn erioed o'r blaen;
Fy malchter fy hun a anwylais, parhad ac addewid fy mywyd,
Hoen a ffyrfder fy had ac ysblander lwynau fy ngwraig;
Fe'm cerais fy hun ynddynt hwy yn fwy nag yn f'einioes fy hunan;
A lladdwyd fi ynddynt gan Dduw â'm llaw fy hun.
Duw piau hwy'n awr, nid myfi.
A Duw ynddynt hwy a addolaf;
Troes y baban Iesu bob baban yn sacrament mwy.
Dowch, Belisent ac Amig, dilynwn y plant tua'r preseb
A'u dodi wrth droed y Forwyn yn aur ac yn thus a myrr.

Ac fe gân y CÔR *y garol Ladin wrth iddynt fynd tua'r preseb:*

Adeste, fideles,
Laeti triumphantes,
Venite, venite in Bethlehem,
Natum videte Regem angelorum,
Venite adoremus,
Venite adoremus,
Venite adoremus Dominum . . .

TERFYN

NODIADAU

Cyhoeddodd Saunders Lewis ychydig o nodiadau ar destun argraffedig y ddrama hon, gyda'r rhagymadrodd canlynol:

> Megis yn fy nrama arall, *Buchedd Garmon*, y mae yn hon hefyd nifer helaeth o fenthygiadau oddi ar fy ngwell. Aralleiriad o frawddegau gan Sant Awstin oedd y pethau gorau ym *Muchedd Garmon*. Nid yw'r nodiadau a ganlyn ond cais i egluro fy mhrif fenthygiadau yn y gwaith presennol. Rhaid i lu o fân ladradau fynd heb eu cydnabod.

Dynodir y rhain yn y nodiadau isod, fel hyn: (*SL*)

1. Ynglŷn â T. Rowland Hughes, gweler uchod, t.143, n.2 Yn 1939 darlledid yng Nghymru ar donfedd 373 a ddefnyddiwyd yn ystod rhyfel 1939–45 ar gyfer darllediadau gwleidyddol yn Ewrop. Adferwyd y gwasanaeth yng Nghymru yng Ngorffennaf 1945, wythnos cyn Eisteddfod y Rhos, yn un o chwe gwasanaeth taleithiol. Yn ystod yr Ail Ryfel Byd ni cheid ond ugain munud o'r Gymraeg yn feunyddiol, o'u cymharu ag ugain awr yr wythnos cyn y rhyfel hwnnw. Gweler R. Lucas, *A Concise Account of the BBC in Wales, 1923–73* (1981), 144–7: hefyd J. Davies, *Broadcasting and the BBC in Wales* (1994), 121–47.

2. Ceir astudiaeth drylwyr o darddiad yr hen stori hon gan MacEdward Leach yn ei ragymadrodd i'r fersiwn Saesneg {*Amis and Amiloun*, EETS, 203, (1937)}. Rhennir y fersiynau a geir yng ngwahanol ieithoedd Ewrop i ddau gategori, rhamantaidd a hagiograffaidd, y naill yn datblygu o'r llall. 'The genesis of *Amis and Amiloun*, I believe,' medd Leach, 'was something like this: In the southern part of France some time in the eleventh century a French poet felt moved to compose a poem to celebrate ideal friendship . . . This initial story—probably a *chanson de geste*—soon threw off a hagiographic version . . . composed for the express purpose of drawing pilgrims to the little city of Mortara' (lxxxviii–ix). Ffynhonnell y fersiwn Cymraeg oedd y *Vita Sanctorum Amici et Amelii*, sy'n tarddu o'r ddeuddegfed ganrif.

3. John Gwenogvryn Evans (1852–1930). Cymerodd ei fersiwn ef o *Kymdeithas Amlyn ac Amig* (1909) o'r cyfieithiad o'r *Vita* a geir yn Llyfr Coch Hergest. Golygwyd y testun hwn yn ddiweddar gan Patricia Williams: gweler *Kedymdeithyas Amlyn ac Amic* (1982).

4. Cysegrwyd eglwys ger Paris i Sant Germanus (*c.*496–576), esgob Paris, gan y Brenin Childebert. Dyna'r eglwys a roddodd ei enw i ardal Saint Germain ym Mharis. Cyfeiria Patricia Williams at y ffaith mai canlyniad i ddylanwad naill ai'r Ffrangeg neu'r Saesneg yw'r ffurf 'Seint Iermin' a geir yn y testun Cymraeg (ibid., 41).

5. Charlemagne (*c*.742-814), brenin y Ffranciaid ac ymherodr Rhufain. Chwery Charlemagne rôl yn chwedloniaeth ganoloesol Ffrainc debyg i Arthur ym Mhrydain, yn arbennig yn y *chansons de geste*. Cyfeirir yn aml yn y llenyddiaeth hon at yr arferiad hanesyddol o gynnal prawf trwy gyfrwng gornest arfau yn null y twrnameint.

6. '[Y]styaw' yn y testun gwreiddiol. Y mae'r ystyr yn ansicr ond awgrymir naill ai 'ystrywaw' yn golygu cynllwynio neu 'ystyried', gyda'r Ffrangeg, 'tu fainz en fraude' yn ategu 'ystrywaw'. Gweler Patricia Williams, op. cit., 53.

7. Søren Kierkegaard (1813–55). Cyfieithwyd y llyfr y cyfeirir ato yma i'r Saesneg gan W. Lowrie (1940), dan y teitl *Fear and Trembling*. Gweler yr erthygl arno, gan V.A. Demant yn *The Nineteenth Century*, (Ionawr 1940), 71–7. Disgrifia Demant driniaeth Kierkegaard o ymdrech y sant i gyrraedd y ffydd berffaith sydd y tu hwnt i foesoldeb. Agamemnon, Jephthah a Brutus oedd arwyr trasig yn rhinwedd eu cadernid moesol, ond yr oedd yn rhaid iddynt deithio ymhellach cyn cael bod yn 'Marchogion Ffydd', gan roi'r gorau i'r cariad sy'n sail i'w bywydau: 'The Knight of the Faith performs a further movement: he likewise renounces in an infinite sense the love which is the content of his life, he is reconciled to suffering; it is then the miracle happens. He says, "I shall have my love all the same by virtue of the absurd, by virtue of the fact that all things are possible to God"' (t.74). Y mae'r ffaith na welodd Saunders Lewis waith Kierkegaard cyn ysgrifennu *Amlyn ac Amig* yn ein hatgoffa ei fod yn perthyn i'r un traddodiad â'r llenor o Ddenmarc ac i linyn o ddatblygiad sy'n rhedeg o Kierkegaard trwy waith y Dirfodwyr. Dywed Demant am Kierkegaard: 'He represents a recall to religion in terms of dogma and faith, addressed to an age bored with a rancid moralism cut off from its religious roots. He is the originator of that "existential" philosophy and theology which places man by his actual existence in relation to reality closer than that which he realises through his attempt to comprehend it by general ideas.' Gellid dweud yr un peth am Saunders Lewis.

8. Edward Prosser Rhys (1901–45), bardd a newyddiadurwr, sylfaenydd Gwasg Aberystwyth, a gyhoeddodd nifer o lyfrau gan Saunders Lewis, gan gynnwys *Buchedd Garmon* ac *Amlyn ac Amig*.

9. Cyfeiria'r gair Grawys at y cyfnod o ddeugain niwrnod rhwng dydd Mawrth Ynyd a Noswyl y Pasg a dreulid gan Gristion mewn ympryd ac ymwadiad i goffáu ympryd a themtiad Crist yn y diffeithwch. Y mae'r Ffŵl yn cyfeirio yma at ympryd yr Adfent yr arferid ei alw 'y Grawys Gaeaf'.

10. Mathew xxv.40.

11. Carol, 'Dywed, Fair'. Benthyg gwael mewn rhan o garol Ladin ysblennydd: 'Dic, Maria, quando scisti? Te electam matrem Christi' (*SL*). Cyfeirir yma at emyn dienw sy'n dwyn y teitl, 'De Nativitate Christi', 'Surgit radix Jesse, florum/ Florem gestans, populorum/ Signum de victoria.' Gweler *The Hundred Best Latin Hymns*, wedi eu dethol gan J.S. Phillimore (1926), 162.

12. Adlais o'r weddi 'Henffych Fair' o'r offeren: 'Santaidd Fair, Fam Duw, gweddïa drosom ni bechaduriaid, yr awr hon ac yn awr ein hangau.'

13. Yn ôl dysgeidiaeth yr Eglwys Gatholig a ddiffiniwyd gan Gynghorau Fflorens (1438–42) a Trent (1543–63), y mae trydydd lle, y tu allan i gyffiniau'r byd, heblaw uffern a'r nefoedd, lle y purir eneidiau'r rheini a fu farw mewn cyflwr o Ras, heb fod yn rhydd o'r pechodau a gyflawnwyd ganddynt tra'n fyw. Ceir disgrifiad o'r Purdan gan Saunders Lewis yn *Williams Pantycelyn* (1927), 193–4. Gweler hefyd isod, t.675, n.23.

14. Efallai Constantinus, 25 Mawrth 708–9 Ebrill 715. Gweler Patricia Williams, op. cit, 27, n.46.

15. Yma efallai ffrwythau yn hytrach na phryd o fwyd blasus.

16. Gellir darllen 'da delaid' fel ansoddair cyfansawdd, yn cynnwys y gair 'telaid' = 'teg, hardd'. Ar y llaw arall, awgryma Mr Dafydd Glyn Jones, Coleg Prifysgol Gogledd Cymru, Bangor, y gellid cymryd 'delaid' fel ffurf dreigledig y gair 'telaid', yn golygu mesur o yd. Gweler Geiriadur Spurrell, wedi ei olygu gan J.B. Anwyl (1913).

17. Lydnod: lluosog llwdn, anifail ifanc.

18. Luc ii.7.

19. Gweler Luc ii.35. (*SL*) 'A Simeon a'u bendithiodd hwynt, ac a ddywedodd wrth Mair ei fam ef, Wele, hwn a osodwyd yn gwymp ac yn gyfodiad i lawer yn Israel, ac yn arwydd yr hwn y dywedir yn ei erbyn' (34) '(A thrwy dy enaid di dy hun hefyd yr â cleddyf) fel y datguddir meddyliau llawer o galonnau.' (35)

20. 'Yma hefyd mae dagrau am bethau dyn? A throeon dynion yn cyffwrdd y galon ddynol'. Oddi wrth Fyrsil: 'Sunt lacrimae rerum et mentem mortalia tangunt' (*SL*). Gweler *Aeneid*, I, 462.

21. Genesis xlii–xlv.

22. Y mae'r awgrym hwn yn deillio o'r fersiynau Saesneg, lle y dywed i Amiloun dderbyn rhybudd cyn y twrnament y bydd yn dioddef gan y gwahanglwyf ymhen tair blynedd os cymer le ei gyfaill yn yr ornest. Dywed y fersiwn Cymraeg mai oherwydd fod Duw yn caru Amig y mae'n dioddef: 'A gwedy yspeit hir o amser yd anuones Duw keing o glafri ar Amic . . . kanys y mab a garo Duw, ef a envyn Duw trallawt a govit arnaw.' (Patricia Williams, op. cit., 12, a MacEdward Leach, op. cit., lxiii.)

23. 'Y garol sy'n terfynu'r rhan gyntaf. Gweler Proffwydoliaeth Esaia [sic], pennod ix, a gweddïau Offeren y Nadolig. Ystyr y pedair brawddeg Ladin yw: Ganwyd Crist heddiw; O Fair Forwyn; Wele'r hwn a'n creodd ni; Llewyrcha goleuni arnoch chwi.' (*SL*)

Rhydd y nodyn hwn gamargraff, oherwydd nid yw dyled Saunders Lewis i'r ddwy ffynhonnell y cyfeirir atynt mor fawr ag yr awgrymir. Cawn adlais o Eseia ix.1, 2 a 6: 'Etto ni bydd y tywyllwch yn ôl yr hyn a fu yn y gofid; megis yn yr amser cyntaf y cyffyrddodd yn ysgafn â thir Zabulon a thir Naphtali, ac wedi hynny yn ddwysach y cystuddiodd hi wrth ffordd y môr, tu hwnt i'r Iorddonen, yn Galilea y cenhedloedd./ Y bobl a rodiasant mewn tywyllwch, a welsant oleuni mawr: y rhai sydd yn aros yn nhir cysgod angau, y llewyrchodd goleuni arnynt . . . Canys bachgen a aned i ni, mab a roddwyd i ni, a bydd y llywodraeth ar ei ysgwydd ef: a gelwir ei enw ef, Rhyfeddol, Cynghorwr, Y Duw cadarn, Tad tragwyddoldeb, Tywysog tangnefedd.' Hefyd cawn efallai yn y llinell, 'I bwy mae'r môr yn canu'i rwn,/ Awel leddf yn lwlian swn?' adlais o Salm 96, a ddarllenir yn offeren Canol Nos Nadolig—'rhued y môr a'r cyfan sydd ynddo': ac yn y llinell, 'Fe heuwyd gwawr fel gwlith ar lawr y cread' adlais o linell o Salm 97—'Heuwyd goleuni i'r cyfiawn'—ac o'r ateb iddo yn Offeren Wawr y Nadolig—'Heddiw y mae goleuni newydd yn gwawrio: ganed inni'r Arglwydd Ior.'

24. Derbynnir gan yr Eglwysig Rufeinig fod Mair wedi rhoi genedigaeth i'r Iesu ddwywaith, fel Dyn ac fel Meseia. Di-boen oedd yr enedigaeth gyntaf ond trwy boen a dioddefaint tra bod ei Mab ar y Groes yr esgorodd hi arno fel Iachawdwr dynion. Gweler *New Catholic Encyclopaedia* (1967), IX, 356.

25. Mathew xix.24; Marc x.25; Luc xviii.23.

26. Adlais o eiriau enwog Horas, 'Dulce et decorum est pro patria mori.' *Awdlau*, III, ii, 13: 'Melys a gweddus yw marw dros [eich] gwlad.'

27. 'Nid oes ond un/ Archoll a fai'n erchyll fyth.' O derfyn *La Femme pauvre* Léon Bloy: 'Il n'y a qu'une tristesse, c'est de n'être pas des Saints' (*SL*). Gweler Collection Folio, Mercure de France (1972), 392.

28. Y mae'r cyfeiriad at Herod I ('Fawr'), brenin Palesteina dan y Rhufeiniaid, y dywedir gan Mathew ei fod wedi lladd 'yr holl fechgyn oedd yn Methlem . . . o ddwy flwydd oed a than hynny', mewn ymdrech ofer i ladd y Meseia. Mathew ii.

29. Mathew i.20-3

30. Dull cyffredin o gyfeirio at Satan yn yr Oesoedd Canol, a awgrymir gan sawl testun yn y Beibl. Gweler Salmau 91.3; 124.7; Diarhebion vi.5; I Timotheus iii.7; 2 Timotheus ii.26.

31. Jeremeia xvii.9.

32. Dadleua R. Richards ar sail ei ddadansoddiad o ddefod eglwysig a ddefnyddid wrth esgymuno'r gwahanglwyfus rhag cymdeithas ac eglwys, na chaniateid iddo fynd i'r fynwent: 'Ychydig sail, felly, sydd i'r dyb a goleddid unwaith y caniateid i'r cleifion gymryd rhan yng ngwasanaeth yr offeren trwy ffenestr agored y gellid gweld yr allor trwyddi o'r fynwent' (*Cymru'r Oesau Canol* (1933), 368). Ond gweler olion ffenestr y gwahangleifion mewn llawer eglwys yn Lloegr a Ffrainc, er eu bod wedi eu cau ers canrifoedd. Ceir cipolwg ar safle ac ymddygiad y gwahanglwyfus yn yr Oesoedd Canol yn nofel Syr Walter Scott, *Ivanhoe* (1819).

33. Llygredig, pwdr.

34. Yn hanner cyntaf y llinell hon cawn adlais o ddameg y gŵr goludog, Luc xii.18: 'Mi a dynnaf i lawr fy ysguboriau, ac a adeiladaf rai mwy; ac yno y casglaf fy holl ffrwythau a'm da.' 'C[h]ydau'r mwg' yw 'puff balls'.

35. 'Tawel nos, santaidd y nos'. Efelychiad o'r garol Ellmyneg boblogaidd (SL). Cyfansoddwyd 'Tawel Nos' gan Joseph Mohr (1792–1848), Salzburg ac fe'i gosodwyd gan Franz Gruber (1787–1863), ysgolfeistr ym mhentref Anasdorf, gerllaw.

36. Cymh. isod, nodyn 41.

37. 'Cenwch haul a lloer a seren'. Cymh. Caniad y Tri Llanc. (SL) 'Bendithiwch yr Arglwydd, chwi haul a lleuad; molwch ef, a'i dra-ddyrchafu dros byth. Bendithiwch yr Arglwydd, chwi sêr y nefoedd . . . bob cawod a gwlith . . . chwi aeaf a haf . . . chwi wlithoedd a chawodydd eira . . . chwi fellt a chymylau; molwch ef, a'i dra-ddyrchafu dros byth.' Gweler *Y Beibl Cymraeg Newydd Yn Cynnwys Yr Apocryffa* (1988), 'Yr Apocryffa', 154.

38. Cyfeiria Amlyn yma at sagrafennau'r cymun a phriodas y mae'n eu cysylltu â'r wyrth pan drowyd y dŵr yn win (Ioan ii.1). Yn ôl yr Eglwys Gatholig y mae gwyrthiau'r Testament Newydd a'r sagrafennau'n arwyddion o presenoldeb Duw ac felly o'r cyswllt rhwng ysbryd a chnawd. Cymer y llais, neu'r Gair (fel yn Ioan i.1), fel symbol o agwedd weithrediadol y Duwdod.

39. 'O air annewidiol,/ O saeth aeth o'r llinyn.' Oddi wrth Tudur Aled: 'Gorau yw dal y gair du,/ Annewidiol, na'i wadu;/ Atal saeth, nid dilys hyn,/ A êl unwaith o linyn' (SL). Gweler T. Gwynn Jones (gol.), *Gwaith Tudur Aled* (1926), 'Cywydd cymod Hwmffre ap Hywel a'i gyd-geraint', 267–8.

40. Cymh. 1 Corinthiaid xiii.13; 'Yr awrhon y mae yn aros ffydd, gobaith, cariad, y tri hyn; a'r mwyaf o'r rhai hyn yw cariad.'

41. 'Dwy gelain feinwen a gleddir heddiw.' Gweler *Canu Llywarch Hen*, tud. 14 (SL). Gweler Ifor Williams (gol.), *Canu Llywarch Hen* (1935), 'Celain Urien': 'Y gelein veinwen a oloir heddiw/ A dan brid a mein./ Gwae vy llaw llad tat Owein.'

42. Cân y Bardd, 'Pa ddiasbedain', etc. Seilwyd y gân hon ar lithoedd eglwysig Dygwyl y Gwirioniaid. Gweler *Y Llyfr Gweddi Gyffredin*, yr epistol a'r efengyl. *Kirie eleison*—Arglwydd trugarha (SL). Gweler Datguddiad xiv.1–5: 'Ac mi a edrychais, ac wele Oen yn sefyll ar fynydd Seion, a chyd ag ef bedair mil a saith ugeinmil, a chanddynt enw ei Dad ef yn ysgrifenedig yn eu talcennau . . . ac mi a glywais lef telynorion yn canu ar eu telynau . . . ac ni allodd neb ddysgu y gân, ond y pedair mil a'r saith-ugeinmil, y rhai a brynwyd oddi ar y ddaear. Y rhai hyn yw y rhai ni halogwyd â gwragedd; canys gwyryfon ydynt. Y rhai hyn yw y rhai sydd yn dilyn yr Oen pa le bynag yr elo. Y rhai hyn a brynwyd oddi wrth ddynion, yn flaen-ffrwyth i Dduw ac i'r Oen.' Hefyd Mathew ii.13–18, ac yn arbennig 18: 'Llef a glybuwyd yn Rama, galar, ac wylofain, ac ochain mawr, Rachel yn wylo am ei phlant; ac ni fynnai ei chysuro, am nad oeddynt.'

43. Luc ii.29–30: 'Yr awrhon, Arglwydd, y gollyngi dy was mewn tangnefedd, yn ôl dy air:/ Canys fy llygaid a welsant dy iachawdwriaeth.'

Blodeuwedd

CYFLWYNIAD

Oddi ar iddi ymddangos ar lwyfan fach Garthewin yn Awst 1948 addaswyd *Blodeuwedd* gan sawl cynhyrchydd, yn y Gymraeg a'r Saesneg, i sawl dull o berfformio ac i amryw gyfryngau ac y mae'n dal yn fyw yn y theatr heddiw. I raddau y mae'n rhannu'r poblogrwydd hwn gyda *Siwan* (1954), ond y mae'n fwy cyforiog o ran ystyr, yn fwy awgrymog o ran deunydd ac yn fwy cyfoethog o ran dull theatraidd na'r ddrama hanesyddol honno.

Rhaid bod y llwyddiant hwn yn rhannol ddyledus i'r ffaith fod *Blodeuwedd* yn gyfraniad amlwg a phendant i ddadl athronyddol sydd wedi bod yn ganolog i lenyddiaeth Ewrop ers dechrau'r bedwaredd ganrif ar bymtheg—ac yn wir sydd cyn hyned â'r theatr ei hun. Y mae'r ddadl hon yn ymwneud â'r natur ddynol a phriod sefyllfa'r unigolyn yn ei berthynas â'r byd. Yng ngeiriau James Joyce, a ddyfynnir gan Saunders Lewis, a ddylid ystyried cymdeithas yn rhwyd sy'n maglu'r unigolyn yn ei ymdrech i hedfan yn rhydd o bob cyfyngder, ynteu'n berllan gysgodol lle y datblyga nes dod i'w lawn dwf?[1]

Yr un yw'r ddadl hon â'r ddadl rhwng clasuriaeth a rhamantiaeth, rhyddid a disgyblaeth, ac i raddau rhwng y fenyw a'r dyn sy'n mynnu ei chaethiwo a'i gorfodi i gyflawni gofynion cymdeithas a'i ofynion ef ei hun. Yn *Blodeuwedd* cymer ffurf neilltuol ddiddorol, fel dadl rhwng dwy agwedd ar ramantiaeth. Craidd y ddrama, yn ôl Saunders Lewis, oedd y gwrthdaro rhwng 'y ddau fath o ddelfryd a geir yn y farddoniaeth Gymraeg'— 'delfrydau'r cywyddwyr' yr oedd wrthi'n eu hastudio'n frwd ar ôl ei benodi'n ddarlithydd yn Abertawe yn 1922 a'r 'rhamantwyr diweddar' yr oedd wedi ei fagu arnynt ers dyddiau ysgol.[2] Yng nghymeriad Blodeuwedd cawn ymgorfforiad o'r ysbryd beiddgar rhamantaidd a'r chwant am gyflawni'r hunan yn anad dim; ac yn Llew gwelwn gynrychiolydd yr hen athroniaeth geidwadol sy'n pwysleisio'r cysylltiad hanfodol rhwng dyn a'r byd a'i lluniodd.

Tyfodd *Blodeuwedd* yn wreiddiol yn sgil y profiad o weld cyflwyniad arbennig o *Medea* y dramodydd Groegaidd, Euripides.[3] 'Y ffaith yw,' meddai Saunders Lewis wrth Morris Jones yn 1948, 'gwelais Sybil Thorndike (yn ifanc) yn actio Medea Euripides yn y Repertory yn Lerpwl yn 1921—a dyna a roes y syniad o Flodeuwedd imi gyntaf.'[4] Yn y ddrama honno cafwyd esiampl o gymeriad trasig mewn gwrthdaro ffyrnig â'r byd ac ag elfennau o'i phersonoliaeth ei hun. Yn ôl y chwedl a oedd yn sail i ddrama Euripides, ffodd Medea o dŷ ei thad Aeetes, brenin Colchis, ar ôl iddi gwympo mewn cariad â Jason a'i gynorthwyo i ddwyn y cnu aur yr anfonwyd ef yno i'w gyrchu. Ar y ffordd yn ôl i Roeg lladdodd ei brawd iau a gwasgaru aelodau ei gorff ar y dyfroedd er mwyn arafu ymlid llongau Aeetes. Wedyn, unwaith eto mewn ymgais i gynorthwyo Jason, ymarferodd Medea'r swynion hud y daethai â hwy i Roeg o'i chynefin yn Asia, ond drwy wneud hynny symbylodd wrthymateb ffyrnig gan y Groegwyr a barodd iddi ffoi gyda Jason ac erfyn am loches yn ninas Corinth.

Yn ddiamddiffyn yng Nghorinth, cymer Jason y cyfle i briodi Glauce, merch y brenin, gan sicrhau dyfodol iddo ef a'i blant. Nid oes dim i'w rwystro o safbwynt y gyfraith, am nad yw'n briod â Medea. Ond ac yntau wedi dewis anwybyddu ei hawliau emosiynol hi, try Medea yn ffyrnig, a chwilia am fodd i ddial arno, costied a gostio. Daw o hyd i'r ffordd fwyaf echrydus o wneud hynny, trwy ladd Glauce a'i thad ag anrhegion gwenwynig a lladd ei phlant ei hun â chleddyf. Yna, wrth ddianc o'r ddinas gyda chymorth hud, y mae'n dannod i'w gŵr ei frad a chwerthin am ben ei siom a'i alar.

Hanfod cymeriad Medea yw'r eithafiaeth emosiynol sy'n ei gyrru yn ei hymdrech i ddial ar Jason. Ni wêl ef fod y fath eithafiaeth yn bosibl. Iddo ef, fel Groegwr, y mae trefn y bywyd cymdeithasol a'r adeileddau sy'n cynnal cymeriad ac urddas dyn yn werthoedd heb eu hail. Wrth ymateb i gŵynion chwerw'r fenyw y bu ei holl lwyddiant yn ddibynnol arni, ymddengys yn hynod hunanfoddhaus:

> I give thee thanks, howe'er the help was wrought.
> Howbeit, in my deliverance, thou hast got
> Far more than given. A good Greek land hath been
> Thy lasting home, not barbary. Thou hast seen
> Our ordered life, and justice, and the long
> Still grasp of law not changing with the strong
> Man's pleasure. Then all Hellas far and near
> Hath learned thy wisdom, and in every ear
> Thy fame is.[5]

Nid yw'n deall fod Medea yn disgwyl iddo ymateb i'r teimladau diamod a'i gyrrodd hi i aberthu popeth er ei fwyn ef. Derbyniodd ef ei serch ar y pryd am fod arno angen ei chymorth, a meddyliodd y byddai hi'n dysgu sut i ddisgyblu ei theimladau dan ddylanwad gwareiddiad Groeg. Y mae ei oerni ef, a'i allu i resymegu, lle nad yw hi'n gallu credu bod rhesymeg yn ddilys, yn ei gwylltio ac y mae meddwl am yr hyn a gyflawnodd drosto yn ei gyrru hyd at wallgofrwydd. Y mae hyd a dyfnder ei dicter tuag at Jason yn gymesur â'r serch a'i symbylodd i'w amddiffyn ar hyd blynyddoedd eu hanturiaethau. Ac y mae'r dicter hwnnw yn pwyso arni'n drymach na holl ddioddefaint y fam sy'n lladd ei phlant. 'Thou too hast grief,' medd Jason iddi. 'Thy pain is fierce as mine.' Ond fel Blodeuwedd, gall Medea orfoleddu yn y boen a ddaw o ganlyniad i'w hymdrech ddiamod i gyflawni gofynion ei natur egr. 'Call me what thing thou please,' medd wrth Jason, 'My claws have gripped thine heart, and all things shine . . . I love the pain, so thou shalt laugh no more.'[6]

Cymeriad arall a gyfrannodd at y portread o Flodeuwedd oedd Hermione

Racine. 'Ddarllen'soch chwi erioed Act IV o *Andromaque* Racine?', gofynnodd Saunders Lewis i un o'i gyfeillion ar ôl cyhoeddi'r ddrama gyfan: 'Y mae tipyn o Hermione ym Mlodeuwedd hefyd.'[7] Fel Medea, ni chydnebydd Hermione unrhyw gymhelliad a fedrai ei rhwystro rhag cyflawni gofynion ei natur. Wrth glywed fod ei dyweddi, Pyrrhus, am briodi Andromaque, y mae Hermione yn addo priodi Oreste, ar yr amod ei fod yn lladd Pyrrhus wrth yr allor. Yna cawn olygfa debyg i'r olygfa honno yn *Medea*, lle y cyferfydd Jason â Medea mewn ymdrech ofer i ymresymu â hi, pan ddaw Pyrrhus i esgusodi ei ymddygiad. Cyhyd â'i bod hi'n amau amcan yr ymweliad hwn, y mae Hermione yn barod i dynnu'n ôl ei gair i Oreste. Ond pan wêl nad yw Pyrrhus wedi dod ati ond er mwyn esgusodi ei frad, y mae Hermione yn caniatáu i'r llofruddiaeth fynd yn ei blaen, er y gŵyr na all fyw hebddo. Y mae ei geiriau olaf wrtho'n llawn eironi creulon: 'Dwg at droed yr allorau y galon sydd wedi'm diystyried i/ Rhed, brysia; ond eto disgwyl mewn ofn i'm darganfod yno.'[8] Yna, pan glyw fod y llofruddiaeth wedi ei chyflawni,[9] yn lle cadw ei haddewid i Oreste, rhuthra at yr allor a'i thrywanu ei hun uwchben y corff.

Rhaid cofio nad gyda'r weledigaeth o botensial difaol nwyd personol a gyfleir yn nhrasiedïau Euripides a Racine y dechreuodd *Blodeuwedd* ond gyda phrofiad theatraidd, perfformiad neilltuol gan actores arbennig a adawodd ei stamp corfforol ar ddychymyg Saunders Lewis. Yn y gobaith, 'that some day and some where there might be a Welsh-speaking Sybil Thorndike', yr ysgrifennodd ef ddwy Act gyntaf y ddrama. Ac wedyn, ar ôl iddo roi'r ddrama o'r neilltu daliai perfformiad trawiadol yr actores i weithio yn ei feddwl. 'I thought on and off for some years about that revelation of *Medea*', meddai. 'It was Miss Thorndike's Medea that gave me the first idea of a kindred character in Welsh legend.'[11]

Ym Mawrth 1920, pan gyflwynodd hi Fedea am y tro cyntaf mewn cyfres o *matinées* ar lwyfan yr Holborn Empire, yr oedd Sybil Thorndike yn dri deg wyth oed ac yn actores brofiadol. Yn ôl sylwebyddion cyfoes yr oedd ar fin dod i'r brig fel actores yn y cyfnod hwnnw, wrth iddi actio mewn cyfres o berfformiadau o dan gyfarwyddyd ei gŵr, Lewis Casson. Meddai W.A. Darlington, 'These performances were a revelation to me . . . None of the critics had seen tragic performances of this calibre since the war . . . those two performances still glow in my memory . . . I believe they had a true tragic grandeur.'[12] Yr oedd Darlington yn ddyn ifanc a'r pryd hwnnw'n feirniad dibrofiad, ond ategwyd ei frwdfrydedd gan lais awdurdodol beirniad *The Times*, a welodd ym mherfformiad Sybil Thorndike gyfuniad o egni ac amrywiaeth brwd a sicrhaodd y byddai sylw'r gynulleidfa wedi ei hoelio arni hi.

> The exacting part of Medea—who is nearly always on the stage and for ever sounding the top note of jealous fury—offers Miss Sybil Thorndike a fine opportunity, and she takes it finely. Her gestures, her facial play, her raucous

tones, her alternations of pathetic softness and shrill exasperation, her general air of being a pathological 'case' poeticized all have the true tragic style; in the very whirlwind of her passion there is no lapse from beauty.[13]

Cymerai ryw flwyddyn a hanner i'r argraff a wnaethpwyd gan y perfformiad trawiadol hwn arwain Saunders Lewis at hanes Blodeuwedd. Nid cyn Chwefror 1922, ar ôl ysgrifennu *The Eve of St John* a *Gwaed yr Uchelwyr*, yr ysgrifennodd Saunders Lewis at Margaret Gilcriest i ddweud wrthi am y thema newydd: 'There's a glorious theme, taken from the Mabinogion, the faithfulness of Flowerform, the girl the magicians made of flowers. I take advantage of her nature origin to make her a fey heroine, one who follows her instincts like all creatures of earth, careless what disaster she may bring on others.'[14]

Felly yr oedd Medea Thorndike ym meddwl Saunders Lewis drwy'r adeg y bu wrthi'n cyfansoddi'r ddwy ddrama gyntaf, pan ymdrechai i gyflawni ei benderfyniad mawr i gefnu ar yr unigolyddiaeth esthetig a ddysgodd gan Walter Pater.[15] Dengys hyn mor sylfaenol yn ei feddwl oedd yr edmygedd a'r cynnwrf a gynhyrchwyd ynddo gan yr arwriaeth ramantaidd a ymgorfforwyd ym mherfformiad Sybil Thorndike. Rhaid cofio mai ymgorfforiad o'r arwriaeth honno a welodd y dramodydd yn y ferch a wnaethpwyd o flodau pan drawodd arni ar dudalennau cainc olaf y *Mabinogi*. Dyna sy'n esbonio fod ganddi ryw elfen o gymhlethdod nas gwelir yn hudoles anwar Euripides nac yn arwres nwydwyllt Racine, a bod rhyw elfen o amwysedd yn agwedd y dramodydd tuag ati sy'n rhannol gyfrifol am y cyfnod maith a gymerodd i gyfansoddi'r ddrama.

Blaenffrwyth y dröedigaeth araf a symbylwyd ym meddwl Saunders Lewis gan Barrès oedd y diffiniad o geidwadaeth ddiwylliannol a fynegwyd yn ei feirniadaeth o'r ysweiniaid Cymreig.[16] Arweiniodd hyn ef at y diffiniad o'r estheteg Gymreig a seiliodd ar ddehongliad gwreiddiol o waith y cywyddwyr. Mynegwyd hyn yn gyntaf yn ei werthfawrogiad o Ddafydd Nanmor a gyhoeddwyd yn yr un gyfrol o *Y Llenor* ag y cyhoeddwyd ail Act *Blodeuwedd*. Disgrifia Ddafydd fel bardd y gwareiddiad Cymreig, yn myfyrio ar drysorau gwareiddiad ei oes, ar 'berchentyaeth a cheinder ystafelloedd a mwynderau sidan a gwleddoedd amryflas a llawenydd cwmnïaeth'.[17] Deallodd Dafydd nerth ac ystyr traddodiad y tŷ a gyflwynodd fel gwely afon, â dŵr y cenedlaethau newydd yn llifo ynddo. 'A deallodd mai dyma hanfod gwareiddiad pendefigaidd,' medd Saunders Lewis, 'ac mai hwn yw campwaith bywyd y ddynoliaeth, sef sefydlu'r egwyddor fawr o geidwadaeth a bonedd, a chymundeb y cenedlaethau.'[18]

Y gwerthoedd hyn sy'n ysbrydoli Llew Llaw Gyffes.[19] Iddo ef y mae serch yn deimlad amodol, yn rhan o'r holl adeiladau mewnol ac allanol sy'n cynnal gwareiddiad. Felly, pan glyw gyfaddefiad ffuantus Blodeuwedd yn Act II, gan gredu ei bod hi yn ei garu ef o'r diwedd, sieryd am y berthynas berffaith y mae'n ei hestyn ati fel sail i adeilad, neu lwyn o goed a fydd yn eu hamddiffyn yn erbyn y byd. Y mae Llew am greu teulu ac iddo'r un swyddogaeth â'r tŷ a ddisgrifiwyd gan Ddafydd Nanmor, ac er mwyn hynny y mae angen serch arno. Nid yw serch yn ddigon ynddo ef ei hun.

> Ninnau'n dau,
> Fe godwn inni deulu yn Ardudwy
> A fydd fel llwyn o'n cwmpas. Yno tyf
> Y gwiail ifanc gyda'r henwydd praff,
> A byddwn megis perllan glud, gysgodol,
> A chariad yn fagwyrydd rhyngom ni
> A chwaon oer unigedd.[20]

Yng ngenau Llew, wrth gwrs, derbynnir y geiriau hyn gan y gynulleidfa'n amodol, oherwydd eu bod yn ymwybodol o'r hunanoldeb a'r oerni emosiynol y mae Blodeuwedd yn edliw iddo, ac y mae'n eu cyfaddef ei hun erbyn y diwedd. Yn wir, camp Saunders Lewis fel dramodydd, yw ei allu i greu sefyllfa ar lwyfan lle y mae gwerthoedd a gyflwynir yn ddiamod yn ei feirniadaeth yn dod wyneb yn wyneb ag ystyriaethau sy'n gwrthdaro â hwy.

Sail llwyddiant Saunders Lewis, hyd yn oed yn nwy Act gyntaf *Blodeuwedd*—er eu bod yn gymharol anaeddfed—oedd ei allu, drwy rym barddoniaeth, i ymgorffori'r gwrthdaro rhwng y gwahanol werthoedd a gysylltodd ef â Blodeuwedd a Llew, yn eu perthynas. Yr oedd hyn yn ganlyniad i'r modd y gwelodd Flodeuwedd yn y lle cyntaf, yn ymgorfforiad o arwriaeth ramantaidd, yn cynnwys y gwrthdaro sylfaenol a oedd yn y cymeriad ei hunan. Ond wrth i Saunders Lewis ddatblygu'r berthynas rhwng gŵr a gwraig, tyfodd Llew hefyd i fod yn gymeriad llawn. Felly, er y gwahaniaethau rhyngddynt, sieryd Blodeuwedd a Llew yr un iaith a theimlant yr un boen. Gan Lew ei hun y clywn gyntaf am y rhwystredigaeth a'r gwylltineb a brofa Blodeuwedd yn ei lys, wrth iddo fynegi ei bryderon a'i rwystredigaeth ef ei hun. Ac er gwaethaf ei gwrthryfel, a'r gwawd a fynega hi tuag at ochelgarwch gwaraidd ei gŵr, teimla Blodeuwedd yr union unigedd sy'n ei lethu ef. Yr oedd yna agendor rhwng Jason a Medea nad oedd y naill na'r llall yn medru ei amgyffred. Ond y mae i Flodeuwedd, er yn 'creature of earth', dynerwch sy'n ei thynnu'n agos iawn at y creaduriaid dynol o'i chwmpas. Pan sieryd â Rhagnell am ei theimladau yn yr Act gyntaf mynega hiraeth am yr hyn y mae amodau ei chreu wedi ei hamddifadu ohono: '. . . chwilia Wynedd draw/ A Phrydain drwyddi, nid oes dim un bedd/ A berthyn imi, ac mae'r byd yn oer,/ Yn estron imi, heb na chwlwm câr/ Na chadwyn cenedl.' Y mae'r iaith a ddefnyddia i fynegi ei chwant dilywodraeth am ryddid a hunanfoddhad yn union yr un iaith ag a ddefnyddia Llew i ddathlu cyflawni uchafbwynt ei gariad amodol. 'Fy unig frawd,' medd Blodeuwedd wrth Ronw, 'Paid â'm dwyn oddi yma', ac ymhen eiliadau wedyn, ar ôl iddo ef ymadael â'r llwyfan, clywn adlais o'i geiriau yn apêl y Llew am ei chariad hi: 'Chefais i ddim tiriondeb chwaer na brawd./ Mae arnaf hiraeth am dy gariad, ferch.'

Oherwydd hyn teimlwn gymhlethdod yn ymddygiad Blodeuwedd nas gwelir naill ai ym Medea nac yn Hermione a gwelwn y gŵr a'r wraig yn dod lawer yn nes at ei gilydd nag y gwna cymeriadau Euripides a Racine. Dyna sy'n rhoi cymaint o egni dramatig i ymadawiad Llew yn Act I ac sy'n cyfiawnhau cryfder ymateb Blodeuwedd i gorn hela Gronw. Pan ddaw Gronw i'r llwyfan teimlwn fod ei ddyfodiad yn datblygu rhesymeg sy'n cyfiawnhau ymddygiad Blodeuwedd. Yr un pryd yr ydym yn ymwybodol o freuder a thristwch yr hyn y mae'r cariadon yn ei ennill a'r pris y maent yn ei dalu amdano. Wrth ddenu Gronw i gytundeb â hi y mae Blodeuwedd yn gwneud iddo wadu'r holl werthoedd nad oes modd iddi hi eu rhannu. Rhydd ddewis hollol glir o'i flaen: 'Ond dewis rhyngom, gyfaill, rhyngddynt hwy,/ Foesau diogel, dof gwareiddiad dyn,/ A holl ryferthwy fy nghusanau i.' Dyna eiliad ei buddugoliaeth, yn denu dyn oddi ar ei wareiddiad at 'holl unigedd rhyddid'. Dyna eiliad ei geni hi hefyd, ond genedigaeth i fyd dynion yw, lle na chaniateir rhyddid perffaith. Hyd yn oed ar ôl ei gwrthryfel y mae syniadaeth ei gŵr yn dal i reoli rywfaint ar ei meddwl. Gwelwn hyn hyd yn oed yn ei haraith olaf, sy'n cau'r Act gyntaf yn 1923. 'Un yw bywyd oll/ Mewn coed a dynion,' meddai hi, gan osod rheol natur yn erbyn 'defod frau' cymdeithas. Dyna 'holl gyfrinach bywyd dyn' y mae hi newydd ei geni iddo, sef y 'traserch brwd' a gwyd o 'flys-fwriadau natur'. Ond hyd yn oed tra myn ei hannibyniaeth a'i rhyddid rhag hualau gwareiddiad, daw cof am ei hiraeth i ddatgelu breuder ei buddugoliaeth: 'Ymysg teuluoedd nid wyf unig mwy.'

Y mae cryn reswm dros gredu i Saunders Lewis gyflawni sylwedd ei weledigaeth wreiddiol gyda dwy Act gyntaf y ddrama a bod angen arno naill ai gweledigaeth newydd neu brofiad newydd cyn gallu symud ymlaen a gorffen y ddrama. Yn ddiau, y mae angen esbonio pam y cymerai *Blodeuwedd* chwarter canrif i'w chwblhau!

Dechreuodd Saunders Lewis ysgrifennu *Blodeuwedd* yn llawn brwdfrydedd yn Chwefror 1922, gyda'r bwriad o'i chwblhau ymhen chwe mis a'i chyflwyno, fel *Gwaed yr Uchelwyr*, ar lwyfan y Cwmni Theatr newydd.[21] Er ei frwdfrydedd, cymerodd lawer mwy na chwe mis i orffen yr Act gyntaf, efallai am ei fod yn ei chael hi'n anodd cael y tawelwch meddwl yr oedd ei angen arno er mwyn cyfansoddi drama yn ystod y tymor.[22] Rhaid bod y siom a ddeilliodd o fethiant y Cwmni Theatr wedi effeithio arno hefyd, gan mai i raglen arfaethedig y cwmni hwnnw y cynlluniodd ef *Blodeuwedd* yn wreiddiol. Sut bynnag, yr oedd y broses o gyfansoddi wedi arafu'n sylweddol erbyn iddo benderfynu cyhoeddi'r Act gyntaf yn *Y Llenor*, rywbryd yn Hydref 1923. Erbyn hynny, er iddo ddweud mewn ôl-nodyn yn *Y Llenor* ei fod yn bwriadu cyhoeddi'r ddrama gyfan erbyn 1924, yr oedd wedi dechrau colli ffydd ynddi. Dywedodd wrth Kate Roberts rywbryd yn Hydref 1923 fod y penderfyniad a ddylai drafferthu i'w gorffen neu beidio'n dibynnu ar y derbyniad a gâi'r Act gyntaf.[23] Ni wyddys sut yr ymatebodd i'r derbyniad hwnnw, ond cymerodd ddwy flynedd arall ymron cyn cyhoeddi'r ail Act er ei fod wedi ei dechrau yng Ngorffennaf 1923.[24]

Erbyn i'r ail Act ymddangos yn *Y Llenor* yr oedd wedi cefnu ar y theatr i ymgymryd â'r dyletswyddau gwleidyddol y bu'n gaeth iddynt tan 1936; gellid tybio fod hynny'n rheswm digonol dros beidio â gorffen *Blodeuwedd*.[25] Cymerodd Kate Roberts yn ganiataol mai ysgrifennu i *Y Ddraig Goch* a'i cadwodd rhag ei waith llenyddol, pan achwynodd hi ym Mawrth 1928, 'mai'r rhai a fedrai ddarparu llenyddiaeth i Gymru sy'n gorfod ceisio achub ei henaid'.[26] Ymddengys na roddodd Saunders Lewis y gorau i'r gobaith y gallai ei gorffen rywbryd, ond y mae'n rhaid derbyn mai beirniadaeth wleidyddol oedd y tu ôl i'r addewid a wnaeth yn 1931: ped etholid ef i'r Senedd y flwyddyn honno, y treuliai'r amser y byddai Lloyd George yn siarad yn ysgrifennu Act III.[27]

Ddwy flynedd yn ddiweddarach daliai'r gwleidydd i chwarae â'r syniad o ddychwelyd at y ddrama. Dywedodd mewn llythyr at Kate Roberts y pryd hwnnw ei fod newydd ailddarllen y ddwy Act gyntaf a'i fod yn synnu eu bod yn well nag yr oedd wedi ei feddwl. 'Os caf hamdden yr haf yma,' meddai, 'odid na cheisiaf eu gorffen hwy'n bedair act.' Ond ychwanegodd, 'ni allaf hynny heb esgeuluso'r Blaid am dymor', a methodd â gwneud hynny nes rhoi'r gorau i'w brif gyfrifoldebau ar ôl 1936.[28]

Ond wedyn, pan ddaeth cyfle, gwthiodd *Buchedd Garmon* (1937) ac *Amlyn ac Amig* (1940) *Blodeuwedd* o'r neilltu am y tro. Nid oedd sôn yn y cyfnod rhwng 1936 ac 1947 am ei awydd i ailafael yn hanes y ferch a wnaethpwyd o flodau. Gallai hynny fod oherwydd iddo golli cysylltiad â'r theatr yn y blynyddoedd hynny—comisiynau gan y BBC a'i symbylodd i ysgrifennu dramâu eraill y cyfnod hwnnw. Yna yn 1947 llwyfannwyd *Amlyn ac Amig* gan grŵp o chwaraewyr amatur a ffurfiodd gwmni rheolaidd yn sgil llwyddiant y cynhyrchiad hwnnw. Am rai blynyddoedd wedi'r cyfnod hwnnw cyplyswyd gyrfa Saunders Lewis fel dramodydd ac yn neilltuol fel dramodydd theatr, â'u gweithgarwch hwy ac â thynged Theatr Garthewin dan gyfarwyddyd y cynhyrchydd Morris Jones.[29] Cyflwynwyd *Amlyn ac Amig* yn niwedd Ionawr 1947 a dywedodd Saunders Lewis yn blaen wedyn mai safon y cynhyrchiad hwnnw a roddodd iddo'r argyhoeddiad angenrheidiol. 'Nid oedd gennyf ddim awydd i orffen *Blodeuwedd*,' meddai wrth Morris Jones, 'nes clywed fod o'r diwedd gynhyrchydd ac actorion a fynnai ddramâu o ddull gwahanol i'r hyn a wneir fynychaf ar lwyfan yng Nghymru.'[30] Ni wyddys yn fanwl pam y trodd yn ôl at y ddrama,[31] ond erbyn Mai 1947 ysgrifennodd i ddweud ei fod wrthi'n ei gorffen a'i fod am ei chynnig i'r cwmni newydd, ond yn betrusgar serch hynny:

> Y mae'n ddigon posibl na bydd fy nrama i *Blodeuwedd* yn gymmwys i gwmni Morris Jones. Os oes ganddo lyfrgell cyfleus gall weld Act I a 2 yn *Y Llenor*, 1923 a 1925, ond fy mod yn newid ychydig hefyd. Gobeithiaf orffen y cwbl erbyn Medi, os caf hamdden a llonydd. Ond gall Morris Jones farnu wrth y ddwy act gyntaf a fedr ei gwmni ef gymryd ati—cael merch i actio Blodeuwedd fydd y gamp. Anfonaf y Ms atoch chi erbyn Medi.[32]

Rhaid bod Morris Jones wedi cydio'n awchus yn y cynnig. Y mis nesaf cyhoeddodd i'r byd mewn darllediad radio ei obaith, 'to present a new play by Saunders Lewis, *Blodeuwedd*, a play based on the Mabinogion'.[33] Er gwaethaf anawsterau'r cyfnod a phrinder petrol, dechreuodd ymarferion yng ngwanwyn 1948 a chyflwynwyd y ddrama o'r diwedd ar lwyfan fach Garthewin ar 15 a 16 Hydref 1948.[34]

Ni cheir gwell sylwadau nag eiddo Kitchener Davies ar y newid y soniodd Saunders Lewis amdano wrth Morris Jones. Dangosodd sut yr oedd Saunders Lewis wedi ymdrechu i'w hystwytho, gan anelu at gyflwyno 'barddoniaeth sgwrs' yn hytrach na'r iaith lenyddol letchwith a welir yn y fersiwn cynharach.[35] Yn y dau ddegau cynnar, pan fu wrthi'n cyfansoddi dwy Act gyntaf *Blodeuwedd* tueddai Saunders Lewis i bwysleisio seiliau llenyddol iaith drama, gan ymateb yn groes i'r beirniaid a'r dramodwyr cyfoes a ddadleuai dros hawliau tafodiaith rydd. 'Tasg y dramodydd yw sgrifennu Cymraeg *llenyddol* nad yw ddim yn Gymraeg llyfr', meddai yn 1924:

Canys y mae llenyddiaeth yn cynnwys mwy na llyfrau, a llawer mwy. Fe gynnwys ymadrodd a chân, ac fe all gynnwys drama. A Chymraeg llenyddol *mewn drama* yw Cymraeg (1) sy'n perthyn trwy draddodiad i Gymru gyfan; (2) sy'n cadw at ffurfiau traddodiadol mewn geiriau a chystrawen, yn ôl arfer beirdd ac awduron yr oesau; (3) sy'n esmwyth ac yn effeithiol i glust pob Cymro a gafodd diwylliant Cymreig.[36]

Yn y pedwar degau daliai egwyddorion y dramodydd yr un, er bod y pwyslais wedi newid yn raddol. Cofiwn iddo ddweud yn rhagair *The Eve of St John*, 'drama's chief business is talk'[37] a chyda *Buchedd Garmon* ac *Amlyn ac Amig* ymdrechodd yn gyson i wneud iaith ei ddramâu yn gyfrwng hyblyg i gyfleu dyfnderoedd mwyaf cyfriniol profiadau ei gymeriadau. Pwysleisiodd hyn wrth ysgrifennu at Morris Jones yn 1948 ac anfon ato deipysgrif o *Blodeuwedd* ac arni gywiriadau:

Credaf y bydd y cywiriadau yn help i'r actorion siarad y fydryddiaeth yn naturiol. Yr wyf yn awyddus iawn iddynt gadw pob rhetoreg, pob blas adrodd eisteddfodol, yn gyfan gwbl allan o'r datganu. <u>Tensity</u>, *[sic]* dwyster naturiol pobl yn meddwl yn galed <u>wrth siarad â'i gilydd</u>, dyna'r hyn sy'n iawn, onid e?[38]

Dangosodd Kitchener Davies sut y newidiodd Saunders Lewis destun y ddwy Act gyntaf yn 1947 fel ag i ystwytho'r iaith a'i gwneud yn gyfrwng cyfathrebu mwy naturiol, gan negyddu â'r gair 'dim' yn lle'r negydd 'ni', gan symleiddio geiriau, dileu cyfeiriadau amherthnasol a lleihau gormodedd.

Cymerais ddeugain llinell yn Act I . . . gan ddechrau gyda '*Blod*: A'th fonedd a'th draddodiad, moesau da dy deulu . . . ' a chael yr acen yn disgyn yn gwbl brennaidd er angerddoled y testun. Am bob un ymadrodd gafaelgar fel 'cawod fel fy ngwallt', 'corn a seiniodd yn fy mron', 'fy insel ar y min', ceir dau ymadrodd llwydaidd fel 'gwyllt ryferthwy cusanau', 'syched yn fy enaid', 'sagrafen serch', 'tragwyddol gariad', ac weithiau drosiad cymysg fel 'câr a chyfaill a chywely yn ganllaw oes'. Ceir ffurfiau 'llyfr' fel 'a'i cudd' ac ansoddeiriau, naw waith o'r pymtheg, o flaen yr enw, nifer ohonynt yn ddiangenrhaid (gwyllt ryferthwy), neu'n farw (trist gaethiwed), neu'n segurgrand (hynafiaid gwiw) . . . . [Y]n y ddrama argraffedig dilewyd pob un bron o'r pethau hyn. Gall a fynno gymharu, a gweld troi ansoddeiriau'n enwau a berfau, eu gweld yn newid lle, neu'n diflannu.[39]

Aeth y broses hon o symleiddio ac ystwytho deialog ymlaen ar ôl 1948, oherwydd pan gafodd Saunders Lewis gyfle i adolygu'r testun ar gyfer cynhyrchiad teledu Emyr Humphreys yn 1960 cyflwynodd sawl addasiad newydd o'r un math.[40] Y mae'n amlwg fod y rhan fwyaf o'r newidiadau diweddarach hyn wedi'u symbylu gan yr angen i fyrhau'r testun ar gyfer y cyfrwng newydd, ond dengys y lleill fod y dramodydd yn dal yn ymwybodol o anystwythder iaith y ddrama. Felly, yn araith Gronw, lle y mynega ei ddewis o 'fwynder heno' yn lle gobaith ansicr y dyfodol, aeth y geiriau, 'Mi ddewisais . . . D'ewyllys di ar orsedd f'einioes mwy' yn 'D'ewyllys di a'r funud hon am byth'. Ac yn lle'r 'angerdd cariad' y cyfeiria Blodeuwedd ato yn ei haraith nesaf yn nhestun 1948, cawn 'chwerthin serch'. Yn yr un ysbryd newidiwyd 'Ac ni ŵyr bleiddiaid erlid arogl blodau', a oedd wedi goroesi o fersiwn cyntaf Act II, i ''Dyw'r bleiddiaid ddim yn erlid arogl blodau'. Felly hefyd yn Act IV disodlwyd y negydd 'ni' yn llinell chwerw Gwydion, 'Ni ddywedaf hynny. Mae sawl math ohonoch' gan y ffurf lafar, 'Ddyweda'i mo hynny'.[41]

Er pwysiced y newidiadau hyn, nid ydynt yn effeithio nemor ddim ar sylwedd Act I a II fel y'u cyhoeddwyd yn *Y Llenor* ac o ganlyniad nid ydynt yn ein cynorthwyo i ddeall y newid mawr yr oedd ei angen yn agwedd Saunders Lewis i'w alluogi i ddychwelyd at y ddrama a'i chwblhau ar ôl pum mlynedd ar hugain. Eto y mae'n ddiddorol sylwi mai mewn cysylltiad ag iaith y soniodd Saunders Lewis ei hun am y newid hwn, pan ysgrifennodd at y Dr Gwenan Jones yn 1949: 'Do, mi dderbyniais o fwriad dipyn o iaith y dirfodaethwyr—ai dyna'r term am yr Existensialwyr?—wrth ail-wampio act 1 a 2 o *Flodeuwedd*.'[42] Y mae'r datganiad hwn yn fwy trawiadol yn rhinwedd y ffaith nad ymddengys ei fod yn wir![43] Ni welir yn y naill fersiwn na'r llall o'r ddwy Act gyntaf dystiolaeth o ddylanwad iaith y dirfodwyr, ond ar y llaw arall y mae'n bosibl y gellid profi fod yna duedd i'r cyfeiriad hwnnw yn iaith Act III a IV, fel y'u hysgrifennwyd yn 1948, o'u cymharu ag Act I a II y ddau fersiwn. Hynny yw, gellid darllen y datganiad a wnaeth Saunders Lewis yn 1949 fel cyfeiriad at y ffaith ei fod yn ymwybodol o ddylanwad y dirfodwyr yn y broses o gwblhau'r ddrama.

Ni wyddys bopeth y bu Saunders Lewis yn ei ddarllen yn y cyfnod rhwng *Buchedd Garmon* a'r flwyddyn 1947, pan deimlodd yn ddigon hyderus i ailgydio yn hanes Blodeuwedd, Llew a Gronw. O blith gweithiau'r dirfodwyr, ai dramâu diweddar Camus a Sartre—*Caligula* (1938) *a Le Malentendu* (1945), *Les Mouches* (1942) a *La Putain respectueuse* (1946)—a ystyrir, ynteu weithiau mwy haniaethol fel *L'Etre et le Néant* Sartre (1943) a'i lyfryn *L'Existentialisme est un humanisme* (1947)?

Efallai y daw mwy o wybodaeth am y pethau hyn i law rywbryd, ond yn y cyfamser erys un peth yn glir, sef bod safbwynt Saunders Lewis yn 1947 yn hollol wahanol i'w safbwynt ar ôl gorffen *Gwaed yr Uchelwyr*, a'i fod bellach o ganlyniad yn gweld modd o symud ymlaen gyda hanes Blodeuwedd. Ar ddiwedd Act I cawn Ronw yn nwylo Blodeuwedd, wedi ffeirio'i ewyllys a'i anrhydedd am hud ei serch. Cawn ddatblygiad o'r sefyllfa yn Act II, gyda Gronw'n derbyn y cynllun i lofruddio Llew ac yntau'n ei hudo gan Flodeuwedd i roi iddi gyfrinach ei dynged. Ni chawn yn Act III ond datblygiad pellach o'r sefyllfa hon, gyda llofruddiaeth Llew. Ond yn Act IV y daw'r digwyddiad y try'r ddrama'n o'i gwmpas, sef datganiad Gronw y bydd yn aros yn y gaer am ddychweliad Llew a'i angau ei hun.

Gyda'r penderfyniad hwn, a ddaw mewn fflach gyda'r wybodaeth fod y flwyddyn o ryddid ar ben, newidir cymeriad Gronw a'i swyddogaeth yn y ddrama. Gyda'r newydd fod Llew yn fyw ac ar ei ffordd yn ôl, daw persbectif newydd i Ronw, sy'n ei alluogi i roi realiti presennol ei fywyd gyda Blodeuwedd ochr yn ochr â'i atgofion am agwedd wahanol ar ei hunaniaeth y collodd afael arni dan ddylanwad eiliad o serch: 'Mi welaf Benllyn, gwelaf fy mebyd yno,' meddai wrth Blodeuwedd, 'A'm gweld i'n awr, och ffiaidd, a'th dremio dithau.'

Gyda'r newid hwn yng Ngronw y mae Saunders Lewis yn rhydd i ddod â'r ddrama i'w therfyn, er gwaethaf ei ffyddlondeb i'w weledigaeth wreiddiol o ferch a wnaethpwyd o flodau at wasanaeth dyn. Hyd yn oed yn 1949 daliai dan ddylanwad y creadur a oedd wedi ymffurfio yn ei ddychymyg ymron ddeng mlynedd ar hugain ynghynt. Yr oedd yn dal i faddau iddi odineb, brad, llofruddiaeth gudd a'r gwawd a deimlodd ei gŵr yn fwy chwerw na'r lleill i gyd. 'Nid gwraig ddi-foesoldeb, ddiddynoliaeth, y tu allan i'r natur ddynol yw Blodeuwedd, ond *y* wraig, yr Efa dragwyddol . . . A hi sy'n ennill y ddadl yn yr act olaf, onid e? Nid Dafydd Nanmor, sef Llew.'[44] Ennill Blodeuwedd y ddadl yn erbyn ei gŵr, yn wir, fel y cyfeddyf ef, ond y mae hi wedi colli'r ddadl gyda Gronw, heb unrhyw arf i osgoi min a chwerwder ei eiriau: 'Collais i lwybrau dynol i ddilyn ffagl/ A phibau hud y gors, a suddais ynddi.'

Nid oes dim yn y stori wreiddiol i awgrymu'r dehongliad hwn o gymeriad Gronw. Y mae'n addasiad sylweddol mewn fersiwn theatraidd sy'n hynod ffyddlon i ffurf a sylwedd yr hen chwedl. Ac y mae'n addasiad sy'n mynegi aeddfedrwydd awdur *Monica* (1930) a'r astudiaeth *Williams Pantycelyn* (1927) yn hytrach na'r rhamantiaeth frwdfrydig a'i llethodd wrth iddo gloi hanes hunanaberth Luned ddeng mlynedd ar hugain ynghynt. Y mae'n adlewyrchu'r union ffydd yng ngallu dyn a dynes i ddatrys tyndra a gwrthdaro niweidiol mewn gweithgarwch pendant a welir ym mhrif weithiau'r dirfodwyr Ffrengig. Y mae tebygrwydd cryf rhwng gweithred

Gronw wrth iddo gyhoeddi'r newid a ddarganfu ynddo ef ei hun a gweithredoedd hunanddiffiniadol eraill yn nramâu Sartre. Cawn, er enghraifft, benderfyniad disymwth Hugo ar ddiwedd *Les Mains sales* (1948) i dderbyn ei farwolaeth dan ddwylo dienyddwyr y Blaid, er mwyn glynu wrth ei ddiffiniad ef o'i weithredoedd blaenorol. Fel gweithred Gronw, y mae hon hefyd yn weithred hanfodol ddramatig am ei bod yn peri i gymeriad weithredu mewn modd sy'n newid amgyffred y gynulleidfa o'r hyn sydd wedi digwydd ynghynt.

Y mae gweithred Gronw yn newid cyfeiriad *Blodeuwedd* ac yn rhoi dimensiwn newydd i'r ddrama nad oes arlliw ohono yn y fersiwn cynnar. Ond gan dderbyn hynny, y mae'n bwysig cofio nad yw'n cloi'r ddadl rhwng Llew a Blodeuwedd, nac yn difetha hud yr hanner ellyll. Fel yr â Blodeuwedd oddi ar y llwyfan newidir sŵn ei chwerthin i sgrech hir tylluan a gorfodir y gynulleidfa i dderbyn cyfiawnder y trawsffurfiad hwn—camp ddiwethaf hud ei dewin hi, sy'n digwydd oddi ar y llwyfan.[45] Tra bo Blodeuwedd gyda ni y mae hi'n dal i weithredu'n egnïol, ac yn gwbl hunanfeddiannol. Yn 'Efa dragwyddol', deil i ryfela'n erbyn ei ffawd hi, ffawd ei gŵr a'r ddynoliaeth gyfan, siom, unigedd a phoen byw. Y mae hi'n ein harwain, felly, dros riniog theatr aeddfed ei chreawdwr. Ni fynegwyd y profiad hwn yn ei ddramâu o'r blaen; ond ni fyddai'n absennol eto.

Nodiadau

[1] Ynglŷn â'r rhwyd, gweler 'By way of apology', *Dock Leaves*, (Winter 1955), 12; am y berllan, gweler geiriau Llew a ddyfynnir isod, n.20.

[2] Llythyr at y Dr Gwenan Jones. Gweler 'Golwg newydd ar *Flodeuwedd*', *Taliesin*, 65 (Rhagfyr 1988), 82–3.

[3] Yr oedd Euripides (484–406/7), Soffocles ac Aeschylus yn driawd o ddramodwyr trasig y theatr Roegaidd hynafol. Euripides oedd yn gyfrifol am gyflwyno elfennau newydd, beiddgar i'r theatr glasurol ac am danseilio'r confensiynau y'i seiliwyd arnynt.

[4] Llythyr at Morris Jones, 14 Ionawr 1948, Papurau Garthewin (23), Llyfrgell Genedlaethol Cymru.

[5] *The Medea of Euripides*, translated into English Rhyming Verse by Gilbert Murray (1910), 30. Dyfynnaf o destun Murray, yn Saesneg, oherwydd dyna'r fersiwn oedd ar gael i Saunders Lewis.

[6] Ibid., 75.

[7] Llythyr at y Dr Gwenan Jones, 'Golwg newydd ar *Flodeuwedd*'. Pwysleisiodd Saunders Lewis ddylanwad Racine ar *Blodeuwedd* wrth ysgrifennu at Robert Wynne ynglŷn â newidiadau a awgrymwyd gan yr actor Huw Griffith: 'The changes he proposes seem to me to make another play, not the one I've written, but a much more romantic one. I'm convinced that a Welsh audience will listen to a Racinian kind of tragedy, and that is what I attempted in *Blodeuwedd*.' Gweler llythyr dyddiedig 21 Awst 1949, ym meddiant Mrs Menna MacBain, Garthewin.

[8] *Andromaque* (1668): 'Porte au pied des autels ce cœur qui m'abandonne,/ Va, cours; mais crains encor d'y trouver Hermione.' *Théâtre Complet de Racine*, Editions Garnier (1980), IV, 4, 1386.

[9] Nid gan Oreste ei hun ond gan y Groegwyr y mae wedi eu harwain i'r deml. Ymddiheura i Hermione am nad oedd ond yn rhannol gyfrifol am farwolaeth Pyrrhus a dywed mai drosti hi y'i trawyd: 'Vous pouvez justement vous flatter/ D'une mort que leurs bras n'ont fait qu'exécuter.' V, 3, 1531–2.

[10] 'By way of apology'.

[11] 'By way of apology', 10. 'Ie, pryd tywyll sy' orau i Flodeuwedd', ysgrifennodd at Morris Jones, 'oherwydd un felly oedd yr actores a'i hysbrydolodd hi.' Papurau Garthewin (23), Llyfrgell Genedlaethol Cymru.

[12] Wedi ei ddyfynnu yn Sheridan Morley, *A Life in the Theatre* (1977), 61–2. Y ddau berfformiad y cyfeirir atynt yma yw *Medea* a Hecuba *Menywod Troia* gan Euripides.

[13] *The Times*, 9 March 1920, 14, col.2.

[14] Mair Saunders Jones, Ned Thomas and Harri Pritchard Jones (eds), *Saunders Lewis Letters to Margaret Gilcriest* (1993), 483, 16 Chwefror 1922.

[15] Gweler ei erthygl, 'Maurice Barrès. Prif lenor Ffrainc. Cysylltiad dyn a'i genedl', *Y Faner*, 24 Ionawr 1924, ac Ioan Williams, *A Straitened Stage* (1991), 1, 'Slow and piecemeal', 21–7.

[16] Gweler 'Trasiedi', *Y Ddraig Goch*, Gorffennaf 1926 ac uchod, t.50, n.47.

[17] R. Geraint Gruffydd (gol.), *Meistri'r Canrifoedd* (1973), 85.

[18] Ibid., 88.

[19] Llythyr at y Dr Gwenan Jones, 'Golwg newydd ar *Flodeuwedd*'. Gweler isod, t.216, n.44.

[20] Gweler isod, t.252.

[21] Gweler uchod, t.37.

[22] Gweler *Letters to Margaret Gilcriest*, 513, 29 Hydref 1923: 'There's only one thing I can't do during terms, and that is to write my play. Play-writing, especially in verse, absorbs all my mind, so that I daren't look at it until lectures are finished for a month.'

[23] Dafydd Ifans (gol.), *Annwyl Kate, Annwyl Saunders* (1992), 5.

[24] Gweler *Letters to Margaret Gilcriest*, 506, 3 Gorffennaf 1923: 'I've worked profitably the last three weeks, and the first act of my Welsh blank verse play on the Mabinogion story of "Flower-Aspect" is done. I'm at the second act now.'

[25] Gweler uchod, t.102.

[26] *Annwyl Kate, Annwyl Saunders*, 35, 20 Mawrth 1928.

[27] Ibid., 85, 15 Mehefin 1931.

[28] Ibid., 101, 17 Mai 1933. Ynglŷn â digwyddiadau 1936–7 gweler uchod, tt.101–2. Rhoddodd Saunders Lewis y gorau i'w swydd fel llywydd y Blaid ar ôl dod allan o Wormwood Scrubs, am resymau ariannol. Gweler *Letters to Margaret Gilcriest*, 628.

[29] Ceir trafodaeth fanwl ynglŷn â'r berthynas rhwng Saunders Lewis a Morris Jones ac yswain Garthewin yn H.W. Davies, *Saunders Lewis a Theatr Garthewin* (1995).

[30] Llythyr at Morris Jones, 14 Rhagfyr 1947, Papurau Garthewin (23), Llyfrgell Genedlaethol Cymru.

[31] Ysgrifennodd at Robert Wynne, 21 Awst 1947, i gynnig iddo ef a Morris Jones ddarllen y ddwy Act gyntaf. Erbyn hynny yr oedd wedi gorffen Act III ond heb ei hysgrifennu'n lân. Erbyn dechrau Hydref yr oedd yn ysgrifennu at Robert Wynne eto ac yn anfon Act IV.

[32] Llythyr at Robert Wynne, heb ddyddiad. Gweler Papurau Garthewin (23), Llyfrgell Genedlaethol Cymru. Dewisodd Morris Jones Miss Nora Jones i chwarae rhan Blodeuwedd. Y mae'n debyg fod Saunders Lewis yn bryderus amdani tan y diwedd. Dywedodd mewn llythyr at Robert Wynne, ar ôl gweld un o'r ymarferion diweddaraf: 'Os gall Blodeuwedd, sef Miss Nora Jones, gadw angerdd rhai o'i hareithiau y Sadwrn diwethaf a pheidio â gwenu, fe all hi synnu pawb yn y diwedd.' Gweler llythyrau ym meddiant Mrs Menna MacBain, Garthewin.

[33] Ibid. Y mae'n debyg fod Morris Jones wedi penderfynu derbyn y ddrama erbyn canol mis Medi. Cyfeiriodd Saunders Lewis at y ffaith ei fod wedi clywed fod yr actorion wrthi'n dysgu geiriau erbyn 14 Medi. Gweler llythyr at Robert Wynne, 14 Medi 1947, ym meddiant Mrs Menna MacBain, Garthewin.

[34] Y mae'n debyg mai prinder petrol a methiant y cwmni i berswadio'r bwrdd rheoli petrol i ddarparu dogn ar gyfer ymarferion a arafodd y broses o gyflwyno *Blodeuwedd*. Robert Wynne a lwyddodd ar eu rhan yn y diwedd i gael tanwydd i'r injan a symud yr olwynion!

[35] Cafodd Kitchener Davies weld y ddrama orffenedig pan oedd wrthi'n paratoi yr erthygl a gyhoeddodd yn Pennar Davies (gol.), *Saunders Lewis ei feddwl a'i waith* (1950), 90–121, ond rhybuddiodd Saunders Lewis Morris Jones rhag gadael iddo weld y fersiwn gwreiddiol! Gweler llythyr at Morris Jones, 29 Rhagfyr 1947, Papurau Garthewin (23), Llyfrgell Genedlaethol Cymru.

[36] *Doctor Er Ei Waethaf. Comedi gan Molière*, Cyfres y Werin, 13 (1924), 35.

[37] Gweler uchod, t.14.

[38] 23 Chwefror 1948, Papurau Garthewin (23), Llyfrgell Genedlaethol Cymru.

[39] J. Kitchener Davies, 'Saunders Lewis a'r ddrama Gymraeg' yn *Saunders Lewis ei feddwl a'i waith* (1950), 100–1.

[40] Ymddengys fod Saunders Lewis yn awyddus i adolygu'r ddwy Act gyntaf eto yn 1958, pan ysgrifennodd at Robert Wynne ynglŷn â'r cynllun i neilltuo'r Ŵyl gyfan i'w weithiau ef: 'Do they intend to do *Blodeuwedd*? Would the producer be willing to accept a revision of the first act, perhaps the first two acts, from me? But this is going into details too soon.' Gweler llythyr dyddiedig 17 Awst 1958, ym meddiant Mrs Menna MacBain.

[41] Dynodir newidiadau 1961 yn y testun isod, lle y mae bachau petryal yn dangos geiriau a llinellau a dociwyd y pryd hwnnw ac y mae seren yn cyfeirio at ychwanegiad a roddir ar droed y dudalen. Yr wyf yn ddyledus iawn i Emyr Humphreys am ganiatâd i gofnodi'r newidiadau hyn.

[42] Llythyr at y Dr Gwenan Jones, 'Golwg newydd ar *Flodeuwedd*'.

[43] Dywed Saunders Lewis hefyd yn y llythyr hwn ei fod wedi defnyddio llinell o *Othello* yn *Blodeuwedd*, 'os iawn y cofiaf, ddwywaith'.

[44] Llythyr at y Dr Gwenan Jones, 'Golwg newydd ar Flodeuwedd!'.

[45] Awgrymir mewn llythyr a ysgrifennodd Margaret Lewis at wraig Robert Wynne yn syth ar ôl y perfformiad cyntaf o *Blodeuwedd* mai ychwanegiad yn

ystod y broses o ymarfer neu hyd yn oed wrth berfformio oedd sgrech y gwdihw: 'The owl call was a splendid addition at the end.' Gweler llythyrau ym meddiant Mrs Menna MacBain, Garthewin. Ceir trafodaeth ynglŷn â sgrech y gwdihŵ ynghyd â llawer o ddeunydd perthnasol i *Blodeuwedd* yn *Saunders Lewis a Theatr Garthewin*, 119–20 a passim.

Blodeuwedd

Drama Mewn Pedair Act

Personau'r Ddrama

Blodeuwedd
Llew Llaw Gyffes
Gwydion
Gronw Pebr
Rhagnell
Penteulu Penllyn
Milwyr a gweision

Y mae tridiau rhwng yr Act gyntaf a'r ail, blwyddyn rhwng yr ail a'r drydedd, ac eto flwyddyn rhwng y drydedd a'r bedwaredd.

NODYN

Gofynnwyd i Saunders Lewis awgrymu newidiadau i destun *Blodeuwedd* ar gyfer fersiwn radio a gyfarwyddwyd gan Emyr Humphreys ac a recordiwyd ar 17 Gorffennaf 1961. Rhoddir y darnau a dorrwyd gan y dramodydd ar gyfer y cynhyrchiad hwn mewn bachau petryal yn y testun isod. Dynodir newidiadau eraill gan sêr yn y testun.

Y testun a geir isod yw'r testun llawn a gyhoeddwyd gan Wasg Gee ym mis Awst 1948. Cyflwynir testun y ddwy act gyntaf fel y'u cyhoeddwyd yn *Y Llenor*, II (Gaeaf, 1923), 231–44, a IV (Gaeaf, 1925), 196–210 ar dudalennau 287–317 isod.

Llwyfannwyd *Blodeuwedd* gyntaf gan Chwaraewyr Theatr Garthewin, 15 a 16 Hydref 1948. Cyhoeddwyd y nodyn canlynol yn y rhaglen a baratowyd ar gyfer y cynhyrchiad hwnnw:

> Yn y Bedwaredd Gainc o'r Mabinogi y ceir stori Blodeuwedd. Nid yw'r stori yn y ddrama yn dilyn y gwreiddiol yn union; yn y terfyn, sef yn y bedwaredd act, y mae'r newid mwyaf, ond manylion yn unig a newidiwyd.
>
> Brenin Gwynedd oedd Math. Yr oedd ganddo ddau nai, Gwydion a Gilfaethwy. Trwy help Gwydion treisiodd Gilfaethwy forwyn yn llys Math. O'r herwydd cosbwyd y ddau frawd drwy eu troi'n anifeiliaid gwylltion, gwryw a benyw bob yn ail, am rai blynyddoedd. Wedyn rhoisant eu chwaer Arianrhod i fod yn forwyn i'r brenin. Ond pan roddwyd prawf arni i wybod a oedd hi'n forwyn yn wir, rhoes hi enedigaeth i efeilliaid. Dihangodd un yn sydyn i'r môr, i fod yn dduw y tonnau. Cipiodd Gwydion y llall a'i guddio am gyfnod. Pan ddangosodd ef i'w fam, digiodd hi'n aruthr a rhoi tair tynghedfen arno: na châi ef ddim enw, na châi ef ddim arfau heb iddi ei wisgo ag arfau, ac na châi ef fyth wraig o blith dynion. Trwy ddewiniaeth Gwydion gorchfygwyd y ddwy dynged gyntaf. Yna cymerodd Math a Gwydion flodau y deri a blodau'r banadl a blodau'r erwain, ac o'r rheini swyno'r forwyn decaf a welodd dyn erioed, a rhoi'r enw Blodeuwedd arni. Chwedloniaeth yw'r stori, ond dangosodd Dr Jung[1] mor llawn o broblemau bywyd dynion yw eu chwedloniaeth.

RHAGAIR

Yn *Y Llenor*, yn 1923 a 1925, yr ymddangosodd y ddwy act gyntaf o'r ddrama hon. Wedyn, am amryw resymau, rhoddais hi heibio. Yn 1947 gofynnodd Chwaraewyr Garthewin am ddrama gennyf i'w hactio. Euthum yn ôl at *Flodeuwedd* a thrwsio peth ar ymadrodd y ddwy act gyntaf a gorffen y gwaith. Yr oeddwn yn falch o'r cyfle.

Byddai'n help i'w deall hi a deall y cymeriadau petai'r gynulleidfa Gymreig mor gyfarwydd â'r Mabinogi ag oedd cynulleidfa'r dramawyr Groegaidd â'u hen chwedlau hwy.[2] Gobeithiaf er hynny fod y ddrama'n dweud ei stori yn ddigon eglur i bawb. Newidiais mor ychydig ag a fodlonai ofynion theatr ar y stori wreiddiol. Am yr iaith a'r fydryddiaeth ni ddywedaf ond hyn: ceisiais beri i'r iaith lenyddol a'r mesur di-odl awgrymu dulliau a rhithmau siarad pobl a fo'n meddwl yn ddwys ac yn teimlo i'r byw wrth siarad. Barddoniaeth sgwrs yw barddoniaeth drama.

Cedwais ffurfiau'r enwau priod Llew Llaw Gyffes a Gronw Pebr, er mai Lleu yw enw cywir y cyntaf a Gronw Pybyr neu Befr yw'r ail. Ond i ddrama heddiw y mae Llew yn enw sy'n gynefin a Gronw Pebr yn drawiadol. Yr oedd yn demtasiwn sbelio *Nantlleu* i ddwyn y cysylltiad i gof, ond byddai'n dramgwydd ar y llwyfan. Defnyddir *iarll, iarlles*, er mai i gyfnod llawer diweddarach yn ein hanes y perthyn y termau. Rhaid imi gael dweud fy niolch i'r Athro G.J. Williams[3] am ddarllen proflenni a rhoi help gwerthfawr, ac i Wasg Gee am eu cymorth a'u cydweithrediad.

YR ACT GYNTAF

(Caer yn Ardudwy.[4] GWYDION *a* LLEW LLAW GYFFES.*)*

LLEW LLAW GYFFES *(yn curo â'i ddwylo)*:
    Ho, deled yma un . . .

    *(*GWAS *yn dyfod.)*

    Ydy'r meirch yn barod?

GWAS: Mae'r meirch a'r nifer, Arglwydd, yn barod oll,
A'r arfau aur a'r pali, dy anrhegion.

LLEW LLAW GYFFES:
    P'le mae'r arglwyddes?

GWAS: Yn ei hystafell, Unben,
Yn brodio, hi a'i morynion, ac yn gwrando ar delyn y bardd.

LLEW LLAW GYFFES:
    Dos ati, dywed wrthi,
    Fe deithiwn heddiw deirawr tra fo dydd,
    Gwydion a minnau a'r milwyr gyda ni;
    Doed hithau ar frys i ganu'n iach i ni.

GWAS: Af, Arglwydd.

    (Yn mynd.)

LLEW LLAW GYFFES:
    O, fy ewythr a'm tad-maeth,
    Chei di ddim yng Ngwynedd ŵr mor druan â mi.

GWYDION: Twt twt. Paid â gwamalu. Taw â'th stŵr.

LLEW LLAW GYFFES:
    Nid oes ar y ddaear ŵr mor druan â mi,
    A chas fy mam a'i thynged yn fy erlid
    O'r groth hyd heddiw, cas a dig a thynged.

GWYDION: Ai ti sy'n siarad felly, a gafodd y cyfeillgarwch mwyaf a fu erioed? Ti, yn blentyn siawns a daflwyd dros y drws cyn iti brin anadlu, [a thithau'n eiddilach na chyw iâr newydd dorri 'i blisgyn]? Ti y bu tair tynged enbytaf o'r byd arnat, a

LLEW LLAW GYFFES:
: minnau'n eu rhwystro oll, yn rhoi iti enw, ac arfau, a'r wraig ryfeddaf a grewyd, a'r arglwyddiaeth decaf yn nheyrnas Math ei hun? Cywilydd arnat.

LLEW LLAW GYFFES:
: Chafodd neb erioed well cyfaill na thi, Wydion.

GWYDION:
: Naddo, na neb arall y blinder a gefais i gyda chyfeillion. [Dyna fy mrawd, Gilfaethwy, y bûm i fyw flynyddoedd gyda'r bwystfilod o'i herwydd, heb wybod fy rhan yn y byd, yn wryw a benyw bob yn ail, a theulu bondigrybwyll gennyf. Ac wele dithau, a phwy ŵyr pa ddrwg a gaf i o'th achos, a rhyw chwant dy ddinistrio ar dy fam dy hun, heb i mi ei rhwystro.]

LLEW LLAW GYFFES:
: [A threch]* yw dial mam na'th gariad di.

GWYDION:
: Sut ynteu? Fe chwalwyd ei dyfeisiau hi, on'd do? Pan wrthododd hi roi enw iti, mi berais innau dy enwi. Hi'n rhoi tynged arnat na chaut ti fyth arfau, minnau'n peri dy wisgo di â'i dwylo hi ei hunan. Hithau'n dy dynghedu na chaut ti fyth wraig o blith merched dynion, minnau'n codi iti o'r blodau y forwyn lanaf a welodd llygaid.

LLEW LLAW GYFFES:
: Ond eto, ddihengais i ddim rhag llid fy mam—
'Dyw Blodeuwedd ddim megis merched eraill.

GWYDION:
: Debyg iawn. Yr wyf i'n hen ac yn brofiadol dros ben, ac yn fy nydd mi gerais i wragedd a bwystfilod lawer, ond yn fy myw welais i erioed ferch yn debyg i ferched eraill.

LLEW LLAW GYFFES:
: Gwydion, gwrando, nid oes iddi blant.

GWYDION:
: Yr wyt ti'n ffodus. Y plentyn diwethaf a gefais i—blaidd oedd o.

LLEW LLAW GYFFES:
: Byth, anghofia' i fyth y bore gwyn
Y gwelais i Flodeuwedd gynta' erioed:
Tydi a Math yn cerdded dros y lawnt,
[A rhyngoch chi, yn noeth fel blodau'r wawr,
A'r gwlith heb sychu ar ei bronnau oer,

---

*Ond trech

                    Bronnau diwair megis calon lili
                    Pan blygo'r nos i'w mynwes, cerddai hi,
                    Enaid y gwanwyn gwyrf mewn corff o gnawd.]*
                    Edrychais arni, hithau arnaf i,
                    A gwisgo'i noethni â'm cusanau brwd;
                    A'r breichiau hyn, breichiau trachwantus ienctid—
                    Fy mreichiau a fu mor wag—ei gwregys dur.

GWYDION: Yr hen chwedl. Yr wyf i wedi cofleidio'r benywod oll. A chred fi, was, ar fore o wanwyn yr un ansawdd sydd i gnawd y ferch dyneraf ac i wrych baedd.

LLEW LLAW GYFFES:
                    Ond, f'Arglwydd Wydion, 'roedd hi'n oer, yn oer.
                    Torrai fy nghalon, gurai ar ei bron,
                    Fel torri gwydr ar gallestr. Yn ei gwedd
                    Ni welais i wrid erioed, ond harddwch lloer
                    Yn gwawrio yn ddihitio dros y byd.
                    Dieithr ac estron yw ei gwaed. Un nos
                    Enbyd o wynt a glaw, dihangodd hi
                    Allan o'm gwely i ryferthwy'r storm;
                    Dilynais innau hi mewn llid ac amau,
                    A chleddau dan fy nghlog. Ond ddaeth neb ati,
                    Ni fentrodd blaidd o'i ffau y noson honno,
                    A hithau'n dawnsio yn y ddrycin wyllt.

GWYDION: Anodd yw tynnu dyn oddi ar ei dylwyth.

LLEW LLAW GYFFES:
                    Mewn dychryn gwaeddais i arni, ond chlywodd hi ddim,
                    A'r gwynt yn rhuo'n ddinistr dros y coed.
                    Yr oeddwn i ar goll mewn byd annirnad
                    Lle ffynnai craig a glaw a storm a nos
                    A hi, Flodeuwedd. Rhedais ar ei hôl,
                    A gweiddi'n uwch, a gafael yn ei braich:
                    'Fe'm deliaist,' medd hi'n drist, fel un yn deffro
                    O freuddwyd pell, 'Fe'm deliaist, ie, awn adre'.'
                    A gwelais innau yn y dymestl honno
                    Nad oedd i mi ddim cyfran yn ei bywyd.

GWYDION: Dyma Flodeuwedd.

                    (Hithau yn nesu yn araf.)

---

*A rhyngoch chi yn noeth, fe gerddai hithau
 Heb wybod ei bod hi'n noeth a'i gras yn wisg.

LLEW LLAW GYFFES:
    Och, fod calon rew
    Dan ddwyfron sy'n cynhyrfu serch fel haul
    Cyntaf Mehefin.

BLODEUWEDD:
    Arglwydd, daeth dy neges.

LLEW LLAW GYFFES:
    Ie, Arglwyddes, rhaid yw inni fynd.

BLODEUWEDD:
    A Gwydion yntau?

GWYDION: Minnau hefyd, Arglwyddes.

BLODEUWEDD:
    Mae'r dydd yn fyr, a buan fydd y nos.
    Arglwydd, aros dro; [ni fynnwn i
    Fod hebot heno.]*

LLEW LLAW GYFFES:
    Fyddi di ddim yn unig,
    Mae gennyt weision lawer a morynion.

BLODEUWEDD:
    Fûm i ddim hebot ti erioed o'r blaen.
    Mae arna' i ofn fy ngadael.

LLEW LLAW GYFFES:
    Ers pa bryd?

BLODEUWEDD:
    Mae f'ysbryd i'n anesmwyth. Ddaw dim da
    O'th fyned heddiw. Aros ienctid gwawr;
    Cei heulwen ar dy lwybyr i Gaer Dathal.[5]

LLEW LLAW GYFFES:
    Na, na. Mae pawb yn barod; rhaid inni fynd,
    A Math y brenin yn ein disgwyl ni.

BLODEUWEDD *(yn troi at Wydion)*:
    Fy Arglwydd ddewin, ydw i yn hardd?

GWYDION: Pa gastiau hud yw hyn?

---

    *fynnwn i ddim
    Bod hebot heno.

BLODEUWEDD:
> Na hud na chast.
> Tydi a ddaliodd f'ysbryd rhwng y dail,
> Dywed, ai da y gwnaethost?

GWYDION *(yn syllu arni)*:
> Myn fy nghledd,
> Welodd llygaid ddim glanach na thi, ferch,
> Tydi yw campwaith fy hudoliaeth oll.

BLODEUWEDD:
> Pam ynteu, a mi'n gofyn gan fy ngŵr
> Yr unig ffafr a geisiais i erioed,
> Nas rhydd ef imi?

GWYDION: Yr unig ffafr, fy nith?

BLODEUWEDD:
> Yr unig un.

GWYDION: Fe fuost yn ffôl, Flodeuwedd,
> Fe ddylsit ei ddisgyblu â gofynion
> A blino'i enaid â mympwyon fil;
> Fel yna y cei di ffafr gan ddynion.

BLODEUWEDD:
> Ie,
> Gŵyr merched taeog fwy na mi am ddynion.
> Fy Arglwydd Wydion, gwnaethost imi ddrwg
> Pan roist gadwyni cnawd ac esgyrn arnaf;
> Anniolch it, mi ddylwn dy gasáu.
> Ond y mae ynof reddf i'th hoffi di;
> Fe dreuliaist tithau hafau dan y dail,
> A gwyddost sawr y pryfed gwylltion, ffel.

GWYDION: Ust. Paid â sôn am hynny rhag fy ngh'wilydd.

BLODEUWEDD:
> O enaid, beth yw c'wilydd? Wn i ddim
> Sut mae cywilyddio . . . Aros dithau yma
> Nes delo f'arglwydd ataf i drachefn.
> Fe fyddi'n ddiogelwch imi 'rhawg.

(GWAS wrth y drws.)

GWAS: Arglwydd, mae'r osgordd yma'n d'aros di,
> Pawb ar ei farch yn barod.

LLEW LLAW GYFFES:
    Ie, awn.
    Tyrd, fy nghyfaill, mae hi'n amser cychwyn.

GWYDION: Ffarwél, Arglwyddes. 'Rydw i yn hen,
Fe flinit tithau ar fy nghwmni llwyd.
Mae peraroglau'r Mai o'th amgylch di,
Wywodd mo'r blodau a glymwyd yn dy wedd.
Bydd ifanc fyth; ffarwél.

BLODEUWEDD:
    Fy Arglwydd mwyn,
    A welir ni'n tri eto fyth ynghyd?
    Mae 'nghalon i yn drom. Ffarwél . . .

(GWYDION yn mynd.)

    Fy Llew,
    Pe'm credit i, chychwynnit ti ddim heddiw;
    Mi wn yn f'esgyrn na ddaw da o hyn.

LLEW LLAW GYFFES:
    Alla' i ddim byw yn ôl oriogrwydd merch.

BLODEUWEDD:
    Mi adwaen i'r tymhorau'n well na thi,
    A phryd bydd newid gwynt a glaw a hindda—
    Sut nad adwaenwn felly dymor dyn?

LLEW LLAW GYFFES:
    Nac ofna ddim. Tynged sydd arna' i
    Fel na ddaw drwg na niwed imi'n hawdd.
    [Bydd dithau'n ddoeth. Na chrwydra ymhell o dre',
    Na ddos i'r coetir unig yn yr hwyr,
    Ond aros yng nghyfannedd y rhodfeydd
    Gyda'th forynion.]* Bydd yn wych, Flodeuwedd,
    [Ni byddaf i ond tridiau]*. Ffarwél, ffarwél.

    (Exit. BLODEUWEDD *yn ei thaflu ei hun ar lwth ac yn wylo.*
    Daw ei morwyn, RHAGNELL, *i mewn a'i chael hi felly.)*

---

*Ar ôl brawddeg Llew, 'Tynged sydd arna' i/ Fel na ddaw drwg na niwed imi'n hawdd', rhoddodd Saunders Lewis frawddeg i Flodeuwedd, 'Fe all drwg ddyfod i mi.' Yna dileodd hyn a rhoi yn ei le, 'Paid â rhyfygu. Lle mae dyn mae niwed.' Yna gwnaeth i Lew ateb, 'Rwyf innau'n ddyn./ Pa raid imi ofni dyn?' Etyb Blodeuwedd yn eironig, 'Gall niwed ddyfod i mi.'

*Fydda' i ddim ond tridiau

RHAGNELL: Flodeuwedd, Iarlles, beth yw'r gofid hwn?
[Flodeuwedd, ateb fi.]

BLODEUWEDD:
Mae f'Arglwydd wedi 'ngadael i.

RHAGNELL: Beth os do?
Fydd hynny ond tridiau. Fe ddaw'n ôl drachefn
Yn fuan iawn.

BLODEUWEDD:
Ragnell, [ni wyddost ti]*
Yr ofn sydd yn fy nghalon.

RHAGNELL: Taw, Arglwyddes.
Pa raid it' ofni? Dy gastell di yw hwn,
A thi piau'r wlad, a'th air di yw ei deddf,
[Ac nid oes yma neb nad yw'n dy garu.
Mi roddwn innau 'mywyd er dy fwyn
Pe byddai raid.]*

BLODEUWEDD:
[Na, na.] Nid ofni dynion
Yr wyf. Ond [ofni gwacter,] ofn unigedd.
Fe aeth fy arglwydd ymaith.

RHAGNELL: Beth yw hyn?
Mi'th glywais droeon yn dymuno ffoi,
[A'th felltith ar y gŵr a'th wnaeth yn briod:]
Pa newid ddaeth?

BLODEUWEDD:
O, ni ddeelli fyth,
Fyth, fyth, fy ngofid i, na thi na neb.
Wyddost ti ddim beth yw bod yn unig.
Mae'r byd i ti yn llawn, mae gennyt dref,
Ceraint a theulu, tad a mam a brodyr,
Fel nad wyt ti [ ]* yn ddieithr yn y byd.
Mae'r man y troediodd dynion yn gyfannedd,
A Gwynedd oll, lle bu dy dadau gynt,
Yn aelwyd iti, yn gronglwyd adeiladwyd

---

*wyddost ti ddim
*Newidiwyd y llinell gyntaf yma i "Does yma neb nad yw'n dy garu di', cyn ei dileu gyda'r lleill.
*ddim

Gan genedlaethau dy hynafiaid di;
'Rwyt ti'n gartrefol yn dy wlad dy hun
Megis mewn gwely a daenwyd er dy fwyn
Gan ddwylo cariad a fu'n hir yn d'aros;
Minnau, [nid oes]* i mi ddim un cynefin
Yn holl ffyrdd dynion; chwilia Wynedd draw
A Phrydain drwyddi, nid oes dim un bedd
A berthyn imi, ac mae'r byd yn oer,
Yn estron imi, heb na chwlwm câr
Na chadwyn cenedl. Dyna sut yr ofnaf—
Ofni fy rhyddid, megis llong heb lyw
Ar fôr dynoliaeth. [Clyw, pa gorn sydd acw?

(Clywir corn hela ymhell.)

RHAGNELL: Rhywrai yn hela yn y coetir draw.]

BLODEUWEDD:
Fe aeth fy arglwydd ymaith. Na, ni bu
Erioed serchogrwydd rhyngom. Ŵyr ef ddim
Am y nwydau dyrys sy'n fy natur i,
Ac ni wn innau fyw fel ef yn ddof,
Diantur, a dibynnu ar gyfeillion
Am bob llesâd a gafas yn ei oes.
[Ond ymysg dynion fo yw'r unig un
A berthyn imi. 'Does neb ond efô
Yn ddolen rhyngof i a'r gwŷr teuluaidd
Na wyddant barch ond achau. Hebddo ef
Mae 'mywyd i'n ddi-ach ac yn ddiangor
A her a pherygl natur yn fy ngwaed.]
'Nawr Duw i'm plaid nad arnaf i bo'r dial
Pan ddelo'r drwg hwn arnom.

RHAGNELL: Pa ddrwg, Iarlles?
Mae d'eiriau di'n fy nychryn. Dywed wrthyf
Pa storom wyllt sy'n gyrru tan dy gnawd?

(Y corn yn canu'n nes.)

BLODEUWEDD:
[Ust,] gwrando.

RHAGNELL: [Ie, mae'r hela tuag yma.

---

*'does

BLODEUWEDD (*yn tynnu'r forwyn ati a rhoi llaw ar ei chalon*):
    Ragnell, p'le mae dy galon? Och, mor dawel
    Â chalon derwen yn y gaeaf gwlyb.]

(*Y corn yn canu'n agos iawn.*)

    Clyw, ferch. Corn hela. [Hela rhwng y coed,
    A'r carw'n chwipio'r tir yn chwyrn o'i ôl
    Fel rhwyfau'n taro'r don.] Mae ffroenau'r cŵn
    Yn llamu tros y brisg, a charnau'r meirch
    Fel gwynt ar y milltiroedd. O, mae natur
    Mewn hoen afradus acw yng ngloddest byw,
    A'r heliwr yntau'n un ag egni'r ffridd—
    Mi allwn garu heliwr—

(*Y corn yn mynd heibio.*)

    [Dos, dos, ferch,
    A gofyn pwy yw'r marchog sydd yn hela.]

RHAGNELL (*wedi mynd allan yn dychwelyd at y drws*):
    Iarlles, [mae'r hela drosodd a] dacw'r gwrda
    Yn cyrchu tuag yma dros y waun.
    [On'd iawn yw cynnig llety iddo heno,
    A'r nos yn gwasgu arno?]

BLODEUWEDD:
    Sut un yw ef?

RHAGNELL: Ieuanc, ac yn ystwyth ar ei farch
    Fel hebog ar yr awel.

BLODEUWEDD:
    Dyro imi
    Gwpanau aur, a'r gwin a brofais i
    Fore fy nghreu, a dyro ffrwythau im,
    Ceirios ac afalau coch a phêr,
    A derbyn dithau'r marchog;
    Ac arch ei ddiosg ef o'i wisg. Rho ddŵr
    Iddo i ymolchi, a'i arwain tua'r neuadd;
    A bydded heno wledd i'r dieithr hwn,
    Rhag cael ohonof ogan gan fy arglwydd
    O'i ollwng, pan adfeilio'r dydd, i'w wlad.

RHAGNELL: Wele di, Iarlles, fel y dylit fod,
    Yn llawen a charedig. Mi af innau
    I'w wahodd, ac i erchi byrddau llawn

Yn groeso iddo. [Dithau, bydd ysmala,
Anghofia dy ofidiau. Gwledd a dawns
A geiriau mwynion yw dy chwiorydd di,
A'th geraint pawb a'th welo.]

(Yn mynd.)

BLODEUWEDD:
[Bydd dawel, fron anesmwyth, daeth dy awr . . .
Er plygu flwyddyn o dan foesau llys
A defod dynion, ddeil hyn mono' i'n hwy.
Cyffro a rhyddid yw f'elfennau i,
A'm deddf yw chwant, y chwant sy'n gyrru'r had
I chwalu'r pridd a'i ceidw rhag yr haul.
Mae ynof innau egin sy'n mynnu dydd
I dyfu'n fraisg a cheinciog uwch y llwyn
Heb gyllell neb i'w docio. Ac i mi
Gwn fod y marchog hwn yn herodr nwyd.]
Mi adwaen fiwsig corn: nid gwefus fain
Fy ngŵr a chwythodd y fath loyw lef,
Ond llawn wefusau cochion, blysiog, brwysg,
Cymheiriaid gweddus fy ngwefusau i.

RHAGNELL *(wrth y drws)*:
Iarlles, mae'r wledd yn barod, a Gronw Pebr,
Arglwydd Penllyn,[6] yn dy gyfarch di.

BLODEUWEDD:
[Mor foel dy eiriau. Dylai utgorn pres,
Nid tafod merch, gyhoeddi'r enw hwn.
Rho dy fraich imi ac awn i'w dderbyn ef.]

(Y ddwy yn mynd. Gostyngir y golau yn arwydd treulio awr y wledd. Yno golau eto, a'r olygfa fel cynt, oddieithr bod llestri gwin a blodau ar fwrdd. BLODEUWEDD a GRONW PEBR yn dyfod i mewn.)[7]

BLODEUWEDD:
[ ]* Gefaist ti ddigon?

GRONW PEBR:
O fwyd a diod, do.

BLODEUWEDD:
Beth sydd ar ôl?

---

*Gronw Pebr, Arglwydd Penllyn

GRONW PEBR:
> Paid â gofyn, Arglwyddes.

BLODEUWEDD:
> Mae arnat ti ofn dweud.

GRONW PEBR:
> Wn i ddim ofn
> Oddieithr colli urddas ac anrhydedd.

BLODEUWEDD:
> Ddaliwyd na hydd na merch erioed gan ofn.

GRONW PEBR:
> Arglwyddes, a oes ffordd oddi yma heno?

BLODEUWEDD:
> Oes, dros y bryniau lle mae'r bleiddiaid chwim
> Yn udo am eu newyn wrth y lloer.

GRONW PEBR:
> Oes un o'th weision a ddengys imi'r llwybr?

BLODEUWEDD:
> 'Does neb a feiddiai hynny ond myfi.

GRONW PEBR:
> Tydi?

BLODEUWEDD:
> Mae'r nos a minnau yn gynefin,
> [Ac ni ŵyr bleiddiaid erlid arogl blodau]*.

GRONW PEBR:
> Ai gwir mai o'r blodau gwyllt y'th grewyd di?

BLODEUWEDD *(yn cymryd y blodau oddi ar y bwrdd)*:
> [A weli di'r rhai hyn?] Mor dawel ŷnt,
> Fe dd'wedit fod eu harddwch yn dragywydd;
> Ac eto marw a wnân'. Fe'u pliciwyd hwy
> A'u rhoi am orig fer yn addurn gwledd,
> A'u trefnu a'u cynnal felly, ond heb wraidd;
> Mae gwayw eisoes yn eu c'lonnau brath,[8]
> A lludded yn eu bonion. Daw crymu toc,
> A gollwng hyd y llawr eu llwyth o liw

---

*'Dyw'r bleiddiaid ddim yn erlid arogl blodau

A sychu a chrino a threngi cyn eu hoed ...
Iarll, a ddywedi di mod innau'n hardd?

GRONW PEBR:
 Rosyn y byd.

BLODEUWEDD:
 Ac eto, gwywo'r wyf,
 'Does imi wraidd na daear ymysg dynion.
 Mae dŵr i arbed loes y blodau hyn
 A hirio'u terfyn; ond fe'm tynnwyd i
 Gan law drahaus a'm dodi yma i farw
 Heb un elfen garedig i'm cadw'n ifanc.

GRONW PEBR:
 Beth yw d'ewyllys?

BLODEUWEDD:
 Dywed di dy gyfrinach,
 Dywedaf innau wedyn fy ewyllys.

GRONW PEBR:
 Er pan edrychais arnat, mi'th gerais di.

BLODEUWEDD:
 O achos hynny y mynnit ti fy ngadael?

GRONW PEBR:
 Yr wyt ti'n briod, ac wrth fwrdd dy ŵr
 Eisteddais i a bwyta. Onid oedd
 Dyletswydd arnaf tuag ato ef?

BLODEUWEDD:
 A bellach?

GRONW PEBR:
 [O, fe'm collwyd yn dy serch
 Fel na wn i mwyach nac urddas nac anrhydedd.
 Dy wedd, fy mun, yw caer y rhyfeddodau[9]
 A'm swynodd i anghofio pob rhyw ddeddf
 A holl ffyddlondeb bonedd. Ti i mi
 Yw terfyn gobaith, hafan fy mreuddwydion,
 Lle y bwriaf angor fy ieuenctid chwyrn.]*

---

*Fe'm collwyd yn dy serch.
 Ti i mi yw terfyn gobaith ...

BLODEUWEDD:
>Heb erfyn mwy ymadael?

GRONW PEBR:
>Byth, byth mwy.

BLODEUWEDD:
>A'th fonedd a'th draddodiad, moesau da
>Dy deulu, a ffyddlondeb yr uchel o waed?

GRONW PEBR:
>Anghofiaf hwynt.

BLODEUWEDD:
>Na, nac anghofia ddim,
>Rhag iddynt rywbryd ddyfod eto i'th gof
>Ac oeri'r gwaed a difa fflamau chwant.
>Ond dewis rhyngom, gyfaill, rhyngddynt hwy,
>Foesau diogel, dof gwareiddiad dyn
>A holl ryferthwy fy nghusanau i.
>A meddwl cyn it' ddewis. Gyda hwy
>Cei sicrwydd câr a chyfaill a chywely
>A bwrw oes ddigynnwrf ar dy stad,
>A'th gladdu ym meddrod dy hynafiaid moesol
>A'th blant i ddwyn dy elor. Gyda mi
>Nid oes yn ddiogel ond y funud hon.
>A'm caro i, rhaid iddo garu perygl
>A holl unigedd rhyddid. Yn ei oes
>Ni chaiff gyfeillion, ni ddaw plant i'w hebrwng
>I'w fedd di-sathr. Ond cawod drom fy ngwallt
>I lenwi ei synnwyr dro, a'm bronnau i
>I'w guddio ef ennyd rhag murmuron byd,
>A'r eiliad fydd ei nefoedd . . . Dewis di.

GRONW PEBR:
>[Pwy ŵyr ei ddigwydd? Beth a dâl i ddyn
>Golli ei fwynder heno am yfory
>Nas gwêl ond gobaith? Mae heno'n bod, yn rhodd;]
>Fe'n taflwyd ni ynghyd; a af i ymaith
>A gadael hyn fel breuddwyd yn fy mywyd
>A gwrthod awr y duwiau? Mi ddewisais:

Dy harddwch di yn dëyrn yn fy mryd,
D'ewyllys di [ar orsedd f'einioes mwy]*.

BLODEUWEDD:
Fy holl ewyllys i yw [angerdd cariad]* . . .

(Yn tywallt gwin i gwpan.)

Gwrando, fy llanc: y dydd y'm daliwyd i
A'm rhwymo'n gaeth yn llys a gwely fy ngŵr,
Rhoes Gwydion imi win rhyfedd ei flas
A ddug Pryderi gynt o Annwn.[10] Hwn
A brofais i a'i gadw, a thyngu llw
Nad yfwn i mono eilwaith nes dyfod awr
Cyfeddach gyda gŵr ddewiswn i
Yn rhydd, o'm bodd. Bu'r cawg yn hir dan glo;
Sychedais innau droeon am ei rin.
Ond heddiw, y diwedydd, clywais gorn
Draw yn y coed, a seiniodd fel sialens brenin
Ddarfod misoedd caethiwed, ac mi wyddwn
Mai'r genau hwnnw a alwodd drwy y llwyn
A ddrachtiai gyda mi o gwpan serch . . .

(Yn yfed a rhoi ei chwpan iddo.)

Yf, Ronw, mae fy insel ar y min.

GRONW PEBR:
Yfaf, a thyngaf iti gariad bery—

BLODEUWEDD:
Na, fy anwylaf, paid â thyngu i mi.
Gad yr addunedu iddynt hwy
Sy'n gwarchod nwydau eiddil â defodau
A rhwymau ofnus eu crefyddau llwm.
Beth fyddai addewidion ond cydnabod
Nad digon inni wynfyd yr awr hon?
Bydd dithau dawel yn ein noson hoen
Heb amau am a ddelo. Mae holl nerth
Natur yn cronni ynof i'th ddiwallu,
Ac oni flinwyf i, ni flini di.

---

  *Yn lle ail hanner y llinell hon ysgrifennodd Saunders Lewis, 'dy serch, dy egni'. Yna dileodd y geiriau hyn a rhoi yn eu lle, 'a'r funud hon am byth'.
  *chwerthin serch . . .

GRONW PEBR *(yn yfed)*:
> Bydded y cwpan hwn lle bu dy fin
> Yn rhagflas dy gusanau. Y nos hon
> Mi fynnwn farw yn dy freichiau, ferch,
> Rhag deffro mewn rhyw 'fory hebot ti.

BLODEUWEDD:
> Rhagnell, Rhagnell . . .
>
> *(RHAGNELL yn dyfod.)*
>
> Cyweiria 'ngwely heno
> Yn yr ystafell wydrin,[11] a dod arno
> Y [bliant]* gwynnaf, meinaf, megis cynt
> Pan gysgais i y noson gynta' erioed.
>
> *(RHAGNELL yn mynd.)*
>
> Fy nghyfaill, beth a welaist ti i'm hoffi?

GRONW PEBR:
> Pwy ddywed fyth? Dy wedd, dy ffurf, dy gerdded,
> A'th gorff fel fflam yn llosgi trwy dy wisg.

BLODEUWEDD:
> Ac nid dim arall? Oni welaist ti
> Syndod fy ngeni? Cyn dy ddyfod ataf,
> Carchar amdanaf i oedd y corff hwn,
> [Megis gwe farw am y glöyn byw;]
> Daethost tithau fel gwanwyn lle y gorweddwn
> A rhoi i'm cnawd adenydd a dawns i'm gwaed.
> [Ymysg teuluoedd ni bydda' i'n unig mwy;
> Dy wenau di yw f'achau i a'm hawl
> Ar y ddynoliaeth. Un ewyllys sydd
> Mewn dail a dynion; na all defod frau
> Na moes na barn gaethiwo'r galon a glyw
> Belydrau serch yn taro.] Tyrd, f'anwylyd,
> Nyni piau byw, a charu yw bod yn rhydd.

LLEN

---

*lliain

YR AIL ACT

(Caer yn Ardudwy. RHAGNELL, *morwyn* BLODEUWEDD *yno a* PHENTEULU GRONW.*)*

PENTEULU PENLLYN:
    Rhagnell, p'le mae fy arglwydd?

RHAGNELL: Wn i ddim.

PENTEULU PENLLYN *(â gwawd)*:
    A thebyg na wyddost ti 'chwaith pa gastiau sy rhyngddo a'th iarlles?

RHAGNELL: A oes castiau?

[PENTEULU PENLLYN:
    Sut, ynteu, nad oes ond tydi yn gweini arnynt? Paham yr erys o dridiau o'i wlad? A oes castiau, wir!

RHAGNELL: Fe ddychwel fore heddiw.

PENTEULU PENLLYN:
    Ie, ac wele'r meirch yn ei aros. Dos, dywed wrtho am ffarwelio â'r hudoles hanner-gwaed a'i swynodd, a chyrchu adref.

RHAGNELL: Druan ag ef onid oes iddo deulu ffyddlonach na thydi.

PENTEULU PENLLYN:
    Beth sydd a fynno fo â ffyddlondeb? Fe werth dref ei dad am bris ei drachwant, a'i unig rinwedd yw ei fod yn rhy fyrbwyll i wybod ofn . . . Ust, dacw hwy'n dyfod . . . A ddywedi di'r awron nad oes castiau rhyngddynt . . . ?

RHAGNELL: Taw, 'r cerlyn.

    *(*GRONW PEBR *a* BLODEUWEDD *yn dyfod.)*]

PENTEULU PENLLYN:
    Iarll, gyda'th gennad, wele'r meirch yn barod.

GRONW PEBR:
    Dos atynt. Deuaf innau cyn bo hir.

    [*(Exeunt* RHAGNELL *a* PHENTEULU PENLLYN.*)*]

BLODEUWEDD:
>Rhaid iti fynd?

GRONW PEBR:
>Neu aros yma i'm lladd.

BLODEUWEDD:
>Nage, f'anwylyd. Os oes lladd i fod,
>Nid ti a leddir.

GRONW PEBR:
>Ei wyrda ef sydd yma,
>Ac yntau'n dychwel heddiw gyda'i lu.

BLODEUWEDD:
>Ie, dos. Nac oeda mwy. Mae'i enw ef
>Fel cnul marwolaeth yn fy nghalon friw.
>Wyddost ti, yn y llwyni ym Mehefin,
>A'r canu ar bigau'r mwyeilch fel grawn aur,
>A swˆn y dail yn uwch na swˆn y nant,
>Chwap, heb neb yn disgwyl, dyma sefyll,
>Fe baid y chwiban ar bob brig a pherth
>Ac yn y bonion delwi o sudd y coed,
>A'r funud honno fe heneiddia'r dail,
>Daw pwys haf a'i ddiogi dros y llwyn,
>A dyna dranc y gwanwyn. Felly i mi,
>Yng nghanol mesur cyntaf dawns fy serch
>Mae'i enw ef a'r atgof am ei fod
>Yn maglu 'ngham.

GRONW PEBR:
>Flodeuwedd, ai i hyn
>Y'm hudwyd i i'th geisio dridiau'n ôl,
>I weld fy ngwyn a'm digon ynot ti,
>Ac yna, yn ddiobaith, ganu'n iach?

BLODEUWEDD:
>Mi brofais i lawenydd megis brath
>Yn brifo 'nwyfron, gwewyr geni serch,
>A hwn, fy nghorff, a fuasai imi gynt
>Yn garnedd marw, wele yntau 'nawr
>Yn ardd holl beraroglau gwanwyn f'oes,
>Rhyw fyd newydd a drewaist ti â'th hudlath
>A'i blannu â bendithion. Ti, fy nghyfaill,
>Nid Math na Gwydion, yw fy nghrëwr i.

[GRONW PEBR:
    A wyddost ti y cwbl sy yn dy fyd?

BLODEUWEDD:
    Mae'n cyrff ni yn ddihysbydd. O, fy Ngronw,
    Y gamp a fyddai dreiddio'u cyfoeth oll,
    Dirgelwch y pum synnwyr wedi'u deffro,
    Tymhorau ein tawelwch, heddwch cwsg
    Ar fraich anwylddyn, cydanadliad dau.
    Mae dawn mewn serch i glymu cyrff ynghyd
    A rhyngddynt greu rhyw fywyd newydd, uwch,
    Ehangach na'r ddau unig, lle y cyll
    Pob un gyfyngder bod, a chwarae'n rhwydd
    Yn nwyfiant campau cariad. Ac i mi
    Tydi yw drws y gwynfyd hwn. Cans hebot
    Ni ddaw i'm rhan ond wylo ar hyd y nos
    A gwylio un yn cysgu ger fy llaw,
    Rhyw dreisiwr oer a dieithr.

GRONW PEBR:
    Fynni di
    Na byddo heddiw'n derfyn ar ein serch?

BLODEUWEDD:
    Mi fynnaf fyw. Mae serch a byw yn un;
    Mi welais wawrddydd cariad gyda thi,
    Mi fynnaf weld ei nawn.]*

GRONW PEBR:
    A Llew Llaw Gyffes?

BLODEUWEDD:
    Pam yr enwaist ti ef? On'd digon oedd
    Gwybod ei fod fel rheibiwr rhyngom ni
    A llwybyr serch?

GRONW PEBR:
    Rhaid edrych ar ein hofn
    A'i enwi, fel nas ofnom.

BLODEUWEDD:
    Oes tric neu gast
    I dwyllo'r Llew?

---

    *Ysgrifennodd Saunders Lewis ar ymyl y dudalen hon, 'Os rhaid torri allan, gellir torri yma.'

GRONW PEBR:
>Oes. Dianc gyda mi
>Y bore hwn.

BLODEUWEDD:
>I ble?

GRONW PEBR:
>I'm castell draw,
>Cans wele'r meirch yn aros wrth y porth
>A rhyddid yn y warthol. Doed y Llew
>I'w wâl a'i chael yn wag. O furiau 'nghaer
>Fe'i heriwn yn ddiogel, rhued ef
>Fygythion fel y myn.

BLODEUWEDD:
>Wyddost ti ddim
>Y nerth sydd iddo. Gydag ef daw Math
>A holl gadernid Gwynedd ar ei ôl,
>A Gwydion ddewin. [Nid oes gaer o'r byd
>A saif i'w herbyn hwy. Fynna' innau ddim
>Fy nal fel ewig yng nghrafangau'r Llew
>A rhwygo 'nghnawd.]

GRONW PEBR:
>Flodeuwedd, beth i ni
>Yw llys na theyrnas? Ffown i Ddyfed bell,
>Cawn yno groeso gan elynion Math,
>A nawdd a diogelwch.

BLODEUWEDD:
>Nac af fyth.
>Alla' i ddim mynd yn dlawd at ddynion dieithr.
>Mae'n rhwydd i ti ymddiried mewn estroniaid
>A thithau'n ddyn fel hwythau. 'Does gen' i
>Ddim hawl ar neb na sicrwydd yn ei air.
>Mae arna' i ofn pob dieithr.

GRONW PEBR:
>'Dyw dyn ddim
>Mor angharedig ag y credi di.

BLODEUWEDD:
>Nac yw i'w gilydd. Ond i mi nad wyf
>Yn un ohonynt, pwy a fentra goel?
>Nid ymddiriedaf innau ynddynt hwy.

[Heb iddo ymglymu â mi yn rhwymau serch
Mae pawb yn elyn imi . . . Fy unig frawd,
Paid â'm dwyn oddi yma.]

GRONW PEBR:
    Beth a wnawn ni?

BLODEUWEDD:
    Cusanu ac anghofio a chanu'n iach.

GRONW PEBR:
    Dyna dy gyngor di?

BLODEUWEDD:
    Wn i ddim gwell.

GRONW PEBR:
    Ai hawdd fydd gennyt ti anghofio'r cwbl?

BLODEUWEDD:
    Nid hir prentisiaeth angof. Daw ei chrefft
    Yn haws bob dydd.

GRONW PEBR:
    Ni alla' i fyth anghofio.

BLODEUWEDD:
    Mae pawb yn drwsgwl pan ddechreuo waith,
    Fel disgybl ar ei dasg.

GRONW PEBR:
    A fynni di
    Anghofio?

BLODEUWEDD:
    A fynni di?

GRONW PEBR:
    Pan fynnaf farw.

BLODEUWEDD:
    Cusana fi, f'anwylyd . . . Cyn bo hir
    Fe hawlia yntau deyrnged fy ngwefusau,
    A'i law ddidaro ar fy ysgwydd wen
    Yn arglwyddiaethu ar fy nghnawd i gyd.
    O na bai gwenwyn yn fy nannedd i,
    Yna fel sarff mi ymblethwn am ei wddf
    A'i wasgu yn wresocach nag erioed . . .
    Fel hyn . . . fel hyn . . . fe'i brathwn i farwolaeth.

GRONW PEBR:
    [Nid oes ond hynny—rhaid i ni ei ladd.]*

BLODEUWEDD:
    Mor hir y buost ti yn gweld fy meddwl.

GRONW PEBR:
    Fynnwn i ddim ei ladd ef heb fod rhaid.

BLODEUWEDD:
    Mae'n rhaid, mae'n rhaid. Pa le sydd iddo fo
    Mewn byd a ŵyr ryferthwy'n nwydau ni?
    Pren crin ar lwybr y corwynt.

GRONW PEBR:
    A oes modd
    Ei ladd?

BLODEUWEDD:
    Ni bydd yn hawdd. Mae arno dynged
    Na all neb arall wybod sut i'w ladd;
    Mae ef ei hun yn ei wybod.

GRONW PEBR:
    [Mae tynged hithau
    Yn elyn cariad?

BLODEUWEDD:
    Blodyn prin yw serch
    Yn tyfu ar glogwyn tranc. Mae rhai'n ei gipio,
    A'r lleill fel ych yn cnoi ei gil mewn dôl.

GRONW PEBR:
    Mor hardd yw dirmyg ar dy wefus di.
    Mae rhosyn prinnach yn y byd na serch,
    Cans onid e, ni fentrwn i fy hoedl
    Na chynllwyn brad y gwirion . . .] Dywed yn awr,
    Pa fodd y cawn ni wybod sut i'w ladd?

BLODEUWEDD:
    Gad hynny i mi. Fe all y bysedd hyn
    Chwarae â'i gorff newynllyd [ef mor gyfrwys
    Nes hudo ei amheuon yn dosturi

---

*'Does dim ond hynny amdani. Rhaid ei ladd.

          A denu ei gyfrinach fud o'i fynwes.
          Pwdu plentyn yw ei ddicter ef,]★
          Fe ddychwel heddiw'n unig ac anesmwyth,
          Minnau, cusanaf ef—

GRONW PEBR:
          A chael yn wobr
          Ddirgelwch mawr ei fywyd?

BLODEUWEDD:
          Einioes am gusan,
          A ydyw'r pris yn ormod?

GRONW PEBR:
          Y funud hon,
          Pe byddai imi ddewis rhwng y ddau,
          Fel gwyfyn tua'r fflam mi hedwn atat.

BLODEUWEDD:
          Ie, fflam yn llosgi yw fy ysbryd i,
          Ac fe gaiff ef, gyneuodd gynta'r tân,
          Ei ysu ganddo . . . Sut y trefnwn wedyn?

GRONW PEBR:
          Myfi piau'r trefnu. Os â dwylo dyn
          Y gellir ei ddifetha, anfon ataf,
          A phan ddêl dydd y cynllwyn mi gyfrifaf
          Bob awr a gollais o'th anwyldeb di,
          Ac yn yr ergyd a'i dinistrio ef
          Mi gronnaf hiraeth bore a nawn a nos
          A'u dial ar ei gelain.

          (RHAGNELL yn dyfod.)★

[RHAGNELL: Wele, Iarll,
          Dy wŷr yn d'aros, a'r haul uwch y bryn
          Yn dangos treulio oriau diogelwch.

GRONW PEBR:
          Rhaid canu'n iach.]

BLODEUWEDD:
          A gedwi di dy air?

    ★Mae angen atalnod llawn ar ôl y gair 'newynllyd' nas dodwyd gan Saunders Lewis.

    ★Cymharer uchod t.240. Petai Saunders Lewis am ddiddymu'r cyfarwyddyd ar waelod y tudalen hwnnw, dylai fod wedi diddymu'r cyfeiriad hwn hefyd.

GRONW PEBR:
>A wyt ti'n amau fy ffyddlondeb i?

BLODEUWEDD:
>[O, Ronw, beth i mi yw dy ffyddlondeb?]*
>A gedwi di dy chwant? Mae chwant yn gryf
>I ddal ewyllys megis saeth i'w nod
>Pan rydo bwa ffyddlondeb. Edrych arnaf.
>Llanw dy enau â blas y cusan hwn,
>A'th ffroen â sawr fy mynwes . . . Dos yn awr.

GRONW PEBR:
>Caf glywed gennyt heno?

BLODEUWEDD:
>Cyn y nos.

GRONW PEBR:
>Mae'n nos yn awr i mi a'm haul yn machlud.
>Riain, ffarwél . . .

>*(Exit. Distawrwydd. Clywir sŵn meirch yn mynd ymaith. BLODEUWEDD yn eistedd ar lwth.)*

RHAGNELL: [Mi welais lwch yn symud ar y gorwel.]
>Bydd yma cyn bo hir.

[BLODEUWEDD:
>Be' dd'wedaist ti?

RHAGNELL:] Ym mh'le y mynni di i mi drefnu cinio?

[BLODEUWEDD:
>I bwy?]

RHAGNELL: I ti a'r Iarll dy ŵr.

BLODEUWEDD:
>Mewn bedd.

RHAGNELL: [Ai dyna'r nerth y soniaist ti amdano
>Wrth Ronw cyn ymadael?] Tyrd, Arglwyddes,
>Bydd barod i'w groesawu. Minnau, af
>I'w gyfarch drosot yn y porth—

---

*Beth i mi yw dy ffyddlondeb?

BLODEUWEDD:
>Ie, dos
>A dywed wrtho fy nghyfrinach i gyd.

RHAGNELL: Wyt ti'n meddwl y'th fradychaf i di?

BLODEUWEDD:
>Yr wyt ti'n ddyn, yn ffrwyth y groth fel ef.

RHAGNELL *(yn penlinio wrth ei hymyl)*:
>Dy forwyn di wyf i tra fyddwyf byw.

[BLODEUWEDD:
>Na, na, chei di ddim fy ngwatwar. Gwn
>Y gall fy wyneb hurtio enaid llanc
>A'i rwymo wrth f'ewyllys. Merch wyt ti—
>A fedraf innau mo'th gadwyno fyth.

RHAGNELL: Ond y mae cadwyn arall arnaf i.]

BLODEUWEDD [*(gan edrych ar RAGNELL a chymryd pleth ei gwallt a dechrau ei rwymo o gylch ei gwddf)*]:
>[Oes, y mae cadwyn gennyt tithau, fun.
>'Rwyt tithau'n dlos, fy ngeneth. Mae dy wallt
>Fel rhaff o aur yn syrthio ar dy gefn
>A thyner fel y sidan. Ond paham
>Na wisgi di ef yn dorch o gylch dy wddf,
>Yn eurdorch, megis rhodd dy feistres iti
>Yn wobr am dy ffyddlondeb?] Gyda hwn
>Yn dynn, yn dynn amdanat, Ragnell fach,
>Fe elli orwedd byth yn ddoeth a mud
>A chadw fy nghyfrinach i'n ddi-dor.

RHAGNELL *(heb symud ac yn dawel)*:
>['Rwyt ti'n fy mrifo.] Wyt ti am fy lladd?

BLODEUWEDD *(yn syllu i'w hwyneb)*:
>[Mae arna' i awydd clymu d'wddf bach main
>Â'r sidan hwn, fel na ddihango fyth
>Un gair bradwrus drwy'r gwefusau gwylaidd
>Gusanodd law eu meistres lawer nos.]
>Gweinyddaist arnaf droeon, Ragnell dlos,
>A'm tendio cyn im' gysgu. Minnau 'nawr,
>Caf weini arnat ti, a'th roi i gwsg
>Llonyddach nag a brofais i erioed.

RHAGNELL *(eto heb symud)*:
    Yn fyw neu farw, fradycha' i monot fyth.

BLODEUWEDD:
    Chei di ddim cyfle, fy anwylyd wâr;
    Rhwymaf dy dafod a'th wefusau del
    Tu draw i bob temtasiwn.

RHAGNELL: Wele'r Iarll.

   (LLEW LLAW GYFFES yn dyfod. Y ddwy yn codi i'w dderbyn.)

LLEW LLAW GYFFES:
    Mi ddeuthum cyn fy nisgwyl?

RHAGNELL: Naddo, Unben,
    Cans gwelais lwch dy osgordd ar y bryn,
    A rhedais gyda'r newydd at f'Arglwyddes.

LLEW LLAW GYFFES:
    Mi frysiais innau o flaen fy milwyr oll
    I weld Blodeuwedd gyntaf.

BLODEUWEDD *(gan fynd ato)*:
    Dyma fi.

LLEW LLAW GYFFES:
    Fy ngwraig ddihalog.

BLODEUWEDD:
    Ddaethost yn ddiogel?

LLEW LLAW GYFFES:
    Mae syndod dy brydferthwch heddiw'n un
    Â'r bore hwnnw gynt rhwng gwawr a gwlith
    Y cerddaist ataf gyntaf. Riain wen,
    Ni wyddwn i nes dy golli faint dy hud.

BLODEUWEDD:
    Fuost ti ddim oddi wrthyf i o'r blaen.

LLEW LLAW GYFFES:
    Ni byddaf mwy nes marw.

BLODEUWEDD:
    Gwir fo'r gair.

LLEW LLAW GYFFES:
    Pa beth a wnaethost ti a minnau i ffwrdd?

BLODEUWEDD:
>Gofyn i Ragnell . . . Dywed wrtho, ferch,
>Wele dy gyfle.

RHAGNELL: Unben, er y pryd
>Y daeth Blodeuwedd gyntaf i Ardudwy
>Bûm gyda hi i'w thendio ddydd a nos.
>Welais i erioed ddeigryn ar ei grudd
>Na lleithder yn ei llygaid; un dawel oedd hi
>Ac ymarhous mewn tristwch. Ond yr awr
>Yr aethost oddi yma, fe'i cefais hi
>Yn beichio wylo ar y lleithig acw
>A'i chorff yn ysig gan ei phoen a'i hofn,
>A'i hateb i bob cysur a sibrydwn
>Oedd 'Aeth fy Arglwydd ymaith.'

LLEW LLAW GYFFES:
>O fy ngwraig,
>Pam na ches i d'adnabod di o'r blaen.

(Exit RHAGNELL.)

BLODEUWEDD:
>Anghofia'r gofid gynt. Mae'r aduniad hwn
>Yn sêl priodas newydd rhyngom ni.

LLEW LLAW GYFFES:
>Credais dy fod yn oer ac yn ddi-serch;
>Wyddwn i ddim y gallai dagrau hiraeth
>Gymylu gloywder dy ddau lygad hardd.
>Pam y cuddiaist ti rhagof dy dynerwch?

BLODEUWEDD:
>Fe'm rhoddwyd i iti, Arglwydd, megis ysbail
>Ac megis caethferch, heb ddewis ac yn fud.
>Ni ddysgaist ti fy ngharu cyn fy nghael,
>Na chynllwyn sut i'm hennill. Yn dy gaer
>Mae gennyt ti arfau a llurigau pres
>A gostiodd iti frwydro a chwys a gwaed:
>Fe sylli arnynt a chofio dydd pob un,
>A chwilio ôl dy ddewrder a marc dy fraich
>Mewn amal dolc sydd ynddynt. Minnau, erioed,
>Chostiais i flinder awr iti i'm dal,
>[A dyna sut na phoenaist eto i weld
>Na briw na tholc na gwacter dan fy mron,
>Nac olion dy daerineb ar fy nghalon.]

YR AIL ACT

LLEW LLAW GYFFES:
  Ti yw fy ngwraig. Gobeithiais drwot ti
  Sefydlu imi linach yn Ardudwy,
  A'th barchu â chariad tad i fam ei feibion.
  Pa garu mwy na hynny a allai neb?

BLODEUWEDD:
  Gwraig oeddwn iti cyn fy mod yn ferch,
  Fe fynni'r ffrwyth cyn y blaguro'r blodau,
  Ond merch y blodau ydwyf i, Flodeuwedd.

LLEW LLAW GYFFES:
  Di ferch y blodau, dysg i mi pa ddull
  Yr af i heibio i'r petalau oll
  A'm claddu fel gwenynen yn dy gôl.
  'Rwyf innau, fun, yn unig yn y byd,
  Bûm ddieithr fel tydi i freichiau mam
  A'm taflodd i o'i chroth cyn dod fy awr
  A'm herlid drwy fy einioes. Yn fy myw
  Ni phrofais gusan cyn dy gusan di,
  Na dwylo geneth am fy ngwddf erioed,
  [Chefais i ddim tiriondeb chwaer na brawd].
  Mae arnaf hiraeth am dy gariad, ferch;
  Dysg imi sut i'th ennill drwy dy fodd,
  Cans oni ddena cariad gariad ato
  A chalon galon? O fy ngwraig, fy myd,
  Pam y cedwi di oddi wrthyf?

BLODEUWEDD:
  Naddo, enaid,
  Ni chedwais i ddim ohonof yn ôl.

LLEW LLAW GYFFES:
  Rhoddaist dy gorff, ond cedwaist dy ewyllys.

BLODEUWEDD:
  Mi roddais iti f'ymddiried. Ti yn unig
  Sy gennyf ar y ddaear. Beth a wnawn
  Pe'th leddid di, a mi heb ŵr na neb?

LLEW LLAW GYFFES:
  Ai gwir a dd'wedodd Rhagnell iti wylo?

  (Hithau'n fud.)

  Flodeuwedd, edrych arnaf . . . Ateb fi . . .
  Pam nad atebi? . . . Dywed, a wyt ti'n iach?

BLODEUWEDD:
>   Y dydd yr aethost oddi wrthyf i
>   Bu agos i anobaith dorri 'nghalon:
>   Ofnais na'th welwn di fyth mwy yn fyw.

LLEW LLAW GYFFES:
>   Ai cymaint oedd dy gariad tuag ataf?

BLODEUWEDD:
>   'Does gennyf i ddim teulu ond tydi.

LLEW LLAW GYFFES:
>   Hanner fy enaid, gwn yn awr dy gariad,
>   Ac weithian fe fydd bywyd imi'n falm
>   A'th gwmni di'n dawelwch. Ninnau'n dau,
>   Fe godwn inni deulu yn Ardudwy
>   A fydd fel llwyn o'n cwmpas. [Yno tyf
>   Y gwiail ifainc gyda'r henwydd praff,
>   A byddwn megis perllan glyd, gysgodol,]
>   A chariad yn fagwyrydd rhyngom ni
>   A chwaon oer unigedd. Dithau, wraig,
>   Ni byddi'n alltud mwyach; dy dref tad
>   A'th genedl ydwyf i, ac oni'm lladder—

BLODEUWEDD:
>   Os lleddir di?

LLEW LLAW GYFFES:
>   Fy nhlysaf, na thristâ
>   Ac na ofidia. Nid yw'n hawdd fy lladd,
>   Canys mae tynged sut y'm lleddir i
>   Ac ni ddaw hynny'n rhwydd drwy ddwylo dyn.

BLODEUWEDD:
>   Yr wyt ti yn esgeulus a di-bwyll,
>   A buan yr anghofi. Ond myfi,
>   Ni ad fy ngofal fyth i mi anghofio;
>   Dywed wrthyf dy dynged, fel na bo
>   Fy mronnau'n ysig gan bryderon eto.

LLEW LLAW GYFFES:
>   D'wedaf yn llawen. Rhaid bod flwyddyn gron
>   Yn gwneud y gwayw y'm trewir i ag ef,
>   A heb wneud dim ohono ond pan fydder
>   Ar aberth yr offeren ddyddiau Sul.

BLODEUWEDD:
>Mae hynny'n siŵr?

LLEW LLAW GYFFES:
>Mae hynny'n ddiogel ddigon.
>Ni ellir 'chwaith fy lladd i o fewn tŷ,
>Nac ar fy march, nac ar fy nhroed ar lawr,
>Ond sefyll sy'n rhaid i mi ar gerwyn ddŵr
>A fyddo ar lan afon. Pe bawn i yno,
>A'm taro yn fy nghefn â'r bicell wenwyn,
>A'm trawai i felly, medrai ef fy lladd.

BLODEUWEDD:
>Diolchaf innau i Dduw, fe fydd yn hawdd
>Dianc rhag hynny.

LLEW LLAW GYFFES:
>Llawer tro, Flodeuwedd,
>[Y bûm]* yn dymuno f'angau. Ond yn awr
>Mae blas ar fyw fel blas afal ar ddant,
>A'th gariad di yw'r gadair yng Nghaer Siddi
>Nas plawdd na haint na henaint a fo ynddi,[12]
>[A minnau yno'n frenin,
>Heb neb na dim a'm diorsedda mwy,
>Nac ofn na hiraeth na 'chwaith angau'i hun,]
>Cans digyfnewid yw brenhiniaeth cariad.

BLODEUWEDD:
>A oes dim yn ddinewid ymysg dynion?

LLEW LLAW GYFFES:
>Mae serch yn marw, am ei fod yn fregus
>A chyflym fel ieuenctid. Ond fe dyf
>Cariad fel derwen drwy dymhestloedd oes,
>A thano ef fe godir cartref, teulu,
>A phendefigaeth a llywodraeth gwlad.
>Fe fydd ein cariad ni, f'Arglwyddes lân,
>Yn sicrwydd ac yn gronglwyd i Ardudwy,
>Yn addysg gwerin a magwrfa llwyth,
>A bendigedig fyddwn gan dywysogion
>Oblegid cymod cadarn yr awr hon.[13]

---

*Bûm

(RHAGNELL yn dyfod ato.)

RHAGNELL: Unben, mae'r dŵr a'r llieiniau'n barod,
Os mynni newid gwisg a bwrw'r llwch,
Canys mae amser bwyd yn agos bellach.

LLEW LLAW GYFFES:
Mi ddeuaf, ferch. A bydded heddiw wledd
Fel gwledd priodas yn fy nhŷ. Mi euthum
Oddi yma dridiau'n ôl yn drwm fy mryd;
Dychwelais heddiw i lawenydd mwy
Nag a wybûm erioed. Mae'r dwthwn hwn
Fel baner diogelwch dros fy nghaer,
Cans profais i beth yw ffyddlondeb gwraig.

(Exit LLEW LLAW GYFFES.)

BLODEUWEDD:
Rhagnell, mi geisiais i dy ladd.

RHAGNELL: Do, Iarlles.

BLODEUWEDD:
Pam gan hynny na fradychaist ti fi?

RHAGNELL: Merch wyt ti, Iarlles, yr wyf innau'n ferch,
Ac ni fradychaf i gyfrinach cydferch.

BLODEUWEDD:
Alla' i ddim deall dyn. Y man y bo,
Chlywa' i ddim ond sôn am draddodiadau,
Ffyddlondeb a chywirdeb, teulu, rhyw,
Llwyth, gwlad, neu grefydd . . . Wyt ti'n fy ngharu i?

RHAGNELL: Yr wyt ti'n symyl, Iarlles, megis plentyn,
Ac megis plentyn yn ddinistriol. Pwy
Wedi d'adnabod na thosturiai wrthyt?
[Fe'm rhoddwyd innau iti yn llawforwyn,
A thra fwyf byw mi fyddaf ffyddlon iti.]

BLODEUWEDD:
Maddau i mi. Mi wn dy fod yn gall,
A chennyt holl wybodaeth merched dynion.
Minnau, f'unig ddoethineb yw dyheu
A cheisio â'm holl egni'r hyn a fynnaf.
A ei di'n gennad drosof at Iarll Penllyn?

RHAGNELL: Af, Iarlles.

BLODEUWEDD:
>Dywed wrtho:
>Am iddo lunio gwayw[ffon] o ddur a gwenwyn,
>A heb wneud dim [ohoni]* ond pan fydder
>Ar aberth yr offeren ddyddiau Sul;
>[Rhaid bod flwyddyn gron i'w gwneuthur hi,]
>Ac yna ymhen y flwyddyn deled yma
>A gwneuthur oed â mi ger bryn Cyfergyr.[14]
>Dos, brysia, fel na chaffo neb dy weld,
>A dyro iddo'r fodrwy hon yn arwydd.

[RHAGNELL *(yn cymryd y fodrwy)*:
>Ai dyna'r cwbwl?

BLODEUWEDD:
>Dyna'r cwbwl, ferch.

RHAGNELL: Os gofyn ef amdanat?

BLODEUWEDD:
>Dywed wrtho
>Mor llawen yw fy Arglwydd, a bod heddiw
>Wledda a dawns a chanu yn y llys
>Megis ar ddiwrnod gŵyl. Dos ac nac oeda.]

LLEN

---

*ohono

Y DRYDEDD ACT

*(Bryn yn y cefn. Cafn neu gerwyn ddŵr hir yn y canol ar lan afon. Daw
GRONW a'i BENTEULU i mewn at FLODEUWEDD a RHAGNELL.)*[15]

GRONW PEBR:
    Deuthum, Flodeuwedd.

BLODEUWEDD:
    I'r funud, filwr dewr,
    Cyn i'r haul godi uwchben bryn Cyfergyr.
    Paid â gafael ynof i, Ronw.

GRONW PEBR:
    Flodyn hardd,
    Mae arna' i syched blwyddyn am dy fin
    A dirwest hir o'th freichiau. A dd'wedi di,
    Paid â gafael ynof.

BLODEUWEDD:
    Mae coler y Llew arnaf;
    O'i freichiau ef y deuthum yma 'nawr.

GRONW PEBR:
    I'm breichiau i?

BLODEUWEDD:
    Ar draws ei gelain ef.
    Tra bo ef byw na ddyro dy law arnaf
    Rhag iti fethu d'ergyd. Ai dacw'r waywffon?

GRONW PEBR:
    Llafuriais hi o Sul i Sul drwy'r flwyddyn
    Ar awr yr Aberth. Drud yw'r gwayw hwn,
    Mae colledigaeth enaid yn ei frath.[16]

BLODEUWEDD:
    Ai dyna d'ofn? Mae ffordd yn ôl i Benllyn;
    'Dyw tynged dyn ddim megis unffordd afon
    Neu ferch a wnaed o flodau. Gelli ddewis.

GRONW PEBR:
    Na chellwair â mi, wraig. Dy lendid enbyd
    Yw'r dynged a ddewisais Sul a Sul
    Hyd at y funud hon. Bu blwyddyn faith

O'r pryd y'th welais; gwywodd y rhos, syrthiodd
Yr egroes gyda'r dail; aeth haul a lloer
Drwy gylchau'r misoedd: safodd fy nyddiau i
Wedi'u didoli oddi wrth dreigl tymhorau
A'u hoelio ar dy wefus. Llid dy gusan
Yw'r angau a flaenllymais ar fy ngwayw.

BLODEUWEDD:
Fy Ngronw, haws i ti nag i mi fu'r flwyddyn;
Cest ti fugeilio d'angerdd, cyfri' atgofion
Ym muarth unigedd, ac ymroi i hiraeth
Heb ochel ochenaid a heb dagu deigryn.
Nid oedd i mi nos na dydd diogel,
Ond gormes ei gorff ef a baich fy nghas
Yn sigo 'mronnau a dileu d'argraff di.
Ni dd'wedaf ragor; caf ddweud a dweud heno,
Heno ac yfory a thrennydd, ac O, byddaf rydd.
Ond awr y taro yw hon.

GRONW PEBR:
Beth yw dy gynllun?

BLODEUWEDD:
Dy gapten di yw hwn?[17]

GRONW PEBR:
Penteulu Penllyn;
Mae'r teulu acw'n y coed, cant o farchogion,
A'r gwrda hwn i'w harwain.

BLODEUWEDD:
Benteulu dewr,
Ger y gerwyn hon y lleddir Llew Llaw Gyffes.
Dos at dy feirch. Bydd barod. Y funud
Y lleddir ef fe gân corn hela d'arglwydd;
Rhuthrwch i'r gaer; egyr Rhagnell i chwi'r porth;
Ni bydd ond milwr neu ddau i'w trechu yno;
Meddiennwch hi a'i dal nes ein dyfod ninnau.
Yfory fe unwn Benllyn ac Ardudwy.
Tithau, Ragnell, dos, dywed wrth fy Arglwydd
Fy mod i yma ar lan afon Cynfael
Yng nghysgod bryn Cyfergyr wrth gafn y geifr;[18]
Ac yma'n ôl y gair a fu rhyngom neithiwr
Y dymunaf i ymddiddan ag ef yn awr.

(*Exeunt* RHAGNELL *a* PENTEULU.)

GRONW PEBR:
    A ddaw ef?

BLODEUWEDD:
    Pam na ddaw fy mhriod caredig
    At wraig ei fynwes?

GRONW PEBR:
    Pa air fu rhyngoch neithiwr?

BLODEUWEDD:
    Awgrym a'i dwg ef ataf ar frys yn awr.

GRONW PEBR:
    Pa fodd y lladdaf i ef?

BLODEUWEDD:
    Ni bydd yn anodd:
    Cuddiaf di yma dan y geulan hon;
    Ni ellir ei ladd ef a'i droed ar lawr,
    Ond rhaid iddo fod yn sefyll ar gerwyn ddŵr
    A fyddo ar lan afon. Pan weli ef yma
    Yn damsang yn ei falchder ar y gerwyn,
    Cyfod a gwân ei gefn â'r gwayw gwenwynig,
    Cân dy gorn hela, a neidia at dy wobr.

GRONW PEBR:
    Tybed a gei di ef i ddringo'r gerwyn?

BLODEUWEDD:
    Na fetha di dy ergyd, ni fethaf innau
    Ei godi ef i'w sefyll ar y cafn.

GRONW PEBR:
    Mae f'ergyd i ar annel er ys blwyddyn
    Ac ni all fethu. Nid ei angau ef
    Yw'r nod. Tu draw i'w gelain mae dy gusan,
    Dyna fy ngwarant i na fetha 'ngwayw.
    Rhaid wrth oes faith, Flodeuwedd, i ddiwallu'r
    Syched a dyfodd arnaf ddeuddeg lloer.
    Mor hir fu'r flwyddyn hon; mor brin y gwelaf
    Holl flynyddoedd y byw sy'n awr o'm blaen.

BLODEUWEDD:
    Difyr mewn blwyddyn fydd cofio'r bore hwn.

GRONW PEBR:
>Ai hawdd fydd dofi Ardudwy a'i dal hi'n dawel?

BLODEUWEDD:
>Paham nad hawdd? A fu erioed un wlad
>Na farnodd drais o'i lwyddo yn haeddu llwyddo?

GRONW PEBR:
>Clywais fod pawb yn fodlon iddo ef.

BLODEUWEDD:
>Lladd dithau ef, nid llai dy groeso di.

GRONW PEBR:
>Oes neb ohonynt a gais ddial ei gam?

BLODEUWEDD:
>Bydd greulon fory ac enbyd; gweddill dy oes
>Fe redant fel cŵn bach i lyfu dy law.

GRONW PEBR:
>Fe ddysgaist tithau grefft teyrnasu, Iarlles.

BLODEUWEDD:
>Mae greddf teyrnasu yn y chwannen; nid rhaid
>I minnau nac i hithau ond dilyn natur.
>Ust, cuddia dy hun, fy heliwr, mae'r Llew ar y llwybyr.
>Clyma d'ewyllys wrth f'ewyllys i
>I'w godi ef ar y gerwyn. Daw'r gyfranc olaf;
>Wedyn cawn chwerthin a byw wrth ein bodd.

(Eistedd BLODEUWEDD ar ymyl y gerwyn wedi i RONW PEBR guddio. Daw LLEW LLAW GYFFES ati.)

LLEW LLAW GYFFES:
>Codaist yn fore, Iarlles.

BLODEUWEDD:
>'Roedd cryndod y plygain
>Yn fy nenu i fel cwningen i ymdrochi yn y gwair.

LLEW LLAW GYFFES:
>A throednoeth fel cwningen y daethost hefyd?

BLODEUWEDD:
>Rhaid wrth ŵr priod i sylwi ar beth fel yna;
>A wnei di esgid i mi fel y gwnaethost i'th fam?

LLEW LLAW GYFFES:
>Ni cherddai mam yn y gwlith, yr oedd hi'n ofalus;
>Anfonodd weision gyda mesur ei throed.

BLODEUWEDD:
>Ai dyna'r tro y lleddaist ti'r dryw â gwayw?

LLEW LLAW GYFFES:
>Nid gwayw, ond nodwydd; allai neb wanu dryw bach â gwayw,
>Ond nodwydd crydd y gwnïwn i esgid â hi.

BLODEUWEDD:
>Nodwydd, bid siŵr. Myfi oedd yn ddwl yn awr.
>Dywed wrthyf innau sut y lleddaist ti'r dryw.

LLEW LLAW GYFFES:
>D'wedaf yn llawen. Ond dywed di gyntaf i mi
>Pam y gelwaist ti fi mor fore o'r gwely.

BLODEUWEDD:
>Stori'r dryw gyntaf.

LLEW LLAW GYFFES:
>Nage, dy chwedl di gyntaf,
>Paham y'm gelwaist i yma allan o'r gaer?

BLODEUWEDD:
>A gaf i wedyn stori lladd y dryw bach?

LLEW LLAW GYFFES:
>Cei, ar fy ngair, ond beth yw'r gyfrinach fawr?

BLODEUWEDD:
>Mor daer yr wyt ti. Oni dd'wedais i neithiwr?

LLEW LLAW GYFFES:
>D'wedaist y cedwit tan heddiw ryw newydd llawen
>I ddathlu pen blwydd fy nyfod i o Gaer Dathal.

BLODEUWEDD:
>Mor araf dy ddychymyg di y bore . . .
>A wyt ti'n fodlon ar dy flwyddyn, Arglwydd?

LLEW LLAW GYFFES:
>Pa fodd na byddwn i fodlon? Cefais nyth
>Yn dy ymddiried; buost wâr a mwyn,
>Nid fel aderyn gwyllt a gaewyd mewn cawell.

BLODEUWEDD:
>Mae arnat ti ofn pob gwyllt o hyd, fy Llew?

LLEW LLAW GYFFES:
>Gwyllt oedd fy mam. Dysgais gas gan fy mam;
>Erlidiodd fi yn blentyn ac yn ŵr,
>Ac ni wn pwy oedd fy nhad. Brwnt yw pob gwyllt,
>Llwfr a thaeog, yn lladd dyn yn ei gefn.
>Buost tithau fel gardd i mi; erioed cyn hyn
>Ni fwriais i flwyddyn heb ofni cyllell brad.

BLODEUWEDD:
>Trechaist bellach holl dynghedau dy fam?

LLEW LLAW GYFFES:
>Pob un a enwodd hi. Mae un nas enwodd.

BLODEUWEDD:
>Beth yw honno, fy nghyfaill? Fe gefaist enw;
>Cefaist er ei gwaethaf arfau; cefaist wraig.

LLEW LLAW GYFFES:
>Pan roes fy mam ddiofryd arnaf i
>Na chawn i wraig fyth o blith merched dynion,
>Er drysu ei chast a chreu morwyn o flodau
>A'i rhoi hi imi'n rhiain decaf y byd,
>Er mai'r haul y dydd yw'r man y sefi
>A mwyn y nos dy ddal di yn fy mreichiau,
>Er fy niolch amdanat, Flodeuwedd wen,
>Gwn na ddihengais i eto rhag llid fy mam.

BLODEUWEDD:
>Ie, 'rwy'n deall. Ond ateb di yn awr,
>Pa bryd y byddi di'n rhydd o'i malais hi?

LLEW LLAW GYFFES:
>Pan dd'wedi di wrthyf newydd gorau fy oes.

BLODEUWEDD:
>A'r newydd hwnnw, enaid?

LLEW LLAW GYFFES:
>Y newydd da
>Fod imi fab yn etifedd ohonot ti.

BLODEUWEDD:
>A dyna ddatod c'lymau dy fam arnat?

LLEW LLAW GYFFES:
>Ceisiodd fy mam fy lladd. Ni fedrodd hynny.
>Fy ngeni i oedd ei gwarth, a thrwof i
>Poerodd ei dial a'i bustl ar y byd.
>Torrodd fi oddi wrth ddynion, oddi wrth hoen
>Corff ac oddi wrth lawenydd llanc,
>Gan wahardd imi arfau a gwahardd gwraig.
>Brwydrais innau am fywyd yn ei herbyn,
>Am brofi o bethau pêr cymundeb dyn.
>Bu Gwydion imi'n dad, buost ti'n wraig;
>Cefais arglwyddiaeth gan y brenin Math;
>Gwn bryderon cyffredin, a thrwot ti,
>Eleni, gwn dynerwch. Mae'r hunllef a fu
>Yn darfod o'm hymwybod. Ond, Flodeuwedd,
>Pe gwelwn i unwaith rhwng dy fraich a'th fron
>Fab, fy etifedd i, fe syrthiai wedyn
>Y gadwyn olaf, byddwn iach, yn dad
>Teulu, yn rhoddwr bywyd i'r cenedlaethau.

BLODEUWEDD:
>Heb hynny, ni byddi fodlon arnaf i?

LLEW LLAW GYFFES:
>Heb hynny, mi fodlonaf; gyda hynny
>Fe dry fy serch a'm diolch yn gân o'th gylch.

BLODEUWEDD:
>Nid cân i mi a fyddai hynny 'chwaith,
>Ond awdl dy fuddugoliaeth ar dy fam.
>Och fi, fy Llew, nad edrychit arnaf unwaith
>A dweud: 'Tydi, tydi yw fy nigon i.'
>Pe d'wedit hynny—

LLEW LLAW GYFFES:
>Fe'i d'wedaf a'th fab ar dy fraich.

BLODEUWEDD:
>O air fel tynged! Gwrando fy nghyfrinach:
>Mae gennyf yma 'nawr etifedd i ti.

LLEW LLAW GYFFES:
>Fe wyddost yn sicr?

BLODEUWEDD:
>Fel y gŵyr pob gwraig.

LLEW LLAW GYFFES:
  O, fy mhrenhines! Rhoed ffawd mai mab a fo.

BLODEUWEDD:
  Mab yw ef, af ar fy llw.

LLEW LLAW GYFFES:
  Ni feiddiais i
  Gredu mai dyna ystyr dy awgrym neithiwr.
  Mae 'nghwpan i yn llawn; doed angau'n awr
  Pan fynno, ni bydd chwerw fy nghroeso iddo.[19]

BLODEUWEDD:
  Nid hawdd y daw iti angau; mae'r dynged olaf
  Yn gaer gref i'th gadw rhag gwayw dy fam.

LLEW LLAW GYFFES:
  Ni all llid fy mam ddim pan ddaw y mab.
  Dyfala, f'annwyl, sut un fydd yr aer hwn.

BLODEUWEDD:
  Brwd ei gusanau; dychmygaf ef yn awr
  Yn bwrw'i wefus ar fy ngwefus i,
  A heliwr fydd ef a'i gorn yn cyffroi'r ceirw,
  Yn dawnsio llawr Ardudwy yn ei asbri.

LLEW LLAW GYFFES:
  Mi ddysgaf iddo fabolgampau'i dad.

BLODEUWEDD:
  A ddysgi di iddo daflu gwayw a nodwydd?

LLEW LLAW GYFFES:
  A rhwyfo cwch a gwneud esgidiau i'w fam
  Rhag iddi fynd yn droednoeth yn y gwlith.

BLODEUWEDD:
  A dd'wedi di wrtho stori saethu'r dryw?

LLEW LLAW GYFFES:
  Tybiaf ei weld yn awr yn blentyn teirblwydd
  Yn gwrando o arffed ei fam ar chwedlau Gwydion;
  Digrif fydd gan y dewin hwnnw synnu'r
  Bychan â hanes y cwch wrth Gaer Arianrhod.

BLODEUWEDD:
  Adrodd y stori megis wrth dy aer,

Bwrw mai'r gerwyn hon yw'r cwch am dro;
P'le safai Gwydion?

LLEW LLAW GYFFES:
Yma, yn y canol,
Yn plygu at droed fy mam.

BLODEUWEDD:
A'r llanc di-enw
Yn gwnïo'r lledr, p'le'r eisteddit ti?

LLEW LLAW GYFFES:
Acw yn y cefn.

BLODEUWEDD:
[A edrychodd]* dy fam arnat?

LLEW LLAW GYFFES:
Do'n hir a chraff a'i min yn gam.

BLODEUWEDD:
Ond heb
Dy adnabod?

LLEW LLAW GYFFES:
Rhoesai Gwydion hud amdanom;
Yr oedd hi'n hardd a'i throed ar fin y cwch,
A safai'n falch, heb blygu, fel tywysoges.

BLODEUWEDD:
Fel hyn, onid e, a'i hwyneb tua'r môr?
Ac yna?

LLEW LLAW GYFFES:
Gwanwyn oedd hi, decllath o'r traeth
'Roedd clawdd o gerrig; drwy hollt isel yno
Gwelais y dryw yn gwibio i mewn ac allan
Ar ei siwrneion sydyn, yna blino
A mynnu hoe, a disgyn ar flaen y cwch.

BLODEUWEDD:
Fan hyn? O, dangos inni sut y safodd.

LLEW LLAW GYFFES (*yn neidio ar flaen y gerwyn a sefyll gan edrych allan*):
Edrych yn awr . . .

---

*Edrychodd

(Â BLODEUWEDD *i ganol chwith y llawr a'i wynebu. Cyfyd* GRONW PEBR *ar y dde y tu ôl iddo, ac anelu'r gwayw.*)

Yma 'roedd mam a Gwydion,
Minnau'n y cefn. Yr oedd hi'n funud o angerdd,
Rhyw gryndod o dawelwch ar y dŵr,
Ac wele'r dryw. Safodd a chodi ei adain
Fel hyn . . . a'i ben i lawr . . . A'r eiliad honno,
A'r nodwydd rhwng fy mysedd—

BLODEUWEDD:
Nodwydd, nid gwayw—

LLEW LLAW GYFFES:
Anelais innau ato ef—

GRONW PEBR:
Fel hyn?

(*Bwrw'r gwayw i gefn* LLEW LLAW GYFFES. *Syrth yntau gyda chri i'r llawr ar ei wyneb. Edrychant arno.*)

Ydy e wedi marw?

BLODEUWEDD:
Gwingodd a tharo'i ben
Ddwywaith ar y gwellt a llonyddu. Mae'n llonydd yn awr.

GRONW PEBR:
All y gwenwyn ddim methu. Ni fedrai Gwydion
A'i holl ddewiniaeth droi draw y dynged hon.

(*Cân ei gorn hela. Clywir sŵn meirch draw.*)

BLODEUWEDD:
Tyrd, yr etifedd . . .

(*Cofleidiant.* BLODEUWEDD *yn chwerthin yn wyllt.*)

Mab yw ef, af ar fy llw.

GRONW PEBR:
Ni welais i derfyn ar stori well . . . Ydyw, mae'n farw.

BLODEUWEDD:
Mor hawdd y mae dyn yn marw.

GRONW PEBR:
Dacw'r haul yn goleuo'r bryn.

BLODEUWEDD:
    Arhoswn ennyd;
    Chredwn i ddim y medrai ef farw mor hawdd.

GRONW PEBR:
    Awn tua'r gaer i'w meddiannu.

BLODEUWEDD:
    Rhoi sgrech a mynd;
    Ai felly y bydd hi i minnau pan ddêl fy nhro?

GRONW PEBR:
    Tyrd, Flodeuwedd. Nid dyma'r awr i ymdroi.

BLODEUWEDD:
    Welais i 'rioed farw o'r blaen. Beth wnawn ni â hwn?

GRONW PEBR:
    Anfonaf filwyr i'w gladdu ef y prynhawn.

BLODEUWEDD:
    Ust! Clywais sŵn yn y coed fel tincial tarian.

[GRONW PEBR:
    Fy milwyr i sydd yno.

BLODEUWEDD:
    Aethant hwy tua'r gaer.

GRONW PEBR:
    Ond odid iddynt adael un i wylio.]

BLODEUWEDD:
    A ffoes ei ysbryd ef mewn dig i'r coed?

GRONW PEBR:
    All ei ysbryd ef ddim tincial megis tarian.

BLODEUWEDD:
    Fe gwympodd fel blodeuyn. Ai fel yna
    Y byddi dithau farw?

GRONW PEBR:
    Tyred, ferch
    Yr wyt ti fel tylluan,[20] nid dy hunan sionc.
    Rhaid dal y gaer a threfnu'r wlad ar frys
    Ac yna byddwn ddiogel. [Awn yn sydyn.]

	(Exeunt. Seibiant munud. Yna llithra dau filwr i mewn, a GWYDION *wedyn, yn wyliadwrus. Cael hyd i* LLEW LLAW GYFFES.)*
[MILWR:	Mae gwaeth na'th ofnau yma, f'Arglwydd Wydion:
	Wele dy nai yn gelain ger y cafn ...
GWYDION:	Ai yma y disgynnaist ti, fy mhlentyn,
	Fel eryr mawr clwyfedig? [Tyrd i'm harffed ...
	Peidiodd ei galon â churo. O wraig ddrwg ...]
	Codwn ef, wŷr; fe'i cariwn ef i'r coed
	[A'i guddio dan y derw]. Caiff fy nghelfyddyd
	Yno frwydro â'r dewin angau amdano.
	Yn awr, gan bwyll ... yn dyner ... yn dawel fach ...]

LLEN

---

*Ar ôl diwygio diwedd Act III gogyfer â'r fersiwn radio, ymddengys i Saunders Lewis benderfynu torri'r sgwrs rhwng Gwydion a'r milwr yn gyfan gwbl, gan ychwanegu'r cyfarwyddyd, 'Terfyn Act III'.

Y BEDWAREDD ACT

(Blwyddyn yn ddiweddarach, yn neuadd y gaer, y PENTEULU *a* RHAGNELL.*)*

[PENTEULU PENLLYN:
    Tydi'n unig sydd yma, Ragnell, o hyd?

RHAGNELL: Myfi fy hunan. Ni chododd yr Iarlles eto.]

PENTEULU PENLLYN:
    [Yn nyddiau'r Llew hi fyddai'n codi gyntaf.]
    Oni ddychwelodd Gronw o hela?

RHAGNELL: Naddo.

PENTEULU PENLLYN:
    Daeth rhai o'r gwŷr. Gwelais hwynt yn y buarth.

[RHAGNELL: Fu fawr o hwyl ar eu hela, 'ddyliwn i.

PENTEULU PENLLYN:
    Mae hwyl ar y sibrydion sy rhyngddynt yn awr.]

RHAGNELL: A bod chwedlau ganddynt, cadwer hwy i'r wledd.

PENTEULU PENLLYN:
    Pa wledd?

RHAGNELL: Pa wledd! O ble y daethost ti?

PENTEULU PENLLYN:
    O grwydro Arfon a 'sbïo Dyffryn Nantlle;
    Ni chlywais i yno gymaint â sôn am wledd.

RHAGNELL: Blwyddyn i heddiw y daeth Gronw i Ardudwy,
    [Agorais innau i tithau borth y gaer.

PENTEULU PENLLYN:
    Ai ti fydd y porthor heddiw?

RHAGNELL: Gad dy glebar coeg.]

PENTEULU PENLLYN:
    Fe synni at y gwesteion a ddaw i'th wledd.

RHAGNELL: Pa raid fy mhlagio? Wnes i ddim drwg i ti.

PENTEULU PENLLYN:
    Agoraist ormod o ddrysau yn dy oes.[21]

RHAGNELL: Daethost tithau a'th Arglwydd drwy bob un.

[PENTEULU PENLLYN:
    Ddof i ddim heddiw brynhawn.

RHAGNELL: Drwg yw'r argoel:
    Cynt y cilia gwŷr Penllyn o frwydr nag o wledd.]

PENTEULU PENLLYN:
    Pwy a groesewir yma o Gaer Dathal?
    A wahoddwyd Gwydion?

RHAGNELL: Prin y tybiwn i hynny.

PENTEULU PENLLYN:
    Clywais yn Nantlle ei fod ef ar y ffordd.

RHAGNELL: Hwyrach iti glywed fod Llew Llaw Gyffes ar y ffordd?

[PENTEULU PENLLYN:
    Do, clywais hynny hefyd.

RHAGNELL: Y celwyddgi hurt.

PENTEULU PENLLYN:
    Celwyddgi, purion. Ond pam y gelwi fi'n hurt?]

RHAGNELL: [ ]*Tydi dy hun a gladdodd y Llew Llaw Gyffes.

PENTEULU PENLLYN:
    Clywais innau ddywedyd hynny droeon.

[RHAGNELL: Ti a'i dywedodd, nid arall.

PENTEULU PENLLYN:
    A glywaist ti fi?]

RHAGNELL: Pan ddaeth yr iarll a'r iarlles o'r alanas
    Gorchmynnodd ef i ti a dau o'th filwyr
    Fyned i gladdu'r corff ger cafn y geifr.
    Buom wrth fyrddau'r neithior awr neu 'chwaneg
    Cyn dyfod ohonot a dweud bod dy dasg ar ben.

PENTEULU PENLLYN:
    A holodd Gronw neu arall ba dasg a fu?

RHAGNELL: On'd claddu Llew Llaw Gyffes?

---

*Y celwyddgi hurt

PENTEULU PENLLYN:
    A welaist ti'r bedd?

RHAGNELL: Naddo.

PENTEULU PENLLYN:
    A welodd d'arglwyddes?

RHAGNELL: Wn i ddim.

PENTEULU PENLLYN:
    Rhyfedd na bu holi am y bedd.

[RHAGNELL: 'Roedd dofi Ardudwy a'i derbyn i ufudd-dod
    Yn rheitiach camp na chodi cerrig ar fedd.]

PENTEULU PENLLYN:
    Mae cysur mewn bedd, awgrym fod yno farw.
    Bydd cerrig ar fedd gelyn yn rhoi cwsg i'r byw.

RHAGNELL: Nid rhaid iti ofni, mae Gronw yn gysgwr pert.

PENTEULU PENLLYN:
    A gwsg ef gystal â'r Llew wrth gafn y geifr?

RHAGNELL: Beth yw dy feddwl?

PENTEULU PENLLYN:
    Oni dd'wedaist ti
    Mai yno y bu farw Llew Llaw Gyffes?

RHAGNELL: 'Roedd arno dynged mai felly y byddai farw.

PENTEULU PENLLYN:
    Nage, ond tynged na ellid ond felly ei ladd.

RHAGNELL: Mae dau a dau yn bedwar. Fe'i lladdwyd, bu farw.

PENTEULU PENLLYN:
    A thithau'n gwybod hynny, gwyn dy fyd.

RHAGNELL: Myfi'n ei wybod? Tydi a'i claddodd ef.

PENTEULU PENLLYN:
    Dywedaist hynny eisoes, wn i ddim pam.

RHAGNELL: Na wyddost ti? Oni chleddaist ti ef?

PENTEULU PENLLYN:
    Mae blwyddyn er pan gollwyd Llew Llaw Gyffes
    Ac ni holodd neb mo hynny erioed o'r blaen.

RHAGNELL: Pa raid holi, a phawb oll yn gwybod?

PENTEULU PENLLYN:
    A minnau heb ei wybod.

RHAGNELL: Sut? Heb ei wybod?

PENTEULU PENLLYN:
    Os claddwyd ef, nid myfi a'i claddodd.

[RHAGNELL: Dy filwyr, ynteu, oedd dan dy ofal di?

PENTEULU PENLLYN:
    Dos, gofyn iddynt. Maent acw'n y buarth.]

RHAGNELL: Fe laddwyd Llew Llaw Gyffes wrth gerwyn y geifr.

PENTEULU PENLLYN:
    Felly deellais innau; euthum yno;
    Nid oedd na chelain na gafr ar gyfyl y fan;
    Chwiliais y coed a'r afon, ac ofer chwilio.

RHAGNELL: Pam na dd'wedaist ti hynny wrth Ronw Pebr?

PENTEULU PENLLYN:
    Gŵr yw hwnnw ni roddes y gwir i neb;
    Ni thâl rhoi'r gwir iddo yntau cyn bod rhaid.

[RHAGNELL: Ond odid i un o'i deulu ddwyn y corff?

PENTEULU PENLLYN:
    Rhyfedd na ddôi Gwydion o Gaer Dathal
    Neu fardd o Arfon i ganu uwchben ei fedd.
    Ni chlywais yn Nantlle farwnad, na chlochdar ei fam.]

RHAGNELL: Dy feddwl di yw bod Llew Llaw Gyffes yn fyw?

PENTEULU PENLLYN:
    [Dyna a dybiais innau. Euthum i Arfon:]
    Blwyddyn bu Gwydion a meddygon Math
    Yn brwydro gyda'r gwenwyn am einioes Llew.
    Mae'n fyw yn awr a holliach. Bydd yma heddiw;
    Mae ganddo air neu ddau â Gronw Pebr.

RHAGNELL: [Synnwn i fawr.] A oes cwmni ganddo?

PENTEULU PENLLYN:
    Ei ewythr Gwydion a thri chant o wŷr arfog.

    (Daw BLODEUWEDD atynt.)

RHAGNELL: Wele newyddion, Iarlles.*

BLODEUWEDD:
    Ai llon ai ffôl?

RHAGNELL: Ai llon ai ffôl yw bod Llew Llaw Gyffes yn fyw?

BLODEUWEDD:
    Yn fyw? Pwy dd'wedodd hynny?

PENTEULU PENLLYN:
    Gwelais ef ddoe.

BLODEUWEDD:
    Ha, daeth y dydd . . . Mi fûm yn disgwyl hyn.

PENTEULU PENLLYN:
    Tydi'n ei ddisgwyl, Iarlles? Ers pa bryd?

BLODEUWEDD:
    O'r funud honno, flwyddyn i'r dwthwn hwn,
    Y gwelais i dy wep yn petruso yn y porth
    Y dydd yr unwyd Penllyn ac Ardudwy;
    'Roedd gwatwar yn dy olygon ac ar dy fin.

PENTEULU PENLLYN:
    Ni wneuthun gam â thi erioed, Arglwyddes.

BLODEUWEDD:
    Tewaist o gas i mi, a'r tewi'n gelwydd,
    Yn cynllwyn cwymp a difethdod fy ngwynfyd brau.
    Ni chleddaist ti mo'r Llew.

PENTEULU PENLLYN:
    Naddo myfi.

BLODEUWEDD:
    Gwydion a'i cipiodd.

PENTEULU PENLLYN:
    Sut y gwyddost ti hynny?

BLODEUWEDD:
    Mi adwaen law fy newin. Nid oes ond ef

---

*Yn y fersiwn radio rhoddir y llinell hon a'r llinell nesaf o eiddo Blodeuwedd i Benteulu Penllyn

A dynnai o Annwn foch neu enaid gŵr
A rheibio angau.[22] Fe ddaw yma heddiw?

RHAGNELL: Gwydion a'r Llew ar ei dri chanfed gŵr.[*]

[BLODEUWEDD:
Deled a ddêl, mi gefais innau f'awr.]

PENTEULU PENLLYN:
Beth yw dy gyngor, Iarlles? Mae'r amser yn fyr.

BLODEUWEDD:
A rodda' i gyngor i un sy'n darpar brad?

PENTEULU PENLLYN:
Af ar fy llw—

BLODEUWEDD:
Iti drefnu eisoes i ffoi.

PENTEULU PENLLYN:
Ni all prin ddeugain gŵr gynnal y gaer.

BLODEUWEDD:
Cyfrwyau ar y meirch, cyffro tarianau,
Pob trwst a ffrwst ymadael, a'r iarll yn y coed
Heb rybudd, a'r dialydd yn ei dir.

PENTEULU PENLLYN:
Anfonais rai i'w geisio, gosodais wylwyr—

BLODEUWEDD:
Trefnaist bob dim i ddianc cyn ei ddod.

PENTEULU PENLLYN:
Rhaid iddo ddianc, a thithau. Ni fyn y milwyr
Aros y gelyn yma yn Ardudwy;
Draw ym Mhenllyn bydd gennym hawl a nerth.

BLODEUWEDD:
Ai'r milwyr piau penderfynu i'w harglwydd?

PENTEULU PENLLYN:
Ai gwaeth iddo hynny na bod yn gaethwas gwraig?

---

[*]Perthyn y llinell hon i Benteulu Penllyn yn y fersiwn radio.

BLODEUWEDD:
>Hawsed ydoedd chwipio dy frad i'th enau
>A'i fachu ar dy dafod, Benteulu ffals.

PENTEULU PENLLYN:
>Ni thâl edliw â thi a'r gelyn gerllaw—

RHAGNELL: Mae Gronw Pebr yma, Arglwyddes, yn awr.

(Daw GRONW.)

BLODEUWEDD:
>A glywaist ti, Ronw?

GRONW PEBR:
>Do, mi glywais bob dim.

BLODEUWEDD:
>Trefnodd dy gapten inni ffoi i Benllyn.

GRONW PEBR:
>Pa nifer [yw'r gelyn]?

PENTEULU PENLLYN:
>Tri chant o wŷr ymladd.

GRONW PEBR:
>A'n milwyr ninnau?

PENTEULU PENLLYN:
>Nid oes yma ddeugain gŵr,
>[A rhai o'r rheini'n ddeiliaid yn Ardudwy
>Na ellir credu iddynt i ddal heb frad.]

GRONW PEBR:
>[Gwnaethost yn gall i gasglu'r gwŷr a'r meirch,]
>Ni ellir cynnal y gaer.

PENTEULU PENLLYN:
>Dyna sgwrs milwr,
>[Nid bregliach merchetos a'r gad yn y fro.]

GRONW PEBR:
>A ydyw'r gwŷr yn barod?

PENTEULU PENLLYN:
>Y gwŷr a'r meirch,
>A march newydd i tithau ac i'th arglwyddes.

GRONW PEBR:
  Pa bryd y cyrraedd y gelyn?

PENTEULU PENLLYN:
  Gosodais wylwyr,
  Cawn wybod pan fyddo'r fyddin yng ngenau'r glyn.

GRONW PEBR:
  Doeth a gafaelus a fuost ti erioed.
  Rhoddaf iti feddiant ar wlad Penllyn
  A'r etifeddiaeth i ti ac i'th blant,
  A rhoddaf yn dy ofal yr iarlles hon
  A'r forwyn Rhagnell; dyro iddynt loches
  Rhag arswyd Gwydion, rhag crafanc y Llew;
  [Danfon hefyd genhadon i Gaer Dathal
  At y brenin Math, a chynnig iddo iawn
  Rhag dwyn ohono alanas ar dy fro;
  Tywys dy wlad yn ddoethach na myfi.]
  Arhosaf innau yma i ddigoni
  Llew Llaw Gyffes am ei sarhad a'i warth;
  Cewch chwithau felly ddianc yn ddiogel.

PENTEULU PENLLYN:
  Arglwydd, nid rhaid it hynny. Acw ym Mhenllyn
  Mae gennyt wŷr a chaer a hawl i'th gyfoeth.

GRONW PEBR:
  Gwna di fel y dywedais. Safaf innau
  Yma i groesawu'r Llew i'w wâl.

BLODEUWEDD:
  Fy Ngronw, beth yw hyn?

GRONW PEBR:
  Dos, Ragnell, brysia
  I gasglu pethau'r iarlles at y daith.

 (Exit RHAGNELL.)

BLODEUWEDD:
  Ond fe ddoi dithau, Ronw?

GRONW PEBR:
  Na ddof i,
  Bûm wallgo'n hir; nid wyf i wallgo' mwy;
  Ni ddygaf ddial ar fy mhobl ddiniwed
  Na difa tref fy nhad.

BLODEUWEDD:
> Ffown ynteu i Ddyfed,
> Cawn yno groeso gan elynion Math
> A nawdd a diogelwch.

GRONW PEBR:
> Pe gwnawn hynny
> Fe boerai Math ei lid ar lendid Penllyn,
> A minnau ym mreichiau gwraig ar ffo rhag ofn.

PENTEULU PENLLYN:
> Hwyr y daeth iti, Arglwydd, gofio Penllyn,
> Ond tyred yn awr a chei dy wlad o'th blaid.

GRONW PEBR:
> Teg yw dy gerydd, wrda, teg dy gynnig,
> A theg i minnau wrthod. Mae arna' i ddyled
> I Lew Ardudwy, ac fe'i talaf heddiw
> Yma, fy hun, heb ofyn meichiau neb.

[PENTEULU PENLLYN:
> Fel milwr y gofynnaf yn awr, fy Arglwydd:
> Byr yw'r cyfle i achub hoedl y gwŷr,
> Rhaid dewis ai brwydro yma ai dianc drwy'r coed
> Cyn cau o'r gelyn y cwm; mae'n symud ar feirch.

GRONW PEBR:
> Ni thâl petruso ddim—]

BLODEUWEDD:
> Gronw, fy Ngronw—

GRONW PEBR:
> Na chyffwrdd â mi, wraig, fe ddaeth ein hawr
> I ganu'n iach; mae gennyt daith o'th flaen.

BLODEUWEDD:
> Ni theithia' i oddi yma hebot ti
> Na'th adael di dy hun yn nwylo Gwydion.

GRONW PEBR:
> Mae dy ŵr yn fyw. Bydd yma. Ni elli aros.

BLODEUWEDD:
> Alla' i ddim mynd fy hun at ddynion dieithr,
> Fe'm lladdant i hebot ti.

[GRONW PEBR:
    Benteulu dewr,
    Rhoddais i ti f'arglwyddiaeth. Dyro dithau
    Dy air ar lw y caiff y wreigdda hon
    Ei rhan heb warth ym Mhenllyn dan dy nawdd.]

(Sain utgorn allan. Rhuthra MILWR *i mewn.)*

MILWR: Wyrda, mae cynwan y gelyn yng ngenau'r glyn.

PENTEULU PENLLYN:
    [Pawb ar ei farch!] Tyred yn awr, fy Iarll.

GRONW PEBR:
    Brysia, Flodeuwedd. [Ble mae'r forwyn Rhagnell?

MILWR: Aeth Rhagnell allan o'r gaer gynnau fach.

GRONW PEBR:
    Allan? I ble?

MILWR: Wn i ddim; tua'r afon.]

PENTEULU PENLLYN:
    Nid dyma'r adeg i neb chwilio am fedd.

GRONW PEBR:
    Ni elli aros [amdani].

BLODEUWEDD:
    Rhaid imi aros,
    Nac erfyn arnaf i ymado â thi;
    Fe'n hunwyd ni â gwaed, ni fedrwn ysgar;
    Mi sefais gyda thi wrth gafn y geifr,
    Gwelais dy wayw ar annel, gwelais ladd;
    Mi safaf i'w weld eto.

GRONW PEBR:
    A pham lai?
    Daethost ataf ar draws ei gelain ef,
    [Fe'th gymer ef di'n ôl fel Helen gynt
    Ar draws fy nghelain innau.][23] Dos, Benteulu,
    Cymer dy wŷr a ffo. Cei weled heno
    Donnau bychain Meloch a Thryweryn
    A'r mwg yn codi o Lanfor, a minnau'n hogyn . . . [24]
    Yn iach iti, nac oeda.

PENTEULU PENLLYN:
>Gadawaf iti ddau farch yn y buarth.

>(*Â'r* PENTEULU *a'r* MILWR *allan. Sŵn meirch yn symud o'r buarth. Yna llonydd.*)

BLODEUWEDD:
>Fe aethant, Ronw.

GRONW PEBR:
>A throi dy gaer yn garchar.

BLODEUWEDD:
>'Does yma neb yn aros ond ni'n dau.

GRONW PEBR:
>Nid hir y pery. Cawn gwmni cyn bo hir.

BLODEUWEDD:
>O na ddôi Rhagnell yn ôl!

[GRONW PEBR:
>Synnwn i fawr
>Na ddaw hi gyda Gwydion.

BLODEUWEDD:
>Mae arna' i ofn;
>Ni bu dichell ynddi hi erioed,]
>Hi oedd ein llatai ni, wyt ti'n cofio?

GRONW PEBR:
>Cofio? 'Rwy'n cofio gormod. Nid oes boen
>Fel poen y methu anghofio yn hunllef byw.

BLODEUWEDD:
>Pa raid inni aros yma? Pa raid, Ronw?

GRONW PEBR:
>Nid rhaid i ti. Mae rhaid yn fy nhynged i.

BLODEUWEDD:
>'Does gen' ti mo'th arfau ['chwaith. A gyrchaf i gledd
>A tharian iti?] Oni fynni di ymladd?

GRONW PEBR:
>Nid fy nhro i yw hi i daro'n awr.

BLODEUWEDD:
>Ei di ar dy liniau felly ger ei fron?
>All ef ddim maddau. Adwaen i fy Llew.

GRONW PEBR:
> Mi fedra' i hepgor ei faddeuant ef
> Ond profi blas ei waywffon.

BLODEUWEDD:
> Fe fynni dy ladd?

GRONW PEBR:
> Mor hir y buost ti yn gweld fy meddwl.

BLODEUWEDD:
> Pa beth a geisi di wrth geisio d'angau?

GRONW PEBR:
> Awr eto o ryddid.

BLODEUWEDD:
> Fedra' i mo'th ddeall;
> Mae meirch yn aros eto wrth y porth
> A rhyddid yn y warthol. Pam nad awn?

GRONW PEBR:
> Yma mae rhyddid, yma gyda thi.

BLODEUWEDD:
> Fel gwin i'm calon yw dy 'gyda thi';
> Ofnais gynnau, Ronw; gwelaf yn awr—
> Marw ym mreichiau'n gilydd yw dy ryddid
> A chloi neithior o fyw â her i'r drefn.

GRONW PEBR:
> Nid yn dy freichiau di y mae fy rhyddid,
> Ond edrych arnat ti a'm tranc wrth law
> A hoffi dy chwaer angau yn fwy na thi.

BLODEUWEDD:
> [Fy mwrw i heibio, ai e?] Rhoi arnaf i
> Dy hudo'n llofrudd? Erfyn ar y Llew
> Mai o ystryw gwraig y gwnaethost ti a wnaethost?
> Ai felly y cei di ryddid, fy Ngronw pefr?

[GRONW PEBR:
> Raid iti ddim dychryn. Nid dy angau di
> A roddai i mi einioes. Byr funudau
> Sydd imi mwyach, wraig, a daw dy ŵr,
> A daw i minnau farw. Dewisaf hynny,
> A'r dewis hwnnw yw fy rhyddid oll.

BLODEUWEDD:
          Dy ryddid yn awr yw dianc rhagof i?]

GRONW PEBR:
          Fedra' i ddim dianc rhagot ond trwy farw,
          Mae gwenwyn dy gusanau yn fy ngwaed.
          I beth y bydda' i byw? I brofi am oes
          A brofais eisoes, y syrffed sy yn y cnawd
          A'r gwae a'r gwarth o ganwaith ofer syrffedu?
          Bedd heb yfory yw dy serch; ni chwardd
          Baban ar dy fynwes; nid oes grud yn dy gaer;
          Ond yn y nos bu sŵn adyn o'i go'
          Yn udo ar fronnau cryfion yn y tywyll,[25]
          Brathu budreddi a chrechwen gwdihŵ.
          Collais i lwybrau dynol i ddilyn ffagl
          A phibau hud y gors, a suddais ynddi,
          Cofleidio seren, ystlum ar fy min;
          Heddiw daeth bollt i'm taro a deffrois;
          Mi welaf Benllyn, gwelaf fy mebyd yno,
          A'm gweld i'n awr, och ffiaidd, a'th dremio dithau—
          Gwell gennyf i na'th gusan gleddyf dy ŵr.

          (Rhuthra dau filwr i mewn a dal Gronw; gyda hwy LLEW LLAW GYFFES *a* GWYDION; *yna dau filwr arall yn dwyn elor a llen drosti.)*

MILWYR: Dyma nhw'r ddau . . .
              Ato'n awr . . . daliwyd ef . . .

          (Rhwymant ddwylo GRONW *wrth ei gefn.)*

GWYDION: Cerdded drwy borth agored megis i wledd
              A'r pâr ifanc yn aros i'n croesawu.

LLEW LLAW GYFFES:
          Ble mae dy filwyr, fradwr?

GRONW PEBR:
          Ar wasgar oll.
          Myfi'n unig a'th drawodd di. Ni raid
          Chwilio am eraill na dial ond arnaf i.

[LLEW LLAW GYFFES:
          Ai cynllwyn yw hyn? . . . Chwiliwch y gaer bob cwr.

          (Dau filwr yn mynd.)]

GWYDION: A dyma'r etifedd pefr, mab Gronw Hir,
Heb deulu'n awr, [yn rhwym,] heb wayw'n ei law.

GRONW PEBR:
[Arglwydd, nid rhaid i'th wŷr fy rhwymo i;]
Arhosais i'th ewyllys; safaf i'th ddial
Mor rhydd ag y sefaist tithau ar gafn y geifr.

GWYDION: Gwir hynny, fy nai. Adwaenwn i ei dad
A'r gaer ar fin y llyn. [Datodwch ei rwymau,]
Rhaid parchu gwrda a roir i gosb marwolaeth.

[*(Y milwyr yn datod y rhwymau.)*]

[LLEW LLAW GYFFES:
Cortyn o lin sydd ar ei freichiau ef;
Fe'm rhwymodd i â rhaff anwiredd gwraig.]

GRONW PEBR:
Pa beth a fynni, Arglwydd?

LLEW LLAW GYFFES:
Dy einioes di.

GRONW PEBR:
Mae gennyt hawl ar hynny. Fe'i cei yn llawen.

LLEW LLAW GYFFES:
Buost flwyddyn gron yn darpar f'angau i,
Blwyddyn lawn meddiennaist ti fy ngwely,
Fy nghaer, f'arglwyddiaeth, a'r hanner ellyll acw
Fu ar enw gwraig i mi. Nid 'chwaith am hynny
Y mynnaf i dy waed, ond am iti wrando
A chwerthin ar gyfrinach ddyfnaf f'enaid,
Ysbleddach ar loes llanc, a throi'n sbort
Gyffes gŵr yn addoli ffrwyth ei gariad.
Torrodd dy frad rhyngot a theulu dynion
Y weithred honno, rhoist dy ieuenctid i'r moch;
Mae marc y fforest arnat; ni elli fyw.

GRONW PEBR:
Fy mrawd, pa fodd y mynni di fy lladd?

LLEW LLAW GYFFES:
F'ewythr Gwydion, sut y gwnaf i ag ef?

GWYDION: Heddiw brynhawn fe awn ynghyd, ni'n tri,
At afon Gynfael ac at gafn y geifr;

> Caiff yntau sefyll lle y sefaist ti
> Ar flaen y cafn, a thithau lle y bu ef,
> A'i fwrw ef yn ei gefn fel y bwriodd yntau.
> Ac ni bydd yno chwerthin na meddyg 'chwaith.

GRONW PEBR:
> Na dagrau, ond croeso i gerydd. Dôf yn ôl
> I deulu dynion drwy'r un porth cyffredin
> Sy'n casglu pawb i'w gysgod. Diolch, Iarll.

LLEW LLAW GYFFES:
> Cymerwch ef a'i gadw tan brynhawn.

(Exeunt GRONW a'r MILWYR. Distawrwydd.)

BLODEUWEDD:
> Fy ewythr ddewin, teithiaist ymhell heddiw,
> A gaf i wneuthur cinio i chwi eich dau?

GWYDION: Profodd dy briod eisoes o'th wenwyn di.

BLODEUWEDD:
> Nid rhaid iti ofni. Daw Rhagnell yn ôl toc,
> Caiff hi baratoi'r bwyd a minnau weini.

GWYDION: Daeth Rhagnell yn ôl eisoes. [Wele hi acw.]

(BLODEUWEDD yn codi'r llen oddi ar yr elor.)

BLODEUWEDD:
> Dy waith di yw hyn? Tydi a'i boddodd?

GWYDION: Cawsom ei chorff yn yr afon wrth gafn y geifr.

BLODEUWEDD:
> Bu hon yn chwaer i mi, yr unig un
> Na cheisiodd elwa arnaf, ond estyn llaw
> A maddau, a mynd i'w bedd heb edliw bai;
> A fynni di fy moddi innau'n awr?

GWYDION: Dywedais wrthyt nad nyni a'i boddodd.

BLODEUWEDD:
> Tawel fu hi erioed, a marw'n ddi-sŵn.

GWYDION: Fel morwyn ddoeth, rhagflaenodd hithau'i chosb.

BLODEUWEDD:
> Pa beth a wneuthum i i haeddu cosb?

GWYDION: Gwenwyn, brad, galanas, hudo gŵr i'w angau,
Rhyw fanion felly nad ydynt wrth fodd pawb.

BLODEUWEDD:
Ai mi yw'r wraig anffyddlon gynta' erioed?

GWYDION: [Ni dd'wedaf hynny.]* Mae sawl math ohonoch.

BLODEUWEDD:
Yr wyt ti'n ddewin, Gwydion, yn ddwfn dy ddysg,
Yn rymus a rhyfygus i rwymo natur
A chwarae â'r pwerau sy yn y creigiau.
I beth? I borthi chwant. 'Roedd gennyt nai;
Fe hoffaist ef yn fwy na'th blant dy hun—.
Hawdd deall hynny—cymeraist ef yn aer
A synio sut i'w godi i orsedd Math
Yn frenin Gwynedd rywdro a thad brenhinoedd.
Eithr ar ei einioes ef yr oedd amodau,
Hualau tynged i'w osod ar wahân;
Y mae gwŷr felly, dynion a ddidolwyd
A'u torri oddi wrth y cenedlaethau. Ond ti,
Y gwyddon-ddewin, meistr cyfrinion y cread,
Nid hawdd gennyt ti fod dy aer dan faich o warth;
Mynnaist blygu'r elfennau i foddio dy falchder,
Herio tynged, rhoi hud ar donnau'r môr,
Rheibio ysbryd y fforest yn wraig o gnawd.
Felly fe'm clymwyd innau i weini'n gaethferch
I roddi plant i'th nai, i sefydlu ei linach
A'i suo'r nos i anghofio anffawd ei ach.
Ateb fi, Wydion, onid dyna'r cynllun?

GWYDION: Ai trais yw disgwyl i wraig roi mab i'w gŵr?

BLODEUWEDD:
Diolch iti, ddewin. 'Roedd tynged ar fab Arianrhod
Na châi ef wraig fyth o blith merched dynion
Na magu mab. Ildiai ef ddim i'w dynged,
Nac ef na thithau; daliwyd fi yn arf,
Yn declyn yn eich dwylo i dwyllo ffawd.
Ai mi a fu'n annaturiol? Ai cam i mi
Wneuthur yn ôl fy anian? Ymbiliais arno,
Y llanc nas gwnaed i'w garu, i edrych arnaf

---

*Dd'weda' i mo hynny.

>   A'm hoffi unwaith er fy mwyn fy hun;
>   Ond mynnodd yntau ganu i'w etifedd
>   A dweud ei stori ola' wrth aer ei obaith;
>   Ni ddôi ef o yfory ei freuddwydion
>   I mewn i heddiw gwag fy nghalon i.

LLEW LLAW GYFFES:
>   Gwydion, mae hyn yn wir. Cafodd hon gam.
>   Nid yw hi'n haeddu marw fel y llall.

GWYDION: Ai ti sy'n dweud hynny? 'Tawn i byth o'r fan!

BLODEUWEDD:
>   Dewisodd Gronw farw. Bu Rhagnell farw.
>   Pa les i mi yw estyn einioes mwy?

LLEW LLAW GYFFES:
>   Mi ddeuthum yma'n chwerw i ddial arnat;
>   Gwelaf yn awr mai truenus fuost ti erioed.

BLODEUWEDD:
>   Fe heriaist ti dy dynged, heriais innau;
>   Gwingo yn erbyn rhaid y buom ein dau.

LLEW LLAW GYFFES:
>   Mae rhaid ym mhob priodas ymhlith dynion.

BLODEUWEDD:
>   Mae rhaid a rhaib yn natur fy serch i.

LLEW LLAW GYFFES:
>   Am hynny yr wyf innau'n maddau iti,
>   Ni all enaid rhesymol garu fel ti.

BLODEUWEDD:
>   Fe fedrodd un. Rhoddais ef iti'n aer.

LLEW LLAW GYFFES:
>   Dewisodd yntau angau i ddianc rhagot.

BLODEUWEDD:
>   Ac o genfigen mynni dithau ei ladd
>   Am iddo fedru caru ac ennyn cariad.
>   Pa beth a wnei di hebof, druan ŵr,
>   Na chei di wraig fyth o blith merched dynion?

LLEW LLAW GYFFES:
>   Derbyn fy nhynged, gwneud fy nyth mewn siom.

BLODEUWEDD:
> Clywaf chwerthin dy fam a'i gorfoleddu.

LLEW LLAW GYFFES:
> Ni chlywi di ei beichio crio'r nos.

BLODEUWEDD:
> Oer fydd dy aelwyd, oer dy wely fyth.

LLEW LLAW GYFFES:
> Alltud yw pobun; aelwyd oer yw'r byd;
> Byddaf yn un â dynion yn eu chwerwder.

BLODEUWEDD:
> Dy dynged di yw bod heb wybod serch.

LLEW LLAW GYFFES:
> Y serch a fedrwn i, fe'i rhoddais iti.

BLODEUWEDD:
> Rhyw weddill prin o'th hunan-dosturi hael.

LLEW LLAW GYFFES:
> Rhoddais fy mywyd i'th law. Bradychaist ef.

BLODEUWEDD:
> Er mwyn i minnau gael bywyd, Cymer dy ddial.

LLEW LLAW GYFFES:
> Alla' i ddim dial. Cei fynd yn rhydd gennyf i.

BLODEUWEDD:
> Mor raslon yw fy arglwydd. Caf fynd yn rhydd
> At fy nhylwyth, at fy ngheraint, at fy nghariad.
> I ble'r ei dithau yn awr? Ai at dy fam?

LLEW LLAW GYFFES:
> Mi af at gerwyn y geifr heddiw brynhawn,
> Myfi a Gwydion a Gronw Pebr o Benllyn;
> A ddoi di yno i chwerthin megis cynt?

BLODEUWEDD:
> Yn llawen, enaid. Wyddwn i ddim dy fod di mor 'smala;
> Mi af i'r coed tan hynny. Yn iach i ti.
> Dydd da i tithau, f'ewythr.

GWYDION: Ie, fy nith,
> Ond gwrando cyn iti fynd. Mae yn y coed
> Aderyn sydd yn ddychryn fel tydi

Ac fel tydi yn hoffi'r nos, a'i chwiban
  Yn rhybudd angau fel dy chwerthin dithau,
  A rhyngddo ef a'r adar mae gelyniaeth;
  Anhapus fu dy seibiant gyda dynion;
  Dos i'r tywyllwch at y tylluanod,
  I foesau'r lloer a'r ceubren. Y funud hon,
  Wrth groesi'r trothwy a swatio rhag yr haul
  Fe droir dy grechwen yn sgrech gwdihŵ,
  A byth liw dydd ni feiddi ddangos d'wyneb.

BLODEUWEDD:
  Hedaf i Gaer Arianrhod. Caf gan dy chwaer
  Groeso anghyffredin i ferch yng nghyfraith.

  (Â allan dan chwerthin o hyd. Yna paid y chwerthin a chlywir sgrech hir tylluan.)

LLEN

Blodeuwedd

Act I: (*Y Llenor* 1923)
Act II: (*Y Llenor* 1925)

ACT I

(Caer yn Ardudwy. GWYDION *a* LLEW LLAW GYFFES *ynghyd.)*

LLEW *(yn curo â'i ddwylo):*
    Ho, deled yma un . . .

    *(*GWAS *yn dyfod.)*

    Ai parod y meirch?

GWAS: Mae'r meirch a'r nifer, Arglwydd, yn barod oll,
A'r arfau aur a'r pali, dy anrhegion.

LLEW: P'le mae'r Arglwyddes?

GWAS: Yn ei hystafell, Unben,
Yn brodio, hi a'i morynion, ac yn gwrando
Cywyddau'r bardd.

LLEW: Dos ati, dywed wrthi,
Fe deithiwn heddiw deirawr tra bo dydd,
Gwydion a minnau a'r nifer gyda ni;
Doed hithau ar frys i ganu'n iach i ni.

GWAS: Af, Arglwydd.

    (Yn mynd.)

LLEW: O, fy nghyfaill a'm tad-maeth,
Nid oes yng Ngwynedd ŵr mor druan â mi.

GWYDION: Twt twt. Paid â gwamalu. Taw â'th stŵr.

LLEW: Nid oes ar y ddaear ŵr mor druan â mi,
A chas fy mam a'i thynged yn fy erlid
O'r groth hyd heddiw, cas a dig a thynged.

GWYDION: Ai ti sy'n siarad felly, a gafodd y cyfeillgarwch mwyaf a fu erioed? Ti, yn blentyn siawns, a daflwyd dros y drws cyn iti brin anadlu, a thithau'n eiddilach na chyw iâr newydd dorri'i blisgyn? Ti y bu tair tynged enbytaf o'r byd arnat, a minnau'n eu rhwystro oll, yn rhoi iti enw, ac arfau, a'r wraig ryfeddaf a grewyd, a'r arglwyddiaeth decaf yn nheyrnas Math ei hun? Cywilydd arnat.

LLEW: Ni chafodd neb well cyfaill na thi, Wydion.

GWYDION: Naddo'n ddiau, na neb arall y blinder a gefais i gyda chyfeillion. Dyna fy mrawd, Gilfaethwy, y bûm fyw flynyddoedd gyda'r gwyddfilod o'i herwydd, heb wybod fy rhan yn y byd, yn wryw a benyw bob yn ail, a theulu bondigrybwyll gennyf. Ac wele dithau, a phwy ŵyr pa ddrwg a gaffwyf o'th achos, a rhyw chwant dy ddinistrio ar dy fam dy hun, heb i mi ei llestair?

LLEW: A threch yw dial mam na'th gariad di.

GWYDION: Sut ynteu? Oni chwalwyd ei dyfeision? Pan wrthododd hi roi enw iti, mi berais innau dy enwi. Hi'n rhoi tynged arnat na chaut arfau, minnau'n peri dy wisgo â'i dwylo hi ei hunan. Hithau'n dy dynghedu na chaut fyth wraig o blith merched dynion, minnau'n codi iti o'r blodau y wraig wympaf a welodd llygaid, fel y byddai'n glod i Franwen neu i Riannon gael golchi'r cwrsi a fu rhwng bysedd Blodeuwedd.

LLEW: Ond ni ddihengais i rhag llid fy mam,—
Nid yw Blodeuwedd megis merched eraill.

GWYDION: Tebyg iawn. Yr wyf i yn hen ac yn brofiadol dros ben, ac yn fy nydd mi gerais wragedd a bwystfilod lawer, ond erioed ni welais i ferch yn debyg i ferched eraill.

LLEW: O Wydion, gwrando, nid oes iddi blant.

GWYDION: Yr wyt ti'n ffodus. Y plentyn diwethaf a gefais i,—blaidd oedd o.

LLEW: Byth nid anghofiaf i y bore gwyn
Y gwelais i Flodeuwedd gynta' erioed:
Tydi a Math yn cerdded dros y lawnt,
A rhyngoch chi, yn noeth fel blodau'r wawr,
A'r gwlith heb sychu ar ei bronnau oer,
Bronnau diweirach na gwên galon lili
Pan blygo'r nos i'w mynwes, cerddai hi,
Enaid y gwanwyn gwyrf mewn cadwyn gnawd.
Edrychais arni, hithau arnaf i,
A gwisgo'i noethni â'm cusanau brwd;
A'r breichiau hyn, breichiau trachwantus ienctid—
Fy mreichiau a fu mor wag,—ei gwregys dur.

GWYDION: Yr hen chwedl. Yr wyf i wedi cofleidio'r benywod oll. A chred fi, was, ar fore o wanwyn yr un ansawdd sydd i gnawd y ferch dyneraf ac i wrych baedd.

LLEW: Ond, f'Arglwydd Wydion, 'roedd hi'n oer, yn oer.
Llunieiddwch marmor sydd i'w hesgair hi;
Torrai fy nghalon, gurai ar ei bron,
Fel torri gwydr ar gallestr. Yn ei gwedd
Ni welais wrid erioed, ond harddwch lloer
A wawriai yn ddihitio dros y byd.
Dieithr ac estron yw ei gwaed. Un nos
Aruthr o wynt a glaw, dihangodd hi
Allan o'm gwely i ryferthwy'r storm;
Dilynais innau hi mewn llid ac amau,
A chleddau dan fy nghlog. Ond ni ddaeth neb,
Ni fentrodd blaidd o'i ffau y noson honno;
Hithau yn dawnsio yn y ddrycin wyllt,
A'i gwallt fel mellt yn gwibio drwy y glaw.

GWYDION: Anodd yw tynnu dyn oddi ar ei dylwyth.

LLEW: Mewn dychryn gwaeddais arni, ond ni chlybu,
A'r gwynt yn rhuo'n ddinistr dros y coed.
Fe'm clywn fy hun ar goll mewn byd annirnad
Lle ffynnai graig a glaw a storm a nos
A hi, Flodeuwedd. Rhedais ar ei hôl,
A gweiddi'n uwch, a gafael yn ei braich:
'Fe'm deliaist,' ebr hi'n drist, fel un yn deffro
O freuddwyd pell, 'Fe'm deliaist, ie, awn adre'.'
A gwelais innau yn y dymestl gerth
Nad oedd i mi ddim cyfran yn ei bywyd.

GWYDION: Dyma Flodeuwedd.

(Hithau yn nesu yn araf.)

LLEW: Och, fod calon rew
Dan ddwyfron sy'n cynhyrfu serch fel haul
Cyntaf Mehefin.

BLODEUWEDD:
Arglwydd, daeth dy neges.

LLEW: Ie, Arglwyddes, rhaid yw inni fynd.

BLODEUWEDD:
A Gwydion yntau?

GWYDION: Minnau hefyd, Arglwyddes.

BLODEUWEDD:
> Mae'r dydd yn fyr, a buan fydd y nos.
> Arglwydd, trig yma dro; ni fynnwn i
> Fod hebot heno.

LLEW: Ni byddi'n unig ddim,
> Mae gennyt weision lawer a morynion.

BLODEUWEDD:
> Fûm i ddim hebot ti erioed o'r blaen.
> Mae arna' i ofn fy ngadael.

LLEW *(yn chwerw)*:
> Ers pa bryd?

BLODEUWEDD:
> Mae f'ysbryd yn anesmwyth. Ddaw dim da
> O'th fyned heddiw. Aros ienctid gwawr;
> Cei heulwen ar dy lwybyr i Gaer Dathl.

LLEW: Na, na. Mae pawb yn barod; rhaid yw mynd,
> A Math y brenin yn ein disgwyl ni.

BLODEUWEDD *(yn troi at Wydion)*:
> Fy Arglwydd ddewin, ydw i yn hardd?

GWYDION: Pa gastiau hud yw hyn?

BLODEUWEDD:
> Na hud na chast.
> Tydi a ddaliodd f'ysbryd rhwng y dail,
> Dywed, ai da y gwnaethost?

GWYDION *(yn syllu arni)*:
> Myn fy nghledd,
> Ni welodd llygaid ail i'th lendid di;
> Tydi yw campwaith fy hudoliaeth oll.

BLODEUWEDD:
> Pam ynteu, a mi'n gofyn gan fy ngŵr
> Yr unig ffafr a geisiais i erioed,
> Nas rhydd ef imi?

GWYDION: Yr unig ffafr, fy merch?

BLODEUWEDD:
> Yr unig un.

ACT I (*Y LLENOR* 1923)

GWYDION: Fe fuost yn ffôl, Flodeuwedd,
Fe ddylsit ei ddisgyblu â gofynion
A blino'i enaid â mympwyon fil;
Fel yna y cei di ffafr gan ddynion.

BLODEUWEDD:
Ie,
Gŵyr merched taeog fwy na mi am ddynion.
Fy Arglwydd Wydion, gwnaethost imi ddrwg
Pan roist gadwyni cnawd ac esgyrn arnaf,
Anniolch it, mi ddylwn dy gasáu.
Ond y mae ynof reddf i'th hoffi di;
Fe dreuliaist tithau hafau dan y dail,
A gwyddost sawr y pryfed gwylltion, ffel.

GWYDION: Hist. Paid â sôn am hynny rhag fy ngh'wilydd.

BLODEUWEDD:
O enaid, beth yw c'wilydd? Wn i ddim
Sut mae cywilyddio . . . Aros dithau yma
Nes delo f'arglwydd ataf i drachefn.
Fe fyddi'n ddiogelwch imi 'rhawg.

(GWAS *wrth y drws.*)

GWAS: Arglwydd, mae'r osgordd yma'n d'aros di,
Pawb ar ei farch yn barod.

LLEW: Ie, awn.
Tyrd, fy nghyfaill, mae hi'n amser cychwyn.

GWYDION: Ffarwél, Arglwyddes. 'Rydw i yn hen,
Fe flinit tithau ar fy nghwmni llwyd.
Mae peraroglau'r Mai o'th amgylch di,
Wywodd mo'r blodau a glymwyd yn dy wedd.
Bydd ifanc fyth; ffarwél.

(Yn ei chusanu.)

BLODEUWEDD:
Fy Arglwydd mwyn,
A welir ni'n tri eto fyth ynghyd?
Mae 'nghalon i yn drom. Ffarwél . . .

(GWYDION *yn mynd.*)

Fy Llew,
Pe'm credit i, chychwynnit ti ddim heddiw;

Mi wn yn f'esgyrn na ddaw da o hyn.

LLEW: Alla' i ddim byw yn ôl oriogrwydd merch.

BLODEUWEDD:
Mi adwaen i'r tymhorau'n well na thi,
A phryd bydd newid gwynt a glaw a hindda,—
Sut na adwaenwn felly dymor dyn?

LLEW: Nac ofna ddim. Tynged sydd arna' i
Fel na ddaw tranc na niwed imi'n hawdd.
Bydd dithau'n ddoeth. Na chrwydra ymhell o dre',
Na ddos i'r coetir unig yn yr hwyr,
Ond aros yng nghyfannedd y rhodfeydd
Gyda'th forynion. Bydd yn wych, Flodeuwedd,
Ni byddaf i ond tridiau. Ffarwél, ffarwél.

(Yn cusanu ei thalcen a mynd. BLODEUWEDD yn ei thaflu ei hun ar lwth ac yn wylo. Daw ei morwyn, RHAGNELL, i mewn a'i chael hi felly.)

RHAGNELL: Flodeuwedd, Iarlles. Beth yw'r gofid hwn?
Flodeuwedd, ateb fi.

BLODEUWEDD:
Fy arglwydd a'm gadawodd.

RHAGNELL: Beth os do?
Ni bydd efô ond tridiau. Fe ddaw drachefn
Yn fuan iawn.

BLODEUWEDD:
Ragnell, ni wyddost ti
Yr ofn sydd yn fy nghalon.

RHAGNELL: Taw, Arglwyddes.
Pa raid it' ofni? Dy gastell di yw hwn,
A thi piau'r wlad, a'th air di yw ei deddf,
Ac nid oes yma ond a'th garo di.
Mi roddwn innau mywyd er dy fwyn
Pe byddai raid.

BLODEUWEDD:
Na, na. Nid ofni dynion
Yr wyf. Ond ofni gwacter, ofn unigedd.
Fe aeth fy arglwydd ymaith.

ACT I (*Y LLENOR* 1923)

RHAGNELL *(yn syllu arni)*:
          Beth yw hyn?
          Mi'th glywais droeon yn dymuno ffoi,
          A'th felltith ar y gŵr a briodaist ti:
          Pa newid sydd?

BLODEUWEDD:
          O, ni ddeelli fyth,
          Fyth, fyth, fy ngofid i, na thi na neb.
          Ni wyddost ti y peth yw bod yn unig.
          Mae'r byd i ti yn llawn, mae gennyt dref,
          Ceraint a theulu, tad a mam a brodyr,
          Ac nid wyt ti yn ddieithr yn y byd.
          Mae'r man y troediodd dynion yn gyfannedd,
          A Gwynedd oll, lle bu dy dadau gynt,
          Yn aelwyd it, yn gronglwyd adeiladwyd
          Gan genedlaethau dy hynafiaid di;
          'Rwyt ti'n gartrefol yn dy wlad dy hun
          Megis mewn gwely a daenwyd er dy fwyn
          Gan ddwylo cariad a fu'n hir yn d'aros;
          Minnau, nid oes i mi ddim un cynefin
          Yn holl ffyrdd dynion; chwilia Wynedd draw
          A Phrydain drwyddi, nid oes dim un bedd
          A berthyn imi, ac mae'r byd yn oer,
          Yn greulon estron im, heb gwlwm câr
          Na chadwyn cenedl. Dyna sut yr ofnaf—
          Ofni fy rhyddid, megis llong heb lyw
          Ar fôr dynoliaeth. Clyw, pa gorn sydd acw?

          (Clywir corn hela ymhell.)

RHAGNELL: Rhywrai yn hela yn y coetir draw.

BLODEUWEDD:
          Fe aeth fy arglwydd ymaith. Na, nid oedd
          Erioed serchogrwydd rhyngom. Ni ŵyr ef
          Y nwydau dyrys sy'n fy natur i,
          Ac ni wn innau fyw fel ef yn ddof,
          Diantur, a dibynnu ar gyfeillion
          Am bob lleshad a gafas yn ei oes.
          Ond ymysg dynion fo yw'r unig un
          A berthyn imi. Nid oes ond efô
          Yn ddolen rhyngof a'r teuluaidd wŷr
          Na wyddant barch ond achau. Hebddo fo

Mae 'mywyd i'n ddi-ach ac yn ddiangor,
A her a pherygl natur yn fy ngwaed.
'Nawr, Duw i'm plaid nad arnaf i bo'r dial
Pan ddelo'r drwg hwn arnom.

RHAGNELL: Pa ddrwg, Iarlles?
    Mae d'eiriau yn fy nychryn. Dywed im
    Pa storom wyllt sy'n gyrru tan dy gnawd?

(Y corn yn canu'n agosach.)

BLODEUWEDD:
    Hist, gwrando.

RHAGNELL *(yn ddihitio)*:
    Ie, mae'r hela tuag yma.

BLODEUWEDD *(yn tynnu'r forwyn ati a rhoi llaw ar ei chalon)*:
    Ragnell, p'le mae dy galon? Och, mor dawel
    Â chalon derwen yn y gaeaf llaith.

(Y corn yn canu'n agos iawn.)

    Clyw, ferch. Corn hela. Hela rhwng y coed,
    A'r carw'n chwipio'r tir yn chwyrn o'i ôl
    Fel rhwyfau'n cicio'r don. Mae ffroenau'r cŵn
    Yn llamu tros y brisg, a charnau'r meirch
    Fel gwynt ar y milltiroedd. O, mae natur
    Mewn hoen afradus acw yng ngloddest byw,
    A'r heliwr yntau'n un ag egni'r ffridd,—
    Mi allwn garu heliwr,—

(Y corn yn mynd heibio.)

    Dos, dos, ferch,
    A gofyn pwy yw'r marchog sydd yn hela.

RHAGNELL *(wedi mynd allan yn dychwelyd at y drws)*:
    Iarlles, mae'r hela drosodd, a dacw'r gwrda
    Yn cyrchu tuag yma dros y waun.
    On'd iawn yw cynnig llety iddo heno,
    A'r nos yn gwasgu arno?

BLODEUWEDD:
    Sut un yw?

RHAGNELL: Ieuanc, ac yn ystwyth ar ei farch
    Fel hebog ar yr awel.

ACT I (*Y LLENOR* 1923)

BLODEUWEDD:
        Dyro im
        Gwpanau aur, a'r gwin a brofais i
        Fore fy nghreu, a dyro ffrwythau im,
        Ceirios ac afalau coch a phêr,
        A derbyn dithau'r marchog;
        Ac arch ei ddiosg o'i luddedig wisg,
        A'i ddiarchenu, a'i arwain tua'r neuadd;
        A bydded heno wledd i'r dieithr hwn,
        Rhag cael ohonof ogan gan fy arglwydd
        O'i adu, pan adfeilio'r dydd, i'w wlad.

RHAGNELL: Wele di, Iarlles, fel y dylit fod,
        Yn llawen a charedig. Minnau, af
        I'w wahodd, ac i erchi byrddau llawn
        Yn groeso iddo. Dithau, bydd ysmala,
        Anghofia dy ofidiau. Gwledd a dawns
        A mwyn ymadrodd yw dy chwiorydd di,
        A'th geraint pawb a'th welo.

        (Yn mynd.)

BLODEUWEDD:
        Bydd dawel, fron anesmwyth, daeth dy awr . . .
        O phlygais flwyddyn dan gaeth foesau llys
        A defod dynion, hyn ni'm deil yn hwy.
        Cyffro a rhyddid yw f'elfennau i,
        A'm deddf yw chwant, y chwant sy'n gyrru'r had
        I chwalu'r pridd a'i ceidw rhag yr haul.
        Mae ynof innau egin a fynn ddydd
        I dyfu'n fraisg a cheinciog uwch y llwyn,
        Heb gyllell neb i'w docio. Ac i mi
        Gwn fod y marchog hwn yn herodr nwyd.
        Mi adwaen fiwsig corn: nid gwefus fain
        Fy ngŵr a chwythodd y fath hoyw lef,
        Ond llawn wefusau cochion, blysiog, brwysg,
        Gweddus gymheiriaid fy ngwefusau i.
        Brysied yr awr y caffwyf gyda hwy
        O nych a phoen anrhydedd ymiacháu
        Yng ngwynfyd anghywilydd noeth, di-fraw . . .

RHAGNELL *(wrth y drws)*:
        Iarlles, mae'r wledd yn barod, a Gronw Pebr,
        Arglwydd Penllyn, yn dy gyfarch di.

BLODEUWEDD:
>Mor foel dy eiriau. Dylai utgorn pres,
>Nid tafod merch, gyhoeddi'r enw hwn.
>Rho im dy fraich ac awn i'w dderbyn ef.

>*(Y ddwy yn mynd. Y llen yn disgyn am eiliad yn arwydd treulio awr y wledd. Yna cwyd y llen eto, a'r olygfa fel cynt, oddieithr bod llestri gwin a blodau ar fwrdd.* BLODEUWEDD *a* GRONW PEBR *yn dyfod i mewn.)*

BLODEUWEDD:
>Gefaist ti ddigon?

GRONW: O fwyd a diod, do.

BLODEUWEDD:
>Beth sydd ar ôl?

GRONW: Na ofyn im, Arglwyddes.

BLODEUWEDD:
>Mae arnat ti ofn dywedyd.

GRONW: Ni wn i ofn
>Oddieithr colli urddas ac anrhydedd.

BLODEUWEDD:
>Ni ddaliwyd hydd na merch erioed gan ofn.

GRONW: Arglwyddes, a oes ffordd oddi yma heno?

BLODEUWEDD:
>Oes, dros y bryniau lle mae'r bleiddiaid chwim
>Yn udo am eu newyn wrth y lloer.

GRONW: A oes o'th weision ddengys imi'r llwybr?

BLODEUWEDD:
>Nid oes a feiddiai hynny ond myfi.

GRONW: Tydi?

BLODEUWEDD:
>Mae'r nos a minnau yn gynefin,
>Ac ni ŵyr bleiddiaid erlid arogl blodau.

GRONW: Ai gwir dy greu dydi o'r blodau gwyllt?

BLODEUWEDD *(yn cymryd y blodau oddi ar y bwrdd)*:
>A weli di'r rhai hyn? Mor dawel ŷnt,

ACT I (*Y LLENOR* 1923) 299

               Fe dd'wedit fod eu harddwch yn dragywydd;
               Ac eto'n marw y maent. Fe'u pliciwyd hwy
               A'u rhoi am orig fer yn addurn gwledd,
               A'u trefnu a'u cynnal felly, ond heb wraidd;
               Mae gwayw eisoes yn eu c'lonnau brath,
               A lludded yn eu bonion; crymu wnant,
               A gollwng hyd y llawr eu llwyth o liw,
               A sychu a chrino a threngi cyn eu hoed . . .
               Iarll, a ddywedi di mod innau'n hardd?

GRONW: Rosyn y byd.

BLODEUWEDD:
               Ac eto, gwywo 'rwyf,
               Nid oes im wraidd na daear ymysg dynion.
               Mae dŵr i arbed loes y blodau hyn
               A hirio'u terfyn; ond fe'm tynnwyd i
               Gan law drahaus a'm dodi yma i farw
               Heb un garedig elfen a'm cynhalio.

GRONW: Beth yw d'ewyllys?

BLODEUWEDD:
               Dywed im dy rin,
               Minnau, dywedaf iti fy ewyllys.

GRONW: Er pan edrychais arnat, cerais di.

BLODEUWEDD:
               O achos hynny y mynnit ti fy ngadael?

GRONW: Yr wyt ti'n briod, ac wrth fwrdd dy ŵr
               Eisteddais i a bwyta. Onid oedd
               Dyletswydd arnaf tuag ato ef?

BLODEUWEDD:
               Ac weithian?

GRONW: O, fe'm collwyd yn dy serch
               Fel na wn mwyach urddas nac anrhydedd.
               Dy wedd, fy mun, yw caer y rhyfeddodau
               A'm swynodd i anghofio pob rhyw ddeddf
               A holl ffyddlondeb bonedd. Ti i mi
               Yw terfyn gobaith, hafan balch freuddwydion,
               Lle y bwriaf angor fy ieuenctid chwyrn.

BLODEUWEDD:
> Heb erfyn mwy ymadael?

GRONW: Byth, byth mwy.

BLODEUWEDD:
> A'th fonedd a'th draddodiad, moesau da
> Dy deulu, a ffyddlondeb uchel waed?

GRONW: Anghofiaf hwynt.

BLODEUWEDD:
> Na, nac anghofia ddim,
> Rhag iddynt rywbryd ddyfod eto i'th gof
> Ac oeri'r gwaed a difa fflamau chwant.
> Ond dewis rhyngom, gyfaill, rhyngddynt hwy,
> Ddiogel foesau dof wareiddiad dyn,
> A gwyllt ryferthwy fy nghusanau i.
> Ac ystyr cyn it' ddewis. Gyda hwy
> Cei sicrwydd câr a chyfaill a chywely
> Yn ganllaw oes ddigynnwrf ar dy stad,
> A'th gladdu ym meddrod dy hynafiaid gwiw,
> A'th blant i ddwyn dy elor. Gyda mi
> Nid oes yn ddiogel ond y funud hon.
> A'm caro i, rhaid iddo garu perygl
> A holl unigedd rhyddid. Yn ei oes
> Ni chaiff gyfeillion, ac i'w ddisathr fedd
> Nis dilyn plant. Ond cawod fêl fy ngwallt
> A leinw ei synnwyr dro, a'm bronnau dwfn
> A'i cudd ef ennyd rhag murmuron byd,
> A'r eiliad fydd ei nefoedd ... Dewis di.

GRONW:
> Pwy ŵyr ei ddigwydd? Beth a dâl i ddyn
> Golli ei fwynder heno am yfory
> Nas gwêl ond gobaith? 'Dyw traddodiad llwyth
> Nac etifeddiaeth ond y madarch tlawd
> A rithiodd celwydd yn darianau aur
> I'm twyllo i werthu gwynfyd er eu mwyn.
> Flodeuwedd, mi ddewisais:
> Dy harddwch di yn deyrn yn fy mryd,
> D'ewyllys di ar orsedd f'einioes mwy.

BLODEUWEDD:
> Fy holl ewyllys i yw angerdd cariad ...

(Yn tywallt gwin i gwpan.)

ACT I (Y LLENOR 1923)

   Gwrando, fy Iarll: Y dydd y'm daliwyd i
   A'm rhwymo'n gaethwraig i'm diweiriaf ŵr,
   Rhoes Gwydion imi win o ryfedd flas
   A ddug Pryderi gynt o Annwn. Hwn
   A brofais i a'i gadw, a thyngu llw
   Nas yfwn eilwaith oni ddelai awr
   Cyfeddach gyda gŵr ddewiswn i
   Yn rhydd, o'm bodd. Bu'r cawg yn hir dan glo,
   A syched yn fy enaid am ei rin.
   Ond heddiw, y diwetydd, clywais gorn
   Draw yn y coed a seiniodd yn fy mron
   Ddarfod y trist gaethiwed, a gwybûm
   Mai'r genau hynny a alwodd drwy y llwyn
   A ddathlai gyda mi sagrafen serch . . .

   (Yn yfed a rhoi ei chwpan iddo.)

   Yf, Ronw, mae fy insel ar y min.

GRONW: Yfaf, a thyngaf it dragwyddol gariad—

BLODEUWEDD:
   Na, fy anwylaf, na thwng ddim i mi.
   Gad y ffôl addunedu iddynt hwy
   Sy'n gwarchod nwydau eiddil â defodau
   A rhwymau ofnus eu crefyddau llwm.
   Pa beth yw addewidion ond cydnabod
   Nad digon inni wynfyd yr awr hon?
   Bydd dithau dawel yn ein noson hoen
   Heb amau am a ddelo. Mae holl nerth
   Natur yn cronni ynof i'th ddiwallu,
   Ac oni flinwyf i, ni flini di.

GRONW *(yn yfed)*:
   Bydded y cwpan hwn lle bu dy fin
   Yn rhagflas dy gusanau. Y nos hon
   Mi fynnwn farw yn dy freichiau, ferch,
   Rhag deffro mewn rhyw 'fory hebot ti.

BLODEUWEDD:
   Ragnell, Ragnell . . .

   (RHAGNELL yn dyfod)

   Cyweiria 'ngwely heno
   Yn yr ystafell wydrin, a dod arno

　　　　　　　Y bliant gwynnaf, meinaf, megis cynt
　　　　　　　Pan gysgais i y noson gynta' erioed.

　　　　　(RHAGNELL *yn mynd.*)

　　　　　　　Fy nghyfaill, beth a welaist ti i'm hoffi?

GRONW:　　Pwy ddywed fyth? Dy wedd, dy ffurf, dy gerdded,
　　　　　　　A'th gorff fel fflam yn llosgi trwy dy wisg.

BLODEUWEDD:
　　　　　　　　Ac nid dim arall? Oni welaist ti
　　　　　　　　Ryfeddaf wyrth fy ngeni? Cyn dy ddod,
　　　　　　　　Fe ffynnai ofn diddarfod yn fy mron
　　　　　　　　Na chawn i wybod fyth ddirgelwch cnawd,
　　　　　　　　Na'r tangnefeddus flinder pan fo corff
　　　　　　　　A chorff yn llonydd wedi'r traserch brwd,
　　　　　　　　Ac amcan bod yn gyflawn. Bellach gwn
　　　　　　　　Fy ngeni yn holl gyfrinach bywyd dyn;
　　　　　　　　Ymysg teuluoedd nid wyf unig mwy;
　　　　　　　　Dy gariad di yw f'achau i a'm hawl
　　　　　　　　Ar y ddynoliaeth. Un yw bywyd oll
　　　　　　　　Mewn coed a dynion, ni all defod frau
　　　　　　　　Na chymhleth foes gwareiddiad achub neb
　　　　　　　　Rhag blys-fwriadau natur . . . Tyrd, f'anwylyd,
　　　　　　　　Mae'r nos yn galw arnom at ei hoen.

　　　　　　　　　　　　LLEN

ACT II

(*Caer yn Ardudwy.* RHAGNELL, *morwyn* BLODEUWEDD, *yno ac un o wŷr* GRONW.)

GŴR: Rhagnell, p'le mae fy arglwydd?

RHAGNELL: Wn i ddim.

GŴR (*â gwawd*):
A thebyg na wyddost ti 'chwaith pa gastiau sy rhyngddo â'th iarlles?

RHAGNELL: A oes castiau?

GŴR: Sut, ynteu, nad oes ond tydi yn gweini arnynt? Paham yr erys o dridiau o'i wlad? A oes castiau'n wir!

RHAGNELL: Fe ddychwel fore heddiw.

GŴR: Ie, ac wele'r meirch yn ei aros. Dos, dywed wrtho am iddo ffarwelio â'r hudoles hanner-gwaed a'i swynodd, a chyrchu adref.

RHAGNELL: Druan ag ef onid oes iddo deulu ffyddlonach na thydi.

GŴR: Beth sydd a fynno fo â ffyddlondeb? Fe werth ei dref tad am bris ei drachwant, a'i unig rinwedd yw bod yn rhy fyrbwyll i wybod ofn . . . Hist, dacw hwy'n dyfod . . . A ddywedi di'r awron nad oes castiau rhyngddynt . . . ?

RHAGNELL: Taw'r cerlyn.

(GRONW *a* BLODEUWEDD *yn dyfod.*)

GŴR: Iarll, gyda'th gennad, wele'r meirch yn barod.

GRONW: Dos atynt. Deuaf innau cyn bo hir.

(*Exeunt* RHAGNELL *a'r* GWAS.)

BLODEUWEDD:
Rhaid iti fynd?

GRONW: Neu aros yma i'm lladd.

BLODEUWEDD:
Nage, f'anwylyd. Od oes lladd i fod,
Nid ti a leddir.

GRONW: Ei wyrda ef sydd yma,
Ac yntau'n dychwel heddiw gyda'i lu.

BLODEUWEDD:
Ie, dos. Nac oeda mwy. Mae'i enw ef
Fel cnul marwolaeth yn fy nghalon friw.
A wyddost ti? Yn y llwyni ym Mehefin
Pan fo bereiddiaf cân yr adar chwim,
A mis yr wyau drosodd er ys tro,
A'r coed yn llawna'u dail, a natur drwyddi
Megis yng nghanol dawns ei gyrfa lon,
Ryw ryfedd awr ddisyfyd daw distawrwydd,
Fe baid y canu ar bob cainc a pherth,
Ac yn y bonion erys sudd y coed,
A'r funud honno fe heneiddia'r dail,
Daw trymder haf a'i ddiogi dros y llwyn,
A dyna dranc y gwanwyn. Felly i mi
Ynghanol mesur cyntaf dawns fy serch,
Mae'i enw ef a'r atgof am ei fod
Yn maglu 'ngham.

GRONW: Flodeuwedd, ai i hyn
Y'm hudwyd i i'th geisio dridiau'n ôl,
I weld fy Afallon ar dy fynwes di,
A gwybod beth yw llwyr fodlondeb hedd,
Ac yna, yn ddiobaith, ganu'n iach?

BLODEUWEDD:
Mi brofais i lawenydd megis brath
Yn brifo 'nwyfron, gwewyr geni serch.
A hwn, fy nghorff, a fuasai imi gynt
Yn garnedd marw, wele yntau'n awr
Yn ardd holl beraroglau gwanwyn f'oes,
Rhyw newydd fyd a drewaist ti â'th hudlath
A'i blannu â bendithion. Ti, fy nghyfaill,
Nid Math na Gwydion, yw fy nghrewr i.[26]

GRONW: A wyddost ti y cwbl sy yn dy fyd?

BLODEUWEDD:
Mae'n cyrff ni yn ddihysbydd. O, fy Ngronw,
Y gamp a fyddai dreiddio'u cyfoeth oll,
Dirgelwch ein pum synnwyr, dyfnaf rin
Dwysach cusanu nag a ŵyr gwefusau,
Tymhorau ein tawelwch, heddwch cwsg

Ar fraich anwylddyn, cydanadliad dau.
Mae dawn mewn serch i glymu cyrff ynghyd,
A rhyngddynt greu rhyw fywyd newydd, uwch,
Ehangach na'r ddau unig, lle y cyll
Pob un gyfyngder bod, a chwarae'n rhwydd
Yn nwyfiant campau cariad. Ac i mi
Tydi yw drws y gwynfyd hwn. Cans hebot
Ni ddaw i'm rhan ond wylo drwy'r hir nos
A gwylio un yn cysgu ger fy llaw,
Rhyw ddieithr, oeraidd dreisiwr.

GRONW: A fynni di
Na byddo heddiw'n derfyn ar ein serch?

BLODEUWEDD:
Mi fynnaf fyw. Mae serch a byw yn un.
Mi welais wawrddydd cariad gyda thi,
Mi fynnaf weld ei nawn.

GRONW: A Llew Llaw Gyffes?

BLODEUWEDD:
Paham yr enwaist ef? On'd digon oedd
Gwybod ei fod fel rheibiwr rhyngom ni
A llwybyr serch?

GRONW: Rhaid edrych ar ein hofn
A'i enwi, fel nas ofnom.

BLODEUWEDD:
Oes ystryw
I dwyllo'r Llew?

GRONW: Oes. Dianc gyda mi
Y bore hwn.

BLODEUWEDD:
I ble?

GRONW: I'm castell draw,
Cans wele'r meirch yn aros wrth y porth
A rhyddid yn y gwarthol. Doed y Llew
I'w wâl a'i chael yn wag. O furiau 'nghaer
Fe'i heriwn yn ddiogel, rhued ef
Fygythion fel y mynn.

BLODEUWEDD:
>Ni wyddost ti
>Y nerth sydd iddo. Gydag ef daw Math
>A holl gadernid Gwynedd ar ei ôl,
>A Gwydion ddewin. Nid oes gaer o'r byd
>A saif i'w herbyn hwy. Ni fynna' i ddim
>Fy nal fel ewig yng nghrafangau'r Llew
>A rhwygo 'nghnawd.

GRONW:
>Flodeuwedd, beth i ni
>Yw llys na theyrnas? Ffown i Ddyfed bell,
>Cawn yno groeso gan elynion Math,
>A nawdd a diogelwch.

BLODEUWEDD:
>Nag af fyth.
>Alla' i ddim mynd yn dlawd at ddynion dieithr.
>Mae'n rhwydd i ti ymddiried mewn estroniaid
>A thithau'n ddyn fel hwythau. 'Does gen' i
>Ddim hawl ar neb, na sicrwydd yn ei air.
>Mae arna' i ofn pob dieithr.

GRONW:
>Nid yw dyn
>Mor angharedig ag y credi ei fod.

BLODEUWEDD:
>Nag yw i'w gilydd. Ond i mi nad wyf
>Yn un ohonynt ni rydd dynion goel.
>Minnau, nid ymddiriedaf ynddynt hwy.
>Onid ymglymo â mi yn rhwymau serch
>Mae pawb yn elyn im . . . Fy unig frawd,
>Na ddwg fi oddi yma.

GRONW: Beth a wnawn?

BLODEUWEDD:
>Cusanu ac anghofio a chanu'n iach.

GRONW: Dyna dy gyngor di?

BLODEUWEDD:
>Wn i ddim gwell.

GRONW: Ai hawdd fydd gennyt ti anghofio'r cwbl?

BLODEUWEDD:
>Nid hir prentisiaeth angof. Daw ei chrefft
>Yn haws bob dydd.

ACT II (*Y LLENOR* 1925)   307

GRONW: Ni alla' i fyth anghofio.

BLODEUWEDD:
Mae pawb yn drwsgwl pan ddechreuo waith,
Fel disgybl am ysbâs.

GRONW: A fynni di
Anghofio?

BLODEUWEDD:
A fynni di?

GRONW: Pan fynnwyf farw.

BLODEUWEDD:
Cusana fi, f'anwylyd . . . Cyn bo hir
Fe hawlia yntau deyrnged fy ngwefusau,
A'i law ddidaro ar fy ysgwydd wen
Yn arglwyddiaethu ar fy nghnawd i gyd.
O na bai wenwyn yn fy nannedd i,
Yna fel sarff mi ymblethwn am ei wddf
A'i wasgu yn wresocach nag erioed . . .
Fel hyn . . . fel hyn . . . fe'i brathwn i farwolaeth.

GRONW: Nid oes ond hynny,—rhaid i ni ei ladd.

BLODEUWEDD:
Mor hir y buost ti yn gweld fy meddwl.

GRONW: Fynnwn i ddim ei ladd ef yn ddi-raid.

BLODEUWEDD:
Mae'n rhaid, mae'n rhaid. Pa le sydd iddo fo
Mewn byd a ŵyr ryferthwy'n nwydau ni?
Pren crin ar lwybr y corwynt.

GRONW: A oes modd
Ei ladd?

BLODEUWEDD:
Ni bydd yn hawdd. Mae arno dynged
Na all neb arall wybod sut i'w ladd,
Ond fe'i gŵyr ef ei hun.

GRONW: Mae tynged hithau
Yn elyn cariad?

BLODEUWEDD:
Blodyn prin yw serch

>   Yn tyfu ar glogwyn tranc. Mae rhai'n ei gipio,
>   A'r lleill fel ych yn cnoi ei gil mewn dôl.

GRONW: Mor hardd yw dirmyg ar dy wefus di.
> Mae rhosyn prinnach yn y byd na serch,
> Cans onidê, ni fentrwn i fy hoedl
> Na chynllwyn brad y gwirion. Ond tydi,
> O wyneb sy fel duw yn tynnu 'nghalon
> Atat dy hun, yw'r nef a geisiaf byth . . .
> Pa fodd y cawn ni wybod sut i'w ladd?

BLODEUWEDD:
> Gad hynny i mi. Fe all y bysedd hyn
> Chwarae mor gyfrwys â'i newynllyd gorff
> Nes hudo ei amheuon i drwm gwsg
> A denu ei gyfrinach fud o'i fron.
> Nid yw ei ddig ond pwdu plentyn croes.
> Fe ddychwel heddiw'n unig ac anesmwyth,
> Minnau, cusanaf ef—

GRONW: A chael yn wobr
> Ddirgelwch mawr ei fywyd.

BLODEUWEDD:
> Einioes am gusan,
> A ydyw'r pris yn ormod?

GRONW: Y funud hon,
> Pe byddai imi ddewis rhwng y ddau,
> Fel gwyfyn tua'r fflam mi hedwn atat.

BLODEUWEDD:
> Ie, fflam yn llosgi yw fy ysbryd i,
> Ac fe gaiff ef, gyneuodd gynta'r tân,
> Ei ysu ganddo . . . Sut y trefnwn wedyn?

GRONW: Myfi piau'r trefnu. Os â dwylo dyn
> Y gellir ei ddifetha, anfon ataf,
> A phan ddêl dydd y cynllwyn, mi gyfrifaf
> Bob awr a gollais o'th anwyldeb di,
> Ac yn yr ergyd a'i dinistrio ef
> Mi gronnaf hiraeth bore a nawn a nos
> A'u dial ar ei gelain.

(RHAGNELL yn dyfod.)

RHAGNELL: Wele, Iarll,

ACT II (*Y LLENOR* 1925)

              Dy wŷr yn d'aros, a'r haul uwch y bryn
              Yn dangos treulio oriau diogelwch.

GRONW: Rhaid canu'n iach.

BLODEUWEDD:
              A gedwi di dy air?

GRONW: A wyt ti'n amau fy ffyddlondeb i?

BLODEUWEDD:
              O, Ronw, beth i mi yw dy ffyddlondeb?
              A gedwi di dy chwant? Mae chwant yn gryf
              I ddal ewyllys megis saeth i'w nod
              Pan rydo bwa ffyddlondeb. Edrych arnaf.
              Llanw dy lygaid eto cyn it' fynd,
              Llanw dy enau â blas y cusan hwn,
              A'th ffroen â sawr fy mynwes . . . Dos yn awr.

GRONW: Caf glywed gennyt heno?

BLODEUWEDD:
              Cyn y nos.

GRONW: Mae'n nos yn awr i mi, a'm haul yn machlud.
              Riain, ffarwel . . .

              (*Exit. Distawrwydd. Clywir sŵn meirch yn mynd ymaith.*
              BLODEUWEDD *yn eistedd ar lwth.*)

RHAGNELL: Mi welais lwch yn symud ar y gorwel.
              Bydd yma cyn bo hir.

BLODEUWEDD:
              Be' dd'wedaist ti?

RHAGNELL: Ym mh'le y mynni di i mi drefnu cinio?

BLODEUWEDD:
              I bwy?

RHAGNELL: I ti a'r Iarll dy ŵr.

BLODEUWEDD:
              Mewn bedd.

RHAGNELL: Ai dyna'r nerth y soniaist ti amdano
              Wrth Ronw cyn ymadael? Tyrd, Arglwyddes,
              Bydd barod i'w groesawu. Minnau af
              I'w gyfarch drosot yn y porth—

BLODEUWEDD:
>Ie, dos
>A dywed wrtho fy nghyfrinach oll.

RHAGNELL: A wyt ti'n meddwl y'th fradychaf di?

BLODEUWEDD:
>Yr wyt ti'n ddyn, yn ffrwyth y groth fel ef.

RHAGNELL *(yn penlinio wrth ei hymyl)*:
>Dy forwyn di wyf i tra fyddwyf byw.

BLODEUWEDD:
>Na, na, chei di ddim fy ngwatwar. Gwn
>Y gall fy wyneb hurtio enaid gŵr
>A'i rwymo wrth f'ewyllys. Merch wyt ti,—
>Ni fedraf innau dy gadwyno fyth.

RHAGNELL: Ond y mae cadwyn arall arnaf i.

BLODEUWEDD *(yn edrych ar RAGNELL a chymryd pleth hir ei gwallt a dechrau ei rwymo o gylch ei gwddf)*:
>Oes, y mae cadwyn gennyt tithau, fun.
>'Rwyt tithau'n dlos, fy ngeneth. Mae dy wallt
>Fel rhaff o aur yn syrthio ar dy gefn,
>A thyner yw fel sidan. Ond paham
>Nas gwisgi ef yn dorch o gylch dy wddf,
>Yn eurdorch, megis rhodd dy feistres it
>Yn wobr am dy ffyddlondeb? Gyda hwn
>Yn dynn, yn dynn amdanat, Ragnell fach,
>A blethodd bysedd balch d'Arglwyddes hoff,
>Fe elli orwedd byth yn ddoeth a mud
>A chadw fy nghyfrinach i'n ddi-dor.

RHAGNELL *(heb symud ac yn dawel)*:
>'Rwyt ti'n fy mrifo. Wyt ti am fy lladd?

BLODEUWEDD *(yn syllu i'w hwyneb)*:
>Mae arna' i awydd clymu d'wddf bach main
>Â'r sidan hwn, fel na ddihango fyth
>Un gair bradwrus drwy'r gwefusau gwylaidd
>Gusanodd law eu meistres lawer nos.
>Fe weinaist arnaf droeon, Ragnell dlos,
>A'm tendio cyn im' gysgu. Minnau'n awr,
>Caf weini arnat ti, a'th roi i gwsg
>Llonyddach nag a brofais i erioed.

ACT II (*Y LLENOR* 1925)

RHAGNELL *(eto heb symud)*:
    Yn fyw neu farw, ni'th fradychaf fyth.

BLODEUWEDD:
    Chei di ddim cyfle, fy anwylyd wâr;
    Â'm llaw fy hun a'm bysedd buain, mwyth,
    Y llethraist eu hewinedd lawer awr,
    Rhwymaf dy dafod a'th wefusau del
    Yn fud fel cusan lleian.

RHAGNELL: Wele'r Iarll.

    (*LLEW LLAW GYFFES yn dyfod. Y ddwy yn codi i'w dderbyn.*)

LLEW: Mi ddeuthum cyn fy nisgwyl?

RHAGNELL: Naddo, Unben,
    Cans gwelais lwch dy osgordd ar y bryn,
    A rhedais yma â'r newydd at f'Arglwyddes.

LLEW: Mi frysiais innau o flaen fy milwyr oll
    I weld Blodeuwedd gyntaf.

BLODEUWEDD *(gan fynd ato)*:
    Dyma fi.

LLEW: Fy ngwraig ddihalog.

BLODEUWEDD:
    Daethost yn ddiogel?

LLEW *(yn syllu arni)*:
    Mae syndod dy brydferthwch heddiw'n un
    Â'r bore hwnnw gynt rhwng gwawr a gwlith
    Y cerddaist ataf gyntaf. Riain wen,
    Ni wyddwn nes dy golli faint dy hud.

BLODEUWEDD:
    Ni buost oddi wrthyf i o'r blaen.

LLEW: Ni byddaf mwy nes marw.

BLODEUWEDD:
    Gwir fo'r gair.

LLEW: Pa beth a wnaethost ti a minnau i ffwrdd?

BLODEUWEDD:
    Gofyn i Ragnell . . . Dywed wrtho, ferch,
    Wele dy gyfle.

RHAGNELL: Unben, ers y pryd
         Y daeth Blodeuwedd gyntaf i Ardudwy
         Bûm gyda hi i'w thendio ddydd a nos.
         Erioed ni welais ddeigryn ar ei grudd
         Na lleithder yn ei llygaid; tawel oedd
         Ac ymarhous mewn tristwch. Ond yr awr
         Yr aethost oddi yma, cefais hi
         Yn beichio wylo ar y lleithig draw
         A'i chorff yn ysig gan ei phoen a'i hofn,
         A'i hateb i bob cysur a sibrydwn
         Oedd 'aeth fy Arglwydd ymaith.'

LLEW *(yn ei daflu ei hun gerbron ei wraig a chusanu ei dwylo)*:
         O fy ngwraig,
         Paham na'th adnabûm i di o'r blaen.

(Exit RHAGNELL.)

BLODEUWEDD *(yn ei gusanu ef)*:
         Anghofia'r gofid gynt. Mae'r cusan hwn
         Yn sêl priodas newydd rhyngom ni.

LLEW: Credais dy fod yn oer ac yn ddi-serch,
         Ac ni wybûm y gallai dagrau hiraeth
         Gymylu gloywder dy ddau lygad wymp.
         Paham y cuddiaist rhagof dy dynerwch?

BLODEUWEDD:
         Fe'm rhoddwyd iti, Arglwydd, megis ysbail
         Ac megis caethferch, yn ddiddewis fud.
         Erioed ni'm ceisiaist, ni'm gofynnaist 'chwaith.
         Ni ddysgaist ti fy ngharu cyn fy nghael,
         Na chynllwyn sut i'm hennill. Yn dy gaer
         Y mae gisarnau a llurugau anrhaith
         A gostiodd iti frwydro a chwŷs a gwaed:
         Fe sylli arnynt ag atgofus fryd
         A chwilio olion dy daerineb poeth
         Mewn amal dolc sydd ynddynt. Minnau erioed
         Ni chostiais ludded awr iti fy nal,
         A dyna sut na phoenaist eto i weld
         Na briw na tholc na gwacter dan fy mron,
         Nac olion dy daerineb ar fy nghalon.

LLEW: Ti yw fy ngwraig. Gobeithiais drwot ti
         Sefydlu imi linach yn Ardudwy,

ACT II (Y LLENOR 1925) 313

    A'th berchi â chariad tad i fam ei feibion.
    Pa garu mwy na hynny a allai neb?

BLODEUWEDD:
    Gwraig oeddwn iti cyn fy mod yn ferch.
    Fe fynni'r ffrwyth cyn y blaguro'r blodau,
    Ond merch y blodau ydwyf i, Flodeuwedd.

LLEW *(yn ei chofleidio)*:
    Di ferch y blodau, dysg i mi pa ddull
    Yr elwyf heibio i'r petalau oll
    A'm claddu fel gwenynen yn dy gôl.
    'Rwyf innau, fun, yn unig yn y byd,
    Bûm ddieithr fel tydi i freichiau mam
    A'm taflodd i o'i chroth cyn dod fy awr,
    A'm herlid drwy fy einioes. Yn fy myw
    Ni phrofais gusan cyn dy gusan di,
    Na dwylo rhiain am fy ngwddf erioed,
    Ac ni wybûm diriondeb chwaer na brawd.
    Mae hiraeth ynof am dy gariad, ferch,
    Fel hiraeth eog am yr eigion dwfn
    Pan ddelo i oed i ganu'n iach â'r nant.
    Dysg imi sut i'th ennill drwy dy fodd,
    Cans oni ddena cariad gariad ato
    A chalon galon? O fy ngwraig, fy myd,
    Pam yr ymgedwi rhagof?

BLODEUWEDD:
    Naddo, enaid,
    Ni chedwais i ohonof ddim yn ôl.

LLEW: Rhoddaist dy gorff, ond cedwaist dy ewyllys.

BLODEUWEDD:
    Mi roddais it f'ymddiried. Ti yn unig
    Sy gennyf ar y ddaear. Beth a wnawn
    Pe'th leddid di, a mi heb ŵr na châr?

LLEW: Ai gwir a dd'wedodd Rhagnell iti wylo?

    (Hithau'n fud.)

    Flodeuwedd, edrych arnaf... Ateb fi...
    Pam nad atebi?... D'wed, a wyt ti'n iach?

BLODEUWEDD:
    Y dydd yr aethost oddi wrthyf i

Bu agos i anobaith dorri 'nghalon:
Ofnais na'th welwn di fyth mwy yn fyw.

LLEW: Ai cymaint oedd dy gariad tuag ataf?

BLODEUWEDD:
Unicach nag unigedd, hiraeth alltud,
Ac nid oes gennyf deulu ond tydi.

LLEW: Enaid fy enaid, gwn yn awr dy gariad,
Ac weithian fe fydd bywyd imi'n win
A'th gwmni di yn flodau. Ninnau'n dau,
Fe godwn inni deulu yn Ardudwy
A fydd fel llwyn o'n cwmpas. Yno tyf
Y gwiail ifainc gyda'r henwydd praff,
A byddwn megis perllan glud, gysgodol,
A chariad yn fagwyrydd rhyngom ni
A chwaon oer unigedd. Dithau, wraig,
Ni byddi'n alltud mwyach; dy dref tad
A'th genedl ydwyf i, ac oni'm lladder—

BLODEUWEDD:
Os lleddir di?

LLEW: Fy nhlysaf, na thristâ
Ac na ofidia. Nid yw'n hawdd fy lladd,
Canys mae tynged sut y byddaf farw,
Ac ni ddaw hynny'n rhwydd drwy ddwylo dyn.

BLODEUWEDD:
Yr wyt ti yn esgeulus a di-bwyll,
A buan yr anghofi. Ond myfi,
Ni ad fy ngofal fyth i mi anghofio;
Dywed i mi dy dynged, fel na bo
Ysig fy mronnau gan bryderon fyrdd.

LLEW: D'wedaf yn llawen. Rhaid bod blwyddyn gron
Yn gwneud y gwayw y'm trewir i ag ef,
A heb wneud dim ohono ond pan fydder
Ar aberth yr offeren ddyddiau Sul.

BLODEUWEDD:
Ai diogel hynny?

LLEW: Diogel hynny'n wir.
Ni ellir 'chwaith fy lladd i o fewn tŷ,
Nac ar fy march, nac ar fy nhroed ar lawr,

ACT II (Y LLENOR 1925)

          Ond sefyll sy'n rhaid ar gerwyn ddŵr
          A fyddo ar lan afon. Pe bawn yno,
          A'm taro yn fy nghefn â'r saeth wenwynig,
          A'm medrai i felly, ef a wnâi fy angau.

BLODEUWEDD:
          Diolchaf innau i Dduw, cans bydd yn hawdd
          Dianc rhag hynny.

LLEW: Llawer tro, Flodeuwedd,
          Bûm yn dymuno f'angau. Ond yn awr
          Mae byw yn fwy paradwys nag erioed,
          A'th gariad di yw'r gadair yng Nghaer Siddi
          Nas plawdd na haint na henaint a fo ynddi,
          A minnau yno'n frenin,
          Ac nid oes neb a'm diorsedda mwy,
          Nac ofn na hiraeth na 'chwaith angau'i hun,
          Cans digyfnewid yw brenhiniaeth cariad.

BLODEUWEDD:
          A oes dim yn ddinewid ymysg dynion?

LLEW: Mae serch yn marw, am mai bregus yw
          A chyflym fel ieuenctid. Ond fe dyf
          Cariad fel derwen drwy dymhestloedd oes,
          Ac arno y sylfeinir cartref, teulu,
          A phendefigaeth a llywodraeth gwlad.
          Fe fydd ein cariad ni, f'Arglwyddes lân,
          Yn sicrwydd ac yn gronglwyd i Ardudwy,
          Yn addysg gwerin a magwrfa llwyth,
          A bendigedig fyddwn gan dywysogion
          Oblegid cadarn gymod yr awr hon.

          (RHAGNELL yn dyfod ato.)

RHAGNELL: Unben, mae'r ennaint a'r llieiniau'n barod,
          Os mynni newid gwisg a bwrw'r llwch,
          Canys mae amser bwyd yn agos bellach.

LLEW: Mi ddeuaf, ferch. A bydded heddiw wledd
          Fel gwledd priodas yn fy nhŷ. Mi euthum
          Oddi yma dridiau'n ôl yn drwm fy mryd;
          Dychwelais heddiw i lawenydd mwy
          Nag a wybûm erioed. Mae'r dwthwn hwn
          Fel baner diogelwch dros fy nghaer,
          Cans profais beth yw dwfn ffyddlondeb gwraig.

(*Exit* LLEW LLAW GYFFES.)

BLODEUWEDD:
    Ragnell, mi geisiais i dy ladd.

RHAGNELL: Do, Iarlles.

BLODEUWEDD:
    Paham gan hynny na'm bradychaist i?

RHAGNELL: Merch wyt ti, Iarlles; yr wyf innau'n ferch,
    Ac ni fradychaf i gyfrinach cydferch.

BLODEUWEDD:
    Nid wyf i'n deall dyn. Y man y bo,
    Ni chlywaf namyn sôn am draddodiadau,
    Ffyddlondeb a chywirdeb, teulu, rhyw,
    Llwyth, gwlad, neu grefydd . . . Wyt ti'n fy ngharu i?

RHAGNELL (*yn gwenu*):
    Yr wyt ti'n symyl, Iarlles, megis plentyn,
    Ac megis plentyn yn ddinistriol. Pwy
    Wedi d'adnabod na thosturiai wrthyt?
    Fe'm rhoddwyd innau yn llawforwyn it,
    A thra fwyf byw mi fyddaf wrth d'ewyllys.

BLODEUWEDD:
    Maddau i mi. Mi wn dy fod yn gall,
    A chennyt holl wybodaeth merched croth.
    Minnau, ni wn ddoethineb ond dyheu,
    A cheisio â'm holl egni a ddymunwyf.
    A ei di'n gennad drosof at Iarll Penllyn?

RHAGNELL: Af, Iarlles.

BLODEUWEDD:
    Dywed wrtho:
    Am iddo lunio gwayw o ddur gwenwynig,
    A heb wneud dim ohono ond pan fydder
    Ar aberth yr offeren ddyddiau Sul;
    A bydded flwyddyn gron i'w wneuthur ef,
    Ac yna ymhen y flwyddyn deled yma
    A gwneuthur oed â mi ger bryn Cyfergyr.
    Dos, brysia, fel na chaffo neb dy weld,
    A dyro iddo'r fodrwy hon yn arwydd.

RHAGNELL (*yn cymryd y fodrwy*):
    Ai dyna'r cwbwl?

BLODEUWEDD:
    Dyna'r cwbwl, ferch.

RHAGNELL: Os gofyn ef amdanat?

BLODEUWEDD:
    Dywed wrtho
    Mor llawen yw fy Arglwydd, a bod heddiw
    Wledda a dawns a chanu yn y llys
    Megis ar ddiwrnod gŵyl. Dos ac nac oeda.

LLEN

NODIADAU

1. Carl Gustav Jung (1875–1961), disgybl a chydweithiwr Freud am rai blynyddoedd, awdur y ddamcaniaeth enwog ynglŷn â'r anymwybod cyffredinol a theori cynddelwau. Bu'n athro seicoleg yn Zurich ac yn athro seicoleg feddygol yn Basle.

2. Seilir *Blodeuwedd* ar bedwaredd gainc y *Mabinogi, Math Fab Mathonwy*. Gweler I. Williams (gol.), *Pedeir Keinc y Mabinogi* (1930), 67–92. Ynglŷn ag agwedd cynulleidfa theatr hynafol Groeg at ddeunydd y dramâu, gweler, e.e., H.C. Baldry, *The Greek Tragic Theatre* (1981), 74: 'Their subject matter may seem remote and strange to us, but for the Fifth Century Greeks massed at the festival their themes were common property shared by playwrights, performers, and audience alike.'

3. Griffith John Williams (1892–1963), Athro yng Ngholeg Prifysgol, Caerdydd o 1947 tan 1957. 'Mi garwn roi pwyslais arbennig ar fawredd ei weledigaeth' meddai Saunders Lewis amdano pan fu farw. Gweler Gwynn ap Gwilym (gol.), *Meistri a'u Crefft* (1981), 45.

4. Cantref rhwng afonydd Glaslyn a Mawddach, yng ngogledd-orllewin yr hen Sir Feirionnydd oedd Ardudwy. Dywed Math yn y *Mabinogi* ar ôl iddynt greu Blodeuwedd yn wraig i Lew: 'Mi a rodaf idaw yr un cantref goreu y was ieuanc y gael . . . Cantref Dinodig . . . A hwnnw a elwir yr awr honn Eiwynyd ac Ardudwy. Sef lle ar y cantref y kyuanhedwys ef, ac y gwledychwys.' Esbonia Syr Ifor Williams mai at Domen y Mur, ger Trawsfynydd y cyfeiria hyn. *Pedeir Keinc y Mabinogi*, 283–6.

5. Yn ôl Saunders Lewis, 'Rhaid bod awdur y stori wedi gosod Caer Dathal . . ., lle gwyddai ef fod Caer Saint, yr hen Caernarfon': 'Math Fab Mathonwy', *Y Traethodydd*, cxxiv (1969); R. Geraint Gruffydd (gol.), *Meistri'r Canrifoedd* (1973), 28. Cytuna Timothy Lewis, gan ddadlau mai Caer Dathyl oedd enw cyffredin Caer Seint yn Arfon y cyfeirir ati yn *Branwen Ferch Lyr: Mabinogi Cymru* (1930), 132. Dywed Ifor Williams ar y llaw arall fod, 'Kaer Dathyl yn Aruon', yn rhywle yn yr ardal rhwng Bangor a Thre'r Ceiri, ar bwys Llithfaen, 'ond ple, sydd anhysbys', *Pedeir Keinc y Mabinogi*, 251. Gwrthyd Dafydd Glyn Jones y naill leoliad a'r llall yn *Y Bedwaredd Gainc* (1988), 16–19. Ei farn ef yw bod safle'r gaer yn aros yn ddirgelwch: 'Yr oedd, ac y mae, Caer Dathyl yn ein hymyl ni yn rhywle. Ond ble?' (t.19).

6. Penllyn yw'r ardal, 'rhwng Edeirnion yn y dwyrain, ac Ardudwy yn y gorllewin, o amgylch Llyn y Bala' (*Pedeir Keinc y Mabinogi*, 286). Gweler hefyd Syr John Lloyd, *A History of Wales*, II, 245.

7. Esboniodd Saunders Lewis yr hyn a oedd yn ei feddwl wrth ysgrifennu'r cyfarwyddiadau llwyfan hyn wrth ymateb i awgrymiadau a wnaethpwyd gan yr actor Huw Griffith: 'On one point only have I sympathy with his ideas. Morris Jones made two separate acts of my Act I. I

didn't like to interfere, for he was producer. But my own conception was that when Blodeuwedd asks Rhagnell for her arm to go to welcome Gronw the lights should go out, then in a $\frac{1}{2}$ minute lights on again showing Gronw facing her and the audience, from the top step on the right, and, if possible, a spot light on him. That would at once allow the intensity of the meeting, and follow the Mabinogi story—a point of importance to the play in the Welsh original and to a Welsh audience. For an English audience I admit there is a case for bringing him straight to the scene and so rewriting the first dialogue between them, or changing it somewhat.' Gweler llythyr dyddiedig 21 Awst 1948, ym meddiant Mrs Menna MacBain, Garthewin.

8. Y mae'r llinell hon ychydig yn anodd oni bai ein bod ni'n darllen 'brath' fel ansoddair. Felly gellid ei darllen: 'Mae gwayw eisoes yn eu calonnau brathedig.' Y mae'r cysylltiad rhwng *gwayw* a *brath* yn gryf yn *Blodeuwedd*, yn arbennig yng ngeiriau Gronw wrth Flodeuwedd: 'Drud yw'r gwayw hwn,/ Mae colledigaeth enaid yn ei frath.'

9. Cymharer isod, n.12.

10. Annwn/Annwfn yw'r arallfyd Celtaidd y cyfeirir ato naill ai fel ynys neu fel lle o dan y ddaear. Gweler *Pwyll Pendeuic Dyuet* (*Pedeir Keinc y Mabinogi* (1930), 16) a Timothy Lewis, *Mabinogi Cymru* (1930), 20–33. Gweler hefyd ddiffiniad Gwyn yn *Gan Bwyll*: 'Teyrnas ysbrydion y ddaear,/ Hendre'r Tylwyth Teg . . .'; R.L. Thompson, *Pwyll Pendeuic Dyuet* (1957), 25–6; a P. Simms-Williams, 'Some Celtic otherworld terms', *Proceedings of the Second North American Congress of Celtic Studies* (Halifax, 1989), 57–81.

11. Ystyr 'gwydrin' yw 'o wydr, gloyw, disglair' yn y cyd-destun hwn. Cymharer J. Gwenogvryn Evans (gol.), *The White Book Mabiniogion* (1907), 416, 30–1.

12. Cymharer Taliesin, 'The Chair of Taliesin': 'Kyweir vynghadeir yng Haer Sidi:/ Nis plawdd haint henaint a vo ynddi.' J. Gwenogvryn Evans (gol.), *Poems of Taliesin* (1915), 54. Gweler hefyd John Rhys, *Celtic Folklore Welsh and Manx* (1901), II, 168–9 a Timothy Lewis, *Mabinogi Cymru* (1930), 63–70. Cysylltir Caer Sidi ag Annwn ac fe'i disgrifir fel caer y Tylwyth Teg, lle na wybyddir na haint na henaint. Gweler hefyd, M. Haycock (gol.), 'Preiddeu Annwfn', *Studia Celtica*, XVIII/XIX.

13. Cymharer *Williams Pantycelyn* (1927), 164: 'Yn ôl Williams, nid ar serch y dylid sylfaenu priodas, ond ar gariad sy'n gymdeithasol, yn fagwrfa cyfrifoldeb ac yn ffrwyth ymwybod.'

14. Cofir am Fryn Cyfergyr yn yr hen Sir Feirionnydd fel Bryn Cyfergyd a saif yn agos i Afon Cynfael (gweler isod, n.18). Dywed Syr Ifor Williams fod 'cyfergyd' yn gyfystyr yma â'r hen air, 'cyfergyr', sef 'ymryson'.

15. Ysgrifennodd Saunders Lewis at Morris Jones i esbonio sut y gwelai ef yr olygfa hon ar y llwyfan—sef llwyfan fach Theatr Garthewin: 'Y mae golygfa Act 3 yn seml iawn. Glan afon; yn y cefn canol—coeden (neu beidio) a chafn fel cafn moch, rhyw 2 neu 3 troedfedd o uchder; hyd tua 4 troedfedd (dibynnu ar y llwyfan); digon o le i Ronw guddio tu ôl i'r cafn

neu'r goeden. Gellir cael <u>bath</u> cyffredin a'i liwio'n arw ac fe wna'r tro'n gampus, neu hen sistern neu rywbeth o'r fath i'r cafn.' Papurau Garthewin (23), Llyfrgell Genedlaethol Cymru.

16. 'Colledigaeth enaid' oherwydd y mae gwneud y gwayw yn ystod yr offeren am gyfnod o flwyddyn yn golygu nad yw Gronw wedi cadw dyletswydd y Cristion a'i fod o'r herwydd mewn cyflwr o bechod marwol.

17. Y mae'r geiriau hyn yn awgrymu nad oedd Saunders Lewis wedi cywiro Act II cyn dechrau ysgrifennu Act III. Yn fersiwn gwreiddiol yr ail Act, yn lle'r Penteulu ceir un o wŷr Gronw'n dadlau â Rhagnell (gweler isod, t.303). Rhaid bod Saunders Lewis wedi sylweddoli ar ôl cyflwyno'r Penteulu yma y byddai rhaid priodoli geiriau'r milwr yn Act II iddo ef, ond ei fod heb sylwi fod ei gyflwyno ynghynt yn golygu y byddai Blodeuwedd yn ei adnabod ef.

18. Gwelir Afon Cynfael ar yr hen fap OS, SH 74SN fel Afon Cynfal, nepell o Fryn Cyfergyd, gerllaw Ffestiniog.

19. Heblaw adlais o'r Beibl (Psalmau 23.5; Luc ii.30), gall fod yma adlais hefyd o eiriau Othello: 'If it were now to die,/ T'were now to be most happy.' *Othello*, II, 1.72–3.

20. Dyma'r cyfeiriad cyntaf at Flodeuwedd fel tylluan, yn enghraifft o'r eirioni cryf a welir drwy gydol yr Act hon. Y mae enw Blodeuwedd yn ei chysylltu â'r dylluan oherwydd y tebygrwydd sydd rhwng llygaid yr aderyn hwnnw a dau flodyn. Fel y dywed W.J. Gruffydd: 'The feathers which surround the eyes of the common owl have a striking resemblance to the flowers of the Composite Order.' Gweler Ifor Williams (gol.), *Pedeir Keinc y Mabinogi* (1930), 301.

21. Cymharer *Othello*, IV, 2, lle y mae Othello yn trin Emilia fel petai hi'n cadw'r drws mewn puteindy: 'Some of your function, mistress:/ Leave procreants alone and shut the door; /Cough or cry hem if anybody come. /Your mystery, your mystery! Nay, dispatch!'

22. Am hanes y moch a roddwyd gan Arawn, brenin Annwn, i Bryderi ac a ddygwyd oddi arno gan Gwydion, gweler *Pedeir Keinc y Mabinogi*, 68–71.

23. Helen, gwraig y Brenin Menelaus a menyw harddaf y byd a arweiniodd at ymosodiad y Groegwyr ar ddinas Troia, lle'r oedd hi'n byw gyda'i chariad, Paris. Dywed rhai iddi ddychwelyd at Menelaus ar ôl marwolaeth Paris a chwymp Troia.

24. Rhed Afon Tryweryn i Afon Dyfrdwy, cyn iddi gwrdd â dyfroedd Llyn Tegid. Saif Llanfor ychydig i'r gogledd-ddwyrain o'r Bala, ar yr A494.

25. Cymharer linell Valéry: 'De mon sein, dans les nuits, mordre les rocs charmants.' Gweler 'La Jeune Parque', *Œuvres de Paul Valéry*, Bibliothèque de la Pléiade (1957), I, 98.

26. Am ystyr *creu, dewin, hudlathau*, a llawer o ffigurau'r gân hon gweler W.J. Perry, *The Origin of Magic and Religion* (1923) *(SL)*. Fel sawl un o ôl-nodiadau Saunders Lewis, y mae hwn braidd yn gamarweiniol. Y mae llyfr Perry yn ddiddorol ond nid yw'n taflu llawer o oleuni ar *Blodeuwedd*.

Eisteddfod Bodran

CYFLWYNIAD

Ysgrifennwyd *Eisteddfod Bodran* o ganlyniad i'r berthynas agos rhwng Saunders Lewis a'r cwmni newydd a ffurfiwyd dan gyfarwyddyd Morris Jones yn Theatr Garthewin. Sefydlwyd theatr ar gynllun Thomas Taig mewn hen ysgubor ar stad y Wyniaid yng Ngarthewin yn 1938, ac fe'i defnyddiwyd gan sawl cwmni yn ystod y cyfnod byr cyn dechrau'r Ail Ryfel Byd, gan gynnwys Cwmni'r Genhinen, wrth iddo ddechrau ei daith gyda *Doctor Er Ei Waethaf*, cyfieithiad Saunders Lewis o *Le Médecin malgré lui* gan Molière.[1] Yng Ngarthewin y llwyfannodd Morris Jones ei addasiad o *Amlyn ag Amig* am y tro cyntaf ar ddiwedd Ionawr 1947.[2] Ond ar ôl Eisteddfod Bae Colwyn yn 1947 y dechreuodd y gweithgarwch o ddifrif, ac am rai blynyddoedd wedi hynny bu cysylltiad agos rhwng Saunders Lewis a Garthewin, un a gymharwyd gan ohebydd y *Western Mail* â'r berthynas rhwng George Bernard Shaw a Malvern.[3] Er nad oedd ganddo yr un rheolaeth dros weithgarwch cwmni Garthewin, gellid cymharu'r berthynas rhwng y cwmni newydd a'r dramodydd â'r hyn a ddisgrifiodd Saunders Lewis yn ei astudiaeth o Molière:

> Ac ni ellir deall hanes Molière ar wahân i'w gwmni. Eu llwydd hwy oedd ei lwydd ef; yr oedd eu hactio yn rhan o'i fynegiant ef, yn rhan o'i gelfyddyd. Iddynt yr ysgrifennodd, a nodweddion pob actor o flaen ei feddwl pan luniai gymeriadau.[4]

Yn Awst 1949 penderfynwyd sefydlu Gŵyl Ddrama yng Ngarthewin ar batrwm Gŵyl Malvern a dyna achlysur cyfansoddi *Eisteddfod Bodran*, a berfformiwyd gyntaf yng Ngŵyl Garthewin ym Mai 1950.[5]

Garthewin a symbylodd ddimensiwn 'Talhaiarnaidd' y ddrama, oherwydd bod gan y bardd Talhaiarn gysylltiadau mor agos ag ardal Dyffryn Elwy a'r pentref, Llanfair Talhaearn, a ffiniai â stad y Wyniaid a'r Theatr Fach. Ganed Talhaiarn yno yn 1810 yn Nhafarn yr Harp a gedwid gan ei fam. Gweithiodd yn Lloegr a Ffrainc fel pensaer ac adeiladydd am flynyddoedd cyn dychwelyd i'w fro enedigol, lle y lladdodd ei hun yn 1869.[6] Daeth Talhaiarn dan ddylanwad trwm beirdd rhamantaidd Prydain, yn neilltuol Byron, Wordsworth a Burns,[7] ond arferai hawlio aelodaeth o gwmni dethol hen feirdd gwlad Dyffryn Elwy, a hawlio ei fod hefyd yn etifedd traddodiad barddol, gwerinol Twm o'r Nant, a briododd yn Llanfair Talhaearn yn eglwys Ieuan Brydydd Hir yn 1763.[8] Dyna ei bwysigrwydd i Saunders Lewis; yr oedd yn ei ystyried yn wrthryfelwr yn erbyn Philistiaeth ddosbarth canol oes Fictoria a'r llenorion a oedd yn prysuro i'w gwasanaethu, gan ddiddymu popeth a oedd yn weddill o iachusrwydd amrwd diragrith yr hen arferion Cymreig.

Bwriad Saunders Lewis wrth ysgrifennu *Eisteddfod Bodran* oedd bwrw'i lach ar Philistiaeth ddifeddwl, ddiegni Cymru ei oes ei hun, gan ddefnyddio'r cysylltiad Talhaiarnaidd er mwyn gwneud hynny. Cawn allwedd i'w feddwl yn y gymhariaeth rhwng Ceiriog a Thalhaiarn a gyflwynir yng ngolygfa gyntaf y ddrama. Gwelwn Riannon, ar ei chythlwng a heb ddimai goch, yn cymryd tun bwyd ei gŵr, yn ei lapio mewn siôl ac yn troi i ganu i ennill tamaid a thocyn bws. Y mae dewis cân Ceiriog, 'Myfi sydd yn magu'r baban', yn dangos ei dealltwriaeth lwyr o'i chynulleidfa. Dywed y cyfarwyddiadau llwyfan ei bod hi'n symud yn araf ar draws y llwyfan, 'dan ganu'n ddagreuol', tra bo'r ceiniogau'n syrthio o'i chwmpas, 'ac efallai fod ambell wraig neu blentyn yn edrych allan drwy'r llenni neu'r drysau arni, ac felly y diflanna gan chwifio'i llaw yn fuddugoliaethus tuag at ei phriod'. Etyb Manawydan her ei wraig trwy ganu un o gampau Talhaiarn, 'Brenin y Canibalyddion', ond dilynir ei ganu ef gan ddistawrwydd mynwent: 'Myfyrdod ymhlith y beddau', medd Manawydan, 'neu'r artist yn Philistia.'

'Philistia' i Saunders Lewis oedd y Gymru gydymffurfiol, ddi-asgwrn-cefn, a ffurfiwyd ar ddelwedd y dosbarth canol llwyddiannus hwnnw y canodd Ceiriog iddo ac yr ymladdodd Daniel Owen yn ei erbyn, er iddo gael ei drechu ganddo yn y diwedd. Gwraidd y syniad oedd defnydd Matthew Arnold o'r gair yn ei draethawd dylanwadol *Culture and Anarchy* (1869), ond yr oedd Saunders Lewis wedi darganfod cysyniad tebyg yn y gyfres o nofelau gan Maurice Barrès a ddarllenodd yn ffosydd Fflandrys yn ystod y Rhyfel Byd Cyntaf,[9] ac yn neilltuol yn y gyfrol gyntaf, *Sous l'oeil des Barbares* (1888).

Cymhwysodd Saunders Lewis feirniadaeth dreiddgar Arnold at sefyllfa Cymru yn y bedwaredd ganrif ar bymtheg yng nghyfrol gyntaf ei gyfres arfaethedig, *Yr Artist yn Philistia*, sef ei astudiaeth o Geiriog. Yr oedd ganddo gryn barch tuag at Geiriog oherwydd ei agwedd grefftus, ddisgybledig at ffurf allanol ei waith, ac fe'i hystyriai'n enghraifft y gallai Talhaiarn fod wedi elwa llawer arni.[10] Serch hynny, gwelai Geiriog fel esiampl glasurol o'r llenor sy'n iselhau ei ddawn er mwyn ymateb i ofynion ei gynulleidfa.

Cawn ddarlun manwl iawn o Philistia yn y disgrifiad o Fanceinion ym mhennod gyntaf yr astudiaeth o Geiriog. Cymharodd Saunders Lewis Fanceinion, lle y tyfodd y dosbarth canol Cymreig i aeddfedrwydd, â Yonville y nofelydd Ffrangeg, Gustave Flaubert, lle y suddai arwres ei *Madame Bovary* (1857) i bwll anobaith a hunanladdiad. A chymerodd hanes John Roberts, argraffydd yn Salford, hanes a adroddir yn *Geirlyfr Bywgraffiadol Cymry Manceinion* gan Ionawryn Williams, yn enghraifft o'r Philistiaid a ddisgrifiodd Flaubert gyntaf dan yr enw Homais:

> Y tair blynedd o weithio am gyflog, dechrau wedyn ar ei fusnes bychan ei hun, byw dan grafu yn y llofftydd uwchben ei siop, peidio byth â mentro 'uwchlaw ei sefyllfa', gwella'i fyd o gam i gam mewn hanner canrif lwyd, ddiorwel; mor debyg ydyw i'r hyn a ddisgrifiwyd unwaith am byth mewn llenyddiaeth gan Flaubert yn ei bortread o'r apothecari, Homais.[11]

Ysgrifennai Ceiriog ar gyfer John Roberts a'i fath, ac yn arbennig ar gyfer merched y dosbarth uchelgeisiol hwn a greodd ddiwylliant syber y Gymru newydd: 'Rhaid oedd i'r bardd newydd . . . ufuddhau i chwaeth gwragedd blaenoriaid Salford, i'w harswyd rhag arwriaeth, i'w chwant am siwgr,—oni chafodd John Hughes brofiad ohono?—i'w blys am ddal ar y gorau o bob byd.'[12]

O'i gymharu â Cheiriog, ystyriai Saunders Lewis Dalhaiarn yn fardd iachus ei wrywdod. Gwelai ei agwedd esgeulus at ei grefft yn ymateb i fursendod yr oes, mursendod y teimlai'r bardd ei fod yn cael ei orlethu ganddo:

> Bardd orïog, anniben, diofal a ffwrdd â hi megis Byron oedd Talhaiarn hefyd. Perthynai i oes ac i ddull o fyw a ddarfuasai. Yr oedd delfrydau Cymru ei oes yn groes i bobeth a garai ef. Gwelai godi o'i gwmpas gymdeithas ddieithyr i'r holl draddodiadau y magesid ef ynddynt, ac nid oedd neb yn herio na chwestiyn[u] safonau newydd y gymdeithas honno.[13]

Yn rhinwedd ei ymwybyddiaeth a'i gydymdeimlad â hen draddodiad gwerinol ei ardal ac ysbryd yr anterliwtiau a'r beirdd gwlad, llwyddodd Talhaiarn i weld ymhellach i mewn i natur pethau na beirdd yr oes newydd a'i disodlodd. Wrth gadw gafael dynn ar yr hen draddodiad cynhenid llwyddodd hefyd i gadw ei barch tuag at gynrychiolwyr traddodiad Ewropeaidd ehangach a siaradai a'r 'llais hwnnw sy'n rhyddhau dynion, sef llais amheuaeth'. Tra oedd gweddill beirdd y cyfnod yn gaeth i uniongrededd yr oes ac yn prysur wneud i'w barddoniaeth 'gydymffurfio â'u hantimacassars', ysgrifennodd Talhaiarn gerdd a fynegai'r anobaith a'r amheuaeth sy'n llechu yn enaid dyn ym mhob cyfnod, ac wrth wneud hyn, meddai Saunders Lewis, achubodd ei gyfnod, 'rhag ei gollfarnu'n llwyr'.[14]

> Yng ngwaith Byron, yn ei agnostiaeth ef, yn nilynwyr Voltaire yn Ffrainc hefyd, cafodd Talhaiarn ysbrydiaeth i fynegi gwrthryfel ei natur yn erbyn difrawder uniongred trist ei oes. Yr oedd ei fod ef ei hunan yn blentyn y ddeunawfed ganrif, y cyfnod cyn y diwygiad, ac mai'r cyfnod hwnnw'n unig a wir ddeallai ef, yn rhoi grym a gonestrwydd yn ei wrthryfel . . . Wrth gwrs, nid yw agnostiaeth yn fwy barddonol ynddi ei hun na chred union cymdeithas. Ond y mae gonestrwydd meddwl yn hanfodol cyn y gellir dechrau ysgrifennu'n gain na grymus.[15]

Yn ei astudiaeth o Geiriog disgrifiodd Saunders Lewis sut y daeth y beirdd newydd i feddiannu'r eisteddfod. Talhaiarn oedd brenin yr eisteddfod yn y cyfnod cyntaf ar ôl iddi fynd i feddiant y werin bobl. 'Wedi meddiannu'r eisteddod gan y lliaws, rhaid oedd eu porthi hwynt. Felly y trefnwyd y cyngherddau nos a'r cyfarfod amrywiaethol. Daeth galw am alawon a cherddi poblogaidd . . . Trwy hynny y daethai Talhaiarn i'w deyrnas.'[16] Ond cyn hir dyna Greuddynfab yn dadlau pwysigrwydd dyfodiad y dosbarth newydd o siopwyr ac adeiladwyr o Lerpwl a Manceinion a oedd yn llunio ysbryd a chwaeth Cymru.

> Os oedd yr eisteddfod am ddal ei gafael rhaid iddi hithau ymffurfio yn nelw y dosbarth hwn. Rhaid iddi fwrw heibio ganu henffasiwn, clogyrnaidd y bardd clasurol, a bwrw oddi arni flas ag aroglau tafarnau'r wlad. Nid moesau ceginau a wnâi ei thro bellach, ond arferion y *drawing-room*. Ni weddai iddi nac awdl pedant fel Caledfryn na cherdd porthmon fel Talhaiarn. Nid Milton na Burns oedd ei phatrymau priodol, ond beirdd y dosbarth canol Seisnig, Thomas Moore a Tennyson.[17]

Bardd yr eisteddfod newydd, ddosbarth canol, oedd Ceiriog a dangosodd ffyddlondeb trigolion Llanfair Talhaearn iddo mor ddwfn yr oedd y diwylliant benywaidd wedi ymwreiddio yn nhir Cymru. Er na hawliai fod yn ddim amgenach na 'Gwamalrwydd mewn tair golygfa', yr oedd *Eisteddfod Bodran* yn ymdrech i ddychanu'r diwylliant hwnnw.

Cloddiodd Saunders Lewis lawer o ddeunydd ei gomedi o dudalennau tair cyfrol *Gwaith Talhaiarn, The Works of Talhaiarn in Welsh and English* (1855–69), ac yn neilltuol o'i gerdd, 'Tal ar ben Bodran', sef cyfres o 'Fânchwedleuon' a gyhoeddwyd fel llythyron yn *Y Cymro* rhwng Ionawr a Mehefin 1850, ac o ambell ddarn rhyddiaith fel ei ddisgrifiad o Eisteddfod Llanfair Talhaiarn a fwriadwyd, 'yn fwyaf neilltuol er anrhydedd i'r Bardd Talhaiarn, yr hwn oedd ar ymweliad â'i le genedigol'. Gellir olrhain llu o fân gyfeiriadau at y ffynonellau hyn—er enghraifft, yr enw ar fan cyfarfod yr Eisteddfod, 'Llofft y Coryn', a ddaw o gopa mynydd Bodran lle y cynhelid sawl eisteddfod brynhawnol i drigolion y dref yn ystod oes y bardd. Serch hynny, cynnyrch dychymyg y dramodydd yw elfen fwyaf Talhaiarnaidd y ddrama, sef cymeriad y crïwr, a'r 'Hen Grown'. Rhaid sylwi hefyd nad o weithiau Tal y cafodd Saunders Lewis ysbrydoliaeth ynglŷn â gweithgarwch y ddrama, ond o'r *Mabinogi*.

Serch hynny, y mae dyled *Eisteddfod Bodran* i drydedd gainc y *Mabinogi* yn arwynebol iawn o'i chymharu â *Blodeuwedd*. Y tro hwn ni chymerodd Saunders Lewis fwy nag enwau ei gymeriadau—Manawydan, Rhiannon, Pryderi a Chigfa—a chyfeiriadau at ran o'r chwedl sy'n ymwneud â'r llygoden. Ond wrth gwrs ei brif bwynt yw nad yw'r ysgolfeistr, y ficer a'r groser yn sylwi fod Manawydan yn parodïo'r drydedd gainc oherwydd eu bod yn hollol anwybodus o draddodiad llenyddol Cymru. Ni welant fod hyn yn rhwystr wrth gyflawni gofynion eu swyddi eisteddfodol oherwydd nad oes cysylltiad rhwng yr eisteddfod a gwir draddodiad diwylliannol y Cymry. Y mae parodi Manawydan yn gyfrwng inni sylweddoli bychander meddwl trigolion 'diwylliedig' Bodran a dyfnder eu diddordeb yn allanolion dibwys eu byd.

Erbyn hanner ffordd trwy Act I, gyda chyflwyniad y crïwr, y mae'r elfen ffurfiol honno o barodi wedi cyflawni'r swyddogaeth a roddir iddi ac mae'r dramodydd yn ei gadael o'r neilltu. O hynny ymlaen y mae cyfeiriadau at y *Mabinogi* ac at chwedlau canoloesol eraill yn frith ond yn achlysurol. Y broblem yw na chyflwynir dim arall yn ei le i dynnu'r rhannau gwahanol at ei gilydd. Sylwodd John Gwilym Jones ar y diffyg hwn, gan gymharu dull afradlon Saunders Lewis ag Aristophanes:

> Hyd y gwelaf i, gwastrodi llond ceg heb falio fawr am fod yn gynnil ac yn gyfrwys yw *Eisteddfod Bodran*. Efo'i pharodïau, ei chabledd, ei choegni, ei chlymu llac, ei chadw riat, ei haml anghyfrifoldeb, ei gwrthwynebiad i barchu na byd na betws, mae'n debyg i gomedïau Aristophanes. Mae popeth sydd ganddo ef gan Saunders Lewis ar wahân i'w ysbeidiau telynegol, er y gellir dadlau fod hiraeth yr hen grïwr yn rhywbeth tebyg i delyneg. A fedra'i ddim llai na chredu mai'r un ydyw amcan y ddau hefyd.[18]

Yn ddiau y mae'n wir fod ynddi gyfoeth trawiadol o ddychan a digrifwch, yn arbennig yn ail olygfa'r ddrama, lle'r ymdrechodd y dramodydd i gyflwyno holl egni ac anghyfrifoldeb yr anterliwt Cymraeg. Gwir hefyd mai swyddogaeth y crïwr, fel y darnau telynegol yng nghomedïau Aristophanes, yw ymgorffori hiraeth am y gwerthoedd a fu. Ar y llaw arall, y mae'r gymhariaeth â gwaith Aristophanes yn tynnu sylw at wendid sylfaenol dychan Saunders Lewis. Yn *Llyffantod* Aristophanes (405 CC), er enghraifft, cawn dair agwedd sydd yn sicrhau elfen o rym a mawredd nad oes arwydd ohonynt yn *Eisteddfod Bodran*: dicter ac argyhoeddiad sy'n rheoli cyfeiriad a chyfansoddiad y gwaith; beiddgarwch dychmygus nad oes dim a all ei rwystro; a chryfder gafael ymenyddiol sy'n bwydo'r ddychan ac yn sicrhau bod yna linyn cyswllt sy'n dal amrywiol deithi ei hiwmor dilywodraeth at ei gilydd o hyd.

Y mae sawl gwendid amlwg yn *Eisteddfod Bodran*. Y mae ambell gymeriad cloff iawn ac ambell jôc hynafol, ond nid dyna sy'n tanseilio llwyddiant y gomedi fel cyfanwaith. Ceir digonedd o hiwmor pedantig, llafurus yng nghomedïau Shakespeare a chymeriadau sydd wedi hen golli unrhyw ffresni a allasai berthyn iddynt bedair canrif yn ôl. Diffyg adeileddol, ym marn John Gwilym Jones, a oedd yn gyfrifol am yr 'argraff o siom' a gafodd ef yn y ddrama, er ei fod yn gwerthfawrogi amcan Saunders Lewis a'i feistrolaeth ar wahanol ddeunyddiau chwerthin. 'Mae'r defnyddiau yma bob un,' meddai, 'ac ar eu pennau eu hunain y gorau o'r math, ond wedi gwrthod cymysgu'n gyfanwaith sy'n rhoi gwir bleser a blas.'[19] Teimlai fod y penderfyniad i anfon Rhiannon o'r llwyfan cyn diwedd Act I cystal ag ymwrthod â drama go-iawn a fyddai wedi codi o'r berthynas rhwng y cariadon a bod Saunders Lewis, felly, wedi colli gwir ffynhonnell egni'r gomedi:

> Nid yw taflu'r botel gwrw drwy'r ffenestr, a'r bryddest a gollwyd a'r orsedd a llys yr ustusaid yn ddim ond atodiadau: atodiadau bendigedig eu crafu

cignoeth, 'rwy'n addef, ond yn y pen draw achosion ac effeithiau difaterwch i Frenin y Canibalyddion ydynt, a fedra i yn fy myw beidio â dyheu am y ddrama a gollwyd rhwng y dechrau a'r distawrwydd yma.[20]

Y mae gwrthod trin y ddrama hon—drama'r berthynas rhwng gŵr a gwraig ar fin dadrithiad cyn diwedd eu mis mêl—yn fwy trawiadol yng ngoleuni'r ffaith y daw *Eisteddfod Bodran* yng nghanol cyfres o ddramâu sy'n trin agweddau tebyg ar y berthynas rhwng dyn a menyw'n uniongyrchol iawn. Dyna brif ddiddordeb Saunders Lewis yn *Blodeuwedd* (1948) *Gan Bwyll* (1952) a *Siwan* (1954), dramâu sy'n trin yr union frwydr y mae'r dramodydd yn caniatáu i'w gymeriadau ei hosgoi yn *Eisteddfod Bodran*.

Y rheswm pam nad yw Saunders Lewis yn adeiladu *Eisteddfod Bodran* o gwmpas perthynas y cariadon, fel y gwna yn *Blodeuwedd* a *Gan Bwyll*, yw oherwydd ei fod yn arbrofi yn ei gomedi gyntaf ar sail model newydd, sef comedi ramantaidd y Dadeni ac yn arbennig gomedïau Shakespeare a fu'n ysbrydoliaeth iddo er ei ddyddiau cynnar.[21] Ond problem Saunders Lewis, fel dyn ac fel comedïwr, oedd nad oedd yn byw yn yr un math o fyd â Shakespeare. Nid yn Arden, Illyria, nac yn Athen y trigai cymeriadau Saunders Lewis, ond yn Philistia, gwlad lle na ellid disgwyl na harddwch nac ystyr. Y mae'n ddiddorol sylwi sut y disgrifiodd y wlad honno yn ei astudiaeth o Ddaniel Owen; yr oedd bron yn eiddigeddus o'r llenor hwnnw oherwydd ei allu i dderbyn mythau'r traddodiad Methodistaidd.

> Heddiw, yn ein byd didraddodiad ni, prin y geill fod drama ysbrydol ym mywyd llenorion nac artistiaid. Nid oes i gymdeithas yng Nghymru heddiw sylfeini ysbrydol. Nid oes ganddi felly draddodiad bywhaol, creadigol. Nid yw'r gymdeithas yn creu ffurfiau mynegiant priodol iddi ei hun mewn llenyddiaeth na chelfyddyd. Gan hynny ni all hi hawlio teyrngarwch neu ymlyniad beirdd na llenorion; ac am nas medr, ni fedr hi chwaith gynnau drama foesol ym mywyd creadigol bardd na llenor.[22]

'O'i weld . . . o'r tu allan, ei weld yn wrthrychol, felly y mae dyn yn destun comedi,' medd Saunders Lewis, sef o'i weld yn symud yn y byd, ond nid o'r tu allan yn unig: 'Gwrthdrawiad rhwng "hanes mewnol" dyn a'i "fywyd cyhoeddus" yw deunydd gwirionedd a digrifwch.'[23] Ond sut y gellid creu'r gomedi hon mewn byd lle nad oes 'traddodiad bywhaol, creadigol'? Ni all y fath fyd gyfleu drama foesol ym mhrofiad y dyn cyffredin fwy nag ym mywyd yr artist. Ac felly ni all gyfleu enghreifftiau o'r tyndra rhwng y mewnol a'r allanol y tyf comedi ohono.

Y weledigaeth hon sy'n esbonio gwendid *Eisteddfod Bodran* a methiant cymharol Saunders Lewis fel comedïwr, er gwaethaf yr holl ffraethineb a hiwmor a afradodd yn ei thudalennau. Problem sylfaenol A. Manawydan O'Leary yw sut i fyw yn Philistia, dan lygaid barbaraidd y prifathro parchus a gwragedd y llenni les. Dyma broblem unrhyw artist, neu unrhyw ddyn sydd â rhywbeth yn ei ben. Ateb Manawydan yw mynd o'r byd yn gyfan gwbl, gan roi'r gorau i swydd barchus a chrwydro'r heolydd fel trempyn o glerwr. Ond ni lwydda i ddod i'r penderfyniad hwn heb gymorth gwraig. Priodi Rhiannon sy'n rhoi'r symbyliad iddo, a hithau am ryw reswm, nas gwyddom ar ddechrau'r ddrama, yn fodlon ei gefnogi. Pan ddônt i'r llwyfan maent ar fin profi argyfwng. Ar ôl mis hir o amynedd gwyrthiol gwêl y wraig ei bod yn bryd iddi gael ei gŵr i wynebu'r gwir, sef nad oes modd peidio â byw yn y byd os dymunwch chi fyw yn briod. A dyna ffynhonnell y ddrama y teimlai John Gwilym ei bod ar goll—drama'r berthynas sy'n codi o hen frwydr y comedïwyr, y frwydr rhwng Alceste a Célimène, Beatrice a Benedick, Mirabell a Millamant.[24]

Y mae'n anodd gweld sut y mae dyn yn mynd i lwyddo i fyw mewn glân briodas heb ymladd a cholli'r frwydr hon, yn arbennig os ydyw, fel A. Manawydan O'Leary, yn berchen ar natur y frwynen yn hytrach na'r dderwen. Ond y mae Rhiannon, fel Saunders Lewis, yn rhy garedig wrtho o lawer. Tyn hi yn ôl o'r gad, gan roi cyfle iddo gael ei draed oddi tano; yna dychwela mewn pryd i'w achub rhag y cawl a wnaeth iddo'i hun. Y cyd-ddigwyddiad achubol yw'r ffaith mai yn nhref *Eisteddfod Bodran* y mae ewythr a chyfnither Rhiannon yn byw, yntau'n gadeirydd y fainc ynadon ac yn groser llwyddiannus sy'n chwilio am gymorth yn y siop. Gan dderbyn hyn, mater o beirianwaith yn unig sydd ei eisiau er mwyn dod â'r gweithgarwch i'w derfyn, gan adael Manawydan yn etifedd yr Hen Grown a'r traddodiad clerwraidd gyda lle bach clyd y tu ôl i gownter y siop groser.

Chwarae teg i Fanawydan! Y mae'n aeddfedu i ryw raddau yn ystod *Eisteddfod Bodran*, wrth sylweddoli unwaith ac am byth nad oes ynddo ddeunydd bardd. Gellid dadlau hefyd iddo newid rhywfaint mewn perthynas â Chigfa, sy'n gweithredu dros ei chyfnither yn ei habsenoldeb yn yr ail olygfa ac, yn arbennig yn y drydedd, fel Calista yn lle Iris yn *Gymerwch Chi Sigaret?*. Y mae'n briodol iawn fod Cigfa yn ymgorffori dwy agwedd ar gymeriad y fenyw fel y'u hamlygir yn nhraddodiad comedïol y frwydr rhwng gŵr a gwraig—y mae hi'n Niagara o rwyddineb ac egni tafod a'r un pryd yn dyner ryfeddol ei chymorth i ddyn diymadferth. Y mae'n debyg fod Saunders Lewis wedi bwriadu inni weld ei pherthynas hi â'i gŵr fel adlewyrchiad eithafol o berthynas Rhiannon â Manawydan, heb sylweddoli, efallai, fod yna wahaniaeth pwysig rhwng brwynen o ddyn fel Manawydan a chreadur fel Pryderi nad yw ond cysgod gŵr. Fel cymeriad, syrth Pryderi islaw lefel y traddodiad comedïol, nid oherwydd ei fod yn dwp, ond am ei fod yn anniddorol.

Erys rhywfaint o ddigrifwch ym mherthynas Cigfa a Manawydan yn y drydedd olygfa. Sylwn fod Saunders Lewis yn caniatáu iddi hi feddiannu hen werthoedd y traddodiad rhamantus, gan roi iddi weithredoedd a geiriau yr ydym yn gallu eu hadnabod yn eu ffurf wreiddiol yn *Culhwch ac Olwen*.[25] Mewn perthynas â hi hefyd gwna Saunders Lewis i Fanawydan amlygu'r elfen gref o symlrwydd a diffuantrwydd emosiynol ynghyd â gwir ddyfnder ei gariad at ei wraig. Ni phetrusa cyn rhoi clamp o gusan chwareus i Gigfa ond gwrthyd roi un i Riannon yn gyhoeddus. Gwêl Cigfa dystiolaeth yma o'r rhamantiaeth sy'n guddiedig dan farf afreolus disgybl honedig y clerwyr. Gyda greddf naturiol menyw'r traddodiad comedïol, synhwyra feddalwch y gŵr y darganfyddwn erbyn y diwedd i Riannon ei briodi oherwydd ei allu i fagu baban. 'Domestig ar y naw' yw'r faneg o ddisgrifiad sy'n rhoi gŵr ei chyfnither yn ei le priodol.

Cyfaddefodd Saunders Lewis i ysgrifennu *Eisteddfod Bodran* olygu ymdrech fawr. Ysgrifennodd at Kate Roberts ar 12 Mawrth 1950 i ddweud ei fod yn gobeithio gorffen 'yr ail act' cyn mynd i'r ysbyty am lawdriniaeth feddygol. Ond chwe wythnos wedyn, ar ôl dychwelyd adref, cwynodd ei fod heb ei gorffen: 'Meddyliais wrth gychwyn mai rhwydd fyddai sgrifennu ffars ysgafn. Ni chefais erioed y fath ddadrithiad! Y mae'n drybeilig anodd ac fe fyddwn wedi sgrifennu dwy drasiedi gyda llai o boen.'[26] Y mae'n hawdd deall pam yr oedd yn barod i ddyfalbarhau er gwaethaf poen yr ymdrech. Teimlai fod angen dychan a hiwmor ar lwyfannau Cymru fel rhan o'r ymgais hollbwysig i danseilio Philistiaeth remp y cyfnod yr oedd yn byw ynddo. Byddai'n anodd dadlau nad oedd yn iawn yn hyn o beth. Anodd hefyd fyddai gwadu y teimlir yr un angen yn ein cyfnod ni. Ond yr un pryd y mae'n hawdd deall pam na chyflwynir ei gomedi ar lwyfan yn aml y dyddiau hyn. Y mae gwamalrwydd *Eisteddfod Bodran* yn wamalrwydd beichus ar y gorau ac yn bell o'n digolledu am y ddrama y gwelai John Gwilym Jones ei heisiau.

Nodiadau
[1] Am fanylion pellach ynglŷn â Theatr Garthewin gweler H.A. Davies, *Saunders Lewis a Theatr Garthewin* (1995).
[2] Gweler uchod, t.163.
[3] Sefydlwyd Gŵyl Ddrama Malvern yn 1929 gan Sir Barry Jackson, sylfaenydd Birmingham Repertory Theatre, gyda chwmni a oedd yn cynnwys sawl un o'i actorion ei hun. Cysegrwyd blwyddyn gyntaf yr Ŵyl yn gyfan gwbl i ddramâu Shaw (a oedd wedi ymgysylltu ers rhai blynyddoedd â'r Theatr yn Birmingham). Gweithredodd Shaw fel prif noddwr Gŵyl Malvern a chynhyrchwyd rhyw ugain o'i ddramâu yno, rhai ohonynt am y tro cyntaf. Rhoddwyd y gorau i'r Ŵyl ar ddechrau'r Ail Ryfel Byd ac ni lwyddwyd i'w sefydlu'n barhaol ers hynny.
[4] *Doctor Er Ei Waethaf. Comedi gan Molière*, Cyfres y Werin, 13 (1924), 14. Llwyfannwyd y cyfieithiad hwn gyntaf yn Theatr Abertawe gan Gymdeithas y Ddrama Gymraeg, Abertawe, 1 Mai 1924. Y mae'n sicr fod Saunders Lewis yn ysgrifennu yn y cyfnod hwn gyda 'nodweddion pob actor o flaen ei feddwl pan luniai gymeriadau'. Gweler isod, t.433, n.1.
[5] Cyfarwyddwyd *Eisteddfod Bodran* gan Edwin Williams, brodor o Fethesda, Arfon, athro yn Ysgol Ramadeg y Rhyl a oedd yn weithgar fel cynhyrchydd yng ngogledd Cymru trwy'r pum degau. Ef fu'n gyfrifol am

gynhyrchu *Noë Obey* yng Ngŵyl Ddrama Genedlaethol Llangefni pan gyflwynodd Herbert Davies *Gymerwch Chi Sigaret?* Cynhelid Gŵyl Garthewin bob yn ail flwyddyn. Ar achlysur Gŵyl 1952, y noson ar ôl perfformiad cyntaf *Gan Bwyll*, traddododd Saunders Lewis ddarlith dan y teitl 'Y dramaydd a'i gwmni'. Gwelodd cynulleidfa'r drydedd Ŵyl, yn 1954, y perfformiad llwyfan cyntaf o *Siwan*, dan ofal John Gwilym Jones. Llaciwyd y berthynas rhwng Saunders Lewis a'r Theatr wedi hynny, er i'r Ŵyl barhau yng Ngarthewin tan 1968, cyn symud i Theatr Tywysog Cymru, Bae Colwyn a darfod yno yn 1974.

⁶ Dioddefodd Talhaiarn am flynyddoedd o'r gymalwst a hynny, wrth gwrs, mewn cyfnod pan nad oedd gan y meddygon gymorth i'w gynnig heb sgil-effeithiau difrifol.

⁷ Tyn Saunders Lewis sylw at ddylanwad Burns ar Dalhaiarn: 'Y mae'n fawr ei werthfawrogiad o'i gyfieithiad o "Tam o Shanter". Oddi wrth Byron y benthyciodd Talhaiarn fydr a dull "Tal ar Ben Bodran".' Ni soniodd fod arno ddyled i *Prelude* Wordsworth am sylwedd un o'r penillion y mae'n ei ganmol yn fawr yn ei adolygiad o ddetholiad T. Gwynn Jones o waith y bardd. Gweler *Y Faner*, 23 Rhagfyr 1930.

⁸ Ceir rhywfaint o hanes llenyddol Dyffryn Elwy yn G.J. Williams, 'Traddodiad llenyddol Dyffryn Clwyd a'r Cyffiniau', *Denbighshire Historical Society Transactions*, I (1952–4), a T. Gwynn Jones, 'Some literary men of the eighteenth century', *Denbighshire Historical Society Transactions*, IV (1955–7). Bu Saunders Lewis yn ymwybodol o'r traddodiad er adeg ysgrifennu *Gwaed yr Uchelwyr*, lle y gwnaeth i Rolant gyfeirio at un o lenorion enwog yr ardal, Hugh Jones o Langwm. Gweler uchod, t.96, n.3. Ganwyd Thomas Edwards, 'Twm o'r Nant' (1739–1810), bardd ac awdur anterliwtiau, yn Llanefydd, Sir Dinbych, a magwyd ef yn y Nant, ger Nantglyn. Y mae anterliwtiau Twm yn enwog am eu naws werinol a'u hiwmor afreolus. Bu Evan Evans, 'Ieuan Brydydd Hir', bardd a phrif ysgolor ei oes, yn gurad yn Llanfair Talhaiarn rhwng 1761 ac 1766, cyn iddo symud i Ledrod, nepell o'i gartref yn Ystrad Meurig

⁹ Ceir hanes darganfod nofelau Barrès mewn erthygl a gyhoeddodd Saunders Lewis ar achlysur marwolaeth y llenor Ffrangeg yn *Y Faner*, 24 Ionawr 1924.

¹⁰ 'Y gwahaniaeth rhwng Ceiriog a Thalhaiarn oedd fod Ceiriog yn gwybod beth oedd ymboeni â'i gelfyddyd': *Y Faner*, 23 Rhagfyr 1930.

¹¹ *Yr Artist yn Philistia.—I. Ceiriog* (1929), 15–16. Gwna Flaubert Homais yn ymgorfforiad o bopeth sy'n ei ddiflasu ef a'i arwres yng nghymdeithas Yonville a Ffrainc. Fel y disgyn Emma Bovary, o gam i gam, tuag at anobaith a distryw, y mae Homais yn dringo'n uwch, yn rhinwedd ei ragrith a'i uchelgais diraddiol. Erbyn diwedd y nofel, ar ôl hunanladdiad Emma a dadrithiad creulon ei gŵr, clywn am ei farwolaeth ef ac am dlodi diymadferth eu merch ac am lwyddiant ysgubol Homais. Cyfeiria geiriau olaf y nofel ato ef, sydd erbyn hyn 'y tad mwyaf hapus, a'r dyn mwyaf ffodus':

'Mae ganddo fusnes anhygoel; mae'r awdurdodau yn ei drin â pharch, a'r cyhoedd yn ei amddiffyn. Mae newydd dderbyn croes y Lleng Anrhydedd.' *Madame Bovary, Moeurs de Province, Oeuvres Complètes de Gustave Flaubert*, Paris, Louis Conard (1921), 477, 481.

[12] *Yr Artist yn Philistia—I*, 31. John Hughes oedd enw Ceiriog, a chafodd ei enw barddol o'i ardal enedigol, Llanarmon Dyffryn Ceiriog. Groser ydoedd ar ddechrau ei yrfa, cyn troi i weithio ar y rheilffyrdd.

[13] *Y Faner*, 23 Rhagfyr 1930.

[14] Ibid., passim.

[15] Ibid.

[16] *Yr Artist yn Philistia,—I Ceiriog*, 28.

[17] Ibid., 29–30.

[18] J. Gwilym Jones, '*Eisteddfod Bodran*', *Y Cymro*, 1 Medi 1950.

[19] J. Gwilym Jones, *Lleufer*, VIII (1952), 200.

[20] Ibid.

[21] Gwelir dylanwad Shakespeare yn *The Eve of St John*, yn ogystal â dylanwad Yeats a Synge. Gwelir uchod, t.10.

[22] *Yr Artist yn Philistia—II Daniel Owen* (1936), 34.

[23] Ibid., 40.

[24] Yn *Le Misanthrope* (1666) Molière, *Much Ado About Nothing* (1600) Shakespeare a *The Way of the World* (1700) Congreve.

[25] Gweler isod, t.382, n.44 a 47.

[26] 28 Ebrill 1950. Dafydd Ifans (gol.), *Annwyl Kate, Annwyl Saunders Gohebiaeth 1923–1983* (1992), 160.

Eisteddfod Bodran

Gwamalrwydd mewn Tair Golygfa
Er cof am y bardd
Talhaiarn

Personau'r Chwarae

A. Manawydan O'Leary
Rhiannon, ei wraig
Athro Ysgol (ac ustus heddwch)
Ficer (ac ustus heddwch)
Arch-Bencerdd (ac ustus heddwch)
Crïwr
Cigfa Huws
P.C. Pryderi Huws
Heilyn ap Gwyn

Amser y Chwarae

Act I   Canol Dydd
Act II   Prynhawn
Act III   9 a.m. Drannoeth

NODYN

Yn rhaglen Gŵyl Garthewin 1950, adeg cyflwyno *Eisteddfod Bodran* am y tro cyntaf, cafwyd y nodyn canlynol:

> Dyma ein prif ddramodydd, awdur *Buchedd Garmon, Amlyn ac Amig* a *Blodeuwedd* yn troi i faes gwamalrwydd. Gellir cael hanes cyntaf Eisteddfod Bodran yn ail gyfrol gweithiau Talhaiarn, 1862. Yn y 'difyrrwch' presennol mewn tair act, ceisir awgrymu peth o ysbryd Talhaiarn ac o ysbryd hen anterliwtiau Twm o'r Nant yn y rhannau lleiaf 'moesol'. Yn yr ail act gwahoddir y gynulleidfa i ymuno yn yr hwyl.

Y diwrnod wedyn, 25 Awst 1950, rhoddodd Saunders Lewis ddarlith dan y teitl, 'Twm o'r Nant a'r Anterliwt'. Dilynodd y ddarlith hon gyda thair erthygl ar yr un pwnc yn y gyfres 'Saunders Lewis yn trafod' yn *Y Faner*, 27 Medi, 11 Hydref a 25 Hydref 1950.

YR ACT GYNTAF

(Sgwâr pentref:
Ychydig dai yn y cefn ar ddwy ochr y llwyfan; ar lidiart un tŷ nas gwelir y mae'r hysbysiad 'Tŷ'r Heddlu'. Mainc ar un ochr i'r llwyfan yn y ffrynt. Daw MANAWYDAN *a* RHIANNON *i mewn un ar ôl y llall. Mae golwg hanner tramp ifanc, aflêr, arno ef, barf mis oed, cwd ar ei gefn, blwch dan ei fraich; mae ganddi hithau 'haversack' ar ei chefn, trowsus 'hiker' byr; efallai ei bod hithau fymryn bach yn aflêr, ond y mae'n ddel a sionc a glân ei golwg; diau fod y ddau yn lluddedig.)*

RHIANNON: Beth ydy enw'r dafarn acw, dywed?

MANAWYDAN *(yn bywhau)*:
Tafarn? Pa dafarn?

RHIANNON: Felly fe fedri glywed? Dyna'r ateb siriolaf a gefais i gennyt ers oriau.

MANAWYDAN: A dyna o'th holl brebliach dithau y gorau. Ble mae hi, dy dafarn? Wela' i ddim un. Hai, lwc! Dacw fainc inni i gael eistedd a gorffwys plwc.

(Teifl y ddau eu hysgrepanau i lawr ac ymollwng i'r fainc.)

RHIANNON: Paid ag odli dy sgwrs ddim rhagor. Mae hi'n ganol dydd o leiaf, a minnau heb frecwast. Oho, oho!

MANAWYDAN: Beth sy arnat ti'n sôn am frecwast? Chefais i ddim swper neithiwr. Mae popeth ar ôl. Oho! oho!

RHIANNON: Tydi a'th goesau cwrw oedd ar ôl neithiwr.

(Tyn ef ei esgidiau ac estyn ei draed a dangos tyllau mawr yn ei hosanau. Yr un pryd y mae hithau'n cribo'i gwallt ac yn dechrau powdro'i thrwyn ac ymbincio'n hyfryd a deheuig.)

MANAWYDAN: Brenin y bratiau a'i draed drwy'i 'sanau.

RHIANNON: Dirwest a byw yn gynnil a'th wnaeth yn fawr fel hyn.

MANAWYDAN: Ie, y tlawd hwn . . . Pa bryd wnei di drwsio fy 'sanau imi, Rhiannon?

RHIANNON: Wedi iti dalu am frecwast imi.

MANAWYDAN: Bydd yn rhaid imi fynd yn droednoeth felly. Oes gennyt ti bres o gwbl?

RHIANNON:	Ddim pisyn tair[1] . . . Os down ni i dref, feallai y medra' i bonio fy modrwy briodas.
MANAWYDAN:	Hen dro fod yn rhaid ei gwerthu hi hefyd, a 'does dim ond mis er pan gefaist ti hi.
RHIANNON:	Dywed, Manawyden, wyt ti wedi mwynhau dy fis mêl?

(Y mae hi'n parhau i bowdro'i thrwyn.)

MANAWYDAN:	Be'? O, ydw, 'rŵan ac yn y man, ond bod y corn yna ar fy nhroed dde i'n gori dipyn a'r sawdl chwith yma braidd yn oer . . . Pam yr oeddit ti'n gofyn?
RHIANNON:	Am nad ydw i ddim wedi mwynhau dim oll ar y tair wythnos diwethaf yma.
MANAWYDAN:	Wyddost ti, yr oeddwn i'n rhyw ddechrau amau hynny. Dyna drueni nad wyt ti ddim wedi tyfu barf fel fi.
RHIANNON:	Mis i heddiw'n union y priod'som ni.
MANAWYDAN:	Ie? 'Rargien, on'd ydy'r amser wedi mynd yn sydyn!
RHIANNON:	Chofia' i ddim mis mor hir yn fy holl chwarter canrif.
MANAWYDAN:	Wir i ti'r hen gariad, fe godaist ti o'r gwely yr ochr chwith y bore 'ma.
RHIANNON:	Nid o'r gwely, syr. Yng ngwair ffodrwm[2] beudy y cysgais i neithiwr.
MANAWYDAN:	Maddau imi; codi'r pen chwithig i'r da y dylaswn i ddweud. Dyna'r pam yr wyt ti'n powdro cymaint ar dy drwyn.
RHIANNON:	Pam nad ei dithau ati i blygu'r gwrych sy wedi tyfu'n wyllt dan dy drwyn?
MANAWYDAN:	'Does gennyt ti ddim syniad, Rhiannon, mor ddiddorol ydy tyfu barf. Torri trefn ac arfer deng mlynedd o ddisgyblaeth bob bore. Mae dysgu peidio â siafio yn gamp. A chan mai ar ôl siafio y byddwn i'n golchi fy wyneb bob amser, mae darganfod sut i gyrraedd at fy wyneb i'w olchi, wel, mae'n anturiaeth fawr.

(Wedi gorffen ei thoilet i'w bodd try RHIANNON ato yn llai di-daro.)

RHIANNON:	Fe wyddost fod yr arian oedd i bara inni am chwarter blwyddyn wedi mynd i gyd yn y mis yma?

MANAWYDAN: Paid â phryderu. Mi anfonaf at y banc i ofyn am goel.

RHIANNON: Rhyngom ein dau 'does gennym ni ddim digon o bres i roi stamp ar lythyr.

MANAWYDAN: Mae gen' i hwn . . . *(gan godi'r blwch tun oddi ar y llawr)* . . . Mi gefais i hwn neithiwr.

RHIANNON: Beth sy yn hwnna?

MANAWYDAN: Lleidr a gefais i'n lladrata oddi arna' i neithiwr.

RHIANNON: Pa fath leidr a ellit ti ei ddodi yn dy dun bwyd?

MANAWYDAN: Yn fy nhun bwyd y cefais i o, yn ysu'r ychydig friwsion caws oedd yn y corneli. Mi gaeais y clawr arno'n glap. Mi'i crogwn i ef ond na alla' i ddim fforddio'i grogi, ac yntau wedi bwyta'r briwsionyn ola' oedd gen' i yn y gwair neithiwr, a minnau ar lwgu.

RHIANNON: Llygoden, debyg gen' i?

MANAWYDAN: Llygoden gyfeb.

RHIANNON: Faint gwell ydy hi o fod yn gyfeb?

MANAWYDAN: Dyna fo, wyddost ti ddim oll am fywyd ffarm a da byw. Gradd mewn gwyddorau domestig, gwaith tŷ a lawndri, dim byd ymarferol.

RHIANNON: Beth wnei di â'th lygoden feichiog?

MANAWYDAN: Ei gwerthu hi, wrth gwrs, i dalu am stamp i roi ar y llythyr i'r banc.

RHIANNON: Byddai'n well iti ei lladd hi.

MANAWYDAN: 'Does gen' i ddim leisens i'w lladd hi. Trwydded, trwydded, rhaid cael trwydded i'w lladd hi.

RHIANNON: Wel, os ydy hi'n gyfeb, gwna nyth iddi yn dy farf.

MANAWYDAN: Paid â gwneud sbort o'r farf yma. I mi hon yw sumbol rhyddid. Pwy feddyliai, Rhiannon, ein bod ni'n dau, ddeufis yn ôl, yn athro ac athrawes mewn ysgol ramadeg barchus? Wyt ti'n cofio'r olwg hurt ac anghrediniol oedd ar yr hen brifathro pan roesom ni'n dau rybudd i ymadael? Chredai o ddim y gallai deuddyn ifanc ar fedr priodi roi swyddi diogel i fyny a mynd i drampio ar hyd bryniau Cymru a byw fel y dylai bardd fyw, yn rhydd, heb hitio am na Chyngor Addysg nac arholiad na'r Bwrdd Canol Cymreig.[3] Dyna'r esboniad ar y farf yma. Welid fyth mo hon yn Philistia'r staff-rŵm.[4] Sumbol rhyddid.

RHIANNON: Dyro dy lygoden gyfeb ar y llawr, wnei di? 'Dydw i ddim wedi cynefino eto â'i chwmni hi. Sumbol o ben-draw ein rhyddid.

MANAWYDAN: 'Rwyt ti'n llawn o ragfarnau.

RHIANNON: Mae gen' i ragfarn yn erbyn cysgu mewn beudy hefyd . . . Wyt ti'n cofio, pan ofynnaist ti imi dy briodi, iti ddweud fod gennyt ti rent chwarter o'r pedwar tŷ a adawodd dy fam iti, ac y gallem ni fwrw'r haf yn teithio drwy Gymru ac Iwerddon, a chael gwely yn y ffermdai ar y ffordd, a chasglu deunydd i gerddi ac ysgrifau a rhaglenni radio? Yr oedd gennyt ti bryddest yn barod hefyd i'r Eisteddfod Genedlaethol ac yr oeddit yn siŵr o'r goron a'r wobr. Wel, fe gollaist dy bryddest yr wythnos gyntaf mewn rhyw dafarn neu'i gilydd, ac ymhen tair wythnos y mae arian tri mis wedi darfod. Bu raid inni'n dau gysgu yn y gwair neithiwr. 'Does gennym ni ddim digon o bres i dalu am stamp ar lythyr y bore 'ma. 'Rwyt ti wedi gogrwn y cwbl a dyma ni'n deg ar y clwt. 'Dydy'r bywyd bardd Bohemaidd yma ddim mor ddigri i mi, a thithau'n slotian bob nos. O ran hynny, mae arna' i eisiau bath; ac fe wnâi les i tithau.

MANAWYDAN *(yn codi er mwyn codi hwyl)*:
Bath, bath! Pwy sôn am fath! Mae arna' i eisiau bwrlwm gwin coch Montrachet, siampaen Oporto, tocâi Awstralia, sierri'r Eidal a chianti Sbaen. Mae arna' i eisiau cafiâr y Swistir,—ow, ow![5]

(Gan ei fod yn cerdded yn ei 'sanau y mae ef wedi taro'i fawd ar garreg finiog, ac ar un droed, gan afael yn y llall, y mae'n hercian yn ôl i'r fainc.)

RHIANNON: Mi wnawn i'n burion ar gwpanaid o de a brechdan.

MANAWYDAN *(yn anwesu ei droed ar y fainc)*:
I ble'r aeth yr holl sbonc oedd ynot ti, y fflegan hurt?

RHIANNON: Ddaru ti frifo?

MANAWYDAN: Ti sy'n torri 'nghalon i ond mae'n haws rhoi mwythau i

fawd troed nag i'r galon . . . Onid ar gyfer dyddiau fel
heddiw y priod'som ni, i ddangos fod dau o leiaf o blith
pobl ifainc Cymru nad oedd crafu swydd a chyflog
reolaidd a phensiwn a thalu'r insiwrans a leisens radio a
leisens y ci ddim yn unig syniad am fyw ganddyn nhw?
I ble'r aeth dy weledigaeth di?

RHIANNON: Fe aeth i chwilio am fy mrecwast i.

MANAWYDAN: Ar f'enaid i, Rhiannon, yr wyt ti'n wraig iawn i fardd.
Dyna iti destun godidog i gerdd fodern 'rŵan. Mi
'sgrifenna' i hi hefyd, gwnaf, ar fy llw.

RHIANNON: Pa destun? Wyt ti wedi sobri, dywed?

MANAWYDAN: Dy weledigaeth di yn cychwyn allan o ffodrwm y
beudy, yr un fath â'r bugail yn y ddameg, i chwilio am y
brecwast a gollwyd.[6] Ac fe'i gwelaf hi'n dŵad yn ôl, dy
weledigaeth di, mewn gwisg ddisgleirwen olau—

(Yn y cefn y mae'r YSGOLFEISTR *yng ngwisg Gorsedd
Bodran yn ymddangos.)*

RHIANNON: Wele dy weledigaeth,—neu ddrychiolaeth.

MANAWYDAN *(gan frysio i roi ei esgidiau am ei draed)*:
Ie, a'th frecwast dithau. Mi adwaen i hwn. Ysgolhaig
ydy o, wedi dyfod yma i brynu llygoden . . . Dydd da i
chwi, Syr Ysgolhaig, a chroeso i chwi.

YSGOLFEISTR: Mae'n ddrwg gen' i, 'machgen i, ond 'does gen' i ddim
pres yn fy mhoced y pnawn yma.

MANAWYDAN: Nage, Syr, nid cardotyn mohonof er cymaint y gofal a'r
dihirwch sydd arnaf. Yr ydych yn fy sarhau, Syr.

YSGOLFEISTR: Mae golwg tramp arnat ti ond yr wyt ti'n siarad fel
arolygwr ysgolion, wyt ti'n gweld.

MANAWYDAN: Ysgolhaig ydych chwi, Syr, ysgolhaig o Loegr?

YSGOLFEISTR: Ie siŵr, ie siŵr, tipyn o ysgolhaig, B.A. *intermediate*
Llundain,[7] wyt ti'n gweld. Fi yw ysgolfeistr y lle yma.

MANAWYDAN: Gown B.A. *intermediate* Llundain yw'r wisg yma, Syr?

YSGOLFEISTR: Cato pawb, nage, nage. A dweud y gwir iti, mae arna' i
dipyn o ofn i'r plant ysgol acw fy ngweld i ar y stryd fel
yma yn y wisg sydd amdana' i, rhag iddi hi effeithio

braidd yn anhapus ar ddisgyblaeth yr ysgol, wyt ti'n gweld. Na; mae gennym ni eisteddfod flynyddol go enwog yma heddiw, wyt ti'n gweld, ac yr ydw innau'n aelod parchus o Orsedd Bodran, a dyma wisg swyddogol yr Orsedd leol yma. A chyfaddef y cwbl, yr wyf innau o'r farn ei bod hi'n gweddu'n well i'r llwyfan nag i'r ysgol neu'r stryd, wyt ti'n gweld. Ond wrth gwrs, rhaid croesi'r stryd i gyrraedd y llwyfan, rhaid, rhaid. Dioddef er mwyn yr achos, wyt ti'n gweld.

MANAWYDAN: 'Rydw i wrth fy modd yn cyfarfod ag athro ysgol arall sy'n fardd, Syr. Mae'n f'atgoffa i o'r hen ddyddiau.

YSGOLFEISTR: Wel ie, 'rwyt ti wedi syrthio'n isel, mae arna' i ofn, er pan oeddit ti'n blentyn ysgol.

MANAWYDAN: Mae peth o'r hen wenwyn yn fy ngwaed i o hyd, Syr.

YSGOLFEISTR: Gwenwyn, gwenwyn?

MANAWYDAN: Yr ysfa am godi yn y byd unwaith eto.

YSGOLFEISTR: Da iawn, 'machgen i, da iawn. Paid fyth ag anobeithio. Os ydy'r awydd am godi yn y byd yn dy gorddi di, dyna brawf arall fod y gyfundrefn addysg Gymreig yn talu, wyt ti'n gweld. 'Dwyt ti ddim wedi disgyn yn rhy isel i wybod am yr awydd am godi. Wel, Saesneg a syms amdani, os wyt ti am godi yn y byd, Saesneg a syms, wyt ti'n gweld. Bob yn geiniog mae codi.

MANAWYDAN: Fyddwch chi'n dysgu bywydeg i'r plant yn yr ysgol, Mr Cnocwr?

YSGOLFEISTR: Bywydeg, bywydeg. Cato pawb, 'rwyt ti'n siarad yn ddysgedig ofnatsan i drempyn, wyt ti'n gweld. Bywydeg, beth ydy bywydeg?

MANAWYDAN *(yn ei hwyliau)*:
Flora a *fauna*'r ardal yma, ei gwrol ryfelwyr, gwladgarwyr tra mad. 'Does dim sy mor addysgiadol, agor meddyliau'r plant fel agor llygaid cathod bach i ryfeddodau byd natur o'u cwmpas, dysgu iddyn nhw gampau'r morgrug a'r maip, y pry' genwair a'r plismon plant, y babŵn a'r malwod a merch y mans. Gwyddoniaeth, Syr Athro, gwyddoniaeth, dyna'r alwad heddiw. Oes y bom atom ydy hi,[8] ac felly rhaid i'r plant hwythau ddysgu arferion cwningod a'r pethau sy'n

llechu yn nhyllau'r pridd ac mewn seleri, fel y pry' copyn a'r poteli cwrw a'r llygod mawr. Dyna ydy bywydeg, dangos y byw brwd, toreithiog sydd yn y tyllau i'r plant bach. A rhaid cael esiamplau byw. Rhaid dangos iddyn nhw sut y mae'r llygod yn epilio yn oes y bom atom, rhaid cael spesimen yn y dosbarth . . . Dyma hi, 'rŵan, Syr Athro, llygoden feichiog post-Hiroshima, enghraifft o'r sut mae sicrhau parhad yr hil; hanner coron, dyna'i gyd, hanner coron—

YSGOLFEISTR *(wedi dychryn drwyddo)*:
Mae'r dyn o'i go'—

MANAWYDAN: Wel, deuswllt, deuswllt. Ddo' i ddim is na deuswllt— wyt ti'n gweld?

YSGOLFEISTR *(yn casglu ei wisg o'i gwmpas i redeg)*:
Wedi dianc o'r seilam mae'r dyn, o'i go', o'i go', wyt ti'n gweld—o'i go'n lân.

(Ac exit ar garlam.)

RHIANNON: Manawydan annwyl, mae cynnal ocsiwn ar lygoden a thithau heb na swper na brecwast,—Tendia, beth ydy hwn?

(Daw'r FICER *i mewn, yntau yng ngwisg wen Gorsedd Bodran.)*

MANAWYDAN: Offeiriad, wrth gwrs . . . Maddeuwch i mi, Syr, chi yw'r offeiriad, on'd e?

FICER: Ie, ie, fi yw ficar Llanddewin yma.

MANAWYDAN: Mynd i'r gwasanaeth yr ydych chi'n awr, Syr?

FICER: Mae arna' i ofn, 'machgen i, dy fod ti'n ddieithr iawn i foddion gras os gelli di fwrw mai gwenwisg offeiriad yr eglwys yw'r wisg yma. Nid un o'm plwyfolion i wyt ti, ai e?

MANAWYDAN: Nage, Syr, ond yr oeddwn i'n eich adnabod ar unwaith—

FICER: Ie, wrth gwrs, naturiol iawn. Dyna'r anfantais o fod yn ffigur cenedlaethol. Diau i ti weld fy llun i yn y papurau droeon. Ond mae'n debyg mai fel beirniad llenyddol ac awdurdod ar yr orgraff y clywaist ti amdanaf. Neu, wyt ti'n darllen fy erthyglau i yn y *Lleuad*?[9] 'Does dim golwg un yn darllen llawer ar lenyddiaeth y dydd arnat ti, 'chwaith.

MANAWYDAN: A ga' i gyflwyno fy ngwraig i chi, Syr?

FICER: 'Does gen' i ddim rhyw lawer o amser—

RHIANNON: Brynhawn da i chi, Ficer. Wnewch chi eistedd?

FICER: Un o'r *girl guides* ai e? Wedi dyfod yma i'r eisteddfod? Dy ferch di, dd'wedaist ti?

RHIANNON: Fyddai'n hy iawn imi ofyn i chi am sigaret, Ficer?

FICER: Tad annwyl, wel ie, fe fyddai mygyn bach cyn traddodi'r feirniadaeth yn eitha' peth . . .

(Y mae ef a hithau'n tanio.)

Ond 'dydw i ddim yn deall y sefyllfa'n hollol eto *(gan edrych ar y ddau yn syn).*

RHIANNON: Y gŵr ydy o, Ficer.

FICER: Tewch, da chi; y gŵr! Ydy dy fam yn gwybod? Rhyw sipsiwn fel hyn! Trist iawn, yn wir, trist iawn. Un arall o ganlyniadau'r rhyfel. Mae'r rhyfel yn gyfrifol am briodasau anhygoel, anhygoel. Dyna un o'r geiriau y bydd llawer o ysgrifenwyr Cymraeg yn ei gam-sbelio, rhoi dwy *n* ynddo neu anghofio'r *h*. Felly, ac fe fu raid i tithau briodi . . . Yn yr eglwys, mi obeithiaf?

MANAWYDAN: 'Roeddem ni'n meddwl, barchedig Syr, y byddai'n dda inni gael cyfarfod ag offeiriad. Mae gennym ni greadur bach mewn bocs—

FICER *(gan edrych i fyny)*:
Na, mae'n ddrwg gen' i, bobl bach, mae'n amhosibl imi fedyddio neb y prynhawn yma. Yr wyf i wedi addo'r prynhawn yma i hen grefydd y Celtiaid, i seremonïau'r Derwyddon a Gorsedd Bodran. Cefais wahoddiad i farnu pryddestau'r gadair, a chan fy mod i'n awyddus i roi peth bri cenedlaethol ar yr hen ŵyl annwyl, mi fodlonais—un *n* cofiwch. Wel, y mae un bryddest dipyn o flaen y gweddill o ran crebwyll a darfelydd, ond mae 'oglau cwrw yn gry' ar y llawysgrif ac y mae'r sbelio'n druenus, fel sbelio dyn meddw.

MANAWYDAN: Mi fydda' i wrth fy modd yn gwrando ar farddoniaeth,

	barchedig syr. Hoffech chi ddarllen darn o'r bryddest inni 'rŵan?
FICER:	Byddai'n fwy buddiol imi ddarllen iti ddarn o'm hysgrif ddiwethaf i yn y *Lleuad* ar sbelio'r beirdd modern Cymraeg. Ond 'dyw amser ddim yn caniatáu, acen ar *a*. 'Rhoswch yn awr. Rhaid imi beidio ag anghofio 'chwaith fy mharchus arswydus swydd . . .[10] Fe dd'wedsoch fod gennych chi'r un bach mewn bocs. Druan bach, mae hi'n dlawd arno, yn dlawd—
MANAWYDAN:	Fel llygoden eglwys, Ficer.
FICER:	Fel llygoden eglwys yn gymwys—un *m*. Ond er iddo gael ei eni fel yna mewn gwarth a'i unig grud yn focs, 'dydy hynny ddim yn rheswm i mi wrthod gwneud Cristion ohono. Wedi'r cwbl, nid bai'r creadur bach yw iddo ddyfod i'r byd neu i'r bocs rhwng sipsiwn a *girl guide*. Wel, bachgen neu ferch ydy'r babi?
RHIANNON:	'Dydw i ddim yn siŵr, syr.
FICER:	Y nefoedd fawr!
	(Tyn hyn ef i'w draed.)
	'Dwyt ti ddim yn siŵr? Gefaist ti ddoctor ato fo? *(Gan droi at FANAWYDAN)* Y sgerbwd annuwiol gennyt ti yn dwyn un mor ddiniwed i brofedigaeth. Tyrd â'r babi i'r eglwys ddeg ar gloch bore 'fory rhag i ddim gwaeth ddigwydd i'r peth bach . . . Wn i yn y byd beth sy'n bod ar y to sy'n codi; fedr y tadau ddim sbelio Cymraeg a fedr y mamau ddim dweud ai gwryw ai benyw yw eu plant. Gwryw—un *r*.
	(Exit.)
MANAWYDAN:	Rhiannon, fyddi di'n cael rhyw deimlad rhyfedd weithiau—
RHIANNON:	Mae gen' i un rŵan. 'Rwy'n siŵr fod chwain yn y gwair yna neithiwr.
MANAWYDAN:	Rhyw deimlad rhyfedd dy fod ti wedi bod yn y byd yma o'r blaen, a bod y peth sy'n digwydd iti 'rŵan wedi digwydd iti o'r blaen, efallai gannoedd ar gannoedd o flynyddoedd yn ôl, pan oedd cewri yn y byd, neu pan oedd hud ar Ddyfed?[11] Mi af i ar fy llw mai esgob a

welwn ni nesaf yn dyfod i brynu'r llygoden yma. Ysgolhaig, offeiriad, esgob, dyna'r drefn yn sicr iti.

RHIANNON: Fachgen annwyl, fyddi di gystal â throi dy gefn ata' i am ddau eiliad—

MANAWYDAN: Mae hi'n rhy ddiweddar, 'merch i, dyma fy esgob i'n dŵad—

(Arch-Bencerdd Bodran yn ymddangos yn y cefn.)

RHIANNON: Dos di at dy esgob. Mae gen' i apwyntmant â chwannen.

(Exit RHIANNON i'r ochr).

MANAWYDAN *(ar ei ben-glin)*:
Eich bendith, fy arglwydd esgob.

ARCH-BENCERDD:
Yr hurtyn dwl. Groser a blaenor Methodist ydw i.

(Cyflym fel dyn busnes y parabla.)

MANAWYDAN: Groser. Nid ffedog groser ydy honna.

ARCH-BENCERDD:
Mae gen' i swyddi eraill. Bywyd llawn. Amryw alwadau. Fi yw Cadeirydd mainc yr ustusiaid yn y dyffryn yma. Y prynhawn yma mi 'rydw' i'n llywyddu ar seremoni cadeirio'r bardd yn Eisteddfod Bodran. Yr ydych yn siarad wrth Arch-Bencerdd Gorsedd Bodran, ddyn gwyllt.

MANAWYDAN: Groser, blaenor Methodist, Pencerdd! 'Dyw'r peth ddim yn bosibl.

ARCH-BENCERDD:
Mae'r peth yn ffaith, ŵr ifanc, ac y mae ffaith yn bosibl. Gwlad ddemocrataidd. Ustus heddwch, cadeirydd y fainc hefyd. Ddaru 'chi anghofio hynny.

MANAWYDAN: Fe fu llawer groser parchus yn ustus heddwch. 'Does gen' i ddim yn erbyn hynny. Ond fu groser erioed yn fardd.

ARCH-BENCERDD:
Dyna fo i'r dim. Profi'r hyn dd'wedais i ym Mhwyllgor Addysg y sir y tro diwethaf. Nad ydych chi'r bobl ifainc yn dysgu dim yn yr ysgolion. Dim oll. Wyddoch chi

ddim am gyfraniad groseriaid enwog i hanes a diwylliant Cymru. Yr ydych chi'n honni bod yn fardd, ac eto wyddoch chi ddim mai groser oedd y ddau fardd mwyaf enwog a gafodd Cymru erioed.

MANAWYDAN: Barchus Arch-Bencerdd, chi sy'n iawn, ac fe haeddwch fod yn bencerdd ac yn ustus heddwch a chwarae teg i chi. Ceiriog oedd un groser[12]—

ARCH-BENCERDD:
A Williams Pantycelyn y llall. Yn gwerthu te fel finnau a chyhoeddi emynau er mwyn cael papur pacio.[13] Bardd ydych chithau, wedi dŵad yma heddiw i geisio cipio'r gadair.

MANAWYDAN: Chi ydy'r pencerdd craffaf a fu erioed.

ARCH-BENCERDD:
Profiad. Arfer. Mae groser ac ustus heddwch yn dysgu sylwi ar bobl. Mae ambell fardd yn mynd o gwmpas gyda phantecnicon[14] i gasglu cadeiriau o'r eisteddfodau yma. Beth ydy'ch enw barddol chi,—Dic Aberdaron?[15]

MANAWYDAN *(yn bur gynddeiriog)*:
Yr ydych yn methu, syr. 'Does gen' i ddim diddordeb yn eich cadeiriau chi na'ch mainc ynadon chi 'chwaith.

ARCH-BENCERDD:
Fu 'na ddim mainc ynadon yn y lle yma ers pum mlynedd. Dim un troseddwr. Gwlad y menyg gwynion.[16] Cymru lân.

MANAWYDAN: Efo'r groser y mae fy musnes i.

ARCH-BENCERDD:
Y? Be'?

MANAWYDAN: Trafeiliwr ydw i.

ARCH-BENCERDD:
Celwydd. Chafodd neb a'r olwg yna arno fo ordor mewn siop groser erioed.

MANAWYDAN: Gwlad ddemocrataidd. Mae gen' i gystal hawl i fod yn drafeiliwr a'r olwg yma arna' i ag sy gennych chi i fod yn bencerdd a gwerthu te.

ARCH-BENCERDD:
Trafeiliwr ym mha beth? I ba gwmni?

MANAWYDAN: Bwyd cathod a chŵn.

ARCH-BENCERDD: Bisgedi?

MANAWYDAN: Cig ffres.

ARCH-BENCERDD: Mae hynny'n torri'r gyfraith.

MANAWYDAN: Mae'n saff ei wala.

ARCH-BENCERDD: Aha, mi wela' i. Un o ddynion ditectio'r Llywodraeth, ai e? Mi glywais eu bod nhw'n anfon dynion incognito go od o gwmpas y wlad i'n hymbygio ni'r siopwyr, ond dyma'r tro cyntaf imi daro ar un; i beth y mae'r Llywodraeth yn dewis bwgan brain?

MANAWYDAN: Mr Groser, 'does gen' i ddim swydd ditectydd na swydd bwgan brain. Dyn tlawd yn crwydro ac yn gwerthu'r hyn a fedra' i wyf i.

ARCH-BENCERDD: Felly, y farchnad ddu, ai e?[17] Chwarae teg i ti am roi dy gardiau ar y cownter.

MANAWYDAN: Mae mymryn o gig ecstra *dan* y cownter yn help go fawr y dyddiau hyn.

ARCH-BENCERDD: Ust!

(Cyfyd ei fys o flaen ei drwyn. Gwna MANAWYDAN yr un modd.)

MANAWYDAN: Wrth gwrs, mi allwn i werthu i'r ymwelwyr sy'n dyfod yn eu ceir o Lerpwl—

ARCH-BENCERDD: Nes penelin nag arddwn, chwarae teg i ti. Cas gŵr na charo'r wlad a'i maco. A fedri di ddim rhoi dim coel ar y Saeson a'r Iddewon yna . . . Mi wn i, mi wn i . . .

(Y mae'r ARCH-BENCERDD yn mynd o gwmpas i sbïo ar un ochr; MANAWYDAN ar yr ochr arall. Yna dônt at ei gilydd a braich dros fraich.)

Nid ffowlyn na samwn?

MANAWYDAN: Cig ffres.

(Ânt o gwmpas i sbïo eto; deuant yn ôl a braich dros ysgwydd ei gilydd.)

ARCH-BENCERDD:
Carcas?

MANAWYDAN: 'Dydy hi ddim wedi ei lladd eto.

ARCH-BENCERDD:
Beth ydy oed y mochyn?

MANAWYDAN: Nid mochyn.

ARCH-BENCERDD:
Nid mochyn? Cig bwtsiwr?

MANAWYDAN: Llygoden. Llygoden gyfeb.

(Dyry'r ARCH-BENCERDD ergyd iddo sy'n ei daflu ar ei gefn. Exit ARCH-BENCERDD. Daw RHIANNON yn ôl.)

RHIANNON: Beth wyt ti'n ei wneud fan 'na?

MANAWYDAN *(gan godi)*:
Newydd gael bedydd esgob.

RHIANNON: Werthaist ti dy lygoden?

MANAWYDAN: Petai hi'n fochyn sugno byddai'n fargen wedi'i tharo. Ond 'yfi gafodd y taro.

RHIANNON: Wyt ti'n meddwl, Manawydan, petawn i'n gofyn am fy swydd yn yr ysgol yn ôl, y cawn i hi?

MANAWYDAN: Ddim fyth. Gennyf i y byddai raid iti gael tystiolaeth i'th gymeriad. A dynion tebyg i'r Arch-Bencerdd yma yw llywodraethwyr yr ysgol. Fedrwn i ddim rhoi gair da iti.

RHIANNON: Gweld yr ydw i fod yn rhaid i un ohonom ni ennill rhywbeth i'n cadw. Fedri di ddim byw ar rent pedwar tŷ.

MANAWYDAN: Paid, Rhiannon. Wn i ddim am unpeth sy'n fwy diflas na bod gŵr a gwraig ar derfyn eu mis mêl yn dechrau deud y gwir wrth ei gilydd. Dowch inni gadw bob amser dipyn yn ddieithr a pholeit fel petaem ni newydd gael ysgariad, a braidd yn ddrwg gennym. Fe wyddost y byddai gennym ni ugain punt 'chwaneg hefyd ond am yr anffawd imi golli fy mhryddest mewn rhyw dafarn tua'r Cerrig yna.

RHIANNON: 'Dydy hi ddim mor hawdd byw ar bryddest a gollwyd. Hwyrach hefyd mai sbeliwr fel y Ficer yma fyddai'r beirniad, a fedri di ddim sbelio gair a dwy *n* ynddo fyth byth heb eiriadur Bodfan[18] wrth dy ymyl. Fe gollaist hwnnw hefyd mewn tŷ tafarn.

MANAWYDAN: Oes arnat ti eisiau bwyd yn enbyd, fy nghariad i?

RHIANNON: Oes, pam?

MANAWYDAN: Dy glywed di'n siarad heb ddeilen ar dy dafod . . . Pan oeddit ti yn dy flodau, 'doedd dim gwraig well ei hymddiddan na thi.

RHIANNON: Mi dd'wedais wrthyt fod ein mis mêl ni wedi bod yn hir. Dyna'r pam yr ydw i wedi gwywo i fod yn hen sgowlan . . . Gwrando, Manawydan, wnâi o ddim drwg i ni'n dau gael diwrnod cyfan ar wahân oddi wrth ein gilydd, neu fe awn fel cosyn blwydd a chrystan haidd. Gan fod eisteddfod yma, a thithau wrth dy fodd ynddyn nhw, pam nad ei di yno?

MANAWYDAN: 'Does gen' i ddim pres i fynd i mewn.

RHIANNON: Dywed wrth y dyn wrth y drws mai ti yw bardd y gadair. Fe'th gred di wrth yr olwg sy arnat, ac fe gei fynd i mewn heb dalu.

MANAWYDAN: 'Rwyt tithau, fel yr Arch-Bencerdd, yn 'styried fod golwg bardd arna' i o hyd?

RHIANNON: Mae 'oglau bardd arnat ti o leiaf.

(Daw'r CRÏWR *a sefyll yn yr un fan â'r Gorseddogion, a chanu ei gloch yn bwysig. Hen ŵr, ei wallt yn wyn a'i lais yn wich,*[19] *a fflagon o gwrw yn ymwthio allan o boced ei got.)*

CRÏWR: O ie! O ie! O ie!

(Daw pwl o beswch i'w atal. Yna ailgychwyn.)

O ie! O ie! O ie! Yn wyneb haul—

(Eto daw'r peswch i ladd ei wich.)

MANAWYDAN *(yn mynd ato):* Hen ŵr, hen ŵr, a'i wallt yn wyn, Beth sy gennyt ti i'w grio?

(Y mae'r CRÏWR *dipyn yn drwm ei glyw.)*

CRÏWR: Y? Be' dd'wedaist ti?

MANAWYDAN: Mae dy lais di'n pallu.

CRÏWR: Ydy siŵr, nid llais sy gen' i ond gwich, yr un fath â llygoden.

RHIANNON: Na, paid â chynnig dy lygoden iddo fo i grio, Manawydan. Cria iddo fo dy hunan.

MANAWYDAN: 'Rwyt ti'n rhy wan i grio.

CRÏWR: Ie'r un man ers deugain mlynedd. Mi fydda' i'n riteirio ar fy mhensiwn ar ôl y Sul nesaf, ond rhaid imi grio'r 'steddfod am y tro olaf, yntê?

MANAWYDAN: Gaf i gyhoeddi iti a thithau ganu'r gloch?

CRÏWR: Do, do, mi griais i 'Steddfod Bodran ac arwain yr Orsedd i Lofft y Coryn heb fethu unwaith am ddeugain mlynedd; ond 'rwan mae'r wich yn pallu.

MANAWYDAN: Rhoi'r gorau iddi hi sy orau iti.

CRÏWR: Ie, siŵr, heno mae'r corau, mae'n dweud hynny ar y papur. Dim ond dau le arall sy gen' i i grio, yma a'r bont.

MANAWYDAN: A ga' i grio iti, darllen y papur? Cei dithau ganu'r gloch.

CRÏWR: Wnei di? Bendith ar dy ben di, 'machgen gwyn i—os gwyn ydy'r gair hefyd. Cria fo'n iawn iddyn nhw gael clywed yn y tai pellaf yna. Mi ganaf innau . . . dyma'r papur, 'does gen' i mo'm sbectol 'chwaith . . . 'Rŵan . . .

(Cân ef y gloch eto.)

MANAWYDAN *(yn darllen ar ben ei lais)*:
Yn wyneb haul a llygad goleuni! Bydd ail gyfarfod Eisteddfod Bodran am dri ar gloch y prynhawn yma ar Lofft y Coryn. Agorir yr Orsedd a bydd seremoni cadeirio'r bardd buddugol yn ôl braint a defod Gorsedd Bodran, dan ofal Arch-Bencerdd Bodran.

Am chwarter i bedwar bydd her-unawd yn agored i feibion a merched y byd, bas, bariton, tenor, alto, soprano, mezzo-soprano, contralto, scherzo, allegro, il penseroso, ffalseto, Canaletto, antimaccaso, a phenillion telyn.[20]

Cystadleuaeth y corau yn yr hwyr a swper i'r côr
buddugol yng ngwesty'r Harp.

> O ie! O ie! O ie!
> Coi-mi deri,
> Cil mi ceri,
> Coi mi deri, coi mi;
> Strim, stram, bondo,
> Joli bid i'r amdo,
> Coi mi deri, coi mi.[21]

CRÏWR: Da iawn, 'machgen i, da iawn. Y prentis gorau a gefais i erioed. Yr oedd rhai o enwau'r cantorion yna'n newydd imi. Ond debyg eu bod ar y papur a minnau heb fy sbectol.

RHIANNON: Dowch yma i orffwys, yr hên ŵr.

CRÏWR: Ie, ie, gwaith sych, gwaith sych ydy crio eisteddfod a chladdu pobl.

MANAWYDAN: Beth ydy'r gân yna ar y diwedd? Mae hi'n newydd imi. Cân angladd am amdo?

CRÏWR: Coi mi deri, Cil mi ceri, ie, ie, ha, ha, ha. Dyna anthem genedlaethol dyffryn Elwy.[22] Fy nhaid yn fachgen a glywodd honna.

RHIANNON: Crïwr oedd eich taid?

CRÏWR: Ie, ie; crwtyn ifanc oedd o pan glywodd o honna gynta'.

MANAWYDAN: Pwy gwnaeth hi?

CRÏWR: Pwy gwnaeth hi? Anodd dweud. Talhaiarn oedd yn dŵad adref wedi bod yn cael cinio yng Ngarthewin; yr oedd hi braidd yn hwyr yn y nos, ac fel yna'r aeth o adref, Coi mi deri, Strim, stram, bondo, Joli bid i'r amdo, Coi mi deri, coi mi. 'Doedd o ddim yn rhy sad ar ei draed. Wel, diolch i'r nefoedd, mi fûm innau felly droeon, 'achan, cyn i'r wich yma dyfu arna' i. Mi ges innau ambell noson.

MANAWYDAN: Ddaru dy daid grio 'Steddfod Bodran?

CRÏWR: Do, do, i'r hen Dalhaiarn. Talhaiarn roes y gloch yma iddo fo. Mae hi yn y teulu o hyd. Efo hon y bydda' i'n

YR ACT GYNTAF

arwain Gorsedd Bodran i'r llwyfan y pnawn yma. Y tro olaf, y tro olaf. A 'does 'na neb i ddŵad ar fy ôl i, neb i gadw'r hen arfer. Neb i ganu'r hen gloch a roes Talhaiarn imi.

RHIANNON: Nid i chi, hen ŵr.

CRÏWR: I mi, i'm taid ac yntau i mi.

MANAWYDAN: O ble y cafodd Talhaiarn hi?

CRÏWR: Paid â dweud wrth neb,—

MANAWYDAN: Na wnawn ni.

CRÏWR: O'r Crown yn Ninbych. Tal a'r hen Ddoctor Wiliam Owen Pughe[23] yn yfed dwy botel o sierri bob un yn y Crown un min hwyr, ac fe gododd yr hen Dal gloch ginio'r Crown a'i chanu hi'r holl ffordd adre', Coi mi deri, Cil mi ceri, Coi mi deri, coi mi. Wedyn, fe'i rhoes hi i'm taid, oedd yn grwtyn bach, iddo fo grio 'Steddfod Bodran i Tal a'i ffrindiau. 'Roedd y dyffryn yma'n llawn o feirdd y pryd hynny. Ond fi ydy'r ola', fi ydy'r ola' . . . Hen waith sych hefyd . . .

(*Cymer ef y fflagon o'i boced ac yfed dipyn.*)

Mor felys yw'r atgof am Tal ar y mynydd yn gwledda yng nghanol cyfeillion fel fi . . . [24] Gymeri di ddropyn o hwn am grio i mi?

RHIANNON: Gwell iti beidio, Manawydan; chefaist ti ddim bwyd er canol dydd ddoe.

CRÏWR: Be' mae hi'n ei ddweud?

MANAWYDAN: Deud na ddylwn i ddim.

CRÏWR: Ddylai neb ddim. Moliant am gwrw melyn, mawr yw dy glod, diod dyn.[25]

(*Dyry'r fflagon ar ôl yfed eilwaith i Fanawydan.*)

Beth ydy dy waith di, 'machgen i?

MANAWYDAN: Rigmarolio a fagabondeithio o fan i fan.

CRÏWR: Bardd arall, siŵr iawn, fel Twm o'r Nant. Dyna drueni nad wyt ti ddim yn aros yma. Fe gaut fy nilyn i fel crïwr a chlochydd. Hwde, dyma docyn eisteddfod iti. Tyrd i'm gweld i'n canu'r hen grown er clod i'r hen Dal yn Llofft y Coryn y tro ola'. Strim, stram, bondo, Joli bid i'r amdo, Coi mi deri, Coi mi.

(Dawnsia'n drwsgl ei ffordd allan.)

MANAWYDAN: Glywaist ti o, Rhiannon. Wyddost ti, mae hyn yn ddigon o dâl imi anturio rhoi'r ysgol i fyny a mynd i grwydro drwy Gymru. Dyna iti un o'r olaf o'r hen feirdd gwlad a'r hen glochyddion. Yr oedd Talhaiarn a Siôn Powel[26] a Thwm o'r Nant yn perthyn iddo fo, nid yn destun llyfr ac arholiad fel y maen nhw i ni. Mi feddwa' i ar yr hanner fflagon yma a roddodd o imi o barch iddo fo a'r traddodiad llenyddol. Hir oes i'r beirdd gwlad.

(Y mae'n yfed peth.)

RHIANNON: Meddwa di fel y mynni. Yr ydw i'n dy adael di am y diwrnod.

MANAWYDAN: I ble'r wyt ti'n mynd?

RHIANNON: I ganu.

MANAWYDAN: I ganu?

RHIANNON: Dos di i'th eisteddfod. Mi ddo' i'n ôl yma bore 'fory i'th gyfarfod di a siawns na fydd gen' i ddigon o bres i dalu'n trên ni adref.

MANAWYDAN: Sut y gwnei di hynny?

RHIANNON *(gan ddechrau agor ei phac)*:
'Does neb yn fy 'nabod i'r ffordd yma. Fe gei di weld gwerth dy draddodiad llenyddol. Rhaid i un ohonom ni ennill ei damaid.

MANAWYDAN: Go dda, hogan. Ond mi ddalia' i na fedri di ddim ennill chwech wrth ganu. Gradd mewn gwyddorau domestig gefaist ti.

RHIANNON *(yn gwisgo ei chlogyn)*:
Aros imi guddio'r trowsus yma. Fu na ddim lawer o ddim domestig yn fy myw i ers mis. Mi fydd 'rwan.

MANAWYDAN: Paid â chanu emynau. Cofia 'rwan. 'Dydym ni ddim wedi disgyn mor isel â hynny. Cân un o gerddi Talhaiarn.

RHIANNON *(yn parhau i wisgo)*:
>Mae Ceiriog yn ddigon gwell na Thalhaiarn i ennill pres.[27]

MANAWYDAN: Cabledd, cabledd.

RHIANNON *(gan godi siôl wen fawr)*:
>Dyro'r darpar Gristion bach acw imi.

MANAWYDAN: Cristion? Y botel yma?

RHIANNON: Y llygoden fach acw sydd i'w bedyddio 'fory.

MANAWYDAN: Crogi neb ŵyr be' wnei di â hon.

(Gan ei rhoi iddi.)

RHIANNON: Aros a gwêl.

(Y mae hi'n trefnu'r bocs fel petai baban yn y siôl sy dros ei hysgwyddau.)

'Rŵan, Manawydan, da bo' ti tan y bore. Mi fydda' i wedi ennill fy nghinio cyn gadael y pentref yma. Ceiriog am byth!

MANAWYDAN: Choelia' i fawr. Bardd domestig ar y naw.

RHIANNON *(yn symud yn araf ar draws y llwyfan tua'r cefn dan ganu'n ddagreuol)*:

>Myfi sydd yn magu'r baban,
>>Myfi sydd yn siglo'r crud,
>Myfi sydd yn hwian, hwian,
>>Ac yn hwian yn hwy o hyd;
>Bûm effro bore heddiw
>>O hanner y nos tan dri,
>Myfi sydd yn colli 'nghysgu,
>>Mae'r gofal i gyd arnaf i.[28]

(Y mae'r ceiniogau'n syrthio o'i chwmpas ac efallai fod ambell wraig neu blentyn yn edrych allan drwy'r llenni neu'r drysau arni, ac felly y diflanna gan chwifio'i llaw yn fuddugoliaethus tuag at ei phriod.)

MANAWYDAN *(yn drist)*:
>A dyna ddiwedd ein mis mêl ni . . . Dal llygoden a'i magu hi . . . Ac arnaf i mae'r bai, yn meddwi fel ffŵl. Rhiannon fach, wyddost ti ddim pam. Gwybod yr ydw

i dy fod ti wedi fy mhriodi i oblegid bod gen' ti ffydd y bydda' i'n fardd go iawn ryw ddydd. A fydda' i ddim byth, ddim uwch bawd sawdl fel bardd. Mae gen' i dymer yr artist heb ddim dawn i greu. Efallai y gwnawn i actor. Lwcus i mi fy mod i wedi colli fy mhryddest. Chawn i ddim gwobr amdani hyd yn oed yn 'Steddfod Bodran . . . I gythraul â'r felancoli yma . . . Lle mae'r awen? Dyma hi . . .

(Cymer ddracht hir o'r fflagon.)

Os medr Rhiannon ganu am bres, pam nad finnau? Bob yn geiniog mae codi. Mi gân nhw dalu am eu Talhaiarn; mae o'n haeddu dwywaith y Ceiriog yna.

(Dyry ei bethau ar ei gefn a'r botel yn ei law a pharatoi. Yna mae'n canu):

> Mi draethaf chwedl bach i chwi
> Yn loyw, hoyw, ffraeth a ffri,
> Am frenin mawr ei fraint a'i fri,
>   Sef Brenin y Canibalyddion.
> Ei hyd oedd ddwylath a lled llaw
> A'i ben 'run lun â phen hen raw,
> 'Roedd ganddo swyddogion, wyth neu naw,
> A'i balas a wneid o bridd a baw;
> A'i enw oedd Brwchan-wchan-wach,
> Llumangi-hyllgi-wichgi-iach,
> A'i wisg yn crogi fel hen sach
>   Am Frenin y Canibalyddion.
> Yn howcio, cowcio, llowcio'n lli,
> Chwipio a hicio a chicio'r ci,
> Yn strim-stram-strellach yn ei sbri
>   Bydd Brenin y Canibalyddion.[29]

(Y mae'n sefyll yn y cefn ac yn ystyried.)

Dim un geiniog goch. Dim dimai. Dim encôr. Yr un fath â chanu mewn mynwent . . . Myfyrdod ymhlith y beddau,[30] neu'r artist yn Philistia . . .[31] Ble mae'r awen?

(Ŷf y gweddill o'r fflagon.)

'Rydw i wedi cynnal ocsiwn ar lygoden iddyn nhw, wedi crio 'steddfod iddyn nhw, wedi canu scherzo molto allegro iddyn nhw, ac mi ydw i'n llwgu . . . A dyna Rhiannon a'r ceiniogau'n heidio ati fel chwain. Mi fynna' innau bryd o fwyd a gwely . . . 'Tŷ'r Heddlu' ai e? Tyrd allan o'th feddrod, yr heddlu annwn!

(Y mae ef yn taflu'r fflagon drwy ffenestr y tŷ a chlywir y gwydr yn mynd yn deilchion. Rhed CIGFA, *gwraig y plismon, o'r tŷ ato; y mae hithau yng ngwisg yr Orsedd, a gwelir gwragedd eraill yn sbïo o'u tai mewn braw.)*

CIGFA: Beth ydy hyn? Be' 'dy hyn?

MANAWYDAN: Dyn yn torri ffenest' â photel o gwrw.

CIGFA: Torri'r ffenest' a thorri fy aspidistra gorau i a gwneud llanast' y gŵr drwg a gyrru'r gath yn gacwn a deffro'r babi i'w nadau a maeddu'r bwrdd a'r oilcloth a finnau ar gychwyn i'r 'steddfod a'r llestri te'n barod—

MANAWYDAN *(ar ben ei lais i'w boddi hi)*:
Taw'r gacynes!

CIGFA: Tewi, a phopeth gen' i'n ddel yn y tŷ fel nyth y dryw, a thithau'r drewgi du dwl yn dobio chwarel y ffenestr a throi 'mharlwr gorau i'n domen tŷ tafarn a rhoi 'sterics i'r gath a'r babi a'r aspidistra a gwasgar gwaddod cwrw dros fy lliain bwrdd gwyn i a hanner awr o waith glanhau a minnau ar fynd 'rŵan jest i ganu cân y cadeirio yn 'Steddfod Bodran be' ydy dy feddwl di y racsiwr y slobryn y dihiryn godrapio drwg—

(Cymer MANAYWDAN *afael yn ei hysgwyddau a'i hysgwyd nes iddi golli ei gwynt a thewi.)*

MANAWYDAN: Ble mae'r heddgeidwad, y plismon?

CIGFA: Yn y 'Steddfod, wrth gwrs.

MANAWYDAN: Rhaid iddo fo ddŵad yma ar unwaith. Yr ydw i wedi torri ffenestr Tŷ'r Heddlu a gwneud batri a difrod ar eiddo ei Fawrhydi. Mi arhosa' i yma iddo fo fy restio i a'm rhoi yn y ddalfa tros nos.

CIGFA: Wnei di ddim o'r fath beth. 'Dydy o ddim wedi restio neb yn ei fywyd a chaiff o ddim dechrau heddiw. Fe wnâi ddrwg i'w galon o. Mae ganddo frest gwan. Helpu fy nhad fel groser yn y siop yr oedd o ac mi gafodd silicosis, medd y doctor, oddi wrth y llwch yn y sachau blawd. Fi ddaru bwyso arno fo i fynd yn blismon er mwyn iddo fo gael digon o gerdded hamddenol yn yr awyr agored a bywyd tawel, a chei dithau ddim dŵad yma i styrbio a rhoi gwaith a thrwbl—

MANAWYDAN: O'r gorau, mae gen' i hawl i ddyfod ac aros yn y stesion amdano fo.

CIGFA: Yr ydw i'n wraig respectabl, a chaiff trempyn meddw, simsan ar ei draed, ddim troedio dros garreg fy nrws i a'r gŵr oddi cartref.

MANAWYDAN: Rhaid iti ufuddhau i'r gyfraith, wraig.

CIGFA: Paid â siarad dwli. Gwraig i blismon ydw i. Y gyfraith sy'n ufuddhau yma.

MANAWYDAN: Mae gennyt ti gell i droseddwyr afreolus yng nghefn y tŷ. Mi arhosa' i yno reit ddistaw am y noson.

CIGFA: Wnei di mo hynny 'chwaith. Fu 'run troseddwr afreolus ar gyfyl yr ardal yma er pan fu'r gŵr yn blismon ac y mae'r gell yn burion handi fel cwt glo. Os dy fwriad di wrth daflu dy botel gwrw i'm parlwr gorau i oedd cael gwely rhad am noson, fe gei di hel dy garcas a ffwrdd â thi'r funud yma. 'Does gen' i ddim amser i dindroi gyda thi fel llwdn bendro yn y fan yma. Mae 'nhad ac aelodau'r Orsedd yn dŵad yn ôl ata' i i de, mae gen' i grempog yn barod yn y badell a bara brith yn crasu, mae gen' i gân y cadeirio i'w chanu, mae gen' i'r babi yn aros ei bryd, mae gen' i—

(*Syrth* MANAWYDAN *mewn llewyg i'r llawr wrth ei thraed hi.*)

—Yn enw'r argian fawr, beth nesaf yn y byd? Mae'r dyn wedi cael gwasgfa, wedi ffeintio. Gymdogion, gymdogion, rhowch help llaw. Beth wna' i 'rŵan a minnau i ganu cân y cadeirio mewn dim o amser. Gwenno, Gwenno, tyrd â dŵr oer imi. Beth sydd ar y corpws truan, rhaid ei fod o'n llwgu o eisiau bwyd a'm clywed innau'n sôn am y crempog a'r bara brith fu'r gwelltyn ola' . . . Gwenno, tyrd â'r ddysgl pwdin reis oedd ar ôl o ginio, mae'i grwb[32] o'n feddal a llac fel olwyn sbâr ar hen Ffordyn. Chafodd o ddim yn ei grombil ers oriau . . .

(Daw merch a'r pwdin iddi. Dadebra MANAWYDAN. *Dyd hi ei ben ar ei glin a rhoi llwyeidiau o'r pwdin reis yn ei enau.)*

Dyna fo, 'machgen gwyn i, 'rwyt ti'n cymryd dy stwnsh[33] fel oen llywaeth. Clywed am y crempog yna fu dy gwymp di, thybiais i ddim dy fod ti ar dy gythlwng neu ddwrdiwn i ddim cymaint arnat ti. Gefaist ti ddigon? Do? Aros di'n llonydd eiliad ac mi reda' i nôl asafoetida iti.[34]

(Exit; a chyfyd MANAWYDAN *ar ei eistedd.)*

MANAWYDAN: Ydy'r llifeiriant lleferydd Niagara 'na wedi mynd? *(Yn codi ar ei draed)* Rhaid imi ei gloywi hi cyn iddi ddŵad yn ôl neu mi gaf wasgfa arall. Dywed wrthi y gwela' i hi yn yr eisteddfod. Os na ddaw'r plismon at y troseddwr rhaid i'r troseddwr fynd am y plismon . . .

(Daw CIGFA'*n ôl a'i weld yn diflannu a chyfyd ei dwy law uwch ei phen o syndod. Y mae'r llen yn disgyn.)*

YR AIL ACT

(Tywyller y theatr.
Mae'r llwyfan yn barod ar gyfer seremoni cadeirio'r bardd; y gadair yn ei lle. Ar yr ochr dde y mae peiriant darlledu a microffôn; microffôn arall yn hongian uwchben blaen canol y llwyfan. Cyn codi'r llen y mae gramoffôn yn canu record o fiwsig. Clywir llais yn darlledu.

'Record o—gan Daniel Jones[35] oedd y darn a glywsoch yn awr. Yr amser yn awr yw hanner awr wedi dau, ac fe awn â chwi ar unwaith i Lofft y Coryn i glywed seremoni'r cadeirio yn Eisteddfod Bodran.'

Goleuir y theatr yn awr.
Y mae PRYDERI HUWS, *y plismon, yn sefyll wrth ymyl drws cefn y Theatr. Y mae* HEILYN AP GWYN *ar y llwyfan wrth y peiriant darlledu. Clywir llais y darlledydd yn parhau:*

'Dyma Radio Cymru a dyma raglen Gwynedd. Eisteddfod Bodran. A dyma Heilyn ap Gwyn, clerc Ynadon Bodran, i'w chyflwyno.'

Cyfyd y llen:)

HEILYN *(wrth ei beiriant):* Wel ie, dyma fi a dyma'r 'steddfod.

(Cyfyd a moesymgrymu i'r gynulleidfa.)

Bnawn da i chi, gyfeillion. A gaf i ofyn i chi i gyd, er mwyn enw da'r hen ardal yma, fy helpu i orau gellwch chi. Hynny yw, porthi'r gwasanaeth. Digon o gymeradwyaeth. Cofiwch, nid edrych a gwrando ydy'ch rhan chi'n unig. Yr ydych chi'n bersonau yn y ddrama eich hunain 'rŵan, ac y mae miloedd drwy Gymru gyfan a Phatagonia yn gwrando arnoch chi. Mae'n gyfrifoldeb arswydus, cofiwch.

(Dychwel at ei ficroffôn.)

Wel ie, dyma ni . . . Mae 'Steddfod Bodran eleni yn ddeg a phedwar ugain oed. Fe'i sefydlwyd hi gan y bardd Talhaiarn yn y flwyddyn mil wyth gant chwe deg. Felly mae'r cyfarfod y pnawn yma'n garreg filltir bwysig yn ein hanes ni . . . Wel, y mae hi'n brynhawn hyfryd, yr haul yn disgleirio a'r twrci'n canu, a dacw Mr

Pryderi Huws, ein parchus heddgeidwad ni, wrth y drws i gadw'r ieir allan nes i'r Orsedd gyrraedd . . . Bydd y Penceirddiaid, aelodau'r Orsedd, yn dyfod i mewn drwy'r drws acw toc, a Chrïwr Llofft y Coryn a'i gloch yn eu harwain i'r llwyfan yma. Mi ddylwn ddweud wrthych chi fod cloch Gorsedd Bodran yn destun llawer o hen chwedlau. Mae rhai'n dweud mai Iolo Morganwg a'i cafodd hi gan y derwyddon, a'i rhoi hi'n anrheg briodas i Dwm o'r Nant yn Llanfair Talhaiarn.[36] Mae eraill yn dweud mai Ieuan Brydydd Hir a'i cafodd hi o ogof y brenin Arthur, lle yr oedd hi gyda choron Arthur yn aros y dydd i'r brenin a'i farchogion ddeffro; yno y maen nhw'n cysgu nes clywed y gloch yn canu, a dyna pam y gelwir hi yr hen Grown . . .

(Clywir y gloch tu allan i'r drws pellaf.)

Dyna hi o'r diwedd. Diolch fyth, yr oeddwn i'n dechrau chwysu'n ffyrnig . . .

(Mae'r Orsedd yn dyfod i mewn.)

Dyma'r hybarch Grïwr yn arwain yn ei wisg swyddogol a'i het dair-onglog. Nesaf ato fo mae'n cantores enwog ni, Llinos Llofft y Coryn, y mae hi'n ferch i'r Arch-Bencerdd hefyd. A dyma Brifathro ysgol Bodran yn cario cleddyf yr Orsedd. Yn awr mi welaf yr Arch-Bencerdd ei hunan, un o golofnau diwylliant a busnes a chyfraith yn y rhan hon o Gymru. Yn olaf dacw'r beirniad llenyddol mawr sy'n 'sgrifennu bob mis i'r *Lleuad*, y Canon Orgraff Argraff; nid rhaid imi ddweud rhagor, y mae ei enw'n hysbys ar ddau gyfandir . . . Maen nhw'n dyfod tua'r llwyfan a'r gloch yn arwain . . . Dyma nhw'n gyflawn ar y llwyfan . . . Ac fe glywch y gynulleidfa yn eu croesawu â brwdfrydedd llosgol, gwefreiddiol . . .

(Amneidia HEILYN *yn ffrantig ar y gynulleidfa a'r Orsedd i guro dwylo a gweiddi. Y mae'r gorseddogion yn casglu o gwmpas y microffôn i helpu'r sŵn. Yna rhed* HEILYN *atynt)*:

'Rŵan, cofiwch. Dyma'r microffôn. Llath oddi wrtho i siarad. A 'does neb i fod yn rhy hir. Hanner awr yw amser y darllediad. Beirniadaeth fer, cofiwch, Ficar. Hanner gair i ddoeth.

(Rhed yn ôl at ei beiriant.)

Mae popeth yn barod. Gorsedd Bodran, seremoni cadeirio'r bardd. A dyma'r Arch-Bencerdd i agor.

ARCH-BENCERDD *(tôn blaenor yn cyhoeddi)*:
>Yn wyneb haul a llygad goleuni,
>Yng nghlust y microffôn eleni,
>Yn ddeg a phedwar ugain oed
>Fu Gorsedd erioed mor redi,
>Nid oes amser i ymdroi,
>Rhaid bwrw drwyddi fel y boi,
>Mae'r byd yn gwrando,
>Bydd y radio yn ei amdo
>Os na wnawn ni glandro—yn glou.
>Ni thâl inni loetran.
>Rhaid cadeirio bardd Bodran,
>Mae'r beirniad yn irad i'w herian:
>A fedr y beirdd sbelian?
>Cewch glywed ein caplan
>Yn cablu eu parablu a'u preblian.
>'Rŵan, orgraffus feirniad,
>Addurn Bodran a'r Lleuad,
>Heb ddim cabarlatsio
>Na manglio na sgrasio,[37]
>Oes bardd i'w gadeirio—ar drawiad?

FICER:
>Arch-bencerdd, gyda'ch cennad,
>Mae'ch holiad chi'n anfad,
>Nid ar drawiad na chwinciad y cewch incwest.
>>Mae llên yn hamddenol,—
>>Un *n*,—heb ddim ffrwcs *at all*,
>Rhaid ymorol yn raddol am bryddest.
>>Rhaid deall, wrandawyr
>>O neuadd neu awyr,
>>O newydd pam na ŵyr
>>Y beirdd ganu fel y gog:
>>Heb orgraff a chystrawen
>>Be' da yw bod awen,
>>A'i phawen aflawen flewog?
>Rhaid dechrau felly gyda'r A-B-C,
>Heb honno byddai'r gynghanedd heb glec,
>A heb gynghanedd mae'n amlwg fod
>>Cerdd dafod yn *wreck* . . .
>Dywedwn air am y llythyren A—

HEILYN *(yn dyfod ato)*:
    Mr Beirniad, mae hi'n mynd yn hwyr a'r gwrandawyr yn disgwyl am seremoni'r cadeirio. Dowch at enw'r bardd buddugol, os gwelwch chi'n dda.

    (Dychwel i'w le.)

FICER: Mae rhin, mi dd'wedais, i'r llythyren A;
Gall fod yn rhan o air, y llafariad A,
Gall fod ei hun yn Air: mae pum gair A,—
A ac A ac A ac Â ac Â;
Gan hynny mae pum ffordd i sbelio A,
Mae hynny'n beth i synnu Bardd yr 'A'.

CIGFA: *(yn canu o D_1 i Soh)*:
    A - A - A - A - A.

YR ATHRO A'R ARCH-BENCERDD *(yn canu o Soh i D_1)*:
    A - ha - ha -ha.

CRÏWR *(gan ganu ei gloch)*:
    Coi mi deri,
    Cil mi deri—

HEILYN *(gan redeg atynt)*:
    Foneddigion, foneddigion, mae'r byd yn gwrando, o Batagonia i Lansannan, heblaw'r gynulleidfa yma. Mae hyn yn fwy tebyg i dŷ tafarn nag i lwyfan 'steddfod.

    (Dychwel i'w beiriant.)

CRÏWR: Be' oedd o'n ei breblian?

CIGFA *(yn ei glust yn uchel)*:
    Dweud fod Gorsedd Bodran yn debyg i dŷ tafarn.

CRÏWR: Wel, dyna draddodiad Talhaiarn.

ARCH-BENCERDD:
    Trefn! Trefn!

ATHRO: Blaen a chefn,
    Trefn!

    (Cân y CRÏWR ei gloch yn swyddogol iawn.)

ARCH-BENCERDD:
    Fe welwch, lenor pybyr,
    Fod y radio fel awrwydyr:

Oes gobaith am gael clywed reit ffest
Pwy orau o'r pryddestwyr?

FICER: Oes gobaith? A'r hen gono,
Y salimandar[38] radio
Yma'n sbagmagio f'araith i,
Y stowci stinci â'i strancio!...[39]

Dychwelwn at ein beirniadu:
Budreddi ar fydryddu
Yw bod beirdd heb ddysgu'n dda
Sbelio'r pum A heb gymysgu.

Y mae dwy A'n dwyn acen grom,
A thair A'n llom o'r moela',
Mae'r acen grom fel ymbarél—

(Daw HEILYN *eto o'i le i siarad.)*

Wel, mae'r celffyn 'ma eto'n cymowta!

HEILYN: Mr Arch-Bencerdd, rhaid imi'ch rhybuddio chwi fod hanner eich amser chi ar ben, ac os dymunwch chwi gael darlledu seremoni cadeirio Eisteddfod Bodran, rhaid i chi gyhoeddi enw'r bardd buddugol rhag blaen. Os na, mi fydda' i'n trosglwyddo'r darlledu i'r stwdio.

ARCH-BENCERDD *(yn annifyr)*:
Ie, wel, ie, dyna fo, hen dro,
Mae'r radio braidd yn broblem i athrylith.

ATHRO: Mae gen' i gynnig, Arch-Bencerdd, wyt ti'n gweld,
A ddaw â ni'n ddel dros y tryblith.

ARCH-BENCERDD:
Cynnig? Dyna fo. Oes rhywun yn eilio?

CIGFA: Byddai'n dda, Tada, i ni ei glywed o gynta'.

ARCH-BENCERDD:
O'r gorau, ynta', yn fyr ac yn gwta.

ATHRO: Dowch â'r bardd i'r llwyfan
Yn ôl defod Bodran
A'i ddodi heb ddwdlian
Yn ei gadair yn gaeth:
Ac wedyn, er mwyn iddo wybod ei faint,
Rhoi iddo'r fraint o wrando'r feirniadaeth.

ARCH-BENCERDD:
> Rhagorol!

CIGFA: Wel, symol!

FICER: Lol botes!

CRÏWR: Be' sy?

CIGFA *(yn gweiddi yn ei glust)*:
> Rhoi'r cadeirio o flaen y beirniadu.

ARCH-BENCERDD: Rhagorol, rhagorol,
> Fe'i pasiwyd yn unfrydol . . .

(Cymer gam tua'r microffôn. Cân y CRÏWR *ei gloch.)*

> Yn ôl arfer ein gorsedd
> Cadwed pawb ar ei eistedd,
> A safed y bardd ar ei draed . . .

(Egwyl o betrusder.)

PRYDERI *(o'r cefn)*: Chawsom ni mo'r ffug-enw;
> Os na chawn ni hwnnw
> Bydd y beirdd fel trŵp ar eu traed.

ARCH-BENCERDD: Wrth gwrs, y ffug-enw!
> Ble gynllwyn mae hwnnw?
> Mr Athro, chi yw'r 'sgrifennydd!
> Fe ddylai fod rhybudd
> Wedi'i anfon i'r prydydd—
> Be' andros sydd ar y cofrestrydd?

ATHRO: Wel, wrth gwrs, y beirniad,
> Fo piau'r dyfarniad;
> Rhowch wybod, da lenor a chaplan,
> I bwy rhoed anrhydedd
> Ac wrsib ein gorsedd,
> A pha gân, a ffug-enw bardd Bodran?

FICAR *(wedi pwdu)*: Fydd dim cadeirio
> 'Does neb yn deilwng.

ARCH-BENCERDD: Fydd dim cadeirio!

ATHRO: 'Does neb yn deilwng!

CRÏWR: Be' maen nhw'n ddeud, bawb ar sbonc?

CIGFA *(yn ei glust)*: Fydd dim cadeirio!

CRÏWR: 'Does neb yn deilwng?
Wel, dyna beth ydy wy clonc!

HEILYN *(Yn awdurdodol)*:
Foneddigion, yn enw'r radio, mae'n rhaid cadeirio.

ARCH-BENCERDD *(wedi gwylltio)*:
Dos di'n ôl i'th gwtsh!
Tydi â'th hen botsh
Sy wedi rhoi cwrbitsh i'r busnes!

(Cilia HEILYN mewn braw.)

ATHRO: Ond rhaid cael cadeirio!
Heb hynny, dyffeia' i o,
Pwy fyth fydda'n boddran am bryddest?

ARCH-BENCERDD: Codi arian am weld cadeirio,
A ffromi, a siomi'r sho!

HEILYN *(eto'n codi)*: Nid y gerdd sy'n bwysig, ŵr,
Ond awydd y gwrandawr!

ATHRO: Ba waeth sut bryddest y bo?
Sblash yr orsedd sy i blesio,

CRÏWR: Cadair wag! Nage, nage!
Gormod dyrnod, onid e?

FICER: Fe ofyn'soch i mi feirniadu.
Minnau, er mwyn dyrchafu
Safon Eisteddfod Bodran,
Cytunais, heb aur nac arian,
A pharatoi llith ysgolhaig
Ar holl egwyddor y Gymraeg.
Ni fynnech wrando fy meirniadaeth.
Purion. Atebaf: nid barddoniaeth
Yw mwrdro orgraff, anghofio acen
Fel pobreg flêr yn llosgi cacen;
Na, nid oes yma un pryddestwr
Sy'n sbelio'r Gymraeg fel dirwestwr.

CIGFA *(yn penlinio gerbron y FICER)*:
Cymerwch biti, Mistar Ficar,
Ar fardd sy'n sbelio yn ei licar.

ATHRO *(yntau'n penlinio)*:
          Mae gen' i bennill i'r bardd fydd yn ennill,
          Fe gymerodd bythefnos o weithio bob cefn-nos
          I holl rieni'r plant fu'n ei sgwennu.

ARCH-BENCERDD *(gan benlinio)*:
          Er mwyn ein masnach ymwelwyr a'n trad
          Rhowch inni fardd yn hysbyseb rad.

CRÏWR *(gan benlinio)*:
          Er mwyn cân olaf yr hen Grown
          Rhowch fardd yn y gadair i'w grio'n iawn.

HEILYN *(yntau'n penlinio)*:
          I achub y radio rhag mynd yn draed moch
          Cadeiriwch rywbeth, dim ots pa mor goch.

FICER *(yn betrus)*: Aberthu cydwybod?

ATHRO: Er mwyn eisteddfod!

FICER: Cadeirio halogrwydd?

ARCH-BENCERDD: Ond ennill poblogrwydd.

FICER: Gostwng safonau?

CIGFA: Codi calonnau!

FICER *(yn mynd drwy'r pryddestau a thaflu'r naill ar ôl y llall i'r llawr)*:
          Un *n* . . . dwy *r* . . . *ff* yn lle *phi* . . .
          A heb acen . . . *u* yn lle *i* . . .

CIGFA *(dwylo'n ymbilio)*:
          Trugaredd, trueni!

HEILYN *(dwylo'n ymbilio)*:
          Er mwyn y rhaglenni.

ATHRO *(dwylo'n ymbilio)*:
          Mae'r pennill gen' i

ARCH-BENCERDD *(dwylo'n ymbilio)*:
          Rhaid i sbeliwr gael ei eni.

CRÏWR *(dwylo'n ymbilio)*:
          Coi mi deri, coi mi!

FICER: Wel, dyma un, P - i, S - i,
          Ac acen grom ar y ddwy i;
          Mae hwn yn frawd i Pho-Tshw-i;[40]

Bu adeg mai Groeg
Oedd y ffug-enwau coeg,
Ond 'rŵan y ffasiwn yw troi'n *Chinee*.
Mae Cymraeg y *Chinee*
Yn bysl i mi,
Ond dyna fo, dario, cadeiriwch Pi - Si.

(Naid y Gorseddogion ar eu traed a dawnsio ynghyd.)

YR ORSEDD *(yn canu)*:
Cadeiriwn Pi - Si
A'i bryddest *Chinee*!

(Mae'r ORSEDD *yn ymdrefnu i'r seremoni a'r cleddyf yn codi a'r* ARCH-BENCERDD *ar y blaen a dychwel* HEILYN *at ei ficroffôn)*

HEILYN *(yn darlledu)*:
Cawsoch glywed un o'r beirniadaethau mwyaf dramatig yn holl hanes Eisteddfod Bodran. Yn awr, mae'r beirniad, yr ysgolhaig enwog, wedi ymostwng yn raslon i hawliau democratiaeth yr Eisteddfod Gymreig. Bydd yr Arch-Bencerdd mewn munud yn galw ar y bardd anhysbys, a'r ffug-enw *Chinee*, i'w amlygu ei hun. Mae'n nodweddiadol o'r diwylliant gwerinol Cymreig fod eisteddfod wledig yn darganfod bardd sy'n astudio llenyddiaeth China. Yn awr, yr Arch-Bencerdd.

ARCH-BENCERDD:
P -i, S - i,
Dyna ffug-enw'r cadeirfardd o fri;
Yn awr 'rwy'n ymbil
Am i bawb fod mor sifil
A cwato tra safo Pi - Si . . .
Pi - Si! Pi - Si! . . .

(Y mae'r plismon PRYDERI HUWS *yn symud ychydig ymlaen gan edrych o'i gwmpas.)*

ARCH-BENCERDD: Mae'r heddgeidwad pwyllog
Fel swyddog gorseddog
Yn selu reit selog fod pawb yn ei sedd.
Purion, Pryderi,
Ond i be' wnei di boeni,
Mae pawb yma'n lysti'n dal i eistedd . . .
'Rwy'n erfyn, 'rwy'n eiriol,

YR AIL ACT

                 Ydy Pi-Si'n bresennol?
                 Os ydyw, safed reit sydyn . . .

(Y mae PRYDERI HUWS yn pesychu'n bwysig.)

                 Ydy'r bardd yn rhy swil
                 I sefyll yn sifil?

PRYDERI: Mae o'n gweitiad heb s'mudiad ers meityn.

CIGFA: Pryderi! Nid ti?

ARCH-BENCERDD: Ai ti yw Pi-Si?

PRYDERI: P.C. *fifty three*. Nid *Chinee*.

CIGFA: Tada, meddylia!

(Dawnsia gyda'r ARCH-BENCERDD.)

ATHRO *(wrth y FICER)*:
                 Plismon y pentra!

(Dawnsiant hwythau a'r CRÏWR yn canu'r gloch.)

ARCH-BENCERDD: Fe awn ymlaen â'r ddefod.
                    Yn enw ein gorsedd hynod:
                    Gantores Bodran, dos reit sionc
                    I hebrwng heb ronc[41] dy briod.

(Y mae'n hi'n mynd i nôl PRYDERI ac yn cymryd ei fraich a'i ddwyn i'r llwyfan.)

CIGFA: Wel, Pryderi, be dd'weda' i?
                 Pam na roist ti wybod imi?
                 Chlywais i dim gair am gerdd y gadair,
                 A welais i monot yn sgwennu 'rioed nôt,
                 A minnau'n llenwi yr holl ffurflenni
                 I'r prif gwnstabl am nad oeddit ti'n abl,
                 A thithau'n nogio ac yn cogio
                 Cenfigennu am na fedrit sgwennu,
                 A minnau'n bustachu efo'r holl waith tŷ
                 A phob siort o bolîs report
                 Heb sôn am y babi a'r gath a'r ci
                 A phalu'r ardd! A thithau'n fardd
                 Yn ei heglu hi ar dy rownd mor ffri
                 Yn slei anonest yn gwneud dy bryddest
                 A studio'n stumddrwg[42] i gadw o'm golwg

                    Heb na siw na miw o sibrwd i'm clyw
                    Ond 'sgwennu dan lechian yn llety'r falwan
                    Er mwyn iti lempian cadair Bodran
                    A synnu dy wraig dy fod ti'n 'sgolhaig
                    A'u cael hwy i'm perswadio i ganu i'r cadeirio,
                    Y codlwr gen' ti,—dyma fo Pi-Si!

                    (Gan ei gyflwyno i'r ARCH-BENCERDD.)

HEILYN *(yn darlledu)*:
                    Y mae Llinos Llofft y Coryn yn awr yn cyflwyno bardd y gadair i aelodau'r Orsedd. Ei thad hi yw'r Arch-Bencerdd a'i gŵr hi yw'r bardd buddugol, a hi ei hunan sydd i ganu cân y cadeirio. Mae seremoni'r cadeirio ar ddechrau 'rŵan. Dacw'r bardd yn sefyll o flaen y gadair, dacw'r cleddyf yn y wain a dyma'r Crïwr yn canu'r gloch i gyhoeddi'r seremoni.

                    (Y CRÏWR yn canu'r gloch ac yn ysgwyd llaw'r cwnstabl. Y mae MANAWYDAN hefyd wedi dyfod drwy'r drws cefn a sefyll yno.)

CRÏWR: Coi mi deri,
                    Cadair Pryderi, Pi-Si.

ARCH-BENCERDD: Yn wyneb haul a llygad goleuni
                    Fe roir yng nghadair Bodran 'leni
                    Pryderi Huws, heddgeidwad, bardd
                    Sy'n harddu'n seremoni.

HEILYN *(gan godi i gyfarch y gynulleidfa)*:
                    Un gair wrthych chwi yn y neuadd. Cofiwch weiddi 'heddwch' gydag argyhoeddiad mawr er mwyn gwrandawyr radio. Ymlaen!

ARCH-BENCERDD: Llais uwch adlais:
                    A oes heddwch?

PAWB: Heddwch!

                    (Y mae MANAWYDAN yn rhuthro ymlaen at ymyl y llwyfan.)

MANAWYDAN: Heddwch, nag oes! Ddim yn eich einioes!
                    Mae heddwch yn yfflon, yn racs gyrbibion,
                    A ffenestr tŷ'r plismon yn llanastr ar y lôn.

YR AIL ACT

'Rydw i wedi torri'r heddwch, gwneud batri
Ar swyddfa'r heddlu a rhoi 'sterics i'r babi,
A dyma fi'n gorfod dyfod yma i'r 'steddfod,
Yn gorfod chwilio am rywun i'm restio.
Dowch 'rŵan, Pi Si, i'm restio i,—
At eich gwaith, fel swyddog y gyfraith.

HEILYN *(yn rhuthro allan)*:

Chi'r stiwardiaid wrth y drws! Dowch ar unwaith i daflu'r meddwyn yma allan! Mae'n rhaid cael y cadeirio ar yr awyr heb golli munud 'chwaneg. Dowch ar unwaith! Allan ag o!

MANAWYDAN: Bydd y prif gwnstabl gerbron tân glo
Wedi cael cyntun ar ôl cinio,
    A gwydraid o bort yn bert gerbron,
Yn gwrando'n rhadlon ar y radio.
Sut hwyl fydd arno fo, os gwn i,
Ac yntau'n clywed *P.C. Fifty-three*—

PRYDERI: Ie, 'tawn i'n marw, byddai'r *chief* fel tarw!

MANAWYDAN: Fe gaut dy facstandio'n[43] drist arw.

HEILYN: Mae'n hamser ni bron ar ben a mae'r clechor brwnt yma'n feddw gaib yn difetha'r darlledu. Allan ag o, stiwardiaid:

MANAWYDAN: Fy nhaflu i allan, ai e?
Mae teleffôn ganllath i'r dde;
    Os ceisiwch chi fy niosg
    Mi a' i'n syth i'r ciosg
A chael gair efo'r prif gwnstabl yn y dre'.

HEILYN *(yn mynd ato a chymryd arian o'i boced)*:

Edrych yma, 'ngwas i, mae Tafarn y Gath i lawr ar y lôn bost. Dyma iti bum swllt i brynu cwrw. Dos 'rŵan reit handi.

MANAWYDAN *(yn mynd yn sydyn at y microffôn)*:

Cyhoeddaf i'r byd cyfan
Anghlod Eisteddfod Bodran:
    Coron am dorri cyfraith,
    Cadair i blismon diffaith.
Mi fûm gynt yng Nghaer Se ac Ase,
Yn Sach, yn Salach, yn Lotor, yn Ffotor,

Mi fûm yn yr India Fawr a'r India Fechan,
Mi fûm yn Ewrop a'r Affrig ac ynysoedd Corsica,
Mi fûm yn y Gyngres Geltaidd a'r Grand National,
Ni welais i o'r blaen roi coron i droseddwr
Na rhoi cadair i blismon yn ei oriau gwaith,
    Anghlod Eisteddfod Bodran.[44]

(Y mae HEILYN *wedi syrthio i'r llawr mewn panig.)*

AELODAU'R ORSEDD *(oddieithr y* FICER*)*:
Stopiwch o! Stopiwch o! I ffwrdd â'r radio!

(Cân y CRÏWR *ei gloch.)*

(Cyfyd HEILYN *a rhedeg at ei ficroffôn. Dyry* MANAWYDAN *ef iddo'n dawel.)*

HEILYN *(a'i wynt yn ei ddwrn)*:
Rhaid imi ymddiheuro i'r gwrandawyr. Trwy ddamwain dechnegol fe gollwyd y cadeirio, a daeth darn o rihersal drama yn anffodus drwy'r awyr. Fe gewch record gramoffôn yn awr, a dyma Heilyn ap Gwyn yn eich trosglwyddo chi'n ôl i'r stiwdio . . . Oho! Oh, oh, oho!

(Y mae HEILYN *yn swp diymadferth. Cymer* MANAWYDAN *ei hances i sychu ei wyneb.)*

FICER:
Wel, dyna stop ar y radio, 'tai waeth!
Fe rwystrodd i mi orffen fy meirniadaeth.
A phwy ydy'r llanc yma sy'n hawlio'i restio?
Ai bardd wedi'i fecsio gan f'araith?

ATHRO:
Mi gwelais o gynna'. Mae'n wallgo' ei wala,
Wedi dianc o'r seilam heb ei ddala;
Bywydeg, wyt ti'n gweld? A mynd i'r ysgolion
I werthu llygod i athrawon.

FICER:
Peth go od ydy gwerthu llygod.
Welais i 'rioed mono, imi wybod,
'Does neb o'm plwyfolion i'n gwisgo barf;
Mae o'n debyg i fardd ga'dd ei wrthod.

ARCH-BENCERDD:
Edrych fel bardd! Dyna ei dric o,
Ditectydd sy'n teithio incognito
I ddala siopwyr bach y wlad
A'u dychryn o'u trad drwy ysbïo.

PRYDERI:	Ditectydd! A ffrind i'r prif gwnstabl? Dowch imi fynd adre', ga' i?
CIGFA (*gan gymryd ei fraich*):	
	'Dydy o'n ddim mwy o dditectydd na'r dyn yn y lleuad.
FICER:	Ergyd bersonol. Fi sy'n golygu'r *Lleuad*.
CIGFA:	'Dydy o'n ddim ond hogyn yn llwgu'n glem A heb ganddo glem ar ei ddillad. Fe yfodd ddiferyn gormod o gwrw A'i fol o'n wag, a dyma fo'n bwrw'r Botel drwy'r ffenest' heb wneud fawr o ddrwg Ac mi ffeintiodd rhag fy ngwg i a'm twrw.
FICER (*wrth* FANAWYDAN *sy'n awr yn rhydd*):	
	Os oes gennych chwi brotest yn erbyn y bryddest A bwrw fod y sbelio yn haeddu ei restio—
MANAWYDAN:	'Rydw i'n sefyll dros drefn a chyfraith Ac yn hawlio fy restio ar unwaith.
PRYDERI:	Dyna fo'n siŵr! Scotland Yard ar ben Bodran. Waeth imi gyffesu 'rŵan Y gwir, yr holl wir, a'r gwir cyfan.

(*Y mae'r* ARCH-BENCERDD *yn gafael yn ei fraich hefyd.*)

ARCH-BENCERDD:	Be wyt ti'n ffwndro Fel dafad dan bendro? Efô sydd i'w restio, nid tydi.
PRYDERI:	Restio ditectydd!
ATHRO:	Rhyw druan fywydegydd Wedi colli'i ymennydd ac yn monni!
CIGFA:	Rhaid rhoi pen ar hyn myn y coblyn!

(*Gan groesi at* MANAWYDAN.)

'Rŵan, y codlwr holics a'th farf a'th ffrolics,
Dywed i mi be' 'dy'r chwarae sy gen' ti?
'Rwyt ti'n sbwylio'r 'steddfod â'th sbeit a'th reiot,
Yn ymhyrddio i wahardd cadeirio'r bardd,
Yn ei rempio ar y radio a'i slandro a'i sgrasio,
Yn drysu'r darlledu, gyrru'r orsedd i grynu,
Yn plagio'r plismon â'th druth am deleffôn
Gan gogio bod yn abl i gownslo'r prif gwnstabl,

Yn ffustio ffenestri a lluchio llestri,
Yn syrthio'n swpyn ac ysu reis pwdin,
A chwedyn yn dianc i'r 'steddfod i wneud stranc,
— Ar boen dy fywyd pam wyt ti'n 'myrryd,
Be' 'dy'r gêm, be' 'dy'r gêm, be' 'dy'r gêm?

MANAWYDAN: Gan bwyll, Niagara, neu mi syrthia' i ail wasgfa—

CIGFA: A hynny fyddai ora' a dydd da ar dy ôl!
Ai pry' sy'n dy ben di, ai cythraul sy gen' ti,
Y penci penberwi penffôl?

MANAWYDAN: Gan bwyll, Niagara,—

CIGFA: F'enw i yw Cigfa.

MANAWYDAN: Cigfa! Bu Rhiannon yn sôn am Gigfa!

CIGFA: A phwy yw Rhiannon ryfedd ei sôn?

MANAWYDAN: Rhiannon yw 'ngwraig briod inna'.

CIGFA: Tad annwyl! Wyt tithau'n briod?

MANAWYDAN: Y dawela' erioed, yr ysgafna' i throed,
A llais fel y llaeth neu bêr ddiod.

CIGFA: 'Rwyt ti ar dy fis mêl?

MANAWYDAN: Pwy ddywedodd?

CIGFA: 'Does neb' gân i'w wraig pan fo drosodd.

ATHRO: Mae o ar ei fis mêl!

CRÏWR: Ac am ddianc i'r jêl!

FICER: A'i wep yn ddi-gêl yn ddigalon.

CIGFA: Ble mae hi 'rŵan?

MANAWYDAN: Fe'm gadawodd i.

ARCH-BENCERDD:
'Rargian!
Un ysgafn ei throed yw Rhiannon.[45]

CIGFA: Dy adael di? Pam hynny?

MANAWYDAN: Mae hi wedi mynd i ganu.

CIGFA: Cantreg arall! Rhyw 'steddfod o hyd?

HEILYN *(yn ddirmygus)*:
     'Steddfod y stryd!

MANAWYDAN: 'Nunion felly.

CIGFA: A gafodd hi wobor?

MANAWYDAN: Do, ddwsin.

HEILYN: Cato pawb! A phriodi'r fath ffwlcyn!

ATHRO: Peth anodd yw byw gydag artist o wraig
    Neu ysgolhaig yn y gegin.

CRÏWR: Ond misio mawr, mynd mis mêl!

FICER: Wedi amodi, 'madel!

ARCH-BENCERDD: Synnu, pensyfrdanu dyn!

ATHRO: A'i ado'n wallgo' wedyn!

ARCH BENCERDD: Gweddus i'r Gorsedd ganu galarnad
    I'r ymennydd a gollwyd, marwnad.

(Y mae'r Gorseddogion yn symud yn ddifrifol ac yn ymdrefnu uwchben MANAWYDAN. Canant eu marwnad yn alarus araf.)

ARCH-BENCERDD: Sut dro sâl,
    Mynd, mis mêl!

ATHRO: Mud fel mul
    Er pob apêl!

FICER: Ni ddaw'n ôl!
    Jawl, gwell jêl!

CRÏWR: Joli bid i'r amdo, wêl, wêl.

HEILYN: A gaf i'ch atgoffa fod y gynulleidfa
    Yn aros yn un dyrfa am gadeirio'r bardd?

ARCH-BENCERDD:
    Ond sut mae cadeirio heb heddwch?

PRYDERI: 'Rw' i'n riteirio,
    Rhag bod rhagor o gweirio a gwahardd.

CIGFA *(Gan redeg ato a gafael ynddo)*:
    Riteirio! Na wnei, nes bo'r gadair gen' i,
    Yn union y gadair i ddal padell olchi . . .

                    Fe welwch i gyd fod y llanc yn ddiniwaid
                    Ond ei dop braidd yn doti o golli ei goflaid.
                    Y cwbl sy'n rhaid yw cytuno i'w restio
                    Cyn gynted ag y terfyno'r cadeirio.

PRYDERI: Ond be' wnawn ni wedyn? Bydd rhaid mynd ag e
Ddeuddeng milltir, yr holl ffordd i'r dre',
A mi'n canu tenor—heblaw mod i'n llenor—
A heno'r nos i gôr Abergele.

CIGFA: Mi drefnwn ni hynny'n reit witi.
Byddaf innau yn y côr.

PRYDERI: Sut y medri?
Rhaid i un ohonom warchod, a'r babi yn ei grud.

CIGFA: Caiff ein ffrind dalu'n ddrud ei ddireidi.

(Try hithau at yr Orsedd.)

    Feirddion, ynadon,
    Gwelwch weddw digalon
A blys am i blismon ei roi'n y cyffion ar frys,
    'Nawr rhoddwch air iddo,
    Cyn y deryw'r cadeirio,
Y caiff ef ei restio gan 'rustus.

ATHRO: Trefnu i'w restio yn glo i'r cadeirio!

CRÏWR: 'Run fath â dwyn amdo i briodas!

ARCH-BENCERDD: Mae gorsedd a barn yn un eu carn,
A gorsedd y beirdd yw llys barddas.

FICER: Ie, ustus y beirdd ydy'r beirniad,
A'i swydd yw cosbi cam-lythreniad,
Troseddwyr gramadeg, torwyr heddwch yr iaith,
A phob anghyfraith aceniad.

ATHRO *(wrth GIGFA)*:
Petai *bardd* yn hawlio'i restio
Fel atodiad i'r cadeiro,
Byddai felly'n ôl braint a defod
Gorsedd Bodran a'i heisteddfod.

CIGFA: Rhaid gwybod gan hynny ydy torrwr tŷ'r heddlu
Yn ei wneud yn ôl braint a defod.

HEILYN:	Os dyna gorff y gainc, Wele gadeirydd y fainc, Arch-ynad, Arch-Bencerdd, arch 'steddfod.
ARCH-BENCERDD:	Ŵr barfol, tyrd i'th holi: Heb wad, beth yw d'alwad di?
MANAWYDAN:	Y fwyaf barddonol—
ARCH-BENCERDD:	Dyna ddigon o lol! Dim un gair hy am y farchnad ddu,— Neu dyna ddiwedd ar restio gan yr Orsedd. Ni fedrwn restio tramp na phob math o sgamp, Ond un fedr yn huawdl gael ei restio mewn awdl, Neu 'rwy'n fodlon cysidro mesur Robin Clidro[46] Neu un o fesurau'r interliwdiau. 'Rŵan, felly, 'r aflêr ŵr, beth wyt ti?
MANAWYDAN:	Clerwr.
ARCH-BENCERDD:	Clerwr? Clerwr? Beth yw hyn?
ATHRO:	Gwybedyn, Rhyw robin-y-gyrrwr o ddyn. Mi ddwedais, wyt ti'n cofio, Mai bywydegydd o'i go' Yn gwerthu clêr a llygod I eisteddfodwyr oedd o.
CRÏWR:	Be' dd'wedodd o oedd o?
CIGFA:	Clerwr.
CRÏWR:	Ddywedodd o hynny?
CIGFA:	Do siŵr.
CRÏWR *(gan fynd at* MANAWYDAN *a gafael ynddo)*:	Ai un o'r glêr wyt ti, ddyn glân?
MANAWYDAN:	Oes croeso i'r glêr ar ben Bodran?
CRÏWR:	Nid carchar, ond cada'r sy'n gweddu i'r glêr A chwrw di-chwerw a chwaryddiaeth.
MANAWYDAN:	Gan na chaf i gada'r, mi gyrchaf at garchar, Mae hi'n nosi'n o egar ar garwriaeth.
CRÏWR:	Mae clywed ond yr enw yn codi 'nghalon, Y cwmni difyr, y clerwyr mwynion;

Mi welaf ysbryd 'rhen Dwm o'r Nant
Yn cyniwair drwy Lanfair, dros y bont,
Ar hynt am yr hen gymdeithion.

ATHRO: Mae'n well gen' i feirdd modern trwsiadus,
Athro coleg neu siopwr llewyrchus,
Ficer, wyt ti'n gweld, neu swyddog radio,
Na meddwon fagabondion amharchus.

ARCH-BENCERDD: Ydy pawb yn cytuno fod y clerwr i'w restio
Yn syth 'nôl seremoni'r cadeirio?

FICER: Ai pentyrru anudonedd yw gogoniant gorsedd?
Estyn saig ar saig o sarhad i 'sgolhaig?
Gofynnwyd i mi feirniadu;
Bodlonais innau i hynny;
Nid dim o beth i ŵr o'm bath
Fyrrath â'r cyfryw ddifyrru.
Beth fu, pan godais i siarad?
Rhyw lymbar o labwst didoriad
Yn ffyrnigo o'i nyth fel jac yn y bocs
I ffrwcsio'n racs f'anerchiad.
Cyn dechrau bu raid imi dewi.
Wedyn, i foddio eich gweddi
Ymostwng i gadeirio, er fy ngwaetha'n llwyr,
Blismon na ŵyr sbelio Pi-Si.
Pa daliad am dagu f'araith?
Am y poeri ar fy nysg a'm campwaith?
Addewid fel llw, 'nôl cadeirio'r bardd,
Am wrandawiad hardd i'r feirniadaeth.
'Rŵan mae'r addewid yn ffradach;
Rhaid brysio i restio rhyw glerach;
I blesio rhyw stragal o strelgi blin
Mae'ch Gorsedd chi'n din-ben-strellach.
'Rydw' i'n ymddiswyddo!

ARCH-BENCERDD ac ATHRO:
Brensiach!

PRYDERI: 'Rydw innau'n riteirio!

CIGFA *(Gan afael ynddo'n llym)*:
Yr hen gadach!

MANAWYDAN: Fydd rhywun mor fwyn â rhoi gwybod reit ffest
A gaf innau fy restio bellach?

YR AIL ACT

HEILYN: Mae'r clerwr am ei restio,
Mae'r beirniad am ymddiswyddo,
Mae'r bardd yn 'mofyn riteirio,—
Oes gobaith o gwbl am gadeirio?

ATHRO (*gan fynd i'w boced a chymryd snuff-box a'i agor. Yna wrth y* FICER):
A gymerwch chwi binsiad o snisin?

(*Mae'r* FICER *yn gwneud.*)

(*Wrth y plismon*):
Mae'n resyn heb dipyn o snisin?

(*Mae'r plismon yn cymryd pinsiad.*)

I minnau gael dweud fy mhisin,—
Mae gen' i gynnig, wyt ti'n gweld,
A'n dwg ni'n ddel dros y grisin.

ARCH-BENCERDD:
Cynnig? Dyna fo! Oes rhywun yn eilio?

CIGFA: Byddai'n dda, Tada, ei glywed o gynta'.

ARCH-BENCERDD:
O'r gora' 'ta'n fuan a heb fod yn faith.

ATHRO: Dowch â'r clerwr i'w restio
O flaen y cadeirio
A'i rwymo i wrando'r holl feirniadaeth.

FICER: Rhagorol!

CIGFA: Wel, symol!

HEILYN: Lol botes!

CRÏWR: Be' sydd?

CIGFA (*yn ei glust yn uchel*):
Rhoi'r feirniadaeth i'r clerwr yn gerydd.

HEILYN: Myfi yw clerc y fainc ynadon;
Nid yw gorsedd beirdd yn llys cyfreithlon;
Llys barn yn unig
All rwymo'r cyhuddedig;
Mae cosbi cyn prawf yn anghyfion.

MANAWYDAN: Fi fy hunan sy'n dweud mod i'n euog.

HEILYN: Nid euog ydy hynny, ond cegog.

Ffaith yw euogrwydd i'w phrofi mewn llys barn,
Nid teimlad neu gonsárn yn y stumog.

ATHRO: O'r gorau, ni ellir mo'i restio,
Ond gellir, er hynny, fargeinio:
Ni chaiff ef mo'i restio heb addo ar ei lw
Aros heb dwrw drwy'r cadeirio.

MANAWYDAN: Er i chi dybio nad yw hynny'n hawdd,
Nid anodd mono i mi.[47]

FICER: Nid dyna derfyn ei drwbwl,
Rhaid i minnau gael tâl dau-ddwbwl:
Ni chaiff ef mo'i restio heb wrando'n siŵr,
Heb stŵr, y feirniadaeth yn gwbwl.

MANAWYDAN: Er i chi dybio nad yw hynny'n hawdd,
Nid anodd mono i mi.

PRYDERI: Mae'r corau'n cystadlu heno,
Minnau'n denor a'r wraig yn soprano;
Ni chaiff ef mo'i restio heb iddo'n lân
Gadw'r tŷ a'r tân nes down ato.

MANAWYDAN: Er i chi dybio nad yw hynny'n hawdd,
Nid anodd mono i mi.

CIGFA: Bydd y babi yn y crud yn cysgu;
Gall ddeffro a chrio am ei fagu;
Ni chaiff ef mo'i restio heb addo'n dlws
Roi *orange-Juice* iddo os deffry.

MANAWYDAN: Er i chi dybio nad yw hynny'n hawdd,
Nid anodd mono i mi.

CIGFA: Bydd yn hwyr cyn i'r 'steddfod ddibennu,
Rhoddaf deisen fala'n y popty;
Ni chaiff ef mo'i restio heb ddarpar pryd
O swper reit glyd erbyn hynny.

MANAWYDAN: Er i chi dybio nad yw hynny'n hawdd,
Nid anodd mono i mi.

ARCH-BENCERDD: Dyna fo, mae'r fargen wedi'i tharo,
Awn ymlaen at seremoni'r restio.

HEILYN: Rhaid trefnu, barchus ynadon, ar frys,
I'r llys bore 'fory gael ei wysio.

ARCH-BENCERDD:	Mae'r fainc yn gyfan yma ar y llwyfan,
	Myfi a'r athro a'r caplan,
	Chwi'r clerc dysgedig a Pi-Si grynedig
	A'r cyhuddedig yn yr unfan.
	Dywedwn bore 'fory am ddeg.
FICER:	Mi addewais am ddeg y bora
	Roi bedydd i fabi rhyw sipsiwn hanner pan,
	Baban go wantan, mi wranta.
ARCH-BENCERDD:	Mi gymeraf y gadair am naw;
	Sesiwn, nid 'steddfod, fy naw.
HEILYN:	Os trefna'r plismon i ffonio'r swyddogion,
	Bydd y gweision yn brydlon i'r praw'.
ARCH-BENCERDD:	Dyna fo'n burion. Yn awr, fy mardd-blismon,
	Rhoddaf seremoni'r restio'n dy law.
PRYDERI:	Seremoni? Seremoni?
	Mae hyn cynddrwg â semetri,
	Byddai cadair tynnu dannedd
	Yn llai ei dialedd i mi.

(Daw MANAWYDAN ato a sefyll gydag ef o flaen y gadair. Mae aelodau'r orsedd yn eu trefn y tu ôl iddynt a'r FICER yn dal pryddest Pi-Si yn ei law.)

MANAWYDAN:	Dowch, dowch, Pi-Si! Bydd y cyfan
	Drosodd mewn eiliad 'rŵan
	A'r bardd yn ei gadair yn gadarn ei glod
	A heddwch yn 'steddfod Bodran . . .
	Y peth cyntaf yw agor eich nôt-bwg.
PRYDERI (gan deimlo'i bocedi oll):	
	Nôt-bwg Nôt-bwg! Atolwg!
	Pla ar dy ben di, y bwgan du,
	Mae'r llyfr yn y tŷ, 'nôl pob golwg.

(Cipia MANAWYDAN y bryddest o law'r FICER a'i rhoi i BRYDERI.)

MANAWYDAN:	Mae dail gweigion yng nghefn y bryddest.

(Cymer PRYDERI y llyfr yn amheus ac anfodlon.)

MANAWYDAN:	'Rŵan, pensal.

(Chwilia PRYDERI ei bocedi'n ofer eto.)

PRYDERI: Pensal? Be' gebyst,
'Rwy'n amau dy fod ti'n dditectydd di-drỳst
Yn fy nhripio i â'th restio anonest.

(Dyry'r Athro'r bensil iddo.)

PRYDERI: Wel, diolch. Be' nesa'?

MANAWYDAN: Y manylion,
Yr enw, y trosedd, a'r tystion.

PRYDERI: Pa drosedd?

ATHRO: Y peth cynta', wyt ti'n gweld,
Yw cael *enw'r* gwyddelgi gwirion.

PRYDERI: Siŵr iawn! Beth yw d'enw di, y fflamgi?

MANAWYDAN: A Manawydan O'Leary.

ARCH-BENCERDD: 'Rarswyd!

ATHRO: 'Rargian!

FICER: Cato!

CIGFA: Taid!

HEILYN: 'Does dim rhaid iddo dyngu a rhegi.

PRYDERI: Dy enw, wyt ti'n deall, heb lasenwi.

MANAWYDAN: A Manawydan O'Leary.

CRÏWR: Fel paladr englyn a gair cyrch!
Dyro'r enw yn dy lyfr, Pryderi.

PRYDERI: Un gair ar y tro, yn ara'.

MANAWYDAN: A.

PRYDERI: Y?

MANAWYDAN: Nage, A.

PRYDERI: O.

MANAWYDAN: Aha! ha!

PRYDERI: Y? O! I-a! E?

MANAWYDAN: Nid y ac nid o ac nid ia ond A.

PRYDERI:	Ond â beth?
MANAWYDAN:	Ond â dim. Dim ond A.
PRYDERI:	Paid â chwara' dy dricia' yma, Sbelia dy lemonâd.
MANAWYDAN:	Lemonâd! Ches i 'rioed fath sarhad. Fu dim un O'Leary rhwng Caergybi a Dunleary A faeddodd ei dafod â'r cyfryw ddiod. A Manawydan O'Leary. Ficer, sut mae sbelio A?
FICER:	Mae rhin, mi dd'wedais, i'r llythyren A; Gall fod yn rhan o air, y llafariad A, Gall fod ei hun yn air,—mae pum gair A—

CIGFA *(yn canu)*:
    A - a - a - a - a.

ARCH-BENCERDD a'r ATHRO *(yn canu)*:
    A - ha - ha -ha - ha.

(Y mae HEILYN yn syrthio i 'sterics ac yn sgrechian.)

HEILYN:	A! A! A!

(Syrth ar y llawr mewn llewyg.)

CRÏWR *(gan ganu ei gloch a gwneud dawns fechan)*:
    Coi di deri,
    Cil mi ceri—

ATHRO:	Trefn! Trefn! Trefn!

(Cymer yr ARCH-BENCERDD y llyfr o ddwylo PRYDERI a'i roi i FANAWYDAN.)

ARCH-BENCERDD:
    'Sgrifenna dy enw dy hunan!

(Dychwel i'w le. Y mae MANAWYDAN yn edrych drwy'r llyfr.)

MANAWYDAN:	Ond dyma fy mhryddest fy hunan! Dyma'r bryddest a gollais i! Beth yw hyn? Beth yw hyn, Pi-Si?
PRYDERI:	Y? O! A!

(Syrth yntau mewn llewyg i freichiau CIGFA.*)*

MANAWYDAN *(gan neidio i'r gadair)*:
> Myfi piau cadair Bodran,
> Myfi, O'Leary.

ARCH-BENCERDD *(gan ddadweinio'r cledd)*:
> Gwaedd uwch adwaedd: A oes heddwch?

YR ORSEDD a MANAWYDAN:
> Heddwch!

LLEN

Y DRYDEDD ACT

(Bore trannoeth. Mae'r llwyfan fel y gadawyd hi ar ôl yr eisteddfod ond bod cadeiriau a bwrdd neu ddau wedi eu dwyn yno. Mae Cigfa a Manawydan yn trefnu'r llwyfan i'r llys ac yn 'sgubo'r llawr. Manawydan yn llewys ei grys a ffedog fawr amdano, brws hir ganddo; y mae hithau yn ei ffedog hefyd. Sgwrsiant wrth weithio:—)

MANAWYDAN: Beth am lawr y neuadd? Oes rhaid 'sgubo fan yno?

CIGFA: Tad annwyl, na raid. Fe adawn y lle mewn t'wyllwch heb godi'r llenni rhag i'r ustusiaid weld y crwyn orains a'r papurau toffi a siocled a'r holl lanast'. Pam mae pobl yn cnoi cymaint mewn 'steddfod, dywed?

MANAWYDAN: Er mwyn clywed yn well.

CIGFA: Efo'u clustiau, nid â'u dannedd, y bydd pobl yn clywed.

MANAWYDAN: Nid mewn 'steddfod. Mewn 'steddfod rhaid cnoi cil ar gerdd dant. Dyna'r pam y mae beirniaid cerddorol yn byw ar bepermint . . . Wyddost ti, Cigfa, mae ar yr ardal yma bwys o ddyled i mi. Ddoe y dois i yma, ac eisoes mae bywyd newydd drwy'r lle. 'Roedd Eisteddfod Bodran wedi dirywio i fod yn sefydliad mor ddeddfol â thrip blynyddol y cyfarfod gwnïo. Ond edrychwch ar y cadeirio ddoe, yn ffres fel letys o'r dechrau i'r diwedd. Heddiw dyma ni'n cynnal llys yn y lle am y tro cyntaf ers pum mlynedd. Mae'r ardal yn deffro i fywyd. Dyna ydy athrylith farddonol, wyddost ti, egni creadigol—

CIGFA: Wyt ti'n honni mai egni creadigol ydy lluchio potel gwrw drwy ffenestr?

MANAWYDAN: Wnei di wadu hynny! Fe fyddi di'n gwadu nesaf fod du yn wyn!

CIGFA: 'Dydw i'n gwadu dim byd mor rhesymol â hynny. Nid egni ond colled greadigol sy arnat ti.

MANAWYDAN: Colled arna' i?

CIGFA: Wrth gwrs. Dyna sy'n cyfri' am dy holl gynnwrf.

MANAWYDAN: Niagara!

CIGFA: Cigfa. Neu Mrs Huws. A chadw dy frws ar y llawr. Nid pastwn na photel yw brws.

MANAWYDAN: Cigfa, 'rwyt ti'n siarad fel rhifyn o'r *Efrydiau Athronyddol*.[48] A sut y gall colled fod yn greadigol?

CIGFA: Fe gollaist dy bryddest dair wythnos yn ôl a dyna droi Pryderi yn fardd y gadair. Fe gollaist dy wraig ar dy fis mêl ac fe ganodd Gorsedd Bodran farwnad i'th ymennydd coll. Fe gollaist botel gwrw ddoe a dyma ni'n paratoi cwrt yn y lle yma am y tro cyntaf ers blynyddoedd . . . Beth wyt ti'n ei wneud â'r gadair acw?

MANAWYDAN: Fe wna'r tro'n gampus i gadeirydd y fainc.

CIGFA: Bydd Tada wrth ei fodd, yn cadeirio'r bardd ynddi ddoe ac yn eistedd ei hunan ynddi heddiw. Druan ohono, mae'r siop yn dechrau mynd yn ormod iddo fo. Bydd yn dda iddo gael eistedd yn lle sefyll y bore 'ma. Fuost ti'n helpu mewn siop erioed?

MANAWYDAN: Clerwr ydw i, nid groser.

CIGFA: 'Does dim clerwyr heddiw. Fe ddylet gymryd crefft a rhyw urddas ynddi.[49] Mae eisiau crydd ar yr ardal yma, heblaw prentis i'm tad. 'Rwyt ti'n eitha' handi ar waith llaw. Pam na chymeri di ffarm yn y dyffryn yma i fagu llygod?

MANAWYDAN: Wyt ti'n awyddus i'm cadw i yn y lle?

CIGFA: Fe fydd y babi acw yn gweld dy golli di'n arw . . . *(Dechreua hi ganu wrth drefnu'r cadeiriau)* 'Myfi sydd yn magu'r baban—'

MANAWYDAN: Taw, yr hen hulpan benchwiban!

CIGFA: Be' sydd arnat ti? *(Cân eto)* 'Myfi sydd yn siglo'r crud—'

MANAWYDAN: Os na thewi di mi'th groga' i di wrth ben cadair dy fardd.

CIGFA: Hawyr bach, beth ydy dy stŵr di?

MANAWYDAN: Dyna'r gân olaf a ganodd Rhiannon.

CIGFA: Mrs O'Leary? Fe dd'wedaist mai ar dy fis mêl yr oeddit ti. 'Dydy honna ddim yn gân respectabl i ferch ei chanu ar ei mis mêl.

MANAWYDAN: Diolch i'r drefn, 'dydy Rhiannon ddim yn respectabl.

CIGFA: Pam? Ydy Mrs O'Leary yn gwisgo slacs?

MANAWYDAN: Gwaeth na hynny; mae hi wedi 'mhriodi i.

CIGFA: Bardd, clerwr, rhamantiwr, a phob gair a ddywedi di'n bradychu dy fod wedi bod yn athro ysgol.

MANAWYDAN: Pwy ar groen wyneb y ddaear ddywedodd wrthyt ti?

CIGFA: 'Doedd raid i neb ddweud. Wyt ti'n meddwl y buaswn i'n gadael y tŷ a'r babi yn dy ofal di neithiwr heb imi wybod dy fod di mor respectabl â'r diacon fy nhad? Hogiau o'r dosbarth canol a chanddyn nhw incwm preifat sy'n gwawdio bod yn respectabl ac yn gadael pryddestau mewn tafarnau ac yn canu ar y stryd er mwyn sbri.

MANAWYDAN: Nid er mwyn sbri ond er mwyn pres yr oedd Rhiannon yn canu.

CIGFA: Mrs O'Leary? Felly hi oedd hi, ai e? 'Roedd hi'n hel ceiniogau fel mwyar duon. Oedd ganddi hi leisens i ganu, trwydded?

MANAWYDAN: Mae'n amheus gen' i, Mrs Pi-Si.

CIGFA: 'Does fawr o ddrwg i ddyn ifanc ar ei fis mêl orffen mewn sbri yn y cwrt, ond fyddai gorffen felly ddim mor ddigri' i wraig ifanc. Byddai ei henw hi ym mhob papur newydd drwy Gymru.

MANAWYDAN: 'Rwyt ti'n troi braidd yn fygythiol, Mrs Pi-Si. Beth sydd ar dy feddwl di?

CIGFA: Meddwl y gall y prif gwnstabl ddyfod yma'r bore heddiw.

MANAWYDAN: Ie, mi'th glywais di'n ateb y ffôn ar ôl te ddoe.

CIGFA: Be' glywaist ti?

MANAWYDAN: Dim oll. Yr oedd y babi'n sgrechian fel cym-bàc ar y pryd.[50] Chwerthin a glywais i fwyaf.

CIGFA: 'Roeddem ni mewn hwyliau reit dda am dro. Os mynni di, mi drawaf i fargen gyda thi, Mr O'Leary.

MANAWYDAN: Dywed dy fargen, Mrs Pi-Si.

CIGFA: Ddyweda' i ddim wrtho fo am Mrs O'Leary yn canu am bres ar y stryd ond i tithau beidio â sôn am fy Mhryderi i yn dwyn dy bryddest di.

MANAWYDAN (*gan fynd a chymryd ei braich*):
: A dyna oedd yn dy boeni di, ai e? Brwydro dros dy briod, y wraig go iawn. Amddiffyn dy deulu fel llewes neu gardinal[51]—

CIGFA: Wn i ddim sut deulu sy gan gardinal.

MANAWYDAN: Na finnau 'chwaith. Paid ag ofni am Bryderi. Fe fydd o a'i gadair yn ddiogel, ac mi ymgroesa' innau rhag sôn am y bryddest. Dyma daro'r fargen fel hoel.

(*Dyry ef gusan iddi ar ei boch.*)

CIGFA: 'Rwyt ti'n fachgen arswydus o hy. Gallai rhywun feddwl dy fod di'n perthyn imi. Mi dd'weda' i wrth Riannon, wrth Mrs O'Leary, dy fod di'n torri ffenestri, yn stormio 'steddfodau, yn cusanu gwragedd priod a'u babanod yn ddi-stop. Moesau mabinogaidd iawn, Mr O'Leary. Ond bargen yw bargen.

(*Dyry hithau gusan mawr iddo ef, a daw* HEILYN AP GWYN *i mewn a bag pwysig yn ei law.*)

HEILYN: Wel! wel! Mae pethau'n symud yn y lle 'ma. Tair cadair i'r ynadon, bwrdd o'u blaen. Bwrdd i glerc y llys a'r prif gwnstabl. Cadeiriau i'r tystion a'r cyhuddedig. Da iawn . . . Mae hwn yn ddiwrnod mawr i mi. Trueni na ellid darlledu gweithredoedd y llys. Tipyn yn frith oedd y 'steddfod ddoe, ond dyma fi ar fy nhomen fy hun heddiw, llys Bodran . . . Pwy sy'n ymddangos drosoch chi, O'Leary?

MANAWYDAN: Ymddangos? 'Does raid i neb ei ddangos ei hun er fy mwyn i. Nid siou anifeiliaid na chlinig sydd yma.

HEILYN: 'Rydych chi wedi llogi cyfreithiwr, wrth gwrs?

MANAWYDAN (*gan deimlo'i bocedi oll dan ei ffedog*):
: Naddo wir, naddo, ac fe aeth Rhiannon a'm tun bwyd i gyda hi.

HEILYN: Mae'r siars yn eich erbyn yn un drom, gwneud difrod ar swyddfa'r heddlu. Mae'n debyg ddigon yr anfonir yr achos i'r aséis. Os na fedrwch chi fforddio amddiffyniad twrnai fe ellwch gael cymorth cyfreithiwr gan y llys.

MANAWYDAN: Fydd dim amddiffyn.

HEILYN: Wrth gwrs y bydd amddiffyn.

MANAWYDAN:	'Rydw i'n pledio fy mod yn euog o'r trosedd y stopiais i'r eisteddfod er mwyn cael fy restio am ei wneud.
HEILYN:	Rhaid imi gydnabod fel cyfreithiwr fod honna'n ddadl amddiffynnol gref. Nerthol, nerthol. Amddiffyniad galluog.
MANAWYDAN:	Sut, os gwelwch chi'n dda, y gall pledio euogrwydd fod yn amddiffyniad?
HEILYN:	Profi nad ydych chi ddim yn iawn yn eich pen. Felly, nad oeddech chi ddim yn gyfrifol. A bydd gennych ddigon o dystiolaeth: y bygythio teleffonio o hyd at y prif gwnstabl. Ac yn arbennig y ffaith i chi hawlio mai chi oedd piau'r bryddest a'r gadair. Bydd hynny'n help sylweddol i brofi afiechyd meddwl. Yr oedd yn lwcus fod yr Arch-Bencerdd yn ddigon call i borthi'ch mympwy chi. Rhaid imi gofio'i longyfarch o. Ond bydd yn ofynnol i chi gael cyfreithiwr os dyna'r amddiffyniad.
MANAWYDAN:	Sut y gellir amddiffyn un sy'n pleidio'i fod yn euog?
HEILYN:	Mae'r peth yn gyffredin. Bydd y fainc yn deall mai di-euog yw ystyr euog. Dyna'r arfer gyda phobl nad ydyn ddim yn iawn yn eu pennau. Wrth gwrs, fe gewch ddoctor, seiciatrydd, i'ch archwilio a phrofi'r peth, a rhoi enw technegol ar eich afiechyd. Mae enw technegol yn anhepgor. Fy nghyngor i i chi yw peidio â phledio schizophrenia yn yr achos hwn.
MANAWYDAN:	Wna' i ddim, wna' i ddim. Pa enw a gynghorech chi?
HEILYN:	Cofio'ch araith chi pan ddaru chi gipio'r microffôn yr ydw i. Ac yna'n hawlio'r bryddest. Yr ydych yn awyddus iawn i fod yn fardd?
MANAWYDAN:	Ddim o gwbl. Bardd ydw i.
HEILYN:	Dyna fo i'r dim. Deliwch chi at hynny fel amddiffyn. Dywedwch wrth y llys mai bardd ydych chi. Yr enw technegol ar hynny yw paranoia. Paranoia, dyna'ch amddiffyniad chi, y math gwaethaf ar wallgofrwydd.
MANAWYDAN	*(gan ysgwyd llaw* HEILYN *yn galonnog)*:
	Nid amddiffyniad yw hynny, fy nghyfaill, ond beirniadaeth lenyddol fodern, ymchwil i ffynhonnell

	barddoniaeth. 'Rydw i'n mynd yn hoffach hoffach o'r ardal yma a'r bobl. 'Rydych chi bob un yn dysgu rhywbeth i mi amdanaf fy hun. Paranoia, dyna fi wedi fy nal mewn enw technegol yn deg.
HEILYN:	Popeth yn dda, O'Leary. Dywedwch chi hynny wrth yr ustusiaid . . . 'Rŵan, Mrs Huws, mi fûm i yn gweld eich tŷ chi ar ôl y difrod ac mi gefais dystiolaeth bwysig o'r bin lludw yn y cefn.
CIGFA:	Pa fusnes oedd gennych chi i fynd i iard fy nhŷ i? Nid tafarn a hawl gan bawb i fynd i mewn iddo yw fy nhŷ i.

HEILYN (*gan gymryd potel gwrw o'i fag*):
Gorchymyn oddi wrth y prif gwnstabl. Ydych chi'n adnabod hon, Mrs Huws?

CIGFA:	Potel gwrw?
HEILYN:	Mae'ch gŵr chi'n ddirwestwr?
CIGFA:	Ydy, reit amal.
HEILYN:	A chithau?
CIGFA:	'Does gen' i ddim awydd o gwbl am fynd i'r sêt fawr.
HEILYN:	O ble y cawsoch chi hon?
CIGFA:	Ar y llawr yn y parlwr ffrynt, mae'n debyg.
HEILYN:	Bydd raid i chi dyngu i hynny ar eich llw. 'Rŵan, fe welwch y rhain? (*Gan ddangos darnau o wydr iddi.*)
CIGFA:	Darnau o chwarel y ffenestr, ie?
HEILYN:	Chi a'u rhoddodd nhw yn y bin lludw?
CIGFA:	Welais i monyn nhw'n cerdded.
HEILYN:	Bydd raid i chi dyngu i hynny hefyd yn y llys.
CIGFA:	A pham?
HEILYN:	Er mwyn profi fod y ffenestr wedi ei thorri. Y prif gwnstabl neu ei gyfreithiwr o fydd yn holi, nid fi. Ond mi addewais i wneud tipyn o'r gwaith paratoi ar ran y Goron. Fy nhro i i fod yn dditectydd.
CIGFA:	Petawn i wedi'ch dal chi'n chwilota fy min lludw i, mi fyddai'ch trwyn chi 'rŵan yng ngwaelod y bin drwy'r lludw a'r gwydr a'r cwbl.

HEILYN *(heb gymryd sylw)*:
: Mi alwaf i'r botel yma yn arddangosiad un, a'r darnau ffenestr yn ddau, tri, pedwar, pump, chwech. *(Gan eu trefnu ar y bwrdd)*

MANAWYDAN *(gan gymryd corcyn o boced ei drowsus)*:
: Dyma i chi eitem arall i'r arddangosfa, Mr Clerc.

HEILYN: Beth ydy o?

MANAWYDAN: Corcyn y botel gwrw. Prawf mai fy mhotel i oedd yr un a gawsoch chi yn y lludw.

HEILYN: Campus, campus. Rhif saith. Yr ydw i'n wir ddiolchgar, O'Leary. Bydd yr arddangosfa 'ma'n siŵr o ennill imi'r swydd o gyfreithiwr i'r heddlu yng Ngogledd Cymru. Bydd y prif gwnstabl wrth ei fodd ac fe fydd yma'n brydlon.

CIGFA: Pwy dd'wedodd?

HEILYN: Fo dd'wedodd, ar y ffôn.

CIGFA: Pa fusnes oedd gennych chi i ffonio ato? Gwaith y plismon oedd rhoi adroddiad am y ffenestr. Fy ngŵr i ydy'r plismon, nid chi. Rhaid i chi bigo'ch trwyn i deleffôn a 'steddfod a bin lludw a'r radio ac ymyrraeth yng ngwaith pawb drwy'r lle. Chi ydy'r pla penna' sydd yn y dyffryn yma. Mae pawb arall yn perthyn i'w gilydd ac am gadw pethau'r ardal i'r ardal, a setlo pob twrw heb alw ar neb o'r tu allan. Chi ydy'r unig nyth cacwn yn y dyffryn—

MANAWYDAN: 'Rŵan, Niagara!

CIGFA: Dratio'r cnaf, a dratio dithau am roi cyfle i'r twrnai bach cysetlyd. Rhyngoch chi'ch dau mae bywoliaeth Pryderi mewn peryg' a'm cartref innau. Pwy ond y llyngyren twrnai yna fyddai'n trefnu i ddarlledu 'Steddfod Bodran, a fu bob amser hyd at ddoe yn ddiddanwch preifat i ni bobl y dyffryn, a dyma yntau am i bawb glywed ei lais o—

MANAWYDAN: 'Rŵan, Niagara!

(Mae hi'n troi ac yn rhoi bonclust i FANAWYDAN.)

CIGFA: Mae dy ''rŵan Niagara' di fel tân ar fy nghroen i. A thithau'r clercyn diffaith, ble cest ti afael ar y prif gwnstabl?

HEILYN:	'Roedd o oddi cartre', mewn gwesty ar lan y môr. Mi gefais y cyfeiriad a ffonio yno.
CIGFA:	Fe fuost yn ddiwyd drybeilig.
HEILYN:	Enw da'r gyfraith. Ar ôl y darlledu ddoe 'roedd yn rhaid imi ddiogelu urddas y cyfreithiwr, ac adfer fy enw da.
CIGFA:	A be' dd'wedodd y prif gwnstabl?
HEILYN:	Merch ifanc atebodd y ffôn, ei ysgrifennydd o efallai. 'Roedd hi'n gwybod popeth am helynt y cadeirio. Yn wir, fe anfonodd neges at O'Leary.
MANAWYDAN:	Neges i mi oddi wrth y prif gwnstabl?
HEILYN:	D'wedwch wrtho, meddai hi, ein bod ni'n synnu fod brenin y canibalyddion yn mynd i siglo crud babi'r plismon. Mi dd'wedais i wrthi nad oeddem ni ddim yn rhoi canibaliaeth yn y siars i'ch erbyn, nad oedd gennym ni ddim profion sicr.

(*Edrych* CIGFA *a* MANAWYDAN *ar ei gilydd ac yna, law-law â'i gilydd gan ddawnsio'n ysgafn, canu*):

Y DDAU:	Yn howcio, cowcio, llowcio'r lli, Chwipio a hicio a chicio'r ci, Yn strim-stram-strellach yn ei sbri, Bydd Brenin y Canibalyddion.

(*Y mae dyn tal tenau, a chap wedi ei dynnu'n isel dros ei lygaid, cadach am ei wddf, cot fawr amdano, yn sbïo arnynt o'r drws ar y dde. Cymer eiliad i* CIGFA *adnabod ei gŵr,* PRYDERI. *Amneidia ef arnynt i gael gwared o* HEILYN. *Y mae* MANAWYDAN *yn deall y sefyllfa.*)

MANAWYDAN:	Wyddoch chi, Mr Clerc, fe ddylai fod enw a rhif ar bapur o flaen pob un o'r darnau arddangos yma, er mwyn i'r fainc fedru eu 'nabod nhw. Dyma'ch tystion pwysicaf chi ar fy ôl i. Fe ddylai fod cerdyn i ddweud beth ydy pob un.
HEILYN:	Awgrym da, O'Leary. Fe wnaech chi brentis da i gyfreithiwr. Oes inc a phapur yma?
MANAWYDAN:	Fe'u cewch nhw yn 'stafell yr ustusiaid acw ar y chwith.
HEILYN:	Rhagorol. Mi af yno. Ond gwell imi roi'r Beibl yma ar y bwrdd yn barod i'r tystion gymryd y llw gyntaf. Dyna

fo, dyna fo . . . (*Edrych ar y byrddau*) Da iawn yn wir, mi wna' i fy ffortiwn o'r achos hwn, ffortiwn, ffortiwn.

(*Exit ar y chwith, a daw* PRYDERI *yn llechwrus at* CIGFA; *cymer* MANAWYDAN *ei frws i 'sgubo'r llawr*)

PRYDERI: 'Rydw i'n mynd, Cigfa, mynd i ffwrdd.

CIGFA: Wyt ti wedi drysu, dywed. Mynd i ble?

PRYDERI: Ei gwadnu hi. Ffoi. Dianc. Dyfod i ddeud ffarwél.

CIGFA: 'Dydw i ddim yn deall. Wyt ti wedi boddi'r babi?

PRYDERI: Paid â gwneud gwawd ohonof i.

CIGFA: Wyt ti wedi rhoi gwenwyn i'r gath?

PRYDERI: Mae'r gath yn maeddu fel arfer.

CIGFA: Wel, beth ydy'r ffarwelio yma?

PRYDERI: Mae'r prif gwnstabl yn dŵad i'r cwrt.

CIGFA: Beth os daw o?

PRYDERI: A minnau'n cael fy restio am ladrata pryddest! Ei chael hi ar fwrdd yn y bar a wnes i, a'i danfon hi i gystadleuaeth y gadair er mwyn dy synnu di am unwaith, iti fod yn falch ohonof i.

CIGFA: Mi ddaru 'ti fy synnu i. Mi gefais sioc fy mywyd. Ond 'dydy hynny ddim yn rheswm iti fy ngadael i'n wraig weddw. Ac i ble'r ei di, nid i *China*? I weld Po-Tshw-i?

PRYDERI: Mi guddia' i am sbel yn slymiau carafan y Rhyl. Mae'n amhosibl dod o hyd i neb yno.

CIGFA: Oes gen' ti ryw ferch ifanc yn cadw carafan yn y Rhyl?

MANAWYDAN: 'Rydw i'n ei 'nabod hi,—Ariadne.[52] Mae hi'n awdurdod ar labrinth, yn byw yn y Rhyl.

PRYDERI: Celwydd. Ar fy ngwir 'dydw i'n adnabod dim ar Ariadne, Cigfa fach.

MANAWYDAN: Nid i'th wraig yn unig yr wyt ti'n greulon, Pi-Si, ond i minnau hefyd.

PRYDERI: Mae Cigfa 'ma wedi dy hoffi di rywsut neu'i gilydd. Ond 'does arna' i fawr o ddyled iti.

MANAWYDAN: A minnau wedi gwneud swper iti neithiwr a gofalu am y tŷ a'r babi ac agor y drws i'r gath tra oeddit ti a'th wraig yn caroli yn y côr.

PRYDER: Mae dy holl fryd di ar fy rhoi i yn y carchar.

MANAWYDAN: Cyhuddiad annheg. Mi wnes i fwy na neb er dy les di. Mi wnes i fardd ohonot ti. Mi rois iti'r cyfle cyntaf erioed i ennill dyrchafiad yn yr heddlu drwy'r achos hwn.

PRYDERI: Fu dyrchafiad erioed yn uchelgais gen' i.

MANAWYDAN: Pi-Si, Pi-Si! 'Rydw i'n dy garu di fel brawd. Un arall nad yw codi yn y byd ddim yn uchelgais ganddo. Wyddwn i ddim fod dau ohonom ni yng Nghymru gyfan. *(Gan ysgwyd ei law.)*

CIGFA: Paranoia!

MANAWYDAN: Niagara!

PRYDERI: Edrych yma, O'Leary. Mi dorraist ti'r ffenestr acw er mwyn cael esgus i ddwad i'r 'steddfod a'm dal i a'r bryddest ar union funud y cadeirio. 'Rwyt ti'n chwarae gêm glyfar. 'Rwyt ti'n mynd i'm siarsio i nid yn unig am ladrata'r bryddest ond hefyd am ladrata'r gadair drwy dwyll a hoced. Wel, mae gen' ti ryw fymryn o natur ddynol ynot ti. Mae Cigfa wedi dy drin di fel brawd. Fedri di ddim talu'r pwyth drwy roi siawns i minnau i ddianc? Er mwyn y babi? Er mwyn Cigfa?

MANAWYDAN: Dyna fel 'rwyt ti'n gweld pethau. Wnei di wrando 'rŵan arna' innau?

PRYDERI: Paid â bod yn hir. Bydd yr ynadon a'r prif gwnstabl yma cyn pen pum munud.

MANAWYDAN: Purion. Un cwestiwn gyntaf: ddaru 'ti ddarllen y bryddest, Pi-Si?

PRYDERI: Naddo fi. Cato pawb, naddo. 'Roedd ei phostio hi i'r athro ysgol yn ddigon o dasg i mi.

MANAWYDAN: Dyna feddyliais i. Mi 'darllenais i hi neithiwr wrth siglo crud y babi. 'Roeddwn i'n gwrido gymaint wrth ei darllen hi nes bod y babi'n chwysu . . . Dyna sut bryddest ydy hi, coch.

PRYDERI:	Rhaid ei bod hi'n debyg i'r prif gwnstabl. Pan fydd o'n cochi mi fyddaf innau'n chwysu.
MANAWYDAN:	I'r dim. 'Rŵan, oes gen' ti awydd mawr i wneud rhywbeth eto mewn barddoniaeth?
PRYDERI:	Fi? 'Rydw i wedi cael digon ar farddoniaeth am weddill fy mywyd.
MANAWYDAN:	Mae'n dda gen' i ddeall hynny. Wnei di gymwynas â mi?
PRYDERI:	Pa gymwynas.
MANAWYDAN:	Ofynnwn i ddim heb fod yn gadarn sicr na cheisi di ddim barddoni eto.
PRYDERI:	Pa eto? Nid fi 'sgrifennodd y bryddest.
MANAWYDAN:	Paid â dweud hynny, paid â dweud hynny. Dyna'r union gymwynas yr ydw i'n ofni ei gofyn hi gennyt. Ond mae fy mywyd i, mae fy enw da i'n dibynnu arnat ti.
PRYDERI:	'Dydw i'n deall dim ohonot.
MANAWYDAN:	Os wyt ti'n sicr nad oes gennyt ti ddim gofal o gwbl am dy enw fel bardd, wnâi'r peth ddim llawer o ddrwg iti.
PRYDERI:	Beth ydy'r peth na wnâi ddrwg imi?
MANAWYDAN:	Wel, arddel y bryddest, wrth gwrs. Mae pawb yn credu mai ti piau hi. Mae pawb yn credu mai fy salwch i—paranoia—a wnaeth i mi hawlio'r bryddest a'r gadair. 'Rŵan, yr ydw i wedi darllen y bryddest, ac fe fyddai'n ganwaith gwell gen' i gael fy mhrofi'n euog o baranoia a schizophrenia na chael fy mhrofi'n euog o'r bryddest yma. Os wyt ti'n fodlon arddel y bryddest a'r gadair yn y llys y bore heddiw, mi wnaf i fis o lafur caled dan ganu.
PRYDERI:	Ond ti a 'sgrifennodd y bryddest.
MANAWYDAN:	Ie, gwaetha'r modd, ond 'does neb yn credu hynny a dyna dy gyfle di i'm hachub i rhag dinistr a gwarth. Wyt ti'n fodlon i arddel y bryddest? Os na wnei di fe fydd raid i minnau ymguddio am f'oes mewn carafan yn y Rhyl. Dyna ddiwedd ofnadwy i fardd.

PRYDERI: Wyt ti'n barod i roi'r gadair i mi?

MANAWYDAN: Parod, parod.

PRYDERI: A thyngu mai fi biau'r bryddest?

MANAWYDAN: Ydy o'n ormod i'w ofyn?

PRYDERI: Wyt ti'n iawn yn dy ben, dywed?

MANAWYDAN: Fûm i 'rioed yn fwy sobor, er pan briodais i. Ydy hi'n fargen?

PRYDERI: Bargen! A diolch calon iti.

(Trawant ddwylo. Clywir cloch y CRÏWR *y tu allan ac yn nesáu.)*

CIGFA: Dyma nhw'n dŵad, yr ynadon a'r prif gwnstabl i agor y llys, a thithau, Pryderi, heb dy lifrai amdanat a minnau yn fy nillad gwaith.

PRYDERI: O'r nefoedd! O'r annwyl! Be' wna' i?

MANAWYDAN *(mor hamddenol â chadfridog)*:
Cigfa, saf di gyda mi yn y cefn yma, bob un a'i frws fel dryll soldiwr yn ei law. Lleda dy ffedog. 'Rwan, Pi-Si, tyrd i'th guddio dy hun y tu ôl inni. Edrychan nhw ddim arnom ni ar eu ffordd i 'stafell yr ustusiaid.

(Daw'r CRÏWR *i mewn gan ganu ei gloch a chymer ei le ar ochr arall* CIGFA.*)*

CRÏWR: Llys Bodran! Ynadon Bodran!

(Daw gorymdaith y tri ynad dros y llwyfan. Y maent oll mewn cotiau ffroc duon hir a hetiau duon silc. Cerddant dros y llwyfan yn araf iawn, megis mewn angladd, heb edrych nac i'r dde nac i'r chwith, pob dwy law ar ei dwyfron, a diflannu i 'stafell yr ustusiaid; ond tra croesant y llwyfan fe gân y CRÏWR *reit hapus)*:

CRÏWR: Coi mi deri,
Cil mi ceri,
Coi mi deri, coi mi.
Strim, stram, bondo,
Joli bid i'r amdo,
Coi mi deri, coi mi,—Ow! Ow!

*(*PRYDERI *sydd wedi dyfod i olwg y* CRÏWR *ar ôl pasio o'r orymdaith, a'i ddychryn.)*

Pryderi Huws! O ble doist ti? A beth ydy'r olwg yma sy arnat ti? Oho, oho, mi wn i! Wedi bod ar sbri ar ôl ennill y gadair ac yn ofni dwyn gwarth ar lifrai'r plismon. Mae'n well meddwi mewn cap a chot fawr! Oho, ho, ho! Coi mi!

MANAWYDAN: I ffwrdd â chi, eich dau, a brysiwch yn ôl i gyfarfod yn smart â'r prif gwnstabl.

CIGFA *(gan gymryd braich ei gŵr):*
Mi fyddwn yn ôl reit sydyn ac os bydd y cyfreithiwr yna'n fy holi i ar fy llw, fe gaiff o atebion nad ydy o ddim yn eu disgwyl. Tyrd, 'rŵan, yr hen lolyn hurt.

PRYDERI *(wrth fynd):*
Ie, ond mi garwn i wybod pwy ydy'r Ariadne yna hefyd.

MANAWYDAN: Pi-Si arall, y pry' cop.

PRYDERI: O ie, mi glywais fod merched yn dŵad i'r heddlu. Rhaid mai un felly sy gan y prif gwnstabl.

(Exeunt CIGFA a PHRYDERI.)

MANAWYDAN: Wel, yr hen ŵr, gefaist ti dy blesio ddoe?

CRÏWR: Wrth fy modd, yn union fel rhai o hen 'steddfodau Talhaiarn, pethau'n digwydd, rhialtwch, hwyl. Glywsoch chi am 'Steddfod Rhuddlan gan mlynedd union yn ôl, ugain mlynedd cyn fy ngeni i. Mi glywais fy nhaid ers talwm yn dweud yr hanes.

MANAWYDAN: Be' ddigwyddodd yn 'steddfod Rhuddlan, yr hen ŵr?

CRÏWR: Talhaiarn, wrth gwrs; pan fyddai Tal mewn 'steddfod 'doedd wybod beth a ddigwyddai. 'Roedd o'n bensaer, fe wyddost; a fo wnaeth y llwyfan i 'steddfod Rhuddlan, llwyfan uchel o goed. 'Roedd y cadeirio ar gychwyn a'r bobl fawr wedi casglu ar lwyfan Tal, Arglwydd Mostyn a'r esgobion a'r merched crand yn eu crinolîn. Wel, dyma nhw'n dechrau canu 'Glan Meddwdod Mwyn'[53] ac, ar y gair, dacw lwyfan Talhaiarn yn cracio, ac i lawr â nhw, bendramwnwgl, strim-stram-strellach, yr arglwyddi a'r crinolîn a'r cwbl, i'r llawr . . . Dyna iti gadeirio, 'machgen i. Ie, 'roedd dipyn o hen ysbryd 'steddfod Bodran yn y cadeirio ddoe . . . Siawns na fydd tipyn ar ôl i'r llys heddiw.[54]

MANAWYDAN: 'Rwyt ti'n riteirio heddiw?

CRÏWR: Wrth fy modd. Gorffen fel yn yr hen ddyddiau gynt. Ond trueni na chawn i roi'r hen grown yma yn dy ddwylo di cyn imi fynd. Bydda'n dda gen' i ei rhoi hi i glerwr, er mwyn cysuro'r hen Dal.

(Daw HEILYN i mewn a'i fag a'i bapurau a'u rhoi hwynt yn eu lle gyda'r arddangosfa.)

HEILYN: Ydy o wedi dŵad?

CRÏWR: Yr hen Dal?

HEILYN: Y prif gwnstabl? Mae hi'n hwyr glas cychwyn. Mae'r Ficer yn poeni, a 'does gan y Cadeirydd neb yn y siop . . . O'Leary, ble mae'ch cot chi? Fedrwch chi ddim ymddangos gerbron y llys mewn crys a ffedog.

MANAWYDAN: Medraf yn hawdd, dim ond aros fel 'rydw i.

HEILYN: Mae'r peth yn drosedd, yn sarhad ar y llys.

MANAWYDAN: Beth am fy marf i? Ydy honno'n sarhad ar y llys?

HEILYN: Na, na. Rhaid i chi gadw'ch barf os am ddilyn fy nghyngor i. Bydd eich barf chi'n rhan werthfawr o'm hamddiffyniad. Prawf arall o'ch paranoia.

(Daw PRYDERI i mewn yn ei wisg swyddogol a menyg gwynion, CIGFA mewn ffroc a het a chot MANAWYDAN ar ei braich.)

CIGFA *(gan estyn ei got iddo)*:
Mi gefais i hon ar grud y babi.

MANAWYDAN *(gan ei rhoi amdano)*:
Rhaid dilyn y ffasiwn. Mae golwg arnoch chi i gyd fel petaech chi'n aros priodas ac yn disgwyl y pâr priod.

PRYDERI: Y prif gwnstabl ac Ariadne.

CRÏWR: Mi af i'w nôl nhw.

(Exit chwith. Y mae'r lleill yn cymryd eu lleoedd i'r llys, HEILYN wrth y bwrdd ar y chwith, y plismon yn sefyll ar y dde, MANAWYDAN a CIGFA'n eistedd ar y dde i'r ustusiaid.)

HEILYN: Ugain munud yn hwyr. Lwcus nad ydym ni ddim yn darlledu'r cwrt. Mi garwn i glywed modur y prif

	gwnstabl yn cyrraedd . . . P.C.53, tystiolaeth am restio'r cyhuddedig yw'r cwbl y rhaid i chi ei roi.
PRYDERI:	Stori go ddiflas hefyd.
HEILYN:	Mae pawb i sefyll pan ddaw'r ynadon i mewn.

(Cloch y CRïWR. *Safant; daw'r ynadon megis i angladd, a sefyll yn eu lleoedd, y* FICER *ar ddeau'r cadeirydd. Cymer y* CRïWR *ei le ar y chwith. Yna eistedd pawb, oddieithr yr* ATHRO.*)*

ATHRO: 'Rŵan, blant, fe ddechreuwn y gwasanaeth drwy ganu rhif yr emyn—

HEILYN: Trefn, trefn! Y llys ydy hwn, Mr Ustus, nid yr ysgol.

(Eistedd yr ATHRO *mewn ffwdan.)*

ATHRO *(wrth y cadeirydd)*:
Anghofio, wyt ti'n gweld. Popeth mor debyg i'r ysgol acw.

ARCH-BENCERDD:
Mi ddylwn egluro i'r llys mai aros am awdurdodau'r heddlu y buom. Fedrwn ni ddim aros yn hwy. Mae gan un o'r ustusiaid orchwyl arall am ddeg o'r gloch . . . Fe gychwynnwn felly ar fusnes y cwrt . . . Unrhyw geisiadau? . . . Mae'n ymddangos nad oes . . . Yn awr, Mr Clerc!

HEILYN: A Manawydan O'Leary.

(Saif MANAWYDAN.*)*

FICER: Mr Cadeirydd, 'rwy'n tybio imi glywed yr enw hwn o'r blaen, a chyn darllen y siars yn ei erbyn, fe ddylem ni fel ynadon gael golau ar un pwynt. Pwynt o ramadeg ydy o; ai ebychiad, ai cysylltiad, ai berf neu arddodiad ydy'r A a glywaf i mor gyson o flaen enw'r gŵr sydd yma?

*(*HEILYN *yn codi.)*

Un foment! Mae'n hawdd i chi weld, Mr Clerc, fod y pwynt yn bwysig o safbwynt y gyfraith. Os cysylltiad yw'r A, yna mae rhywun arall—galwn ef yn Alffa—yn cael ei gyhuddo gyda Manawydan O'Leary, megis Alffa a Manawydan O'Leary.

HEILYN: Mr Cadeirydd, barchus Syr! *(Gan godi eto)*

FICER: Eisteddwch, syr. Ar y llaw arall, os berf yw'r A yma, rhaid gofyn pam y mae Manawydan O'Leary mor ddi-stop? Mae'n ymddangos i mi, wrth yr olwg sydd arno fo heddiw, ei fod o wedi setlo i lawr mewn gwaith domestig.

HEILYN: 'Rydw i'n protestio—*(Gan godi eto)*

FICER: Nac ydach, syr, ddim o gwbl. 'Does dim radio heddiw a gwas i'r fainc ydych chi, nid meistr. Eisteddwch a gwrando. Mae'n bosibl mai ebychiad yw'r A yma, cri o dosturi—A! Manawydan O'Leary; neu floedd o groeso i'r llys ar ôl pum mlynedd o ympryd—A!! Manawydan O'Leary!

MANAWYDAN *(gan redeg ato ac ysgwyd llaw'n galonnog)*:
A! Golygydd y *Lleuad*!

FICER: Aha!

MANAWYDAN: A—h!

ARCH-BENCERDD:
Trefn, trefn yn y llys.

(Cân y CRÏWR *ei gloch.)*

HEILYN *(gan godi)*:
Mr Cadeirydd, ydych chi'n mynd i oddef i'r Ficer draddodi'r feirniadaeth ar bryddest y gadair ddoe yn y llys yma'r bore heddiw?

ARCH-BENCERDD:
Ond y mae pwynt y Ficer yn sownd, Mr Clerc. Fedrwch chi ddim dwyn siars yn erbyn A. Manawydan O'Leary. Rhaid rhoi ei enw yn llawn i'r llys.

ATHRO: Mae'n debyg mai Abraham neu Ananïas neu Antonio ydy'r enw. Gofynnwch iddo fo, Mr Clerc.

HEILYN: O'Leary, dywedwch eich enw llawn wrth y llys.

MANAWYDAN: A Manawydan O'Leary.

ATHRO: Amanawydan, ie?

MANAWYDAN: A, nage.

ATHRO:	Mae arnom ni eisiau'r enw cyntaf yn llawn, wyt ti'n gweld.
MANAWYDAN:	A.
ATHRO:	Ond yn llawn.
MANAWYDAN:	A - a - a - a!
CIGFA a'r CRÏWR *(y naill a'r llall ar d')*: A-a-a-a!
ATHRO:	Trefn, trefn!
ARCH-BENCERDD:	Mae'n ymddangos mai A ydy ei enw cyntaf o.
FICER:	Ond 'dydy A ddim yn enw.
MANAWYDAN:	'Rwy'n synnu atoch chi sy'n awdurdod ar yr iaith, Mr Ustus Ficer. Y mae A yn enw.
FICER:	Byddai'n dda gennyf gael enghraifft i brofi'r pwynt.
MANAWYDAN:	Fe ddywed'soch eich hunan ddoe ei fod yn enw ar lythyren, y llythyren gyntaf yn yr A-bi-ec.
FICER:	Tad annwyl! Do. Pwynt da, pwynt da, da.
MANAWYDAN:	Ac y mae o'n enw arnaf innau.
FICER:	A wel, A-men! Ewch ymlaen, Mr Clerc. 'Does dim gwybod beth a wneir wrth fedyddio plant. A Manawydan!
	(Gan ysgwyd ei ben.)
HEILYN:	Mae'n dda gen' i longyfarch y fainc ar orffen beirniadaeth y bryddest heb ragor o ddamweiniau. A Manawydan O'Leary, y siars yn eich erbyn yw eich bod ddoe, ganol dydd, wedi cadw reiot o flaen stesion Bodran o'r heddlu ac wedi gwneud difrod ar y stesion drwy dorri ffenestr â photel gwrw. Ydych chi'n pledio eich bod yn euog neu'n ddieuog?
MANAWYDAN:	Euog, wrth gwrs.
HEILYN:	Wrth gwrs. Y gyfraith ar y mater hwn, barchus ynadon, yw bod y cyhuddedig yn pledio ei fod yn ddieuog.
ATHRO:	Mae'r gyfraith yn asyn, wyt ti'n gweld, fel y dywedodd Robert Browning.[55]

HEILYN:	'Doedd Mr Browning ddim ar ei lw, syr, ac felly ni ellir derbyn ei dystiolaeth.
ATHRO:	Anghofio wnes i, wyt ti'n gweld, meddwl eto fy mod i gyda'r plant, yn eu paratoi ar gyfer *intelligence test* i'r coleg normal.[56]
HEILYN:	Gyda chaniatâd y fainc, tra byddwn ni'n aros i'r prif gwnstabl gyrraedd, mi alwaf ar P.C. *fifty-three* i roi tystiolaeth ynghylch restio'r cyhuddedig . . .
ARCH-BENCERDD:	Rhagorol, Mr Clerc. Gwahanol iawn i ddoe. Arbenigwr ar ei waith. Trueni na ellid darlledu'r cwbl. Eisteddwch, O'Leary.
HEILYN:	P.C. *Fifty-three!*

(Daw PRYDERI *at y bwrdd ar y dde lle mae'r llyfr a saif tra eistedd* MANAWYDAN.*)*

PRYDERI:	Syr?
HEILYN:	Y llw fel arfer gynta'.
PRYDERI:	Be'?
HEILYN:	Y llw gyntaf.
PRYDERI:	Llwnc? Fydda' i fyth yn cyffwrdd â'r ddiod mewn llys, syr.
HEILYN:	Llw, llw, nid llwnc. Ydych chi'n meiddio dweud wrth y Fainc na wyddoch chi mo'r llw, a chithau'n blismon.
PRYDERI:	Dd'wedais i ddim gair wrth y fainc.
ARCH-BENCERDD:	Gofyn iti gymryd y Beibl yn dy law ac adrodd y llw y mae o.
PRYDERI:	Mi gymera' i'r Beibl yn llawen, ond beth ydy'r llw?
HEILYN *(wedi chwilio'i fag a'i bapurau yn daer odiaeth)*:	Mae'n ymddangos nad oes gen' i gopi o'r llw. Oes gan y fainc gopi?
ARCH-BENCERDD:	Ddim ers pum mlynedd, Mr Clerc. Ydych chi'n dweud na chofiwch chithau mo'r llw, a chithau'n glerc i'r llys?
ATHRO:	Brawd mygu ydy tagu, wyt ti'n gweld?

Y DRYDEDD ACT

MANAWYDAN: Efallai y gallwn i helpu'r llys, barchus gadeirydd. Mi glywais i lawer ar lwon plismyn.

FICER: A Manawydan! Wyt ti mor brofiadol â hynny? Mae'n debyg dy fod di'n gyrru modur?

ARCH-BENCERDD: Da iawn, da iawn, O'Leary. Arweiniwch yr heddwas yn y llw. Ydy'r clerc yn cytuno?

HEILYN: Anffodus iawn. Ond rhaid mentro.

MANAWYDAN: Cymerwch y llyfr yn eich llaw dde, Mr Pi-Si. Dywedwch ar fy ôl i: Tyngaf gerbron y llys—

PRYDERI: Tyngaf gerbron y llys—

MANAWYDAN: Y bydd y dystiolaeth a roddaf i—

PRYDERI: Y bydd y dystiolaeth a roddaf i—

MANAWYDAN: Yn wir—

PRYDERI: Yn wir—

MANAWYDAN: Neu'n agos i'r gwir—

PRYDERI: Neu'n agos i'r gwir—

MANAWYDAN: Neu mor wir ag a fo'n gyfleus.

PRYDERI: Neu mor wir ag a fo'n gyfleus.

(*Gyda'r geiriau hyn y mae dail llyfr neu bapurau yn syrthio allan o'r llyfr sydd yn llaw* PRYDERI *ar y bwrdd. Cipia* MANAWYDAN *hwynt a chraffu arnynt.*)

HEILYN (*yn ddirmygus odiaeth*): Llw gwyddelig iawn, llw gwyddelig iawn, Mr O'Leary. Mae'n debyg mai yn Iwerddon y buoch yn dysgu'r llw yna—

MANAWYDAN: Llw gwyddelig iawn, Mr Clerc, llw gwyddelig iawn. Ai chi piau'r llyfr yma?

HEILYN: Wrth gwrs hynny, Beibl swyddogol y llys.

MANAWYDAN: A gaf i ofyn i'r parchus ynadon ar y fainc,—ai'r arfer yn llys Bodran ydy tyngu'r tystion ar yr *Irish Hospitals Sweepstake Book of Tickets*?[57]

(*Y mae* MANAWYDAN *yn pasio'r papurau i'r* ARCH-BENCERDD.)

PAWB *(gan sefyll)*:
> O! O! O! *(Y mae* HEILYN *megis mewn ffit.)*

CRÏWR *(gan ganu ei gloch yn ysgafn a dawnsio'n hapus)*:
> Strim-stram-bondo,
> Joli bid i'r amdo,
> Coi mi deri—coi mi!

ARCH-BENCERDD:
> Trefn, trefn yn y llys. Eisteddwch i lawr, bawb . . . 'Rŵan, Mr Clerc, chi piau'r tocynnau *sweepstake* yma?

HEILYN *(O hyn ymlaen y mae ei weflau'n crynu'n afreolus ac y mae cryn atal dweud arno)*:
> Ie, f-f-fi pi-piau nhw. Be-be-be wna i?

ARCH-BENCERDD:
> Yr wythnos nesaf y mae'r Darbi, ie?

HEILYN:
> Ie, i-i-e, 'snes-snesa'.

ARCH-BENCERDD:
> Llyfr o ddeuddeg tocyn, ond y mae dau wedi eu gwerthu eisoes!

FICER *(gan godi'n anesmwyth)*:
> Oes, mae. Yn wir i chi, Mr Cadeirydd, mae arna' i ofn fod y babi yna'n aros yn oerni'r eglwys—

ATHRO *(gan godi'n anesmwyth)*:
> Yr ysgol, wyt ti'n gweld, wedi naw ymhell. Y plant yn aros, wyt ti'n gweld.

ARCH-BENCERDD:
> Eisteddwch, foneddigion, eisteddwch. 'Dydy'r achos ddim ar ben eto.

FICER:
> Wn i ddim a ydy hi'n iawn imi eistedd ar y fainc 'rŵan yn wir. Yr ydan ni ar dir go ansicr, go beryglus, Mr Cadeiryddd. Nid pwynt o orgraff.

ATHRO:
> Hollol gytuno â'r Ficer, wyt ti'n gweld, pethau dipyn yn anffodus. Mi fyddwn i'n teimlo'n fwy cartrefol yn yr ysgol, wyt ti'n gweld.

ARCH-BENCERDD:
> Gorsedd Bodran, foneddigion, mainc ynadon Bodran, peidiwch ag ofni dim; *esprit de corps*, fel y mae'r Saeson

yn deud. Y pwynt ymarferol i mi 'rŵan ydy hyn: ydy llw wedi ei dyngu ar docynnau'r *Irish Hospitals Sweepstake* yn llw cyfreithlon mewn llys barn?

FICER: Feallai y cawn ni farn y Clerc dysgedig?

HEILYN: Mae arna' i o-o-ofon nad ydy o dd-dd-ddim yn ar-arferol.

(Clywir canu corn modur y tu allan yn daer, ac yn nesáu. Efallai y clywir y car yn sefyll.)

PRYDERI: Y prif gwnstabl! Ar fy llw! Dyna'r car y tu allan. O'r arswyd!

HEILYN: O'r mawredd, be' wna' i, be' wna' i?

ATHRO: O'r annwyl, be' wna' i, wyt ti'n gweld?

FICER: Anghyfleus iawn. Be' ddywed yr Esgob, tybed?

CRÏWR *(wrth ei fodd)*:
    Strim-stram-bondo!

MANAWYDAN *(yn dawnsio gydag ef)*:
    Joli bid i'r amdo.

ARCH-BENCERDD:
    Dyma fo. *(Clywir drws yn cau'n glep.)*

(Y mae PRYDERI a HEILYN a'r FICER a'r ATHRO oll yn ymguddio y tu ôl i gadair neu furdd. Saif y Cadeirydd reit wrol. Dawnsia MANAWYDAN a'r CRÏWR. Y mae CIGFA'n mynd i groesawu RHIANNON ar y dde. Daw RHIANNON i mewn yn arbennig 'chic' mewn ffroc newydd a het fach eofn. Y mae'r ddwy ferch yn cyfarfod gan roi bys ar flaen y genau i gadw'n ddistaw. Y mae pawb ond y ddau ddawnsiwr yn gwylio. Ond ni all y ddwy ferch ddal: ymgofleidiant a thorri allan i chwerthin. Mae pawb yn edrych arnynt ond ni all MANAWYDAN eto adnabod ei wraig gan fod ei chefn ato.)

PRYDERI: Ariadne! Ariadne!

HEILYN: Ie, ysgrifennydd y prif gwnstabl. Hi atebodd y ffôn ddoe.

CIGFA *(wrth RIANNON)*:
    A ga' i gyflwyno rhai o'r bobl yma i chi, Madam . . .

    (Croesant at HEILYN.)

I lawr fan yna y mae clerc dysgedig y llys, Mr Heilyn ap Gwyn.

RHIANNON: Fo oedd mor brysur yn ffonio atom ni ddoe? Be' mae o'n ei wneud ar ei liniau?

HEILYN *(â'i ddwylo'n ymbilio)*:
Madam, madam, O madam!

CIGFA: Druan ag o, mae o'n sâl iawn, mae o'n diodde'n enbyd gan y paranoia.

RHIANNON: Paranoia? Be' ydy hynny?

CIGFA: Meicrob o'r Iwerddon. Gorweithio wnaeth o efo achosion meddygol yn Iwerddon. Mae o'n mynd o gwmpas y wlad yn chwilio biniau lludw am hen ddarnau gwydr a photeli cwrw. Wedyn mae o'n cael ffitiau o schizophrenia ac yn troi'n swyddog dros dro i'r radio. Fe gafodd ffit fel yna ddoe, dyna pam na fedr o ddim sefyll—

(Cyfyd PRYDERI a'r FICER a'r ATHRO'n sydyn ar eu traed. Y mae MANAWYDAN a'i gefn at y gynulleidfa yn gafael yn ysgwyddau'r CRÏWR gan fud chwerthin.)

HEILYN: Madam, madam—

RHIANNON: O ble daeth y lleill yma? Mae'r boblogaeth yn tyfu'n sydyn.

CIGFA: Mae hynny'n digwydd ar fis mêl. Tyrd i'w 'nabod nhw . . . Dyma fy nhad . . . Tada, dyma'ch nith chi, merch i chwaer Mam.

ARCH-BENCERDD:
Brensiach annwyl! Merch Swsan? Welais i moni er pan briododd hi'r hen lanc, Hyfaidd hen. Ar f'engoes i! Sut mae dy dad a'th fam? Maen nhw'n fyw?

RHIANNON: Ydyn, hyd y clywais i, Wncwl. Chlywais i ddim byd ers mis.

ARCH-BENCERDD:
Pwy fyddai'n meddwl? Wel, 'rwyt ti wedi codi'n arw i gael swydd mor bwysig.

RHIANNON: Ie wir, Wncwl. Ac mor sydyn; ganol dydd ddoe. Ar ddamwain hollol.

ARCH-BENCERDD:

    Ar ddamwain?

RHIANNON: Yr oeddwn i'n llwgu eisiau bwyd. Mi gefais fy nghodi gan lorri oedd ar ei ffordd i Gaer, a phan welais i hotel go smart yr ochr draw i'r dre', mi ddisgynnais a mynd i mewn i gael tamaid o fwyd. 'Roedd gen' i hanner coron a llygoden i dalu.

PRYDERI: Yno 'roedd y prif gwnstabl yn aros?

RHIANNON: Ie, 'roedd yno gynhadledd ohonyn nhw. Ond 'doedd dim bwyd i'w gael. 'Roedd holl staff y gegin yn eu gwlâu efo'r ffliw. 'Roedd y perchennog yn tynnu ei wallt o'i ben, bron moedro'n methu gwybod beth i'w wneud. Wel, mi eis i'n syth i'r gegin, ac mi wnes ginio i hanner cant neithiwr.

ARCH-BENCERDD:

    Ond sut y medrai'r prif gwnstabl dy sbario di i waith fel yna?

RHIANNON: Fy sbario i?

ARCH-BENCERDD:

    Ti oedd yn ateb y ffôn iddo fo?

RHIANNON: Fi ddaru fonio at Cigfa, wrth gwrs. 'Roeddwn i'n gwrando ar ddarlledu'r 'steddfod ar y radio, brynhawn ddoe ar ôl gorffen rhoi lunch i'r gynhadledd. 'Roeddwn i'n 'nabod lleisiau.

FICER: Diddorol iawn, mi hoffwn i ofyn i'r foneddiges yma sut y daeth fy llais i drwy'r awyr? Yr oedd y clerc acw'n sarrug o anghwrtais ac fe dorrodd ar feirniadaeth cyn imi fynd drwy chwarter y rhagymadrodd. Mae gen' i le i gredu fod llawer o'r gwrandawyr wedi eu siomi.

RHIANNON: Fe gafodd llawer eu siomi, Ficer. Mi gefais innau gryn ddychryn.

FICER: Da iawn, da iawn. Mae dychryn yn hanfodol cyn y daw neb i 'sgrifennu Cymraeg cywir.

RHIANNON: Nid y sbelio, Ficer, ond y cadeirio a'r restio.

ATHRO: Wrth gwrs. Meddwl am y niwed i stesion yr heddlu yr oedd hi, wyt ti'n gweld, a'r dychryn i'r prif gwnstabl. Dyna pam y ffoniodd hi at P.C. Huws, wyt ti'n gweld.

ARCH-BENCERDD:
    Ydy'r prif gwnstabl yn dy ddilyn di yma, Ariadne?

RHIANNON: Ariadne? Pwy ydy Ariadne?

ARCH-BENCERDD:
    Nid dyna dy enw di?

RHIANNON: Nid f'enw i, Wncwl.

ARCH-BENCERDD:
    Ond ti yw ysgrifennydd prif gwnstabl Gogledd Cymru?

RHIANNON: Fi?

CIGFA: Rhiannon, merch Modryb Swsan ydy hi, Tada. Ei henw arall hi ydy Mrs A Manawydan O'Leary.

(Mae pawb ond y ddwy ferch a'r CRÏWR *a* MANAWYDAN *yn eistedd yn sydyn fel rhai wedi cael ergyd. Yn sydyn y mae'r* CRÏWR *yn canu ei gloch ac y mae'r gwŷr oll yn ffurfio gorymdaith i'w ddilyn ef o gwmpas y llwyfan. Y mae* MANAWYDAN *yn symud i'r canol rhwng ei wraig a* CHIGFA *a'r orymdaith yn eu cylchynu gan ganu)*:

    Strim, stram, bondo,
    Joli bid i'r amdo,
        Coi mi deri, coi mi, etc. etc.

(Yna mae'r dawnswyr yn sefyll o gwmpas y tri a'r ARCH-BENCERDD *rhwng* RHIANNON *a* MANAWYDAN*)*.

ARCH-BENCERDD:
    Wel, fy nai, peth peryglus ydy crwydro yng Nghymru. Mae dyn yn siŵr o daro ar ei deulu ble bynnag y bydd o.

MANAWYDAN: Eitha' gwir, f'ewythr. Nid pawb sy'n taflu potel o gwrw i ganol teulu ei wraig.

CIGFA: Nid pawb sy mor ara' deg yn rhoi croeso i'w wraig 'chwaith. Oes gen' ti ddim cusan iddi hi, y lolyn 'styfnig?

MANAWYDAN: Niagara, mi rodda' gusan i holl ferched y plwy' o'ch blaen chi i gyd, ond nid i Rhiannon.

CIGFA: Yr hen fardd rhamantus gen' ti.

MANAWYDAN: Rhiannon, wyt ti'n credu o hyd fy mod i'n fardd mawr?

RHIANNON:	Fi? Chredais i 'rioed hynny yn fy mywyd, yr hen gariad.
MANAWYDAN:	Beth, beth? Onid am hynny y buom ni sgwrsio'r holl fisoedd y buom ni'n caru?
RHIANNON:	Wrth gwrs hynny. Dyna sut y daethost ti i ofyn imi dy briodi di.
MANAWYDAN:	Wyt ti'n cyhoeddi'n ddig'wilydd yng nghanol dy deulu mai tric a gweniaith oedd y cwbl?
RHIANNON:	Oedd rhyw ddrwg yn hynny? Sut arall y gallwn i dy gael di?
MANAWYDAN:	A thithau'n fy mherswadio i i fadael o'r ysgol a mynd ar dramp drwy Gymru fel yr hen glerwyr gynt?
RHIANNON:	Wel, oes golwg ysgolfeistr arnat ti?
ATHRO:	*Not at all,* wyt ti'n gweld, *not at all*.
MANAWYDAN:	A 'does dim ots gen' ti os nad enilla' i gadair eisteddfod fyth?
RHIANNON:	Dim mymryn. Mi gaiff Pi-Si gadw'r cadeiriau.
MANAWYDAN:	Pam gythlwng ddaru 'ti fy mhriodi i ynteu?
RHIANNON:	Welais i neb arall a fedrai fagu babi gystal â thi, 'rhen gariad. 'Rwyt ti o'r un farn, Cigfa?
CIGFA:	Domestig ar y naw.
MANAWYDAN:	Mae'n ymddangos i mi, f'ewythr, fod y ddwy ferch yma wedi bod yn trefnu popeth gyda'i gilydd ar y ffôn dan ein trwynau ni i gyd.
ARCH-BENCERDD:	Ydy'r prif gwnstabl yn gwybod fod llys Bodran yn cyfarfod y bore 'ma?
CIGFA:	Diar annwyl, nag ydy, Tada.
ARCH-BENCERDD:	Na neb o'i swyddogion o?
CIGFA:	Dim ond 'yfi,—a Phryderi, wrth gwrs.
ARCH-BENCERDD:	Os felly, Mr Heilyn ap Gwyn, fel clerc y llys, ydych chi'n awyddus iawn i gadw cofnodion o'r gweithrediadau y bore yma?

HEILYN: Na, ddim felly, ddim felly, syr.

ARCH-BENCERDD: A thithau, Pryderi? Ti yw'r plismon.

PRYDERI: 'Rydw i'n cytuno â'r hyn ddywedodd Cigfa. A diolch i'r nefoedd am y merched. Neu fe fyddwn i yn nwylo'r Ariadne yna yn y Rhyl.

ARCH-BENCERDD: A thithau, fy nai, ddoi di acw i'm helpu i yn y siop? Mi fûm i'n chwilio am bartner er pan aeth Cigfa drosodd i'r heddlu. Mi gei di fynd yn Arch-Bencerdd Gorsedd Bodran ar f'ôl i.

MANAWYDAN: Gwneud groser ohonof i, ai e? Gwneud groser o'r unig glerwr, yr unig fardd annibynnol a rhydd yng Nghymru gyfan!

RHIANNON: Mi arhosa' i gyda thi, Manawydan.

MANAWYDAN: Mae hynny'n beth eithriadol i wraig y dyddiau yma.

CRÏWR *(yn mynd ato)*: Paid â gwrthod, fachgen, paid â'm gadael i. 'Rwyt ti wedi dŵad â thipyn o ysbryd yr hen Dal yn ôl i'r hen ardal. Mi gaf innau roi'r hen grown iti'n rhodd briodas. Mi fydda' i'n gorffwys yn dawel wrth feddwl fy mod i wedi rhoi'r gloch i rywun fyddai wrth fodd yr hen gwmni gynt. Cymer hi, was bach, cymer hi 'rŵan.

MANAWYDAN: Pi-Si, fedri di oddef bardd arall yn y dyffryn yma heblaw ti?

PRYDERI: Dyna f'unig siawns i i ennill cadair arall.

MANAWYDAN: O'r gorau'r hen ŵr, mi arhosaf.

(Y mae MANAWYDAN yn cymryd y gloch.)

ARCH-BENCERDD: Mae gen' innau rodd briodas i'w chynnig i ti, Rhiannon. Gan mai Mrs O'Leary yw dy enw di 'rŵan, fe feddyliodd Mr Heilyn ap Gwyn, ein clerc dysgedig, a'm cyd-aelodau innau o Orsedd Bodran mai priodol iawn fyddai rhoi iti rywbeth o Iwerddon. Ar ran clerc ynadon Bodran a'r ustusiaid dyma iti naw tocyn i'r *sweepstake* ar y Darbi yr wythnos nesaf.

ATHRO a'r FICER *(gyda'i gilydd)*:
>Ble mae'r degfed; 'roedd yno ddeg?

(Cân MANAWYDAN *y gloch, ac y mae ef a'r* CRÏWR *a phawb yn ymuno i ganu)*:
>Coi mi deri,
>Cil mi ceri, etc. etc.

A'R LLEN YN DISGYN

NODIADAU

1. Darn o arian gwerth ychydig mwy na cheiniog newydd, a gyflwynwyd gyntaf yn 1551. Parhaodd mewn cylchrediad hyd nes cyflwyno'r arian degol yn Awst 1971.

2. Ffodrwm: ale y tu draw i gorau'r beudy lle y cedwir gwair yn barod i'w roi i'r gwartheg.

3. Sefydlwyd y Bwrdd Canol Cymreig yn 1896 yn sgil Deddf Addysg Ganolradd Cymru (1889) a roddodd gyfrifoldeb dros addysg ganol i'r cynghorau sir a'r cynghorau bwrdeistref. Rhoddwyd iddo'r gwaith o arolygu ysgolion a sicrhau unffurfiaeth y gwaith a wnaed ynddynt.

4. Gweler isod, n.31.

5. Cymysgedd gwirion o winoeddd a lleoliadau! Ni cheir sieri yn yr Eidal, siampaen ym Mhortiwgal na chianti yn Sbaen —heb sôn am gafiar o'r Swistir! Y mae Montrachet yn cynhyrchu gwin gwyn a daw Tocâi o Hwngari!

6. Mathew xviii.12.

7. Cyflwynwyd yr arholiad 'Intermediate' am y tro cyntaf yn dilyn ad-drefnu arholiadau Prifysgol Llundain yn 1858. Safai ymgeiswyr allanol a mewnol yr arholiad hwn o leiaf blwyddyn wedi iddynt ymaelodi yn y Brifysgol. Yr oedd rhaid cyrraedd safon foddhaol yn Lladin a hanes Rhufain, hanes Lloegr, Saesneg (iaith a llên), mathemateg a naill ai Ffrangeg neu Almaeneg. Felly gellid ennill hawl i'r teitl, BA Intermediate, efallai heb fynd ymlaen at yr arholiad terfynol, pan ofynnwyd i ymgeisydd lwyddo yn y clasuron, hanes Groeg, anianeg anifeiliaid, rhesymeg ac athroniaeth. Ad-drefnwyd y system ar ôl sefydlu'r CNNA, a diddymwyd yr arholiad canol.

8. Disgynnodd y bom atom gyntaf ar ddinas Hiroshima ar 6 Awst 1945, gan ladd tua 80,000 o bobl. Dyma'r cyfeiriad cyntaf yn nramâu Saunders Lewis at y digwyddiad a newidiodd awyrgylch ac amodau byw ar y ddaear. Ceir cyfeiriadau eraill yn *Esther*, ac erbyn tuag 1967 yr oedd wrthi'n cyfansoddi drama am hanes datblygiad y bom a'i ganlyniadau. Gweler hefyd 'Adfent y bom atom', *Empire News*, 12 Rhagfyr 1954.

9. Cymeraf fod *Y Lleuad* yn y cyd-destun hwn yn adlais o'r cylchgrawn Anglicanaidd enwog, *Yr Haul*.

10. Goronwy Owen, 'Cywydd Hiraeth am Fôn', ll.28: 'Erglyw, a chymorth, Arglwydd,/ Fy mharchus arswydus swydd.'

11. Fel yn *Manawydan Fab Llŷr*, gw. Ifor Williams (gol.), *Pedeir Keinc y Mabinogi* (1930), 51.

12. Am ddarlun bywiog iawn o fywyd John Hughes fel groser ym Manceinion, gweler pennod gyntaf *Yr Artist yn Philistia—I Ceiriog* (1929), lle y rhoddodd Saunders Lewis rwydd hynt i'w ddychymyg a chreu argraff drawiadol iawn o amgylchiadau byd busnes Cymry dosbarth canol y trefi Seisnig tua diwedd y bedwaredd ganrif ar bymtheg.

13. Am y cysylltiad rhwng Williams Pantycelyn a'r dail te gweler J.R. Kilsby Jones (gol.), *Holl Weithiau Prydyddawl a Rhyddieithol . . . William Williams Pant-y-Celyn* (1867), x: 'Daeth y bardd ei hun i fod yn hoff iawn o'r "ddalen o'r India"; a chan ei fod mor "thorough man of business", ac yn efengylwr ac emynwr, arferai brynu cistaid gyfan o hono ar y tro, ac yna, wedi diwallu ei angen ei hun, rhannai ei gynwysiad rhwng ei gyfeillion.'

14. Ystyr wreiddiol Pantechnicon oedd basar at weithiau celfyddyd; yna aeth i olygu warws dodrefn, ac o hynny, cerbyd neu lori fawr i symud dodrefn.

15. Richard Robert Jones (1780–1843), trempyn amlieithog hynod iawn o ran ei ymddangosiad a'i ffordd o fyw.

16. Y mae'r ymadrodd hwn yn cyfeirio at yr arferiad o roi pâr o fenig gwynion i farnwr pan nad oedd achosion iddo'u profi ac yn awgrymu felly fod Cymru yn wlad lle na cheid troseddu difrifol yn erbyn y gyfraith.

17. Yr oedd y farchnad ddu, sef marchnad mewn nwyddau a bwydydd a werthid am arian yn unig a heb y tocynnau a ddosbarthwyd gan y Llywodraeth fel rhan o'r system ddogni, yn gyffredin yn ystod blynyddoedd rhyfel 1939–45 ac yn y blynyddoedd ar ôl hynny tra parhâi prinder. Y mae ymddygiad yr Arch-Bencerdd-Groser yn nodweddiadol o lawer yn ystod y cyfnod, pan dreuliodd llawer siopwr-blaenor gyfnod yng ngharchardai ei Fawrhydi oherwydd ei frwdfrydedd proffesiynol.

18. Hynny yw, adolygiad John Bodfan Anwyl (1914 ac 1916) o eiriaduron Cymraeg–Saesneg a Saesneg–Cymraeg a gyhoeddwyd yn wreiddiol gan William Spurrell yn 1848 ac 1853.

19. Cymharer W.J. Gruffydd, 'Ynys yr Hud'—'Hen ŵr, hen ŵr o'r Sioned/ Mae'ch gwallt a'ch barf yn wyn,/ Pwy ydych chwi sy'n crwydro/ Ar lan y môr fel hyn?' (*Ynys yr Hud a Chaneuon Eraill* (1963), 8).

20. Dechreua'r rhestr hon fynd o chwith gyda *scherzo*, sy'n cyfeirio at ddull ysgafn a bywiog o chwarae. Y mae'r symudiad at *allegro* yn hollol naturiol, ond dibynna'r symudiad at *il penseroso* ar wybodaeth o ddwy gerdd John Milton, *L'Allegro* ac *Il Penseroso*. Gyda *ffalseto* dychwelwn at air sy'n cyfeirio at ddull o ganu na fyddai wedi'i gynnwys yn y rhestr wreiddiol ac oddi yno, dan ddylanwad odl, at enw Antonio Canale (1697–1768), arlunydd o'r Eidal. Daw *antimacasso*, o'r gair antimacassar, sy'n ddyfais i amddiffyn cadair rhag effaith oel gwallt, i mewn fel gair Eidalaidd o ran sain. Ar ôl hynny y mae'n ollyngdod cyrraedd penillion telyn!

21. Gweler 'Eisteddfod Llanfairtalhaiarn, Yr Ail Ddiwrnod', *Gwaith Talhaiarn The Works of Talhaiarn in Welsh and English* (1855), 348: 'pan fo ffraethineb yn melltenu [*sic*] o stori neu englyn, bydd yn siwr o gael ei dderbyn, ei groesawu, a'i wobrwyo, gyda'r chorus anfarwol—Coi mi deri,/ Cil mi ceri,/ Coi mi deri, coi mi;/ Strim stram bondo,/ Joli bid i'r amdo,/ Coi mi deri, coi mi.' Nid oes ffynhonnell lenyddol arall i'r pennill hyd y gwyddys, ond ymddengys ei fod ar lafar yn y gogledd ar ffurf rhigwm. Deallaf gan yr Athro Geraint Gruffydd fod cyn-ysgrifenyddes y Ganolfan

Uwchefrydiau Cymreig a Cheltaidd, Mrs Llinos Roberts-Young, yn cofio clywed hen hen fodryb iddi a aned ym Môn, yn canu'r geiriau canlynol:

> Coi mi nero,
> Cild-ti gero,
> Coi mi nero, coi mi
> Strim, strim stramadidl
> Anabona ringting
> A rig-nam bwli-di ma coi mi.

Yr oedd Mrs Roberts-Young dan yr argraff mai geiriau Gwyddeleg oeddynt efallai yn wreiddiol, neu Romani.

22. Gorwedd Dyffryn Elwy i'r dwyrain o Lyn Tegid a'r Bala.

23. William Owen Pughe (1759–1835), ysgolhaig ac awdur *Geiriadur Cymraeg a Saesneg* (1803), sy'n enwog am hynodrwydd ei eirdarddiadau a'r egwyddorion sillafu a gyflwynodd.

24. Disgrifir sawl gwledd ar y mynydd yng ngweithiau Talhaiarn. Gweler *Gwaith Talhaiarn*, I, II a III, passim.

25. Cwpled olaf ond un cywydd Talhaiarn i'r Cwrw, sy'n gorffen gyda'r cwpled arall, 'Cwrw i bawb a'i caro,/ Rhown er maeth y llaeth i'r llo' *Gwaith Talhaiarn*, 160.

26. Siôn Powel o Ryd yr Eirin. Un o feirdd gwlad ardal Talhaiarn y mae sôn amdanynt yn y 'Mân-Chwedleuon' a gyhoeddwyd yn wreiddiol yn *Y Cymro* rhwng Ionawr a Mehefin 1850: 'Gwelwch mai Ifan Brydydd Hir oedd yr Offeiriad, ac yr oedd ei glochydd dysgedig, Robert Thomas, yn gweinyddu gydag ef, ac yn mhlith y gwyddfodolion gwelid Dafydd Siôn Pirs a Siôn Powel o Ryd yr Eirin. Dyna i chwi lon'd trol o wir Feirdd.' *Gwaith Talhaiarn in Welsh and English* (1855), 23.

27. Nid i ennill pres yn unig, yn ôl Saunders Lewis yn 1930, yn ei adolygiad o ddetholiad T. Gwynn Jones o weithiau Talhaiarn: 'Sgrifennodd Ceiriog dair neu bedair telyneg sy'n berffaith. Tair neu bedair yn unig wrth gwrs, ond y mae hynny'n ddigon, diolch fyth, i anfarwoli bardd. A oes un gan o waith Talhaiarn y mae'n rhaid ei rhoi ym mhlith pethau perffaith y delyneg Gymraeg? Efallai un . . . Dyma'r Gân: "Mae nghariad fel y lili lan . . ."' Gweler *Y Faner*, 23 Rhagfyr 1930, 4.

28. 'Cân mamaeth Gymreig wrth fagu Tywysog Seisnig cyntaf Cymru o "Cantata Tywysog Cymru"', *Ceiriog*, gyda rhagair gan O.M. Edwards (1902).

29. *Gwaith Talhaiarn*, I (1855), 101.

30. Cymeraf mai cyfeiriad yw hwn at gerdd enwog Thomas Gray, 'Elegy in a Country Churchyard' a gyfieithwyd dan y teitl, 'Myfyrdawd a gyfansoddid mewn Mynwent yn y wlad, frig yr hwyr'. Gweler Thomas Lloyd Jones (gol.), *Ceinion Awen y Cymry* (1831), 178. Yr wyf yn ddiolchgar i Mr E. Millward am y cyfeiriad hwn.

31. Jôc gan Saunders Lewis yn ei erbyn ef ei hun. Cododd y syniad o'r artist yn Philistia, yn byw yng nghanol cymdeithas faterol na allai ei

werthfawrogi, o nofel Barrès *Sous l'oeil des Barbares* (1888) yn y lle cyntaf, gan fabwysiadu'r term a fathwyd gan Matthew Arnold yn *Culture and Anarchy* (1869) i ddisgrifio dosbarth canol diddiwylliant ei gyfnod ef. Cyhoeddodd ddau lyfr mewn cyfres o dan y teitl hwn, *Yr Artist yn Philistia—I Ceiriog* (1929) a *II Daniel Owen* (1936). Bu'n fwriad ganddo gyhoeddi trydedd gyfrol ar waith Glasynys ond oherwydd iddo deimlo nad oedd y cyhoedd yn ddigon cyfarwydd â'i waith penderfynodd gyhoeddi detholiad o'i straeon ef gyda rhagymadrodd i gymryd lle'r gyfrol arfaethedig, sef *Straeon Glasynys* (1943). Gweler uchod, tt.325–6.

32. 'Crombil', cropa aderyn.

33. 'Stunsh', yn y de 'stwmp', yn cyfeirio'n aml at gymysgedd o datws a dau neu dri o lysiau, fel moron, maip, swej, wedi eu berwi ar wahân ac yna'u ffrio, ond yma gydag ystyr lai pendant.

34. Llysieuyn drewllyd a ddefnyddir mewn meddyginiaeth ac yn arbennig fel cymorth i ddadebru rhywun sydd wedi llewygu.

35. Daniel (Jenkin) Jones (1912–93), cyfansoddwr symffonïau a gweithiau corawl. 'Gŵr y synau llawn', yn ôl Ifor ap Gwilym, *Y Traddodiad Cerddorol yng Nghymru* (1978), 151.

36. Llwyddodd Edward Williams (1747–1826), 'Iolo Morganwg', bardd a hynafiaethydd a thwyllwr, i berswadio pawb bod yr Orsedd dderwyddol yn ffaith hanesyddol. Dinoethwyd ei dwyll gan Griffith John Williams, ganrif ar ôl ei farwolaeth.

37. Cawn 'sgrasio' yn *Welsh Vocabulary of the Bangor District* (1913), gan Fynes Clinton, gyda'r ystyr 'disgrace'.

38. Cymharer y gair Saesneg, 'Salamander', sy'n cyfeirio naill ai at fath o ysbryd yn system Paracelsus y credid ei fod yn byw mewn tân, neu at fath o fadfall y credid ei bod yn hoffi tân.

39. Ni wyddys am enghraifft arall o'r gair 'sbagmagio'. Awgryma Mr Dafydd Glyn Jones, y gall fod yn perthyn i'r gair 'sgegio' a ddefnyddir ym Môn gyda'r ystyr, 'camdrin, arteithio'. Cawn air tebyg iawn yn *Welsh Vocabulary of the Bangor District* (1913), gan Fynes Clinton, sef 'sagmagio', gyda'r ystyr, 'to hack about'. Daw 'stowci' o'r ferf 'costogaf, costowcio', sy'n golygu troi'n sarrug, bod yn ddrwg eich tymer.

40. Cyfeiriad at y bardd Tseineaidd, Po Chu-i (772–846). Y mae'n debyg y byddai Saunders Lewis wedi dod ar draws Po Chu-i yn llyfr Arthur Waley, *The Life and Times of Po Chu-i* (1948).

41. 'Heb ronc': yma'n meddwl 'yn unionsyth', 'yn ddibetrus'. Cymharer 'rhoncian'; 'siglo', 'gwegian'.

42. 'Stumddrwg': ystum + drwg, dichellgar

43. 'Bacstandio': o'r Saesneg, yn golygu dwrdio neu dafodi.

44. Cymharer geiriau Glewlwyd Gafaelfawr, porthor Arthur yn chwedl *Culhwch ac Olwen*, R. Bromwich a D.S. Evans (goln), (1988), 5.

45. Cyfeiriad at gainc gyntaf y *Mabinogi*; gweler *Gan Bwyll* Act I, isod, tt.451–65.

46. Robin Clidro (fl.1545–80), clerwr, brodor o Ddyffryn Clwyd yn ôl rhai. Canai gerddi cellweirus ar amrywiad o'r Cyhydedd Hir. Canodd Siôn Tudur farwnad iddo.

47. Ceir yma barodi o *Culhwch ac Olwen*, lle y rhoddir tasgau i Gulhwch gan Ysbaddaden Bencawr. Gweler Bromwich ac Evans, 21–8.

48. Cylchgrawn a gyhoeddwyd gan Wasg Prifysgol Cymru ar ran Urdd Graddedigion Prifysgol Cymru er 1938.

49. Adlais o eiriau Cigfa yn y *Mabinogi*; gweler Ifor Williams (gol.), *Pedeir Keinc y Mabinogi* (1930), 58.

50. Gofynnodd Saunders Lewis i'r Dr Gwent Jones brynu Kum-back yn anrheg pen-blwydd i'w ferch, Mair, tra ei fod yn Wormwood Scrubs. Gweler Mair Saunders Jones, Ned Thomas and Harri Pritchard Jones (eds), *Saunders Lewis Letters to Margaret Gilcriest* (1993), 632, 8 August 1937. Rwyf yn ddyledus i Mrs Mair Jones am y wybodaeth mai teclyn ymarfer tenis yw'r Kum-back, a chanddo ddau bolyn a chordyn rhyngddynt a phêl yn sownd ynddo.

51. Yr oedd ffyrnigrwydd sêl cardinaliaid yr Oesodd Canol a'r Dadeni dros fuddiannau eu teuluoedd yn ddiarhebol. Byddai Saunders Lewis yn neilltuol ymwybodol o lygredd y Cardinaliaid yn sgil yr ymchwil a wnaeth wrth weithio ar ei ddwy ddrama anorffenedig, un ar fywyd Santes Catrin a'r llall yn trin Charles d'Anjou. Gweler Cyfrol II.

52. Ariadne, merch Minos a gwympodd mewn cariad â Theseus ac a'i cynorthwyodd i dreiddio drwy'r ddrysfa lle y trigai'r Minotawr a'i ladd.

53. Y mae hanes rhyfedd i'r alaw hon. Y mae'n dyddio o'r ddeunawfed ganrif ac aeth yn boblogaidd iawn yn y bedwaredd ganrif ar bymtheg, gyda geiriau Saesneg—'Oh let the kind Minstrel attune his soft lay'. Dywed Huw Williams: 'Cyn iddi gael ei disodli gan "Hen wlad fy nhadau" cenid y gân honno fel "Cân Genedlaethol" y genedl, a daethpwyd i'w hadnabod ymhlith y di-Gymraeg gan yr enw 'Good humour'd Fairly Tipsey.' Erbyn hynny disodlwyd y geiriau a gyfansoddwyd gan Fardd Alaw (John Parry) gan eiriau Ceiriog, 'I wisgo aur goron'. Gweler Huw Williams, *Canu'r Bobl* (1978), 95–6.

54. Hunangofiant Gweirydd ap Rhys yw ffynhonnell y stori hon. Gweler Enid P. Roberts (gol.), *Detholion o Hunangofiant Gweirydd Ap Rhys* (1949), 165–6: 'Cynhelid Eisteddfod Freiniol Rhuddlan yn yr hen gastell, fel y crybwyllwyd, ac yr oedd yr adeiladydd Talhaiarn wedi gwneud dau lwyfan gyferbyn â'i gilydd, un lled isel i'r Beirdd a'r Cerddorion, a'r llall yn bur uchel a helaeth i Swyddogion yr Eisteddfod, y Beirniaid a'r Boneddigion. Yr oedd llwybr ar hyd ymyl allanol yr olaf, a chanllaw iddo tua llathen o uchder rhyngddo ag allan. Rywbryd ym mhrynhawn y dydd olaf amneidiodd Dewi o Ddyfed ar Weirydd ap Rhys oedd ar lwyfan y Beirdd i fyned ato ef ar y llwyfan mawr, i ryw amcan oedd ganddo mewn golwg. Tra oedd Gweirydd yn dechrau chwarae "Glân Meddwdod Mwyn", clywai dwrf a llefain dychrynllyd o'r tu cefn i'r Llywydd, ac yn y fan gwelai'r holl dyrfa oedd ar y

llwyfan o'r tu cefn i'r llwybr yn cwympo bendramwnwgl, ar draws ei gilydd, i'r gwaelod dwfn, canys yr oedd y llwyfan wedi torri danynt. Torrodd dwy o'r boneddigesau oedd yno eu coesau, ac anafwyd amryw eraill yn dost.'

55. Nid Robert Browning a ddywedodd hwn, wrth gwrs, na Charles Dickens ychwaith, er iddo roi'r geiriau hyn yng ngenau Mr Bumble yn *Oliver Twist*. Dyna ateb enwog gŵr yr arswydus Mrs Bumble pan ddywedir wrtho fod y gyfraith yn dal fod dyn yn gyfrifol am weithred ei wraig.

56. Sefydlwyd y Coleg Normal fel coleg i hyfforddi athrawon yn 1858 ac felly y mae ymhlith sefydliadau addysg uwch hynaf Prydain.

57. Sefydlwyd yr Irish Hospitals Sweepstake yn 1930. Cyn cyflwyno'r Betting, Gaming and Lotteries Act 1963, yr oedd yn anghyfreithlon ym Mhrydain i gymryd rhan hyd yn oed mewn loteri a drefnwyd dramor.

Gan Bwyll

CYFLWYNIAD

Fel *Eisteddfod Bodran*, cyfansoddwyd *Gan Bwyll* gogyfer â'i pherfformio gan Chwaraewyr Garthewin, a lluniwyd ei chymeriadau ar gyfer actorion y cwmni.[1] Fe'i llwyfannwyd am y tro cyntaf ar nos Fawrth, 3 Mehefin 1952, yn ail Ŵyl Garthewin, dan gyfarwyddyd Morris Jones. Pan gyhoeddwyd y ddwy ddrama mewn cyfrol dan y teitl *Dwy Gomedi* ym mis Awst y flwyddyn honno, sylwodd adolygwyr eu bod yn debyg mewn sawl modd. Tynnodd D. Llywelyn Jones, er enghraifft, sylw at yr elfennau Mabinogaidd a Thalhaiarnaidd yn y naill ddrama a'r llall ac at y dyfeisgarwch a'r clyfrwch a ddangosodd yr awdur mewn mydryddiaeth a hiwmor.[2] Ar y llaw arall, y mae gwahaniaethau amlwg rhwng y ddwy gomedi. O ran thema ac adeiledd y mae *Gan Bwyll* lawer yn agosach at *Blodeuwedd* nag y mae at *Eisteddfod Bodran*.

Esboniodd Saunders Lewis wrth Kate Roberts mai, 'ateb i gam-ddeall y beirniaid ar ystyr *Blodeuwedd* yw rhan bwysig o *Gan Bwyll*'.[3] Nid oes llawer o dystiolaeth o'r camddeall hwn, ond nid oes ei hangen er mwyn gweld fod y berthynas rhwng Rhiannon a Phwyll yn y naill ddrama wedi ei dyfeisio er mwyn cadarnhau'r neges a fynegwyd yn y llall ynglŷn â'r ffordd y mae dynion yn bygwth hawliau merched yn eu hymdrech am drefn a sefydlogrwydd cymdeithasol. Y mae'r berthynas rhwng Pwyll a Rhiannon yn *Gan Bwyll* yn dangos yr un elfennau o dyndra a gwrthdaro sy'n achosi'r frwydr rhwng y gŵr a'r wraig yn *Blodeuwedd*. Cofiwn yr hyn a ddywedodd Saunders Lewis mewn llythyr at y Dr Gwenan Jones sef mai Blodeuwedd sy'n ennill y ddadl yn Act olaf y ddrama honno, 'Nid Dafydd Nanmor, sef Llew'.[4] Yn *Gan Bwyll* cyflwynir yr un ddadl, ond y tro hwn y mae'r cariadon yn ymladd ar yr un ochr. Nid oes gan Bwyll yr hunanolrwydd a danseiliodd gariad Llew. Y mae'n parchu hawliau merch ac yn deall fod cryfder dyn yn dibynnu ar ei barodrwydd i gyfaddef tynerwch ei deimladau.

Esgorodd y berthynas thematig rhwng *Blodeuwedd* a *Gan Bwyll* ar debygrwydd o ran cynllun ac adeiledd. Datblyga *Gan Bwyll* ar fframwaith perthynas drionglog rhwng Rhiannon, Pwyll a Gwawl sy'n ddigon tebyg i'r hyn a geir yn *Blodeuwedd*, lle y mae'r gweithgarwch i gyd yn seiliedig ar y berthynas rhwng y ferch o flodau a Llew a Gronw. Oherwydd hyn y mae *Gan Bwyll* yn ymdrin â phrofiad mewnol i raddau llawer mwy nag y mae *Eisteddfod Bodran*. Ond yn anffodus, ni chaniataodd Saunders Lewis iddi ymffurfio'n gyson ac yn gytbwys o gwmpas profiad mewnol ei gymeriadau i'r un graddau ag y gwnaeth yn *Blodeuwedd*. Gyda chyflwyniad Hefeydd a Brenda yn yr ail Act cyll y berthynas rhwng Rhiannon, Pwyll a Gwawl ei blaenoriaeth yn y ddrama a thry'r gweithgarwch i raddau mwy o gwmpas digwyddiadau allanol. O safbwynt thema, y mae'r berthynas rhwng y tad a'r llysfam yn hanfodol i ddatblygiad y ddrama, ond o safbwynt adeiledd rhaid sylwi ei bod yn dihysbyddu'r tyndra dramataidd. Y mae cyflwyno'r cymeriadau hyn ar ddechrau'r ail Act ymron cystal â dechrau'r ddrama o'r newydd, gan ddarostwng yr Act gyntaf i lefel cyflwyniad rhagbaratoawl. Erbyn y diwedd y mae sawl agwedd ar weithgarwch y gomedi, yn cynnwys hiwmor a mydryddiaeth, yn debyg o beri inni anghofio'r tebygrwydd rhwng *Gan Bwyll* a *Blodeuwedd* yn gyfan gwbl. Gellid dweud fod ysbryd *Eisteddfod Bodran* yn ennill y dydd dros wir ddiddordeb dramataidd.

    Trodd Saunders Lewis at un o geinciau'r *Mabinogi* gogyfer â sylwedd *Gan Bwyll* fel y gwnaeth yn achos *Blodeuwedd*, a glynodd yn agos iawn wrth rediad y chwedl wreiddiol fel y datblyga ar ôl dychwelyd Pwyll o Annwn. Mabwysiadodd gymeriad Rhiannon fel yr ymddengys yn y *Mabinogi*, yn barod ei thafod, yn ffraeth ac yn agored yn ei pherthynas â Phwyll.[5] Daeth o hyd i wreiddyn cymeriad Pwyll yno hefyd, yn arbennig yn y darn lle y'i disgrifir yn rhoi ei air i Wawl yn y neithior ac yn sefyll yn fud dan gerydd Rhiannon. Cyhyd ag y mae a wnelo â'u perthynas hwy, glyna Saunders Lewis yn agos iawn wrth eiriau ac ystyr y stori wreiddiol, gan ddatblygu'r potensial a welai ef ynddi yr un mor feistrolgar ag a wnaed yn *Blodeuwedd*.

    O gwmpas y cymeriadau canolog hyn cesglir llu o fân gymeriadau, rhai a awgrymir yn y chwedl wreiddiol, rhai a chanddynt swyddogaeth wreiddiol yn y ddrama, fel Pendaran Dyfed a Theirnon, Penteulu Dyfed. Ymhlith y rhain saif Hefeydd Hen ar ei ben ei hun. Cymerir hedyn ei gymeriad grotésg yn y *Mabinogi*, lle y'i cyflwynir mewn perthynas â gwledda ac yfed: 'A dyma baratoi'r neuadd, a'r llu'n mynd at y byrddau. Ac yr oedd Hefeydd Hen yn eistedd ar un ochr i Bwyll, a Rhiannon yr ochr arall iddo, ac wedyn fe eisteddai pawb yn ôl ei bwysigrwydd. A dyma nhw'n bwyta a sgwrsio a mwynhau eu hunain.'[6] Serch hynny, yn *Gan Bwyll* tyfodd Hefeydd ymhell y tu hwnt i'w faintioli gwreiddiol i fod yn gymeriad llawn yn nhraddodiad Sancho Panza, efallai dan ddylanwad Falstaff, fel yr ymddengys yn *The Merry Wives of Windsor*.[7] Yn y ddrama cyflawna Hefeydd swyddogaeth bwysig, gyda dau gymeriad arall nad ydynt i'w cael yn y *Mabinogi* o gwbl, sef Brenda, llysfam Rhiannon a Muriel, derwydd a theithiwr sy'n cynrychioli doethineb a rhesymeg athronwyr hynafol Athen ynghanol hud a lledrith Dyfed.

    Y mae gan Hefeydd a Brenda rôl neilltuol i'w chwarae o ran cyflawni datganiad themataidd y ddrama, gan eu bod yn ehangu'r drafodaeth am serch a phriodas a awgrymir gan stori garu Rhiannon a Phwyll. Yn y frwydr barhaol rhwng Hefeydd a Brenda cawn enghraifft o briodas lle nad oes dealltwriaeth ar y ddwy ochr o'r modd y gall gwendid merch gryfhau dyn. Y mae eu perthynas yn barodi ar y berthynas iach rhwng Pwyll a Rhiannon. Yn y bôn y mae Hefeydd yn ofni Brenda oherwydd ei gallu i'w newid. Felly y mae'n ei amddiffyn ei hun trwy ei diystyru ym mherson ei ferch. Wrth wadu gwerth teimladau Rhiannon cais wadu hawliau'r tynerwch y mae'n ei ofni yn ei wraig.

    Y mae gan Wawl fab Clud hefyd gyfraniad pwysig i'w gynnig i'r ddadl hon. Nid oes dim arwydd yn y *Mabinogi* o'r bryntni a'r chwerwder a ddengys cariad Rhiannon yn y ddrama. Ymddengys Gwawl yn y chwedl yn ddyn urddasol a'i unig wendid yw ei duedd i hawlio cydnabyddiaeth iddo'i hun fel, 'dyn pwysig, cyfoethog iawn'. Pan ddaw i mewn i'r neuadd i hawlio cymwynas gan Bwyll fe'i cyflwynir inni fel, 'gŵr ifanc mawr, tywysogaidd, gyda gwallt gwinau, un wedi ei wisgo mewn gwisg sidan'.[8] Nid yw awdur y chwedl yn awgrymu casineb a surni, hyd yn oed pan ddihanga Gwawl o'r god:

> 'Yn wir, arglwydd,' meddai Gwawl, 'rydw i wedi cael fy mrifo, rydw wedi cael clwyfau mawr ac y mae'n rhaid i mi gael ymolchi i esmwytho. Mi â i, gyda dy ganiatâd ti. Ac mi adawa i uchelwyr yma, ar fy rhan i, i roi rhodd i bawb a ddaw ar d'ofyn di.'
> 'Iawn!' meddai Pwyll. 'Gwna hynny.'
> Ac yna fe aeth Gwawl tua'i wlad.[9]

Yn y ddrama, datblyga Saunders Lewis gymeriad Gwawl yng ngoleuni'r ddadl am berthynas gŵr a gwraig. Gwelir ym Mhwyll wrthgyferbyniad llwyr i Lew Llaw Gyffes, un sy'n mynnu fod gan ferch hawliau y tu hwnt i ystyriaethau gwleidyddol. Felly dywed wrth Deirnon: 'Na chymerwn i fyth wraig ond o gariad;/ Fynna' i ddim troi merch yn foddion/ I sefydlu llywodraeth gwlad.'[10] Yn Hefeydd ceir enghraifft o ddyn sy'n mynnu cyfyngu'r ferch i fod yn wrthrych chwant rhywiol yn unig, yn union fel cig llo a phastai alarch, gan golli felly holl gyfoeth y gwmnïaeth a'r cysur sydd ganddi i'w gynnig. Saif Gwawl un cam ymhellach na Hefeydd oddi wrth Pwyll. Os caiff Hefeydd fargen wael wrth amddiffyn ei wroldeb yn erbyn ei wraig, caiff Gwawl y fargen waethaf oll—nid yn nhermau'r chwedl yn unig, wrth gael ei roi yn y god, ond yn nhermau athroniaeth y ddrama, oherwydd iddo danseilio'i allu i garu a derbyn cariad. Y mae ofn gwrthodiad wedi peri i Wawl weithredu mewn modd sy'n prysuro'r union beth a ofna. Cred fod estyn cariad at ferch yn rhoi i honno'r gallu i'w frifo ac o ganlyniad ofna'r ferch y mae'n ei charu. Y mae'r ofn hwn yn ennyn dicter tuag ati, sy'n tyfu fel y tyf y serch ei hun. Oherwydd hyn y mae caru a chasáu wedi ymblethu mewn ffordd sy'n ei ddrysu: 'Rwy'n ei charu a'i chasáu. Paid â gofyn/ Sut y gall hynny fod; wn i ddim;/ Ond mae'n bod, mi wn, ac yn gwynio.'[11]

O'i hystyried o safbwynt thema yn unig, y mae *Gan Bwyll* yn dilyn trefn gytbwys, gan fod yr holl weithgarwch yn troi o amgylch y ddadl ganolog a gyfleir drwy gyfrwng y berthynas rhwng Rhiannon, Pwyll a Gwawl. Serch hynny, oherwydd nad yw'r gweithgarwch hwnnw yn codi o'r tyndra rhwng y cymeriadau, ni cheir cydbwysedd o ran adeiledd. Hyd yn oed yn yr Act gyntaf, er bod llawer o'r trafod rhwng gwŷr Pwyll yn berthnasol i brif thema'r ddrama, nid oes i'r drafodaeth honno gysylltiad uniongyrchol â'r sefyllfa y mae cynllun y ddrama'n dibynnu arni, sef y cyfarfyddiad cyntaf rhwng y cariadon.

Cyflwynir prif thema'r ddrama yn yr olygfa gyntaf, trwy gyfrwng sgwrs gwŷr Pwyll sy'n troi o amgylch dadl ynglŷn â natur cymhelliad dyn. Y mae personoliaeth a safbwynt Muriel, sy'n hawlio gallu'r gwyddonydd i gyrraedd dyfnderoedd yr enaid dynol, yn ysgogi llawer o drafodaeth ysgafn ynglŷn â chyflwr Pwyll. Yna, pan ddaw Rhiannon i'r llwyfan, cawn gyfle i sylwi sut y mae'r dynion gwahanol yn ymateb i ferched yn gyffredinol. Yn y modd hwn sefydla'r dramodydd gyd-destun i ymateb Pwyll i Riannon. Mae Ffreudiaeth anacronig Muriel ac ysgafnder Gwyn yn llywio'n hymateb i haelioni rhamantus a naturioldeb iachus Pwyll.

O'r ail Act ymlaen, ar ôl inni gyrraedd llys Hefeydd, gwelir bod datrys y cynllwyn sy'n troi o amgylch perthynas y cariadon yn dibynnu ar ganlyniad y frwydr rhwng tad a llysfam Rhiannon. O hyn ymlaen fe'n gorfodir i ddehongli'r berthynas rhwng Pwyll a Rhiannon drwy gyfrwng y gwrthdaro rhwng y pâr priod arall, gan aberthu'r tyndra a'r cynildeb dramatig y gellid bod wedi ei adeiladu drwy ddatblygu elfen fewnol y berthynas rhwng y cariadon, fel y gwnaethpwyd yn *Blodeuwedd*.

Canolbwynt yr ail Act yw adnewyddu ac adolygu'r cytundeb rhwng y cariadon. Canolir y drydedd Act ar y gweithgarwch allanol sy'n ymwneud â chael Gwawl i mewn ac allan o'r god. Er bod Saunders Lewis yn manteisio ar y gwrthdaro rhwng Gwawl a Rhiannon i ymestyn prif ddadl y ddrama ymhellach, dibynna'n ormodol ar gymeriadau eraill i gynnal prif symudiad y ddrama. Gwelir, er enghraifft, yn y modd y trefna'r diwedd sut y symuda'r canolbwynt tuag at Hefeydd Hen. Yn y *Mabinogi* y trefnir gollwng Gwawl, drwy ddeialog rhwng Rhiannon, Pwyll, Gwawl a Hefeydd:

> 'Arglwydd,' meddai'r dyn o'r god, 'petaet ti'n gwrando arna i, 'dydi fy lladd i mewn cod fel hyn ddim yn farwolaeth weddus imi.' 'Arglwydd,' meddai Hefeydd Hen, 'mae e'n dweud y gwir ac y mae'n iawn iti wrando arno fe; 'dydi hyn'na ddim yn farwolaeth weddus iddo fe.'
>
> 'O'r gorau,' meddai Pwyll, 'mi ddilyna i dy gyngor di yn ei gylch e'.'
>
> Ac yna dywedodd Rhiannon wrtho, 'Dyma iti gyngor gen i: rwyt ti'n awr mewn lle y mae'n ddyletswydd arnat ti i fodloni pawb, yn bobl a cherddorion, sy'n gofyn am bethau gen ti. Gad iddo *fe* roi anrhegion yn dy le di—a chymer sicrwydd ganddo fe na wnaiff e' byth hawlio hyn yn ôl gen ti, na dial arnat ti am hyn, ac fe fydd hynny'n ddigon o gosb iddo fe.'
>
> 'Fe gaiff e' hyn'na i gyd,' meddai'r dyn o'r god.
>
> 'Mi derbynia i hynny'n llawen, 'meddai Pwyll, 'os dyna ydi cyngor Hefeydd a Rhiannon.[12]

I awdur y *Mabinogi*, y mae cael Gwawl i'r god a'i filwyr mewn cadwynau cystal â rhoi Rhiannon yn ôl i Bwyll. Teimla ef fod cyfatebiaeth y tric a chwaraeir gan Bwyll ar Wawl i'r hyn a chwaraeir gan Wawl arno ef yn diddymu'r hawliau a roddwyd i Wawl dros Riannon. Felly yr unig broblem sy'n weddill yn ei dyb ef yw sut i gael Gwawl allan o'r god heb ei ladd. Ond yn ôl dehongliad Saunders Lewis, rhaid cael cytundeb Gwawl cyn rhyddhau Pwyll o ganlyniad i'w addewid ffôl. Felly y mae'n gwneud rhyddhau Rhiannon yn amod gollwng Gwawl o'r cod.

Pe bai Saunders Lewis wedi dilyn yr awgrym a geir yn y *Mabinogi* byddai wedi ymddiried y gwaith hwn i Bwyll, dan gyfarwyddyd ei gariad, ond yn lle gwneud hyn cyflwyna weithgarwch comig newydd y mae Hefeydd yn ganolog ynddo. Gyda Gwawl yn y sach, Hefeydd sy'n cael y cyfrifoldeb o sicrhau cytundeb a'i ryddhau, a gwna hyn mewn modd sy'n tynnu sylw oddi ar sefyllfa'r cariadon ac yn ei gyfeirio ato ef ei hun. Canlyniad hyn yw gosod Hefeydd a'i drachwant am fwyd rhwng y gynulleidfa a chariad Pwyll a Rhiannon. Ni ellid dweud drwy hyn oll fod Saunders Lewis wedi colli golwg ar yr angen i gyflawni thema'r ddrama. Gwna i Wawl droi at Riannon cyn mynd o'r llys a'r llwyfan i edliw iddi wrthod ei gariad, gan roi iddi'r cyfle i'w hamddiffyn ei hun ac i'n hatgoffa ni o brif foeswers y gomedi— 'Nad marsiandïaeth yw morwyn'.[13] Ond ni chaiff Rhiannon na Phwyll y gair olaf. Hefeydd sy'n cau pen mwdwl y ddrama, gan ein gadael ni ag argraff ddofn iawn o ffolineb y dyn di-serch ac o hunanfodlonrwydd anorchfygol y bol: 'Dewch, rhaid cael cinio mwyach,/ Mi gedwais i'r ail gwrs o'r sach.'

Ni lwydda Hefeydd i danseilio urddas y prif gymeriadau, nac ychwaith i ddifetha'r argraff ramantus a wneir ar y gynulleidfa gan ffresni a diffuantrwydd y serch y maent yn ei addef, er gwaethaf ei hyfdra a'i goegni di-dderbyn-wyneb. Ar sail y ddwy brif olygfa rhyngddynt, gall Rhiannon a Phwyll hawlio lle yng nghwmni Rosalind ac Orlando a Beatrice a Benedick. Ond gan ddweud hynny, rhaid cyfaddef nad oes yn *Gan Bwyll* fesur helaeth o'r graslonrwydd ysgafn a welir yn *As You Like It* neu *Much Ado About Nothing*. Nid oes ynddi ychwaith y cydbwysedd a'r ddisgyblaeth ffurfiol a adlewyrchir yn adeiladwaith patrymog comedïau Shakespeare. Y mae'r gymhariaeth yn tynnu sylw at y diffyg cyfartaledd a amlygir drwy'r penrhyddid a roddir i Hefeydd Hen. Y mae gan y cymeriad hwn y potensial i chwarae rhan debyg i eiddo cymeriadau grotésg Shakespeare, ond trwy ei orddefnyddio y mae Saunders Lewis yn ei ddifetha. Daw rhan helaeth o gryfder cymeriadau fel Dogberry a Verges, Bottom a Touchstone, o'r ffaith eu bod yn troi mewn cylchoedd cyfyng, heb y gallu i symud ar yr un lefel â'r cymeriadau rhamantaidd y mae eu nwydau'n symbylu cwrs y ddrama. Ond fe'n gorfodir i dderbyn Hefeydd ar yr un telerau â Rhiannon a Phwyll, creaduriaid o fyd gwahanol. Wrth wneud hyn caiff y dramodydd fanteisio ar fân effeithiau comig, ond cyll lawer o'r nerth a'r egni y gallai fod wedi elwa arnynt pe bai wedi eu cadw ar wahân.

Hyd yn oed ar eiliadau mwyaf tyngedfennus y ddrama cwyd elfen chwareus sy'n lleihau tyndra'r sefyllfa. Felly, er enghraifft, pan ofynnir i Riannon ddangos ei gwerthfawrogiad o wir gariad Pwyll, yn dilyn ei gynnig i ffoi gyda hi, gan adael Dyfed a'i arglwyddiaeth, y mae ganddynt yr amser a'r awydd i chwarae gyda chonfensiwn gwahoddiad traddodiadol y carwr— 'Come live with me and be my love,/ And we will all those pleasures prove/ That hills and valleys, dales and fields,/ Woods or steepy mountain yields':[14]

Rhiannon:	'Rwyt ti'n cynnig imi dlodi a phoen?
Pwyll:	'Rwy'n cynnig iti 'nghalon a'i hoen.
Rhiannon:	Caf gan Wawl lawforynion a moethion.
Pwyll:	Cawn gasglu'n cinio o ddail poethion.
Rhiannon:	Caf gan Wawl wely plu a gobennydd.
Pwyll:	Cei gen' innau wlith y torlenydd.
Rhiannon:	Caf gan Wawl win Sbaen ac afalau.
Pwyll:	Cei gen' innau gyrn i'th draed a chryd cymalau.[15]

Yn yr Act derfynol pery y duedd hon i arafu ac ysgafnhau'r gweithgarwch. Defnyddia'r dramodydd y cymeriad Muriel i'r perwyl hwn, gan ymddiried iddo, mewn cydweithrediad â Hefeydd, swyddogaeth debyg i eiddo'r Ffŵl yng nghomedïau'r Dadeni. Chwery'r ddau gymeriad hyn act ddwbl drwy gydol gweddill y ddrama, y naill yn mynnu hawliau athroniaeth yn erbyn materoliaeth remp y llall. Ceir yr un math o dyndra rhwng Hefeydd a Gwawl, oherwydd ei wrthodiad i flasu gwin y neithior rhag ofn cael ei drechu yn yr un modd ag y trechodd ef Bwyll. Ar ddau achlysur cawn ffrae, rhwng Muriel a Hefeydd a rhwng Gwawl a Hefeydd, yn sgil yr anghytgord hwn, sy'n bygwth atal y briodas yn gyfan gwbl ac sy'n arafu datblygiad y gweithgarwch yn sylweddol.

Gellir dweud rhywbeth tebyg hefyd am iaith y ddrama. Gwelir yn *Gan Bwyll* estyniad o'r arbrofion mydryddol a gyflwynodd Saunders Lewis yn ail Act *Eisteddfod Bodran*. Dywedodd yn 1952 fod mwy o arbrofi yn y ddwy ddrama hyn, 'nag mewn dim a sgrifennais erioed cynt', a'u bod 'yn gam ymlaen tuag at lunio arddull fyw a modern i farddoniaeth'.[16] Y mae'n debyg y byddai John Gwilym Jones wedi derbyn fod hyn yn wir yng ngoleuni'r hyn a ddywedodd yn ei adolygiad o *Gan Bwyll*, sef: 'O bopeth diddorol sydd yn[ddo] y peth mwyaf diddorol yw'r mesur.' Tynnodd ef sylw at wreiddioldeb y mesur tri churiad yr oedd Saunders Lewis wedi'i ddatblygu dan ddylanwad cyfieithiad W.J. Gruffydd o *Antigone* Soffocles a dyfynna Muriel: 'Llawer rhyfeddod a welwyd,/ nid dim mor rhyfedd â dyn.'[17]

> Pan yw Mr Lewis yn cyfieithu'r un peth (mwy neu lai) mae'n dewis yr un ffurf, ond yn llai rheolaidd. Hon hefyd yw ei ffordd ef drwodd a thro. Mae'n cadw rhyw fath o fesur, ond y mae yma ar yr un pryd ryddid rhyddiaith.[18]

Cytunodd D. Llywelyn Jones, wrth adolygu'r ddwy gomedi pan gyhoeddwyd hwy yn 1952, gan ddweud y gwnâi'r llyfr 'faes astudiaeth ardderchog i feirdd ac i'r rhai sy'n ymddiddori yn natblygiad mesurau neu yn y mydru rhydd yn ein cyfnod ni.' Disgrifiodd ef gymhlethdod a chyfoeth arddulliadol *Gan Bwyll* gyda brwdfrydedd:

> Ceir darnau di-odl, rhai odledig (hyd yn oed odlau dwbl) ac odl gyrch, a rhai a phroest neu led-broest. Hyd yn oed yn y 'vers libre' y mae'r sylfeini ar

fesurau cyson, a'r gwaith yn dangos fel y cwtogir neu yr estynnir hyd y llinellau yn ôl yr egwyddor a osodwyd ym *Muchedd Garmon*. Ceir ar dro gynghanedd gyflawn mewn rhai llinellau neu mewn mesur fel yr englyn neu gwpledi cywydd. Cymhwysir y mesurau hyn a'r englyn unodl crwca, ac eraill i ganu rhydd mesuredig, neu 'vers libre' a gwneir aml ddefnydd o gynllun math o doddaid fel Cynddelw.[19]

Yn ddiau, y mae *Gan Bwyll* yn gamp pan ystyrir hi o'r safbwynt hwn, ac yn fwy felly oherwydd y modd y plygir mydr i ganiatáu hiwmor. Ond o safbwynt darparu profiad theatraidd, y mae'n anodd peidio â theimlo fod y cyfoeth ieithyddol a mydryddol hwn yn anfantais.

Tynnodd Saunders Lewis sylw Kate Roberts at y 'proestau a'r mesurau, a'r telynegion dramatig yn *Gan Bwyll*, nad oes raid i'r gwrandawyr yn y theatr sylwi mai telynegion ydynt'.[20] Ceir enghraifft dda yng ngeiriau Hefeydd wrth iddo berswadio Gwawl i ildio'r neithior i Bwyll:

> Mi eiriolais i drosot. Mae Pwyll
> Yn fodlon maddau dy dwyll
> Ar yr amod iti adael y wledd,
> Mynd adre heb fwyd, heb gyfedd,
> Ildio pob darn o'r penwaig,
> Eog a sgwarnog, bob saig;
> 'Nawr dewis: mynd yn fwyd i bryfed
> Neu'r neithior i bennaeth Dyfed.[21]

Y mae'n annhebyg y bydd cynulleidfa yn y theatr yn ymwybodol iawn o ansawdd iaith Hefeydd dan bwysedd dwyster ei anogaeth, er nad yw hyn yn golygu nad yw'r mesur a'r odl yn effeithio ar y modd yr ymetyb iddo. O safbwynt theatr y mae cymhlethdod a chyfoeth iaith y ddrama'n broblem oherwydd ei bod yn debyg o ddiddymu'r cydbwysedd rhwng y pwysig a'r dibwys. Nid oes ffiniau ieithyddol i'n hatgoffa o'r pellter moesol rhwng ffraethineb di-chwaeth Hefeydd, a'i bryder parhaus am gyflwr ei goluddion, a hiwmor ysgafn-dreiddgar ei wraig.

Er balched oedd Saunders Lewis o'i gamp fydryddol yn 1952, pan drodd i gyfansoddi *Siwan* ymhen blwyddyn yr oedd yn barod i roi'r gorau i holl gymhlethdod yr arbrofion yr ymfalchïodd ynddynt yn ei lythyr at Kate Roberts. Wrth lunio *Siwan* dychwelodd at symledd mydryddol *Blodeuwedd* ac at arddull a ganiatâi iddo gynnal deialog gyhyrog, ystwyth, i ddweud y gwir am amwysedd cymhelliad dyn a dynes ac ar yr un pryd i gynnal yr urddas a ddeilliai o'u gonestrwydd hwy. Ymddengys ei fod yn teimlo yn 1953 nad oedd yr arddull y bu'n arbrofi â hi er 1949 yn ddilys ar gyfer deunydd y gyfres o ddramâu a ddilynodd *Siwan*.[22] Cawn rywbeth tebyg yn *Serch yw'r Doctor* dan ddylanwad Molière, ond comedi yw'r ddrama honno. Ymddengys mai dyna sy'n esbonio'r gwahaniaeth sylfaenol rhwng arddull, adeiledd a thechneg ddramataidd *Gan Bwyll* a'r dramâu eraill sy'n perthyn mor agos iddi o safbwynt thema, sef ei bod yn gomedi. Ni theimlai Saunders Lewis fod a wnelo comedi â hanfod y weithred ddramatig ond yn hytrach ei bod yn dibynnu ar y ffordd o'i thrin, a'r hiwmor sy'n codi o agweddau ymylol, damweiniol.

Ar yr olwg gyntaf ymddengys hyn yn od iawn yng ngoleuni'r ffaith fod Saunders Lewis wedi tynnu sylw at yr union briodoleddau yng nghomedïau Molière a osgôdd yn ei gomedi ei hun. Canmolodd y modd y datblygodd Molière yn *Le Misanthrope*, er enghraifft, ei ddau gymeriad canolog, gan adael i'r ddrama ymffurfio o'u cwmpas, heb ganiatáu i ddim ymyrryd â'u datblygiad:

> Nid oes yn *Le Misanthrope* fawr ddim y gellir ei alw yn stori na phlot. Gwylio Célimène neu Alceste yn ymdaflu'n llwyr a digrintach, ag afradlonedd athrylith, i mewn i bob gair ac ateb ac ystum, dyna yw diddordeb y peth. Nid yw'r cwbl ond panorama, ym myd meddwl, o egni pur, a phob cymeriad yn fflachio goleu ymddiddan a deall ar natur ei gilydd. A hyn, sef ansawdd ysbrydol y chwarae, a mewndra'r ymdrech feddwl sy'n ddeunydd y ddrama, a bair fod yn cydnabod *Le Misanthrope* hyd heddiw yn gynllun comedi dihalog.[23]

Gellid canmol awdur *Siwan*, *Blodeuwedd*, neu *Gymerwch Chi Sigaret?* yn yr un modd. Beth a wna Saunders Lewis yn y dramâu hyn ond dangos cymeriadau'n ymdaflu'n llwyr i bob gair ac ystum, gan greu gweithgarwch theatr yn sgil nerth ac argyhoeddiad dyhead nwydus ac ymdrech ymenyddiol? Pam, felly, y'n gorfodir i ofyn, y tynnu'n ôl rhag 'mewndra'r ymdrech feddwl' sy'n ddeunydd drama yn *Gan Bwyll*?

Mynegiant o ysbryd dewr ac anobaith a chwerwder oedd comedïau Molière, yn ôl Saunders Lewis; canlyniad i ymdrech i feistroli ei dynged ei hun am ychydig eiliadau, cyn ymroi o flaen dûwch ei enaid a'i anobaith:

> Meddai La Bruyère:—'Na ddigiwn wrth ddynion pan welon eu caledwch, eu hanniolch, eu hanghyfiawnder, eu coegni, eu hunanoldeb a'u hangof am eraill; felly y gwnaed hwynt' dyna eu natur; byddai'n union fel pe na allem ddioddef bod y garreg yn syrthio neu'r tân yn codi.'. . . A'r un oedd weledigaeth Molière, gweledigaeth dyn a graffodd yn hir ar fywyd, ac adnabod ei waelod. 'Canys digwydd meibion dynion a ddigwydd i'r anifeiliaid; yr un digwydd sydd iddynt; fel y mae y naill yn marw, felly y bydd marw y llall; ie, yr un chwythiad sydd iddynt oll; fel nad oes mwy rhagoriaeth i ddyn nag i anifail; canys gwagedd yw y cwbl.' Ond yn wyneb ei weledigaeth, fe chwarddai Molière,—chwerthin ar y gwagedd oll . . . Ac y mae ei chwerthin yn ystum o wroldeb, yn her i wagedd tynged. Nid oes mwy rhagoriaeth i ddyn nag i anifail? Oes, y mae un; canys fe all dyn chwerthin ar ei ddigwydd ei hun, ac felly godi'n uwch nag ef, codi o safle'r anifail i safbwynt Duw. Trwy ei ddeall, trwy ei allu i feirniadu ei hun, fe all am orig fer feistroli ei dynged, a throi

gwagedd ei einioes yn destun difyrrwch iddo'i hunan. Dyfnder profiad a dewrder moesol yw sylfaen chwerthin Molière, a sail ei fawredd.[24]

Dywed y darn hwn fwy wrthym am Saunders Lewis nag am Molière. Ni fyddai'r dramodydd o Ffrancwr wedi dyfynnu o Lyfr y Pregethwr fel y gwna'r Cymro, oherwydd na welai ddrygioni dyn mewn cyd-destun metaffisegol. Etifedd oedd Saunders Lewis i draddodiad Rhamantiaeth Ewropeaidd a ddysgodd i ddynion chwilio am ystyr yn eu profiad hwy eu hunain ac yn eu perthynas â'r byd o'u cwmpas. Bu Molière yn byw mewn byd a oedd lawer yn agosach at fyd y cywyddwyr nag at yr un lle y trigai disgynnydd Wordsworth, Coleridge a Goethe: ni ddisgwyliai ystyr yn sylwedd profiad dyn ond yn y ffurfiau a grewyd gan Dduw i'w dilyn.[25]

Yr hyn na sylwodd Saunders Lewis arno oedd y ffaith nad edrychodd Molière erioed y tu hwnt i'w gymdeithas a holi ynglŷn â gwneuthuriad y bydysawd ei hun. Digon gwir fod dynion fel Molière, La Bruyère a La Rochefoucauld[26] yn rhyfeddol ymwybodol o anghysondeb ac anwadalwch dyn, ond ni arweiniwyd hwy erioed gan hynny i amau dilysrwydd safonau eu cymdeithas. Ni welsant reswm i amau na ellid cysoni'r gomedi a'r ddychan fwyaf deifiol ar ymddygiad dyn gydag uniongrededd confensiynol eu hoes.[27]

Methodd Saunders Lewis â gweld yr elfen hollbwysig hon yng ngwaith Molière, sy'n esbonio ei duedd i orliwio'r elfen o dristwch ac anobaith a fynegir yn y comedïau mawrion. Felly dywed am araith enwog Philinte yn Le Misanthrope, lle y cais berswadio Alceste i beidio ag ymosod ar feiau ei gymdogion: 'er ffyrniced yw cas Alceste tuag at ddynion, y mae barn Philinte arnynt ac ar fywyd yn llawn tristach.' Byddai'r rhan helaeth o feirniaid yn tueddu i ystyried agwedd Philinte fel mynegiant o synnwyr cyffredin y cyfnod.[28] Digon gwir fod Molière yn bygwth y confensiynau ac yn eu tanseilio'n eofn yn Dom Juan, ond ar y llaw arall, anwir dweud, fel y gwnaeth Saunders Lewis am weithred y tad yn Doctor Er Ei Waethaf wrth iddo newid ei feddwl a rhoi'i ferch i'w chariad oherwydd ei fod wedi etifeddu ffortiwn, 'A allai chwerwder ciaidd fynd ymhellach?'

Y gwir yw, na theimlodd Molière fygythiad gwagedd fel y gwnaeth Saunders Lewis, disgybl Pater a Barrès ac edmygydd T.H. Parry-Williams.[29] Yr oedd gan Molière fwy o ffydd ym mywyd dyn nag oedd gan Saunders Lewis: ac yr oedd gan Saunders Lewis lai hyd yn oed nag awdur Llyfr y Pregethwr. Dyfynnodd Saunders Lewis y cwestiwn a ofynnodd ef, 'Pwy a edwyn ysbryd dyn, yr hwn sydd yn esgyn i fynu? a chwythad anifail, yr hwn sydd yn disgyn i waered i'r ddaear?' Ond ni chyfeiriodd at ei gasgliad, a oedd ymhell o'r besimistiaeth ddigalon a welodd y dramodydd yn sail i Le Misanthrope: 'Am hynny mi a welaf nad oes dim well nag i ddyn ymlawenychu yn ei weithredoedd ei hun; canys hyn yw ei ran ef; canys pwy a'i dwg ef i weled y peth fydd ar ei ôl?'[30]

Y mae anghysondeb amlwg rhwng theori comedi Saunders Lewis a'i ymarfer yn *Gan Bwyll*. Yn ôl yr hyn a ddywedodd am Molière, ni chredai fod gwahaniaeth hanfodol rhwng comedi a thrasiedi. Felly sylwodd ar y tebygrwydd rhwng Harpagon yn *Y Cybydd* a Macbeth:

> Onid oes rhywbeth erchyll a mwy na dynol, rhywbeth dieflig, yn ffyrnigrwydd ewyllys Harpagon . . ., ei afael angerddol ar fyw ac ar hel arian, ei chwant—ac yntau'n hen—am eneth ifanc yn wraig iddo, ei wylio diflino ar ei deulu a'i dŷ? Y mae'r wedd hon ar ei gymeriad yn dwyn ar gof inni angerdd Macbeth yn act olaf trasiedi Shakespeare, a ddengys yn ei gyfyngder nwyd gyffelyb, nwyd dyn o reddfau anorchfygol yn gwrthryfela hyd at eigion ei fod yn erbyn iach ddibenion tynged.[31]

Credai fod gweledigaeth Molière yn treiddio hyd at y dyfnderoedd hynny ym mhrofiad mewnol dyn a fwydai waith y trasiedïwyr mawr. Synhwyrodd Racine hynny, meddai, a thrwy addasu techneg Molière y trodd ef drasiedi gyhoeddus Corneille 'yn drasiedi gyfrinachol'. Ond pan drodd at ysgrifennu comedi ei hun osgôdd y tyndra mewnol a roddodd siâp a ffurf i gomedïau mawrion Molière. Yn lle hynny chwiliodd am ddeunydd chwerthin yn y math o ddyfeisiau bychain a ddefnyddiodd Molière yn y dramâu a roddodd Saunders Lewis yn ail ddosbarth ei gynyrchiadau—dramâu fel *Doctor Er Ei Waethaf*.

Ymddengys hyn yn fwy trawiadol pan ystyrir yr elfen o chwerwder sydd ynghlwm wrth hanes Rhiannon fel y'i cyflwynir yng nghainc gyntaf y *Mabinogi*. Pa werth a roddir i serch y carwr haelaf yng ngoleuni tynged Rhiannon ar ôl iddi briodi Pendefig Dyfed? Gwelir bod Saunders Lewis yn ymwybodol o'r agwedd hon ar ei ddeunydd wrth iddo wneud i Wawl broffwydo gwae i Riannon: 'Pryderon fydd dy gyfran yn Nyfed/ A daw dydd y cei dithau garchar/ A bydd sachau asynnod am dy ben.'[32] Etyb Rhiannon ef yn ysgafn: 'Fe gymerwn feichiafon am hynny.' Er y ffraethineb y mae hi'n ei ddangos—ac efallai o'i herwydd i raddau—bwrir cysgod dros ddiwedd y ddrama gan eiriau Gwawl, sy'n ein hatgoffa mor fregus yw'r hapusrwydd a seilir ar serch. Er na welir yn stori wreiddiol Rhiannon a Phwyll yr elfennau trasig sydd mor amlwg yn chwedl Blodeuwedd a hanes Siwan, fel y'i hadroddir yn y croniclau, gallasai Saunders Lewis ei gwneud yn stori ddigon chwerw drwy ddatblygu'r elfen o eironi.

Un esboniad sydd ar yr hyn a wnaeth Saunders Lewis gyda'i ddeunydd yn *Gan Bwyll*: nid oedd ganddo'r elfen anorfod honno o ffydd yn iachusrwydd cyffredinedd bywyd dynion y gwrthododd ei chydnabod yng ngweithiau Molière. Pe bai wedi meddu ar y ffydd honno gallai fod wedi rhoi rhyddid i'w ddychymyg yn *Gan Bwyll* yn yr union fodd y gwnaeth Molière. Medrai wneud hynny yn *Blodeuwedd*, lle y gadawodd i'r elfen fewnol ym mhrofiad y cariadon ddatblygu i'w llawn dwf, oherwydd nid comedi mo'r ddrama honno. Ond safai ofn gwagedd a gwacter rhyngddo ef a chomedi ddeifiol Molière. Yn ei lle y mae gennym *Siwan* a'r dramâu a ddaeth ar ei hôl. Nid yw'r dramâu hyn heb lawenydd, sy'n deillio o'r elfen o hyder a gobaith a welodd yn *Polyeucte* Corneille o'i chymharu â chomedïau mawrion Molière.[33] Ond enilla'r gobaith hwn yn rhinwedd ei ffydd yn natur arwrol dyn i ddioddef natur ei fyd a'i fywyd yn hytrach nag yn synnwyr a threfn y byd a'r bywyd hwnnw.

Yn *Gan Bwyll*, yn wyneb diffyg y tyndra mewnol a'r gonestrwydd treiddgar a gawn yn *Blodeuwedd*, ymdrechodd Saunders Lewis i greu diddanwch. Ar ben yr holl hiwmor a'r cynnwrf mydryddol, anogodd Morris Jones i fynnu symudiadau deniadol. 'Cymerwch bob cyfle', fe fynnodd, 'i wneud pictiwr o'r symudiadau, oblegid *dawns* o gomedi, mewn iaith ac mewn ystum, a fwriedais i.'[34] Gall yr elfen hon fod yn bwysig mewn comedi fawr—daw *Le Mariage de Figaro* Beaumarchais i'r meddwl ar unwaith, lle y mae dawns yn ychwanegu ysgafnder a chymhlethdod at gynllwynion dyrys y cymeriadau i gyd, pob un yn chwilio bodlonrwydd ei ddyhead cyfriniol ei hun. Ond yng ngwaith Beaumarchais y mae'r elfennau hyn dan ddisgyblaeth, fel ei bod yn lliwio'n hymwybyddiaeth o gymhlethdod natur dyn a breuder sadrwydd ei gymeriad ef, heb fygwth ei thanseilio am foment. Ni ellid dweud hynny am *Gan Bwyll*.

Nodiadau

[1] Ysgrifennodd Saunders Lewis at Morris Jones, 10 Gorffennaf 1951, a dweud fod Rhiannon a Brenda wedi'u creu'n arbennig ar gyfer Norah Jones ac Ellen Jones, a chwaraeodd rannau Blodeuwedd a Rhagnell yng nghyflwyniad gwreiddiol *Blodeuwedd*. Papurau Garthewin (23), Llyfrgell Genedlaethol Cymru.

[2] D. Llywelyn Jones, 'Dwy gomedi Saunders Lewis', *Y Faner*, 8 Hydref 1952.

[3] 28 Gorffennaf 1952. Gweler Dafydd Ifans (gol.), *Annwyl Kate, Annwyl Saunders Gohebiaeth 1923–1983* (1992), 173.

[4] Gweler uchod, t.216.

[5] Pwysleisiodd yr elfennau hyn wrth ysgrifennu at Morris Jones: 'Rhaid iddi fod yn ddel a glanbryd, ond rhaid iddi fod yn wir ddeallus a medru dangos hynny. 'Does dim ots wedyn am ei maint.' 9 Mehefin 1951, Papurau Garthewin (23), Llyfrgell Genedlaethol Cymru.

[6] *Y Mabinogi*, cyf. Gwyn Thomas (1984), 18; Ifor Williams (gol.), *Pedeir Keinc y Mabinogi* (1930), 13.

[7] Gwyddom fod y ddrama hon wedi gwneud cryn argraff ar Saunders Lewis flynyddoedd ynghynt. Gweler uchod, t.32, n.4. Rhaid sôn hefyd am ffynhonnell arall a allai fod o bwys, sef *Les Caractères* . . . La Bruyère, lle y gwelir y cymeriad Cliton, nad yw erioed wedi cael ond dau syniad yn ei ben, sef cael cinio hanner dydd a swper gyda'r nos. Gweler *Les Caractères*, XI, 'L'Homme' ac isod, n.24.

[8] *Y Mabinogi*, 18; *Pedeir Keinc y Mabinogi*, 13.

[9] *Y Mabinogi*, 22; *Pedeir Keinc y Mabinogi*, 13.

[10] Gweler isod, tt.466–7, a *Blodeuwedd*, uchod, t.283.

[11] Gweler isod, t.489.

[12] *Y Mabinogi*, 22.

[13] Gweler isod, t.512.

[14] Christopher Marlowe, 'The Shepherd's Plea to the Nymph'.

[15] Gweler isod, t.484. Gellid sylwi yma pa mor gyson yw datblygiad Saunders Lewis fel llenor a dramodydd. Oni cheir yma fersiwn o'r ddadl a gyflwynir yn *The Eve of St John?*

[16] Mewn llythyr at Kate Roberts, 28 Gorffennaf 1952. *Annwyl Kate, Annwyl Saunders*, 173.

[17] Gweler isod, tt.491–2, n.28.

[18] J. Gwilym Jones, *Lleufer*, VIII (1952), 201.

[19] D. Llywelyn Jones, *Y Faner*, 8 Hydref 1952.

[20] *Annwyl Kate, Annwyl Saunders*, 173.

[21] Gweler isod, t.510.

[22] Ceir ôl-nodyn mewn llythyr a ysgrifennodd at Robert Wynne, 31 Rhagfyr 1952, sy'n awgrymu ei fod yn ansicr iawn ynglŷn ag ansawdd *Gan Bwyll*. 'Was *Gan Bwyll* a flop?' gofynnodd. 'Perhaps I've done a bad play.' Llythyr ym meddiant Mrs Menna MacBain, Garthewin.

[23] *Doctor Er Ei Waethaf. Comedi gan Molière*, Cyfres y Werin, 13 (1924), 28.

[24] Ibid., 33–4. Y mae Jean de La Bruyère (1645–96) yn enwog fel awdur *Les Caractères de Théophraste traduits du grec, avec les caractères ou les mœurs de ce siècle* (1688). Gweler y darn a ddyfynnir yma yn *Les Caractères*, XI, 'De L'Homme': 'Ne nous emportons point contre les hommes en voyant leur dureté, leur ingratitude, leur injustice, leur fierté, l'amour d'eux-mêmes, et l'oubli des autres; ils sont ainsi faits, c'est leur nature: c'est ne pouvoir supporter que la pierre tombe ou que le feu s'élève'. *Les Caractères*, E. Pelissier (ed.), (1905), 63–4. Y mae'r ail ddyfyniad o Lyfr y Pregethwr iii.19–21.

[25] Dechreuodd Saunders Lewis ei yrfa fel beirniad gyda thraethawd estynedig ar waith Coleridge, fel rhan o'i radd gyntaf ym Mhrifysgol Lerpwl a dangosodd yn ei draethodau cynnar mor ddwfn oedd dylanwad Goethe arno wrth ei ddyfynnu dro ar ôl tro. O'r safbwynt hwn, diddorol yw sylwi mai astudiaeth o ddylanwad llenyddiaeth Saesneg ar lenorion Cymraeg y ddeunawfed ganrif oedd pwnc ei draethawd MA a'i fod wedi symud ymlaen i ddiffinio 'clasuraeth' y cywyddwyr ar sail egwyddorion rhamantaidd ac i ddarganfod yn Williams Pantycelyn ramantydd cyntaf Ewrop!

[26] Y mae gan François de La Rochefoucauld, Dug (1613–80), awdur *Réflexions ou sentences et maximes morales* (1665), ddadansoddiad treiddgar o natur symbyliad dyn. Y mae'n berthnasol sylwi fod y llyfr hwn wedi'i gymeradwyo gan y Janseniaid fel tystiolaeth o bechadusrwydd hanfodol dyn ym myd y Fall a bod La Bruyère yn mynnu fod ei *Caractères* yn cynnal uniongrededd Pabyddol ei ddydd.

[27] Yn wir amheuwyd hyn gan lawer *dévot* a fynnai erlid Molière, ond nid gan Louis XIV ei hun, nad oes neb am wn i erioed wedi ei ddrwgdybio o fod yn *libertin* neu yn anffyddiwr a anobeithiai ynglŷn â chyflwr dyn mewn bydysawd gwag. Rhaid derbyn mai ymddygiad dyn yw canolbwynt sylw Molière fel yn niwedd *Dom Juan*, yn hytrach na 'la condition humaine'.

[28] Ni ddymunaf awgrymu fod Molière am inni dderbyn safbwynt Philinte, fwy nag y mae am inni dderbyn agwedd ddidaro Chrysalde yn *L'Ecole des femmes* tuag at y posibilrwydd o fod yn gwcwallt. Nid yw *honnêteté* cymeriadau fel Philinte yn ddiwedd y gân yng nghomedïau Moliére, oherwydd nid oes ganddo

botensial dramataidd. Y mae diddordeb Molière a'n diddordeb ni yn canoli ar Alceste, *oherwydd* ei wendid o ran synnwyr cyffredin.

[29] Ysgrifennodd Saunders Lewis ar T.H. Parry-Williams yn 1955, gan geisio disgrifio maint a natur dylanwad ei weledigaeth o'r 'gwir diflas am gyffredinedd bywyd dynion'. Gweler *Llafar*, V (17 Ionawr 1955), 3–14.

[30] Llyfr y Pregethwr, iii.21 a 22.

[31] *Doctor Er Ei Waethaf*, 26.

[32] Cyfeirir yma at dynged Rhiannon fel yr adroddir amdani yn y *Mabinogi*. Gweler *Pedeir Keinc y Mabinogi*, 21.

[33] Gweler *Doctor Er Ei Waethaf*, 31: 'Odid nad yw trasiedi *Polyeucte* gan Corneille yn llawnach llawenydd na holl waith Molière, oherwydd bod yn *Polyeucte* obaith, a bod yno hefyd syniad am fawredd ysbryd dyn.' Ysgrifennodd Saunders Lewis ar *Polyeucte* yn *Y Faner*, 28 Rhagfyr 1949 ac 4 Ionawr 1950. Gweler isod, t.526.

[34] Llythyr at Morris Jones, heb ddyddiad. Papurau Garthewin (23), Llyfrgell Genedlaethol Cymru. Gweler hefyd, 9 Mehefin 1951, lle y gofynna'r dramodydd i'r cynhyrchydd a fyddai'n bosibl ychwanegu dawns foris yn ystod y wledd briodas at y drydedd Act. Oherwydd maint llwyfan Garthewin, ni ddymunai Saunders Lewis ond rhyw hanner dwsin o ddawnswyr, ond yr oedd yn barod i ysgrifennu cân ar eu cyfer pe bai'n bosibl cynnwys y ddawns. Ymddengys nad ydoedd.

Gan Bwyll

Comedi Mewn Tair Act

Personau

Teirnon, penteulu Dyfed
Pendaran Dyfed, ynad
Gwyn Go-Hoyw
Muriel, derwydd
Pwyll, Pendefig Dyfed
Rhiannon
Hefeydd Hen, ei thad
Gwawl fab Clud
Brenda, llysfam Rhiannon

YR ACT GYNTAF

(Mae hi'n brynhawn hwyr o galan Mai yn Nyfed. Awyr agored. Yn y cefn chwith gwelir ychydig godiad fel bryncyn a charreg ar ei ben; dyma orsedd Arberth. Oddi yno mae gwlad eang i'w gweld. Coed yn y cefn ar y ddeau. Daw TEIRNON *a* GWYN GO-HOYW *i mewn.)*

TEIRNON:	Glywaist ti 'rioed y fath chwedl?
GWYN:	Mae'r gŵr o'i go' yn ddi-ddadl.
TEIRNON:	'Roedd e'n dweud ei stori fel dyn yn ei bwyll.
GWYN:	Mae crebwyll ac amwyll yn odl!
TEIRNON:	Be' gebyst ddaeth drosto fe, dywed? Arglwydd saith gantref Dyfed! Mae'n sobor o beth fod pendefig clod—
GWYN:	Wedi cael gormod i'w yfed!
TEIRNON:	Garw nad hynny mo'r gwir. Thâl hi ddim beio'r bir.
GWYN:	Wel, os na chawn ni fwrw'r cur ar y cwrw, Fe fydd twrw taer yn y tir.

(Daw PENDARAN DYFED *a* MURIEL *atynt.)*

TEIRNON:	Pendaran Dyfed a Muriel! Pa le y buoch chwi, wyrda, Nad oeddech chwi gyda ni'n bwyta?
GWYN:	Fe ddaru i chi ddianc yn ddel!
PENDARAN:	Ofynnodd yr arglwydd amdanom?
GWYN:	Ofynnodd e ddim am neb. Dweud stori a wnaeth Pwyll wedi bwyd.
PENDARAN:	Stori ei hela yng Nglyn Cuch? Fe'i gwelais yn cychwyn gyda'r wawr. A gafodd ef garw neu faedd?
GWYN:	Fe gafod ei witsio yn y coed.
PENDARAN:	Taw â sôn! Fe ddaeth adre'n iach?
TEIRNON:	Fe ddaeth adre' a chael cinio fel arfer,

Yna edrych arnom ninnau a chwerthin,
'Dydd da i chwi, wyrda', eb ef;
'Dydd da i ti arglwydd' medd pawb.
'A wyddoch chi' medd ef, 'fod blwyddyn
Er pan welais i chi o'r blaen?'

PENDARAN: Beth?

GWYN: Ie, Beth? meddem ninnau bob un.

PENDARAN: Cellwair yr oedd ef, siŵr?

TEIRNON: Dyna a dybiem ninnau
A rhoi cellwair o ateb yn ôl;
Daliodd yntau i daeru,
'Welais i monoch ers blwyddyn.'

GWYN: Meddai Teirnon wedyn, 'Neithiwr
Buom gyda thi mewn cyngor,
Bawb sy yma wrth y bwrdd.'

TEIRNON: Chwerthin mwy a wnaeth Pwyll:
'Neithiwr mi leddais i frenin
Ac ennill teyrnas', ebr ef.

PENDARAN: Beth? Beth? Yr arswyd!
Fu ef ddim allan o'r llys neithiwr—
'Roedd hi'n ddadlau rhyngom tan berfeddion y nos.

TEIRNON: 'Doedd EF ddim yn y cyngor neithiwr;
Chlywodd EF ddim na dadl nac areithiwr,—

GWYN: Yn y nos, ar ryd afon, yn y lloergan,
Fe laddodd y brenin Hafgan!

TEIRNON: Glywsoch chi 'rioed y fath rigmarôl?

MURIEL: Do. Mae'n gyffredin mewn breuddwyd.
Be' gafodd ef neithiwr i'w swper?
Bydd caws yn lladd llawer ar gwsg.

PENDARAN: Fe'i gwelais ef heddiw'r bore,
Yn iach lawen yn cychwyn gyda'r cŵn.

TEIRNON: Deil yntau mai blwyddyn i ddoe
Yr aeth ef oddi wrthym ni.
Nid ef a welaist, medd ef.

PENDARAN: Gwallgofrwydd! Mae'r dyn yn lloerig.
Fe'i gwelais â'm llygaid fy hun.

MURIEL:	Wel, ym mh'le y bu ef am flwyddyn?
GWYN:	Yn Annwn.
PENDARAN:	Annwn?
TEIRNON:	Ie, Annwn!
GWYN:	Teyrnas ysbrydion y ddaear, Hendre'r Tylwyth Teg; A'r brenin yw Pwyll Pen Annwn!

(Pawb yn chwerthin.)

TEIRNON:	Wel, dyna'i lysenw, yr hen geg.
PENDARAN:	Nid gwamalu a ddylem, deulu; Mae tynged Dyfed yn dywyll Os collodd Pwyll ei bwyll.
GWYN:	Os collodd yr Unben ei unpen Mae pennaeth yn aeth heb y pen.[1]
PENDARAN:	'Roedd ef yma'n ddi-fwlch drwy'r flwyddyn, Fu dim diwrnod ac ef ar goll. Teirnon, tydi fu'r penteulu, Bûm innau'n ynad llys,— A welsom ni ei gadair ef yn wag?
TEIRNON:	Mi daerais i hynny wrtho; 'Roedd ganddo ateb i hynny.
PENDARAN:	Pa ateb a fedrai ef?
TEIRNON:	Arawn, pen brenin Annwn, A gymerodd ei le a'i bryd A pheri na bai gŵr yn y deyrnas, Na gwas ystafell na swyddog, A wypai nad Pwyll oedd ef. Dyna'r ateb a gefais i.
MURIEL:	Mae achos i freuddwyd fel hwnna.
PENDARAN:	Muriel, 'rwyt ti'n athro A derwydd; buost yng ngwlad Groeg, Dysgaist ddoethineb y Groegiaid A dwyn dysg i Ddyfed a Gwent.
GWYN:	Groeg yw iaith Pwyll i ninnau.

PENDARAN: Oes gennyt ti olau ar hyn?

GWYN: Fedri di ei gyfieithu i Gymraeg?

MURIEL: Mi 'studiais i'r enaid yng Ngroeg;
Dihangfa rhag byw yw breuddwyd;
Mi fedraf gyfieithu breuddwydion
I Roeg neu i Gymraeg.

GWYN: Cyfieitha inni freuddwyd Pwyll.

MURIEL: Gwnaf yn llawen. Nid dyrys
Cymhlethdod enaid i mi.
Socratig[2] yw fy nhechneg i—

GWYN: A beth yw hynny yn Gymraeg?

MURIEL: Paid dithau â chablu, lanc hoyw.
'Rwyf i'n hela'r enaid yn awr,
Yn ei hela drwy goed breuddwydion,
Trwy ddrysi ango' a dychmygion,
A'm cŵn ar y brisg[3] yw cwestiynau.

PENDARAN: Gofyn a fynni, enaid,
Os ceir golau ar y dryswch hwn.

MURIEL: Bu eisteddfod o wyrda Dyfed
Mewn cyngor neithiwr gyda Phwyll?

TEIRNON: Do, do.

MURIEL: Bu'r cyngor yn hir?

TEIRNON: Tan ganol nos.

MURIEL: Anghytundeb?

PENDARAN: Mae e'n hen anghytundeb erbyn hyn.
Bu'n ddadl rhyngom bob blwyddyn
Er pan ddaeth Pwyll yn arglwydd.
Neithiwr bu siarad plaen.

MURIEL: Mae siarad plaen yn digwydd mewn cynghorau.
Beth oedd achos y siarad plaen?

TEIRNON: Nid gwas ifanc mo'n harglwydd mwyach,
Rhaid cael etifedd i Ddyfed,
Mae diogelwch y deyrnas
Yn hawlio arglwyddes a mab.

PENDARAN: Ond mae Pwyll yn gwrthod priodi.

GWYN:	Cael hwyl ar fyw'n hen lanc!
MURIEL:	Mae golwg gŵr arno hefyd?
TEIRNON:	Mae'n filwr a heliwr da—
GWYN:	Ond na fyn ef ddim hela merched, Rhaid i ryw ferch hela Pwyll.
TEIRNON:	Neu fe'i helir ef o'i arglwyddiaeth.
MURIEL:	A neithiwr, yng nghyngor y siarad plaen, Pa ateb a gawsoch chi ganddo?
TEIRNON:	Bu pob un yn ei ddwrdio, O'r ienga' hyd at Bendaran, Ac yntau heb ddweud gair. O'r diwedd, gan godi o'i gadair, 'Wyrda', medd ef, 'yfory, Yfory, cyn y nos, cewch ateb.'
MURIEL:	Mae pethau'n goleuo.
GWYN:	Goleuo? Maen nhw'n d'wyllach nag erioed i mi.
MURIEL:	Fuost ti ddim yn Athen, ŵr ifanc, Ac nid derwydd wyt ti. Sut lys oedd gan Arawn yn Annwn? A dd'wedodd Pwyll wrthych hynny?
GWYN:	Neuaddau, 'stafelloedd, gerddi, Aur-lestri, a'r rheini'n llawn,— O'r a welsai o lysoedd daear, Digymar llys Arawn.
MURIEL:	Felly y bydd breuddwydion, Nid hynny sy yn fy meddwl i. Fe aeth ef yno yn lle Arawn?
TEIRNON:	Do' meddai ef, ar lun a gwedd Arawn.
MURIEL:	Fel na wyddai neb nad Arawn oedd ef?
GWYN:	Yn gymwys felly! Diagnosis da! O nad aethwn innau i Athen!
MURIEL:	Neb o gwbl? Na gwas ystafell na swyddog?
TEIRNON:	Dyna dd'wedodd ef!

MURIEL: Oedd yno arglwyddes?

GWYN: Pali a sidan amdani'n rhaeadrau,
Ymerodres tesni,
Gerddi haf ei gruddiau hi
A thrwsiad lloer ei thresi.

MURIEL: Dyna'r dryswch ar ben, wyrda,
Dyna'r ateb a addawodd ef heno.

PENDARAN: Yr ateb?

MURIEL: Ei ateb i'r cyngor,—
Mae Pwyll yn briod ers blwyddyn!
Dihangfa rhag byw yw breuddwyd,
A dyna wallgofrwydd Pwyll.

PENDARAN: Tybed ai ffansi yw'r cyfan?

MURIEL: Bu'r cyngor yn ei fygwth neithiwr
Fod yn rhaid iddo briodi heb freg,
Addawodd roi ateb heno:
Heno, mae ganddo frenhines—[4]

GWYN: Brenhines y Tylwyth Teg!

MURIEL: Dyna'r ateb i'r siarad plaen.

GWYN: Och na fûm innau yn Athen
I dreiddio i wyddor derwyddon
A gosod breuddwydion ar daen.

PENDARAN: Ynad wyf i, nid derwydd,
Fy nghrefft i yw pwyso tystiolaeth:
Beth dd'wedodd Pwyll am wraig Arawn?

TEIRNON: Tyngodd yn daer i'w diweirdeb,
Chysgodd ef ddim ganddi drwy'r flwyddyn,
Ni wnâi ef ag Arawn fyth frad.

MURIEL: Mae hynny'n amhosib', amhosib'!
Mae'n groes i bob eglurhad!

PENDARAN: I gyfreithiwr, mae ffaith yn ffaith.

MURIEL: Soffyddion a chyfreithwyr!
Gwyddoniaeth piau ystyr pethau.
Esboniad rhesymegol
Ar ymddangosiadau yw ffaith.

             Yn eich iaith chwi'r bobl ddi-addysg,
             Digwyddiad mewn trefn yw ffaith.

TEIRNON: Mae'n ffaith i Bwyll ddweud ar ginio
             Hanner awr yn ôl
             Na chyffyrddodd ef â'r frenhines,
             Credwn ni hynny neu beidio.

MURIEL *(dan chwerthin yn dosturiol eto)*:
             Ond y frenhines oedd achos y breuddwyd!

TEIRNON: Soniodd ef ddim am freuddwyd.

MURIEL: Rhwng y cyngor nos, neithiwr,
             A chinio heddiw brynhawn,
             Yn ôl tystiolaeth y cyfreithiwr,
             Bu'r arglwydd Pwyll yn Annwn
             A bu yno flwyddyn lawn . . .
             Ergo, gan hynny,
             Quod erat demonstrandwm:[5]
             Breuddwydiodd Pwyll.

GWYN: Dywed wrthyf, dderwydd dysgedig,
             A eisteddaist ti neu roi troed
             Ar y garreg a weli di acw?

MURIEL: Naddo, fûm i ddim arni erioed.
             Pam?

GWYN: Ydy hi'n debyg i Athen
             Neu i ysgol Puthagoras[6] fawr?

MURIEL: Y garreg bitw fach acw?
             Wyt tithau'n breuddwydio'n awr?

GWYN: Gorsedd Arberth yw honna,
             Nid annhebyg i Athen 'chwaith:
             Os eistedd gwrda arni
             Fe ddaw breuddwyd na fu, yn ffaith.

MURIEL *(gan boethi)*:
             Breuddwyd na fu, ai e?
             P'run orau gennych, ai dal
             I'ch arglwydd fynd o'i go',
             Neu iddo freuddwydio'n ffel?
             Heno fe ddaw i'ch cyngor
             A gwrthod eich merched daear,

Bydd ganddo ef briod o Annwn,
Brenhines breuddwyd, Rhiannon.

(Yn ei huawdledd ni wêl ef fod PWYLL *wedi dyfod i mewn, ac wrth iddo orffen dyry* PWYLL *law ar ei ysgwydd a dweud.)*

PWYLL: A phwy yw Rhiannon, O broffwyd?

MURIEL: Olumpos fawr! Dydd da iti, arglwydd.

PWYLL: Dydd da i ti, athro derwyddon,
Ddaru 'mi dy ddychryn di?

MURIEL: Fe ddychwelaist o'th hela yng Nglyn Cuch?
Gefaist ti ddiwrnod da?

PWYLL: Chwynaf i ddim ar fy niwrnod
A gweled Dyfed mor deg.
Ond pwy yw'r Rhiannon hon?

MURIEL: Onid brenhines Annwn?

PWYLL: Ai dyna ei henw hi?

MURIEL: Ti arglwydd, a'i gwelodd, medd y rhain.

PWYLL: Chlywais i mo'i henw, ddim unwaith,
Feiddiais i ddim gofyn 'chwaith,—
Fi oedd ei gŵr hi'n swyddogol;
Peth braidd yn chwithig i ŵr
Fyddai holi am enw ei wraig . . .

(Edrych y lleill ar ei gilydd.)

Hen gyfaill da,
'Doeddit ti ddim gyda ni ar ginio?

PENDARAN: Clywais dy stori, arglwydd, gan y rhain.

PWYLL: 'Does neb ohonyn nhw'n ei chredu.
Feia' i monyn nhw am hynny;
Tybiant mai esgus yw'r cyfan
I ddianc rhag addewid
A roes Arawn neithiwr yn fy lle.

PENDARAN: Gwyddost, arglwydd, fod addewid
Yn rhwymo pendefig yn gaeth?

PWYLL: Unrhyw addewid a roes Arawn,
Fe'i cyflwynaf er gwell neu er gwaeth.

TEIRNON:	Dyna ateb fel arglwydd Dyfed.
GWYN:	Dyna ateb fel gŵr ar briodi, Daw pryderu er gwell neu er gwaeth.
MURIEL:	Dyna brofi fy namcaniaeth i.
PWYLL:	Mor euraid yma'r awron Yw'r hin, a'r pnawn yn hwyrhau; Mae hedd yn Nyfed heddiw A gwân adenydd gwennol Yn eu gwib ar ôl gwybed Fel tesni'n y glesni'n glau: A'r dydd mor deg, eisteddwn, fy ngwŷr da, Ar dwyn, acw, i'w fwynhau.

(Y mae PWYLL yn symud i eistedd ar yr orsedd, ond dyma DEIRNON a GWYN yn gafael ynddo a'i rwystro.)

TEIRNON:	Paid ag eistedd fan yna, arglwydd, Ar d'einioes.
GWYN:	Cyfod, arglwydd, Cadw draw o'r garreg.
PWYLL:	Pam?
TEIRNON:	Tyrd oddi wrthi hi.
PWYLL:	Pam? Oes arni sarff neu neidr? Beth sydd o le ar y garreg?
TEIRNON:	Gorsedd Arberth yw honna.
PWYLL:	A pham nad eisteddwn i arni?
TEIRNON:	Rhag iti ddiflannu eto.
GWYN:	Ac aros yn Annwn am byth.
MURIEL:	Cael hunllef yn lle breuddwyd.
PWYLL:	Gollyngwch fi, gyfeillion. Pa ddrwg sydd ar yr orsedd? Gollyngwch fi, meddaf eto.
GWYN:	Mae hi heddiw'n galan Mai.
PWYLL:	Oes swyn neu hud ar yr orsedd?

PENDARAN: Mae rhinwedd i'r orsedd, arglwydd;
          Os eistedd pendefig ar hon
          Chyfyd ef ddim oddi yno
          Heb gael ai archoll ai briw
          Neu ynteu fe wêl ryfeddod.

PWYLL: Ydy'r chwedl yn wir?

GWYN: Fe'i profwyd,—

TEIRNON: Gan lawer o'th dadau di;
         Cawsant golledion trist.

PWYLL: Glywaist ti, dderwydd doeth, am hyn?

MURIEL: Rheswm yw gwyddor derwyddon.
        Astudiaeth wyddonol yw breuddwydio
        Am Annwn, a hen ofergoelion.
        'Does gen' i ddim diddordeb mewn beddau.

PWYLL: Wyrda, 'rwy'n parchu'ch sêl
       A'ch cariad a'ch gofal amdanaf;
       Ond dyma ni yma'n bump.
       Nid damwain yw ein bod ger yr orsedd
       A'r cyngor i ofyn imi heno
       Am yr ateb a addawodd Arawn.
       Mi welaf ran tynged yn hyn.
       Nid ofna' i 'chwaith friw nac archoll
       A chwithau'n deulu o'm cylch.
       Eithr os oes yma ryfeddod
       Bydd yn dda gennyf ei weld.
       Gofynnaf eich cennad, wyrda,
       I eistedd ar orsedd Arberth.

GWYN: Ai dianc rhag y cyngor yw dy fwriad?

TEIRNON: Ai dy obaith yw dychwelyd i Annwn?

MURIEL: Gwely go galed i freuddwyd.

PENDARAN: Gyfeillion, onid pobol y ddaear,
          Gwerin y Tylwyth Teg,
          Piau'r orsedd hon? Os bu Pwyll
          Yn un o'u cwmni yn Annwn,
          Os lladdodd ef frenin er eu mwyn
          A dibennu rhyfel yn eu gwlad,
          Pa niwed a gaiff ef o eistedd

YR ACT GYNTAF

	Ar eu gorsedd hwynt yn Arberth? Neu a rhoi iddo weld rhyfeddod, Pa ddrwg i Ddyfed all ddod?
GWYN:	Brad! O Bendaran, brad! Gwyddost ti am ddireidi'r orsedd Ac ni chredi fynd o Bwyll i Annwn. Onid cais yw hyn i'w ddifetha? Paid â gwrando arno, Bwyll!
PENDARAN	*(yn siarad fel ynad ar fainc)*: Os geirwir yw Pwyll, gall eistedd Ac ni ddaw arno ddial; Os anwir, fe gaiff gystudd A da fydd i Ddyfed ei ddeol: Mi gredaf mai geirwir yw, ac y gall Eistedd ar yr orsedd hon heb goll.
MURIEL:	Cyngor cyfrwys cyfreithiwr: Ni ddaw na rhyfeddod na drwgweithiwr, Ac felly, geirwir yw Pwyll.
PWYLL:	Mi eisteddaf ar yr orsedd.
	(A gwna.)
TEIRNON:	Safwn o'i ddeutu, wyrda.
PENDARAN:	'Does raid iti ofni dim.
GWYN:	Gall rhyfeddod roi braw, os nad briw.
MURIEL:	Mi eistedda' i ar y glaswellt Canys os hir pob aros, Hwya' aros, aros dim.
	(Maent oll yn awr ar ochr chwith y llwyfan, TEIRNON *y tu cefn i* BWYLL, *y derwydd ar y llawr o'i flaen, a'r ddau arall ar bob ochr iddo.)*
PWYLL:	Wir i chi, gorsedd rhyfeddod Yw'r bryn hwn ar hwyr brynhawn; Hud haf ar olud Dyfed, Pa ryfeddod all fod fwy?
GWYN:	Mae arni hi eisiau brenhines.
MURIEL:	Dywed wrthyf, fy arglwydd, Ym mha goed y cysgaist ti

	I orffwys ar ôl dy hela? Mae'r pwnc yn un byw i mi. Ar ôl fy efrydiau yng Ngwlad Groeg.
PWYLL:	Muriel, fy nghyfaill o dderwydd, Rhyngot ti a minnau'n awr, Fuost ti erioed yng Ngwlad Groeg?
MURIEL:	Gofyn i'm hathrawon yn Athen.
PWYLL:	Mae dy dystion di braidd yn bell.
MURIEL:	Ti yw'r cyntaf i'm hamau.
PWYLL:	Gweld mai dy syniad di am deithio Yw gorffwys, cysgu, a breuddwydio.
MURIEL:	Mathemateg a metaffuseg, Nid brenhines, a 'studiais i yn Athen.
PWYLL:	'Does dim rhaid mynd o Ddyfed i Athen I beidio â gweld brenhines.
TEIRNON:	Dyna gŵyn pobl Dyfed i gyd.
MURIEL:	Yr enw ar dy afiechyd di, arglwydd, Yw amnesia.
GWYN:	Ydy hynny'n Gymraeg?
MURIEL:	Fe fydd yn Gymraeg ar ôl heddiw; Un o dermau technegol y Celtiaid A gymerais i o'r Groeg.[7]
GWYN:	Er mwyn profi iti fod yn Athen?
MURIEL:	Mi fedrwn i dy iacháu di, arglwydd.
PWYLL:	Ie, mi gefais rybudd fod perygl O eistedd ar y garreg hon.
MURIEL:	Mi fedrwn i dy waredu di o'th ofn.
PWYLL:	Archoll a briw yr orsedd?
MURIEL:	Nage, ofn brenhines Annwn A'r breuddwyd yrrodd flwyddyn o'th gof.
PWYLL:	'Rwyt ti'n anghwrtais wrth y frenhines. Pa enw roist ti iddi hi hefyd?
MURIEL:	Arwydd drwg yw anghofio enw.

	Welaist ti ei hwyneb hi yn dy gwsg?
PWYLL:	Ymerodres tesni,— Tybed nad dacw hi!

(Ymddengys RHIANNON *yn y cefn, dipyn i'r dde. Mae miswrn gwyn yn gorchuddio hanner ei hwyneb.)*

	Pwy yw'r forwyn hon, Teirnon?
TEIRNON:	Wn i yn y byd. O ble y daeth hi?
PWYLL:	Nid un o ferched y llys?
GWYN:	Nage ddim.
PENDARAN:	Mae hynny'n bendant. Edwyn Gwyn holl ferched y llys.
TEIRNON:	Rhaid mai ar neges y mae hi.
GWYN:	O lys rhyw frenin neu frenhines.
PWYLL:	Ie, dyna'r olwg sydd arni. Oes ganddi neges i rywun yma?
PENDARAN:	'Dyw hi'n symud na llaw na throed.
PWYLL:	Astud, di-amnaid, di-ystum, Nid morwyn gyffredin mo'r fun.
MURIEL:	Rhyw enethig ar neges I'w meistres, hwyrach, neu ei mam.
PWYLL:	Teirnon, dos i ofyn pwy yw hi A beth yw ei theithio hi? Ai neges i rywun o'r llys?

(Y mae TEIRNON *yn dechrau symud o'r tu cefn i* BWYLL *ac ar unwaith y mae* RHIANNON *yn symud yn araf o'r cefn canol i'r dde ac yn mynd allan. Exit* TEIRNON *ar ei hôl . . . Yna y mae* GWYN *yn croesi i ochr dde'r llwyfan ac yn syllu allan arnynt.)*

GWYN:	Mae hi'n cerdded i lawr y bryn Ac yntau'n brasgamu ar ei hôl. Wel, hawyr bach, ar fy llw, Mae hi'n rhodio heb ysgwyd ei gwisg, Yn dawel hamddenol ddidaro . . . 'Dyw e'n ennill dim arni . . . Mae e'n rhedeg ar ei hôl hi'n awr . . . Dacw'r penteulu'n carlamu

A'i benelin fel melin yn malu . . .
Maen nhw allan o'r golwg yn awr . . .

MURIEL: Mae honna'n ferch brofiadol.

PENDARAN: Collasom un ceidwad i'r unben;
Tybed ai cynllwyn yw hyn?

GWYN *(gan ddychwelyd i'w le)*:
Fedra' i mo'i ddeall e'n iawn,
'Doedd hi'n brysio dim i bob golwg
Ac yntau ar ei orau ar ei hôl.

MURIEL: Dyna'r olwg sy ar bob merch wrth garu.

GWYN: Gallech feddwl bob eiliad iddo'i dal hi
A dacw hi draw ymhell.

MURIEL: Arwydd ei bod hi'n chwilio am ŵr.

PENDARAN: Mae gan Deirnon ferch o oed honna.

MURIEL: Oni chlywaist am dad wrth ddewis ail wraig
Yn rhoi ffrind ei ferch iddi'n llysfam?

GWYN: 'Doedd hi'n cyffro dim ac yntau
Yn rhuthro nerth ei goesau;
Mae rhyw ddirgelwch yn hyn.

PWYLL: Daw Teirnon yn ei ôl yn union.

PENDARAN: Tebyg iddo'i dal hi yn y cwm.

MURIEL: Os do, ddaw e ddim yn ei ôl.

GWYN: 'Roedd hi'n hwyl gweld y pen yn ei gloywi hi.
Mae honna'n 'sgwarnoges o ferch.

PWYLL: Dyma fe, a'i wynt yn ei ddwrn.

(Daw TEIRNON yn ei ôl o'r dde, wedi colli ei wynt yn lân a'i daflu ei hun i'r llawr gerllaw MURIEL.)

TEIRNON: Ni thycia i neb yn y byd
Ymlid honno ar ei draed.

PWYLL: Sut y bu hi arnat ti, wrda?

TEIRNON: 'Does gen' i ddim anadl i ateb . . .
Po fwyaf fy mrys i'w hannerch
Pellaf oddi wrthyf fyddai'r ferch . . .

Redais i 'rioed yn fy myw
Mor ofer ar ôl menyw.

(Y mae RHIANNON *eisoes yn yr un sefyllfa ag o'r blaen, yr un mor llonydd; ni welant hwy mohoni.)*

PWYLL: Edrychodd hi ddim yn ôl arnat?

MURIEL: Pa raid? Mae gan ferch wrth ei dilyn
Lygad yn ei phenelin.

GWYN: A'i duchan e'n bustachu
O'i hôl yn gloch iddi hi.

TEIRNON: Bustachu, ai e? Mi hoffwn
Dy weld di'n ei dal hi.

GWYN: Mi wn
Pe gwnawn, nad hawdd iddi ddianc,
Byddai gofyn iddi gyffro'n sionc.

TEIRNON: Hawdd brolio a'r siawns wedi mynd.

PWYLL: Ar f'enaid i, nage. Dacw hi!

PENDARAN: Yn sefyll yn dawel fel cynt,
A Theirnon ar y llawr heb wynt.

PWYLL: Swildod sy'n tagu ei neges.
Dos, Gwyn, a gofyn i'r lodes
I bwy y mae'r gennad.

(Ar y gair y mae RHIANNON *yn llithro'n esmwyth allan.)*

GWYN: Mi af,
A buan y dychwelaf
A merch ddof ar fy mraich dde.

(Exit ar ei hôl i'r dde.)

PENDARAN: Gwyn Go-hoyw, go ehud,
Nid hawdd y delir merch fud.

(Cyfyd MURIEL *a mynd drosodd i'r dde i wylio'r rhedeg.)*

MURIEL: 'Dyw'r ferch ddim yn codi'i breichiau . . .
Wela' i mo'i thraed hi dan ei gwisg . . .
Mae yntau'n camu fel campwr . . .
Mae e'n rhedeg yn awr ar ei brisg . . .
Mae e'n mynd fel y gwynt yn ei ruthr . . .

| | Diflanson' yng ngwaelod y bryn . . .
Ddaliodd e moni ar y llethr . . .
Mae rhywbeth croes i reswm yn hyn . . . |
|---|---|
| PWYLL: | Amhosibl! All merch ddim rhedeg
Heb symud braich hyd yn oed. |
| TEIRNON: | Nid rhedeg mae hon, ond ehedeg
Heb gyffwrdd llawr â'i throed. |
| PWYLL: | Ergo, gan hynny, dychymyg:
Fu'r ferch ddim yma erioed. |
| PENDARAN: | Esboniad rhesymegol
Neu ddigwyddiad mewn trefn yw ffaith.
'Dyw'r ferch hon ddim yn ffaith. |
| TEIRNON: | Gan hynny, chollais innau mo'm gwynt. |
| MURIEL: | 'Dydw innau'n deall dim ar y peth.
Allai hyn ddim digwydd yn Athen.
Yno mae'r haul a'r wybren
A merched yn ddi-gymhleth. |
| PWYLL: | Breuddwyd a welsom ni, dderwydd. |
| MURIEL: | 'Rwy'n amau mai breuddwyd yw popeth.[8] |
| TEIRNON: | Os daw'r ferch gyda Gwyn Go-hoyw
Mi ffof rhag ei wynt ef i Went. |
| PENDARAN: | Fe ddaw'r llanc yn ôl gyda gwayw
Yn ei ochor, heb ferch a heb wynt. |
	(Daw GWYN i mewn a'i daflu ei hun ar y llawr gerllaw TEIRNON. Ni fedr ddweud dim am funud, ond gwneud ystumiau.)
TEIRNON:	Ble collaist ti hi? Yn y fforest?
	(GWYN yn dweud ie â'i ben.)
PENDARAN:	A dyma bencampwr y llanciau!
Ni thycia i neb erlid hon.
PWYLL:	Wel, Muriel dderwydd, dy ddedfryd?
MURIEL:	Y mae yma ryw ystyr hud.
PWYLL:	Hud? Ble'r aeth dy amheuaeth Athenaidd
A rhesymeg derwyddon?

(Mae RHIANNON *eisoes yn ôl yn yr un lle heb fod neb eto'n sylwi.)*

MURIEL: Er cymaint a resymais
All rheswm ddim rhoi trefn ar bais.

PWYLL: A gefaist ti dy anadl, Gwyn?

GWYN: O Annwn mae'r ferch honno!

PWYLL: Welais i mono hi yno.

MURIEL: Ydy pawb yn Arberth o'i go'?

PWYLL: Eisteddais ar orsedd Arberth,
Chefais i nac archoll na briw;
Dau ryfeddod a welais,
Morwynig fel ewig o fuan
A derwydd yn ymswyno rhag pais.

PENDARAN: Mae hynny'n ddau ddigon rhyfedd.

PWYLL: Ai dyna ddiwedd ein dydd?

TEIRNON: Bydd heno gyngor o'th wyrda
Yn syth wedi machlud haul;
Er na fydd gen' i wynt i'th ddwrdio
Rhaid i'r cyngor gael ateb i'w hawl.

PWYLL: Ateb i'w hawl? Mi roddaf
Ateb iddynt yn awr.

PENDARAN: Pa ateb a roddi di, unben?
Thâl hi ddim—

GWYN: Ust! Dacw'r forwyn!

TEIRNON: Y forwyn!

GWYN: Na, ddo' i ddim eilwaith,
Nid helfa gyffredin wyt ti.

TEIRNON: Yn wir, helfa ddolef yw hi.

MURIEL: Ond pam y daw hi'n ôl o hyd?
Mae hi'n gennad at rywun ohonom.

PWYLL: Cennad ataf i yw hon.

PENDARAN: Ddaeth hi ddim atat ti, arglwydd.

PWYLL: Felly mi af i ati hi.

MURIEL: Os gwn i ai hynny yw ei chwiw?

PENDARAN: Gad i mi fynd i brofi'r forwyn.

GWYN: Eistedd sy'n gweddu i ustus.

PENDARAN: Ni cheisiaf mo'i dal ond ei gwysio.

GWYN: A phwy a rydd iddi dy wŷs?

PWYLL: Fi a eisteddodd ar yr orsedd,
I mi mae addewid rhyfeddod—

TEIRNON: Ie, neu archoll a briw.

PWYLL: Fedr morwyn ddim nac archoll na briw.

MURIEL: Os felly, nid morwyn mohoni.

PWYLL: Da y dywedodd Pendaran
Na ddaw briw i orchfygwr Annwn
Nac archoll i gyfaill Arawn.
Mi af at y forwyn fy hun.

(Cyfyd PWYLL. Symuda RHIANNON tua'r dde a sefyll. Cyfyd y lleill a gafael ynddo ef i'w atal.)

TEIRNON: Arglwydd, paid â mynd!

GWYN: Paid!

MURIEL: Paid!

PWYLL: Wyrda, ers pa sawl blwyddyn
Y bu dwrdio na cheisiwn i wraig?
Dacw forwyn y mynnaf ei dilyn,
A'ch ateb chwi oll yw Paid!
Ai dyna ewyllys y cyngor?

TEIRNON: Nid merch gyffredin mo hon.

PWYLL: Dyna'r pam yr af innau ar ei hôl.

PENDARAN: Fe all fod yn berygl einioes.

PWYLL: Mae priodi yn berygl einioes.

TEIRNON: Dy ddenu di i'th angau a wna hon.

PWYLL: Denu i angau yw byw[9] . . .
Mae hi'n mynd . . . Gollyngwch fi!

(Exit RHIANNON ar y dde ac y mae Pwyll yn ymrwygo o'u gafael hwy ac yn diflannu ar ei hôl.)

PENDARAN: Trueni nad âi ef felly ar ôl gwraig.

(Saif TEIRNON a GWYN ar y dde i'w wylio.)

TEIRNON: Yr un hen chwedl eto,
Mae hi'n symud o'i flaen ef i waered.

GWYN: Ond nad yw Pwyll ddim yn rhuthro,
Mae e'n dilyn fel dilyn tynged.

TEIRNON: Dacw hithau eisoes o'r golwg.

GWYN: Ac yntau'n symud yn glau.

PENDARAN: Pa ffordd yr aethan nhw, atolwg?

TEIRNON: I'r chwith, tua'r fforest a Chleddau.

PENDARAN: Mae llwybr trwy'r fforest i'r afon.

TEIRNON: Yno y collais i hi.

GWYN: Mi gollais innau hi yno.

PENDARAN: Ddaw Pwyll ddim yn ôl hebddi.

GWYN: Os felly, welwn ni mono fe heno.

PENDARAN: Fe'i dilyn ef hi i Annwn.

TEIRNON: Gwell hynny na'i dilyn hi i'r afon.

GWYN: Mae'r fforest yn suddo'n sydyn
I'r afon.

TEIRNON: Ac yno mae hi ddyfnaf.
Bu stori fod yno fôr-forwyn.

MURIEL: Ai rhith ynteu merch oedd hon
A welsom ninnau?

PENDARAN: Dyna'r ofn
Sydd yng nghalon pob un ohonom.

TEIRNON: Petai cynllwyn i'w ddinistrio, dyna'r ffordd.

MURIEL: Beth yw dy feddwl di, benteulu?

TEIRNON: Ei arwain gan ysbryd drwy'r fforest
Lle mae'r graig uwchben pwll yn yr afon:
Cam gwag, ac fe'i teflid i'r dŵr.

PENDARAN: Ai dial Hafgan yw hyn?

MURIEL: Pwy, atolwg yw Hafgan?

PENDARAN: Y brenin a laddodd ef neithiwr.

MURIEL: Wyt ti'n credu iddo fod yn Annwn?

PENDARAN: Pam na chredwn i?

MURIEL: Chredai neb
Yn Athen.

PENDARAN: Nid Athen yw hwn
Ond Arberth.

MURIEL: Fedr athroniaeth
Ddim rhoi cyfrif am Arberth.
Yma mae ofergoel yn wir.

TEIRNON: Fy nhasg i yw rhoi cyfrif am Bwyll,
Mae Pwyll o leiaf yn wir.
Beth pe nas gwelem ef eto?

GWYN: Neu ei gael ym mhwll yr afon?

PENDARAN: Och, arswyd! Yn gelain yn y dŵr!

TEIRNON: Archoll a briw fu amlaf
O eistedd ar yr orsedd hon.

PENDARAN: Ddynion, pam y petruswn?
Awn tua'r afon i chwilio,
Ef yw ein harglwydd ni.

TEIRNON: Ie, awn tua'r afon.

MURIEL: Wn i ddim be' dd'wedai Puthagoras!

GWYN: Paid â gofyn iddo. Awn.

(*Exeunt omnes . . . Yna llithra* RHIANNON *i mewn o'r cefn canol a symud tua'r dde. Ar ei hôl ychydig daw* PWYLL *wedi colli ei wynt dipyn.*)

PWYLL: Gan bwyll, forwyn fach, gan bwyll.

RHIANNON: 'Rwy'n chwennych bod gennych, gan Bwyll.
Fe goll'soch eich gwynt yn fy nilyn,
Buasai'n well i chi alw ers meityn.

PWYLL: Fedrwn i ddim galw a rhedeg.

RHIANNON: Na fedrech, mae hynny'n amlwg.
Dyna'r pam y sefais i dro.

PWYLL: Fe sefaist i'm gwawdio, do?

RHIANNON: Naddo, arglwydd, ond rhag imi'ch colli.

PWYLL *(sy'n anadlu'n galed)*:
        Dim peryg'! Mi'th ddilynwn heb ballu.

RHIANNON: Mi geisia' i gredu yn eich gallu.

PWYLL: Mae dy dafod di mor gyflym â'th draed.

RHIANNON: Dyna fyddai mam yn ei ddweud.

PWYLL: Mae dy fam yn wraig gall.

RHIANNON: O, nag yw.

PWYLL: Nag yw?

RHIANNON: Mae mam wedi marw.

PWYLL: A pham y mae marw mor ffôl?

RHIANNON: Fe adawodd ŵr gweddw ar ei hôl.

PWYLL: Ai am hynny 'rwyt tithau ar gerdded?

RHIANNON: Neges sy gennyf yn Nyfed.

PWYLL: Neges? A ffoi rhagom deirgwaith?
      At bwy mae dy neges di, forwyn?

RHIANNON: At Bwyll bendefig ac arglwydd.

PWYLL: Gwelaist fi yma'n eistedd,
      Sut na ddaethost ti at fy sedd?

RHIANNON: 'Roedd pedwar gŵr llys o'ch cwmpas,
      A rhaid oedd eu gwared hwy.

PWYLL: Felly cast oedd y cyfan
      I'm dal i yma fy hun?

RHIANNON: Ofnais i y deuai'r ynad
      A'r derwydd i redeg ar fy ôl.
      Byddai wedyn yn fachlud haul
      A'r arglwydd i gyfarfod â'i gyngor,
      Ac ofer fy rhedeg a'm traul.

PWYLL: Hynod fel y gwyddost fy hanes!
      Pwy a'th anfonodd di?

RHIANNON: Un sy'n cynllunio lles.

PWYLL: Dywed gan hynny dy neges.

RHIANNON: Pennaf neges gennyf i yw eich gweld.

PWYLL: Forwyn, paid â gwamalu!
Ac os oes gweld i fod
Dangos imi dy wyneb,
Nid hawdd ymadrodd â chlawr.

(*Y mae* RHIANNON *yn codi'r miswrn oddi ar ei hwyneb ac yn edrych arno.*)

PWYLL: Arglwyddes! . . . Maddeuwch i mi!

RHIANNON: Arglwydd, dydd da i ti.

PWYLL: Croeso i tithau, arglwyddes . . .
Addawyd imi ryfeddod . . .
Rhyfeddod yn wir a ddaeth . . .

RHIANNON: Och, anffawd o ryfeddod
A barodd it' golli dy siarad.
Dangos fy wyneb, arglwydd,
Fu'r trydydd anfad ddatguddiad.
Fe gollaist dy wynt ar fy ngwegil,
Fe gollaist dy lais ar fy ngwep.
Melltith ar fy nhrwyn, mi af.

PWYLL: Er mwyn y gŵr mwyaf a geri
Aros, argwlyddes, saf.

RHIANNON: Fynnwn i ddim i'r gŵr mwyaf a garwn
Gael briw nac archoll o'm gweld.

PWYLL: Na chuddio dy wyneb, fy heulwen,
Calan Mai yw dy wedd.

RHIANNON: Mae dy iaith di fel pair Ceridwen,[10]
Ai yn Annwn y buost ti'n hel mêl?

PWYLL: Gwelais frenhines Annwn,
Chollais i na'm gwynt na'm llais;
Collais y ddau yr awron
A'm calon a gafodd glais.

RHIANNON: 'Rwyt ti'n sydyn braidd i hen lanc.
Pe clywai'r cyngor di mor sionc.
Adwaenen nhw mo'u harglwydd;
'Rwyt ti'n haeddu gwell enw na Phwyll.

PWYLL:	A thithau, pwy wyt ti, arglwyddes?
RHIANNON:	Rhiannon yw f'enw i, Merch Hefeydd Hen.
PWYLL:	Ai byw Hefeydd Hen?
RHIANNON:	Mwy byw na hen. Dyna bair Fy mod innau'n cerdded yn awr. Mae e newydd gymryd gwraig yn lle mam.
PWYLL:	Druan arglwyddes! A'th lysfam Yn dy droi di o'th gartre' yn gas?
RHIANNON:	Brenda'n gas! O, nag yw, Mae Brenda fel chwaer i mi.
PWYLL:	Sôn am dy lysfam yr oeddwn . . .
RHIANNON:	Brenda yw fy llysfam i, Hi fu fy nghyfaill erioed, A'r un oed ydym ein dwy. Mae 'nhad yn fy hel oddi cartref Rhag dannod o'i wraig iddo'i henaint Wrth weld ei chyfoed yn ei ferch.
PWYLL:	Dy dad yn dy hel o'th gartref?
RHIANNON:	Fe drefnodd briodas i mi.
PWYLL:	Drefnodd ef ŵr i ti?
RHIANNON:	Gwawl fab Clud, gŵr o filwr Ac arglwydd cyfoeth a thir.
PWYLL:	O'th fodd neu o'th anfodd di?
RHIANNON:	Wrthodais i mono fe eto.
PWYLL:	Gan hynny, chollaist ti mo'th galon?
RHIANNON:	Collodd ef ei ben i mi.
PWYLL:	Ond rhaid wrth ddau i briodi.
RHIANNON:	Gan hynny rhaid i un gadw'i phen.
PWYLL:	Beth, felly, yw dy neges ataf i?
RHIANNON:	Gŵr sy'n dy lys di, arglwydd, A welais i'n hela yng Nglyn Cuch; Mi hoffwn ei farn a'i gyngor.

PWYLL: Cyn priodi Gwawl fab Clud?
Ai Muriel ddoeth y derwydd?

RHIANNON: Nid cyngor doeth a fynnaf.
Mae Gwawl yn ddoeth. Eisteddai
Ef fyth ar orsedd Arberth;
Doethineb yw ei wely ef.

PWYLL: Os drwg gennyt wely'r doeth
A fynni di gyngor annoeth?

RHIANNON: Mae hynny gen' i heb ball.

PWYLL: Gwrando fy nghyngor i,
Peth trist yw priodi heb serch.

RHIANNON: Ond heb serch, mae rhyw gysur mewn gŵr.
Gwell penlöyn yn llaw
Na hwyad yn yr awyr,
Gwell am y tân â gŵr
Nag am y pared â chariad.

PWYLL: Gan bwy y cymeri di gyngor?

RHIANNON: Mae gŵr yn dy lys di, arglwydd,
Fe'i gwelais ef unwaith yn fy nhud,—
Os ef a'i myn, mi rof heno
Ateb am Wawl fab Clud.

PWYLL: Ai o ddireidi neu o falais
Y dewisaist ti fi yn llatai
I roi imi archoll a chlwy'?

RHIANNON: Nid o ddireidi, arglwydd,
Ond o wyleidd-dra merch,
Tybiais dy fod ti'n deall
Caledi priodi heb serch.

PWYLL: Pam myfi?

RHIANNON: Onid heno
Y rhoi dithau ateb drud?
Heno mae'n rhaid i minnau
Ateb am Wawl fab Clud.

PWYLL: I grogi â'r gŵr a geri!
Ai Gwyn Go-hoyw yw'r diawl?

RHIANNON: Mae Gwyn Go-hoyw yn gariad,
'Rwy'n ei garu fel y caraf Wawl.

PWYLL: Arglwyddes, er mwyn trugaredd,
Dwg fy enaid o'i wae,
Dywed pwy yw dy gariad
Fel y cyrchaf atat dy brae.

RHIANNON: Yr hurtyn ffŵl dwl hanner-pan,
Ti yw fy nghariad i.

PWYLL: Rhiannon!

RHIANNON: O, maddau i mi!
(gan esgus troi a chuddio'i hwyneb)

PWYLL: Maddau! Feiddiais i mo'i gredu!
Rhiannon, ydy hyn yn wir?

RHIANNON: Ydy, mae'r ddau yn wir.
A merch yn bradychu ei chalon
Twp yw gofyn, ydy e'n wir?

PWYLL: Daethost ataf am gyngor—

RHIANNON: Naddo.

PWYLL: Dyna'r hyn dd'wedaist ti.

RHIANNON: Be' fedrwn i ei ddweud? Ai hyn—
Nid cyngor a fynnaf, ond cynnig,—
Gafael yn fy llaw a gofyn,
A gymeri di fi yn ŵr priod
Yn hytrach na Gwawl fab Clud.

PWYLL: A gymeri di fi yn ŵr priod
Yn hytrach na Gwawl fab Clud?

RHIANNON: Cymeraf... Na wnaf... Dyna ddigon
O gellwair. Bu'r chwarae'n ddel.
Dyna iti actio ffel!
Gollwng fi, arglwydd. Ffarwél.

PWYLL: Na, ni'th ollyngaf. Gwaed da,
Ni thyn ei air fyth yn ôl;
Rhoist dy air diwair dy hun,
Hawliaf i ef, hawliaf fwy,
Dy gorff, d'einioes, dy gariad,
Rhyfeddod moryndod i'm rhan;
Fy rhan wyt ti, Rhiannon,
Yn awr a hyd awr fy nhranc.

RHIANNON: I hynny y deuthum innau.

PWYLL: Y funud y'th welais, Riannon,
Yn sefyll fan draw,
Dychlamodd fy nghalon dan f'ais, Riannon,
Chwaer yr afallflawd,
Mai a'i awel a'i aroglau, Rhiannon,
Mai a'i eithin yn gareglau, Rhiannon,
Mwyeilch Mai a'u miraglau, Rhiannon,
Yn canu yn dy gnawd.

RHIANNON: Neis iawn. Gawn ni drefnu'r briodas?
Pa ddyddiad fyddai'n gyfleus?

PWYLL: Gorau po gyntaf gen' i,
Ac yn y lle a fynnych gwna di'r oed.

RHIANNON: Blwyddyn i heno fo'r adeg
Yn llys Hefeydd fy nhad,
Mi bara' i fod gwledd ddarparedig
Yn barod erbyn dy ddod.

PWYLL: Yn llawen, enaid; minnau,
Mi ddof i'r oed yn ddi-au.

RHIANNON: Arglwydd, cefais fy nghariad,
Mi af i ymaith yn awr
Er mwyn i'th gyngor ystyried
Eu dadl wleidyddol daer.

PWYLL: Cyn iti fynd, riain,
Fu gan Arawn ran yn hyn?

RHIANNON: Pwyll, y dydd y priodwn
Cei di gan frenin Annwn
Genfaint o foch, ni wyddys
Mo'u bath yn y ddwy ynys.
Caf innau dri aderyn
Uwchben fy ngwely yng Ngwalas
A'u cân hwy fydd yn solas
I'r meirw yn eu hun . . .[11]
Clywaf dy wŷr yn dychwelyd;
Arglwydd, cadw d'addewid,
Tyred ymhen y flwyddyn
I lys fy nhad i'm gofyn . . .
Yn iach, fy mrenin i.

PWYLL: Yn iach, fy nghalon i.
Fy mendith i'th ganlyn di,
Blwyddyn i heno fe'm gweli.

(*Cusana ef ei llaw ac exit* RHIANNON. *Clywir lleisiau'r gwyrda. Edrych* PWYLL *o'i gwmpas a mynd at orsedd Arberth a'i osod ei hun i lawr ar y garreg yno megis petai ef yn cysgu. Daw'r pedwar i mewn ar ôl ei gilydd, dau o'r cefn canol a dau ar eu hôl o'r dde.*)

PENDARAN: Dim rhith ohono wrth yr afon.

TEIRNON: A chwilio'r fforest o'r bron.

PENDARAN: Waeth heb ymdroi rhagor.

TEIRNON: Mae'r nos yn nesu'n awr.

GWYN: A ninnau'n gweiddi mor chwai
Petai'n fyw fe atebai.

MURIEL: Ar ochr y graig fawr uchel
Sy'n crogi dros bwll y dŵr
Tybiais i fod ôl traed yn sathru
A llithro ar y mwswg a'r brwyn.
Yno y cwympodd, mae'n siŵr.

GWYN: Os felly, dyna ateb i'r cyngor,
Fe aeth i briodi'r fôr-forwyn.

MURIEL (*mewn gwewyr proffwydol*):
Dirgel laith yn y dŵr glân—ei dynged,
    Dihangodd ail Dylan,
    Dyner wefus di-gusan,
Dena mwy y sgadan mân.[12]

(*Dyry Pwyll sŵn chwyrnu cadarn.*)

TEIRNON: Sŵn?

PENDARAN: Sŵn dynol!

MURIEL: Dyner wefus di-gusan!

GWYN: Dacw Bwyll yn cysgu ar orsedd Arberth!

MURIEL: Ei ysbryd ef ydy e,
A'i gorff ef yng ngwaelod yr afon.
Och arswyd! O pam, O pam
Y dois i'n ôl o Athen?

PENDARAN:	O'm profiad i yn y llysoedd cyfraith Nid ysbryd sy'n chwyrnu wrth gysgu.

(Y mae TEIRNON *yn croesi at* BWYLL *a'i ysgwyd.)*

TEIRNON:	Deffro, arglwydd, deffro . . . Mae hi'n hwyr A'r gwlith yn lleithio'r llawr.

*(*PWYLL *yn eistedd ac yna'n codi.)*

PWYLL:	Croeso i chwi, wyrda. Ble buoch chi?
TEIRNON:	Yn chwilio amdanat ti.
PENDARAN:	Buom drwy'r fforest hyd at yr afon A phryder yn blwm ym mhob bron.
PWYLL:	Pa bryder?
MURIEL:	Fe dybien', unben, Mai rhith neu ysbryd neu lestr I'th ddenu di tua'th ddinistr Oedd y llances chwim ei throed.
GWYN:	Ddeliaist ti moni, arglwydd?
PWYLL:	Ei dal hi? Ddim gwell na thithau Er ei dilyn hi'n wyllt drwy'r coed. Mi ddychwelais innau heb fy ngwynt.
GWYN:	Ddaeth hi ddim yn ôl wedyn?
MURIEL:	Rhyw lodes o aillt neu ferch taeog Yn aros ei chariad yn euog Ymhlith mân weision y llys,— Ai dyna ryfeddod yr orsedd Ac achos ein holl chwilio a'n chwŷs? Maen nhw'n trefnu pethau'n well yng ngwlad Groeg.
PWYLL:	Aeth yr haul dan y gorwel i'r môr; Onid heno y trefnasoch chi'r cyngor?
TEIRNON:	Arglwydd, paid â 'styfnigo Na sorri dy wyrda heno; Wrth bryder dy wŷr i'th briodi Gelli wybod eu bod iti'n bur.
PWYLL:	Benteulu, dywedais droeon Na chymerwn i fyth wraig ond o gariad;

	Fynna' i ddim troi merch yn foddion I sefydlu llywodraeth gwlad.
PENDARAN:	Gelli briodi a dysgu caru, Dyna hanes gwŷr priod serchus.
PWYLL:	Rhaid i mi gael caru cyn priodi.
MURIEL:	Mae'r rheini'n briodasau amharchus.
TEIRNON:	Os dyna dy ateb di, unben, Fedr Dyfed mo'i dderbyn: Rhaid it' addo priodi o fewn blwyddyn.
PWYLL:	Priodi ymhen blwyddyn? Bargen!
TEIRNON:	Taro dy law arni, unben!
	(Taro dwylo'r ddau.)
PWYLL *(wrth y derwydd)*:	
	Mi gaf flwyddyn i chwilio am Riannon
MURIEL:	Taith arall i Roeg neu i Annwn.

LLEN

YR AIL ACT

(Is-gyntedd neuadd HEFEYDD HEN. *Mae'r fynedfa i'r cyntedd ar yr ochr chwith i'r llwyfan, a phorth y neuadd ar y ddeau. Mae'r wledd ymlaen yn awr yn y cyntedd a daw* HEFEYDD HEN *oddi yno at y byrddau gwin sydd yng nghefn yr is-gyntedd. Dengys ei igian fod arno beth diffyg traul.)*

HEFEYDD: Cig llo a phastai alarch
A'u golchi â gwin Sbaen,
Afresymol yn f'oed i . . .
Melltith ar y cylla cecrus yma . . .
Wyt ti yna, Wawl fab Clud?

(Daw GWAWL *yn syth o'r porth, 'gwas gwinau mawr teyrnaidd a gwisg o bali amdano'.)*[13]

GWAWL: 'Rwy' yma'n dirwestu ers awr.

HEFEYDD: 'Rwyt ti'n lwcus ac yn gall.
Dirwestu a ddylwn innau,
Cig llo a phastai alarch,
Afresymol yn f'oed i;
Tair gormes henaint sydd
A diffyg traul ddaw gyntaf.
Cymer gyngor, Gwawl fab Clud,
Wedi pasio'r trigain oed
Cadw at ddirwest, cwrw a gwin,
Medd os mynni, ond nid cig llo,
Na gormod o'r medd 'chwaith,
Mae'r mêl yn rhwymo mewn henaint.

GWAWL: Ddaeth hi'n bryd imi ddod i mewn?

HEFEYDD: Gwarchod pawb, naddo.
Aros eto chwarter awr.
Mae'r bwyta cynta' ar ben,
Ond dechrau rhedeg mae'r gwin,
Gwin Sbaen, gwin pentre' Paris,
Medd yn ôl oed y gwesteion,
A chwrw i'r taeogion.

GWAWL: Finnau allan dan annwyd
Heb win Sbaen a heb naws bwyd.

HEFEYDD:	Ynfyd yw i ti gwynfan, Cei'r wledd a'r medd yn y man, A Rhiannon ei hunan.
GWAWL:	Pa golled sydd arni i'w hoffi ef?
HEFEYDD:	Ychydig archwaeth at fwyd Fu ganddi erioed. 'Dyw rheini Fyth heb golled arnynt.
GWAWL:	Mi fynnwn i dagu Pwyll.
HEFEYDD:	Gen' i mae achos cythruddo, Dwyn mab yng nghyfraith i'm tŷ Heb gymaint ag os gwelwch chi'n dda.
GWAWL:	Tithau'n rhoi neithior iddo.
HEFEYDD:	Y wraig a'r ferch wnaeth y neithior, Darpar gwledd i'r darpar ŵr Fel pe na bawn i yn y tir,— Moesau'r merched diweddar!
GWAWL:	Os enilla' i hi, caiff hi ddysgu.
HEFEYDD:	Prawf nad wyt ti ddim yn briod; Llanc a ŵyr, gŵr priod a dybia.
GWAWL:	Pa raid ei groesawu ef â gwledd?
HEFEYDD:	Arglwydd saith gantref Dyfed Yn gofyn am law fy merch, A rown i iddo gosyn a glastwr, Crystyn haidd neu fara cerch? Mae priodas yn bryd i loddest, Cig llo a phastai alarch, Rhaid cipio pob cyfle i ginio, Rhoi gwraig mewn gwely neu arch.
GWAWL:	Addewaist hi'n wraig i mi; Ymhonnwr yw hwn ac ymwthiwr, 'Doedd gen' ti ddim hawl i'w wledda.
HEFEYDD:	Pwyll pendefig Dyfed, Feiddiwn i ddim hysio'r cŵn arno; Rhaid i uchelwr roi bwyd.
GWAWL:	Faddeua' i byth os priodan nhw, Mi wnaf ddial arni hi ac ar Ddyfed.

              Gwneud asyn ohonof i!
              Mi gaiff goler asen am ei gwddf.[14]

HEFEYDD: Dilyn fy ngwersi i:
              Adwaen i Bwyll; pan fo'r gwin
              Yn llifo a'r gyfeddach yn llawen
              Fedr e ddim amgyffred dim blin;
              Gofyn di iddo fel y'th ddysgais,
              Fe gei wledd ac fe gei wraig.
              Tyrd fel priodfab i'th neithior,
              Fe gawn ail gwrs o bob saig.

GWAWL: Mae dy gynllun di'n rhy syml;
              Ellir mo'i ddal e mor sydyn
              Ar un gofyniad, un cais.
              Byddai'n well dwyn milwyr a thrais.

HEFEYDD: Mae teulu Dyfed yn nerthol
              Ond byrbwyll yw Pwyll dan win.
              Bydd miri'r wledd a'r gyfeddach
              A chyffro'r ymsennu a'r chwerthin
              Yn ei daflu i'r fagl yn ddi-oed;
              Tyrd i mewn pan glywi'r ysbleddach,
              Fe syrth fel petrisen wrth dy droed.

GWAWL: Gwylia dithau d'arglwyddes
              Rhag iddi ddrysu fy nghais,
              Chefais i ddim ganddi hi ond malais.
              Dyma nhw'n dyfod.

HEFEYDD: Dos, cuddia!

              (Exit GWAWL *drwy'r porth.* HEFEYDD *wrth y bwrdd. O'r cyntedd daw* BRENDA.*)*

BRENDA: Pwy oedd gyda thi'n siarad?

HEFEYDD: Ai ti sy 'na? Ble mae'r gwesteion?
              'Rwy'n trefnu'r gwin cyn y dôn'.

BRENDA: Felly Gwawl fab Clud oedd gen' ti?

HEFEYDD: Mae'r cwpanau'n barod bellach.
              Galw hwynt i'r gyfeddach.

BRENDA: Pam y daeth ef yma heddiw?

HEFEYDD: I briodi fy merch, mae'n debyg;

	Mae priodfab i'w gael mewn priodas, A 'does dim priodi heb win. Wyt ti'n cofio'n priodas ni?
BRENDA:	Ydw'n rhy dda o lawer.
HEFEYDD:	'Dydw i'n cofio dim ond y gwin.
BRENDA:	'Doedd dim arall i'w gofio, 'r hen ŵr.
HEFEYDD:	Y tro nesa' y prioda' i, Fe gawn ni win glannau Rhein—
BRENDA:	Ni? Fydda' i ddim yno.
HEFEYDD:	Na fyddi, na fyddi, druan Chofiais i mo hynny 'chwaith.
BRENDA:	Priodas, nid angladd, sy heddiw.
HEFEYDD:	Pa ots ond cael cig a gwin. Gwin coch fydd orau i'th angladd.
BRENDA:	Mi welais Wawl fab Clud Yn dianc drwy'r porth yn awr.
HEFEYDD:	Do? 'Rown i'n amau hynny.
BRENDA:	Beth oedd ei neges ef yma?
HEFEYDD:	Galw i gydymdeimlo.
BRENDA:	Ai ti a'i gwahoddodd ef?
HEFEYDD:	Ie, fi a'i gwahoddodd ef. Mae gan dad hawl i un gwestai Ym mhriodas ei ferch ei hun?
BRENDA:	Pam y diflannu sydyn?
HEFEYDD:	Briw a gafodd i'w fron Sy'n gwaedu o golli Rhiannon; Nid hawdd ganddo gwmni llawen.
BRENDA:	Pan fydd dagrau yn d'eiriau di, Mae perygl brath i rywun. A ddaw ef yn ôl i'r wledd?
HEFEYDD:	Fe ddaw wedi darfod y bwyta, Mae tor calon yn troi'n ddiffyg traul.
BRENDA:	Pam na fodloni di i Bwyll?

HEFEYDD:	Mi addewais y ferch i fab Clud.
BRENDA:	Mae pendefig Dyfed yn deilyngach, Gwell ei ach na Gwawl fab Clud.
HEFEYDD:	Gwell ei ach, salach seler, Cegin 'flêr, pantri hen lanc.
BRENDA:	Bydd Dyfed yn bantri Rhiannon.
HEFEYDD:	Myfi piau dewis fy naw; Mae mab yng nghyfraith yn swydd Ry sad i ymyriad merch.
BRENDA:	Priodas cariad yw hon.
HEFEYDD:	Priodas cariad! A thithau'n Wraig briod! Pwy glywodd erioed Gymysgu priodi â serch? Rhoi finegr mewn cwch i wneud mêl.
BRENDA:	Fy arglwydd, mae Pwyll yn y cyntedd A'i wŷr gydag ef dan dy do. Fedri di ddim rhwystro'r briodas.
HEFEYDD:	Paid â gofidio. Cheisia' i Mo'i rhwystro hi. Mae gan Bwyll Deulu o filwyr o'i gwmpas. Thynna' i mo'r saith gantre' am fy mhen.
BRENDA:	Eisteddaist gydag ef wrth dy fwrdd, Bwyteaist gydag ef—
HEFEYDD:	Cig llo A phastai alarch.
BRENDA:	Fe yfaist Ato—
HEFEYDD:	Gwin Sbaen, gwin Paris, Rhaid yfed 'chwaneg.
BRENDA:	Fedr neb Atal rhoi Rhiannon iddo heno.
HEFEYDD:	Gwir ddigon. Bydd dawel. Fedr neb Atal ei rhoi hi iddo; Ond ef ei hun, ef ei hun.
BRENDA:	Nid un anwadal yw Pwyll.

HEFEYDD:	Nage, nid un anwadal; Gŵr musgrell[15] yw arglwydd Dyfed, Yn rhuthro wrth hela neu garu; Musgrellni a'i gwnaeth yn Ben Annwn.
BRENDA:	'Rwyt tithau'n cynllunio rhyw ddrwg.
HEFEYDD:	'Rwyt tithau'n cynllunio rhyw dda, 'Does dim yn fwy diflas mewn gwraig.
BRENDA:	Paid â thorri ei chalon hi heddiw.
HEFEYDD:	Pa reswm sydd i ti i'w swcro?
BRENDA:	Chefais i mo'm dewis wrth briodi.
HEFEYDD:	Pwy glywodd am ferch yn cael dewis?
BRENDA:	Mae merch mor ddynol â gŵr.
HEFEYDD:	Priodi sy'n ei gwneud hi'n ddynol. Cyn hynny cath wyllt yw merch.
BRENDA:	Os gwyllt ei chalon, caiff Rhiannon Yr hyn nas cefais i, Rhoi calon a llaw ynghyd.
HEFEYDD:	Llysfam wyt ti, nid ei mam; Pa waeth i ti beth a ddigwydd?
BRENDA:	Rhaid i lysfam gael oenig i'w fagu; Rhy fach o lawenydd sy mewn byw.
HEFEYDD:	Rhy fach o lawenydd? Wyt tithau'n Cael poen yn dy fol gan gig llo?
BRENDA:	Hefeydd, dy ferch di yw Rhiannon.
HEFEYDD:	Wela' i ddim fod hynny Yn rheswm dros imi lwgu.
BRENDA:	'Does gen' ti ddim ymysgaroedd.
HEFEYDD:	'Does gen' i ddim arall, wraig dda.
BRENDA:	Mi ofalaf i am dy ferch.
HEFEYDD:	Mi ofalaf i am fy hawl.
BRENDA:	Fe'i dodaf ym mreichiau Pwyll.
HEFEYDD:	Fe'i gwelaf ym mhantri Gwawl.

(Daw PENDARAN, TEIRNON, GWYN *a* MURIEL *atynt o'r cyntedd.)*

PENDARAN: Dy fwrdd sy fel dy urddas,
Wraig hael, a'th draul fel dy dras.

TEIRNON: A dwy arglwyddes iesin
Yn hael goeth yn heilio gwin.

GWYN: A'r cinio fel llong Noa,
Holl adar daear a'i da.

HEFEYDD: Cig llo a phastai alarch.

BRENDA *(gan dywallt gwin iddynt)*:
Dewch, wŷr Dyfed, at eich arch.

HEFEYDD: Gwin Sbaen, gwin pentre' Paris.
Maddau, dderwydd dysgedig,
Nad oes win blas pîn fel yng Ngroeg.

MURIEL: Phrofa' i fyth mwy win Samos
Na grawn Humettos neu Achaia
Na physgod wythdroed y môr.[16]

HEFEYDD: Pysgod wyth droed?

MURIEL: A phob troed
Fel cig cimwch mewn 'menyn
A'i ferwi gyda 'nionyn,
Sbeis ac eirin, mewn gwin gwyn.
Saig i Olumpos, ŵr mad,
I neithior duwies cariad.

HEFEYDD: Rhaid imi briodi Groeges nesa'.
Oes seigiau eraill fel honna
Sy'n tynnu dŵr o bob dant?
Dywed wrthyf amdanynt,
Bydd yn help i leddfu chwant.

BRENDA: Wyrda Dyfed, byr a brau
Yw dyddiau dedwyddwch merch;
Un dyner yw fy llysferch
A'i serch fel gwasgiad ei llaw
Yn ddiwair ac yn syber.
Rhiain ysbrydol, ffraeth a llon,
Hawsa' peth torri'i chalon;
A fyddwch chi iddi'n ffyddlon

YR AIL ACT

                Os digwydd rhyw dro aflêr?[17]

PENDARAN: Trysor saith gantref yw hi.

TEIRNON: Tlws Dyfed a'i dyweddi.

BRENDA: Bydd carol a chellwair a chân
Yn ei llys fel gwinllan,
Ond breninesaidd hefyd
Gall oddef cam yn fud;
Wêl neb dan y chwerthin llon
Boen y brath yn y galon:
A ofelwch chi am ei lles?

GWYN: Rhiannon, ein harglwyddes.

Y TRI Rhiannon, yfwn ati.

(Daeth PWYLL a RHIANNON i mewn wrth iddynt godi eu cwpanau.)

PWYLL: Testun pêr fel gellygen.
Arglwyddes, os ca' i gwpan
Fe'i codaf innau at hon.

HEFEYDD: Cwpan i unben Dyfed!
Gwin Sbaen lliw iâr fach yr ha'
Sy'n hedfan rhwng tafod a thaflod
Fel cusan cynt' priodas.

(Croesa BRENDA at BWYLL sy gyda HEFEYDD a MURIEL i roi gwin iddo. Mae RHIANNON gyda'r GWYRDA.)

BRENDA: Mae'r gwrid ar y gwin, arglwydd,
Yn ail i'th ddyweddi di.
Fel cadw gwin ifanc rhag egru
Boed dy ofal amdani.

PWYLL: Fe'i cadwaf fel cannwyll fy llygad.
Gwêl wyrda Dyfed yn ei phlaid,
Bu'n hir eu haros hwy erddi,
Paid ag ofni amdani, enaid.

BRENDA: Ofna' i ddim ar ôl heno,
Gwylia dy hun tan hynny
A chofia mai Pwyll yw dy enw.

PWYLL: Mae heno'n agos weithian
A'm calon innau'n gân;

             Iechyd i'th galon dithau
             A fu'n bur inni'n dau, wraig lân.

HEFEYDD: Gwraig ifanc mewn gwledd fel tylluan
             Yn hwtian dychryn drwy'r ffos!
             Gwin, gwin ac ymddiddan
             Sy'n gweddu, ac yfed at y dlos.
             Taflwn ofalon, mae hi'n galan
             Mai: i'r neithior a'r nos!

PAWB: I'r neithior a'r nos

(Yfant oll.)

TEIRNON: Mae llawenydd dy wyneb, unbennes,
             Yn rhyfedd a newydd inni oll,
             Ond am dy gefn a'th benelin,
             Mae rhywbeth cynefin yn eu dull.

PENDARAN: Mae gweld morwyn osgeiddig
             Yn rhodio ar draws cae
             A hithau'n hamddenol frysio,
             Yn braf ar brynhawn o Fai.

GWYN: Blwyddyn i heddiw yn Arberth
             Gwelais bâr o fferau main;
             Welais i ddim fferau tebyg
             Hyd heddiw, arglwyddes fwyn.

RHIANNON: Wyrda, mi yfaf innau
             At fabolgampwyr yr oed;
             Mae gwŷr y saith gantref, mi glywais,
             Yn hela hyddod ar droed;
             Pwy welodd benteulu Dyfed
             Ar y llawr heb ei wynt erioed?
             Hir anadl i wŷr Dyfed!

(Pawb yn cael hwyl ac yn yfed.)

GWYN: Pa lodes anhysbys ei thras
             O gwmpas Arberth a'i dai
             Fu'n tynnu gwyrda i ras
             Am gusan ar galan Mai?

PWYLL: Yfwn at bawb gafodd gusan.

(Yfant.)

YR AIL ACT

RHIANNON: Pa lanc go hoyw, go sionc,
A'i lw y dôi'r ferch ar ei fraich,
A ddaeth adre' lincyn-lonc
A'i dafod ci defaid yn faich.

BRENDA: Iechyd i'r llanciau hoyw.

(Yfant.)

MURIEL: Pa chwaer i Atalanta'n
Rhedeg nes cael gŵr[18]—

PENDARAN: Fu'n denu'r bechgyn gwantan
I'w boddi yn y dŵr?

HEFEYDD: Yfwn at bawb a foddir.

(Yfant.)

RHIANNON: Pa dderwydd doeth ac ynad
Fu'n cloddio yn afon Cleddau
Am fôr-forwyn anynad
A'i chusanau'n feddau?

PWYLL: Hir oes i'r fôr-forwyn.

(Pawb yn yfed i RIANNON dan chwerthin.)

MURIEL: Pa hen lanc rhag cael gwraig
Ffoes am ei einioes i Annwn—

(Daw GWAWL i mewn yn sydyn a chyfarch PWYLL.)

GWAWL: Henffych well iti, arglwydd,
Ac i chithau, wyrda oll.

PWYLL: Croeso i tithau, enaid,
Mae croeso i bob gwestai heddiw.
Daethost ar ganol ymsennu
Ac ymbosio neithior.
Dos i eistedd wrth y bwrdd.

GWAWL: Na wnaf.

PWYLL: Tyrd i yfed ac odli gyda ni.

GWAWL: Na wnaf.

PWYLL: Gwna fel y mynni, enaid.

GWAWL: Na wnaf . . . Eirchiad wyf i ar neges.

PWYLL: Yn llawen. Gwna di dy neges,
Rhaid i bawb fod heddiw wrth ei fodd.

GWAWL: Atat ti mae fy neges i, arglwydd.

PWYLL: Ataf i? Pa arch bynnag a ofynni,
Hyd y gallaf ei roi, fe'i cei.

BRENDA: Och Dduw! Gan bwyll!

(Y mae HEFEYDD yn crechwen chwerthin. Saif y lleill yn syn a RHIANNON fel craig. Gwên fuddugoliaethus ar wyneb GWAWL.)

BRENDA: Pam y rhoddi di ateb fel yna?

GWAWL: Ateb fel yna a roes ef, arglwyddes,
Ateb fel yna yng ngŵydd gwŷr Dyfed.
Mae addewid yn caethiwo tywysog,
Ni thyn ei air fyth yn ôl.

PWYLL: Beth yw dy arch di, enaid?

GWAWL: D'wedaist, pa arch bynnag a ofynnaf,
Hyd y gelli ei roi, fe'i caf.

PWYLL: Dywed dithau dy arch.

GWAWL: Y wraig a garaf, 'rwyt ti'n cysgu ganddi heno.
'Rwy'n ei hawlio hi a'r briodas a'r wledd.

(Distawrwydd.)

BRENDA: Taw hyd y mynnych, arglwydd,
Fe'th ddaliwyd yn y trap.

PWYLL: Wyddwn i ddim pwy oedd e.

BRENDA: Gwawl fab Clud ydy hwn.
Mi geisiais dy wylio a'th warchod
Ond rhuthraist i'r fagl ar dy ben.

(Distawrwydd eto a dorrir gan sŵn igian HEFEYDD.)

HEFEYDD: Cig llo a phastai alarch.

GWAWL: Clywaist fy arch, arglwydd;
Pa ateb a roddi di?

RHIANNON *(gan groesi at ochr Pwyll)*:
Arglwydd, mae enw da Dyfed
Yn rheitiach na chalon merch:
Dyro fi i Wawl fab Clud.

YR AIL ACT

PENDARAN *(wrth wŷr Dyfed)*:
    Mae anian brenhines yn hon.

PWYLL: Pa ateb yw hynny, arglwyddes?
    Alla' i mo'i wneud e, ddim fyth.

RHIANNON: Fy nhad a gwyrda Dyfed
    A thithau, fy narpar ŵr,
    Nid rhwydd yw i arglwydd ffarwelio
    Ag un fu'n ddyweddi iddo dro.
    Byddai'n foesgar, byddai'n gymwynas,
    Pe caem bum munud o'ch gras.

BRENDA: Mae gwin ar fyrddau'r cyntedd,
    Ffrwythau moeth, crochanau medd.

PENDARAN: Go ddiflas, arglwyddes, fydd gwin,
    A dincod dannedd y grawnwin;
    Eto, ar dy gais, fe awn.

GWAWL: A gaf i air yr unben
    Na bydd i'r ferch geisio ffoi?

RHIANNON: Fe addawodd yr unben ddigon.
    Cymer air y ferch: fe saif hon.

(Gwŷr Dyfed yn mynd allan ar y chwith. HEFEYDD a GWAWL ar y dde. Y mae RHIANNON yn gafael ym mraich BRENDA.)

RHIANNON: Paid â'm gadael. Ymladdaf
    Am fy mywyd yn awr.

PWYLL *(wrth FRENDA sy'n symud i gefn y llwyfan)*:
    Arglwyddes, rho help dy gyngor.
    Fel taran yn syfrdanu
    Bu hollt y drychineb hon.

RHIANNON: Arglwydd, fe aeth pawb odd'ma,
    Raid iti ddim cogio mwy.
    O waelod fy nghalon 'rwy'n diolch
    Iti; buost dyner ohonof,
    Brenin cwrteisi a moes.

PWYLL: Pa siarad yw hyn? 'Rwy'n haeddu,
    Da gwn, dy gerydd, dy gas:
    Paid â'm lladd i â choegni fel chwip.

RHIANNON: Paid dithau â phoeri ar fy niolch.
    Achubaist ffolog benchwiban

Rhag blino llys tywysog
Â chrawc ei thraserch, a'i rhoi'n
Ôl i ŵr dewis ei thad,
Achub ei henw rhag crechwen,
Heb wers oer, heb air o sen.
Derbyn fy niolch, unben.

PWYLL: Rhiannon, mae dy eiriau di'n niwl.

RHIANNON: 'Does dim fel priodas, arglwydd,
I ddysgu a disgyblu gwraig.
A choler mab Clud ar fy ysgwydd
Ddo' i fyth mwy i Arberth na'r graig.
Trefnaist bob dim yn ddeheuig.

PWYLL: Rhiannon, nid dweud yr wyt ti
Mai fi drefnodd hyn gyda Gwawl?

RHIANNON: Newydd ddod adre'r oeddit
O Annwn, a chyrchu Arberth,
A dyma ryw lances haerllug
Yn ei bwrw ei hun arnat, crefu
Am ei chymryd gennyt yn wraig,
Pennu oed i'th briodi,—
Och fi, fy nghywilydd—

PWYLL: Arglwyddes,
Onid oedd tynged yn dy dywys?
Myfi a'th alwodd di ataf,
Eisteddais ar orsedd Arberth—

RHIANNON: Gwlith Mai yw dy faddeuant.
Mi gwynais wrthyt am Wawl
A'r briodas 'roedd fy nhad yn ei threfnu;
Gwelaist tithau fod y ferch yn benwan,
Cytunaist yn foesgar â'i ffwlbri,
Rhoddaist iddi dy law a'th gred.
Yna, rhag dwyn arni amarch
Na'i gwneud hi fel ffair i Ddyfed,
Anfonaist at Wawl fab Clud;
Trefnaist i'w hildio hi iddo
Ynghyd â'r wledd a'r briodas,
A dychwelyd yn rhydd i'th wlad.

PWYLL: Rhiannon, os bûm i'n dwp,
Nid cnaf mohonof na thwyllwr.

RHIANNON: Maddau imi. Mi'th welais
Unwaith yn fforest Glyn Cuch
Ar dy farch a'r cŵn o'th flaen.
Mae calon llances fel eithin
Yn cynnau'n fflam ar un fflach;
Dy weld di i mi fu ffoli.
Pan drefnodd fy nhad briodas
Rhyngof a Gwawl fab Clud,
Collais fy mhen, mi fentrais
Bethau nas dylai merch.
Ymboenaist tithau i'm harbed
Rhag fy rhyfyg, rhag dial a chosb,
A'm rhoi'n ôl i'm tad ac i Wawl
Mewn neithior a gwledd.

PWYLL: Dychymyg,
Dychymyg yw'r cyfan, Rhiannon.

RHIANNON: Arglwydd, mae oriau dychymyg
A breuddwyd ar ben i mi'n awr.
Gwialen yn ysgol bywyd
I ddofi'r galon yw siom,
Trwy siom y daw hoeden i'w hoed.
Yn ufudd a thawel bellach
Mi briodaf Wawl fab Clud.
Dyro fi iddo, fy athro,
Heb ofni. Mi gadwaf innau
Ddiolch drwy f'oes i'r tywysog
A arbedodd fy enw a'm parch.

PWYLL: Sut y medra' i dy roi iddo?

RHIANNON: Gafael yn fy llaw a gofyn
'A gymeri *di* hi'n wraig briod
Yn hytrach na *mi*, Wawl fab Clud?'
Paid ag amau; Wnaiff e ddim gwrthod;
Cymeraf a chadwaf, fydd ei air.

PWYLL: Rhiannon, 'rwyt ti'n rhwygo fy nghalon.

RHIANNON: Heb y galon, bydd byw yn haws.

PWYLL: Gwrando arnaf innau'n awr.
Mae Dyfed heb etifedd;
O'r pryd y daeth imi'r deyrnas
Bu hynny'n bryder i'm gwŷr,

                Mynnent roi imi arglwyddes
                I gadarnhau fy ngorsedd,
                Sefydlu fy llinach yn y tir
                A chadw i'r Saith Gantref hedd.

RHIANNON: Mi glywais gan Arawn am y cyngor.

PWYLL: Arglwyddes, mae'n dda gen' i Ddyfed,
                Caraf ei bronnydd a'i cheseiliau
                A'i dynion rhadlon a rhydd.
                Ond nid er mwyn gwlad y bydd gwraig;
                Blodeuyn yw gwraig i'w hanwylo
                Gynta' am ei glendid ei hun.
                Bedd serch yw'r priodi politicaidd
                Sy'n claddu Branwen yn Iwerddon,[19]
                Fynna' i ddim fod Dyfed fel bedd.
                Blwyddyn i heddiw, Riannon,
                'Roedd fy ateb i'm gwyrda'n barod,
                Mi roiswn f'arglwyddiaeth i arall
                Cyn y priodwn heb serch,
                'Roedd y gair yn fy ngenau, ac wele—
                Tydi yn sefyll o'm blaen.[20]

RHIANNON: A fi gadwodd Ddyfed i ti?

PWYLL: Oni bai dy ddyfod i Arberth
                Alltud o Ddyfed fyddwn i.

RHIANNON: Da y gwyddost gysuro merch;
                Bydd cofio'r gair yna'n fy llonni
                Pan drosaf yng ngwely Gwawl.

PWYLL: Arglwyddes, mi ymrwymais i'th briodi.

RHIANNON: Fy hyfdra i a'th gymhellodd.

PWYLL: Dy wyneb a'm serch a'm cymhellodd.

RHIANNON: Ymrwymaist yng ngŵydd gwŷr Dyfed
                I'm rhoi yn wraig i fab Clud.
                Dy ewyllys a'th glod yw fy nigon,
                'Rwyt ti'n rhydd o'th addewid i mi.

PWYLL: 'Dyw hi ddim mor rhwydd fy rhyddhau.

RHIANNON: Paid â dannod hynny imi.
                Rhoddais fy mywyd yn dy law,
                Fe'i teflaist gerbron Gwawl.

PWYLL:	Mi deflais Ddyfed yr un pryd.
RHIANNON:	Fedri di daflu Dyfed Mor sydyn â chalon merch? Tywysog y mabolgampwyr!
PWYLL:	Blwyddyn yn ôl, arglwyddes, Mi roddais fy ngair i wŷr Dyfed A tharo fy llaw ar fargen Y cymerwn i heddiw wraig.
RHIANNON:	Mae gwraig fel pêl dennis yn ysgafn I'w chymryd a'i tharo'n ôl. Trewaist dy bêl at fab Clud. Cymer bêl arall i'th gôl.
PWYLL:	Chymera' i ddim gwraig ond tydi.
RHIANNON:	Fe'm teflaist innau i'r baw.
PWYLL:	Gan hynny, a'm gwyrda'n dystion, Mi deflais f'arglwyddiaeth o'm llaw.
RHIANNON:	Mae peli gannoedd yn Nyfed.
PWYLL:	Hebot ti, wela' i mo Ddyfed y rhawg. Mi grwydraf fforestydd Iwerddon—
RHIANNON:	A minnau yng ngwely Gwawl.
PWYLL:	'Does dim rhaid hynny, arglwyddes.
RHIANNON:	Nag oes? Beth arall a wnawn?
PWYLL:	Fuost ti yn Iwerddon erioed?
RHIANNON:	Fu 'rioed gen' i gariad o Wyddel, Unwaith y collais i 'mhwyll.
PWYLL:	Mae modd cael dy Bwyll yn ôl. 'Roedd fy ngair i fab Clud yn caethiwo Pendefig Dyfed; ond yn awr, A minnau'n alltud o Ddyfed, Heb deyrnas na chyfoeth, yn dlawd, A ddoi di i'm canlyn, Riannon,
	(Ar ei lin.)
	A herio peryglon ffawd? A gymeri di fi yn ŵr priod Yn hytrach na Gwawl fab Clud?

RHIANNON: 'Rwyt ti'n cynnig imi dlodi a phoen?

PWYLL: 'Rwy'n cynnig iti 'nghalon a'i hoen.

RHIANNON: Caf gan Wawl lawforynion a moethion.

PWYLL: Cawn gasglu'n cinio o ddail poethion.

RHIANNON: Caf gan Wawl wely plu a gobennydd.

PWYLL: Cei gen' innau wlith y torlennydd.

RHIANNON: Caf gan Wawl win Sbaen ac afalau.

PWYLL: Cei gen' innau gyrn i'th draed a chryd cymalau.

RHIANNON *(gan ymroi)*:
Fe'u cymeraf, f'anwylyd gwyn;
At hynny'r anelais o'r cychwyn.
Brenda, mae'r peth yn anhygoel,
Mae'r dyn 'ma'n fy ngharu i,
Mae'n aberthu'r Saith Gantref i'm cael.

BRENDA *(gan ddyfod ymlaen)*:
'Does dim rhaid iddo hynny 'chwaith.

PWYLL: Addewais i'm gwyrda cyn heno
Gyflawni eu deisyf; buont daer,
Fedra' i ddim dal fy ngorsedd
Heb gywiro fy ngair.

BRENDA: Cedwaist d'addewid, enaid,
Cawsant arglwyddes i'w bodd,
Bydd yn dda ganddynt hwythau ddial
Y cast a'u hysbeiliodd o'u gwledd.

RHIANNON: Mae gennyt ti gynllun, Brenda?

BRENDA: Rhaid edfryd arglwyddes i Ddyfed.

RHIANNON: 'Rwyt ti'n angel o lysfam, fy chwaer.

BRENDA: A roir bonclust i Ddyfed heb iawn?

PWYLL: Na wneir os yw gwaed yn goch.

BRENDA: Dyro Riannon i Wawl
Yn ôl d'addewid. Ond y wledd,
Nid i ti y perthyn ei rhoi.
Fi wnaeth y wledd i Riannon.
Be' wnaethost tithau â hi?

RHIANNON:	Ond ei rhoi i wyrda Dyfed.
BRENDA:	Dywed di hynny wrth Wawl. Gwna oed ag ef ymhen blwyddyn I'th briodi; bydd ei wledd yn y llys. A deled gwŷr Dyfed i'r neithior, Cant o farchogion da I'r berllan a welaist uchod.
PWYLL:	Be' wnawn ni yn neithior Gwawl?
BRENDA:	Oni ddywedodd Rhiannon Fod gan Ddyfed redegwyr chwim A llanciau enwog am chwarae?
PWYLL:	Pa chwarae yn neithior Gwawl?
BRENDA:	Fuost ti'n chwarae broch-yng-nghod?
PWYLL:	Chlywais i 'rioed amdano.
BRENDA:	Mi'th ddysgaf, enaid. Bydd y chwarae'n Dial ysbeilio Dyfed A rhoi i Lys Arberth wraig.
RHIANNON:	Mae'n briodol iti ddyfod i'w neithior, Fe ddaeth ef i'th neithior di.
PWYLL:	Rhaid cuddio fy llun a'm hwyneb.
BRENDA:	Tyrd fel cardotyn crupl Yn erchi llond cod fach o fwyd. Myn ef dy wledd a'th ddyweddi, Cei dithau ei ddyweddi a'i wledd.
PWYLL:	Gwnaf bopeth wrth dy gyfarwyddyd Os cedwi Riannon i mi.
BRENDA:	Tyrd di a'th benteulu a'th ynad I gyngor ataf yn y man . . . Dyma fy ngwrda innau.
	(Daw HEFEYDD *a thywel mawr ganddo a'i gynnig i* RIANNON.*)*
HEFEYDD:	Ydy'r dagrau o hyd yn pigo? Fynni di dywel i'th drwyn? Thynnaist ti mo'th wallt â'th ewin? Na gwaedu dy fysedd wrth eu sigo? Rwygaist ti mo'th wisg er ei fwyn?

Na chrafu dy wyneb yn rhewin?
Dim gair o ateb. Tristawodd!

(Mynd at y bwrdd.)

Siawns na ddiflannodd mo'r gwin.
Priodas sydd yma, nid angladd;
Iechyd i'ch c'lonnau bob un.
Dim gair. Wel, am neithior!

(Gan godi ei lais.)

Fab Clud,
Tyrd yma i roi tafod. Westeion,
Fe aeth hi'n fud ar Ddyfed.

(Daw pawb i mewn ac ymdrefnu braidd yn ffurfiol i'r terfyn.)

GWAWL: Arglwydd, gwyddost fy nghais;
Oes ateb am a erchais.

PWYLL: A fedraf ei roi, fe'i rhof.

GWAWL: Beth yw ystyr hynny?

BRENDA: Enaid, y wledd sydd heddiw,
Myfi a'i gwnaeth i Riannon
A'i rhoddi i wyrda Dyfed
A'r gwesteion sydd draw wrth y bwrdd.
Ni all hon fod yn neithior i ti.

GWAWL: O'r gorau, gwnaf heb neithior,
Mi gymera' i'r wraig heb y wledd.

RHIANNON: Fel heffer a brynid mewn ffair
A'i tharo'n fargen i'th law
I'w gyrru adre' â ffon.

GWAWL: Nage, ond gafr heb ei dofi
Fu'n rhedeg tua llys Arberth
I chwarae castiau geifr.

MURIEL: Dyma ŵr a fagwyd yn Sparta.[21]

TEIRNON: Mae'r deyrnged i Ddyfed yn ddel.

PENDARAN: Fe'i cofir.

GWYN: Fe delir y pwyth.

GWAWL: Wyrda, ddes i ddim yma

	I dorri geiriau. Addawyd Hon i mi gan ei thad Flwyddyn a rhagor yn ôl. Ydy hynny'n wir, Hefeydd?
HEFEYDD:	Mi addewais i'r wledd a'r ferch, Paid di â bodloni ar un, Mae'n rhaid wrth y pastai, cofia.
GWAWL:	Eilwaith addawyd hi heno Gan Bendefig Dyfed, Oes neb yma'n amau hynny?
PENDARAN:	Nag oes, fe saif dy hawl, Ond byddai'n hardd ymatal.
GWYN:	A harddach fyth ymadael.
GWAWL:	Mi af, a'r forwyn gen' i.
RHIANNON:	Enaid, paham y mynni Wraig na fyn mohonot ti?
GWAWL:	Sut y gwn i baham?
RHIANNON:	Mae'n ddrwg gen' i drosot, Wawl.
GWAWL:	Mi'th fynnais o'r pryd y'th welais; Gwyddost mai dy weld yw fy loes.
RHIANNON:	Cynddaredd blys yw dy garu, Mud losgi mae dy fflam, Lludw fydd dy fyw pan oera.
GWAWL:	Mi arhosais ddwy flynedd am heno.
RHIANNON:	Nid mewn mwg a gwg mae priodi.
GWAWL:	'Rwy'n dy gipio o blith gelynion.
RHIANNON:	Ac yn noethi dy ddannedd i'm cusanu.
GWAWL:	Bydd ddiolchgar. Pe na'th gawswn Mi anrheithiwn, mi ddifwn Ddyfed, Nes gosod fy iau ar dy wddf.
RHIANNON:	Rhybudd i wyrda Dyfed. Mae'r dull hwn o garu'n newydd.
GWAW:	Dy ddull di sy'n newydd. Mi es i At dy dad a'th ofyn a'th gael.

Onid dyna arfer bonedd?

RHIANNON: Mae'n arfer, 'rwy'n addef hynny,
Arfer aflednais i ferch,
Arfer y trecha' treisied
A thrais yn sarnu serch.

HEFEYDD: Serch! Diogi sy'n peri
I lodesi faldorddi am serch;
A thyaid o blant wrth dy ffedog,
Fydd gen' ti ddim amser i serch.

RHIANNON: Mi wn i am gariad na'm gollyngai
Pe lladdwn fy mhlentyn fy hun.[22]
Pan roddir hynny i forwyn,
Mae gan forwyn hawl i'w rhoi ei hun.

GWAWL: Rhoddais innau iti serch. Fe'i gwrthodaist.

RHIANNON: Myfi piau 'nghalon. I mi
Y perthyn ei gwrthod a'i rhoi.

GWAWL: O'r gorau. Fi piau dy gorff.
Enillais ef heddiw drwy deg.

RHIANNON: Nid yn deg na thrwy deg, ond trwy gast,
Trwy ddichell, trwy frad.
Lladrad fyddaf i yn dy wely.
A gedwi di dy ladrad, fab Clud?

GWAWL: Fe'th roddwyd imi gerbron gwyrda,
Mae anrhydedd Dyfed ar dy law.

RHIANNON: Er mwyn anrhydedd Dyfed,
Bodlonaf.

HEFEYDD: Dyna fe, fy naw,
Awn at y byrddau a'r pastai.

BRENDA: Nage, f'arglwydd. Nid gweddus
Dwy neithior 'run dydd i neb.
Fe roed y wledd hon i wŷr Dyfed,
Ellir ddim newid y drefn.

GWAWL: Mi dd'wedais innau eisoes,
Mi gymera' i'r ferch heb y wledd.

BRENDA: Phriododd merch o arglwyddes
Erioed ond yn llys ei thad.

	Ai caethferch neu forwyn aillt A ddygi di adre'n briod?
GWAWL:	Oni chymera' i hi heno Pwy ŵyr ba ddamwain a ddaw?
BRENDA:	Yn briod y rhoddwyd hi iti; Rhaid priodi yn ôl arfer a moes. Ni elli mo'i chymryd na'i chael Ond yn ôl defod priodas.
HEFEYDD:	Fe rown wledd briodas iddo yntau.
BRENDA:	Fi piau darpar y neithior I'm llysferch. Fe'i gwnaf, megis heddiw, Yn deilwng o urddas ei thad.
GWAWL:	Os gwn i ai ffrind ai gelyn Wyt ti, arglwyddes, i mi.
BRENDA:	Enaid, ai ffrind ai gelyn Wyt ti i'r forwyn hon?
GWAWL:	'Rwy'n ei charu a'i chasáu. Paid â gofyn Sut y gall hynny fod; wn i ddim; Ond mae'n bod, mi wn, ac yn gwynio.[23]
HEFEYDD:	Pa bryd y rhown neithior i Wawl?
BRENDA:	Blwyddyn i heno, f'arglwydd, Bydd gwledd yn y llys i fab Clud; Deled y gwrda i'w neithior, Fe drefnir ei groeso mewn pryd.
HEFEYDD:	A rhoi'r pâr priod ynghyd. Westeion, rhoddaf destun i yfed ato; Y priodfab a'm daw.
BRENDA:	Y priodfab a'm daw.

(HEFEYDD *dan chwerthin yn yfed i* WAWL, BRENDA *i* BWYLL. *Nid yf neb arall.*)

DISGYN Y LLEN

Y DRYDEDD ACT

(Yr olygfa megis yr yr ail act. Cyfyd y llen yn sŵn gwledda yn y cyntedd ar y chwith. Yn sydyn ladradaidd daw TEIRNON *a* DAU FILWR *i mewn o'r dde a chuddio tu ôl i'r llenni. Gadewir y llwyfan yn wag a phery sŵn o'r cyntedd. Yna daw* HEFEYDD *a* MURIEL *gyda* BRENDA. *Tywallt* BRENDA *win i'r cwpanau tra ymddiddanant.)*

HEFEYDD: Nid derwydd wyt ti, ond dewin;
Ddaeth dantaith erioed o gegin
Mor amheuthun. Beth oedd e, ddyn?

MURIEL: Ond cawl.

HEFEYDD: Ond sut gawl?

BRENDA: Ond cawl Gwawl.

HEFEYDD: Paid di â miawian fel cath.
Fu erioed gawl Awst mor fendigaid
Na photes naw rhyw mis Mawrth.[24]

BRENDA: Daeth yr athro ag ef yma i'r neithior
I brofi iti wyrthiau gwlad Roeg.

HEFEYDD: 'Menyn gwyrdd ynddo'n nofio,
Llygadau ar ei wyneb fel wystrys,
Glas a blas cregyn traeth ar laeth.

BRENDA: Ai'r pysgodyn wyth droed oedd e?

MURIEL: Nage, arglwyddes. Eto, Groegwr.

HEFEYDD: Mae 'na funudau mewn bywyd,
Munudau fel miwsig planedau
Pan fo dyn y tu allan i'w fyd.[25]

MURIEL: Felly byddai Platon yn dweud.

HEFEYDD: Platon? Gafodd yntau ginio?

MURIEL: Mi 'sgrifennodd lyfr ar ei wledd.[26]

HEFEYDD: Llyfr? Lol botes.

BRENDA: Nage, cawl.

HEFEYDD: Bwyd a diod, nid darllen, yw gwynfyd.

| | Buost ti yng ngwlad Roeg; glywaist ti yno
              Am lyfrgell ar Olumpos?

MURIEL: Naddo, ond byrddau a bwyd.

HEFEYDD: Prydau yw prydiau'r duwiau,
            Byrddau heb brinder bwydydd,
            Neithiorau heb ddiffyg traul.

BRENDA: Ydy duwiau Groeg yn priodi?

MURIEL: 'Dyw hynny'n ddim rhwystr iddyn nhw garu.

HEFEYDD: 'Rwy'n hoffi efengyl Roeg:
            O bryd i bryd mae priodi.

BRENDA: Muriel, pa bysgodyn oedd y cawl?

MURIEL: Brodor o borthladd Masilia;
            Pysgotwyr Masilia, Groegwyr,
            Ddaeth â mi adre' i Ynys Pir;
            Hwy piau cyfrinach y cawl.[27]

HEFEYDD: O holl gyfrinachau'r derwyddon
            Hon yw'r wybodaeth fawr.

MURIEL: Mae cyfrinachau eraill:
            Mi astudiais i'r enaid yng Ngroeg.

HEFEYDD: Anghofia ef, enaid. Mae'r cawl
            A doethineb pysgotwyr Masilia
            Fel enaint ar hyd fy marf.

MURIEL: Dygais ef yma i Riannon;
            Dysgais i'ch cog sut i'w drin
            A thrwsiais y pair fy hunan.

HEFEYDD: Y braster gwyrdd a'r toddion!
            Meistr celfyddyd cegin
            A'i troes fel pair Ceridwen.

MURIEL: Crwban y môr oedd y cawl.

BRENDA: Crwban y môr! Rhyfeddod!

MURIEL: Llawer rhyfeddod a welwn
            Ond 'does dim rhyfeddach na dyn.
            Mae'n aredig hen dduwies daear,
            Mae'n hwylio dros eigion dyfnder,
            Yn maglu adar yr awyr

              Ac yn rhwydo creaduriaid y dŵr;
              Dyn, y dyfeisiwr diball,
              Mae'n eu cyrchu i'w gegin oll.[28]

HEFEYDD: Ond coron ei gampau, fy Ngroegwr,
              Fu cyrchu tân tan grochan
              I ferwi crwban y môr.
              Mae'n werth rhoi merch i'w phriodi
              I brofi brenin pob cawl.
              Un ferch sy gen' i, ysywaeth.

BRENDA: Blwyddyn i heddiw, f'arglwydd,
             Pastai alarch oedd corff y gainc.

HEFEYDD: Henaint ni ddaw ei hunan.
              Mi gollais i ddant neu ddau;
              Mae'r alarch yn dderyn go wydn
              Ac yn rhwygo'r cylla heb ei gnoi.
              Heddiw daeth paradwys i'm perfedd,
              Mi brofais dangnefedd mewn llwy.

BRENDA: Ac yn awr fe gawn saib gyda'r gwinoedd
             Cyn mynd yn ôl at y bwyd.

HEFEYDD: Mae'r gwin yn rhoi awch ar y bwyta;
              Ble mae e, priodfab y wledd?

MURIEL: Dyma nhw'r briodasferch a'r mab.

           (*Clywir chwerthin o'r cyntedd a daw* GWAWL *a* RHIANNON
           atynt.)

BRENDA: Pa firi sydd wrth y byrddau?

HEFEYDD: Beth a'ch cadwodd chi cyhyd?

GWAWL: Ffraeo.

HEFEYDD: Ffraeo wrth fwrdd eich neithior?

RHIANNON: Rhaid dysgu priodi, fy nhad.

GWAWL: Erfyniodd hi arnaf fynd adre'!

HEFEYDD: Mynd adre'?

GWAWL: Ar ganol y neithior!

HEFEYDD: Mynd adre'? Heb orffen y cawl?

BRENDA: Dyna oedd y chwerthin a glywsom?

GWAWL: Maddau i'm gwyrda, arglwyddes;
'Roedd yn ddigri' ganddyn nhw glywed
Gofyn i'r priodfab riteirio
O fwrdd ei briodas ei hun.

HEFEYDD: Beth oedd arnat ti'r hulpan benchwiban?
'Dyw'r bwyta ond newydd gychwyn
A hanner y crwban ar ôl
A'r gwin yn aros i'w brofi.

RHIANNON: Tosturi wrth Wawl fab Clud.

HEFEYDD: Oes arno yntau ddiffyg traul?

RHIANNON: Bu Gwawl fab Clud yn fy ngharu,
Neu felly y dywedai ef gynt.

HEFEYDD: Mae cawl yn beth da at hynny.

RHIANNON: Fynnwn i ddim gweld amharchu
Gŵr a roes serch arnaf i.

HEFEYDD: A phwy sydd yma i'w amharchu?

RHIANNON: Onid ei amharchu yw rhoi iddo
Wraig sy'n caru gŵr arall?

GWAWL: Melltith ar dy dafod a'th gariad!
Gwledd dy briodas yw hi heno
A minnau dy ddyweddi, dy briodfab;
Sut nad oes arnat ti ofn?

RHIANNON: 'Rwy'n cyhoeddi fy ofn ers dwy flynedd.
Wrandewi di ddim ar fy ofn.

GWAWL: Mae dy ofn di'n warth ac yn g'wilydd,
Yn groes i holl foesau llys.

RHIANNON: Achub dy g'wilydd di a geisiaf.

GWAWL: Dal dy dafod yn fy neithior,
Felly yr achubi fy ngh'wilydd.

RHIANNON: Felly y daw'n siŵr dy warth.
Gwrando mewn sobrwydd unwaith.

GWAWL: Mi'th briodaf a gwrando wedyn.
Dyna yw arfer gwŷr.

RHIANNON: Peth iach yw priodi, gyfaill,

Yn null cyffredin dynion,
Yn llawen a bodlon, heb serch;
Felly mae'n naturiol priodi
Gan ddysgu cyd-ddwyn mewn ffyddlondeb
A dysgu cariad drwy blant.
Ond os daw angerdd i'r galon
A chlymu'r serchiadau a'r nwydau
Ar berson, fel na allo'r ewyllys
Mo'u datod, yna gwae i'r ferch
A briodo neb arall bryd hynny,
A gwae i'r gŵr a'i cymero;
Gelyn, treisiwr, anghenfil
A fydd ef iddi hi fyth.[29]

GWAWL: Gelyn, treisiwr, anghenfil,
'Rwy'n fodlon ond dy gael di'n wraig.

RHIANNON: 'Rydw innau'n bodloni i'th warth.

BRENDA: Cymer dy gwpan, enaid.
Mae gwin yn sirioli priodas.

MURIEL: Arglwyddes, 'rwyt ti'n sôn am briodas
Fel athronydd am dynnu dant.

BRENDA: Pawb a'i fys lle bo'i ddolur.

GWAWL: Na, fynna' i ddim o'r gwin.

HEFEYDD: Gwin Sbaen, ŵr, gwin Cordofa,
Mae hi'n Gymraeg rhyngddo a chrwban y môr.

MURIEL: 'Run heulwen a'r un heli,
Granada a Masilia mewn côr.

GWAWL: Mi dd'wedais na chymera' i mo'r cwpan.

MURIEL: Ddim gwin yn ei neithior ei hunan?

BRENDA: Cellwair mae'r gwrda, mi wn.

HEFEYDD: Mae'r crwban yn gofyn gwin,
Fu e 'rioed yn hoyw ar dir crin.

GWAWL: Dyro'r cwpan ar y ford,
Mi dd'wedais na fynna' i mono.

HEFEYDD: Mae hyn yn beth sobor, fy naw.

MURIEL: Mae'n sobor o beth, ar y naw.

HEFEYDD: 'Does neb yn sobor mewn priodas.

BRENDA: Onid priodi mae Gwawl?

MURIEL: Ac mae Gwawl mor sobor â phawl.

RHIANNON: Nid priodas sydd yma, eithr brwydr.
Fe gollodd Pwyll ei ddyweddi.
Drwy fod yn ddiofal a llon.
Nid felly y delir Gwawl.
Enillodd ef fi drwy ympryd,
Trwy ympryd fe geidw ei hawl.
Milwr yn gwarchod ei anrhaith
Yw ef yn y neithior hon.

GWAWL: Pa gythraul roes i ti ddarllen c'lonnau?

RHIANNON: Fy nghas. Mae cas a serch
Yn sbïo dirgelion ei gilydd,
Yn gweld a deall pob tric.
Mae fy nghas i'n darllen dy galon
Fel darllen fy meddwl fy hun.

GWAWL: Mi siaredi di lai ar ôl heno.

RHIANNON: Bedd-argraff Rhiannon: Yn ei dewredd
Chlywaist ti 'rioed ymddiddanwraig well;
Priododd ac yna tewi,
Wedi elwch tawelwch fu.[30]
Yf gyda mi, fy nyweddi,
Hir ffraeo i'r pâr a hir bwdu!

GWAWL: Mi dd'wedais nad yfaf i ddim.

RHIANNON: Dos ynteu am dro i'r gogledd
A phrioda un o ferched Gwynedd.

GWAWL: Yfory cawn ein dau fynd am dro.

RHIANNON: Yfory? 'Does dim yfory.
Muriel, mae'n siŵr fod rhyw Roegwr
Yn profi na ddaw 'fory fyth?

MURIEL: Athrylith fwya'r derwyddon,
Y doethaf o feibion Elea;
Ai ar siawns y trewaist, arglwyddes,
Ar ddyfnder dysgeidiaeth Zenon?[31]

RHIANNON: Ar siawns, mae'n siŵr. Oes cysur

Gan Zenon i ferch sy'n priodi?

MURIEL: Cysur anfesuradwy,
Gwrando ddameg neu ddwy:
Bu Achil, pencampwr y Groegiaid,
Unwaith mewn ras gyda chrwban—

HEFEYDD: Mewn ras gyda chrwban? Fe'i daliodd?

MURIEL: Naddo, fe brofodd Zenon
Na ddelir mo'r crwban fyth.

HEFEYDD: Druan o bencampwr y Groegiaid,
Mae pysgotwyr Masilia yn well gwŷr,
Mae eu crwban nhw yn y sospan.

MURIEL *(wedi sorri)*:
Pan glywan nhw wersi Zenon
Ddalian' hwythau fyth grwban mwy.

HEFEYDD: Go drapia Zenon a melltith
Ar y derwyddon oll.
Sut y mae dyn i gael cawl?

MURIEL: Arglwydd, 'rwyt ti'n siarad wrth dderwydd;
Mae 'na bethau pwysicach na chawl.

HEFEYDD: Dderwydd, 'rwyt ti'n siarad wrth arglwydd
A'th wahoddodd di yma i'r neithior
Yn unig er mwyn y cawl.

MURIEL: Athronydd yw dysgawdwr Elea,
Dal y gwir mae Zenon, dal Bod—

HEFEYDD: Mae e'n gwrthod i Achil ddal crwban—

MURIEL: I brofi nad oes symud mewn Bod.

HEFEYDD: Sut mae cael cinio heb ymod?[32]

MURIEL: Mewn Bod nid oes mynd na dyfod,
Ac nid oes stumog mewn Bod—

HEFEYDD: Dim stumog mewn bod? Yr hurtyn,
Mae fy stumog i'n bod, yn un.

MURIEL: Nid hurtyn yw disgybl Zenon.
'Rwyt ti'n cablu dysg y derwyddon—

HEFEYDD: Mae crwban pysgotwyr Masilia

Y DRYDEDD ACT

        Werth mil o ddysgawdwyr Elea—

MURIEL: Derwyddon Elea ac Athen—

HEFEYDD: Fu'r un erioed yn llawn llathen.

MURIEL: Dilorni derwydd a theithiwr—

HEFEYDD: Cablu fy mwrdd i mewn neithior—

MURIEL: 'Rwy'n dy adael di gyda'r cawl—

HEFEYDD: Tywydd teg ar dy ôl di'r diawl.

(Y mae BRENDA yn rhwystro i'r derwydd fynd.)

BRENDA: Muriel, ddysgedig dderwydd,
Paid â digio na'n gadael;
'Dyw hyn ond natur fy arglwydd
Sy'n diodde' gan ddiffyg traul.
Nid ffraeo a ddylid heno
Ond yfed a bod yn llawen,
Cymer win i'th ddiddanu
A maddau i Hefeydd Hen.

HEFEYDD: Ie, maddau imi, athro Groeg.
'Dydw i fawr o ysgolhaig;
Gwin sy'n gweddu i gyfeddach
A heddwch, nid rhwyg.

MURIEL: 'Rwy'n maddau iti d'anwybod.
Ymhlith y pethau sy'n darfod
Y gorau yw gwin a medd.

BRENDA: Mab Clud yw'r darpar briod,
Ef piau rhannu'r ddiod,
Y priodfab yw llywydd y wledd.

HEFEYDD: Cymer dy gwpan, fy naw,
Ac yfwn i'r priodi a ddaw,
Boddwn y ffraeo mewn hedd.

BRENDA: Yfwn i'r briodas a ddaw.

MURIEL: Yfaf i'r briodas sy'n darfod.

GWAWL: Y briodas sy'n darfod, ai e?
Wyt ti'n dyfeisio rhyw ddrwg?

MURIEL: Darfod mae popeth sy'n y byd,
Derfydd stumogau a chrybanod

A 'dyw priodasau ddim yn Bod.

BRENDA: Rhown lonydd am sbel i fod.
'Dwyt ti ddim yn yfed, fab Clud?

GWAWL: Sut mae yfed i'r hyn nad yw'n bod?

BRENDA: Awr anterth neithior, awr win.

GWAWL: Mi roddais fy ngair ac mae'n bod.

HEFEYDD: Anghwrtais ac anhydrin
Yw gwrthod yfed fy ngwin.

GWAWL: Trwy yfed diofal ysgeler
Y collodd Pwyll Riannon;
Mi yfaf winllan a seler
Wedi'r eniller hon.

HEFEYDD: Pa eisiau ofni yfed?
Fi luniodd gwymp gŵr Dyfed.
Hen gadno, wel'di, hen gadno,
'Does neb heno cyn gryfed.

GWAWL: Er hynny yfa' i ddim
Rhag digwydd yn sydyn ryw siom.

HEFEYDD: 'Rwyt ti'n lladd y neithior, fy naw.
'Dyw cinio heb win ond esgor
Ar ffraeo a diffyg traul.

GWAWL: Gorau po fyrra' fo'r cinio.

HEFEYDD: Pasteiod, crybanod, alarch!
Glywyd erioed y fath amarch?
Wyddost ti mai dy bantri a'i fawl
Fu'r achos iti ennill fy serch i?
Chaiff neb briodi fy merch i
Sy'n cablu ac amherchi cawl.

GWAWL: Fe'i rhoddwyd hi imi. Chaiff neb
Fy herio i'n awr yn fy wyneb.

HEFEYDD: Os nad yfi di yn dy neithior
Mi'th dafla' i di drwy'r ddôr.

GWAWL: Taw'r hen ffŵl meddw a glwth.

HEFEYDD: Dy chwegrwn ai e? Yn ffŵl glwth?

BRENDA:	F'eneidiau gwynion, tawelwch!
HEFEYDD:	Tawelwch? A'm galw'n ffŵl glwth? A hynny'n fy neithior fy hunan?
GWAWL:	Ai ti sy'n priodi neu fi?
HEFEYDD:	'Does neb yn priodi o'r tŷ 'ma Sy'n poeri ar y bwyd a'r gwin.
GWAWL:	Fe'i rhoddwyd hi imi gerbron tystion.
HEFEYDD:	Fe'i rhoddwyd hi iti i'w phriodi A 'does dim priodas heb neithior Na neithior fyth heb win. Ergo, chei di moni heno. Dyna ti, Aristoteles, Rhesymu fel Groegwr, on'te?[33]
MURIEL:	Paid â gwawdio Aristoteles. Ddes innau ddim yma i'm sarhau. Fu 'rioed neithior fel hon yn Athen.
RHIANNON:	Fu 'rioed neithior fel hon yng Nghymru. 'Rwy'n casglu neithiorau'n awr.
HEFEYDD:	Neithior fel hon? 'Chwanegu At fy nheulu ar fara a llaeth? Chefais i 'rioed yn fy nghwsg hunllef gwaeth, Ddim ar ôl llyncu cig alarch.
GWAWL:	'Rwy'n hawlio fy ngwraig a mynd adre'.
HEFEYDD:	Dos adre' pan fynni, ond heb wraig.
GWAWL:	Mae ugain o'm teulu wrth y byrddau. Mi gymera' i'r wraig a mynd.
	(Daw PWYLL a PHENDARAN i mewn a sefyll yn y porth ar y dde. Golwg dau gardotyn sydd arnynt a bratiau mawr drostynt.)
HEFEYDD:	Beth yw hyn? Beth yw hyn?
PWYLL:	Dau gardotyn.
GWAWL:	Ewch o'ma i'ch crogi'r ddau.
PENDARAN:	Clywsom fod yma neithior; Mewn neithior a phriodas All neb droi eirchiad o'r drws.

GWAWL: Ble dysgodd trempyn gyfraith?
Mae hawl i eirchiad o urddas,
Nid i gerlyn dan glafr.

PENDARAN: Ai dyna dy berchentyaeth?[34]
Nid llys gwrda mo hwn?

HEFEYDD: Fi, Hefeydd, piau'r llys.
Gofyn i'r wlad ai gwrda.

PWYLL: Pwy sy'n priodi yma?

MURIEL: Mae hynny'n gwestiwn amheus.

GWAWL: Myfi sy'n priodi yma.

PWYLL: Henffych well iti, arglwydd,
Atat ti mae'n neges ninnau.

GWAWL: Beth ych chi?

PENDARAN: Cardotwyr tlawd.

GWAWL: Beth fynnwch chi yma yn y neithior?

PENDARAN: Cardota yn ôl arfer a defod
A gofyn i'r priodfab am rad.

GWAWL: Purion. Croeso i chi ofyn
Os bydd yr arch yn rhesymol
A'ch neges yn gweddu i'ch stad.

PWYLL: Ofynnwn i ddim ond o eisiau.

GWAWL: Cawn weld. Beth yw dy neges?

PWYLL: Cod fechan a weli di yn fy llaw,
A gawn ni ei llenwi hi o fwyd?

GWAWL *(gan chwerthin)*:
Gofyn rhesymol, didraha,
Priodol i gardotyn.
Yn llawen, fe gei dy arch,
Dos wedyn ar dy ffordd ar frys,
Dyna un perygl drosodd.
Arglwyddes, gorchymyn i'r morynion
Lenwi cod y cardotyn â bwyd.

BRENDA: Yn enw'r daioni gwnaf.
A pha raid eu hel nhw odd'ma,

Mae diod dros ben ar y byrddau . . .
Ferched, a gawn ni frechdanau
I ddau gardotyn yn y porth?

RHIANNON: Fedr cardotwyr yfed gwin?

PWYLL: Trwy yfed diofal, arglwyddes,
Y des i'n grwydryn fel hyn.

RHIANNON: Gweniaith yw d'eiriau, enaid,
Dyna bregeth wrth fodd mab Clud.

PWYLL: A phwy yw mab Clud, arglwyddes?

RHIANNON: 'Roedd e'n ddarpar fab yng nghyfraith
I'm tad bum munud yn ôl.
Wn i ddim beth yw'r sefyllfa'n awr.

GWAWL: Mi gei wybod y sefyllfa heno.

RHIANNON: A'r hen ŵr truan sy gennyt,
Ai gwin fu ei godwm ef?

PWYLL: Mae 'nghydymaith mor sobor â barnwr
Faint bynnag o win a gaiff.

RHIANNON *(gan roi cwpanau iddynt)*:
Dyna ŵr wrth fodd calon fy nhad,
Trueni ei fod e'n briod.

PENDARAN: Pwy dd'wedodd fy mod i'n briod?

RHIANNON: Dy gydymaith.

PWYLL: Naddo fi!

RHIANNON: Fe dd'wedaist
Nad meddwi a'i gwnaeth yn drempyn,
Rhaid felly fod ganddo wraig.
Yfwch, f'eneidiau gwynion,
Pwy ŵyr na chawn eto hwyl.

PWYLL: Gan iddo fod mor gwrtais
A chaniatáu ein cais
Mi yfaf i'r briodas
Ac at dy briodfab, unbennes;
Llwnc-destun trempyn, westeion:
Mab yng nghyfraith Hefeydd Hen.

PENDARAN: Mi yfaf at y chwegrwn a'r daw.

RHIANNON: I'r chwegrwn a'r daw a ddaw.

(Pawb ond GWAWL *yn yfed.)*

HEFEYDD: Diolch i chi, fechgyn. Feddyliais
I 'rioed mai dau drempyn yn y drws
Fyddai'n achub neithior fy merch.
Dyna'r yfed cyntaf fu heno.

PENDARAN: Fy arglwydd, cod dy galon,
Safwn ninnau tra safo'r llyn,
Lle bo rhemp y bydd trempyn.

GWAWL: Fe ewch ymaith 'nôl llenwi'r god,
Mae hynny yn yr amod.

PENDARAN: Llythyren y gyfraith, ai e?

(Daw dwy forwyn o'r cyntedd ar y chwith; mae ganddynt hambwrdd a bwyd.)

MORWYN 1: Dyma'r brechdanau, arglwyddes.[35]

BRENDA: F'eneidiau, agorwch y god
I'r morynion ei llenwi â'r bwyd,
Cewch win eto cyn eich myned.

PENDARAN *(gan roi'r cwpanau iddi)*:
Bydd syched arnom cyn hynny.

MORWYN 2: Ai dyma dy god, enaid?

PWYLL: Dyma hi, fy lodes lân,
Dyro di'r bwyd drwy hon.

(Deil PWYLL *y god yn ei ddwy law. Gwelir bod twll mawr yn ei gwaelod. Saif y forwyn gyda'r hambwrdd a'r llall yn dodi'r bara yn llaw* PENDARAN *drwy'r god. Saif* PENDARAN *dan y god a sach yn un llaw. Cymer ef y brechdanau o law'r forwyn drwy waelod y god a'u dodi yn y sach. Mae'r pantomeim yn eglurach i'r gynulleidfa nag i'r lleill sy ar y llwyfan. Mae'r morynion yn chwerthin yn braf ac y mae* PWYLL *a* PHENDARAN *yn archwilio'r brechdanau ac yn gwneud sylwadau arnynt bob yn un.)*

PWYLL: Brechdan fêl . . . brechdan lysiau . . .

PENDARAN: Tafell o gig moch, fachgen,
Cig brau porchellyn llywaeth
Wedi ei besgi ar laeth . . .

PWYLL:	Cig iâr y grug . . .
PENDARAN:	Aden cyffylog Rhwng dwy dafell o dorth denau, O, fe gawn neithior, fy llanc.
PWYLL:	Afu gŵydd mewn saim tew! Y duwiau da, ond afu gŵydd A gwin ifanc melys gwyn, Mae'n canu i'r co' fel telyn.
HEFEYDD:	Dal fi, Muriel dderwydd, 'Rydw i ar fin fy nhranc. Os clywa' i ragor mi gaf wasgfa.
MURIEL:	Cardotwyr profiadol, arglwydd.
HEFEYDD:	Mae 'mherfedd i'n crio ei wanc Fel sgrechian gwylan ar ben to. Chefais i 'rioed y fath boen mewn neithior.
MURIEL:	Byddai cinio yng nghwmni'r rhain Yn brifysgol i dderwydd, Dirgelion arlwyo cain.
GWAWL:	'Does ryfedd eu bod nhw ar y clwt.
HEFEYDD:	O na bawn innau ar y clwt A chael y fath frechdanau.
PWYLL:	Persli a bol caled y penfras . . .
PENDARAN:	Caws llaeth gafr a bara ceirch . . .
MORWYN 1:	Dyna'r ola'. Mae'r hambwrdd yn wag.
PENDARAN:	Diolch yn garedig, lodes.
BRENDA:	Lanwyd y god, forynion?
MORWYN 2:	Naddo ddim eto, arglwyddes; Fe gymer beth amser, mi gredaf.
HEFEYDD:	Amser? 'Does dim amser i'w golli, Rhaid mynd at y cinio'n awr.
GWAWL:	Cod fechan a welais i, Sut na lanwyd mohoni?
MORWYN 1:	Welaist ti mo'r god, arglwydd? Mae ei gwaelod hi'n dwll i gyd.

(Deil PWYLL y god i'w dangos.)

GWAWL: Tric dau fegar, ai e,
I gael eu gwala o fwyd?
Mi ddysga' i chi arfer triciau.
Ble rhoesoch chi'r brechdanau?
Heliwch eich pac ac ewch.

PENDARAN: Cymer hi'n ara', wrda;
Nid dyna gyfraith gwlad.

GWAWL: Be' wyddost ti am gyfraith?

PENDARAN: Mae cardotyn yn dysgu deddf.

GWAWL: Cawsoch fwy na llond cod o fwyd.

PWYLL: 'Roedd y god yn fy llaw, fe'i gwelaist;
Ofynnaist ti ddim am ei chwilio;
Addewaist lenwi'r god.

PENDARAN: Addewid priodfab mewn neithior,
Rhaid, hyd eithaf ei nerth,
Ei chyflawni a roed gerbron tystion.

PWYLL: Mae gennym sachau, wrda,
Dwsin o sachau a rhagor;
Holl fwyd wythnos o neithior
Fe'i cymerwn bob tamaid drwy'r god,
Hyd na bo brechdan ar ôl.

HEFEYDD: Och, dyma ddiwedd y byd.

RHIANNON: Dyma ddiwedd fy neithior,
A heb neithior 'does dim priodas.

MURIEL: Fe wrthododd y priodfab inni yfed
Ac yn awr dyma fynd â'r bwyd.
Fu 'rioed neithior fel hon yn Athen.

PWYLL: Forynion, dychwelwch i'r cyntedd
A dewch ag ail lwyth o'r wledd.

MORWYN 2: Be' wnawn ni, dywed, arglwyddes?

BRENDA: Rhaid ufuddhau, 'does dim dewis.

(Exeunt MORYNION.)

PWYLL: Fy ffranc[36], tyrd ag un o'r brechdanau

Y DRYDEDD ACT

    Yn damaid i aros pryd—
    Yr afu a saim yr ŵydd.

    (PWYLL a PHENDARAN *yn bwyta.*)

HEFEYDD: Wel'di, gardotyn a dewin,
    Mae gen' i win melys gwyn;
    Ddaeth erioed o seler a chegin
    Fath briodas o fwyd a llyn;
    Mi rof iti gwpan o'r grawnwin
    Os ca' innau frechdan am hyn.

PWYLL: Llythyren y gyfraith, arglwydd,
    Yw dedfryd dy ddarpar ddaw;
    'Does gen' i ddim hawl i yfed
    Na thithau i fwyta llond llaw
    Nes llenwi'r god a'r sachau.

HEFEYDD: Ond chwarae plant yw hynny.
    Fedri di mo'm gadael i i lwgu?

PENDARAN: Arglwyddes, mi drefna' i'r sachau
    Ond gwybod ym mha drefn y daw'r bwyd.

BRENDA: Profiad chwerw i wraig tŷ yw hyn.
    Chawsom ni ond y cwrs cynta' o'r cinio;
    Bydd yn lletchwith rhoi'r cawl mewn sach.

PENDARAN: Mae gen' i groen lledr at hynny.
    Down at yr ail gwrs o'r wledd.

BRENDA: Penwaig gwynion a chochion,
    Hadocs hallt ac ir ddigon,
    Gleisiad a brithyll ac eog,
    Llysywod mewn jeli o law'r cog,
    Capyltiaid[37] wedi eu berwi drwy saffrwn,
    Cig eidion a myllt a chig porc,
    Petris a ffesant a'r crechy dindon,[38]
    'Sgwarnog mewn gwin coch a ham Iorc . . .
    Dyna'r cwbl o'r ail gwrs, mi gredaf.

HEFEYDD *(gan eistedd a wylo)*:
    Ydy hynny i fynd oll i'r sachau?
    Fu 'rioed halogi fel hyn.

MURIEL: Harpïod brwnt Strophades
    Yn codi o Stucs a Hades,

>   Wyneb dyn, crafangau'r fall,
>   Yn cipio cinio arall,
>   Dyna yw'r ddau gardotyn.[39]

GWAWL: Ai 'ngyrru i o'm co' yw'r bwriad?

RHIANNON: Dyma sy'n dod o wrthod gwin.

GWAWL: Waeth gen' i flewyn am y bwyd.

RHIANNON: Da iawn. Chwynaf innau ddim 'chwaith;
> Heb neithior, heb briodas.
> Dydd da iti, ddarpar ddaw.

HEFEYDD (*gan godi'n benderfynol*):
> Thâl hi ddim fel hyn, fy merch.
> Mae terfyn i allu dyn i ddiodde',
> Rhaid siarad â'r eirchiad erch . . .
> Gardotyn, ymhle y cysgi di heno?

PWYLL: Gyda'm sachau ym mol clawdd tan gae
> Neu ynteu dan fedwen yn y fforest;
> 'Dyw'r nos ddim yn hir fis Mai.

HEFEYDD: Mi fwytei di'r cinio cyn cysgu?

PWYLL: Fe'i bwytawn, ein dau, reit harti.

HEFEYDD: O'r achlod, a 'mol innau'n wag!

PWYLL: Beth yw dy feddwl di, arglwydd?

HEFEYDD: Meddwl,—ar ôl cinio fel palas
> Mai trueni yw cysgu mewn llwyn
> A'r gwlith yn cerdded dy esgyrn
> A'r morgrug yn cerdded dy drwyn.

PWYLL: Oes gen' ti gyngor am wely?

HEFEYDD: Bydd y bwyd yn ormod i ddau?

PWYLL: Bydd y bwyd yn ddigon i ddau.

HEFEYDD: Ateb brenhinol, drempyn,
> 'Rwyt ti'n fwytawr wrth fy modd yn anwêdd:
> A ffeiri di gyfran o'r cinio
> Am wely teilwng o'r wledd?

PWYLL: Phryna' i ddim cath mewn ffetan.
> Pa wely am sachaid o'r bwyd?

Y DRYDEDD ACT

HEFEYDD: Sachaid o'r cinio! Dduwiau,
Mae gobaith eto i'm clefyd:
Mi rof iti'r gwely priodas
A'r ferch ynddo fe hefyd.

BRENDA: Hefeydd! Rhag dy g'wilydd!

MURIEL: Gwerthu dy ferch i drempyn!

HEFEYDD: Ond am ginio, ŵr, am ginio.
Rown i moni hi am ddim llai.

GWAWL: Fy nyweddi i yw Rhiannon
A heno yw nos ein priodas.
Cystal iti gofio hynny.

HEFEYDD: Fe roist ti'r cinio i drempyn.
Os na fedri di gadw dy neithior
Sut y medri di gadw gwraig?

GWAWL: Mae ugain o'm milwyr wrth y byrddau—

HEFEYDD: Beth a ddywedan' hwythau
Pan welan nhw'r bwyd yn diflannu
Cyn ysu cwrs cynta'r wledd?

BRENDA: Paid â ffraeo eto . . . Gardotyn,
A fydd llawn dy god di fyth?

PWYLL: Na fydd nes bod gwag y gegin
A'r byrddau a'r llieiniau'n llwm.

BRENDA: Neithior fy llysferch yw hon.
Wnaeth hi erioed gam â gwesteion,
Ond estyn i ti ac i'th gymar
Groeso a gwin yn wâr.

PWYLL: Fe'n triniwyd ni yma fel lladron
A gwneud amod i'n hel ni o'r wledd
Yn groes i bob moes priodas;
Wel, fe awn; a'r bwyd gyda ni'n das.

BRENDA: Lleidr merch, nid lleidr bwyd a ofnid,
O ofn nid o gas y bu'r amod.

PWYLL: Mae meistr tir a chyfoeth
Yn poeri ar god y tlawd.
Heno, cod y tlawd piau'r wledd.

BRENDA: Grasol i dlawd yw tosturi.

PWYLL: Paham y dylem dosturio?

BRENDA: Oblegid bod bonedd ar dramp.

PWYLL: Os daw arglwydd tir a daear
A gosod dwy law yn fy nghod
A dweud 'Digon a ddoded yma',
Am hynny o grintach gwrteisi
Mi arbedaf innau'r wledd.

BRENDA *(wrth WAWL)*:
Arglwydd tir a daear,
A fynni di achub y neithior?

GWAWL: Yn llawen, arglwyddes. Mae'r cerlyn
Yn dysgu rheswm dan dy wers . . .
Dal dy god yn agored, gardotyn . . .
Digon a ddoded yn dy bwrs . . .

(Dyry GWAWL ei ddwy law yng ngenau'r god a thyn PWYLL y llinyn i glymu ei arddyrnau; yr un ffunud teifl PENDARAN sach fawr, lydan, dros ei ben. Taflant hwy ef i'r llawr a chlymu'r sach ger ei liniau. Wedi darfod)

PENDARAN: Digon a ddoded yma.

(Y mae PWYLL yn canu ei gorn ac yntau a PHENDARAN yn diosg eu bratiau a'u ffug. Clywir cynnwrf mawr yn y cyntedd; gwelir milwyr yn symud o gwmpas; clywir lleisiau'n gweiddi. O'r diwedd ymddengys o'r chwith TEIRNON a MILWR 1.)

TEIRNON: Buan a rhwydd fu'r sgarmes,
Mae'r ciniawyr, arglwydd, dan glo—

MILWR 1: Ar ganol yfed eu potes—

HEFEYDD: Chollwyd mo'r cawl crwban, do?

TEIRNON: Aeth Gwyn â hwynt ymaith.

MILWR 1: Ai bustach
Sy gennych chi acw yn y sach?

PENDARAN: Broch a ddaliwyd yn lladrata

MILWR 1: Lladrata merch? Wel, am fochyn!
Mae e fel bustechyn. Arglwyddes,
Ai dyma yw broch yng nghod?

Y DRYDEDD ACT

(Dyry ergyd i'r sach â'i wayuffon. Daw GWYN *a* MILWR 2 *i mewn.)*

GWYN: Aeth popeth, Ben Annwn, o'r gorau,
Mae gwesteion Gwawl yn eu gwlâu—

MILWR 2: Pob un yn ei garchar ei hunan,
Heb gawl, heb Wawl, a heb wae . . .
Beth sy gen' ti yn y sach yn gwingo?

MILWR 1: Broch a gedwir i'w flingo.
Cymerwn e draw i'r berllan,
Mae'r milwyr yno a diod—

MILWR 2: Cawn dorri bob un ei bastwn
A chwarae broch yng nghod.

PWYLL *(wrth* RIANNON*)*:
Beth yw dy gyngor, arglwyddes,
Rhoddaf ei dynged yn dy law,
Ei ladd mewn sach yn y berllan
Neu ei roi'n ôl i'th dad yn ddaw?

RHIANNON: Peidiwn â'i ladd na'i guro.
Chymer fy nhad mohono
Yn fab yng nghyfraith di-ginio.
Gofynnwn i'r gŵr yn y god
Fy rhoi'n ôl iti'n briod.

PWYLL: Pwy orau all ymddiddan ag ef?

RHIANNON: Fy nhad a'i dewisodd yn ddaw.
Fy nhad, a ofynni di iddo
Ar amod cael byw a'i ryddhau
Fy rhoi'n ôl i Bendefig Dyfed?

HEFEYDD *(yn ystyriol)*:
Gawn ni ail gwrs y cinio, os gwnaf?

PWYLL: Ar fy llw, a'r trydydd ar ei ôl.

HEFEYDD: A neithior i bara wythnos
A bwyd a chyfeddach heb drai?

PWYLL: Phrioda' i ddim ar lai.

HEFEYDD *(wrth y milwyr)*:
Gosodwch y sachaid ar ei eistedd.

(Mae'r MILWYR *yn gosod y gŵr yn y sach ar ei eistedd.* HEFEYDD *yn ei gwrcwd wrth ei ymyl.)*

HEFEYDD: Glywi di fi, Gwawl fab Clud? . . .
Amneidia â'th ben os clywi . . .
Fedra' i mo'th ddeall di fwy na mud . . .
Dangos â'th draed, wnei di,
Cod hwy a'u taro ar y llawr
Os wyt ti'n fy neall i'n awr? . . .

(Gwna GWAWL *felly.)*

Dyna fe i'r dim . . . 'Nawr gwrando:
Wyt ti'n barod fel hyn yn dy amdo
I'th bastynu a'th ladd fel broch
Ac yna dy flingo'n gig coch?
Os wyt ti taro â'th draed . . .
Nag wyt? . . . Rhaid achub dy waed? . . .
Mi eiriolais i drosot. Mae Pwyll
Yn fodlon maddau dy dwyll
Ar yr amod iti adael y wledd,
Mynd adre' heb fwyd, heb gyfedd,
Ildio pob darn o'r penwaig,
Eog a 'sgwarnog, bob saig;
'Nawr dewis: mynd yn fwyd i bryfed
Neu'r neithior i bennaeth Dyfed.
Os ildio, dywed ie â'th draed . . .

(Tery GWAWL *ei draed ar y llawr. Cyfyd* HEFEYDD *yn llon.)*

Dyna fe, fe'u caed, fe'u caed!
Awn at y byrddau, westeion.

BRENDA: Ond dy ferch, arglwydd, a'r briodas?

HEFEYDD: Beth amdanyn nhw?

BRENDA: Ildiwyd mo'r ferch i Bwyll.

HEFEYDD: Pa ots am hynny? Mae'r cinio
A'r gwin yn ddiogel bellach;
Raid i neb fwyta o'r sach.

BRENDA: Chaiff neb gyffwrdd â'r cinio
Nes rhoi Rhiannon i Bwyll.

HEFEYDD: Ai dyna'r gyfraith, ynad?

PENDARAN: Dyna yw'r gyfraith, enaid.
Rhaid rhoi meichiafon hefyd
Na ddaw fyth ddial am hyn.

HEFEYDD *(gan blygu eto wrth ymyl* GWAWL)*:*
Wyt ti'n gwrando, fab Clud?

(Ateb â'r traed.)

Mae rhyw fanion eto i'w trafod
Medd tramp gyfreithiwr Dyfed;
Rhaid rhoi gwarant meichiafon
Na ddaw dial ar Bwyll na Rhiannon
Fyth ar ôl heno am hyn.
A roi di oreugwyr yn feichiau
I'r llys ar ôl dy ryddhau?

(Curo ateb â'r traed)

Da iawn; ac i ddyfod i ben
Â'r amodau bondigrybwyll,
Rhaid rhoddi'r ferch i'w pherchen
A bydd Rhiannon i Bwyll.
Dywed dy fod yn ei hedfryd . . .

(Seibiant heb sŵn.)

Glywaist ti, Wawl gab Clud?

(Ateb ar unwaith.)

O'r gorau, dyro dy air . . .

(Seibiant. Cyll HEFEYDD *ei amynedd a throi i fygwth.)*

Mae'r sosbenni'n llosgi yn y gegin,
Fedrwn ni ddim aros fel hyn,
Bydd y crwban yn sbwylio yn y pair . . .

(Seibiant.)

Gwrando, mae'r milwyr yn barod
I chwarae broch yng nghod,
Mi gymera' innau bastwn fy hunan
Os difethi di gawl y crwban . . .

(Dyry GWAWL *ergyd fawr ar y llawr a sefyll i fyny yn y sach.)*

Beth yw hyn, polyn y Mai?

GWYN *(gan esgus dawnsio)*:
   Ble mae dawnswyr Clamai
   I garoli o'i gwmpas?

   (Yma fe ellid dawns o gwmpas y gŵr yn y sach.)

TEIRNON: Muriel, dderwydd a theithiwr,
   Welaist ti 'rioed mewn neithior
   Destun cystal â'r gwas?

MURIEL: Fel Aias yn ymladd â'r da,
   Ŵr truan, ger môr Troea.[40]

PWYLL: Digon o warth a roed arno;
   Gollyngwch ef o'r sach.

   (Y ddau filwr yn ei ryddhau.)

GWAWL: Cefais friw, cefais gywilydd
   A'm gwneud yn gyff gwawd i chwi oll.
   Gyda'th gennad mi af ymaith yn awr.

PWYLL: Yn llawen, gwna di hynny.
   Dos gyda'm milwyr at dy wyrda
   A dewis feichiafon o'u plith.

   (Try GWAWL at RIANNON.)

GWAWL: Mi rois fy serch arnat ti.

RHIANNON: Trachwant a roist ti arnaf.

GWAWL: Troist tithau fy serch yn warth.

RHIANNON: Mi geisiais dy arbed rhag c'wilydd;
   Fynnaist tithau mo'th achub.

GWAWL: Fe dry serch yn ddialedd.
   'Does yn aros o'm serch atat ti
   Ond chwerwder a chasineb.
   Pryderon fydd dy gyfran yn Nyfed
   A daw dydd y cei dithau garchar
   A bydd sachau asynnod am dy ben.[41]

RHIANNON: Fe gymerwn feichiafon am hynny;
   Ond bydded dy brofiad di'n brawf
   Nad marsiandïaeth yw morwyn
   Ac na roddir Cymraes mewn priodas
   Heb ei bodd, heb ei hawl, na heb bwyll.

(Gan roddi ei llaw i BWYLL.*)*

BRENDA: Dos, enaid, i gael bath twym,
Fe olchir dy boen yn y dŵr.[42]

GWAWL: Arglwyddes, 'rwy'n adnabod dy law:
Tydi a ddewisodd dy ddaw.

(Exit GWAWL *a'r* DDAU FILWR.*)*

HEFEYDD: Beth dd'wedodd e? Oedd e'n bwrw mai ti
A ddyfeisiodd dric y god?

BRENDA: Drysu 'roedd ei synhwyrau
Wedi'r curo a gafodd.

HEFEYDD *(gan chwerthin)*:
Druan ohono'r hen lanc,
Ŵyr e ddim byd am wragedd . . .
Dewch, rhaid cael cinio mwyach,
Mi gedwais i'r ail gwrs o'r sach.

LLEN

NODIADAU

1. Hynny yw, 'Mae pennaeth anghall yn boendod.'
2. Socrates (*c*.470–399 CC), sy'n adnabyddus inni trwy ddeialogau ei ddisgybl, Platon, sefydlwr y system o adeiladu dadl athronyddol trwy gyfres o gwestiynau a roddir i'w hateb gan ei wrthwynebydd. Y mae Muriel yn rhyw fath o ddisgybl i Socrates, ond y mae hefyd yn ddilynydd i Sigmund Freud. Gweler isod, n.4.
3. 'Ar y brisg'; yn wreiddiol o bosibl, 'rhuthr', yn ôl *Geiriadur Prifysgol Cymru*, wedi datblygu'r ystyr 'llwybr', 'ôl traed', yma'n gyfystyr â'r Saesneg 'trail'.
4. 'Heb freg'; heb ddichell, heb dwyll. Er bod method Muriel yn Socratig, i Sigmund Freud y mae'r ddyled am y dechneg ddeongliadol, a ddisgrifir yn ei lyfr, *Die Traumdeutung* (1900): 'They are psychical phenomena of complete validity—fulfilments of wishes; they can be inserted into the chain of intelligible waking mental acts; they are constructed by a highly complicated activity of the mind' (*The Interpretation of Dreams*, cyf. J. Strachey, (1954), 122). Byddai Freud wedi cymeradwyo dehongliad Muriel o 'freuddwyd' Pwyll fel ymateb i'w bryder yn sgil y ddadl yn ei gyngor. Mae'r pryder hwn yn ei ysgogi i ddychmygu bodolaeth menyw a fyddai'n cyfiawnhau ei benderfyniad i beidio â phriodi unrhyw fenyw arall. Y mae'r cyfuniad o Freud a Socrates yn anacronig ac yn ddigrif, ond y mae'n bell o fod yn ddiystyr. Yr oedd Freud yn bendant iawn ei barch tuag at weledigaeth y byd hynafol pan fyddai mewn gwrthdrawiad â gwyddoniaeth y byd modern. Gweler ibid., t.100: 'I have been driven to realize that here once more we have one of those not infrequent cases in which an ancient and jealously held popular belief seems to be nearer the truth than the judgements of the prevalent science of to-day.'
5. 'Felly, gan hynny, yr hyn oedd i'w brofi:—Breuddwydiodd Pwyll.'
6. Athronydd a mathemategydd Groegaidd yn y chweched ganrif CC, brodor o Samos a sefydlodd ysgol athronyddol yn yr Eidal. Cysylltir ag ef y ddysgeidiaeth enwog ynglŷn â thrawsfudo'r enaid. Darganfu fod y byd yn symud ar ei echel a chysylltodd â hyn y rhaniad rhwng dydd a nos. Ef oedd yn gyfrifol hefyd am ddyfeisio'r ddysgeidiaeth boblogaidd am symudiad y sfferau a'r gerddoriaeth arallfydol a wneir ganddynt.
7. O'r gair Groeg, $\alpha\mu\nu\eta\sigma\iota\alpha$, 'anghofrwydd/amnest' y daw 'amnesia' atom.
8. Gallai Muriel fod wedi dysgu'r wers hon yn Athen, yng ngwaith ei feistr, Platon, lle y gofynnir i Theaetetus, 'pa dystiolaeth y gellid cyfeirio ati pe gofynnai rhywun a ydym yn y funud hon naill ai'n cysgu ac yn breuddwydio popeth yr ydym yn ymwybodol ohono, neu ar ddihun ac yn cynnal sgwrs go iawn â'n gilydd'. Gwelodd Theaetetus hyn yn anodd iawn ei ateb, oherwydd, meddai, 'mae holl nodweddion y ddau gyflwr yn cyfateb

i'w gilydd yn fanwl.' Cymharer *Theaetetus*, cyf. J. McDowell (1973), 158.

9. Addasiad trawiadol o hen ystrydeb. Cymharer Seneca: 'Er dy fwyn di, O Angau, y tyf popeth byw, popeth a wêl yr haul fel y cwyd ac fel y machluda; i ti 'rydym i gyd yn paratoi' *Hercules Furens*, 871–4; a 'Pa newyddoldeb ynteu yw marw pan nad yw bywyd ond taith at y bedd?' *Ad Polybius de Consolatione*, ad. 30.

10. Ymddengys Ceridwen fel mam y bardd Taliesin yn y chwedl, *Hanes Taliesin*. Rhinwedd cynnwys ei phair hud oedd gwneud bardd o bwy bynnag a fyddai'n yfed ohono.

11. Cymharer Ifor Williams (gol.), *Pedeir Keinc y Mabinogi* (1930), 45 a 68.

12. Brawd Llew Llaw Gyffes oedd y Dylan cyntaf, a aeth i'r môr yn syth ar ôl ei fedydd, 'a chystal y nouyei a'r pysc goreu yn y môr, ac o achaws hynny y gelwit Dylan Eil Ton' *Pedeir Keinc y Mabinogi*, 77.

13. *Pedeir Keinc y Mabinogi*, 13: 'Ac ar ddechreu kyuedach gwedy bwyt, wynt a welynt yn dyuot y mywn, gwas gwineu mawr, teyrneid, a guisc o bali amdanaw.'

14. Gweler *Pedeir Keinc y Mabinogi*, 65. Gofynna Manawydan pa gosb a roddywd i Bryderi a Rhiannon tra oeddynt yn nwylo Llwyd fab Kil Coet, a chael yr ateb: 'Pryderi a uydei ac yrd porth fy llys i am y uynwgyl, a Riannon a uydei a mynweireu yr essyn, wedy bydyn yn kywein gueir, am y mynwgyl hitheu.' 'Yr oedd Pryderi â morthwylion porth fy llys i am ei wddf a Rhiannon a oedd â choleri'r asynnod wedi iddynt fod yn cywain gwair am ei gwddf hithau.' Dafydd a Rhiannon Ifans, *Y Mabinogion* (1980), 47.

15. Cyhudda Hefeydd Bwyll o fod yn fyrbwyll, wrth hela ac wrth garu. Rhaid, felly, gymryd 'musgrell' fel 'byrbwyll', 'difeddwl', er nad yw *Geiriadur Prifysgol Cymru* yn cofnodi'r diffiniad hwnnw.

16. Ynys yw Samos yn nwyrain Y Môr Egeaidd. Y mae Achaea'n ardal yn ne'r Peloponesos, a Humetos yn fynydd yn Attica yn ne-ddwyrain Groeg. Y pysgodyn wythdroed yw'r octopws.

17. Cyfeiriad eironig yng ngoleuni ymddygiad dynion tuag at Riannon wedi'r cyhuddiad yn ei herbyn yng nghainc gyntaf y *Mabinogi*. Gweler *Pedeir Keinc y Mabinogi*, 21: 'A'r guyrda a doethant y gyt y wneuthur kynnadeu at Pwyll, y erchi idaw ysgar a'e wreic, am gyflafan mor anwedus ac ar y wnaethoed.' 'Daeth y gwyrda ynghyd i anfon negeswyr at Bwyll i erchi iddo ysgaru ei wraig am gyflafan mor warthus â'r un a wnaethai.' Dafydd a Rhiannon Ifans, *Y Mabinogion*, 16.

18. Yn chwedloniaeth Groeg, merch i Iasus a Chlymene, rhedwraig hynod chwim a arferai herio unrhyw ŵr a hudwyd gan ei harddwch ac a oedd am gael ei phriodi, i ras droed ar yr amod y byddai yn ei chael pe bai'n ennill ac yn marw pe bai'n colli. Yr oedd hi'n drech na'i chariadon i gyd nes daeth un oedd wedi ennill ffafr Affrodite a'i hennill trwy dwyll.

19. Gweler ail gainc y *Mabinogi*; *Pedeir Keinc y Mabinogi*, 37–8.

20. Rhaid sylwi ar y gwahaniaeth rhwng geiriau Pwyll yma ac agwedd

Llew yn *Blodeuwedd* a thelerau priodas Siwan a Llywelyn. Dyma un o brif themâu'r dramodydd.

21. Oherwydd enwogrwydd caledi dynion Sparta, dinas yn y Peloponesos, gelyn Athen yn rhyfel y Peloponesos.

22. Cyfeiriad eironig at y cyhuddiad a wneir gan fenywod Rhiannon ar ôl diflaniad ei baban. Gweler *Pedeir Keinc y Mabinogi*, 19–21.

23. Y mae'r geiriau hyn yn gyfieithiad o linellau enwog y bardd clasurol, Catullus: 'Odi et amo, quare id faciam, fortasse requiris?/ nescio, sed fieri sentio et excrucior.'

24. Deallaf gan Ms Mona Davies mai dathliad blynyddol oedd 'Cawl Awst' a arferid yn ardal Cei Newydd, Sir Aberteifi, ym mis Awst, pan âi trigolion pentrefi gwledig i lawr i'r traeth. Byddai'r dynion yn gyfrifol am ddod â phair mewn cert ac am gynnau tân. Tasg y gwragedd wedyn oedd gwneud y cawl. Gweler M. Evans, *Atgofion Cei Newydd* (1961), gol. W. J. Jones, 64-5: 'Disgwylid i bawb a fynychai'r Cawl Awst gyfrannu rhywbeth. Fel darnau o gig eidion, myharen, neu fochyn wedi'i halltu, esgyrn, bresych, tatws, moron, erfin, wynwyn, pupur, halen, persli, teim, safri fach a rosmari.'

25. Yn ôl y myth a grewyd gan Puthagoras cynhyrchid un nodyn perffaith gan bob planed wrth droi yn ei lle priodol. Câi gynghanedd arallfydol ei chreu gan y nodau hyn pan glywid hwy'n cael eu datgan gyda'i gilydd, ond dim ond plant a'r rhai pur eu heneidiau a fedrai glywed y sŵn hwn. Gweler isod, t.585, n.27.

26. Hanes gwledd neu loddest yw *Symposium* Platon (c.427–348 CC), un o'r deialogau enwog lle y cyflwynir athroniaeth a ddatblygwyd ar sail syniadaeth Socrates.

27. Ymddengys mai ystyr hyn yw bod Muriel wedi teithio gyda morwyr o'r drefedigaeth Roegaidd ym Massilia (Marseilles y byd modern), at Ynys Piraeus, ar ei ffordd i Athen.

28. Cymharer *Antigone* Soffocles, cyf. W.J. Gruffydd (1950), 26–7.

29. Cymharer geiriau Blodeuwedd yn disgrifio ei phrofiad fel gwraig i Lew Llaw Gyffes: 'Ni ddaw i'm rhan ond wylo drwy'r hir nos/ A gwylio un yn cysgu ger fy llaw,/ Rhyw ddieithr, oeraidd dreisiwr.'

30. *Y Gododdin*, VII, 4; Ifor Williams (gol.), *Canu Aneirin* (1938), 3.

31. Zenon, brodor o Elea, dinas Roegaidd yn ne'r Eidal, a ddatblygodd athroniaeth ei feistr Parmenides. Cynigiodd Zenon nifer o baradocsau a ddyfeisiwyd i wrthbrofi'r cysyniadau o luosogrwydd pethau a symudiad ac, yn eu plith, un yn cyfeirio at ras rhwng Achilles a chrwban. Dywedodd Zenon pe rhoddid mantais i'r crwban ar ddechrau'r ras ni fyddai Achiles byth yn ei oddiweddyd: tra bod Achiles yn rhedeg y pellter sy rhyngddo ef a'r crwban ar y dechrau, â'r crwban ymhellach; tra bod Achiles yn cyrraedd y pwynt hwn, â'r crwban yn ei flaen, ac felly y bydd am byth. Ymddengys fod y paradocs hwn yn dibynnu ar fethiant Zenon i ddeall y gwahaniaeth rhwng pellter terfynol wedi'i rannu'n ddiderfyn a phellter diderfyn, ac os felly gellir maddau agwedd Hefeydd.

32. Y syniad yma yw bod bodolaeth yn dibynnu ar symudiad i'r graddau fod symudiad yn sail i newid amodau a chyflyrau pethau. Y mae gan Hefeydd ddawn ryfeddol y mae'n ei rhannu gydag arwyr y traddodiad gwerinol. Gellir ei gymharu â Sancho Panza yn *Don Quijote,* sy'n symleiddio dadleuon cymhleth a'u gwneud yn ddigrif. Dyna sy'n digio Muriel yn hytrach na'i drachwant.

33. Prawf arall fod Hefeydd yn bell o fod yn anwybodus. Dengys hyn ei fod wedi clywed am Aristoteles, disgybl Platon, tiwtor i Alecsandr Fawr a sylfaenydd gwyddoniaeth yn y Gorllewin, a ddisgrifiwyd gan Yeats mewn cymhariaeth â'i feistr: 'Platon thought nature but a spume that plays/ Upon a ghostly paradigm of things;/ Solider Aristotle played the taws/ Upon the bottom of a king of kings' *Among School Children*, VI. Gwna Hefeydd i unrhyw beth weithio yng ngwasanaeth ei fol!

34. Diffinnir perchentyaeth fel system o nawdd gan uchelwyr Cymru yn ystod yr Oesoedd Canol diweddar, sy'n cynnwys y cysyniad o letygarwch ond sy hefyd â dimensiynau crefyddol, economaidd a diwylliannol. Cyfeiriodd Saunders Lewis at bwysigrwydd perchentyaeth fel thema lenyddol ac fel sail i ddiwylliant llenyddol y cyfnod yn ei erthygl ar Ddafydd Nanmor *Y Llenor*, iv (1925), 135–48 ac yn ei lyfr, *Braslun o Hanes Llenyddiaeth Gymraeg* (1932), 65–9.

35. Dyma air nad yw'n anacroniaeth. Yn ôl *Geiriadur Prifysgol Cymru* daw o'r Hen Wyddeleg, 'brechtan'!

36. Gŵr rhydd, neu filwr cyflogedig, wedi'i ddefnyddio yma mewn ffordd lac iawn, i roi rhyw awgrym o'r cyfnod canoloesol.

37. Capyltiaid/capylltiaid, lluosog capwlt/capwllt, gair sy'n cyfateb i'r Saesneg, 'capon', sef ceiliog wedi ei ddisbaddu. Y mae myllt yn hwrdd sy wedi ei ddisbaddu, ac felly yn cyfateb i'r Saesneg 'mutton'.

38. Y crychydd neu'r crëyr yw'r 'crechy dindon'. Gweler D.J. Williams, *Storïau'r Tir Coch* (1941), 79.

39. Yr Harpïod, bwystfilod hanner menywod, hanner adar, a erlidiai'r brenin Phineus yn Thrace gan ddwyn a difwyno ei fwyd. Cawsant eu herlid gan ddau gymar Jason pan ymwelodd yntau â Phineus a'u gorfodi i aros yn ynysoedd y Stroffades, lle yr ymosodasant ar Aeneas pan alwodd ef yn yr ynysoedd ar ei ffordd o Gaerdroia.

40. Aias, mab Telamon, un o ryfelwyr y Groegwyr y tu allan i furiau Caerdroia. Aeth yn wallgof gan ddicter a chenfigen pan roddwyd arfau Achiles i Ulysses ac yn ei wallgofrwydd ymladdodd yn erbyn diadell o ddefaid cyn ei ladd ei hunan.

41. Gweler uchod, n.14.

42. Trosglwyddodd Saunders Lewis yr awgrym hwn o enau Gwawl i enau Brenda. Gweler *Pedeir Keinc y Mabinogi*, 18; '"Ie Arglwydd", heb y Gwawl, "briwedic wyf i, a chymriw mawr a geueis, ac ennein yssyd reit ymi"', lle mae i 'ennein' yr ystyr, 'baddon'.

Siwan

CYFLWYNIAD

Cyflwynwyd *Siwan* am y tro cyntaf ar lwyfan Theatr Garthewin, 23 Awst 1954. Cwblhaodd gyfres o ddramâu yn trin serch, a hynny fel modd o archwilio hanfod profiad yr unigolyn a'r berthynas rhyngddo a'r byd cymdeithasol. Yn *Blodeuwedd* cyflwynwyd dadl ynglŷn â natur dyn a'i gyflwr yn y byd trwy gyfrwng brwydr Llew a Blodeuwedd. Yna, ymdriniwyd ag agweddau gwahanol ar yr un thema mewn cywair gwahanol yn y comedïau *Eisteddfod Bodran* a *Gan Bwyll*. Yn *Siwan* dychwelodd at ddull *Blodeuwedd*, gan drin profiad yn uniongyrchol trwy ganoli sylw ar gymeriadau cryf a lliwgar. Mynegodd Saunders Lewis ei hun edmygedd byw o'r creadigaethau benywaidd hyn, a dyma'r ddwy ddrama fwyaf poblogaidd o'i eiddo o safbwynt theatr a'r rhai a gydnabyddir yn gyffredinol yn uchafbwynt ei waith dramayddol.

Serch hynny, gellid dweud fod *Siwan* yn agor cyfnod o aeddfedrwydd newydd yng ngyrfa Saunders Lewis, gan ddangos ei fod wedi sefydlu techneg a dull o weithio y byddai'n eu defnyddio'n gyson o hynny ymlaen. Yn ddiau, bu'n myfyrio dros y pethau hyn wrth orffen *Blodeuwedd*, ar ôl penderfynu mai undod rhesymegol yw hanfod drama fawr. Yn Hydref 1947 cyhoeddodd erthygl lle y dyfynnodd ran o gylchlythyr a anfonwyd gan Yeats a Lady Gregory at y rhai a ddymunai ysgrifennu ar gyfer Theatr yr Abbey, Dulyn:

> Er mwyn bod yn briodol i'w rhoi ar lwyfan yr Abaty fe ddylai drama fod yn sylfaenedig naill ai ar brofiad neu ynteu ar sylwadaeth yr awdur, ar ryw weledigaeth fanylglir o fywyd Iwerddon yn arbennig—a chais i ddangos ei brydferthwch neu ei bwysigrwydd, a dylid rhoi gofal neilltuol i arddull yr ymddiddan yn y ddrama.
>
> Rheol i awduron ifainc ei chofio bob amser yw bod yn rhaid i bob dim yn y ddrama godi'n rhesymegol ac o reidrwydd oddi wrth ddatblygiad y testun ei hun. Ni all fod ond un testun i waith sy'n gelfyddyd. Er bod yn iawn i waith celfyddydol ymddangos yn naturiol, eto oblegid nad naturiol mohono y mae ef yn gelfyddydwaith; dywedodd Goethe hynny; a rhaid i'r gwaith wrth unoliaeth sy'n gwbl wahanol i amrywiaeth annisgwyl digwyddiadau bywyd naturiol.[1]

Prif amcan Yeats yn y darn hwn oedd ymosod ar y syniad y dylai celfyddyd efelychu neu atgynhyrchu amodau'r bywyd y mae'r artist yn ei weld o'i amgylch. Yr oedd yn rhywbeth y gallai Saunders Lewis fod wedi ei ddyfynnu flynyddoedd ynghynt, fel rhan o'i ymgyrch wrthnaturiolaidd ef ei hun.[2] Ond erbyn hyn 'rhesymeg' yw'r elfen sy'n mynd â'i sylw yn anogaeth Yeats ac, yn ei sgil, cynildeb y dull clasurol y mae'n ei gysylltu â Racine a dramodwyr hynafol Groeg:

Rhesymeg yw plot y ddrama; yn y dramâu mwyaf, y dramâu clasurol, syml a moel yw'r plot. Gwelodd Racine frawddeg fer mewn pennod o lyfr hanes gan Suetonius: 'Anfonodd Titus ymherodr y Frenhines Bernig, y dywedid ei bod wedi ei dyweddïo iddo, ymaith o'r ddinas, o'i anfodd ef ac o'i hanfodd hithau.' Y mae'r Lladin gwreiddiol yn fyrrach dipyn na'm cyfieithiad i. Ond dyna'r cwbl. O'r frawddeg fer honno fe gyfansoddodd Racine drasiedi 'Bérénice', un o'i weithiau mawr ef, sy'n dal ei swyn a'i nerth ar lwyfan theatr Ffrainc hyd heddiw; ac nid oes fawr ddim yn stori'r ddrama honno nad ydyw eisoes yn y frawddeg fer Ladin uchod; a drama o bum act yw 'Bérénice'. Sut y llwyddodd ef? Trwy dynnu allan o'r sefyllfa ei holl ystyr, ei holl resymeg, a thrwy ddatblygu'r cymeriadau i'w cyflawnder eithaf.[3]

Yn *Siwan* dilynodd Saunders Lewis ddull 'clasurol' Racine am y tro cyntaf. Yn nramâu eraill y grŵp hwn, *Blodeuwedd*, *Eisteddfod Bodran* a *Gan Bwyll*, yr oedd wedi addasu deunydd a oedd yn amddifad o'r cynildeb a werthfawrogai gymaint yn Racine a'r Groegwyr. Dim ond wrth gefnu ar chwedl a rhamant a throi at foelni hanes y teimlai'n rhydd i ddatblygu'r method hwn i'r eithaf.

Y mae gennym gryn dystiolaeth o broses cyfansoddi *Siwan*. Dechreuodd rywbryd ar ôl iddo ysgrifennu'r erthygl uchod, pan drodd at *Brut y Tywysogion* am ddeunydd ar gyfer un arall o'i erthyglau yn 'Cwrs y Byd'.[4] Yr achlysur oedd priodas y Dywysoges Elizabeth yn Nhachwedd 1947. Yr oedd Saunders Lewis yn fodlon cyhoeddi gair o ddathliad ar yr achlysur hwn, gan ei fod yn cymeradwyo rôl y frenhiniaeth yng nghyfansoddiad y Gymanwlad ac yn anelu at statws dominiwn i Gymru dan awdurdod y brenin. Yr un pryd fe'i hystyriai'n hollbwysig magu ymwybyddiaeth genedlaethol ymhlith y Cymry, ac er mwyn hynny mynnai ddefnyddio'r briodas i atgoffa'i gydgenedl o'r rhan ogoneddus a chwaraeid yn hanes Cymru gan rai o dywysogesau teulu brenhinol Gwynedd. 'Y rhyfeddaf ei hanes' o'u plith hwy, dywedodd, oedd gwraig Llywelyn Fawr:

> Giwan a Siwan yw'r enwau Cymraeg a ddyry'r Brut iddi. Geilw'r Saeson a J.E. Lloyd hi'n Joan. Merch i John, Frenin Lloegr, oedd hi. Ni bu gwraig arall yn nheulu Gwynedd mor alluog, nac yn wleidydd fel hon. Yn effeithiol ac ymarferol, hi oedd ysgrifennydd tramor Cymru dan lywodraeth Llywelyn ap Iorwerth. Un o'r digwyddiadau mwyaf dramatig yn hanes arwrol Gwynedd yw'r hyn a fu yno yn 1230. Y flwyddyn honno yr oedd Llywelyn ar uchaf ei fawredd. Dywed yr hen hanesydd wrthym:
>
>> Y flwyddyn rag wyneb y daeth Henri a chadernyd Lloegr gydag ef i Gymru ac arfaethu darostwng Llywelyn a holl dywysogion Cymru. Ac yn y lle a elwir Kori y pebylliodd ac o'r tu arall i'r coed yr ymgynullodd y Cymry ynghyd â'u tywysog Llywelyn ap Iorwerth. Ac yna cyrchu eu gelynion ac ymladd â hwynt yn ddurfing. A gwneuthur dirfawr aerfa arnynt. Ac yno y delid Gwilym Brewys ifanc yn frathedig ac y carcharwyd.
>
> Cynnil yw'r hen fyneich yn adrodd yr hanes. Efallai fod Siwan ei hun yn teimlo'n ddolurus am y tro. Efallai fod tendio ar glwyfau'r iarll ifanc

brathedig, y Norman chwerthinog anturus, wedi deffro'i nwyd. Rhyddhawyd ef ymhen y rhawg, ond ar ŵyl fawr y Pasg dychwelodd i brif-ddinas Gwynedd, y llys yn Aber ger Bangor. Rhywfodd fe ddaeth awgrym o'r hyn a oedd ar gerdded i glustiau Llywelyn. Dywed rhai mai Hubert de Burgh ei hunan, prif weinidog Lloegr ar y pryd, a fradychodd y cariadon. Ganol y nos torrodd Llywelyn i mewn i ystafell ei frenhines a dal y ddau ynghyd. Taflodd ei wraig i garchar. Codwyd crocbren, medd traddodiad, ar y gwastad gerbron neuadd y brenin, ac ebr y Brut:

> Y flwyddyn honno y croged Gwilym Brewys ieuanc gan Lywelyn ap Iorwerth wedi ei ddala yn ystafell y tywysog gyda merch Ieuan Frenin, gwraig y tywysog.

Aeth ias o ddychryn drwy Loegr oll a Ffrainc; canys yng ngolau dydd ac o flaen torf fawr y crogwyd blodau marchogion y Norman. Ni feiddiodd Brenin Lloegr ymyrraeth.

Blwyddyn wedyn maddeuodd Llywelyn i'w wraig ac wele hi'n ôl yn ei gyngor cyfrin ac yn ei fynwes, ac yn llysgenad drosto yn llys ei brawd. Rhaid bod edrych craff ac eiddgar ar ei wyneb enigmatig yno. Pum mlynedd yn ddiweddarach bu Siwan farw. Mis Chwefror oedd hi yn llys Aber. Chwipiai'r gwynt oer dros Fenai, ond dug Llywelyn ei chorff dros y tywod a'i gludo dros y tonnau a'i gladdu ar draeth Môn 'mewn mynwent newydd ar lan y traeth a gysegrasai Hywel esgob Llanelwy':

> Ac o'i hanrhydedd hi yr adeiladodd Llywelyn ap Iorwerth yno fynachlog troednoeth a elwir Llan Faes ym Môn;

mynachlog urdd newydd brodyr Ffransis Sant, a chodwyd ysgrin o garreg nadd iddi, lle y gweddïai'r brodyr troednoeth hyd onis dymchwelwyd yn druenus pan chwalwyd y mynachlogydd gan un o ddisgynyddion Ednyfed Fychan, yr hwn a eisteddasai gyda hi mor aml yng nghyngor cyfrin Llywelyn Fawr. Diau nad syniadau ffiwdal a gwleidyddol Llywelyn yn unig a fynnodd gydnabod ei mab hi, Dafydd, yn unig etifedd ei orsedd a'i deyrnas. Dywed y crogi gerbron llys Aber wrthym angerdd teimladau Llywelyn a dwyster ei serch. Yr oedd y gosb yn weithred hollol ar ei phen ei hun yn y cyfnod. Gwelodd Siwan cyn ei marw briodi Dafydd a'i merch Gwladys Ddu i deulu Brewys, ei chariad euog; a gwelodd gydnabod Dafydd yn etifedd gan Frenin Lloegr, gan y Pab, gan holl dywysogion Cymru. Diau mai hi yw'r rhyfeddaf a'r fwyaf diddorol o holl freninesau Cymru. Rhaid bod ynddi fawredd teilwng o gymar Llywelyn Fawr, a swyn i dynnu blodyn y Normaniaid i'w grocbren. Merch anghyfreithlon i'r brenin Ieuan oedd hi, ond medrai ddofi hyd yn oed ei thad a rhoes y Pab iddi urddas a safle merch gyfreithlon.[5]

Gwelwn fod y broses o fyfyrdod creadigol a'i harweiniodd at y ddrama wedi hen ddechrau erbyn iddo ysgrifennu'r erthygl hon. Cyfeddyf mewn llythyr at rywun a holodd ynglŷn â ffynonellau'r ddrama mai mynd yn syth at hanes Syr J.E. Lloyd a wnaeth, ar ôl cael y symbyliad gwreiddiol:

I'm afraid there's nothing about Siwan, or Joan as the English call her, except pages 616–685 of Sir J.E. Lloyd's History of Wales, and especially pages 685–6 (in the first edition). The rest is being rather soaked in the period, and I happen to love putting into my plays women who join really powerful intellect to beauty and passion. It's easier to find them in history than in life.[6]

Nid oes tystiolaeth uniongyrchol i brofi nad gyda hanes Syr J.E. Lloyd y dechreuodd diddordeb Saunders Lewis yn y fenyw swynol hon, er bod y ffurf a roddir i'w stori yn yr erthygl yn awgrymu'n gryf mai yn nhudalennau'r *Brut* y cyfarfu â hi am y tro cyntaf.[7] Beth bynnag, ceir yn y llyfr hanes fersiwn sy'n llawer nes at y ddrama nag yw at yr hen gronicl. Gan Lloyd y cymerodd Saunders Lewis dystiolaeth ynglŷn â phwysigrwydd cyfraniad Siwan at bolisïau Llywelyn parthed yr etifeddiaeth a maint ei gallu fel gwleidydd a llysgennad. Dywed Lloyd: 'To the assistance of his wife, Joan, both as advocate and counsellor, there can be do doubt he was much indebted.'[8] Rhoddodd Lloyd hefyd arweiniad pendant ynglŷn â dehongliad cymhelliad y tywysog, gan gyflwyno'r digwyddiad fel argyfwng domestig ac emosiynol, yn hytrach na gwleidyddol. 'It was the outraged husband', medd Lloyd, 'not the astute politician, who hanged William de Breos . . . The confidence he had placed in Joan as his best friend and faithful supporter throughout many years was the measure of his wrath.'[9]

Un peth na feiddiodd yr hanesydd sobr ei wneud, er cymaint ei werthfawrogiad o ddrama dda, oedd mentro dyfalu cymhelliad Siwan. Sylwa'n fanwl ar ei deallusrwydd a'i gallu, ond ychydig sydd ganddo i'w ddweud am ei harddwch a'r egni nwydus y mae'r dramodydd yn ei synhwyro sy'n hofran fel persawr o gwmpas yr esgyrn sychion a orweddai yn Llanfaes. 'Rhaid bod ynddi fawredd,' meddai yntau yn ei erthygl yn *Y Faner*, i fod yn gymar gwiw i Lywelyn Fawr, ond hefyd y swyn, 'i dynnu blodyn y Normaniaid i'w grocbren'. Symbylir dychymyg Saunders Lewis gan ddistawrwydd y cronicl a'r hanes ynglŷn â'r pam hollbwysig a allai esbonio godineb a brad mewn perthynas a adeiladwyd yn gadarn ar werthfawrogiad amlwg y naill o'r llall. 'Efallai,' medd yn yr erthygl, 'fod Siwan ei hun yn teimlo'n ddolurus am y tro', gan geisio esbonio dechrau'r berthynas yn ystod carchariad Gwilym: 'Efallai fod tendio ar glwyfau'r iarll ifanc, brathedig, y Norman chwerthinog anturus, wedi deffro'i nwyd.'

Erbyn Medi 1953 yr oedd cymeriad Siwan wedi datblygu i'r fath raddau nes bod y ddrama'n dechrau ymffurfio o'i chwmpas[10] ond yr oedd mwy na'i hanner heb ei chwblhau. Ysgrifennodd Saunders Lewis at Kate Roberts tua blwyddyn yn ddiweddarach i ddweud faint yr oedd wedi gorfod ymdrechu wrth gyfansoddi'r drydedd Act: 'Gallaf ddweud un peth yn onest wir—mi *weithiais* yn galed iawn ar y ddrama, yn enwedig act III, oblegid dipyn o *tour de force* oedd mentro act olaf heb ddim i ddigwydd ynddi o gwbl ond dau'n siarad, ac yna mymryn o basiantri rhoi'r goron ar ei phen hi i gloi.'[11] Gallai ddechrau'r ddrama ar sail ei ddealltwriaeth o natur a nwyd y dywysoges ond yr oedd angen iddo ddeall cymhelliad ei gŵr cyn ei gorffen. Dyna'r cwestiwn y cyfeiriodd ato wrth gyflwyno'r ddrama yn y *Radio Times* rai blynyddoedd wedyn: 'Bu crogi Gwilym Brewys yn sioc i holl bendefigaeth ffiwdal Ewrop. Nid ei ladd, ond y crogi, cosb y lladron taeog. Pam? Pam? O fyfyrio ar hynny y tyfodd y ddrama hon.'[12]

Trwy ateb y cwestiwn hwn y daeth Saunders Lewis i gwblhau drama Siwan, gyda'r Act olaf yn cydbwyso'r gyntaf a'r ail yn ddolen gyswllt rhyngddynt. Symbyliad y ddrama oedd darganfod yr union elfen ramantus, wyllt yn y tywysog a'r gwleidydd canol oed a oedd yn ŵr priod ers ugain mlynedd ag a welwyd yn y Breos ifanc, cynrychiolydd traddodiad y marchogion rhamantus.[13] Ac er mwyn deall Llywelyn rhaid oedd i Saunders Lewis, a oedd erbyn hyn yn drigain oed, ei ddeall ei hun, a sylweddoli maint ei edmygedd o'r gallu a ddarganfu yn Llywelyn i herio ffawd yn enw rhywbeth y rhoddai ef bris a gwerth neilltuol arno er nad oedd modd cyfiawnhau hynny gerbron y byd. Dyna'r union elfen a werthfawrogai ym Mlodeuwedd ond yn y ddrama honno pwysa diflastod Gronw Pebr yn drwm yn y fantol. Fe'i gwelir eto yn brif elfen yn *Gymerwch Chi Sigaret?* yn *Esther* ac yn *Cymru Fydd*, ond dyma'r tro cyntaf iddo weithredu yn nychymyg y dramodydd nes llunio sylwedd a siâp drama gyfan. Esboniodd yn y *Radio Times*, gan edrych yn ôl dros y gyfres o ddramâu sy'n dechrau gyda *Siwan*:

Mi dybiaf fod mentro popeth ar siawns, rhoi naid i'r gwyll heb wybod ai tir ai beth fydd dan draed pan lanier, a hynny er mwyn serch neu gyfaill neu wlad neu anrhydedd neu chwerthin, yn rhan o gymeriad pob mab a merch o galon uchel. Hoffais innau gymeriadau fel yna, Amlyn ac Esther a Hofacker a Llywelyn Fawr.[14]

Yn ymyl Llywelyn gellid rhestru Gwilym Breos, yr hwn y mae Siwan yn ei gymharu â sant y cordyn, sefydlydd Urdd y Brodyr Troednoeth, a oedd hefyd yn un am hapchwarae, ond ni pherthyn enw Siwan ei hun yno. Er gwaethaf cryfder ei hymateb i ramant cymeriad Gwilym, ni fedd Siwan ar y gallu i ymroi'n ddifeddwl lawen, heb ystyried heddiw nac yfory. Dyna sy'n esbonio ffurf y ddrama. Fe'i gwelwn yn yr Act gyntaf yn ymdrechu i'w deall ei hun mewn perthynas â Gwilym. Er gwaethaf yr egni a'r elfen nwydwyllt a etifeddodd oddi wrth ei thad, nid oes awgrym y gall Siwan ymroi fel ei chariad ifanc. Erys serch yn bosibilrwydd a all ddod yfory. Rhydd ei hun iddo heno, gan ryfeddu at y gwerth a rydd ef arni ac at ei allu i ymroi. Yn yr ail Act cawn ei gwylio'n clywed am ei farwolaeth ef, ac yn raddol synhwyro melyster chwerw ei rodd olaf iddi. Er nad oes modd inni wybod ar y pryd, daw ei chasineb tuag at Lywelyn ar ddiwedd yr olygfa hon o ddirmyg tuag ati hi ei hun. Cred yn ei chwerwder ei fod yn poeri ar y cipolwg ar lendid a disgleirdeb a wêl wedi ei adlewyrchu yn llygaid ei chariad ifanc. Yna, yn y drydedd Act dargenfydd wirionedd cariad ei gŵr a gwêl ynddo yntau ddisgleirdeb rhamantus y plentyn, er yn rhy hwyr. Ar ddiwedd yr Act hon gwyddom ei fod yn mynd i ryfel fel cawr yn mynd i redeg ras ac edmygwn yr egni a'r gobaith creadigol sy'n dal i fod ynddo. Ond erys ein cydymdeimlad a'n sylw gyda hi, sy'n rhagweld ei marwolaeth ei hun yn sgil y dadrithiad a'r hunanwybodaeth greulon sy'n dilyn y gymhariaeth rhyngddi hi, ei chariad a'i gŵr.

Drama fewnol yw *Siwan*, a ddengys faint cyrhaeddiad dramodydd a allai wynebu a goresgyn un o brif broblemau drama yn yr ugeinfed ganrif, sef sut i gyfryngu argyfwng seicolegol mewnol trwy weithgarwch allanol. Erbyn iddo ysgrifennu *Siwan* yr oedd Saunders Lewis wedi dysgu'r grefft o ddatgloi cyfrinachau'r enaid unigol wrth ddadelfennu'r cwlwm emosiynol lle y maent wedi eu cydblethu. Ni cheir enghraifft fwy trawiadol na thrydedd Act *Siwan*, lle y plymia'r gŵr a'r wraig yn ddyfnach i'w profiad unigol nag erioed o'r blaen wrth eu hesbonio eu hunain i'w gilydd. Y mae sylwedd eu deialog yn ymwneud â'r gorffennol. Ânt yn ôl dros diroedd y frwydr rhyngddynt gyda gostyngeiddrwydd a chwerwder a enillwyd trwy unigedd blwyddyn o ysgariad. Adroddant hanes eu bywyd priodasol a holl helyntion yr ymgyrch wleidyddol sydd wedi penderfynu naws, cyfeiriad a chyfyngder eu profiad personol. Yr un pryd teimla'r gynulleidfa fod rhywbeth yn digwydd, neu ar fin digwydd rhyngddynt, a all newid y gorffennol a galluogi'r cymeriadau i greu cymod newydd rhwng y gwahanol ofynion a gwyd o'r tu mewn iddynt ac o'r tu mewn i'r berthynas y maent wedi ei hadeiladu yn y byd. Posibilrwydd yn unig yw hyn tan yr eiliad olaf, ymron, pan gaeir y ddrama gyda 'mymryn o basiantri rhoi'r goron ar ei phen'.[15] Yn y weithred allanol honno, a gyfetyb i'r weithred agoriadol o dynnu'r goron a'r wisg dywysogaidd a datgelu'r ferch yn Siwan, cawn ddathliad o fuddugoliaeth dynion arnynt hwy eu hunain. Yn achos *Siwan* y mae'n fuddugoliaeth ddrud oherwydd fe'i henillir ar draul elfennau hanfodol yn ei phersonoliaeth, ond er hynny y mae'n un y gall hi ei hun lawenhau ynddi.

Sail y fuddugoliaeth hon oedd y weledigaeth o gymeriad dynol a etifeddodd Saunders Lewis gan y dramodwyr hynny a alwodd yn ddramodwyr 'clasurol', yn enwedig Soffocles o blith y Groegwyr, a Racine a Corneille o blith y Ffrancwyr o'r ail ganrif ar bymtheg, rhai y cyfeiriodd atynt fel 'fy meistri i yn y ddrama'.[16] Credai Soffocles, mai hanfod dyn yw'r gallu i gydnabod cyfrifoldeb ac i weithredu'n gyfrifol, er trymed pwysau ffawd a dicter y duwiau. A dibynna holl sylwedd ei ddrama ar y ffordd y gwêl y dyn unigol yn sefyll gyferbyn â'r Corawd, ei gyd-ddynion a chyd-ddinasyddion, ac yn wynebu nerth y duwiau. Cawn areithiau hir lle y mae'r unigolyn hwn yn cyhoeddi ei safle i'r byd o'i gwmpas, fel yng ngolygfa agoriadol *Oedipws*, er enghraifft. Yna cawn hefyd ysbeidiau byr o gydchwarae lle y symudir pethau ymlaen yn gyflym, gyda sylwebaethau telynegol gan y Corawd sy'n rhoi i'r gynulleidfa gyfle i synfyfyrio ar ystyr yr hyn sy'n digwydd.

Yr hyn a wnaeth Corneille yn etifedd dilys i Soffocles, ym marn Saunders Lewis, oedd datblygu'r adeiledd dramataidd a'r weledigaeth arwrol o gymeriad dynol a etifeddodd gan y Groegwyr trwy lenwi ei theatr a dynion a gwragedd a feddai ar yr un 'ymennydd campus' ag a gydnabyddai ef yng ngwraig Llywelyn Fawr.

'Rheswm' sy'n teyrnasu yn eu buchedd, a golyga 'rheswm', bryd hynny, weledigaeth ddeallol glir o ddyletswydd ac o'r hyn sy'n iawn, ie, hyd yn oed yn yr argyfyngau caletaf. Golyga ychwaneg, golyga allu meistraidd mewn mab a merch i edrych i mewn i'w calonnau eu hunain a'u dadansoddi a'u barnu a'u hwynebu, a golyga mewn deialog rym a medrusrwydd dialectig sy'n ddramatig ar lefel arwrol uchel lle y mae'r awyr yn finiog ac yn Alpaidd lan.[17]

Gellid dadlau fod y disgrifiad hwn yn gweddu i lawer cymeriad yn nramâu Saunders Lewis, heblaw Siwan a'r rhai a'i dilynodd. Cyfeiriodd y dramodydd ei hun at y ffaith mai ymdrech i ddatblygu themâu Corneillaidd a'i symbylodd wrth gyfansoddi *Gwaed yr Uchelwyr* ac *Amlyn ac Amig*.[18] Serch hynny, y mae'r 'grym a medrusrwydd dialectig' yn neilltuol berthnasol i Siwan, lle y gellir dweud fod y dramodydd wedi llwyddo i'w wneud am y tro cyntaf yn gyfrwng i ddatblygu adeiledd a sylwedd yr holl ddrama.

Y mae sylwedd ac adeiledd *Siwan* yn dilyn natur y cymeriadau a'u parodrwydd arwrol i gymryd cyfrifoldeb dros weithredoedd sy'n brifo'i gilydd. Dim ond wrth edrych ar y patrwm a ffurfir gan y geiriau ar y tudalen y sylwn ar y cydbwysedd traddodiadol rhwng areithiau hir, cyhoeddiadau o hanes profiad personol, ac unedau bychain o gydchwarae brathog sy'n ein hatgoffa ar brydiau o *stichomythia* y dramâu hynafol. Yn ei hanfod, oherwydd ei bod yn adroddiadol ac yn arafu symudiad, y mae'r araith hir, boed yn ddadansoddiadol neu'n symbolaidd, yn bygwth yr elfen uniongyrchol mewn drama oherwydd ei bod yn tynnu sylw'r gynulleidfa oddi ar yr hyn sy'n digwydd o'i blaen ar y llwyfan. Ond yn *Siwan* y mae'r egni a ddengys Siwan a Llywelyn wrth wynebu'r dasg o archwilio ac arddel y gwirionedd llawn am eu profiad chwerw yn cyfuno i greu dialectig dramataidd sy'n gyrru'r holl ddrama yn ei blaen. Y mae eu hareithiau hir yn gyfrwng i'r dramodydd ddatblygu trafodaeth ar themâu canolog y ddrama, naill ai'n uniongyrchol, fel y mae'r cymeriadau'n eu trin, neu yn anuniongyrchol, yn rhinwedd ei allu barddonol. Hefyd y mae'r tyndra aruthrol a gwyd yn sgil y ffaith fod yna ddimensiwn allanol i bob agwedd ar y frwydr fewnol yn gorfodi'r cymeriadau i archwilio lefelau dyfnach a chorneli tywyllaf eu hymwybod.

Cawn enghraifft o dechneg y dramodydd yn y darn yn Act III rhwng y datganiad a wna Siwan i'w gŵr—'F'arglwydd, rhoddwyd fi iti'n briod yn ddeg oed' a'r adroddiad hanesyddol hir a rydd Llywelyn yn ymateb iddi—'Gwleidyddiaeth oedd ein priodas ni, arglwyddes'.[19] Y mae'r ddwy araith hyn yn tueddu i fod yn statig. Yn yr un gyntaf edrydd Siwan ffeithiau y mae Llywelyn yn boenus ymwybodol ohonynt—ond wrth gwrs nid oes neb ohonom sy'n ddigon diniwed i'w cymryd fel pe baent wedi eu cyfeirio ato ef yn bennaf. Prif amcan dramatig yr araith hon yw sefydlu yn ymwybyddiaeth y gynulleidfa argraff frawychus o gyflwr seicolegol y dywysoges ffyddlon hon, wedi i'r gŵr, sydd mor ddwfn yn ei dyled, ei hamddifadu o'r unig drysor a ddarganfu fel menyw, sef serch hudolus ei chariadlanc. Tra bo'r araith hon yn para saif y ddrama'n stond am nad oes dim byd yn digwydd rhwng y cymeriadau ar y llwyfan. Yn wir, ni all ddigwydd cyn i'r araith ddod i ben, gan adael Llywelyn yn rhydd i ymateb i'w wraig. Ar y llaw arall, datblygir ymwybyddiaeth y gynulleidfa o hyd, fel y maent yn clywed pethau sy'n eu gorfodi i adolygu popeth yr oeddynt wedi ei benderfynu hyd yma.

Statig hefyd yw'r ail araith sy'n cwblhau'r symudiad bach dramatig yr ydym yn ei drin yma. Y mae iddo amcan digon dramatig, oherwydd ei fod yn gyfrwng i gyfleu i Siwan ddealltwriaeth o gariad ei gŵr, ond nid dyna'i brif amcan theatraidd. Unwaith yn rhagor sylwn ei bod yn caniatáu i'r dramodydd blannu yn nychymyg y gynulleidfa argraff ddofn o urddas aberth ofer ei gariad tra rhamantus. Byddai cyfaddefiad byr wedi bod yn ddigon i wraig sydd wedi rhannu gobaith ac ymdrech a disgyblaeth ddinistriol y blynyddoedd hyn, ond i ni, sy'n anwybodus, y mae angen rhagor. Ac fe'i cawn yn ehangder ac ystwythder meistrolgar yr adroddiad dramataidd hwn sy'n bwrw golwg dywysogaidd dros ugain mlynedd o bolisi a brwydro didrugaredd, sy'n ysgubo dros holl daleithiau a thywysogaethau Cymru ac yna'n disgyn mor drawiadol ddisymwth i fanylder moel eiliad ddiddiwedd y cof, gyda'r geiriau olaf: 'Hyn oll a bensaernïais, fy nheml ydoedd i ti,/ F'addoliad i ti—.'

Y mae llanw a thrai barddoniaeth ogoneddus yr araith hon yn ddigon ynddynt eu hunain i gyfiawnhau poblogrwydd Siwan o safbwynt llenyddol, ond nid yw ond un elfen yng ngwead y ddrama. Gwelwn hyn wrth graffu ar sylwedd y ddeialog sy'n cysylltu'r ddwy araith. Trwy gyfrwng y sgyrsio sydyn hwn datblyga'r dramodydd y gweithgarwch a ohirir gan yr araith gyntaf, gan ein paratoi ar gyfer y cyhoeddiad uchafbwyntiol a wneir yn yr ail.

Ymetyb Llywelyn i ddatganiad cyhuddol Siwan— 'Unwaith, cyn fy henaint, daeth llanc, canodd delyn i'm calon hesb,—/ Fe'i crogaist fel sgadenyn wrth ben llinyn'—gyda chyfres o bedwar sylw ysgytiol. Y mae'r rhain yn llusgo'r gorffennol i mewn i'r presennol ac yn ei orfodi i ymateb: 'Mae hynny'n wir. Mae'n ddrwg gen' i heddiw am hynny./ Yr oedd yn rhaid iddo farw. 'Doedd dim rhaid ei grogi.' Gydag ymateb chwerw-egnïol Siwan dyna ni yn syth yn ôl gyda realiti uniongyrchol y frwydr rhwng y ddau:

Siwan: Pam yntau? Pam? Fedra' i ddim byw gyda thi,
           Fedra' i fyth fynd o dan yr un lliain heb ddeall pam.
Llywelyn: Fedri di ddim deall pam. 'Dydw i ddim yn bod iti.
Siwan: 'Rwyt ti'n bod fel mae hunllef yn bod er y bore hwnnw.
Llywelyn: Mi wn i hynny. Yr oedd dy Wilym yn nes ata' i,
           Fe'm gwelodd o fi fel person.
           Bu raid imi gau ei safn rhag iddo 'mradychu ger dy fron.

Dyma enghraifft nodedig o'r croesi cleddyfau seicolegol y cyfeiriodd

Saunders Lewis ato unwaith fel nodwedd drama fodern. Rhaid i'r gynulleidfa fod yn ymwybodol o frys ac angerdd cwestiwn Siwan—yn wir gellid dweud fod yr holl ddrama'n troi o'i gwmpas. Ond rhaid hefyd iddynt fod yn ymwybodol o'r rhwystredigaeth sy'n codi yn sgil y ffaith na ddaw ateb. Gorfodir iddynt aros yn ddiymadferth tra llysg yr egni emosiynol a ollyngir gan y cwestiwn yn ddim. Dyna sy'n symbylu protest Siwan—'Fedra' i ddim byw gyda thi,/ Fedra' i fyth fynd o dan yr un lliain heb ddeall pam'—ac ebychiad Llywelyn— "Dydw i ddim yn bod iti.' A dyna sy'n cymell Siwan i godi'r gair 'bod', sy'n atseinio trwy frawddeg sy'n bygwth peri i'r holl sgwrs droi'n ymgecru diflas: "Rwyt ti'n *bod* fel mae hunllef yn *bod*.' Osgoir hynny gan Lywelyn, ond heb symud y sgwrs ymlaen i'r cyfeiriad y mae'r gynulleidfa'n dymuno iddi fynd. Y mae ei gyfeirio at amgylchiadau'r gwrthdrawiad ysgytwol a gaeodd yr Act gyntaf yn bygwth cadw'r sgwrs mewn trobwll emosiynol.

Y mae ymateb Siwan yn osgoi hynny, gan droi anuniongyrchedd yn uniongyrchedd: 'Ddywedi di wrthyf i beth a welodd Gwilym?' ac y mae disgyblaeth urddasol ei geiriau nesaf yn cyfiawnhau chwilfrydedd cynyddol y gynulleidfa—'Yn enw ugain mlynedd o orwedd ynghyd,/ Mae gen' i hawl i wybod.' Y mae'r ddwy frawddeg sy'n weddill cyn i Lywelyn ddechrau ei araith fawr yn gymhleth eu heffaith ddramataidd. Yn gyntaf, y mae ymateb y gŵr i haeriad ei wraig yn rhwystro dealltwriaeth rhag datblygu rhyngddynt— 'Dweud wrthyt yw noethi fy mron i saethau crechwen', ac yn ein hatgoffa o'r baich emosiynol sy'n eu hatal rhag cyfathrebu. Tra bo'r pâr yn dal dan glo dicter y gorffennol ac ofn y dyfodol, y mae perygl y daw y sgwrs i ben, gan erthylu datblygiad y ddrama.

Ceidw ymateb Siwan y bygythiad hwn yn fyw, drwy ein hatgoffa o greulondeb ei chosb: 'Mae blwyddyn o garchar unig yn tarfu crechwen.' Y mae yr un pryd yn tawelu ofnau'r gŵr ac yn agor y ffordd i'r cyfaddawd rhyngddynt a'r drafodaeth hollbwysig y mae'r gynulleidfa erbyn hyn yn ysu amdani. Felly pan ddaw araith estynedig Llywelyn o'r diwedd y mae iddo gyfiawnhad dramatig fel canlyniad i rythm naturiol profiad y cymeriadau.

Ei feistrolaeth ar ddeialog sydd i gyfrif am gamp Saunders Lewis fel dramodydd o gyfnod Siwan ymlaen; ac y mae'n ei alluogi i greu a chynnal tyndra dramatig er gwaethaf culni ei lwyfan a'r problemau ymarferol sy'n dilyn hynny. Y mae *Siwan*, meddai Kate Roberts, 'yn ddrama fawr' oherwydd 'dirnadaeth yr awdur am y pwerau hynny sy'n corddi eneidiau dynion ac yn eu gyrru i'w tynged'.[20] Ond drwy'r ddeialog y mae'n datblygu ac yn amlygu'r ddirnadaeth honno yn hytrach na thrwy weithgarwch allanol, hyblyg.[21] Gwelir hyn yn glir iawn yn *Siwan*, lle y mae elfennau o anystwythder a lletchwithdod sy'n peri anawsterau i'r cyfarwyddwr. Sylwodd Kate Roberts fod Saunders Lewis yn dibynnu'n drwm ar effeithiau sain tra oedd Siwan a Gwilym yn sefyll wrth y ffenestr ac oherwydd hyn cymerodd hi'n ganiataol fod Siwan wedi ei chyfansoddi'n wreiddiol fel drama radio. Cywirodd Saunders Lewis y camgymeriad, gan ddweud ei fod wedi meddwl am y ddrama'n wreiddiol ar lwyfan Theatr Garthewin.[22] Serch hynny deil *Siwan* i roi'r argraff ei bod yn ddrama radio.

Tua diwedd yr Act gyntaf, er enghraifft, pan sylweddola Gwilym gyfrinach cariad Llywelyn, y mae Llywelyn yn torri ar ei draws i'w atal rhag ei ddatgelu i Siwan: 'Pa dywysoges arall sydd yn Ewrop oll', medd Gwilym, 'A'i gŵr priod—'. Gorchymyn Llywelyn i'w filwyr: 'Caewch ei geg o, filwyr,/ Clymwch ei safn a chadach'; yna cawn gyfarwyddyd llwyfan sy'n disgrifio'r olygfa, gyda Gwilym yn chwerthin wrth i'w lais gael ei dagu. Ni fyddai hyn yn cyflwyno problemau ar y radio oherwydd y byddai dychymyg y gynulleidfa'n ymateb i'r symbyliad geiriol yn uniongyrchol ac yn llenwi'r bwlch a egyr ar y llwyfan rhwng yr eiliad pan balla llais Gwilym a'r eiliad pan ymetyb y milwyr i orchymyn y tywysog. Awgryma hyn nad oedd y dramodydd wedi gweld yr olygfa o'i flaen yn y theatr, ond ei fod yn hytrach wedi'i chlywed.[23]

Cawn yr un argraff wrth edrych ar sylwedd yr ail Act, sy'n lletchwith iawn yn y theatr ac yn darllen drwyddi draw fel rhywbeth a gyfansoddwyd ar gyfer cyflwyniad radio, gydag effeithiau sain o du allan a rhuglau cadwyn Siwan y tu mewn. Ni lwyddodd Saunders Lewis yma i wireddu'r cysyniad yr oedd am ei gyflwyno i'r gynulleidfa. Felly ar brydiau daw siarad gwag i lenwi bwlch gweledol, er enghraifft, pan lewyga Siwan ac y rhydd Alis sylwebaeth er mwyn esbonia'r hyn sy'n digwydd: 'Y chwys ar ei thalcen! 'Does gen' i ond lliain y gwely . . ./ Dyma'r dŵr . . . Trocha'r dŵr a dod hi ar ei thalcen.' Ond nid yw'r methiant hwn i'w briodoli yn gymaint i ddiffyg gweledigaeth y dramodydd ag i anawsterau'r dasg oedd yn ei wynebu. Yn wir, y tu mewn i'r confensiynau theatraidd a ddefnyddiai ni fyddai llwyddiant yn bosibl. Gwrthrych ein sylw yma yw profiad mewnol Siwan, wrth iddi ymateb i'r crogi. Gallai Saunders Lewis fod wedi cyflwyno'r crogi'n uniongyrchol, wrth gwrs, ond y mae'r dewis i beidio â gwneud hyn yn nodweddiadol ohono. Byddai wedi ei atal rhag tynnu sylw at ymateb Siwan. Ar y llaw arall, nid yw am inni ymgolli yn nioddefaint Siwan ac anghofio'r byd y mae'n rhan ohono. Byddai gwneud hyn yn golygu y byddai bron yn amhosibl dod â Llywelyn yn ôl o'n blaenau'n uniongyrchol ar ddechrau'r drydedd Act a symbylu'r cyfaddawd hollbwysig rhwng gŵr a gwraig.

Ychydig oriau ar ôl dychwelyd o weld y perfformiad cyntaf ar lwyfan Garthewin meddai Kate Roberts: 'Mae Siwan yn ddrama fawr, a mesuraf fy ngeiriau.' Er nad oedd hi ar y pryd wedi darllen y ddrama, dywedodd, 'Yr wyf yn sicr y gallaf ddweud ymhen blwyddyn, pan fydd fy ngwaed yn ddigon oer, mai noson fythgofiadwy oedd heno, a theimlaf ei bod yn rheitiach imi ddweud heno wrth fy nghyd-genedl am y wledd a gafwyd yng Ngarthewin.' Sylwodd ar swyn a harddwch y geiriau: 'Mwynhasom eu sŵn, mwynhasom rythm y llinellau, mwynhasom y cyffyrddiadau o gynghanedd.' Ond aeth rhagddi i haeru, 'nad sŵn y geiriau na miwsig na llinellau' a roddodd iddi fwynhad. Gwelodd farddoniaeth Siwan y noson honno fel cyfrwng i weledigaeth theatraidd o fywyd dynol ac uniongyrchedd dirnadaeth yr awdur 'am y pwerau hynny sy'n corddi eneidiau dynion ac yn eu gyrru i'w tynged.'[24]

Nodiadau
[1] *Y Faner*, 15 Hydref 1947. Symbylwyd yr erthygl hon gan ddau lyfr newydd eu cyhoeddi yr oedd Saunders Lewis wedi bod yn eu darllen, sef Micheal MacLiammoir, *All for Hecuba An Irish Theatrical Autobiography* (1946) a Norman Marshall, *The Other Theatre* (1947), lle y darllenodd am Theatr y Maddermarket, Norwich. Gweler testun y cylchlythyr gwreiddiol yn Lady Gregory, *Our Irish Theatre—a chapter of autobiography* (1972), 62–3.

[2] Arferai ddyfynnu Yeats a Goethe yn y dau ddegau gyda phwyslais gwrthnaturiolaidd. Gwelir, er enghraifft, *The Welsh Outlook*, (December 1919), 302 ac 'Arluniaeth mewn drama', *Y Darian*, 10 Medi 1920: 'Meddai Goethe:— "Y mae'n rhaid i gelf fod yn 'annaturiol"'. ' "Y gwirionedd a'ch rhyddha chwi" a thrwy'r gwirionedd mawr sydd ym mrawddeg Goethe yr ennill celf ei braint a'i rhyddid a'i gogoniant.'

[3] 'Cwrs y Byd', *Y Faner*, 15 Hydref 1947.

[4] Dechreuodd y gyfres hon yn Ionawr 1939 a pharhaodd tan 2 Gorffennaf 1951. Yn ôl D. Tecwyn Lloyd, y mae'n cynnwys rhyw 560 o erthyglau.

[5] *Y Faner*, 26 Tachwedd 1947.

[6] Llythyr at J. Owain Evans, 7 Ebrill 1960, S.L. 214496, Llyfrgell Genedlaethol Cymru.

[7] Ond gweler *Radio Times*, 26 February 1954, 4, lle y sylwa mai Lloyd 'oedd y cyntaf i ddangos mawredd Siwan'.

[8] J.E. Lloyd, *A History of Wales from the Earliest Times to the Edwardian Conquest* (1911), II, 685.

[9] Ibid., 670.

[10] Llythyr at Kate Roberts, 15 Medi, 1953. Dafydd Ifans (gol.), *Annwyl Kate, Annwyl Saunders* (1992), 177.

[11] Ibid., 25 Awst 1954, 181.

[12] D. Rowlands (gol.), *Y Gragen, Cylchgrawn Gŵyl Gelfyddyd Coleg y Drindod Caerfyrddin* (1971), 71.

[13] Cyfeirir at Rommel a Hofacker yn *Brad* fel rhamantwyr yn null marchogion yr Oesoedd Canol—gan Albrecht. Dengys y drafodaeth yn y ddrama honno a'r driniaeth o lw Amlyn yn *Amlyn ac Amig* lle y safai Saunders Lewis mewn perthynas â thraddodiad rhamantus canoloesol.

[14] *Y Gragen*, 71. Enilla Amlyn ei le ymhlith y cymeriadau eraill yn rhinwedd ei barodrwydd i gymryd naid i'r gwyll wrth aberthu ei feibion er mwyn ei gyfaill, ond rhaid cofio ei fod yn gwneud hyn mewn chwerwder ysbryd. Cymharer Hofacker, sy'n taflu popeth sy'n weddill iddo heb chwerwder am ei fod yn ddiwerth iddo o'i gymharu â'i afael yn y pethau sy'n dragwyddol werthfawr.

[15] Gweler uchod, n.11.

[16] 'Cwrs y Byd', *Y Faner*, 4 Ionawr 1950.

[17] Ibid.

[18] Ibid. 'O bryd i'w gilydd yr wyf innau wedi byw flynyddoedd gyda dramâu Corneille ac wedi ceisio trosglwyddo fwy nag unwaith broblem Cornelaidd i

amgylchiadau neu gefndir Cymreig. Problem yn null Corneille, sef gwrthdrawiad rhwng serch a ffyddlondeb teuluaidd, y ceisiais i ei gosod yn fy nrama gyntaf, *Gwaed yr Uchelwyr*, ac fe geir sefyllfa debyg eto yn *Amlyn ac Amig*.'

[19] Gweler isod, tt.574–5.

[20] 'Siwan yng Ngŵyl Ddrama Garthewin', *Y Faner*, 25 Awst 1954.

[21] Cawn gyfle i sylwi'n fanwl ar ddull cyfansoddi Saunders Lewis wrth gyflwyno testunau ei ddramâu anorffenedig yn yr ail gyfrol.

[22] Llythyr at Kate Roberts, 25 Awst 1954. *Annwyl Kate, Annwyl Saunders*, 181.

[23] Gellir dyfynnu adolygiad Saunders Lewis o ddrama radio Syr Thomas Parry ar fywyd Llywelyn i brofi ei fod yn ymwybodol iawn o wahanol ofynion drama radio a drama theatr: 'Hwyrach fy mod yn cam farnu'n llwyr; ond y mae drama radio, yn fy marn i, yn wahanol iawn, yn ei ffurfiad cyntaf ym meddwl yr awdur, i ddrama theatr. Gweld golygfa, ie, ei gweld, ar ei munud anterth y bydd y crefftwr gyntaf wrth lunio drama i'r llwyfan, gweld ystum a chasgl o bersonau o gwmpas yr ystum neu'n ei lunio. Ar gyfer drama radio y peth a gydia'r rhannau ynghyd yw un neu ddau brif ymadrodd a ail ddywedir ac a glywir dro ar ôl tro drwy gydol y rhannau.' *Y Faner*, 23 Mawrth 1949.

[24] 'Siwan yng Ngŵyl Ddrama Garthewin', *Y Faner*, 25 Awst 1954.

Siwan

Cymeriadau

Llywelyn Fawr, 57 oed
Siwan, ei wraig, merch Brenin Lloegr, 35 oed
Gwilym Brewys, 25 oed
Alis, llawforwyn i Siwan, 20 oed
Milwyr, etc.

Amser

Act I: Calan Mai, 1230, wedi canol nos
Act II: Mai 3, 1230, 6 a.m.
Act III: Calan Mai, 1231

NODYN

Darlledwyd *Siwan*, fel 'drama radio' Dygwyl Dewi, 1954 a chyhoeddwyd y cyflwyniad canlynol gan Saunders Lewis y pryd hynny yn *Radio Times* (26 Chwefror 1954).

Mai 3, 1230, fe grogwyd gerbron torf o bobl Gwynedd y barwn Gwilym Brewys ifanc, un o arglwyddi'r Mers Cymreig, gŵr o dras a safle ail yn unig i frenin Lloegr. Aeth ias o arswyd drwy Ogledd Ewrop pan glywyd am y digwyddiad. Llywelyn Fawr a'i crogodd oblegid iddo'i ddal, yng ngeiriau Brut y Tywysogion, 'yn ystafell y Tywysog gyda merch Ieuan Frenin, gwraig y Tywysog'.[1] Dyna fater y ddrama hon.

Hyd y gwn a hyd y cofiaf i'n awr, un newid yn unig a wneuthum i yn y ddrama ar ffeithiau sicr. Rhoddais y darganfod yn ystafell wely'r Tywysog nos Glamai 1230, a hynny er mwyn undod dramatig. Mae'n debycach mai rhyw bythefnos cyn ei grogi y daliwyd Gwilym Brewys. Dywed Lloyd hefyd mai Mai ail y bu'r crogi.

Mae'n gwybodaeth ni am bethau tra phwysig yn hanes ein tywysogion yn bryfoclyd o annigonol. Gwyddom oed Llywelyn Fawr yn 1230. Ni wyddom ddim sicr am oed ei wraig nac oed Gwilym Brewys. Yr wyf yn bwrw fod Siwan yn 35 a Gwilym Brewys yn 25. Ni ddywedir mewn unrhyw gronigl na llyfr hanes ddyddiad geni neb o blant Llywelyn Fawr na'u hoed pan briodasant. I'r rheini nad ydynt yn gyfarwydd â dulliau'r Oesoedd Canol (a hyd at y ddeunawfed ganrif mewn llawer cylch), bydd oed priodi'r merched yn y ddrama hon braidd yn sioc. Awgrymaf, er enghraifft, mai'n dair oed y priodwyd Gwladus Ddu. Rhoddaf bwys arbennig ar y ffaith na roes Llywelyn un o'i holl blant yn briod i na Chymro na Chymraes. Awgrymaf hefyd sut y bu hi i Ddafydd ap Llywelyn farw heb etifedd a dangos canlyniadau alaethus y ffaith.

Mor drist a thruenus ddihitio yw pobl Cymru ynghylch eu tywysogion mawrion gynt. Y mae bedd Owain Gwynedd yn y brif-eglwys ym Mangor, y mwyaf oll o'i linach, ond cerdyn llychlyd ansicr sy'n dynodi'r fan ac ni welir fyth wladgarwr ar ei liniau wrth y sgrin ddinod. J.E. Lloyd oedd y cyntaf i ddangos mawredd Siwan, priod Llywelyn Fawr a merch y Brenin John o Loegr.[2] Yr oedd hi'n un o wragedd mwyaf Ewrop yn ei chanrif. Yr oedd ganddi ymennydd brenhinol a phersonoliaeth a ddofai frenhinoedd. Ac yna'r claddu unig gerllaw Menai; ai sumbol o unigrwydd ei henaid hi? Mae gennym ni ddigon o brofion iawn, tyst o'r crogi Mai 3. Yn y ddrama hon fe fynnodd Llywelyn a Siwan wynebu sialens enbyd eu priodas.

YR ACT GYNTAF

(Ystafell wely LLYWELYN FAWR *a* SIWAN. *Goleuni canhwyllau. Y mae* SIWAN *yn tynnu ei gwisg fawr oddi amdani gyda help ei morwyn stafell,* ALIS. *Tu allan clywir cerddorfa delyn a ffidil fechan yn canu hen ddawns Ffrengig. Clywir pobl ifanc yn chwerthin hefyd a rhai'n galw 'nos da'. Mae'r miwsig yn parhau drwy agoriad yr act.)*

ALIS: Dyna'r wisg arian yn rhydd o'r diwedd, *ma dame*;
Fe'i dodaf ar unwaith yn y gist.

SIWAN: A'r goron yma gyda hi, Alis . . .
Pa awr o'r nos yw hi?

ALIS: Mi glywais y milwyr ar y muriau
Yn gweiddi canol y nos ers tro, 'rwy'n siwr.

SIWAN: Wyt ti'n aros yn hir?

ALIS: Ddim felly, Pan ddois i o'r lawnt
Mi drois yr awrwydr ar ei ben, a gwelwch, 'dydy'r tywod
Ddim eto dros ei hanner yn y cafn;
Rhaid felly mai rhyw hanner awr y bûm i yma.
On'd oedd y dawnsio'n hyfryd ar y lawnt?
'Roedd marchogion y Ffrainc wrth eu bodd.
Mi glywais un ohonynt yn synnu cael
Dawnsiau Aquitaine ar faes yn Arfon.[3]
'Dydyn nhw ddim yn 'nabod eich llys chi, *ma dame*.

SIWAN: Mae'r miwsig yn darfod. Mae'r llusernau ola'n diflannu.

ALIS: Mae'r lantern fawr yn aros.

SIWAN: Y lleuad? Ydy.
Mae ei golau hi'n treiddio drwy'r ffenestri yma.
Prin fod angen canhwyllau.

ALIS: 'Roedd y galiard yng ngolau'r lleuad a'r llusernau
Fel dawnsio hud a lledrith tylwyth teg.[4]
Welais i ddim yn y byd tlysach na'r rhithiau a chysgodion rhithiau
Yn symud yn osgeiddig i delyn na ellid mo'i gweld.
Pam na ddaru i chi ddawnsio, *ma dame*?

SIWAN: A'r goron drom ar fy mhen?

| | A'r wisg arian fawr fel pabell o'm cwmpas?
| | Hyd yn oed i ddawnsio Ffrainc rhaid wrth ystwythach na honna.
| | Llywyddu o'r gadair oedd fy ngwaith i heno,
| | A chymryd lle'r Tywysog tra fo yntau oddi cartre.
| | Dawns i ddathlu'r cynghrair â Ffrancwyr Aberhonddu oedd hon.

ALIS: 'Does neb fedr ddawnsio'r carolau[5] Ffrengig fel chi.
Pan ddaw dawns y briodas bydd gofyn i chi arwain.
Fe wnaethoch ym mhriodas pob un o'r plant.

SIWAN: Gwladus, Margaret, Helen, a 'rŵan Dafydd,[6]
Dafydd y rhois i 'mywyd i euro'i deyrnas;
Gwnaf, mi ddawnsiaf ym mhriodas Dafydd.

ALIS: A ga' i ollwng eich gwallt chi a'i gribo 'rŵan
A'i drefnu i chi gael cysgu?

SIWAN: Gwna hynny, Alis. Bu'r goron yn flinder ar fy mhen;
Heblaw hynny, 'rwy'n hoffi cael cribo 'ngwallt.
Mi 'steddaf ar y stôl . . . Dyna ti.

ALIS *(yn canu'n dawel wrth gribo)*:
Le roi Marc était corrocié
Vers Tristram, son neveu, irié;
De sa terre le congédia
Pour la reine qu'il aima . . .[7]

SIWAN: Dda gen' i mo'th gân di heno.

ALIS: Marie de France, *ma dame*.
Gennych chi y dysgais i hi.[8]

SIWAN: A minnau gan fy mam.
'Roedd hi'n aros gyda 'nhaid yng Nghaerloyw
Ac yn canu ei cherddi Esop a'u dysgu i'm mam.

ALIS: Ac fe glywodd eich mam hi'n canu stori Trystan?

SIWAN: Do, a'i dysgu i mi. Mae hi'n stori rhy drist i heno.

ALIS: Mae Marie'n canu fel merch o'r wlad,
Ein teimladau ni, ein hofnau a'n hiraeth ni,
Nid fel y beirdd dysgedig sy'n glyfar ac oer.

SIWAN: Ond fe ddysgodd gan y beirdd dysgedig.

ALIS: 'Roedd hi gystal bardd â Phrydydd y Moch,[9]

	A'i Ffrangeg yn haws i Gymraes na Chymraeg y Prydydd.
	Pa bryd y daw bardd Cymraeg i ganu i ferched yn syml?
SIWAN:	Fe ddaw pan ddaw tafarn i Gymru.
ALIS:	Mi glywais fod tafarn ym Morgannwg . . .
	(yn canu eto)
	En sa contrée en est allé,
	En Sud Galles où il fut né . . .
SIWAN:	Dyro lonydd i Drystan ac Esyllt.
	A gorffen 'y ngwallt i ar frys.
ALIS:	Ai Ffrancwr oedd Trystan, *ma dame*?
	Fe'i ganwyd yn Neau Cymru,
	En Sud Galles où il fut né.
SIWAN:	Ai Cymru ai Ffrainc yw Caerllion?[10]
ALIS:	Pan edrycha' i ar Wilym Brewys.
	Mor ifanc a hoyw a chwerthinog,
	Ail Trystan y gwela' i ef . . .
	(SIWAN *yn rhoi bonclust iddi*.)
	Ma dame . . . Be' dd'wedais i oedd o le?
SIWAN:	Orffennaist ti 'ngwallt i, eneth?
ALIS:	Sbïwch y drych pres, *ma dame*,
	Dwy bleth fel Esyllt ei hunan.
	Mae 'ngwefus i'n gwaedu lle y trawodd eich modrwy.
SIWAN:	Bydd ei flas yn ffrwyn i'th dafod.
	Roist ti'r gwin a adewais i i geidwad fy mhorth?
ALIS:	Welsoch chi monynt wrth ddychwelyd?
SIWAN:	'Roedd y ddau'n cysgu'n braf,
	Un bob ochr i'r drws.
ALIS:	Ceidwad y porth yn cysgu?
	Gaf i eu deffro nhw?
SIWAN:	Pa raid? Gad iddyn nhw gysgu
	Ac yfory'n galan Mai.
ALIS:	Mae hi eisoes yn galan Mai.
	Bydd y llanciau a'r llancesi draw ar y bryniau
	Yn dawnsio law yn llaw o gwmpas y fedwen

	Ac yna'n diflannu'n ddeuoedd Cyn ei dwyn hi i'r hendre gyda'r wawr. Mae llanciau'r wlad yn cael hwyl hefyd, *ma dame*.
SIWAN:	Fuost ti gyda'r llanciau, Alis?
ALIS *(isel chwerthin atgofus)*:	
	Wrth gwrs, yn bymtheg oed . . . Fuoch chi ddim erioed dan y fedwen?
SIWAN *(yn sydyn chwerw)*:	
	Merch i frenin oeddwn i. Yn bymtheg oed Mam i dywysog a llysgennad Aberffraw.[11] Rhoddais fy nghroth i wleidyddiaeth fel pob merch brenin.
ALIS:	Mor llonydd yw'r coed; chlywa' i mo sŵn y môr, Rhaid bod Menai ar drai. Mi daflwn i faich brenhines Ar noswyl Glamai fel hon.
SIWAN:	Wyddost ti ddim be' 'rwyt ti'n ei ddweud. Cymer dy gannwyll a dos i'th 'stafell a'th wely. Fynna' i ddim cysgu am dro. Mi guraf y llawr os bydd arna' i d'eisiau di.
ALIS:	Nos da a Duw gyda chi, *ma dame*.
SIWAN:	Duw a Mair i'th gadw, nos da.
	(Mae SIWAN *yn isel-ganu* 'Pour la reine qu'il aima'. Exit ALIS. *Curo ar y drws, ddwywaith.* SIWAN *yn agor i* GWILYM BREWYS.)
GWILYM:	Arglwyddes?
SIWAN:	Gwilym? Tyrd i mewn. *(Mae hi'n cau'n araf.)*
GWILYM:	Fe gedwaist dy forwyn yn hir a minnau'n disgwyl.
SIWAN:	Heddiw, pan ddaw golau dydd, bydd fy mrawd yn hwylio i Ffrainc.[12]
GWILYM:	Henri? Brenin Lloegr? Wel, beth yw hynny i mi?
SIWAN:	Hogyn wyt ti o hyd.
GWILYM:	'Rwy'n bump ar hugain oed ac yn dad i bedair o ferched.
SIWAN:	Wela' i monot ti fyth ond yn grymffast o hogyn a glwyfwyd

	A'i ddal yn garcharor rhyfel a'i ddwyn yma i'w dendio,
	Fy llanc tragwyddol i.
GWILYM:	Beth am dy frawd y brenin,
	Pa ots os â ef i Ffrainc?
SIWAN:	Dim ond mai dyna'r pam
	Y cedwais i'r forwyn braidd yn hir.
GWILYM:	I rwystro i mi ddyfod yma?
SIWAN:	Gwely Llywelyn yw hwn. Mae perygl yma.
	Pe gwelsai Ednyfed Fychan[13] neu un o'r Cyngor
	Di'n dianc o'r lawnt a'r ddawns, a dweud wrth y T'wysog,
	Pwy ŵyr, a'r Brenin yn Ffrainc, pa ddrwg na wnâi?
GWILYM:	Paid ag ofni. Welodd neb fi'n dyfod.
	'Roedd ceidwaid porth dy 'stafell hwythau'n cysgu.
	Ai ti a gymysgodd eu gwin?
SIWAN:	Rhag ofn, a thithau mor ehud.
GWILYM:	Raid iti ddim pryderu; 'rwy'n un o'r teulu ers tro.
	Merch i ti a'r T'wysog yw'r wraig weddw fy llysfam,
	Rhoesoch ferch i'm cefnder yn wraig.
	Rhoddaf innau'n awr ferch i'th fab.
	Rhaid ein bod ni'n perthyn rywsut?[14]
SIWAN:	Trueni nad yw'r ferch yn hŷn.
GWILYM:	Isabela? Mae hi'n wyth oed.
	Tair oedd ei chwaer pan gymerodd fy nhad hi'n wraig.
SIWAN:	Ail wraig oedd Gwladus Ddu. 'Roedd gan dy dad etifedd.
	Os priodir Isabela eleni bydd eto chwe blynedd
	Cyn y daw hi yma at Ddafydd;
	Ni all fod aer i Aberffraw am flwyddyn wedyn.
	Mae hynny'n hir; mae'n berygl i bolisi Aberffraw
	A'r Tywysog eisoes yn saith a hanner cant oed.
	Mi hoffwn ddal mab fy mab, etifedd Llywelyn,
	Uwchben y bedyddfaen yn goron ar waith fy oes.
GWILYM:	Mae gan Ddafydd gariadon.
SIWAN:	Ble'r aeth dy fennydd di, Gwilym?
	Mae cyfnod hapus Gymreig plant llwyn a pherth
	Ar ben i deulu'r Tywysog. Pam y poenais i
	I gael gan y Pab fy nghydnabod innau'n gyfreithlon

Ond i sefydlu llinach Aberffraw o dad i fab,
Fel ach Iwl Cesar, yn olyniaeth frenhinol ddi-nam?[15]

GWILYM: Mae gan Ruffydd feibion.

SIWAN: Gruffydd? Mab yr ordderch, Tangwystl?[16]

GWILYM: Mab y Gymraes.

SIWAN: *Touchée*. Mi wn.
Ugain mlynedd yn ôl fe'i rhoddais yn wystl i'm tad
Gan hyderu yn null fy nhad o drafod gwystlon.
Fe'm siomwyd i. Oes, mae gan Ruffydd feibion;
Dyna'r pam y dylai fod brys i roi mab i Ddafydd.[17]

GWILYM: Fynni di mo'r briodas?

SIWAN: Y Tywysog biau penderfynu. O ddau bwrpas priodas
P'run sy bwysica', diogelu ffiniau'r deyrnas
Neu sicrhau mab yn etifedd? Mae'r teulu'n hirhoedlog;
Os caiff Dafydd einioes ei dad fe geir y ddau nod.[18]
Un wers wleidyddol a ddysgodd Llywelyn i mi.
Mai amynedd yw amod llwyddo . . . Mae amynedd yn
 anodd i mi.

GWILYM: A pha wersi a ddysgaist ti iddo ef?

SIWAN: 'Rwyt ti'n briod a chennyt nythaid o ferched; fe wyddost
Nad oes gan wraig ddim i'w ddysgu i'w gŵr.

GWILYM: Dos o'na i gyboli. Pa arglwyddes o wraig gyffredin
Sy'n brif weinidog a llysgennad gwlad
Ac yn cerdded neuaddau brenhinoedd fel Helen o Droea?[19]

SIWAN: Dyna 'nihangfa i. Cefais gyda'm gwaed
Egni nwydwyllt fy nhad. Rhag chwalu 'mywyd
Mi ymdeflais i waith gŵr ac i waith fy ngŵr.

GWILYM: Glywaist ti be' dd'wedir amdanat yn llysoedd Morgannwg
 a'r Mers?
Mai arglwyddiaeth Ffrengig yw Gwynedd ac mai dy waith
 di yw hynny;
Y cyntaf o'i lin, roes Llywelyn na mab na merch
Yn briod i Gymro na Chymraes, ond pob un i arglwyddi o
 Ffrainc.
Fe ffurfiaist dy Dywysog yn un ohonom ni,
A dysgu i'r Cymry wrhau.

SIWAN:	Paid â'm dychryn i heno, Gwilym. Cystal iti ddweud Fod Llywelyn yn fy ngharu i fel ti. Canys serch sy'n newid dynion.
GWILYM:	Ti yw'r gwleidydd llwyddiannus cynta' a gefais i'n ddeallus, Siwan.
SIWAN:	'Does dim lle i anhrefn serch mewn llywodraeth teulu a gwlad. Unwaith erioed y gedais i i'm calon ymyrraeth â pholisi.
GWILYM:	A pha bryd y bu hynny, wraig bwyllog?
SIWAN:	Pan drefnais i briodas Etifedd Aberffraw a merch Gwilym Brewys wyllt.
GWILYM:	Y peth gorau a wnest ti erioed, dywysoges falch.
SIWAN:	Y gwaetha' erioed os na chaiff Dafydd fab.
GWILYM:	'Rwyt ti'n fy syfrdanu i, Siwan.
SIWAN:	Sut hynny, lanc?
GWILYM:	Fe wyddost pam y des i yma?
SIWAN:	I drefnu priodas dy ferch a Dafydd fy mab.
GWILYM:	Wyddost ti pam y mynna' i'r briodas?
SIWAN:	Pam y mynnodd dy dad? Pam dy gefnder yng Ngŵyr?[20] Buellt, Elfael, Brycheiniog,—oes angen esbonio? Priodi etifedd Aberffraw yw cyplau dy dŷ.
GWILYM:	Siwan, dyna'r pethau a dd'wedir wrth fargeinio yn y Cyngor. 'Dyw hynny'n ddim gennyf i.
SIWAN:	Paid â siarad yn ynfyd. 'Does gennyt ti eto ddim mab. All pedair hogan ddim cadw Brycheiniog yn un. A gaf i drefnu priodasau i'r tair sydd ar ôl?
GWILYM:	Nid i siarad am wleidyddiaeth y des i i'th 'stafell di heno.
SIWAN:	Gyda thi, mae siarad am wleidyddiaeth yn amddiffynfa i mi.
GWILYM:	Pa amddiffyn sy raid iti wrtho?
SIWAN:	Credu fod fy mywyd i'n werth ei fyw.
GWILYM:	Oes arnat ti ofn y gwir?

SIWAN: Nid ofn y gwir, ond ofni, hwyrach, ei glywed;
Gellir stablu peth yn y meddwl sy'n wyllt yn y glust.

GWILYM: 'Dwyf i ddim yn ddychryn iti, Siwan?

SIWAN: Nag wyt ddim oll; ond mae ynof i fy hun
Bethau'r wyt ti'n eu deffro sy'n ddychryn imi.

GWILYM: Y pethau sy'n gwneud bywyd yn bêr.

SIWAN: Y pethau sy'n gwneud byw yn chwerw,
Pethau a fu'n fud ac a guddiais i o'm golwg fy hun,
Am nad oedd gennyf gyfran ynddynt, am fy mod i yma'n
Alltud, a'm hunig werth yw fy ngwerth i gynnydd gwlad.

GWILYM: Fe wyddost felly pam y des i i drefnu'r briodas?

SIWAN: Os gwn i? . . . Na, wn i ddim . . . All hynny fyth fod.
Dau beth ar wahân yw busnes a phleser, Gwilym.

GWILYM: Pleser? Nid pleser yw'r serch a rois i arnat ti.

SIWAN: 'Dyw dy weniaith di ddim yn hedfan yn ysgafn heno.
Ai am fy mod i'n rhy hen mae dy serch di'n boen?

GWILYM: Nid i gellwair a thestunio y des i yma.

SIWAN: Wyt ti'n cofio mod i ddeng mlynedd yn hŷn na thi
Ac yn fam i bedwar o blant? Nid cellwair yw hynny.
'Dyw Dafydd fy mab ddim ymhell o'th oedran di.

GWILYM: Deg oed oeddwn i ym mhriodas fy nhad yn Henffordd
Pan welais i di, Dywysoges, gynta' 'rioed
Yn arwain y baban-briodferch Gwladus Ddu
A thyrfa'r eglwys yn arllwys rhosynnau o'th flaen.
Thorrais i ddim gair â thi, fedrwn i ddim,
'Roedd fy nghalon yng nghorn fy ngwddw a minnau heb ffun.
Ond cipiais un o'r rhosynnau fu dan dy droed
A hwnnw fu 'ngobennydd i'r noson honno,
Golchais ei ddail â chusanu hapus llanc.
Wedyn welais i monot nes dyfod yma'n
Garcharor, wedi fy nghlwyfo, a'm pris yn bris gwlad.
'Roedd fy nghlwyf yn ysgafn ond fod twymyn arnaf,
A minnau'n troi a throsi ar wely anniddig;
Yna daethost tithau yng nghanol dy forynion
A'th gerdded araf fel ym mhriodas Henffordd
At ben fy ngwely, a phlygu,
A dodi dy ddwy wefus ar fy min.
Llewygais—

SIWAN:	Rhoddaist fraw inni i gyd.
GWILYM:	Fe wyddost nad fy nghlwy' fu'r achos.
SIWAN:	Sut Y gallwn i wybod hynny y noson honno?
GWILYM:	Bu'r cusan hwnnw yn dynged fel cusan Esyllt—
SIWAN:	Taw, Gwilym, paid â son am bethau anhapus. Mae stori Trystan ac Esyllt fel hunllef heno.
GWILYM:	Nid hunllef fu wythnosau fy adferiad, Y marchogaeth wrth dy ochor a gwin yng nghreigiau Gwynedd, Y canu ar ôl cinio pnawn. 'Roedd neuaddau Arfon Fel darn o fwynder Toulouse y dyddiau hynny.[21] Ac yna'r dawnsio a'r carowsio'r nos, A'r fel y troes dy gusan o gusan cwrteisi Yn rhagbraw' ac addewid am hyn heno.
SIWAN:	Wyt ti'n cofio canu awdlau Hywel ab Owain?[22]
GWILYM:	Fedrwn i mo'i goelio fe! Fod ewyrth i'r gŵr busnes craff, Llywelyn, Yn canu o gaer wen ger ymyl Menai Gerddi mor sidanaidd â'r Arabiaid. Dyna'r noson y rhoist ti fflam yn dy gusan gynta'.
SIWAN:	Trannoeth dychwelodd Llywelyn gyda phridwerth dy bwrcas.
GWILYM:	Mae dawn dychwelyd annhymig ganddo druan.
SIWAN:	Chawsom ni ond wythnos ofalus wedyn.
GWILYM:	Dyna'r pam y des i'n ôl. Trefnais gyda'r Tywysog Y gynghrair a'r briodas hon er mwyn Dychwelyd atat ti, dy feddiannu di, a heno. Siwan, fe wyddit ti hynny.
SIWAN:	Na, wyddwn i ddim. Feiddiwn i mo'i wybod. Chredwn i ddim y rhoit ti Dy gastell ym Muellt a'th ferch, gwystlon go fawr—
GWILYM:	Mi rown fy nheyrnas i gyd am y noson hon gyda thi.
SIWAN:	Dy gyfoeth i gyd? Fel Ffransis y Brawd Llwyd?[23] Mae serch a sancteiddrwydd mor wallgo' afradlon â'i gilydd A'r ddau yn dirmygu'r byd.

GWILYM: Wyt tithau'n dilyn y ffasiwn a'r sant newydd?

SIWAN: 'Roedd hwn yn pregethu i'r bleiddiaid. Dyna'r sant i ti.

GWILYM: Mi glywais fod Ffransis
Yn ifanc, yntau'n hapchwarae ac yn mentro'n rhyfygus;
'Rwy'n hoffi'r gwŷr sy'n medru rhoi'u bywyd ar hap
A cholli mor siriol â'r gog. Os un felly oedd Ffransis,
Wel, dyna'r sant i mi.

SIWAN: Mi weddïaf arno drosot
Iddo eiriol am dy amddiffyn di rhag hap.

GWILYM: Ond nid rhag heno. Mae Ffortiwn heno'n angel;
Mi drof at weddïau Ffransis pan gollaf i Ffortiwn a thi.

SIWAN: 'Rwyt ti'n caru perygl ormod; mae rhyfyg dy gellwair
Yn gyrru arnaf i, sy'n wraig galed, ofn amdanat.

GWILYM: Rhaid fy nghymryd i, Siwan, fel yr wyf; er yn blentyn
Hela, hapchwarae a rhyfel fu f'elfen i;
Fel yna mae gwasgu grawnwin bywyd a phrofi
Ias y blas ar daflod y genau'n llawn.[24]

SIWAN: Ai un o'r grawnsypiau ydw i?

GWILYM: Wn i ddim ar fy llw.
Mae blas pethau'n bwysig i mi. Mae dy flas di
Yn flys ac yn drachwant anesgor sy'n boen ac yn bêr.

SIWAN: Soniaist ti wrth rywun yn llys fy mrawd am hyn?

GWILYM: Wrth bwy y gallwn i sôn?

SIWAN: Nac wrth neb mai fi
A awgrymodd Wyliau'r Pasg i drefnu amodau'r briodas?

GWILYM: Do, efallai; mi dd'wedais hynny
Wrth Hubert y Canghellor a holai'r amodau i'r Cyngor.[25]
Pa ots am hynny heno, Siwan?

SIWAN: Pa ots?
Dim ond bod Hubert de Burgh yn sarff llawn gwenwyn
A bod Llywelyn fy mhriod gydag ef echdoe.
Fe ddaw'n ôl a gwenwyn Hubert rhwng ei ddwy glust.

GWILYM: Ped ofnai Llywelyn y gwaethaf, gwladweinydd yw ef,
Fe gadwai ei lid nes cael gen' i'r castell ym Muellt,—
'Rwy'n 'nabod y Tywysog.

SIWAN:	Dyna fwy nag a dd'wedwn i Sy'n briod iddo ers chwarter canrif, mi gredaf; Gall tywysog a gwladweinydd deimlo fel dyn.
GWILYM:	Gad lonydd iddo. Fe roddaist heno i mi.
SIWAN:	'Rwy'n rhoi heno i ti. Heno, 'rwy'n rhoi Myfi fy hunan i ti,— yng ngwely fy ngŵr.
GWILYM:	Fe wyddost fy mod i'n d'addoli.
SIWAN:	Gwraig briod ganol oed?
GWILYM:	Unbennes a thywysoges o lin brenhinoedd, Roes oed mo'i farc ar dy dalcen nac ar dy gorff.[26] All cyfri'r blynyddoedd ddim cyffwrdd â'm haddoliad i.
SIWAN:	Na all heno, pe na bai ond heno'n bod. 'Rwy'n fy rhoi fy hun iti am heno, Gwilym Brewys.
GWILYM:	Bydd heno'n ddigon heno, a heno i mi yw byth, Fedri di mo 'ngharu i, Siwan?
SIWAN:	Wn i ddim eto. Heno mae ildio'n ddigon. Yfory, pwy ŵyr? Efallai y'th garaf di yfory Pan na fydd heno hwyrach ond atgof a hiraeth.
GWILYM:	Ti dy hun a'm galwodd i atat heno. Ti a roes y pabi yng ngwin gwylwyr dy borth.
SIWAN:	Fi fy hunan, yn unig. Fy rhodd i iti yw heno.
GWILYM:	A pham, Siwan? Pam, fy rhoddwr mawr?
SIWAN:	Am dy fod di'n cofio blas pethau A bod blas yn darfod mor fuan; Am iti chwerthin ar berygl A bod bywyd ar antur mor frau; Am fod dy orfoledd di yn fy ngallu A bod rhoi i ti d'orfoledd yn bêr. Am ei bod hi'n awr yn galan Mai.
	(O bell clywir lleisiau dau wyliwr ar y muriau'n galw:
	DAU AR GLOCH DAU AR GLOCH POPETH YN DDA*)*
GWILYM:	Gwrando ar y gwylwyr, Siwan; Mae hi'n Glamai a phopeth yn dda.

SIWAN: Yn Glamai a phopeth yn dda.

GWILYM: Mae'r gwely'n ein gwahodd ni, Siwan.

SIWAN: Tyrd at y ffenestr gynta'
          I anadlu tynerwch yr awel.
          'Rwy'n rhoi i'm pum synnwyr heno ryddid i fod wrth eu
              bodd.
          Weli di'r lleuad ar ei gwendid
          Yn machlud dros fforest Môn
          A Menai yn y cysgod o'r golwg yn fud,
          Chlywa' i mo'i thon hi ar y traeth.

          (Clywir am funud ymhell sŵn pedolau meirch.)

GWILYM: Glywi di sŵn yn y pellter fel carlamu meirch?

SIWAN: Ebolion gwylltion efallai; fe'u ceir ar y bryniau isa'.

GWILYM: Nage, sŵn pedolau.

SIWAN: Chlywa' i ddim.

GWILYM: Na minnau'n awr. Fe beidiodd. Rhyfedd hefyd,
          Mae 'nghlust i'n bur ddi-ffael i sŵn ceffylau.

SIWAN: Dyna gwmwl yn cuddio'r lleuad. Edrych ar y dde ymhell,
          Dacw'r Haeddel a Seren y Gogledd
          Ac Actwrws fawr ar eu hôl,
          Mi hoffwn i eu clywed hwy'n canu
          Wrth droi ar y gwydr uwchben,
          Maen nhw'n dweud fod plant bach yn eu clywed wrth gysgu
          Ac yn gwenu wrth y sain yn eu hun.[27]

GWILYM: Onid Mars, y blaned, sydd acw?
          Dan Mars y'm ganed i.

SIWAN: 'Coch eu lliw yn llunio rhyfel,
          Ni bydd Mars na'i phlant yn dawel.'

GWILYM: 'Dychryn pobloedd, cryfder Natur,
          I'w gelynion nid oes gysur.'[28]

          (Chwarddant. Clywir cyfarth ci mawr beth ffordd oddi wrthynt.)

SIWAN: Beth oedd hwnna?

GWILYM: Rhyw gi'n cyfarth draw wrth y porth. Un o gŵn y
              gwylwyr.

SIWAN: Gelert?[29]

GWILYM: Pa Gelert?

SIWAN: Bytheiad Llywelyn. 'Rwy'n 'nabod ei lais.

GWILYM: All hynny ddim bod. Fe gymerodd y ci gydag ef
I hela fforest y Brenin ar ei ffordd adre'.
Dyna iti gi! Fe'i gwelais yn neidio ar ôl hydd
O glogwyn i glogwyn â llam nas meiddiai'r un march.

SIWAN: Mae'n beth od. 'Rwy'n siwr o gyfarthiad Gelert.

GWILYM: Yn y nos mae'n hawdd camgymryd,
Mae syllu i wyll y nos yn codi bwganod.
Yn y blaenau yn Ffrainc nos glamai
Bydd dewinesau'n hedfan drwy'r awyr a'r cŵn yn cyfarth.
Sut nad oes dewinesau yma yng Nghymru?
Chlywais i 'rioed am Gymraes
Ar ei phraw' mewn llys esgob am garu gyda diafol.[30]

SIWAN: Yng Nghymru mae'r gwŷr yn fwy dengar, yn enwedig
  plant Mars.

GWILYM: Siwan, fy rhoddwr mawr, mae'r canhwyllau 'ma'n darfod
A'r gwely brenhinol yn gwahodd;
A ga' i 'ngorfoledd cyn dyfod y t'wyllwch arnom?

SIWAN: Ust! Gwrando!

GWILYM: Chlywa' i ddim byd.

SIWAN: Draw wrth y porth, sŵn pobl yn symud
Fel petai rhywun yn cyrraedd.

GWILYM: Dychymyg, dychymyg. Mae sŵn ym mhob caer frenhinol
Bob awr o'r nos. Ti sy'n moeli dy glustiau heno.

SIWAN: Tybed? Gobeithio—Ust! Eto!

(Clywir drws trwm yn agor a chau hanner canllath oddi wrthynt.)

GWILYM: Porth y gaer yw hwnyna yn agor a chau. Mae'r milwyr
Yn newid eu gwyliadwriaeth. Paid ag anesmwytho.

SIWAN: 'Dyw'r milwyr wrth newid eu tro ddim yn agor y ddôr.
Mae rhywbeth ar droed. Mi glywa' i ddynion yn rhedeg.
Sbïa! Dacw ffaglau'n symud a'r cwrt yn llawn o gysgodion.

GWILYM: Tybed? Tybed?

(Clywir sŵn arfau pres yn taro a thraed milwyr.)

SIWAN: Beth yw hyn yna, Gwilym?

GWILYM: *(wedi ei argyhoeddi o'r diwedd)*:
Arfau a milwyr o amgylch y tŵr hwn.
'Rwy't ti'n iawn, Siwan, mae rhywbeth ar gerdded.
Mi gymeraf gannwyll i weld ydy milwyr dy borth di'n symud.

SIWAN: Oes gennyt ti gleddyf, Gwilym?

GWILYM: Na chleddyf na chyllell na dim. Fydda' i ond eiliad
Yn disgyn y grisiau i'r porth.

(Mae GWILYM yn sefyll wrth y drws a'r gannwyll uwch ei ben; yna sŵn utgorn mawr yn cyhoeddi'r Tywysog.)

SIWAN: Mae o yma! . . . Gwilym, mae Llywelyn yn y gaer.

GWILYM: Ac ugain o filwyr arfog o gwmpas y porth oddi tanom.
Cynllwyn yw hyn. Fe'n bradychwyd ni, Siwan,
Mae'r trap wedi cau a ninnau'n sbïo ar y sêr,
Ac y mae ôl llaw cadfridog ar y gamp.

SIWAN: Oes modd iti ddianc rhwng pyst y ffenestri?

GWILYM: Mae pob un yn rhy gul. Ble mae 'stafell y morynion?

SIWAN: Oddi tanodd ar ochor dde'r porth.

GWILYM: 'Does dim uwchben?

SIWAN: Llwyfan y tŵr. Mae'r drws ar glo.

GWILYM *(gan chwerthin yn dawel)*:
'Does dim y gellir ei wneud. Rhaid croesawu'r Tywysog i'w 'stafell.
A barnu wrth y twrw fydd e ddim yn hir.
Rhaid i'n croeso ni fod yn syml a diffwdan.

(Clywir tramp milwyr yn agos a sŵn tarianau a ffyn.)

SIWAN: Tyrd ar y gwely i'm breichiau. 'Rwy'n fy rhoi fy hun iti, f'anwylyd.

(Taro'r drws yn agored a rhuthro LLYWELYN i mewn a milwyr arfog gydag ef.)

LLYWELYN: Rhwygwch y llenni . . . Dyma fo . . .
Deliwch o. Rhwymwch ei ddwylo a'i freichiau.

GWILYM:	'Does dim rhaid. Paid â gwylltio. 'Does gen' i na dagr nac arf.
LLYWELYN:	Rhwymwch o . . . Dodwch o ar ei draed . . . Gwilym Brewys, deliais di gynt mewn brwydr; Yn garcharor rhyfel cefaist gen' i groeso cwrteisi, Rhyddid fy llys a chynghrair a thrin dy glwyfau. Dyma'r talu'n ôl, gwneud putain o Dywysoges Aberffraw A minnau'n gwcwallt i greu sbri yn llysoedd y Ffrainc.
GWILYM:	Rhetoreg balchder wedi'i glwyfo yw gweiddi putain a chwcwallt. 'Rwy'n caru Tywysoges sy'n briod fel cannoedd o arglwyddi Cred, Mae'r peth fel twrnameint yn rhan o fywyd iarll.[31] Deliaist fi ar dy wely. O'r gorau. Mi dala' i iawn dy sarhad, Mi dalaf ddilysrwydd dy wraig, Heblaw rhoi'r castell ym Muellt a'm merch i'th fab.
LLYWELYN *(gan chwerthin yn chwerw)*:	
	Talu iawn am sarhad? Llanciau digri' yw arglwyddi'r Ffrainc. Fe gostiodd dy ryddid 'nôl brwydro anrhydeddus Draean dy gyfoeth, Gwilym Brewys. All dy gyfoeth i gyd ddim talu iawn am heno. Mi gymeraf dy gastell ym Muellt. Mi gymeraf dy einioes dithau.
GWILYM *(yn dawel)*:	
	Dyna fwy nag a feiddi di. Mae dy ddicter di, Arglwydd, Yn peri iti golli dy bwyll. Fe godai pob barwn Yn Ffrainc a Lloegr a'r Mers yn erbyn dy drais A gadael dy deyrnas yn sarn.
LLYWELYN:	Pe codai'r Pab A'r holl Gristnogaeth i'm herbyn, mi fynnaf dy fywyd.
GWILYM:	Ai dyna fel y mae hi? Oho! Oho! Felly nid dy falchder a frifwyd nac urddas tywysog! Dim ond cynddaredd cenfigen! F'Arglwyddes Siwan, Pa dywysoges arall sydd yn Ewrop oll A'i gŵr priod—
LLYWELYN:	Caewch ei geg o, filwyr, Clymwch ei safn â chadach.

(*Chwerthin y mae* GWILYM *tra bônt yn tagu ei lais. Nid oes dim malais yn ei chwerthin.*)

SIWAN: Fy arglwydd, gaf i ofyn iti gwestiwn?

LLYWELYN: Ti?

SIWAN: Echdoe ffarweliaist â'm brawd y Brenin ar ei ffordd i Ffrainc?

LLYWELYN: Dy frawd y Brenin? Beth amdano fo?

SIWAN: Ai wedyn, gan Hubert de Burgh, y clywaist ti am hyn?

LLYWELYN: Ac os gan Hubert, ai llai dy buteindra di?

SIWAN: Mae Trefaldwyn yn ei feddiant a gwlad Erging[32]
Ac ef piau Aberteifi a Chaerfyrddin.

LLYWELYN: Ai dyma'r foment i adrodd cyfoeth Hubert?

SIWAN: Gwyddost mor fregus yw iechyd iarll Caerloyw:
Os bydd ef, Gilbert, farw, fe syrth Morgannwg
Yn gyfan i afael Hubert.[33] Bydd ganddo yng Nghymru
Deyrnas nid llai na Gwynedd.

LLYWELYN: *Ma dame*, nid cyngor sydd yma,
Ond brad, aflendid, halogiad fy ngwely a'm gwraig.

SIWAN: Mae Brewys heb aer.
'Does neb ond ef yn sefyll rhwng Hubert a Gwynedd,
Neb ond efô rhwng Hubert a Dafydd dy fab.

LLYWELYN: Neb ond efô. Dyna fo, dy ddewis di.
Na, chei di mo'th ddewis.

SIWAN: Os lleddir Gwilym bydd rhannu ar stadoedd Brewys,
Bydd y ffordd yn agored i Hubert ymosod ar Wynedd.
Ai i lwyddo cynlluniau Hubert y rhuthraist ti adre'?

LLYWELYN: *Ma dame*, mae dy ofal amdana' i heno'n eglur.

SIWAN: Nid hawdd ymddiosg o ddisgyblaeth chwarter canrif.

LLYWELYN: 'Roedd yn hawdd diosg dy ddillad a thaflu dy burdeb i'r moch.

SIWAN: Gwnes gam â thi. 'Rwy'n cyfadde'. Ond dadleuaf yn awr
Dros dy deyrnas a theyrnas Dafydd.

LLYWELYN: A fynni di brofi mai er eu mwyn hwy
Y cymeraist ti'r cnaf hwn i'r gwely atat?

SIWAN: Mi fynnwn iti ymbwyllo. Wela' i ddim
Fod rhoi cyrn am dy ben yn rheswm dros dynnu dy
ddannedd.

LLYWELYN: Nid digon gennyt odineb. Collaist hefyd gywilydd.

SIWAN: Ffrances wyf i a merch Brenin,
Mae'r angerdd moesol Cymreig yn ddi-chwaeth gen' i.
Dos i bregethu i Dangwystl yn Nolwyddelan.[34]

LLYWELYN: Ffrances i Ffrancwr, ai e? Dyna dy awgrym?

SIWAN: 'Rwy'n amddiffyn llafur dy oes yn erbyn munud gwallgofrwydd.
Mae bywyd Gwilym Brewys o bwys i'th deyrnas.

LLYWELYN: Mae bywyd Gwilym Brewys yn dda gennyt ti.

SIWAN: Wel, ac os felly?

LLYWELYN: Os felly, caiff farw.

SIWAN: A'th deyrnas, ac etifeddiaeth Dafydd dy fab?

LLYWELYN: I gythraul â'r deyrnas a thithau. Mi gollais fy ngwraig;
Cei dithau golli dy gariad.

SIWAN: Feiddi di mo'i ladd ef.

LLYWELYN *(wrth y milwyr)*:
Cymerwch ef i'r gell.

SIWAN: Fe ddaw fy mrawd y Brenin o Ffrainc. Feiddi di ddim.

LLYWELYN: Caiff grogi fel lleidr pen ffordd.

SIWAN: Gwilym!

LLYWELYN: Caiff grogi.

(*Mae* SIWAN *yn rhedeg tuag at* GWILYM. LLYWELYN *yn ei tharo hi yn ei hwyneb i'r llawr.*)

LLYWELYN: Feddyliais i 'rioed dy daro di . . . Cymerwch ef ymaith . . .
Cymerwch hithau a'i chloi yn llofft y tŵr.

LLEN

YR AIL ACT

(Llofft tŵr yw carchar SIWAN. *Oddi allan ac oddi tanodd clywir sŵn morthwylio a llifio coed a churo pyst â gordd weithiau yn ystod rhan gyntaf yr act. Dechreua'r act drwy agor a chau drws y gell a daw* ALIS *at wely* SIWAN.*)*

ALIS: Ma dame, ydych chi wedi deffro?

SIWAN: Naddo. Chysgais i ddim.

ALIS: Ddim o gwbl? Ddim drwy'r ddwy noson, *ma dame*?

SIWAN: 'Dydw i ddim wedi arfer â chadwyn haearn am fy ffêr
Yn fy rhwymo â hual wrth fur a gwely.
Mae'r gadwyn yn drom, Alis, y ffasiwn Gymreig ar freichled;
Teimlwch hi, clywch ei phwysau, pwysau digofaint tywysog.

(Mae hi'n llusgo'r gadwyn ar hyd y llawr.)

ALIS: Pwysau ei siom, *ma dame*,
Mae ei siom ef yn ddwysach na'i ddig.
Ydy hi'n brifo'n arw?

SIWAN: Mae hi'n brifo fy malchter gymaint
Na chlywa' i mo'r boen yn fy nghoes.
Mi orchmynnais fy hunan cyn hyn roi dynion yn y carchar
Heb ddychmygu'r profiad erioed,
Y sarhad sydd mewn cyffion am draed.

ALIS: D'wedodd y Tywysog na chedwir y gadwyn ond heddiw.

SIWAN: Pam heddiw ac nid ar ôl heddiw?
All heddiw newid fy myd?

ALIS: Mi alla' i esmwytho'ch byd. Mae gen' i win yma.

SIWAN: Ef a'th ddanfonodd di yma?

ALIS: I weini arnoch a gwneud eich negesau;
Caf fynd a dyfod; fe roed gorchymyn i'r porthor.

SIWAN: Mae'r porthor yn fudan. Ddoe drwy'r dydd
Welais i neb ond y mudan hwn wrth y drws.

ALIS: All porthor mud ddim taenu straeon.

SIWAN: Na chario negesau o'r carchar.

YR AIL ACT

Dyna'r pam y dewiswyd mudan.
Pam felly y caf i forwyn i wneud negesau yn awr?
Oes rhyw newid i fod ar fy myd?

ALIS: Gymerwch chi gwpan o'r gwin gwyn?

(Tywallt hi'r gwin i gwpan.)

SIWAN: Mae'r gwin yn chwerw; da hynny, mae syched arnaf . . .
Ai'r trydydd o Fai yw hi heddiw?

ALIS: Ie'r trydydd, *ma dame*.

SIWAN: Deuddydd, dwy nos, a mudandod y gell,
Mor bell yw calan Mai.
Gysgaist ti 'rioed yn unig mewn 'stafell, Alis?

ALIS: Naddo, *ma dame*, nid tywysoges wyf i.
Chysgais i 'rioed ond yn un o nifer ar lawr.

SIWAN: Mae unigrwydd carchar yn wahanol. 'Rwy'n synnu ato.
Byd y meudwyaid, lle y mae'r tafod heb werth.

ALIS: Fuoch chi 'rioed yn siaradus, *ma dame*.

SIWAN: Naddo, mi wn. Bu bod heb ddim i'w ddweud
Yng nghanol miri droeon i minnau yn faich.
Nid fy nistawrwydd fy hun sy'n faich yma,
Ond y muriau mud, y porthor mud, a'r ansicrwydd.
Ddoe yng ngolau'r dydd gallwn glywed am hydion
Fy nghalon fy hunan yn curo yn fy nghlust gan bryder.
Pa awr o'r bore yw hi, Alis?

ALIS: Y chweched awr.

SIWAN: Y chweched er canol nos. Rhown bedair ar hugain at hynny,
Ac wedyn bedair ar hugain, bûm yma bron drigain awr.
Mi glywais athro unwaith, disgybl i Awstin, yn dweud
Nad oes amser yn y tragwyddoldeb.[35] Gobeithio fod
    hynny'n iawn.
Mae syllu i lygaid amser yn gychwyn gwallgofrwydd.
Mewn amser mae amser i bopeth; 'does dim diogelwch,
Ond bygwth fel y sŵn morthwylio 'na a gychwynnodd cyn
    y wawr.

ALIS: 'Dydych chi ddim wedi cysgu, *ma dame*, ddim ers tridiau,
Nac wedi cyffwrdd â'r bwyd a anfonwyd atoch.
'Does ryfedd fod eich nerfau chi ar chwâl.

SIWAN:	Pam y'th ddanfonwyd di ataf y bore 'ma?
ALIS:	I weini arnoch a bod wrth eich gorchymyn.
SIWAN:	Y Tywysog ei hun a alwodd amdanat?
ALIS:	Ie, *ma dame*, fo'i hunan. Heb hynny chawn i ddim gan y porthor agor y drws.
SIWAN:	Mae rhyw ddirgelwch yma. Fe dd'wedodd wrthyt Am fynd a dyfod a gwneud negesau drosof? A gei di gario neges o garchar i garchar?
ALIS:	Wn i ddim am hynny. Ddywedodd o ddim am hynny.
SIWAN:	'Does gen i ddim neges arall . . . Beth yw'r gwaith coed diddiwedd yna ar y lawnt?
ALIS:	Rhyw waith milwrol. Wn i ddim yn iawn.
SIWAN:	Welaist ti mono wrth groesi'r cwrt i ddod yma?
ALIS:	Sylwais i ddim. Cefais siars i frysio. Ydy'r gwin yn cynhesu, *ma dame*?
SIWAN:	Dos at y ffenestr i edrych. Mae'r gadwyn yma'n Fy nghlymu i wrth y mur fel arthes wrth bost. Nid gast i'm baetio wyt tithau, fy merch.[36] Pe gwelsai fy nhad, y Brenin, gadwyn ar fy ffêr . . . Be' maen nhw'n ei godi? Dos at y ffenestr i ddweud.
ALIS:	Milwyr sy 'na, *ma dame*.
SIWAN:	Mi wn mai milwyr sy 'na. D'wedaist hynny eisoes. Fu milwyr erioed o'r blaen yn codi gwaith coed Ar lawnt y llys. All Gwynedd ddim mynd i ryfel Oblegid hyn. Nid gwaith rhyfel sydd yno. Dywed wrthyf beth y maen nhw'n ei godi.
ALIS:	'Does dim modd gweld yn glir drwy benillion y ffenest'.
SIWAN:	Celwydd, ferch. Gelli weld y cwbl yn rhwydd. Bûm yn edrych drwy'r ffenestri fy hunan droeon cyn heddiw. Ateb, beth sydd ar droed?
ALIS:	O peidiwch, *ma dame*, peidiwch â gofyn eto. Ar fy ngliniau 'rwy'n erfyn. Rhowch gennad imi i fynd o'ma.
SIWAN:	Druan fach, be' sy arnat ti? Paid â chrynu a chrio.

YR AIL ACT

                Dywed yn dawel be' maen nhw'n ei wneud ar y lawnt.

ALIS: Crocbren, *ma dame*, crocbren.

SIWAN: Crocbren?

(Mae hi'n chwerthin yn anghrediniol.)

Go dda. Llywelyn. Ai dyna fy nghosb?
Mae dy ddicter di'n fwy nag y tybiais . . .
Alis fach, paid â chrio am hynny.

ALIS: Nid i ti, *ma dame*, nid i ti—

SIWAN: Beth?

ALIS: Crocbren i Gwilym Brewys.

(Mae SIWAN yn syrthio i'r llawr mewn llewyg a llusgo'r gadwyn yn ei chwymp.)

ALIS: Porthor! Porthor!

(Mae ALIS yn rhedeg at y drws ac yn ei guro'n wyllt.)

Brysia, agor y drws, agor!

(Agorir y drws a daw'r porthor mudan i mewn.)

Mae'r Dywysoges wedi syrthio mewn llewyg,
Tyrd i'm helpu i'w chodi . . .
Dyma hi . . . Cymer di ei thraed . . .

(Y maent yn gosod SIWAN ar y gwely.)

Dos i nôl dysgl o ddŵr. Brysia . . .
Dysgl o ddŵr, 'rwyt ti'n deall?

(Mae'r MUDAN, wrth gwrs, yn cerdded yn drwm.)

Y chwys ar ei thalcen! 'Does gen' i ond lliain y gwely . . .
Dyma'r dŵr . . .

(Daw'r MUDAN â dŵr a chadach.)

Trocha'r gadach a dod hi ar ei thalcen . . .
Dyna fo . . . Mae hi'n dadebru . . . *Ma dame, ma dame* . . .
Agorwch eich genau a phrofwch lymaid o'r gwin.
Dyna chi. Mae hi'n dŵad ati ei hun,
'Dyw ei llygaid hi ddim yn troi yn ei phen . . .
Rhoesoch fraw inni, Arglwyddes . . .
Dos allan, borthor,
Mae hi'n amneidio arnat ti i fynd allan.

(Exit y PORTHOR *a chau'r drws a'i gloi. Mae'r sŵn gwaith tu allan wedi peidio.)*

Mae o wedi mynd. 'Does neb ond fi, *ma dame.*

SIWAN: 'Rwy'n iawn 'rwan . . . Nid ar y gwely y syrthiais i?

ALIS: Nage, yn rhonc i'r llawr.
Y porthor a minnau a'ch cododd chi ar y gwely.

SIWAN: Mae arna' i g'wilydd.

ALIS: 'Dyw'r peth ddim yn syn
A chwithau heb na chysgu na bwyta ers tridiau, a'r sioc.

SIWAN: Fûm i'n hir cyn dadebru?

ALIS: Naddo, ychydig eiliadau. Pam?

SIWAN: Fe beidiodd sŵn y morthwylio a'r ordd.
'Does dim wedi digwydd eto?

ALIS: Dim oll, *ma dame.*
Y funud hon a chithau'n dod atoch eich hun y tawodd o.

SIWAN: Da hynny. Fynnwn i ddim dianc fel yna.
Ydy'r gweithwyr wedi gorffen? Dos i weld.

ALIS: Maen nhw'n casglu eu celfi ac yn eistedd ar y lawnt.

SIWAN: Hir pob aros, meddan nhw wedi gorffen eu gwaith.
Sut y condemniwyd ef? Gan lys yr ynad? Neu'r Tywysog ei hun?

ALIS: 'Roedd y cwbl ar ben erbyn canol dydd ddoe.
Bu'r plas drwy'r bore fel porth cwch gwenyn yn suo
O sibrydion, straeon, sisial, heb ddim yn siŵr,
A gweision y Teyrn yn glasu a chrynu ar bob galw,
'Doedd ond gwyn eu llygaid i'w weld.
Bu'r Esgob Cadwgan gyda'r Tywysog ben bore,[37]
Clywsom iddo ef amau mai drwy ddewiniaeth
Y daethai'r Iarll ifanc atoch.

SIWAN: Druan o'r Esgob trugarog,
Lleddfu llid y Tywysog oedd ei fwriad.

ALIS: A'i gysuro hefyd efallai.

SIWAN: A phwy a ŵyr
Nad dewiniaeth mohono? Mae rhyw nerth

	Fel nerth goruwchnaturiol yn yr ysgytiad;
	Mae'n dda i ddynion fod serch yn brin yn y byd.
ALIS:	Mae'ch pen chi'n gwaedu lle y trawsoch y mur.
SIWAN:	Bydd y gwaedu'n gostwng fy ngwres. Be' ddigwyddodd wedyn?
ALIS:	Wedyn fe alwyd y Cyngor.
SIWAN:	Oedd fy mab i yno?
ALIS:	Na, fe'i danfonwyd i Geredigion ddoe.
SIWAN:	Da hynny. Sut y bu'r trafod?
ALIS:	Mae rhai yn dweud
	I Ednyfed Fychan grefu am arbed ei einioes
	Rhag ofn y sarhad i'r Brenin a holl arglwyddi'r Mers.
	Pan fethodd hynny, dadleuodd dros dorri ei ben,
	Dienyddiad barwn bonheddig. Wrandawai mo'r Teyrn;
	Cosb lleidr a fynnai, a'i grogi liw dydd yng ngŵydd gwlad;
	'Roedd dadlau ag o fel dal pan rheswm â tharan.
	'Roedd Ednyfed Fychan ei hunan yn wyn pan ddaeth allan o'r Cyngor
	Fel un a ddihangodd o fraidd rhag trawiad mellten.
SIWAN:	Pa bryd y cyhoeddwyd y ddedfryd?
ALIS:	Pnawn ddoe, *ma dame*. Mae'r crogi i fod 'rŵan y bore
	Cyn awr yr offeren. Fe'i cyhoeddwyd o borth eglwys Bangor
	Cyn i'r farchnad gau yn y fynwent ddoe.
	Mae tyrfa'n aros ers dwyawr tu allan i'r porth.
SIWAN:	Mae o'n gwybod?
ALIS:	Ydy.
SIWAN:	Pa bryd y dywedwyd wrtho?
ALIS:	Bu'r Esgob Cadwgan gydag o neithiwr am awr.
	Mae o gydag ef hefyd 'rŵan.
SIWAN:	Oes rhyw newydd amdano? Glywaist ti sut y mae o?
ALIS:	Chaiff neb fynd yn agos at ei garchar nac at y gwŷr
	Sy'n gweini arno. Mae'r marchogion a ddaeth gydag ef yma
	Hwythau dan glo tan heddiw. Ond neithiwr, *ma dame*,
	Wedi i'r esgob ei adael, mi gerddais yn ddirgel
	Heibio i seler y tŵr. Fe'i clywais yn canu.

SIWAN: Beth a ganodd o, Alis?

ALIS: Marie de France—
    Le roi Marc était corrocié
    Vers Tristram, son neveu—

SIWAN: Welaist ti grogi erioed?

ALIS: Do, wrth gwrs, *ma dame*, droeon,
Gwylliaid a lladron. Fe'u gwelsoch chithau?

SIWAN: Naddo erioed, fel mae'n rhyfedd dweud.

ALIS: Gyda lladron mae'r peth yn siou
Sy'n tynnu tyrfa fwy na ffŵl ffair,
Ac os bydd ar y dyn ofn, fe geir sbri gystal â chroesan[38]
Wrth ei wthio i ben yr ysgol a rhoi'r rhaff am ei wddf
A chlymu'r mwgwd am ei wyneb. Wedyn,
Wrth gwrs, rhaid dweud afe'n dawel[39] tra bo'r offeiriad
Yn gwrando'i gyffes neu'n ei fendithio a'i groesi;
Ar ôl hynny bydd y gweiddi fel gŵyl fabsant.
Mi welais fôr-leidr unwaith yn y Borth
Yn cellwair ar yr ysgol ac yn yfed at y dorf
Ac wedyn wrth hongian yn cogio dawnsio â'i draed.

SIWAN: Ydyn nhw'n hir yn marw?

ALIS: Rhai'n hir, rhai'n fuan.
Bydd rhai'n rhoi sbonc â'u traed wedi hongian hanner awr,
Mae'n dibynnu sut y teflir yr ysgol a sut
Gwlwm sydd ar y rhaff.

SIWAN: Pwy sy'n taflu'r ysgol?

ALIS: Y milwyr neu'r dienyddwyr oddi tanodd.
Mi glywais ddweud, pe clymid y rhaff yn sownd
A rhoi llam sydyn, y lladdai dyn ef ei hun
Ar eiliad. Welais i 'rioed mo hynny;
D'wedodd y ferch a'i gwelodd fod y naid
Yn gwthio'r tafod drwy dwll y genau heibio i'r trwyn,
A chyn i'r sbonc ddarfod ac i'r traed lonyddu
Bydd asgwrn y cefn yn ddau. Mae'n well gan y lladron
Syrthio gan bwyll i'r cwlwm; byddant wedyn
Yn ara' deg cyn gwasgu'r wyneb yn ddu.

SIWAN: Santaidd Fair, dyro iddo lamu fel Gelert.

(*Sŵn utgorn milwrol a thabwrdd.*)

YR AIL ACT

Dos at y ffenest', Alis, a dywed be' sy'n digwydd.

ALIS: O *ma dame*, eich cariad chi ydy o.
Feddyliais i 'rioed weld crogi arglwydd gwlad
Ddaeth yma i roi ei ferch yn briod i'r edling.⁴⁰
Mae o mor ifanc hefyd, yn tasgu llawenydd
O'i gwmpas fel ffynnon yn byrlymu o chwerthin;
Rhoes gusan ar fy min droeon a goglais fy ngên:
Fydd llys Gwynedd fyth yr un fath ar ôl heddiw.

(*Clywir torf yn rhuthro gan weiddi—*

ANGAU I'R FFRANCWR—
I GROGI Â'R BREWYS.)

SIWAN: Dos at y ffenestr, ferch, neu mi hollta' i'r gadwyn hon.

ALIS: Fedrwch chi mo'i ddal o, *ma dame*.

SIWAN: Mi dd'wedais fod arna'i g'wilydd o'm gwendid gynnau.
Syrthia' i ddim mewn llewyg na gweiddi na gollwng
  deigryn.
Fydd y cwbl ond ychydig funudau. Mi af drwy hyn gydag ef.
Mi benliniaf ar y gwely gerbron delw y grog.
Saf dithau lle y gweli orau.

(*Mae hi'n llusgo'r gadwyn ar y gwely.*)

ALIS: Y dorf sy'n gweiddi
Mae'r milwyr yn sgwâr 'rŵan o gwmpas y crocbren
A'r dyrfa'n dylifo o'u cylch.⁴¹

Y DORF: Angau iddo . . .
I'r crocbren â'r Brewys . . .
I lawr â'r Ffrainc . . .

ALIS: Mor ffiaidd yw tyrfa. Mae'r olwg ar y Cymry acw
Fel y darlun yn Eglwys Bangor o Ddydd y Farn
A haid y colledigion a'r cythreuliaid.
On'd ydy'r wyneb dynol yn beth aflan?
Os yn dyrfa y safwn ni'n wir pan ddaw Dydd Brawd,⁴²
Druain ohonom, Uffern fydd ein priod eisteddfod.

(*Tabyrddu isel i awgrymu cynhebrwng milwrol.*)

ALIS: Dyma gôr a chanonwyr Bangor yn cychwyn o'r neuadd
Dan adrodd y litanïau yn eu gorymdaith.
Cawn eu clywed nhw'n awr wrth iddynt basio'r tŵr.

CÔR:	*Omnes sancti Pontifices et Confessores orate pro eo.*
	Sancte Augustine ora pro eo.
	Sancte Benedicte ora pro eo.
	Sancte Francisce ora pro eo.[43]

SIWAN *(yn isel)*:
    Sant Ffransis, gweddïa iddo gael ei ddwylo'n rhydd
    Er mwyn iddo fedru neidio.
    Sant Ffransis a garai'r bleiddiaidd, gweddïa dros fy mlaidd.

Y DORF:
    Brewys i'w grog ...
    Crocbren i'r Brewys ...

Y CÔR: *Omnes Sancti et Sanctae Dei Intercedite pro eo.*[44]

Y DORF:
    Angau iddo ...
    I'r cythraul ag o ... I ddiawl ag o ...

Y CÔR: *Propitius esto, parce ei, Domine.*[45]

ALIS:
    Mae'r dorf yn wasgfa hyd at y muriau a'r porth,
    Anodd i'r milwyr eu dal yn ôl er eu taro â ffyn.

(Tabwrdd a sain utgorn.)

    Dyma swyddogion y llys, Ednyfed Fychan sy'n arwain.

SIWAN: Ydy *o* yno?

ALIS:
    Y Tywysog? 'Does dim cadair iddo ar y lawnt;
    Rhaid felly nad yw'n dyfod. Na, 'dydy o ddim gyda nhw.
    Fe all weld y cwbl sy'n digwydd o'i ystafell.
    Ednyfed sy'n llywyddu, fe'i gwelaf yn trefnu'r rhengoedd.
    Mae'r dorf yn dawelach yn awr dan ei lygaid ef ...

(Tabwrdd eto a sain utgorn.)

    Dyma filwyr teulu'r Tywysog. Daw'r carcharor yn sydyn
      'rŵan;
    Mae milwyr y teulu'n ymdrefnu bob ochor i'r rhodfa
    O'r llys hyd y lawnt i warchod ffordd y dihenydd,
    Pob gŵr gyda'i wayw a'i darian. Llath sydd rhwng gŵr a'i
      gilydd,
    Dwy lathen rhwng y ddwy reng ...

SIWAN *(yn isel)*:
    Mair, feiddia' i ddim gweddïo. Wn i ddim sut mae gweddïo.
    Gwna fargen dros bechadures, o Fam pechaduriaid:
    Mi groesawaf garchar am oes os caiff ef neidio.

ALIS:	Dyma'r chwe marchog o'r Ffrainc a ddaeth gyda Gwilym Brewys, Maen nhw'n rhodio ddau a dau mewn crysau duon Heb na phais dur nac arfau. Mae'n siwr mai nhw Fydd yn mynd â'r corff yn ôl i'w gladdu ym Mrycheiniog.
Y DORF:	I lawr â'r Ffrainc . . . Crocbren i'r Ffrainc . . . Cymru am byth . . .

(Tabwrdd a sain utgorn.)

ALIS:	'Rŵan, 'rŵan, dyma Esgob Bangor a'i lyfr gweddi, Ac yn syth ar ei ôl, dyma fo, Gwilym Brewys, *ma dame*.
SIWAN:	Sut olwg sy arno?
ALIS:	Llodrau a chrys amdano; mae o'n droednoeth, rhaff am ei wddw, A phenteulu'r llys yn arwain pen y rhaff yn ei law. Mae ei freichiau o'n rhydd a'i ddwylo.
SIWAN:	Ei freichiau a'i ddwylo'n rhydd! Fe all neidio, gall neidio!
ALIS:	Maen nhw'n pasio 'ma 'rŵan, fo a'r Penteulu a'r Esgob Rhwng y ddwy reng o filwyr.
SIWAN:	Ydy o'n drist?
ALIS:	O'u gweld nhw fe dd'wedech fod y Penteulu'n mynd i'w grogi A Gwilym Brewys lartsh yn ei dywys i'r grog.
Y DORF:	Hwrê! . . . Hwrê! . . . Hwrê! . . . I grogi ag o . . . Cymru am byth . . . Cymru am byth . . .
ALIS:	Y dorf sydd wedi ei weld o. Maen nhw 'rŵan ar y lawnt. Mae'r munudau ola' gerllaw.

(Y tabwrdd yn curo'n araf ac isel.)

SIWAN *(yn isel)*:	Saint Duw sy'n meiddio gweddïo, gweddïwch drosto.
ALIS:	Mae o'n ysgwyd llaw ag Ednyfed Fychan a'r Cyngor O un i un fel arglwydd yn eu derbyn i'w fwrdd, Mae ganddo air i bob un, maen nhw i gyd yn chwerthin . . .

'Rŵan mae o ar ei liniau o flaen yr Esgob
A Chadwgan yn torri arwydd y groes dros ei ben.
Mae'r dorf yn fud, wedi ei syfrdanu
A'r Cyngor wedi delwi yn sefyll yn stond.
'Does neb yn symud ond Gwilym. Mae o'n profi'r ysgol;
'Rŵan mae o'n teimlo'r rhaff, mae'n ei roi am ei wddw,
Mae'n moesymgrymu a ffarwél; mae'n dringo fel capten llong
I ben yr ysgol, ymsythu—

SIWAN *(yn isel)*:
Yr awr hon ac yn awr ei angau, amen.[46]

ALIS: 'Dyw'r dienyddwyr ddim yn symud i droi'r ysgol.

(Clywir yn glir floedd GWILYM.*)*

GWILYM: Siwan!

(Eiliad o seibiant, yna sgrech o ddychryn gan ALIS*)*

SIWAN *(yn dawel)*:
Ai dyna'r diwedd?

ALIS: Ond y naid a roes ef, y naid.
Fe chwipiodd rhaff y grog fel gwialen bysgota,
Taflwyd yr ysgol i ganol swyddogion y Cyngor . . .
'Rŵan mae'r corff fel boncyff pren yn siglo wrth ei ddirwyn gan graen;
Mae'n tynnu'n llonydd yn awr, yn llonydd a llipa.

(Tabyrddu isel ac utgorn olaf.)

Mae'r dorf yn dylifo allan. Iddyn nhw
Mae'r siou ar ben a bu'n siom. Be' wyddan, be' falian nhw
Am weddw yn Aberhonddu, neu am wraig o garcharor yma
Yn gwegian dan ei hing? Gwahanglwyf yw poen,
Ffau o dywyllwch yng ngolau dydd a dirgelwch;
'Does neb erioed a gydymdeimlodd â phoen.
Ewch bobol i ddawnsio i'r delyn. Mae'r crythwyr a'r glêr
Eisoes ar y twmpath yn canu Cymru am byth.

(Clywir miwsig telyn a ffidil oddi allan ac onid Rhyfelgyrch Gwŷr Harlech a genir?[47] Mae'n darfod.)

Ma dame, mae rhywun yn dyfod? Clywaf draed milwyr.

(Agorir y drws. Milwyr. Yna LLYWELYN.*)*

LLYWELYN: Tynnwch y gadwyn a'r hual oddi am ei throed.
Mae'r perygl drosodd yn awr.
Ewch ymaith oll . . .

(Maent yn mynd a chau'r drws.)

Mae'r cwbl drosodd yn awr . . .
Feiddiwn i ddim, ai e? Feiddiwn i ddim?

SIWAN: O waelod uffern fy enaid, fy melltith arnat, Llywelyn.

LLEN

Y DRYDEDD ACT

(Bore Calan Mai, 1231. Y mae LLYWELYN *yn ei ystafell wely. Curo ar y drws.)*

LLYWELYN: Tyrd i mewn.

(Daw ALIS *ato.)*

ALIS: Syr arglwydd, mae fy meistres yn paratoi,
Bydd hi yma gyda hyn.

LLYWELYN: Anfonais fy mab i'w hebrwng hi. Ydy o gyda hi?

ALIS: Mae o gyda hi 'rŵan,
Anfonodd fi atoch i ddweud hynny.
Welodd hi mono fo oddi ar ei briodas, syr.

LLYWELYN: Welodd hi mono fo ers blwyddyn,
Mi wn i hynny, ferch . . . Ydy dy feistres yn iach?

ALIS: Mor iach ag y gall hi fod, syr, wedi blwyddyn o garchar.

LLYWELYN: Neilltuaeth, nid carchar. Cafodd bopeth ond ei rhyddid,
Dwy forwyn i weini arni a chlas i rodio.

ALIS: Do, syr, fe gafodd bopeth ond ei rhyddid.

LLYWELYN: Beth yw dy feddwl di? Dywed dy feddwl.

ALIS: Gorchymyn, syr?

LLYWELYN: Gorchymyn.

ALIS: Fe briododd fy arglwydd Dafydd. 'Doedd ei fam o ddim yn y briodas
Nac yn arwain dawnsio'r neithior. Gadawyd hi gyda'i hatgofion.

LLYWELYN: Fe briododd fy mab fel y trefnwyd â merch Gwilym Brewys;
Byddai'n anodd i'w fam ddawnsio yn nhŷ'r wraig weddw.

ALIS: Seremoni yw dawns briodas.

LLYWELYN: Seremoni yw byw i deulu brenhinol.

ALIS: Mae hi wedi newid, f'arglwydd.

LLYWELYN: Mae pawb yn newid, mae hyd yn oed atgofion yn newid,

	Mae dicter a dial yn newid. Sut y newidiodd dy feistres? Pa newid a welaist ti?
ALIS:	Churodd hi monof i ers blwyddyn gron.
LLYWELYN:	Ddaru i ti haeddu dy guro?
ALIS *(gan chwerthin)*:	Wn i ddim, syr. Defod, nid haeddiant, biau curo morynion.
LLYWELYN:	Fe beidiodd hithau â'r ddefod?
ALIS:	F'arglwydd, 'roedd hi'n ifanc ei hysbryd cyn ei charchar.
LLYWELYN:	Nid dyna dy feddwl di. Dywed dy feddwl, ferch.
ALIS:	Mi dd'wedais a feiddia' i, syr.
LLYWELYN:	Crogi Gwilym Brewys a'i crinodd hi, Aeth ei nwyfiant hi gyda Gwilym i gwlwm rhaff. Dyna dy feddwl di.
ALIS:	Dyna fy ngofid i, syr. Chi a ofynnodd imi.
LLYWELYN:	Rhaid imi ofyn i rywun. Mae bod blwyddyn heb dy guro yn dy wneud di'n eofn.
ALIS:	Nid merch i daeog mohono' i syr. Gŵr rhydd oedd fy nhad.
LLYWELYN:	'Rwyt ti'n briod hefyd, mi gredaf.
ALIS:	'Rwy'n wraig weddw ers tair blynedd, f'arglwydd.
LLYWELYN:	Maddau i mi. Un o'm teulu i oedd ef; Fe'i lladdwyd ger Castell Baldwyn;[48] bachgen dewr.
ALIS:	Unwaith y gwelais i o cyn fy rhoi iddo'n wraig; Yna, wedi pythefnos gyda'n gilydd, daeth y rhyfel; Aeth yntau, a welais i mono fo wedyn. Mae'r cwbl erbyn heddiw fel breuddwyd llances.
LLYWELYN:	Ond breuddwyd, nid hunllef. Fe'i lladdwyd wrth ymosod ar fur y castell. 'Rwyt ti'n cofio ffarwelio ag ef?
ALIS:	Yn y bore bach. Rhois i iddo gwpanaid o lefrith poeth o deth yr afr A chael cusan llaethog yng nghanol chwerthin milwyr. Pythefnos, a'r cwbl ar ben. 'Roeddem ni'n dechrau 'nabod ein gilydd.

LLYWELYN: Dechrau 'nabod ei gilydd mae pob gŵr a gwraig,
Boed bythefnos neu ugain mlynedd.
'Dwyt tithau ddim heb ddewrder.

ALIS: Fi, syr?

LLYWELYN: Pheidiaist ti ddim â byw.

ALIS: Oedd gen' i ddewis?

LLYWELYN: 'Does neb deallus a dewr
Na fu peidio â byw rywdro'n demtasiwn iddo.
Rhodd enbyd yw bywyd i bawb.[49]

ALIS: Hyd yn oed i dywysog?

LLYWELYN: Onid dyn yw tywysog, ferch?

ALIS: Dd'wedwch chi hynny wrth y dywysoges, syr?

LLYWELYN: Ydy hi'n amau hynny?

ALIS: Byddai'n help iddi gael clywed.
Mae rhyfel a chynghreirio a holl brysurdeb teyrnasu
Yn gae o gwmpas tywysog, mae ei fawredd o ar wahân.
Ond i ni ferched, ie i ferch o frenhines,
Greddf mam yw gwraidd pob cariad, a chyntafanedig gwraig
Yw'r gŵr priod y rhoddir hi iddo yn eneth;
O golli'r plentyn ynddo mae gwraig ar ddisberod, syr.

LLYWELYN: Bod yn wan yw bod yn ddynol; dyna d'ergyd di?

ALIS: Plentyn oedd Gwilym Brewys, syr, plentyn bach.

LLYWELYN: A phlant bychain sy'n mynd i deyrnas serch.[50]
Purion, Alis, mi geisia' i gnoi dy wers.

ALIS: Syr arglwydd, 'dydw i ond morwyn; chi a barodd imi siarad.
Fe'm dysgwyd i yn y 'stafelloedd brenhinol hyn,
'Rwy'n parchu ac yn coledd eu meistr a'u meistres;
Bu'r flwyddyn weddw hon yn loes i'r teulu a'r tŷ;
'Doedd esgymundod y Pab ond chwarae plant wrth ein poen.[51]

LLYWELYN: Fe ddaw esgymundod y Pab eto'n fuan arnom oll
Petai waeth am hynny.

ALIS: Felly mae'r stori'n wir, syr, sydd drwy'r tai?

LLYWELYN: Oes sibrwd yn y llys?

ALIS: Eich bod chi eto ar gychwyn rhyfel yn erbyn Brenin Lloegr.

LLYWELYN: Mae hynny i'w setlo heddiw gan dy feistres;
Hi sydd i ddewis rhyfel neu dranc i Wynedd.
I hynny y gelwais hi'n awr o'i charchar blwyddyn.
Mae tynged Cymru yn ei dwylo hi.

ALIS: Dyma'r dywysoges, syr.

LLYWELYN: Aros gerllaw yn 'stafell y morynion.
Bydd arna' i d'eisiau di, 'rwy'n gobeithio, cyn hir.

(Daw SIWAN. Exit ALIS.)

SIWAN: Anfonaist amdanaf, arglwydd. Dyma fi.

LLYWELYN: Siwan!

SIWAN: Fy arglwydd?

LLYWELYN: Siwan!

(Nid oes ateb.)

LLYWELYN: Siwan, fi sy 'ma, Llywelyn . . . Siwan?

SIWAN: Llywelyn?

LLYWELYN: Mae arna' i d'eisiau di, Siwan . . . fi, Llywelyn.

(Nid oes ateb.)

Mae arna' i d'eisiau di, Siwan.

SIWAN: Mae arnat ti f'eisiau i?
Sut y gall hynny fod?

LLYWELYN: Pam na all hynny ddim bod?

SIWAN: 'Rwy'n garcharor ers misoedd, arglwydd.

LLYWELYN: Blwyddyn i'r bore hwn. Mi fûm innau'n cyfri'r dyddiau.

SIWAN: Ydy hi'n glamai heddiw? Mi gollais gyfri'.

LLYWELYN: Mae hi'n galan Mai.

SIWAN: Oes rhaid bod mor aflednais wrth garcharor?

LLYWELYN: Pa afledneisrwydd? Be' sy yn dy feddwl di?

SIWAN:	Heddiw, o bob dydd . . . yma i'r 'stafell hon,
	Yn syth o'm carchar? Pam y gelwaist ti fi yma?
LLYWELYN:	I barhau'r ymddiddan fu rhyngom ni yma'r llynedd.

SIWAN *(yn gwbl dawel a hunanfeddiannol fel un â llaw haearn arni ei hun)*:
Na, na, na, fyth eto. Fedra' i ddim siarad am Gwilym.
Yn dy drugaredd, arglwydd, gorchymyn imi ddychwelyd
   i'm cell.

LLYWELYN:	Mae arna' i d'eisiau di, Siwan. Apêl yw hyn, nid gorchymyn.
	Nid i'th boenydio 'chwaith y dewisais i'r bore hwn.
	Neithiwr daeth yma gennad o Ddeheubarth,
	Am hynny y gelwais i arnat. Heddwch i enaid Gwilym . . .
	Hubert de Burgh yw byrdwn fy mhryderon.
	Yma, y noson honno, proffwydaist amdano,
	Proffwydaist fel Cassandra.⁵² Gwiriwyd dy eiriau oll.
	Rhaid i minnau fynd eto i ryfel yn erbyn dy frawd.
SIWAN:	Mynd eto i ryfel? Dyna benderfyniad y Cyngor?
LLYWELYN:	Chyfarfu mo'r Cyngor. 'Rwy'n gofyn dy gyngor di gynta'.
	Mi alwa' i'r lleill wedyn.
SIWAN:	A pham fy help i?
LLYWELYN:	Mae gen' i hawl i'th help di.
	All godineb na charchar ddim dileu fy hawl.
SIWAN:	Oes, mae gen' ti hawl. Fi roddodd iti'r hawl.
	Alla' i ddim tynnu dy hawl di'n ôl.
	Ond pam yr wyt ti'n mynnu dy hawl heddiw?
LLYWELYN:	Hawl Gwynedd a choron Aberffraw yw fy hawl i heddiw:
	'Rwy'n dy wysio i help a chyngor yn ôl dy lw.
SIWAN:	Nid apêl, ond gorchymyn felly?
LLYWELYN:	O'r gorau, os felly y mynni. Daw'r apêl wedyn.
SIWAN:	Pa raid i ti fynd i ryfel yn d'oed di?
	'Rwyt ti'n drigain namyn dwy.
LLYWELYN:	Daeth cennad neithiwr a'r newydd am farw William Marshal.⁵³
SIWAN:	Gorffwysed mewn hedd. Mi fûm flwyddyn heb hanesion, arglwydd,
	Maddau syrthni fy meddwl. Ga' i wybod sut

Y DRYDEDD ACT

Y mae marw William Marshal yn achos rhyfel?

LLYWELYN: Llynedd, i'w ofal ef y rhoed tiroedd Gwilym Brewys.

SIWAN: Tiroedd Gwilym Brewys, ei frawd yng nghyfraith . . . Ac yn awr?

LLYWELYN: Fe'u rhoddwyd nhw 'rŵan i Hubert de Burgh.

SIWAN: I'r pant y rhed y dŵr. Un o'th ffrindiau di, arglwydd, Gwnaethost dy orau trosto.

LLYWELYN: Glywaist ti fod Iarll Caerloyw wedi marw?

SIWAN: Goleuni ar enaid Gilbert. Naddo, chlywais i ddim.

LLYWELYN: Bu farw yn Llydaw yn ystod gwyliau'r Ystwyll.

SIWAN: 'Dyw hynny ddim yn syn. A phlentyn yw'r etifedd.

LLYWELYN: Ie, plentyn yw'r etifedd,
Rhoddwyd y plentyn dan ofal Hubert de Burgh.[54]

SIWAN (gan chwerthin):
Do, mae'n siwr. A beth am diroedd y plentyn?
Beth am Forgannwg fawr?

LLYWELYN: Hubert sydd i ddal Morgannwg.

SIWAN: Mae dy ffrind di'n magu bloneg anghyffredin.

LLYWELYN: Mae'r cwbl wedi digwydd fel y d'wedaist ti, Siwan.

SIWAN: Ddwg hynny mo'r marw yn ôl na datod rhaff.
Achub bywyd oedd f'amcan i'r noson honno,
'Doedd dy dymer dithau ddim mor boliticaidd.
Heddwch i enaid Gwilym, un dwfn yw Hubert.

LLYWELYN: Mae ei feddiant o 'rŵan yn ymestyn o Henffordd i Aberteifi
Gan uno Dyfed a Gŵyr, Brycheiniog a Morgannwg;
Aeth Brewys a Marshal a Gilbert yn un yn Hubert.

SIWAN: Prif weinidog y goron yn Lloegr hefyd
A holl rym Brenin yno ac yn Ffrainc dan ei fawd.
Ai doeth iti fentro rhyfel?

LLYWELYN (yntau'n byr-chwerthin):
Gwallgofrwydd, mi wn. Ond sut y medra' i beidio?
Ystyria'r wlad rhwng Tywi a Theifi heddiw,
Dinefwr a'r Cantre' Mawr a'r Cantre' Bychan;[55]

	Alla' i ddim cadw gwrogaeth arglwyddi'r Deau, Wyrion yr Arglwydd Rhys, Heb brofi fy nerth i'w noddi neu i'w cosbi.[56]
SIWAN:	Ydy Rhys Gryg o Ddinefwr eto'n fyw?
LLYWELYN:	Yn fyw ac yn wyllt fel erioed, ond yn ffyddlon hyd yn hyn. Rhyfel yn unig fedr ei gadw o felly,— Mae Hubert ar bob ystlys iddo 'rŵan Fel blaidd yn agor ei safn i gau ar Ystrad Tywi.
SIWAN:	Pe ceuid ar Ystrad Tywi fe gollid Ceredigion. Byddai Deheudir Hubert yn deyrnas fwy na Gwynedd: Mae dwy dywysogaeth yng Nghymru yn amhosibl.
LLYWELYN:	Dyna daro'r hoelen ar ei phen.
SIWAN:	Ble mae fy mrawd yn awr?
LLYWELYN:	Mae'r Brenin yn Lloegr. Rhaid imi ymosod er gwybod fod nerth Brenhiniaeth Lloegr a'r Mers a Deheudir Hubert Oll yn gytûn yn f'erbyn.
SIWAN:	Oll yn gytûn? Petaent oll yn gytûn ellid ddim mynd i ryfel. O'r dydd y ganed Dafydd bu'n drefn fel deddf Nad aem i ryfel na chynhyrfu rhyfel Pan fyddai hi'n heddwch rhwng y Brenin a'r Mers.
LLYWELYN:	Gwir, ond fu 'rioed o'r blaen Forgannwg a Deheubarth yn un deyrnas. Mae rhyfel yn anochel.
SIWAN:	Ydy siwr, Mae rhyfel yn anochel. Ond rhaid mynd i ryfel Fel y bydd ennill hefyd yn anochel; Mae etifeddiaeth Dafydd yn y fantol.
LLYWELYN:	Mae dy lafur di a minnau yn y fantol, Y baich a godasom ynghyd yn ein dydd ar y ddaear hon, Llinach Cunedda,[57] coron Aberffraw, Cymru.
SIWAN:	Blwyddyn i heddiw y dylasit ti feddwl am hynny.
LLYWELYN:	Blwyddyn i heddiw mi ystyriais i hynny'n llawn.
SIWAN:	Beth yw dy feddwl di?

LLYWELYN: Yma, yn y 'stafell hon, proffwydaist ti
Ganlyniad lladd Gwilym Brewys. Yn y Cyngor wedyn
Adroddais innau d'eiriau. Chedwais i ddim yn ôl.
Ystyriwyd a phwyswyd. Fe'u credodd Ednyfed Fychan.
Fe'u credodd Esgob Bangor. Fe'u credais innau.
Gan wybod fod coron Aberffraw a theyrnas Gwynedd
Ar antur enbyd y crogais i Gwilym Brewys.

SIWAN: Ga' i ofyn pam?

LLYWELYN: Mae'n iawn iti wybod pam. Fe ddaw'r adeg i hynny toc.
Polisi gynta', arglwyddes: yn ôl at yr hen ddisgyblaeth.

SIWAN: Beth ynteu sy'n corddi yn Lloegr a'r Mers? Oes arwydd o grac?

LLYWELYN: Yn hynny mae'n gobaith ni. Mae'r ieirll a'r esgobion
A aeth i'r crwsâd yn dychwelyd.[58]

SIWAN: Pedr, Esgob Caer-wynt, ydy yntau'n dychwelyd?[59]

LLYWELYN: Fe gyrhaeddodd Ffrainc. Bydd yn Lloegr cyn diwedd yr haf.

SIWAN: Gelyn marwol Hubert. Bydd y llys a'r Mers benben.
Fedri di oedi'r rhyfel nes ei ddyfod?

LLYWELYN: Na fedra', 'sywaeth a chadw gwrogaeth Rhys Gryg.
Os gwêl o a'i neiod fi'n oedi, fe ân' drosodd fel llygod at Hubert.
Rhaid imi gychwyn ymosod yn yr haf.

SIWAN: Byddai dechrau Mehefin yn taro?

LLYWELYN: Byddai'n taro ym Mhowys. Beth am Ddyffryn Tywi?

SIWAN *(yn araf)*:
Gollwng Rhys Gryg yn awr i ysbeilio cyfoeth Brewys
Ac addo y byddi gydag ef yn fuan.
Anfon yr un pryd gennad i gwyno dy gam wrth y Brenin
A ffugio achwyn heddychol i arafu ei gad ef fis.
Wedyn daw gwŷr y crwsâd i lygadu Hubert yn Henffordd;
Cei dithau daro yn Nhrefaldwyn a llosgi dy ffordd hyd Went:
Fe gyfyd y Mers fel bleiddiaid am waed de Burgh,
Y Deau a Morgannwg fu daear eu hantur nhw 'rioed;
Siawns na orffenni di'r haf yn Aberteifi
A theyrnas Hubert ond atgo'.

LLYWELYN *(wedi pwyso)*:
    Mae dy gyngor di'n graff ac yn brudd,
    Mae dy gyngor di yn nhraddodiad polisi Gwynedd;
    Byddai cael Aberteifi'n ôl yn cloi fy mrwydrau fel amen . . .
    Mi gymera' i dy gyngor, wreigdda, ar un amod.

SIWAN: Oes a wnelo dy amod â mi?

LLYWELYN: Fe'i cymeraf os dychweli di heddiw i'm gwely a'm bwrdd . . .

(Saib.)

SIWAN: Ai maddeuant yw ystyr hyn?

LLYWELYN: Gymeri di gen' i faddeuant?

SIWAN: Gorchfygu yw maddau. Faddeuais i ddim i ti.

LLYWELYN: Am ladd Gwilym Brewys?

SIWAN:
    Mi wyddwn mai byr fyddai bywyd Gwilym Brewys,
    'Roedd ei ladd ef yn ddynol;
    Hawdd gen' i faddau hynny.
    Ond am iddo 'ngharu i,
    Am i minnau ildio i'w gariad,
    Rhoddaist iddo farwolaeth dihiryn a lleidr pen ffordd
    Ac agor dy lawnt i grechwen taeogion Arfon;
    Fe'i crogaist—i ddangos dy ddirmyg
    Ac i boeri ar ein serch gerbron y byd.

LLYWELYN: Bu farw'n hardd. 'Roedd ei farw o'n deilwng o'th serch.

SIWAN:
    Cywilyddiodd dy Gyngor,
    Aeth y dorf o daeogion yn fud;
    Nid i ti y mae'r diolch am hynny.

LLYWELYN:
    Drawodd o ar dy feddwl di, Siwan,
    Y gallai mod i'n dy garu fel Gwilym Brewys?

SIWAN: Ti'n fy ngharu? Be' wyt ti'n ei feddwl?

LLYWELYN: Ydy'r gagendor rhyngom gymaint â hynny?

SIWAN:
    F'arglwydd, rhoddwyd fi iti'n briod yn ddeg oed
    A thithau'n d'wysog drɔs dy ddeuddeg ar hugain.
    Pedair blynedd wedyn dois fel cwningen i'th wely,
    Bûm wraig a chywely iti ugain mlynedd;
    Rhoddais iti etifedd, rhoddais iti ferched,
    Llywyddais ar dy dŷ, bûm ladmerydd i eiriol

A'th arbed rhag llid fy nhad, i'th gymodi â'm brawd,
Ymdreuliais yng ngorchwylion esgob a llysgennad,
Teithio yn dy wasanaeth, adeiledais gyda thi deyrnas:
Unwaith cyn fy henaint, daeth llanc, canodd delyn i'm
    calon hesb,—
Fe'i crogaist fel sgadenyn wrth ben llinyn.

LLYWELYN: Mae hynny'n wir. Mae'n ddrwg gen' i heddiw am hynny.
'Roedd yn rhaid iddo farw. 'Doedd dim rhaid ei grogi.

SIWAN: Pam yntau? Pam? Fedra' i ddim byw gyda thi,
Fedra' i fyth fynd dan yr un lliain heb ddeall pam.

LLYWELYN: Fedri di ddim deall pam. 'Dydw i ddym yn bod iti.

SIWAN: 'Rwyt ti'n bod fel mae hunllef yn bod er y bore hwnnw.

LLYWELYN: Mi wn i hynny. 'Roedd dy Wilym yn nes ata' i,
Fe'm gwelodd o fi fel person.
Bu raid imi gau ei safn rhag iddo 'mradychu ger dy fron.

SIWAN: Dd'wedi di wrthyf i beth a welodd Gwilym?
Yn enw ugain mlynedd o orwedd ynghyd,
Mae gen' i hawl i wybod.

LLYWELYN: Dweud wrthyt yw noethi fy mron i saethau crechwen.

SIWAN: Mae blwyddyn o garchar unig yn tarfu crechwen.

LLYWELYN: Gwleidyddiaeth oedd ein priodas ni, arglwyddes,
A rhyngom ni 'roedd bwlch o chwarter canrif.
Wel, dyna'r arfer, mae'n sail i gynghrair
A chytgord gwledydd, cyd-odde', cyd-adeiladu.
Ond pedair blynedd wedyn, pan ddaethost ti
Yn wyry i Eryri fel bedwen arian ir,
Fe droes fy nghalon i'n sydyn megis pe gwelswn y Greal;[60]
I mi 'roedd goleuni lle y troedit.
Ond mygais fy syfrdandod rhag dy ddychryn
A phan deimlais i di yma'n crynu yn fy mreichiau
Ddoluriais i monot ti â chusanau trwsgl
Na chwys cofleidio erchyll; ymgosbais yn daer
Fel na byddwn ffiaidd gennyt; bûm ara' a chwrtais a ffurfiol;
A diflannodd dy gryndod; daeth y 'stafell hon iti'n gartref
A minnau'n rhan, nid rhy anghynnes, o'r dodrefn.
Felly'r addolais i di, fy fflam, o bell ac yn fud,
Gan ymgroesi rhag tresbasu â geiriau anwes;
Ond tynnais di i mewn i fusnes fy mywyd,

Trefnais fy nhŷ a'm tylwyth a'm teyrnas wrth dy gyngor,
A rhoi i'th ymennydd ysblennydd ehangder swydd.
Cofiaf y pnawn y daethost oddi wrth dy dad
O'th lysgenhadaeth gynta'; 'roedd fy mywyd i
Mewn peryg' y tro hwnnw. Pymtheg oed oeddit ti
A Dafydd dy fab prin ddeufis. Daethost adre'
A'm heinioes i a thywysogaeth Dafydd
Yn ddiogel dan dy wregys. A'r noson honno
Ti a'm cofleidiodd i. 'Doedd gen' i ddim iaith
I ddweud fy llesmair; meistrolais gryndod fy nghorff;—
Ond wedi'r noson honno bûm enbyd i'm gelynion,
Cesglais Geredigion a Phowys a Deheubarth
A'u clymu yng nghoron dy fab, iddo ef yn unig yng
   Nghymru
Er gwaetha'r ddefod Gymreig, er gwaetha'r rhwyg yn fy
   nhŷ;
Mynnais gael ei gydnabod gan Frenin Lloegr a'r Pab
A chael gan y Pab gyhoeddi brenhiniaeth ddilychwin ei
   ach:[61]
Hyn oll a bensaernïais, fy nheml ydoedd i ti,
F'addoliad i ti—

SIWAN: Llywelyn. wyddwn i ddim, wyddwn i ddim.

LLYWELYN: Pa les fyddai iti wybod? 'Roedd mynydde'r blynydde
   rhyngom,
Mi ddeallais i hynny hefyd,
Gwleidydd wyf fi, cheisiais i mo'r amhosib',[62]
'Roedd dy gywirdeb di'n ddigon.

SIWAN: Mewn ugain mlynedd o fyw gyda'n gilydd dd'wedaist ti
   mo hyn o'r blaen.

LLYWELYN: Mewn ugain mlynedd o fyw gyda'n gilydd welaist tithau
   mo hyn.

SIWAN: Ai o eiddigedd gan hynny y crogaist ti ef?

LLYWELYN: 'Roedd hwyrach eiddigedd yn ei ladd;
Ti fu achos ei grogi.

SIWAN: Fi? Fi?

LLYWELYN: Y siwrnai ddychrynllyd honno,
Wrth imi garlamu rhwng dydd a nos drwy Bowys
A thros Is-Gonwy, mi wyddwn yn chwerwder dadrithiad

Y DRYDEDD ACT

     Mai gwir a ddywedsai Hubert ac mai yma y cawn i'r 'deryn
     Ar fy ngwely, yn dy freichiau, heb arfau.
     Bu'r daith yn ddigon hir i fygu'r dyhead
     I gladdu dagr yn ei galon; fe gâi farw fel barwn wedi barn.
     Felly y cawsai farw oni bai ti.

SIWAN: Och fi a sut?

LLYWELYN: Bernaist yn dy ddirmyg ohonof mai polisi piau fy enaid,
     Y gwerthwn i 'ngwely am gastell
     A rhoi fy ngwraig i'w halogi am gynghrair a ffin.
     Mi atebais i ddirmyg â dirmyg,
     Fe'i crogais i wirio dy rybuddion
     Ac i ddangos i wraig a'm sarnai
     Fod un peth y taflwn i goron Aberffraw a Chymru
      Cunedda er ei fwyn.

SIWAN: Llywelyn, Llywelyn,
     O ddirmyg dibris tynnaist arnat y rhyfel hwn
     A thithau bron drigain oed! Nid llywodraeth yw maes hap-
      chwarae.

LLYWELYN: Fe droes dy ddirmyg di y noson honno
     Holl gynlluniau llywodraeth hanner canrif yn dom.

SIWAN: Myn y Groes Naid,[63] Llywelyn,
     Nid dirmyg oedd fy mwriad.

LLYWELYN: Y gair nad yw'n fwriad yw allwedd y galon.

SIWAN: 'Does dim allwedd i galon;
     'Does neb ar y ddaear yma'n deall ei gilydd;
     Y gŵr sy'n cofleidio'r wraig a'r wraig sy'n ateb â'i chusan,
     Dwy blaned sy'n rhwym i'w cylchau; chlywan nhw mo'i
      gilydd fyth.

LLYWELYN: Onid hynny yw priodas, ymglymu heb adnabod,
     Ymroi heb amddiffyn na gwybod i bwy na pha siawns?
     Mae'r plentyn a'r dyn mewn oed yn yr un trap;
     Beth ond hapchwarae yw byw?

SIWAN: Dewis, nid hap, yw dy ryfel.

LLYWELYN: Mae hynny'n dibynnu arnat ti;
     Ddoi di'n ôl i'm gwely a'm bwrdd?

SIWAN: Beth sydd a fynno hynny â'th ryfel di?

LLYWELYN: Mae'r rhyfel yn anochel. Gellir dewis dychwelyd.

SIWAN: Carcharor ydw i. Dy ddedfryd di a'n gwahanodd.
Pam na orchmynni di imi ddychwelyd?

LLYWELYN: Rhaid iti ddychwelyd ata' i o'th ewyllys dy hun.

SIWAN: Ac os gwrthoda' i?

LLYWELYN: Purion. Mi af i ryfel.

SIWAN: Heb ddychwelyd? Mae'r bygwth yn annheg.

LLYWELYN: Tywysoges a merch Brenin? 'Rwyt ti'n gynefin erioed
 barnu a chlywed barnu i farwolaeth,
Mae'r peth yn rhan o'n bywyd beunyddiol ni.

SIWAN: Fedra' i ddim dyfod i'th wely heb gael dy faddeuant.

LLYWELYN: Gwyddost fod hynny i'w gael.

SIWAN: Nac ydy ddim i'w gael. Ofynna' i ddim am faddeuant
Na godde' maddeuant gan ragrithiwr hunangyfiawn . . .
'Rwyt ti'n sbïo acw yn y drych ar Lywelyn Fawr
Yn maddau i'w wraig megis i'r llestr gwannaf
Cyn mynd i'r enbydrwydd a gyffroes hi â'i phechod.
Gwrandewais arnat a dysgu: fi a halogodd dy wely,
Fi hefyd a grogodd fy nghariad, fi roes y Deau i Hubert,
Fi a beryglodd deyrnas Dafydd drwy'r rhyfel hwn,
Fi a drylliodd y ddelw 'roedd dy fywyd di'n lamp o'i blaen,
Di ferthyr y serch priodasol.
Ac yn awr cyn ymadael i'r frwydr fe'm derbynni'n ôl i'th
 wely
A'm llorio â gras dy faddeuant i wylo mewn llwch a lludw,
A thithau a'r haul ar dy helm yn marchogaeth yn hardd i'th
 dranc.
Wedi dwyn dy gorff adre', Llywelyn, mi gyrcha' i beintiwr
 o Ffrainc
I roi ar fur y capel ar lan Conwy
Ddameg y Wraig Afradlon a'r Gŵr oedd fel Duw.

(Ennyd o ddistawrwydd. Yna mae'r ddau yn torri allan i chwerthin.)

LLYWELYN: 'Dydw i ddim yn deilwng ohonot ti, Siwan.

SIWAN: Mae pob gwraig briod yn clywed hynny rywbryd,
Dyna'r pryd y mae'r gŵr berycla'.

LLYWELYN: Fedri di faddau imi, Siwan?

SIWAN: Llywelyn Fawr yn gofyn maddeuant gan butain?

LLYWELYN: Gair fy ngwallgofrwydd, gair cynddaredd cenfigen;
Fe droes fy serch i'n gasineb a malais erchyll
Y noson honno—

SIWAN: Ust, paid â deud y gwir.
Nid cyffesgell sydd yma na thad enaid,
Ond gwraig ddrwg yn ysu am oruchafiaeth.

(Mae'r ddau eto'n chwerthin.)

LLYWELYN: Wnei di faddau imi, Siwan?

SIWAN: Am fy ngalw i'n hynny?
Llywelyn bach, 'roedd yr enw'n fy nharo i'n iawn.

LLYWELYN: Ond y crogi maleisus? Y gwynfydu gwyllt yn dy boen?

SIWAN: Dy drueni di sy waethaf. Fe grogwyd Gwilym,
Neidiodd i'w dranc gan ddiasbedain f'enw
A chafodd ein serch awr anterth gogoniant poen.
Felly y cofia' i o mwy: achubwyd rhagom
Awr y dadrithio, y cogio cusanu, yr hen alaru a'r syrffed.[64]
Ond rhaid i ti, os maddau, fyw gyda lludw dy ddelw
A chofio'r hunlle' di-gwsg y nos y diffoddwyd fflam serch;
Bydd gorwedd gyda mi yn dy wely fel cysgu'n fyw yn dy fedd.
Fedri di 'ngodde' i, Llywelyn, fedri di beidio â'm casáu?

LLYWELYN: Ddoi di'n ôl, Siwan?

SIWAN: Rhyngom yn y gwely os dof bydd drewdod halogiad dy serch.

LLYWELYN: Rhyngom yn y gwely os doi bydd celain yn crogi wrth raff.

SIWAN: Be' wnawn ni â nhw, Llywelyn?

LLYWELYN: Estyn breichiau drostynt tuag at ein gilydd
A'u cymryd hwythau atom fel eneidiau'n cartrefu yn y Purdan;[65]
Purdan yw gorau priodas, y paratoi.
Fi yw'r tân sy'n dy grino a'th ladd di,
Tân ar dy groen di, hen ŵr sy'n fwy o sefydliad
Nag o ddynoliaeth, y gwleidydd yn y gwely.
Tithau a'th atgo' am lanc a roes naid at dy gusan a'i dranc,
Ddoi di'n ôl ataf, Siwan?

SIWAN: Mae arfer chwarter canrif yn fy nhynnu'n ôl.

LLYWELYN: Mae etifeddiaeth dy fab yn dy dynnu'n ôl.

SIWAN: Mae twpdra hen ŵr yn cythru i ryfel yn fy nhynnu'n ôl.

LLYWELYN: Siawns nad enilla' i'r rhyfel er fy henaint a thithau'n ôl.

SIWAN: Llywelyn, 'rwy'n ewyllysio dy lwyddiant a'th les.

LLYWELYN: Mae hynny'n ddigon; 'rwyt ti eisoes yn ôl.

SIWAN: Gymeri di fi fel yna, heb ddim ond ewyllys da?

LLYWELYN: Ewyllys da yw cariad. Siwan fy ngwraig,
Mi ddof allan o'm 'stafell i'r frwydr gan lawenhau
Fel cawr i redeg gyrfa, gyrfa dy ryfel di.[66]

SIWAN: Un gair, Llywelyn.
Mi wela' i dy fuddugoliaeth os myn Duw hynny,
Mi wela' i gwymp y cyfaill Hubert de Burgh,
Mi welaf sefydlu dy deyrnas ac etifeddiaeth Dafydd.
Wedi hynny, fydd fy nyddiau i ddim yn hir—

LLYWELYN: Byddi fyw ar fy ôl i—

SIWAN: Na fydda' i ddim. Mae bywyd eto'n gryf ynot ti,
A'th awch i adeiladu eto'n rymus.
Mae hynny wedi darfod i mi.
A ga' i un addewid gennyt ti'n awr?

LLYWELYN: Dywed d'ewyllys.

SIWAN: Fy nhestament ola'. O ffenest' llofft fy ngharchar
Tu draw i lawnt y grog a thywod Lafan,
Draw dros Fenai, mi welwn Dindaethwy a Llan-faes
A'r brain yn codi a disgyn ar y coed ger eglwys Catrin;
'Roedd gweld eu rhyddid digerydd yn falm i galon
    carcharor.
Pan fydda' inna' farw,
Ei di â'm corff i drosodd mewn cwch a'i gladdu
Yno, yn y fynwent newydd, a rhoi'r tir
I frodyr Ffransis i godi tŷ a chapel?[67]

LLYWELYN: Y Brodyr Llwydion? Pam i Ffransis o bawb?

SIWAN: Mae arna' i ddyled i'w thalu i sant y cortyn.
'Roedd o'n hoff o hapchwarae ac yn hoff o raff.[68]

LLYWELYN: Mae brathiad yn d'ewyllys di. 'Roedd yn fy mryd

Y DRYDEDD ACT 581

Dy gael di gyda mi yn Aber Conwy.

SIWAN: Apeliaist at lw'r briodas,
Mae hwnnw'n fy nghlymu i wrthyt hyd at y bedd.
'Rwyf innau'n bodloni i hynny, yn croesawu hynny.
Ond mae'r bedd yn torri pob cwlwm, yn rhyddhau pawb:
Mi garwn i'm hesgyrn gael pydru yno heb neb.

LLYWELYN: O'r gorau, enaid.
Mi wna' i'r cwbl yn ôl dy ddymuniad, Siwan . . .
Wyt ti yna, Alis?

(ALIS *yn rhedeg.*)

ALIS: Fy arglwydd?

LLYWELYN: Ble mae coron Tywysoges Aberffraw?

ALIS: Yng nghist *ma dame*.

LLYWELYN: Tyrd â hi yma i mi.

(*Agor y gist.*)

Mae'r forwyn yma'n cwyno arnat ti, Siwan.

ALIS: *Ma dame*, naddo. Chwynais i ddim erioed.

LLYWELYN: Threwaist ti moni hi ers blwyddyn, medda' hi,
Mae hi'n clywed colli blas dy law di'n dost.

ALIS: Syr arglwydd, rhag eich c'wilydd chi!

LLYWELYN: Gan hynny, 'rwy'n cymryd baich ei chosbi hi arnaf fy hun.
Os do' i'n ôl o'r rhyfel hwn yn fuddugol
Mi'th roddaf yn wraig i'r llanc dewraf o'm teulu
A bod hynny wrth dy fodd di . . . Dyma'r goron . . .
Fy nhywysoges, 'rwy'n dy goroni di
Â thalaith Aberffraw. Rhoddaf fy neheulaw iti,
Cusanaf dy law dithau . . . Awn i'r neuadd i ginio.
Heddiw brynhawn mi alwa' i Gyngor y Deyrnas
A rhoi ger eu bron gynlluniau rhyfel Gwynedd.

Sain utgorn . . .

LLEN

NODIADAU

1. Gweler Thomas Jones (gol.), *Brut y Tywysogyon; or The Chronicle of the Princes, Red Book of Hergest* (1955); J. Williams Ab Ithel (1860) 318.

2. J.E. Lloyd, hanesydd, awdur *The History of Wales from the Earliest Times to the Edwardian Conquest* (2 gyfrol, 1911). Yr oedd Saunders Lewis yn fawr ei ddyled iddo. Gweler 'Marwnad' enwog Saunders Lewis iddo yn R. Geraint Gruffydd (gol.), *Cerddi Saunders Lewis* (1992), 31–4.

3. Gorwedd dugiaeth Aquitaine neu Guyenne—un o ardaloedd mwyaf ffrwythlon a chynhyrchiol Ffrainc yn yr Oesoedd Canol—rhwng afonydd Loire a Garonne, gyda thair prif dref, Bordeaux, Saintes a Poitiers. Aeth i feddiant y brenhinoedd Angefin pan briododd Eleonore d'Aquitaine Harri II. Rhoddodd Harri'r ddugiaeth i'w fab, Rhisiart, ond ar ôl ei farwolaeth ef aeth yn ôl i Eleonore nes iddi farw yn 1203, pan ddychwelodd i feddiant brenhinoedd Lloegr. Yng nghyfnod Llywelyn, yr oedd dylanwad Aquitaine yn drwm yn Lloegr, fel, er enghraifft yn ystod cyfnod goruwchafiaeth Pedr des Roches (gweler isod, n.59), gan ei fod ef yn hanu o Poitiers.

4. Nid dyma gyfnod y galiard, sy'n ddawns fywiog (o'r Ffrangeg *gaillard*), a fu'n boblogaidd yn llysoedd Ewrop yn y cyfnod rhwng 1530 ac 1620.

5. Dawns gyda grŵp o bobl mewn cylch neu linell yn dal dwylo â'i gilydd yw'r 'carole'. Yr oedd yn boblogaidd trwy gydol y ddeuddegfed ganrif a'r drydedd ganrif ar ddeg.

6. Priodwyd Gwladus gyntaf â Reginald de Breos, tad Gwilym ac, fel gweddw, â Ralph Mortimer; ymhlith eu disgynyddion yr oedd y Brenin Edward IV a'i ferch Elizabeth, gwraig Harri VII. Priododd Helen John, mab Rannulf, iarll Caer a gorwyr i David, brenin Yr Alban. Priododd Margaret ag aelod o gangen arall o'r teulu Breos, John, barwn Gŵyr. Digwyddodd y briodas rhwng Dafydd, mab Siwan a Llywelyn, ac Isabella, merch Gwilym, yn 1229.

7. Dyma fersiwn wedi ei ddiweddaru. Cymharer A. Ewert (ed.), *Marie de France Lais* (1944), 123; J. Rychner (ed.), *Les Lais de Marie de France* (1966), 150.

8. Yr oedd Marie de France yn weithgar tua diwedd y ddeuddegfed ganrif, yn ysgrifennu nifer o straeon ysgafn ar sail deunydd Celtaidd, yn cynnwys *Lanfal* a *Frene*. Edrydd Marie hanes Tristran yn ei *lai*, *Chevrefoil*. Gweler A. Ewert, op. cit., 123–6. Y mae geiriau Ewert yn esbonio arwyddocâd gwaith Marie yng nghyd-destun *Siwan*: 'Love is for her neither the innocent sensualism of the chansons de geste nor the gallantry of the troubadours and the tyrannical ritual of the "Courts of Love." It is a mutual passion demanding equal duties from man and woman, conflicting at times with marital obligations, but not necessarily and in principle inconsistent with them' (t.xvii).

9. Llywarch ap Llywelyn (*fl*.1173–1220), bardd llys Llywelyn a gefnogai

bolisïau ei noddwr yn frwd, yn arbennig felly yn 'Y Canu Mawr' ac 'Y Canu Bychan'. Gweler E.M. Jones (gol.), *Gwaith Llywarch ap Llywelyn* (1991), 23 a 25. Dywed Elin Jones am arddull y Prydydd: 'Defodol a thraddodiadol yw arddull y canu a'i themâu. Yma eto gadawodd y Cynfeirdd eu hôl yn drwm ar y bardd . . . At ei gilydd, fodd bynnag, y mae arddull Beirdd y Tywysogion yn llawer mwy cywasgedig nag eiddo'r Cynfeirdd, ac nid yw Llywarch ap Llywelyn yn eithriad yn hyn o beth' (t.xxxiii).

10. Yr oedd gafael y Normaniaid yn gryf yng Nghaerllion erbyn 1087 ond ymhen rhai blynyddoedd yr oedd y castell a'r dref ym meddiant disgynyddion Caradog ap Gruffudd. Yn ystod cyfnod Llywelyn a Siwan yr oedd weithiau yn nwylo'r Normaniaid ac weithiau'n eiddo i Gymry. Fe'i cipiwyd gan Robert de Chandos oddi ar y Cymry ac oddi ar Chandos gan Iorwerth ab Owen. Bu wedyn ym meddiant ei ŵyr, Morgan ap Hywel, cyn cwympo i ddwylo William Marshal yn 1223. Llywelyn a'i cipiodd wedyn.

11. Yn Aberffraw, pentref yn ne-ddwyrain Ynys Môn, yr oedd prif lys tywysogion Gwynedd yn yr Oesoedd Canol. O 1230 ymlaen defnyddiodd Llywelyn y teitl 'Tywysog Aberffraw', 'mewn ymgais, efallai, i bwysleisio nad Tywysog Gwynedd yn unig ydoedd', medd John Davies, *Hanes Cymru* (1990), 135. Nid yn Aberffraw y lleolir y ddrama, ond yn Aber, Arllechwedd, ar lannau'r Fenai, a fu, yn ôl J.E. Lloyd, 'a favourite residence of the princes of Gwynedd' yn y cyfnod hwnnw. Cymer Saunders Lewis mai yn Aber y crogwyd Gwilym, ond yn ôl llythyr abad Vaudey, 'at a certain manor called "Crokein", he was made "Crogyn". Gweler *A History of Wales*, II, 671. Lleolir Crogyn/Crogen ar grid yr OS SJ006370, ar y ffordd rhwng Llandderfel a Llandrillo a cheir tomen castell i nodi'r fan.

12. Aeth Harri III ar fwrdd ei long yn Portsmouth, 30 Ebrill 1230 a glaniodd yn St Malo ar 3 Mai. Yr oedd yn ôl yn Lloegr 27 Hydref 1230, ar ôl ymgyrch aflwyddiannus a drud yn Llydaw a Poitou.

13. Ednyfed ap Cynwrig (m.1246), distain Gwynedd 1215-46, oedd y blaenaf ymhlith gweinidogion a chynghorwyr Llywelyn, 'the prudent adviser and skilful agent of two successive lords of Aberffraw' yn ôl J.E. Lloyd. Gweler *A History of Wales*, II, 684-5.

14. Gwladus (gweler uchod, n.6) oedd llysfam Gwilym; Margaret oedd yn briod â John, cefnder Gwilym. Gwnaethpwyd y cytundeb ynglŷn â phriodas Isabella a Dafydd yn gynnar yn y flwyddyn 1229, yn rhan o'r amodau a dderbyniwyd gan Gwilym er mwyn dianc rhag carchar Llywelyn ar ôl ymgyrch ofer y brenin yn erbyn y tywysog y flwyddyn gynt.

15. Cyhoeddodd y Pab Honorius III fod Siwan yn ferch gyfreithlon i John yn 1226. Ystyriwyd Cesar yn ddisgynnydd i Iulus, sylfaenydd Alba Longa, mab Aeneas ac ŵyr y dduwies Gwener ac Anchises. Yr oedd hefyd yn perthyn i'r hen fonedd yn Rhufain ac i'r bonedd newydd.

16. Yr oedd Gruffydd yn fab i Llywelyn a Thangwystl, merch Llywarch Goch o Ros, na fu erioed yn wraig i'r tywysog. Yn dilyn penderfyniad Llywelyn mai Dafydd, ei fab gan ei wraig Siwan, fyddai ei etifedd (ei edling),

gwrthryfelodd Gruffydd a chael tymor o garchar. Fe'i carcharwyd drachefn yn 1228 a'i gadw'n gaeth tan 1234, pan roddwyd iddo hanner cantref Llŷn. Wedi i Ddafydd ddilyn ei dad fel tywysog Gwynedd yn 1240 gwynebai wrthsafiad Gruffydd nes iddo garcharu ei frawd yng nghastell Cricieth. Y flwyddyn wedyn, yn dilyn ymgyrch lwyddiannus Harri III yng Ngwynedd, trosglwyddwyd Gruffydd i'r brenin a'i garcharu yn Nhŵr Llundain. Fe'i lladdwyd yn 1244 wrth geisio dianc. Ar hyd ei oes yr oedd Gruffudd yn berygl i'w frawd ac i bolisi Llywelyn a Siwan.

17. Rhoddodd Llywelyn ei fab Gruffydd yn wystl i'r Brenin John yn 1211 yn unol ag amodau ymostyngiad y tywysog yn dilyn buddugoliaeth y brenin yng Ngwynedd. Fe'i rhyddhawyd o dan amodau Magna Carta yn 1215. Cyfeiria Siwan, fe ymddengys, at ei hyder y byddai ei thad yn difetha Gruffydd fel y gwnaeth yn achos gwystlon eraill a drosglwyddwyd iddo, gan gynnwys rhai o Gymru.

18. Oherwydd marw Dafydd 25 Chwefror 1246, yn ddietifedd, ynghanol rhyfel yn erbyn ei ewythr, brenin Lloegr, bu holl drefniadau Llywelyn a Siwan yn ofer.

19. Gweler uchod, t.320, n.23.

20. Sef John, barwn Gŵyr. Gweler uchod, n.6.

21. Prifddinas *département* La Haute Garonne, yn agos i fynyddoedd y Pyrenees, canolfan y *Jeux Floraux* cystadleuol y dywedir eu bod wedi eu sefydlu yn 1323 gan saith trwbadŵr. Bu'r ddinas yn ganolfan i enwad yr Albigensiaid dan yr Iarll Raymond a ddifawyd o ganlyniad i groesgad a arweiniwyd gan Simon de Montfort, 1209–13. Dilynwyd cwymp Raymond gan ymlediad dylanwad y Chwil-lys a dirywiad llenyddiaeth yn yr iaith Provençal.

22. Hywel ab Owain Gwynedd (m.1170), mab anghyfreithlon Owain ap Gruffudd. Gweler T. Gwynn Jones, *Rhieingerddi'r Gogynfeirdd* (1915) a Syr Thomas Parry (ed.), *Oxford Book of Welsh Verse* (1962), 25–8.

23. Sant Ffransis o Assisi (1181/2–1226), y mwyaf rhamantus a diymhongar ymhlith y rhai sydd wedi sefydlu urddau crefyddol. Profodd dröedigaeth yn ddyn ifanc, rhoddodd y gorau i'w fywyd yn y byd a derbyniodd dlodi mewn ymdrech i efelychu bywyd yr Iesu. Sefydlodd Urdd y Brodyr Llwydion a gydnabuwyd gan y Pab yn 1210. Ni chaniatawyd i'r brodyr gael eiddo. Crwydrent y wlad yn pregethu'n uniongyrchol i'r werin bobl ac yn gofyn am elusen.

24. Y mae'r geiriau hyn yn adleisio cerdd enwog John Keats, 'Ode to Melancholy': 'Ay, in the very temple of Delight/ Veiled Melancholy hath her sovran shrine,/ Though seen of none save him whose strenuous tongue/ Can burst Joy's grape against his palate fine.'

25. Hubert de Burgh, (m.1243), iarll Caint ac ustus Lloegr. Er 1223 yr oedd de Burgh wedi casglu meddiannau mawrion yng Nghymru. Yn Ebrill 1231, gyda marwolaeth disymwth William Marshal, derbyniodd ofal dros diroedd de Breos. Erbyn haf cynnar y flwyddyn honno, medd Syr John

Lloyd: 'there was hardly a corner of South Wales where the enterprising justiciar had not planted his banner' (*A History of Wales*, 673). Ym Mehefin ymosododd Llywelyn ar ei feddiannau yn y de ac erbyn 1231, gyda dychweliad Pedr des Roches, esgob Caerwynt, a oedd yn elyn iddo, yr oedd y llanw wedi troi yn erbyn yr ustus.

26. Cymharer *Anthony and Cleopatra*, II, 2, 242: 'Age cannot wither her, nor custom stale/ Her infinite variety: other women cloy/ The appetites they feed, but she makes hungry/ Where most she satisfies.'

27. Cyfeiriad at y gred fod y planedau a'r sêr wedi'u gosod mewn wyth sffêr crisial, gyda'r ddaear yn eu canol. Wrth droi o gwmpas y ddaear gwnâi pob sffêr un nodyn perffaith; canlyniad y casgliad hwn o nodau oedd y gerddoriaeth nefolaidd oedd yn glywadwy i'r pur eu heneidiau yn unig. Gweler uchod, t.516, n.25.

28. Dyfyniad o benillion Morgan Llwyd, 'Gwyddor Uchod', 2 a 4. Gweler J.H. Davies (gol.), *Gweithiau Morgan Llwyd o Wynedd*, II (1908), 117.

29. Y mae'r chwedl am gi yn achub mab ei feistr rhag ymosodiad blaidd yn deillio, fe ymddengys, o India. Am y thema yng Nghymru yn yr Oesoedd Canol a'i chysylltu, ymhen canrifoedd, â Beddgelert, gweler Grahame C.G. Thomas, 'Beddgelert: y chwedl wreiddiol', *Llên Cymru*, 17 (1992), 5–10.

30. Y mae'r cyfeiriad hwn yn anacronig. Ni allai Gwilym fod wedi clywed am erlid dewinesau nac yn Ffrainc nac yng Nghymru oherwydd na ddigwyddai hyn cyn 1230. Yn raddol ar ôl y dyddiad hwnnw y datblygodd dysgeidiaeth eglwysig am ddewinesau dan ddylanwad y Chwil-lys. Yna, ar ôl 1430 dechreuodd yr arferiad o erlid y dewines gerbron llysoedd yr eglwys a'i llosgi; ac yr oedd ar ei uchaf yn yr ail ganrif ar bymtheg. Un o'r achosion cyntaf o erlid menyw fel dewines yng Nghymru fu'r un a ddygwyd yn erbyn rhyw Dangwystl, 'ferch Glyn o Benfro', a gyhuddwyd yn 1500 gan yr Esgob John Morgan o Dyddewi o'i wneud yn fregus ei iechyd trwy ddewiniaeth. Ar y llaw arall, ymddengys fod yr awgrym a wneir yma nad erlidid dewinesau yng Nghymru i'r un graddau ag yn Lloegr a Ffrainc yn wir. Dywed Eirlys Gruffydd, 'Yng Nghymru, fodd bynnag, mae'n ymddangos fod y werin yn fwy parod i oddef gwrachod na'u cymdogion dros y ffin'–efallai oherwydd mai Saesneg oedd iaith y llysoedd. Gweler *Gwrachod Cymru Ddoe a Heddiw* (1988), 26–7.

31. Datblygodd y twrnameint—a elwid felly oherwydd y ffordd y byddai ceffylau'r marchogion yn troi o gwmpas y maes cyfyng—rywbryd yn ystod yr unfed ganrif ar ddeg. Cyn bo hir yr oedd yn boblogaidd iawn, gyda marchogion yn ymgasglu mewn lluoedd i gymryd rhan, a gwelodd brenhinoedd Lloegr angen cael trefn arnynt. O gyfnod Rhisiart I ymlaen yr oedd yn rhaid cael trwydded er mwyn cynnal twrnameint ond parhaodd rhyddid y marchog yn hwy ar y Cyfandir. Dywedir bod Edward I, cyn dod i'r orsedd, wedi teithio yno gyda phedwar ugain o farchogion er mwyn cymryd rhan mewn twrnameint.

32. Yr ardal rhwng afonydd Gwy a Mynwy yn Swydd Henffordd.

33. Gweler isod, n.54.

34. Tangwystl, gweler *A History of Wales*, II, 686. Yn ddiau gwyddai Saunders Lewis fod y cyfeiriadau hyn at biwritaniaeth Gymreig yn anacronig, ond wrth gwrs, anelwyd yr ergyd hon at y gynulleidfa gyfoes.

35. Y mae priodoli'r datganiad hwn i ddisgybl Awstin yn ddilys, oherwydd gwelwyd dylanwad Awstin ymhobman yn Ewrop yng nghyfnod Llywelyn ac wedyn am ganrif o leiaf. Y mae'n debyg fod y disgybl y sonnir amdano yma wedi bod yn darllen *Cyffesion* y Sant, lle y dywed: 'Who shall be able to hold and fix [time], that for a while it may be still, and may catch a glimpse of thy ever-fixed eternity, and compare it with the times that never stand, that so he may see how these things are not to be compared together? . . . Who shall hold fast the heart of man that it may stand and see how that eternity, which ever standeth still, doth dictate the times both past and future, whilst yet itself is neither past nor future?' *The Confessions of St Augustine*, XI, xi, cyf. Sir Tobie Matthew, wedi'i adolygu gan Dom R. Hudleston (1923), (arg. Orchard Books, 1954), 337–8. Ni chynhwysir y darn hwn yng nghyfieithiad Cymraeg A.M. Thomas, *Cyffesion Awstin Sant* (1973).

36. Yr oedd yna 'erddi' ar gyfer baetio eirth yn Llundain yn nheyrnasiad Harri II a pharhaodd y gamp yn hynod boblogaidd trwy'r Oesoedd Canol tan ddiwedd yr ail ganrif ar bymtheg. Arferid rhwymo'r anifail wrth bostyn gyda rhaff o gwmpas un o'i goesau ôl a rhoi cŵn i'w faetio. Gwneid hyn hefyd gyda theirw. Gwaharddwyd yr arfer gan ddeddf seneddol yn 1835.

37. Cadwgan (m.1241), esgob Bangor rhwng 1215 ac 1236, mab i offeiriad o Wyddel a chymar ffyddlon i Lywelyn.

38. Ffŵl llys neu glerwr yw croesan, yn wreiddiol dyn a gariai groes mewn gorymdaith eglwysig a hefyd a feddai ar y swyddogaeth o ddychanu'r rhai a oedd wedi troseddu yn erbyn yr Eglwys.

39. 'Ave Maria, Gratia Plena; Dominus tecum: benedicta tu in mulieribus, et benedictus fructus ventris tui Jesus. Sancta Maria, Mater Deii, ora pro nobis, peccatoribus, nunc et in hora mortis nostrae.' (Henffych well, Fair, gyflawn o ras, y mae'r Arglwydd gyda thi. Bendigedig wyt ti ymhlith merched, a bendigedig yw ffrwyth dy groth di, Iesu. Sanctaidd Fair, Fam Duw, gweddïa drosom ni bechaduriaid, yr awr hon ac yn awr ein hangau.) Gweler y fersiwn Cymraeg yn J. FitzGerald a P.J. Donovan (goln), *Llyfr Offeren y Sul* (1988), 6.

40. Yr edling oedd yr etifedd i'r deyrnas, sef yn yr achos hwn, Dafydd.

41. Y mae disgrifiad Alis o ymddygiad y dorf yn yr olygfa hon yn fodd i'r dramodydd sylwebu ar agwedd y dorf yn ei gyfnod ef ei hun, ond nid heb gyfiawnhad. Yn ôl Syr John Lloyd yr oedd dynion Llywelyn mor ffyrnig yn erbyn de Breos a'i deulu fel na fyddai wedi gallu cadw bywyd Gwilym yn ddiogel hyd yn oed pe bai wedi dymuno gwneud hynny. Anwybyddodd Saunders Lewis hyn wrth lywio ei ddrama, gan ei bod yn rhan bwysig o'i ddehongliad o'r hanes fod a wnelo cenfigen Llywelyn â'r peth, ond manteisiodd ar fersiwn yr hanesydd er mwyn gwneud pwynt gwleidyddol yn y fan hon—fel yr oedd mor barod i'w wneud bob amser!

42. Hynny yw, Dydd y Farn. Gweler *Geiriadur Prifysgol Cymru*, dan y gair 'dydd'.

43. 'Chi'r holl esgobion a chyffeswyr, gweddïwch drosto. Sant Awstin, Sant Benet, Sant Ffransis . . . gweddïwch drosto.' Daw'r geiriau hyn a'r rhain isod o Litani'r Seintiau. Gweler *Buchedd Garmon* uchod, t.148, n.61.

44. 'Chi holl saint a santesau Duw, eiriolwch drosto.'

45. 'Trugarha wrtho, gwared ef, Arglwydd.'

46. Dyfyniad o'r *Ave Maria*. Gweler uchod, n.39.

47. Cyhoeddwyd yr ymdeithgan enwog hon am y tro cyntaf yn *Musical & Poetical Relicks of the Welsh Bards* gan Edward Jones yn 1784. Fe'i trefnwyd wedyn gan Ieuan Gwyllt ar eiriau Ceiriog 'Wele goelcerth wen yn fflamio'. Fe'i cenid hefyd gyda geiriau Talhaiarn, 'Henffych well i wlad fy nghalon', ar drefniant a gyhoeddwyd gan John Owen yn *Gems of Welsh Melody* (1860). Gweler Huw Williams, *Canu'r Bobl* (1978), 159.

48. Castell Baldwyn oedd yr enw ar y castell Normanaidd ar lan Afon Hafren (yr Hen Domen). Ceir cyfeiriad yn *Brut y Tywysogyon* at y ffaith fod Llywelyn wedi llosgi 'Castell Baldwin' yn 1231, ond yn y *Cronica de Walia*, sy'n cofnodi'r testun Lladin y seiliwyd y *Brut* arno, cyfeirir at gastell 'Montgomery', sef y castell y dechreuodd Harri III ei godi yn 1223. Hwn, yn ddiamau, oedd y castell yr ymosododd Llywelyn arno.

49. Dywed yr Esgob D. Mullins am y llinell drawiadol hon: 'Fe ellid cael mwy nag un Sant yn dweud rhywbeth tebyg. Credaf i mai'r Tad Mel Hill yn Aberystwyth oedd sail uniongyrchol y geiriau i SL. Yr oedd y Tad Mel yn dysgu Saesneg yn y Coleg ac yn athro llenyddiaeth penigamp. Yr oedd ef a SL yn hoffi trafod a dadlau a chwarae â syniadau. Fe fyddai'r Tad Mel yn aml yn dweud rhywbeth fel, "Life—what a frightening gift" ac yn dweud yr un peth mewn iaith fwy urddasol mewn pregeth.'

50. Cymharer Luc xviii.15–16 a Matthew xviii.3: 'Yn wir y dywedaf i chwi, Oddi eithr eich troi chwi, a'ch gwneuthur fel plant bychain, nid ewch chi ddim i mewn i deyrnas nefoedd.'

51. Y mae'n anodd gweld pa esgymundod y cyfeirir ato yma. Esgymunwyd Llywelyn gan y Pab Honorius rhwng Tachwedd 1216 a'r Mawrth canlynol a gellid cymryd yn ganiataol mai hwn oedd yr esgymundod y cyfeiria Alis ato, ond y byddai hi wedi bod yn ifanc iawn y pryd hwnnw. Bu tiriogaethau Llywelyn dan esgymundod arall rhwng Medi a Hydref 1223, ond y tro hwnnw nid oedd awdurdod uniongyrchol y Pab y tu ôl iddo. Beth bynnag, yr oedd Llywelyn yn llygad ei le yn proffwydo esgymundod arall, a ddaeth yng Ngorffennaf 1230, o gyfeiriad Caergaint eto yn hytrach nag o Rufain, ac a oedd o ganlyniad yn haws ei ddioddef.

52. Cassandra, merch i Briam, brenin Troia, a dderbyniodd y gallu i broffwydo gan y duw Apolo am ei fod yn ei charu ond oherwydd nid ymatebodd i'w gariad sicrhaodd y duw na fyddai neb yn ei chredu. Aeth Cassandra o Droia yn gaethferch i'r Brenin Agamemnon a bu farw gydag ef dan ddwylo ei wraig, Clytemnestra.

53. Derbyniodd William Marshal, iarll Penfro, ofal am diroedd Gwilym de Breos ym Mai 1229; bu farw'r iarll yn ddisymwth yn Ebrill 1231.

54. Bu farw Gilbert de Clare, seithfed iarll Clare, pumed iarll Hertford a chweched iarll Caerloyw ym Mhenros yn Llydaw, 25 Hydref 1230. Ei etifedd oedd Richard, ei fab gan Isabella Marshal, merch William, iarll Penfro. Bu yng ngofal Hubert de Burgh tan Hydref 1232, pan aeth dan arolygiaeth esgob Caerwynt.

55. Dinefwr oedd canolfan arglwyddiaeth Ystrad Tywi yn amser Rhys Gryg, ac yr oedd yr arglwyddiaeth yn cynnwys saith cwmwd y Cantref Mawr i'r gorllewin i Afon Tywi, a thri chwmwd y Cantref Bychan ar lan dwyreiniol yr afon.

56. Yr oedd gan yr Arglwydd Rhys wyth mab ond pan rannwyd ei deyrnas yn 1216 dosbarthwyd y tiroedd rhwng Rhys Gryg, Maelgwn ap Rhys a Rhys ac Owain, meibion Gruffudd ap Rhys (m.1201). Erbyn 1230 rheolid y tiroedd gan Rys Gryg (m.1233) (ac wedyn gan ei feibion Rhys Mechyll (m.1246) a Maredudd ap Rhys Gryg (m.1271)); Maelgwn Fychan (m.1257); ac Owain ap Gruffudd (m.1236). Daliodd Llywelyn ei afael ar eu teyrngarwch serch eu bod o hyd, o ran perthynas ffurfiol, yn ddeiliaid i frenin Lloegr a bod y brenin yn awyddys i adfer ei reolaeth arnynt.

57. Yn ôl y traddodiad a gofnodwyd gan awdur yr *Historia Brittonum* yn y nawfed ganrif, daethai Cunedda, genedlaethau lawer yn gynharach, i Wynedd o Fanaw Gododdin, sef tiriogaeth yn yr Hen Ogledd yng nghyffiniau Dineiddyn neu Gaeredin. Daethpwyd i adnabod Cunedda fel sefydliad llinach Aberffraw, ac olrheiniai'r tywysogion eu hach o Gunedda trwy Lywarch Hen a Rhodri Mawr.

58. Amcan gwreiddiol y groesgad oedd cadw rheolaeth y tiroedd sanctaidd o gwmpas Caersalem a'u hamddiffyn yn erbyn y Saraseniaid, er, o dipyn i beth, llygrwyd y syniad bod yr ymgyrch yn un gysegredig, gan gymhellion gwleidyddol a masnachol. Arweiniodd y groesgad neilltuol y sonnir amdani yma gan yr Ymerodr Ffredrig II, ac yr oedd yn nodedig am ei bod yn diweddu gyda chadoediad heddychlon â chytundeb â'r Moslemiaid yn lle gydag ymgyrch filwrol. Am y dyddiad gweler isod n.59.

59. Pedr des Roches (m.1238), yn enedigol o Poitou, gwas ffyddlon i'r Brenin John, a benodwyd yn warchodwr i'r brenin ifanc Harri III. Yr oedd des Roches yn genfigennus iawn o Hubert de Burgh ac yn debyg o fod yn gysylltiedig â'r cynllwyn i'w ladd. Erbyn 1227, dan ddylanwad de Burgh, yr oedd Harri III wedi diswyddo'r esgob ac y mae'n bosibl mai dyna pam y bu iddo ymuno â chroesgad Ffredrig II, gan gyrraedd y Tiroedd Sanctaidd yn 1228. Fel cadfridog o fri cymerodd Pedr ran flaengar iawn yn yr ymgyrch, yn un o dri arweinydd y byddinoedd. Yr oedd yng nghwmni Ffredrig pan orymdeithiodd trwy Gaersalem ar 8 Ebrill 1229. Erbyn Awst 1231 yr oedd yn ôl yng Nghaerwysg, yn barod â chymorth milwrol i'r brenin. Cymerodd lai na blwyddyn i ennill ffafr Harri a disodli Hubert yn gyfan gwbl. Pan ddiswyddwydd de Burgh, 29 Gorffennaf 1232, cymerwyd ei swydd gan nai Pedr, Pedr de Riveaux.

60. Yn ôl chwedloniaeth yr Oesoedd Canol, y Greal oedd y llestr a ddefnyddiwyd gan yr Iesu yn ystod y Swper Olaf a chan Ioseff o Arimathea i ddal y gwaed a lifodd o'i gorff wrth i'r canwriad ei drywanu ar y Groes. Yn rhamantiaeth Ewrop o'r bedwaredd ganrif ar ddeg ymlaen daeth y Greal yn symbol o burdeb perffaith, unig amcan gweddus ymgyrch y marchog dihalog. Ar ddiwedd y cyfnod, yn *Morte d'Arthur* (1469–70) Malory, cymerodd y chwedl ei ffurf derfynol a disgrifiwyd llwyddiant ymgyrch Galath, mab Lawnslod, i gymryd meddiant o'r llestr cysegredig.

61. Cyfeiriad at benderfyniad Llywelyn i ddewis Dafydd yn etifedd iddo yn hytrach na Gruffydd, gan roi'r flaenoriaeth i fab o briodas, serch ei fod yn ail fab, dros y mab gordderch, serch mai ef oedd yr hynaf o'i feibion. Datganwyd penderfyniad Llywelyn mewn ordeiniad a gafodd ei gadarnhau gan frenin Lloegr a'r pab. Gwyddys am yr ordeiniad oherwydd cedwir testun o gadarnhad y pab yn Llyfrgell y Fatican.

62. Otto von Bismarck (1815–98), sy'n gyfrifol am y dywediad enwog hwnnw. Gweler *Otto von Bismarck in conversation with Meyer von Waldeck*, II, Awst 1867.

63. Ceir y wybodaeth gynharach am y Groes Naid yn ystod haf 1283 pan drosglwyddwyd hi i'r Brenin Edward yn dilyn ei fuddugoliaeth yng Nghymru. Tybid ei bod yn ddarn o'r Wir Groes y croeshoeliwyd Crist arni, a'i bod wedi ei throsglwyddo o ofal y naill dywysog i'r llall ar hyd yr oesoedd. Gofalodd brenhinoedd Lloegr am y Groes Naid, a'i haddurno â gemau ac aur, a'i gosod yng nghapel St Sior yn Windsor lle y bu tan deyrnasiad Edward VI. Ceir ei hanes yn *Y Cymmrodor*, xxiii, 100–3; *Cylchgrawn Llyfrgell Genedlaethol Cymru*, VII (1951–2), 102–15. Am ystyr y gair 'naid' gweler H. Lewis, T. Roberts ac I. Williams (goln), *Cywyddau Iolo Goch ac Eraill* (1925), x, 22 a T. Gwynn Jones (gol.), *Gwaith Tudur Aled* (1926), I, lxiii, 6.n.

64. Cymharer *Williams Pantycelyn* (1927), 163: 'Dangosodd llawer beirniad nad trychineb i dosturio wrtho yw diwedd y trasiedi hwnnw [Romeo and Juliet], ond mai caredig ydyw. Y rheswm am hynny yw mai serch diamod a'i diben ynddo'i hun yw rhwymyn Romeo a Juliet. Trwy eu galanas gynnar cadwyd y serch hwnnw yn berffaith, yn ddisiom, mor bur a thragwyddol a'r nef ei hun. Nid oes iddo berthynas a bywyd o'i gwmpas, na llyffethair cyfrifoldeb.'

65. Yn ôl yr Eglwys Babyddol dioddefai eneidiau'r rhai a ddihangodd rhag damnedigaeth gosb am y pechodau a faddeuwyd iddynt cyn cyrraedd y nef. Datblygodd y gred mewn Purdan yn gynnar yn yr Eglwys Orllewinol a chafodd ei diffinio yng Nghynghorau Lyon (1274) a Fflorens (1439). Ceir darlun byw iawn o Burdan fel y trawodd dychymyg Dante yn ei *Divina Commedia*.

66. Cymharer Salmau 19.5: 'Yr hwn sydd fel gŵr priod yn dyfod allan o'i ystafell: ac a ymlawenha fel cawr i redeg gyrfa.'

67. Claddwyd Siwan yn Llan-faes a chodwyd tŷ Ffransisgaidd yno i gofio amdani; fe'i dymchwelwyd yn yr unfed ganrif ar bymtheg. Erys ei harch ym mhorth Eglwys Biwmares.

68. Gweler J. Owen, *Ffransis o Assisi–Sant yr Oesau* (1985), 54: 'Un tro yr oedd mor anfodlon ar y modd yr oedd wedi ceisio ymddisgyblu mewn gwaeledd a'i gwnâi'n anodd iddo gadw at ei ddisgyblaeth arferol nes iddo, o gywilydd, ofyn i un o'r brodyr ei dywys yn noeth wrth raff a oedd ynghlwm wrth ei wddf yng ngwydd pobl.'

Gymerwch Chi Sigaret?

CYFLWYNIAD

Eithriad yw *Gymerwch Chi Sigaret?* ymhlith dramâu Saunders Lewis oherwydd ei bod wedi ei seilio'n uniongyrchol ar ddigwyddiad cyfoes, y darllenodd y dramodydd amdano yn y papurau dyddiol Saesneg. O blith y dramâu diweddarach sylwn ar *Yn y Trên* (1965), *Cymru Fydd* (1967), *Cell y Grog* (1975), ac *Excelsior* (1980) sy'n gyfoes o ran deunydd ond heb fod yn seiliedig ar ddigwyddiad cyfoes. Cawn hefyd ddrama anorffenedig lle yr oedd Saunders Lewis yn tynnu ar hanes diweddar ac ar ddigwyddiadau ym mywyd y gwyddonydd Niels Bohr. Hanes a llenyddiaeth, y Beibl a'r *Mabinogi* sy'n rhoi iddo ddeunydd ar gyfer dramâu eraill y cyfnod ar ôl *Gymerwch Chi Sigaret?*. Gellid dadlau fod y rhain i gyd yn gyfoes i'r graddau eu bod yn adlewyrchu'r byd yr oedd ef ei hun yn byw ynddo ac yn cyfeirio ato'n uniongyrchol yn aml mewn modd anacronig. Eto saif *Gymerwch Chi Sigaret?* ar wahân i'r dramâu eraill i'r graddau ei bod yn perthyn i'r byd go iawn fel y'i hadlewyrchir gan newyddiaduraeth. O ystyried hynny y mae'r modd yr addasodd Saunders Lewis ei ddeunydd a'i urddasoli'n fwy nodedig byth. Gellir dadlau ynghylch natur trasiedi mewn perthynas â *Gymerwch Chi Sigaret?*, fel yn achos unrhyw ddrama grefyddol, ond nid oes amheuaeth nad yw'r dramodydd wedi llwyddo i arwisgo ei bwnc ag urddas ac arucheledd trasiedi.[1]

Ceir fersiwn llawn o'r hanes y daeth Saunders Lewis o hyd iddo yn y papurau dyddiol yn Ebrill 1954 mewn llyfr a gyhoeddwyd yn Rwseg yn 1959 ac yn Saesneg flwyddyn yn ddiweddarach dan y teitl, *In the Name of Conscience*. Hunangofiant ydyw, gan ddyn o'r enw Nikolai Khokhlov a anwyd yn yr Undeb Sofietaidd yn 1922. Erbyn 1940, a hithau'n rhyfel rhwng Rwsia a'r Almaen, aeth Khokhlov i weithio i'r NKVD, oedd yn gyfrifol am drefnu gweithgarwch yn erbyn y Natsïaid yn nhiriogaeth yr Undeb Sofietaidd. Ei uned ef fu'n gyfrifol am lofruddio Gauleiter Belorwsia, Kube, trwy roi bom magnetaidd dan ei wely. Yna ar ôl y rhyfel, gan gymryd yn ganiataol ei fod yn gwasanaethu ei wlad yn yr un ffordd, derbyniodd y 'gwahoddiad' i barhau gyda'r lluoedd dirgel. Serch hynny, erbyn Medi 1949, wedi ei ddadrithio o ganlyniad i gyfnod o wasanaeth yn Romania, lle y cafodd gyfle i sylwi am y tro cyntaf ar sut yr oedd pobloedd gwledydd eraill y bloc dwyreiniol yn Ewrop yn teimlo ynghylch y system Sofietaidd, ceisiodd ymadael â'r NKVD. Ni chaniatawyd hynny oherwydd y buddsoddiad sylweddol a wnaed yn ei addysg dros y blynyddoedd ac fe'i gorfodwyd ar ôl cyfnod o ryddid cymharol fel myfyriwr ym Moscow i ymgymryd â chyfrifoldebau newydd.

Yn y cyfamser yr oedd Khokhlov wedi adnewyddu cyfeillgarwch dyddiau ysgol â merch o'r enw Yanina Adamovna Timashkevich a'i phriodi yn Nhachwedd 1951. Yr oedd Yanina—Yana i Khokhlov—yn Babyddes, oherwydd bod ei thad wedi ymfudo i Rwsia o Belorwsia ac fe'i cafodd yn anodd iawn dygymod â galwedigaeth ei gŵr. Anogodd Yana Khokhlov yn gyson i weithredu'n ôl ei gydwybod, i adael y gwasanaeth cudd ac i dderbyn y canlyniadau, ond gobeithiai ef ddod o hyd i ryw fodd o gyrraedd y nod hwnnw yn ogystal â chadw'i deulu'n ddiogel. Ar un achlysur ymddangosai'n debyg y câi ganiatâd i fynd i fyw dramor gyda'i wraig a'i blentyn ond llesteiriwyd y cynllun hwnnw gan farwolaeth Stalin ym Mawrth 1953 a'r newidiadau mawr a fu yn nhrefn y gwasanaethau dirgel ym Moscow ar ôl hynny. Yna, yn Hydref y flwyddyn honno rhoddwyd tasg newydd i Khokhlov na feiddiai ei gwrthod. Yr oedd i deithio i Awstria ac oddi yno i Ddwyrain yr Almaen lle y byddai'n cwrdd â grŵp o gydweithwyr er mwyn trefnu i ladd Rwsiad o'r enw Georgi Sergeyevich Okolovich a oedd yn gweithredu fel pennaeth mudiad a wrthwynebai Gomiwnyddiaeth yn Rwsia, gan drefnu a dosbarthu propaganda yn yr Undeb Sofietaidd. Gan fod Okolovich yn ymwybodol o'i berygl ac yn wyliadwrus iawn, dewiswyd dull dyfeisgar iawn o'i ladd. Gwnaethpwyd dau flwch sigaréts mewn dull oedd yn ffasiynol ar y pryd, ond bod llawddryll electronig y tu mewn iddynt a daniai fwledi llawn o botasiwm syanid a'r cyfan yn gweithio drwy gyfrwng botwm ar yr ochr.

Adwaenid mudiad Okolovich fel yr NTS, a awgrymai yn Rwseg naill ai 'Nesyom Tiranam Smert', sef, 'Down ag angau i'r gormeswr', neu 'Nesyom Trudyashchimsya Svobodu', sy'n golygu 'Down â rhyddid i'r Gweithwyr'. Yr oedd Khokhlov wedi dod ar draws yr NTS rai blynyddoedd ynghynt, a chydnabu wladgarwch a gonestrwydd ei bolisïau a'i amcanion, gan ddweud: 'I felt that NTS was my organization. The important fact, I said to myself, is that a Russian revolutionary organization exists. Here was a clear path to a clearly defined goal, the Russian National Revolution of Liberation.'[2] Wedyn, ar ôl cael y cyfarwyddyd i lofruddio Okolovich, dysgodd ragor am y dyn a'i amcanion, am y papur newydd a gylchredai yn yr Undeb Sofietaidd ac am athroniaeth wleidyddol yr NTS, 'solidarism': 'Solidarism, apparently, was built on the recognition of the personal freedom of man, his right to a conscience, and on the absolute repudiation of totalitarian methods of administration.'[3]

Pan esboniodd Khokhlov i'w wraig beth yr oedd ei gyflogwyr wedi gofyn iddo'i wneud ymatebodd hi fel y disgwyliai, gan fynnu iddo fynd atynt, cyfaddef cyflwr ei deimladau a derbyn y gosb anochel, ond daliai ei gŵr i obeithio dod o hyd i ryw fodd o achub y sefyllfa. Dyma ei eiriau:

> Yana was feeding Alyushka grated carrots. When she heard my steps she called out, 'Kolya?' without interrupting the complicated job. But when she turned around and saw the look on my face, she winced.
>   'What happened?' she asked, hurriedly wiping Alushka's chin.
>   'I've been ordered to take part in the organization of a murder,' I began.
>   'Again?' The words escaped with pain from Yana's lips.
>   'Again . . . only this time there are no possibilities for a flat refusal. Too

much has already been told to me. And after my story last year with a similar mission I have to be very cautious.'[4]

'What should we do then?'

'I don't know yet. Probably wait and see how things develop. Only one thing is clear—our hopes that everything would change for the better were illusions. The Soviet regime cannot change. Simply cannot.'

Yana was silent, resting her chin on her palms. Then, with an intently serious look, she asked me, 'Who is he? This Man?'

'Let's not name names. I can say that he is a revolutionary, a Russian revolutionary, and apparently a very good man.'

Yana sounded like an echo. 'A good man or a bad one—what is the difference? Murder is murder.'

I was silent.

'In my opinion, there's only one thing we can do,' Yana resumed, 'tell your bosses the truth, and take what's coming to us. And as for Alyushka, it's hard to tell which is better for him—to have parents who are cowards, or—'

'Wait,' I interrupted. 'Don't jump to conclusions. There's still time. It's too soon to act rashly. Let's see how things develop.'[5]

Ar achlysur arall, ar ôl i Khokhlov gael ei dynnu ymhellach i mewn i'r cynllwyn, trafododd y tad a'r fam eu sefyllfa, gan ddangos eu hymwybyddiaeth o'r un ystyriaethau moesol sy'n symbylu cynllwyn Iris yn *Gymerwch Chi Sigaret?*:

'To discuss the moral side of the assignment with them is useless,' I continued. 'It would solve nothing. Even if they should refuse, others would be found. In fact no matter which of us would refuse, the same problem would remain. Perhaps such is the fate of Okolovich . . .'

Shaking her head, Yana tried to stop the trend of my thoughts. 'The question is about our own fate . . .'

'It's about our fate that I'm worrying. More precisely, about yours and Alyushka's.'

Yana broke in. 'This is the moment when it will become clear whether your attempts to leave MGB were sincere efforts or only half-hearted self deceptions.'

'But it's too dangerous to act rashly in our situation, Yana. MVD has long arms.'[6]

Yana waved away my words. 'Not quite so long as they think. You know this better than I. And besides, you and I have been ready to go to a prison camp since last year. Exactly in such a case we would not lose each other in the real sense of the word. Nor Alyushka lose us. Siberia is better than a concentration camp of our own conscience. If they murder Okolovich, you will still be one of his murderers. Our life together will collapse. Collapse hopelessly and irreparably. I would not be able to remain your wife. This is absolutely clear. And I could not speak to Alyushka about a father who is a murderer. It means he will grow up without a father. Why do you force me to say all this out loud?'[7]

Yn yr argyfwng hwn ni welai Khokhlov ond un ffordd ymlaen. Penderfynodd fynd yn syth at Okolovich, datgelu'r cynllwyn iddo a gofyn am gymorth ei fudiad i achub Yana a'r plentyn o grafangau'r awdurdodau Sofietaidd. Gwnaeth hyn ac fe'i derbyniwyd gan Okolovich yn hollol ddiffuant ond, yn anffodus, oherwydd nad oedd yr NTS mor nerthol ag y'i hystyrid gan yr MVD fe'i gorfodwyd i ddweud nad oedd ganddo'r adnoddau yn Rwsia i achub teulu Khokhlov. Awgrymodd ei fod yn mynd at yr Americaniaid er mwyn cael eu cymorth. Cytunodd Khokhlov, oherwydd nad oedd ganddo loches arall ac o'r pwynt hwn ymlaen aeth pethau fesul cam tuag at ddiweddglo trasig.

I ddechrau, yr oedd yr Americaniaid yn lletchwith ac yn ddrwgdybus ac yr oedd yn anodd iawn i Khokhlov eu perswadio i'w gymryd o ddifrif. Felly dodwyd ef a'i deulu mewn perygl dybryd. Ac yn y pen draw, ar ôl iddynt drefnu cynhadledd i'r Wasg ac addo anfon cerbyd i fynd â Yana a'r plentyn i'r llysgenhadaeth Americanaidd ym Moscow ni wnaethant ddim. Cafodd Khokhlov y profiad echrydus o ddisgwyl o ddydd i ddydd am newyddion amdanynt a chlywed y gwir o'r diwedd gan un ohonynt a oedd wedi addo popeth iddo:

> And then came the American who had flown from Washington the day before the press conference with assurances that everything was 'O.K.' in Moscow. He tried not to look at me and I realized that the news was bad.
> 'Nobody went to your family in Moscow,' he said very simply.
> 'What?' I almost screamed.
> 'Yes,' he answered, his face like stone. 'Nobody went. I don't know why. It looks like at the last moment they got cold feet.'
> I never learned what actually took place in Moscow. one thing was clear—nobody went to my family.[8]

Ar ôl dod dros yr ergyd gyntaf aeth Khokhlov i America, lle y gweithiodd yn ddygn fel propagandydd gwrthgomiwnyddol, cyn dychwelyd i Ewrop fel aelod blaengar o'r NTS. Ni chlywodd ragor am Yana ac Alyushka a dysgodd fod yr MKD yn amharod iawn i adael llonydd iddo arwain bywyd newydd. Ym Medi 1957 fe'i gwenwynwyd â thaliwm ymbelydrol. Diolch i ymdrechion glew ar ran ei feddygon, dihangodd yn fyw, ar ôl dioddef yn echrydus. Yna, yn 1959, cyhoeddodd ei lyfr, wedi ei gyflwyno i Yana. Fe'i gorffennodd gan fynegi hyder disyfyd yn nyfodol ei wlad a chadernid yr ysbryd dynol yr oedd yn edmygu gymaint.

> Even in such a coldly calculated operation as the planned murder of Okolovich, the elements of conscience and honour proved more powerful than the apparatus of Soviet espionage. And the image of my Yana, a Russian woman who lived and acted in accordance with the dictates of her conscience, is but a symbol of thousands of such women who went to penal servitude or to death in the same way as Yana did.

Yes, the universe has its eternal laws . . . The world is built upon them.
The Soviet power has attempted to subvert them to its own use. But this is
against the laws of the cosmos, and that is why the Soviet power is bound to
go to its doom.

For men are the children of God, and not of the party or the state.[9]

Nid oes gan Yana Khokhlov ddim o ysgafnder a ffraethineb Iris ac eto y mae sail y naill gymeriad a'r llall yn fanwl yr un, sef cadernid ffydd a chydwybod. Ac y mae hyn yn fwy trawiadol pan ystyrir y ffaith na chafodd y dramodydd gyfle i ddarllen y llyfr. Y cwbl oedd ganddo wrth law wrth iddo ddechrau llunio'i gymeriadau oedd adroddiadau'r papurau newyddion a gyhoeddwyd ar ôl cynhadledd Khokhlov i'r wasg, a gynhaliwyd dan gyfarwyddyd yr Americanwyr rai misoedd ar ôl iddo fynd at Okolovich a datgelu'r cynllwyn.

Cyhoeddodd *The Times* y stori ar dudalen chwech, 23 Ebrill 1954, dan y teitl, 'Surrender to Americans of Russian terrorist. Refusal to carry out assassination.' Fel y gellid disgwyl, gwelodd golygyddion y papurau eraill gyfle i wneud argraff ddyfnach. Felly y *News Chronicle*; gweler y dudalen flaen, 'Poison pistol—Moscow model', sy'n cynnwys lluniau o'r blwch sigaréts a'r mecanwaith cudd, rhwng Okolovich, 'The man who should have died' a Khokhlov ei hun, a dynnwyd yn ystod y gynhadledd, yn dal lluniau o Yana ac Alyushka o flaen y camera. Yr oedd arddull y *Daily Express* ychydig yn wahanol, yn pwysleisio diddordeb 'dynol' yr hanes a'r agwedd ddramatig. 'Murder team reveals all. They seek freedom', meddai'r sylwebydd William Hamsher. Ac aeth ymlaen i adrodd 'The case of the poisoned bullets' mewn pedair pennod. Ar un pwynt pwysig yr oedd yr *Express* ar flaen y gad oherwydd gwelodd y cyfle i ddefnyddio'r rhif ffôn yr oedd Khokhlov wedi ei ddatgelu yn ystod y gynhadledd, gan obeithio y byddai cyhoeddusrwydd yn gymorth i Yana a'r teulu. Ffoniodd gohebydd y papur rif Yana ym Moscow a chael ateb gan yr awdurdodau: 'Nid adwaenir y wraig yn y cyfeiriad hwnnw.' Rhoddwyd sylw arbennig i rôl Yana hefyd, gan argraffu llun mawr ohoni dan y pennawd, 'The woman one of them left behind. SHE SAVED MY CONSCIENCE', ac oddi tano y geiriau, 'If this man is killed,' she said, 'you no longer have a wife.'

Un peth pwysig iawn sy'n gyffredin rhwng *In the Name of Conscience* a'r adroddiadau yn y wasg yw eu bod yn adrodd y stori o safbwynt Khokhlov ei hun. Cydiodd Saunders Lewis ar unwaith yn neunydd y stori o safbwynt arall, gan bwysleisio rôl y wraig. Ac wrth wneud hyn a'i gwneud hi'n arwres y ddrama, newidiodd ei chymeriad yn sylfaenol. Y mae deunydd nofel yn stori Yana fel y'i cyflwynir gan ei gŵr: byddai nofel yn cynnig cyfrwng i'r dychymyg dreiddio i gyfrinachau dioddefaint gwraig sy mewn sefyllfa nad yw'n caniatáu ddim iddi ond rôl oddefol. Byddai gan nofelydd—daw Mauriac i'r meddwl ar unwaith—le ac amser i archwilio sylwedd profiad Yana yn ystod y misoedd hir o amau diffuantrwydd cariad y gŵr a fethodd â dod o hyd i ffordd ymwared rhag ei gyflogwyr gwrthun. A dyna'r heddlu cudd wedyn a'r wythnosau diddiwedd o ansicrwydd cyn clywed y gnoc ar y drws a'i sicrhaodd o ffyddlondeb ei gŵr a methiant ei ymgyrch i'w hachub. Ond nid yw hamdden ac anuniongyrchedd y nofel yn perthyn i ddrama. Er mwyn cyflwyno stori Yana ar lwyfan rhaid oedd newid ei rôl a'i chymeriad, a'i gwneud yn fwy gweithredol a mwy hyderus, yn enwedig gan nad oedd amgylchiadau'r hanes yn caniatáu iddi fod ar y llwyfan drwy gydol y ddrama.[10]

Yr hyn a welodd Saunders Lewis yn Yana a'i symbylodd i greu Iris oedd yr union elfen o 'reswm' yr oedd yn ei ystyried mor bwysig yng nghyfansoddiad cymeriadau Corneille, sef 'gweledigaeth ddeallol glir o ddyletswydd ac o'r hyn sy'n iawn, ie, hyd yn oed yn yr argyfwng caletaf'.[11] Dyna oedd gan Yana, yn sail i'w chadernid moesol, ond ni feddai hi ar y gallu i weithredu, y gallu a'i gwnâi'n gymwys fel cymeriad yn y math hwn o ddrama 'henffasiwn' a luniodd Saunders Lewis ar fodel a fenthyciodd gan Corneille. Golyga'r 'rheswm' a welir yng nghymeriadau fel Polyeucte Corneille neu Iris Saunders Lewis ragor na gweledigaeth oddefol:

> Golyga . . . allu meistraidd mewn mab a merch i edrych i mewn i'w calonnau eu hunain a'u dadansoddi a'u barnu a'u hwynebu, a golyga mewn dialog rym a medrusrwydd dialectig sy'n ddramatig ar lefel arwrol uchel lle y mae'r awyr yn finiog ac yn Alpaidd lân.[12]

Yng nghymeriadau Corneille gwelodd yr 'ymennydd campus' yr oedd enghreifftiau ohonynt mor brin yn y byd go iawn.[13] Dyna oedd raid ei ychwanegu at gymeriad Yana er mwyn creu arwres *Gymerwch Chi Sigaret?*

Cymeriad Corneillaidd yw Phugas hefyd, a Chalista, a grewyd fel lladmerydd dros Iris yn ail hanner y ddrama.[14] Nid oedd Khokhlov ei hunan yn gymeriad Corneillaidd, er gwaethaf ei ddewrder. Yn wir, gellid dadlau ei fod yn ormod o Rwsiad i daro deuddeg fel cymeriad canolog yn un o ddramâu Saunders Lewis. Wrth anadlu bywyd dramataidd i esgyrn sychion adroddiadau'r *Express* a'r *Chronicle* ymdrechodd Saunders Lewis i greu cyddestun a chefndir i'r stori a fyddai'n cyfiawnhau'r newid yn ei naws a chywair. Er nad yw'n eglur yn *Gymerwch Chi Sigaret?* ym mha le yng Nghanolbarth Ewrop y'i lleolir, y mae'n amlwg ei bod yn un o'r gwledydd dibynnol yn hytrach na Rwsia ei hun. Caniataodd y newid hwn i'r dramodydd newid pwyslais y stori. Yn lle yr NTS a'r gwladgarwch Rwsiaidd a symbylodd wrthryfel Okolvich a Khokhlov, rhoddodd Babyddiaeth Phugas ac ymdrech Catholigion Ewrop yn erbyn Comiwnyddiaeth.

Wrth wneud hyn y mae'n debyg i'r dramodydd deimlo dylanwad digwyddiadau diweddar ac yn arbennig hanes diweddar Pwyl, lle'r oedd y wladwriaeth Farcsaidd wedi bod yn erlid yr Eglwys Babyddol ers rhai blynyddoedd. Yn y diwedd, wrth gwrs, arweiniodd yr ymgyrch hon at fethiant, oherwydd cryfhaodd y cysylltiad hanesyddol rhwng crefydd a gwladgarwch y Pwyliaid ac atgyfnerthu'r undod cenedlaethol a arweiniodd at lwyddiant Solidarnosc erbyn wyth degau'r ugeinfed ganrif. Serch hynny, yn y pum degau cynnar yr oedd golwg bur wael ar bethau ym Mhwyl, lle nad oedd hyd yn oed ddiflaniad Stalin wedi arwain at y 'dadlaith' gwleidyddol a ddigwyddodd yng ngwledydd eraill y bloc Comiwnyddol ac yn Rwsia ei hun. Dyma'r digwyddiadau sy'n gefndir i greu Phugas a'i ymgyrch, yng ngeiriau un hanesydd:

> Open persecution of the Church began with the Cracow 'show trial' of 21–27 January 1953. At the same time there was a Press campaign aimed chiefly against the primate of Poland, Stefan Wyszynski, who had been made a cardinal on 12 January 1953. On 9 February 1953 the Council of State issued a decree on ecclesiastical appointments, which gave the State full personal and institutional control over the Church and obliged the clergy to take an oath of loyalty to the Government. A fresh 'show trial' from 14 to 22 September 1953 ended in big jail sentences for Bishop Czeslaw Kaczmarek, arrested in 1951, and three other priests. Finally, on 26 September 1953, the primate himself was arrested, after refusing to issue the ecclesiastical condemnation of Kaczmarek demanded by Bierut.[15] The Government could now assume that it had broken the Church's resistance. On 17 December 1953 all the bishops and vicars capitular still free—about a quarter of all the clergy had been arrested—took the prescribed oath of loyalty in the presence of the Premier, Cyrankiewicz.[16]

Er gwaethaf hyn i gyd bu cyfnewidiad disymwth yn sgil gwrthryfel cyntaf y gweithwyr ym Mhoznan ym Mehefin 1956. Mewn ymateb i waedd y gweithwyr a ymdeithiodd i ganolfannau'r Blaid Gomiwnyddol—'Rhowch inni Dduw a bara'[17]—newidiodd cyfeiriad llywodraeth ym Mhwyl. Yr oedd carchariad Wyszynski ac erledigaeth yr Eglwys wedi sicrhau y byddai achos crefydd a chenedl ym Mhwyl bellach yn un ac y byddai'r cyfuniad o'r ddwy yn ddigon i danseilio cryfder y peirianwaith a grewyd yn y wlad yn ystod ac ar ôl yr Ail Ryfel Byd gan yr Undeb Sofietaidd. O adeg ymddangos *Gymerwch Chi Sigaret?* ymlaen, bu cynnydd cyson yng nghryfder cenedlaetholdeb Pwylaidd ac yn hyder y Pwyliaid y byddent o'r diwedd yn ailgydio yn eu hannibyniaeth a'u rhyddid crefyddol.

Wrth symud lleoliad stori Yana o Rwsia tua'r Gorllewin gwnaeth Saunders Lewis holl gythrwfl y digwyddiadau hyn yn rhan o gefndir ei gymeriadau. Hefyd yr oedd y symudiad hwn yn caniatáu cysylltu argyfwng ysbrydol Yana a Khokhlov a'i ddehongliad ef o ddatblygiad hanes Ewrop. Y mae'r elfen o gyd-ddigwyddiad yn eu hanes yn diflannu wrth i'r dramodydd ei symud yn nes at ganol Ewrop. Yng Ngwlad Pwyl, fel yng ngwledydd eraill y bloc, er i raddau llai, y mae ystyr gyflawnach i Gatholigiaeth Iris a difaterwch ac ansicrwydd Marc. Lle'r oedd hanner canrif o Gomiwnyddiaeth wedi difetha seiliau'r hen gymdeithas yn Rwsia yr oedd deng mlynedd o dotalitariaeth sosialaidd wedi methu'n gyfan gwbl yng Ngwlad Pwyl. Yno, yn ddiau, yr oedd parhad yr hen draddodiad a'r hen agweddau cymdeithasol yn elfen bwysig iawn yn y sefyllfa wleidyddol ar ôl y rhyfel. Yn ôl un hanesydd, dyna a achosodd wendid sylfaenol y wladwriaeth Gomiwnyddol a'i methiant i sefydlu'r athroniaeth swyddogol yn y wlad:

> The newly created 'third estate', that is the bulk of the old and new intelligentsia, of the Government, trade union, municipal and party officials, and of the managerial, technical and academic classes—altogether about a quarter of the total population—had not had the time which its equivalent in other European countries had had to adapt itself mentally to the new modes of life. Most of the members of this class were still very conscious of older private social distinctions, and the newly created omnipotent state—in contrast to the situation in Soviet Russia, for example,—had no spiritual hold over them although it controlled them on the material plane. Among them were still a number of people with aristocratic names who had put themselves at the disposal of the post-war State from purely patriotic motives. The Government could not renounce their services, or those of the intelligentsia in general, because the mass annihilations of the war years, together with the emigration, had decimated the numbers of highly educated people in the country. The execution of the huge tasks imposed by a planned economy, by the development of industry and by export obligations necessitated a good deal of consideration for opposition tendencies, even if these resulted only in passive resistance.[18]

Gwnaeth Saunders Lewis Iris yn gynrychiolydd hen fonedd rhyddfrydol Canol Ewrop ac yn rhinwedd ei safle cymdeithasol, yn etifedd i'r traddodiad deallusol a gynhyrchodd ddynion fel Masaryk ac Emrys ap Iwan, y traddodiad a frasluniodd yn y cyfnod cynharach yn *Buchedd Garmon*. Yn ei dyb ef, dyna brif draddodiad gwareiddiad Ewrop, wedi ei seilio ar y gred mai ymlyniad wrth werthoedd ysbrydol sy'n sail i ddiwylliant ac urddas dyn. Y tu ôl i ddrama bersonol Marc ac Iris yr hyn sy'n digwydd yn *Gymerwch Chi Sigaret?* yw datblygu dadl ynglŷn â pherthnasedd y traddodiad hwn yn y byd sydd ohoni. Fe'i cawn yn yr Act gyntaf wedi ei hymgorffori ym mhersonoliaeth Iris yn rhinwedd ei magwraeth. Yna, yn yr ail Act a'r drydedd fe'i ceir yn nadleuon Phugas, sy'n braslunio er lles Marc weledigaeth athronyddol y dramodydd.[19]

Bydd rhai darllenwyr yn digio oblegid yr awgrym a wneir yn *Gymerwch Chi Sigaret?* fod a wnelo dosbarth cymdeithasol â chywirdeb athronyddol. Yng Nghymru o leiaf ceir llawer mwy sy'n debyg i Marc nag sy'n debyg i Iris—a llawer hefyd sy'n ymhyfrydu yn y ffaith honno—ac y mae'n annhebyg y bydd rhain byth yn aelodau bodlon iawn o gynulleidfa drama sy'n cymryd yn ganiataol fod tröedigaeth grefyddol yn beth y gall enaid call ei ffeirio am fywyd mam a genedigaeth plentyn.

Wrth ddweud hynny, rhaid nodi y gwadai Saunders Lewis fod *Gymerwch Chi Sigaret?* yn ddrama grefyddol o gwbl yn y modd y tybiwyd ei bod gan sylwebyddion ar y pryd. Ar achlysur y perfformiad cyntaf, methodd hyd yn oed y beirniaid ffafriol â synhwyro hyn. Felly, er enghraifft, Dewi Llwyd Jones a ysgrifennodd yn *Y Cymro*:

> Drama ydyw i gredinwyr, ac oherwydd hynny y mae'n ddrama grefyddol. Nid drama am grefydd sylwer, er bod crefydd ynddi; nid drama mewn fframm grefyddol er bod offeiriad ynddi; ond drama a chrefydd yn brif beth ynddi— yn ymgiprys rhwng crefydd y Comiwnydd a chrefydd y Cristion.[20]

Cyfeiriodd Saunders Lewis at y dadleuon hyn yn y rhagair a ddyfeisiodd yn ateb i'r llu o feirniaid a gollfarnodd y ddrama mewn modd hynod o ragfarnllyd. Ers rhai blynyddoedd cyn hynny yr oedd dramâu Saunders Lewis wedi derbyn beirniadaeth ffafriol ar y cyfan. Gyda *Gymerwch Chi Sigaret?* newidiwyd hyn. Fe'i gwelwyd gan lawer fel propaganda Pabyddol, gwrthgomiwnyddol, ac ymosododd sawl beirniad ar y dramodydd oherwydd yr hyn a welai fel diffyg cydbwysedd a gonestrwydd. Cafwyd hyn yn 'Dyddlyfr y Dysgedydd', er enghraifft:

> Methodd y ddrama fel propaganda oherwydd mai propaganda annheg ydoedd. Cawsom yn *Gymerwch Chi Sigaret?* dri Phabydd a ymylai ar fod yn saint, a dau Gomiwnydd (un yn hollol fud) a ymylai ar fod yn idiotig. Beth bynnag fo atyniadau'r dernyn, o safbwynt y theatr, y mae'n gwbl unochrog ac anfoddhaol fel cyfraniad i'r ddadl ddifrifol rhwng Cristnogaeth a Chomiwnyddiaeth. Ymgais ydyw—megis y sylwodd Beirniad Radio—, yn annisgwyl ond yn gwbl briodol—i gyfrannu at hyrwyddo'r Rhyfel Byd nesaf, yn erbyn Comiwnyddiaeth.[22]

Dan y teitl 'Gymerwch chi bibellaid o Babyddiaeth?' cyhoeddodd *Y Tyst* erthygl gan R. Leonard Pugh lle y triniwyd y ddrama fel propaganda haer-llug ar ran y Babaeth a gyhuddwyd o fod cynddrwg â gwasanaethau cudd yr Undeb Sofietaidd o ran ysgelerder ei hamcanion a'i dulliau:

> Mewn cythreuldeb gall byddinoedd cudd y Fatican gystadlu'n effeithiol unrhyw ddydd â heddlu politicaidd y Cremlin. Trwythwyd hwythau hefyd yng nghyfrin ddulliau'r ddyfais electronig mewn cas sigarets. Wrth reswm nid busnes y propagandydd Pabyddol yw dweud hyn. Ei briod waith ef yw dyrchafu ei wrthrych. Rosari ac nid bwled a ddaw allan o bistol ei gariad ef. Gwae ni oni fedrwn wrth wrando fynd o dan groen pethau a deall. Mae'n bosibl, er na chredaf hynny, mai dallineb a diffyg argyhoeddiad oedd wrth wraidd ymateb bodlon cynulleidfa'r Palas. Os felly, yr ydym mewn sefyllfa enbyd. Y mae pobl ddi-ben yn llwyr ar drugaredd pob math ar bropaganda, a'u peryg mwyaf efallai yw tybio bod llenor sy'n defnyddio geiriau duwiol o reidrwydd yn hyrwyddo teyrnas Duw.[22]

Y mae cryn elfen o gellwair yn ymateb Saunders Lewis i'r math hwn o feirniadaeth ac y mae'n hawdd cydymdeimlo â hynny. Serch hynny y mae'n dda fod gennym yr *apologia* callach a gyhoeddodd yn y *Radio Times* yn Hydref 1965, ar achlysur darlledu *Gymerwch Chi Sigaret?*[23] Dyma un o'r sylwebaethau mwyaf datblygedig a gynigiodd y dramodydd ar ei waith erioed:

> Mewn hen emyn Lladin fe geir pennill sydd (yn y gwreiddiol) yn delyneg fawr, 'An amor dolor sit'. Dyma gais i gyfleu meddwl y pennill, a dim ond hynny:
>
> > Ai cur yw cariad pur? Ai cariad ydyw cur?
> > Ateb ni fedraf fyth. Ond hyn mi wn yn syth:
> > Fod cur yn nefoedd pur os cariad ydyw'r cur.
>
> Drama am gariad ydyw *Gymerwch Chi Sigaret?* ar Raglen Cymru heno. Ni fedraf wadu ei bod hi'n ddrama grefyddol. Ond nid am fod ynddi sôn am Dduw, sôn am weddi, sôn am arferion Catholig a llaswyr. Nid yw'r pethau hynny, na'r ddadl ynghylch Ffydd yn yr act olaf, yn ei gwneud hi'n ddrama grefyddol. Gorau po leiaf o sôn am baraffernalia crefydd a fo mewn unrhyw ddrama a gorau po leiaf o sôn am Dduw. Ond drama grefyddol o angenrheidrwydd yw unrhyw ddrama sy'n ceisio dangos cariad pur.
>
> Drama grefyddol yw *Antigone* Soffocles, a drama grefyddol yw ei *Electra* ef, oblegid yn y naill a'r llall 'Dolor amor est'. Yn wir y mae cariad dynol pur yn destun hanfodol dramatig. Oblegid meddiannu a mwynhau yw tuedd naturiol a chyntaf pob cariad dynol. Onid ydyw'n gariad pur, nid cariad mohono, nes troi'n gwbl wrthwyneb i hynny. A dyna ar unwaith dynnu'n groes i natur a dwyn i mewn trasiedi. Y mae pob cariad pur yn estyn breichiau croeso i drasiedi. Dyna hanes Iris yn y ddrama hon. O na bai'r ddrama yn deilwng o'i thema![24]

Yr oedd yn anodd i Saunders Lewis ddweud unrhyw beth am ei waith ei hun heb chwarae â'i ddarllenwyr: felly cawn beth eironi yma wrth iddo drin y gair 'crefyddol'. Yr hyn a ddywedai—heb ei wneud yn rhy hawdd i ddarllenwyr o'r un math â R. Leonard Pugh—oedd bod unrhyw elfen o gariad go iawn yn symbyliad tuag at yr ysbrydol. Mewn rhai unigolion gall y symbyliad hwnnw greu tueddd sy'n ei gario y tu hwnt i'r byd dynol, lle y mae 'priodi ac yn rhoi i briodas'.[25] A phan fydd y symudiad hwnnw'n ddigon cryf, neu'r natur sy'n ei brofi'n ddigon aruchel, ceir y math o wrthdaro y rhoddwyd ffurf glasurol iddo yn nhrasiedïau cynnar y Groegwyr.

'Tynnu'n groes i natur' yw'r hyn a wna cariad Iris, a ffynhonnell ei thrasiedi yw'r ffaith na fedrai ei gŵr dderbyn hyn cyn bod yr elfennau styfnig-ddynol o obaith ac o grefu wedi eu llosgi ohono. Nid dyna a ddigwyddodd rhwng Khokhlov a Yana, o leiaf yn ôl y stori a adroddir gan y gŵr. Erys darlun clir o Yana ym meddyliau'r sawl a ddarlleno lyfr Khokhlov, darlun sy'n meddu ar swyn a phathos. A champ creawdwr Iris yw ei fod wedi llwyddo i gadw'r elfen hon yn rhan o fenyw lawer mwy arwrol yn ôl y model Corneillaidd nag Yana. Mewn sawl ffordd y mae *Gymerwch Chi Sigaret?* yn ddrama ryfedd: y mae'n drasiedi a grewyd mewn cyfnod pan oedd y beirniaid i gyd yn mynnu fod trasiedi'n amhosibl; y mae'n gyfuniad crefftus o ddeunydd dyddiadurol ac athronyddol; y mae'n addasiad o batrwm clasurol i weledigaeth unigryw beirniad o'r ugeinfed ganrif. Ond rhyfeddach fyth, i'r darllenydd sydd wedi olrhain ei datblygiad, y mae'n ddrama sy'n ddynol yn yr ystyr fwyaf cyflawn.

Ni ddywedaf fod *Gymerwch Chi Sigaret?* yn ddrama ddifrycheulyd. Dywedir gan rai nad yw'r ddyfais o guddio'r llaswyr yn y blwch sigaréts yn fodd priodol o symbylu'r argyfwng seicolegol a'i fod yn fwy dilys mewn drama deledu nag y mae ar lwyfan. Y mae'n amheus a fyddai hyn yn bosibl gyda'r math o flwch sigaréts a ddefnyddiwyd gan Khokhlov. Y mae problemau'n gysylltiedig â'r estyniad a gyflwynir i'r llwyfan yn Act III hefyd, oherwydd bod cyflwyno gweithgarwch sy'n digwydd mewn lle arall yr un pryd â'r hyn a gyflwynir ar y prif lwyfan yn lleihau uniongyrchedd y gweithredu hwnnw. Ar ben hyn, fel y dywed Saunders Lewis yn ei Ragair, y mae yna wendid a gwyd oherwydd diflannu Iris yn yr Act gyntaf a chyflwyno Calista yn lladmerydd drosti yn yr ail a'r drydedd. Ond yn y cyswllt hwn gwiw fyddai cofio barn y Dr Johnson am ddramâu Shakespeare. Er yr olwg lem a daflai ar y brychau a welai mewn dramâu fel *King Lear*, ni phetrusai Johnson rhag arddel ei argyhoeddiad ynglŷn â'u mawredd.[26] Ar raddfa lai, y mae *Gymerwch Chi Sigaret?* hefyd yn haeddu'r un parch gan y beirniaid.

Nodiadau

[1] Canolir y ddadl ynglŷn â thrasiedi grefyddol ar y cwestiwn, a all fod trasiedi pan fo posibilrwydd o achubiaeth neu adferiad i'r enaid yn y byd a ddaw? Dywed George Steiner, 'Christianity is an anti-tragic vision of the world . . . The Christian view knows only partial or episodic tragedy' (*The Death of Tragedy* (1961), 331–2). Ped edrychid ar ddioddefaint y Brenin Llŷr, er enghraifft, fel paratoad ar gyfer bywyd newydd ar ôl marwolaeth a ellid ei ystyried yn drasig? Onid oes angen teimlad o golled a dinistr sydd rywsut neu gilydd yn bygwth ein hyder a'n ffydd yng nghyffredinedd profiad dyn er mwyn creu trasiedi? Y mae'r cwestiwn yn berthnasol yn achos *Gymerwch Chi Sigaret?* oherwydd ffydd Iris yn y byd a ddaw, ond wrth gwrs, nid trasiedi Iris mo'r ddrama, ond trasiedi colled Marc. Y mae'n berthnasol hefyd i *Brad*, oherwydd ffydd grefyddol Hofacker, ond unwaith yn rhagor, rhaid sylwi nad yw'r ffydd honno'n adfer y golled a deimla ef yn sgil ei frad ei hun a brad ei chariad.

[2] Nikolai Khokhlov, *In the Name of Conscience*, cyf. E. Kingsbury (1960), 151.

[3] Ibid., 189.

[4] Y flwyddyn gynt gwrthodasai Khokhlov fynd i Ffrainc i lofruddio alltud o Rwsia a oedd yn peri pryder i'r KGB, gan ddweud fod arno ofn.

[5] Ibid., 197–8.

[6] Cyflogwyd Khokhlov yn wreiddiol gan yr NKVD i'w hyfforddi fel aelod

o grŵp *sabotage* rhag ofn y llwyddai'r Almaenwyr i gipio Moscow. Diddymwyd yr NKVD yn 1943 adeg ffurfio'r NKGB. Yr MVD neu'r MGB, fel rhan o'r NKGB, oedd yn gyfrifol am gyfrinachedd yng ngwledydd dwyreiniol Ewrop.

[7] *In the Name of Conscience*, 208–9.

[8] Ibid., 336.

[9] Ibid., 356.

[10] Rhaid cydnabod ei bod yn bosibl adeiladu drama o amgylch y math o brofiad goddefol a awgrymir yn adroddiad Khokhlov, gan ddefnyddio technegau dramodwyr naturiolaidd fel Zola, Hauptmann a Tholstoi (yn *Grym y Tywyllwch*, er enghraifft). Serch hynny y mae tuedd at lonyddwch yn bygwth drama: sylwn fod Llŷr, fel Oedipws yn weithredol yn ei ddioddefaint.

[11] 'Cwrs y Byd', *Y Faner*, 4 Ionawr 1950. Gweler uchod, t.527.

[12] Ibid.

[13] Gweler uchod, t.524: 'I happen to love putting into my plays women who join really powerful intellect to beauty and passion. It's easier to find them in history than in life.'

[14] Gweler isod, tt.613–14.

[15] Boleslaw Bierut, arweinydd Pwylaidd a hyfforddwyd yn Rwsia ac a oedd yn wrthwynebydd i'r Comiwnydd 'cenedlaethol', Wladyslaw Gomulka.

[16] Hans Roos, *A History of Modern Poland from the Foundation of the State in the First World War to the Present Day*, cyf. J.R. Foster (1966), 239–40.

[17] Gweler Bogdan Szajkowski, *Next to God . . . Poland. Politics and Religion in Contemporary Poland* (1983), 18–19.

[18] Hans Roos, op. cit., 241–2.

[19] Gweler isod, tt.665–7.

[20] 'Fe'm hysgydwyd i gorff ac enaid', *Y Cymro*, 19 Medi 1955, 5.

[21] *Y Dysgedydd*, (Ionawr 1956), 8–9. Gweler hefyd *Y Faner*, 30 Tachwedd 1955, t.5, erthygl o dan y teitl, 'Diffyg llenorion' lle y dywedir: 'Byw a buddiol iawn oedd cwrs y Parch T. Alton Davies ar yr eglwys yn Rumania. Yr oedd ei ddarlun yn un ffafriol; a gwerthfawrogol. Gresyn na wyddai Mr Saunders Lewis am y ffeithiau hyn pan gyfansoddodd ei ddrama ddiwethaf sydd yn gyfraniad mor erchyll i bropaganda'r Trydydd rhyfel byd.' Ymateb yr oedd dyddlythyrwr *Y Dysgedydd* i erthygl gan Rydwen Williams yn y *South Wales Evening Post*, 30 December 1955, t.7, lle y dywedodd: 'Y digwyddiad pwysicaf o ddigon ym myd y ddrama oedd gwaith newydd Mr Saunders Lewis. Y mae'r peth yn bropaganda, wrth gwrs, ond pa ots am hynny? Dylem fynd ar ein gliniau i ddiolch am ddramodydd a chanddo rywbeth i'w ddweud, cytuno neu beidio.' Methodd *Y Dysgedydd* â dioddef y fath benchwibandod!

[22] *Y Tyst*, 12 Rhagfyr 1955. Cyfeirir yn y darn at berfformiad yn Theatr y Palas, Abertawe.

[23] Darlledwyd 23 Mawrth 1958 ac eto, 30 Ebrill 1963.

[24] 'Cariad pur', *Radio Times*, 14 October 1965, 2.

[25] Mathew xxii.30: 'Oblegid yn yr adgyfodiad nid ydynt nac yn gwreicca, nac yn gwra; eithr y maent fel angylion Duw yn y nef.'

[26] *Preface to Shakespeare* (1768): 'Other poets display cabinets of precious rarities, minutely finished, wrought into shape, and polished into brightness. Shakespeare opens a mine which contains gold and diamonds in inexhaustible

plenty, though clouded by incrustations, debased by impurities and mingled with a mass of meaner metals . . . He is many times flat and insipid . . . But he is always great when some great occasion is presented to him.'

Gymerwch Chi Sigaret?

Cymeriadau

Iris
Marc
Calista
Phugas
Y Capten Christopher

Amser

1948
Y mae deuddydd rhwng yr Act gyntaf a'r ail.
Y mae chwe awr rhwng yr ail a'r drydedd.

Golygfeydd

Act I: Fflat mewn prif ddinas yn Nwyrain Ewrob
Act II: Fflat yn Vienna
Act III: Fflat yn Vienna (gydag ychwanegiad am dro)[1]

NODYN

Pan gynhyrchwyd y ddrama mewn cyfieithiad Saesneg gan y Merlin Players, rhoddodd yr awdur y nodyn canlynol yn y rhaglen:

> The play is based on fact. The first act is, by and large, true to history; the rest of the play not. Names and place are changed. Photographs of the cigarette case and details of the story were published at the time in English newspapers.

RHAGAIR

Gofynnir imi sgrifennu rhagymadrodd i'r ddrama hon oherwydd y beirniadu a fu arni.[2] Gwnaf hynny'n hwyrfrydig, canys peth anodd yw trafod fy ngwaith fy hun. Bu dau gyhuddiad yn ei herbyn: yn gyntaf, ei bod hi'n bropaganda pabyddol; yn ail, fod ynddi ddadl anghyfartal ac annheg rhwng Catholigiaeth a Chomiwnyddiaeth.

Os yw gosod catholigion ar lwyfan theatr yn bropaganda, yna wrth gwrs y mae yma bropaganda. Os felly nid dyma'r tro cyntaf imi droseddu. Fe geir y gweilch yn *Buchedd Garmon*, yn *Amlyn ac Amig*, yn *Siwan*, a phrin iawn fod *Blodeuwedd* yn lân. Y trwbl yw eu bod hwy'n bod. Fe'u cewch hwynt mewn rhyw dyllau bach fel Vienna, fel y dangosodd awdwr *Measure for Measure*, ac os ewch chi i'r byd mawr nid yw hyd yn oed Sir Fôn yn gwbl hebddynt. Mae'n gysur meddwl nad oes llawer ohonynt ym myd y ddrama Gymraeg, canys yn y byd hwnnw diacon sy'n sgrifennu bob wythnos i'r *Tyst* yw hyd yn oed Dewi Sant.[3]

Yn fwy difrifol, fe olygir wrth bropaganda gais i berswadio'r gwrandawyr ynghylch credo, ac yn yr achos hwn gais i'w tueddbennu hwynt tuag at yr Eglwys Gatholig. Fy marn i ar hynny yw mai cyfrwng sâl i bropaganda yw drama ac mai drama flin fyddai honno a fwriedid yn bropaganda. Wrth imi gynllunio'r ddrama hon ac wrth imi ei sgrifennu yr oedd arnaf yn gyson awydd am fedru argraffu ar gynulleidfa y diddordeb cyffrous a gawn i fy hunan yn y clwm bychan o gymeriadau a ddaliesid yn argyfwng y digwyddiad. Yr oeddwn—fel unrhyw awdwr arall—yn ymroi hyd at eithaf fy medr i drosglwyddo'r ias a'r cynnwrf a welwn i yn natblygiad y stori, ac i gyfleu hynny yn y dialog. Ac nid hwyrach oblegid fy mod i'n dal yn eiddil ac annheilwng yr un gredo ag Iris y ddrama, fe fu felly'n haws imi ddeall a chyflwyno'i dewis dychrynllyd hi,—y ffaith hanesyddol y sylfaenwyd y ddrama arni. Er hynny, nid perswadio'r gynulleidfa yn y theatr o wirionedd y pethau y credai Iris ynddynt oedd fy amcan na'm diddordeb i hyd yn oed am eiliad. Eithr yn hytrach ddangos sut y gallai ei ffydd hi gyda'i chariad hi ei gyrru hi a'i phriod i benderfyniadau sy'n llunio trasiedi ac yn datguddio felly fawredd rhyfedd ac enbyd y natur ddynol.

Nid oes yma ychwaith ddadl o gwbl rhwng Catholigiaeth a Chomiwnyddiaeth. Yr oeddwn i'n meddwl fod Iris droeon yn yr act gyntaf, Phugas yn bendant yn yr ail act, a Marc ei hunan yn yr act olaf, oll wedi dweud yn ddigon aml nad Comiwnydd yw Marc. Nid oes un cais drwy gydol y ddrama i ddadlau safbwynt Comiwnyddiaeth. Gŵr ifanc heb argyhoeddiad, un sy'n aros argyhoeddiad, yw Marc, neu felly y tybiwn i amdano. Nid yw ef yn onest iawn. Yr unig beth sicr yn ei fywyd ef yw ei fod yn caru'i wraig. Mae'n debyg ei fod ef hefyd yn eiddigeddus o sicrwydd ei ffydd hi ac o gryfder ei chymeriad hi. Fe sylwch ei fod ef yn fwy Comiwnyddol ei dôn gryn dipyn wrth ymddiddan gyda Phugas yn Vienna, a'i fryd ar lofruddio, nag ydoedd ef gydag Iris gartref. Nid beirniadaeth ar Gomiwnyddiaeth mo hynny, eithr arwydd o'i drybini meddwl ef ei hunan. Wrth gwrs, y mae'r stori sydd yn y ddrama hon yn dangos gweddau enbyd ar lywodraethau Comiwnyddol. Nid rhaid imi ymddiheuro i neb am hynny: ffaith yw ffaith. Ond Marc, nid y gyfundrefn ffiaidd, sy'n ennill fy sylw i. Ni cheisiaf ei amddiffyn yntau. Fe aeth yn Gomiwnydd am resymau cymysg: un ohonynt, fel y dywed Phugas, oedd fod hynny'n agor gyrfa iddo. Mi adwaen innau aelodau seneddol Cymreig a aeth i'r Blaid Lafur am resymau tebyg.[4] Ond y mae Iris, ei wraig, a hithau'n ei adnabod orau, yn ei garu. Ei barn hi, yn enwedig ei gair olaf amdano yn ei llythyr at Phugas, yw'r gair terfynol. Yn wir, dyna gnewyllyn y ddrama. 'Fi piau ef' meddai Iris, a dyna'r *dénouement* wedi ei ragweld. Cyflawni'r dywediad hwnnw yw nod y cwbl. Mewn trasiedi, ac mewn trasiedi yn unig, gellir gweld rhagluniaeth yn cyflawni'r cwbl oll tu yma i'r llen.

Un o'r pethau y mae dyn yn eu dysgu wrth gyfansoddi drama yw'r modd y mae problemau technegol, er enghraifft problemau'n codi allan o ffurf y stori wreiddiol a roes gychwyn i'r ddrama, yn llunio hyd yn oed gymeriadau. Stori wir, a gawsai sylw helaeth yn y papurau newydd, am wraig ifanc feichiog o Gatholig oedd dechreuad y ddrama hon. Iris a'i gŵr gan hynny yw'r prif gymeriadau, eu hymwneud hwy â'i gilydd yw holl fater y ddrama o'r act gyntaf hyd at y terfyn. Ac eto y mae'r stori ei hun yn deddfu na fedr Iris ddim ymddangos ar y llwyfan ond yn unig yn yr act gyntaf. Y mae hynny mewn drama yn ddychryn o rwystr. Rhaid gan hynny mai dialog di-dor rhwng Iris a Marc yw'r cyfan o'r act gyntaf; a dyna sialens yr oedd ei her yn ddiddorol. Am yr ail act gellid yn deg ddibynnu ar gyffro'r stori a chanlyniadau'r act gyntaf i gadw'r parhad yn dynn a didramgwydd. Ond, dyn a'm helpo, ar gyfer y drydedd act, er mwyn undod ffurf y ddrama oll, yr oedd yn rhaid gwneud y disgwyl am glywed llais Iris drwy'r teleffôn—a'r weledigaeth mewn cameo ohoni i ddwysáu'r argraff—yn ganolbwynt i'r cwbl. Y mae'r pwyslais o'r cychwyn cyntaf, a thrwy bob darn o ymddiddan, ar y teleffôn, oblegid mai'r teleffôn sy'n awgrymu ac yn cynrychioli Iris. Mi garwn i awgrymu i unrhyw drefnydd llwyfan a fentro gyflwyno'r ddrama hon eto rywbryd, adeiladu'r cwbl o'r drydedd act o gwmpas y teleffôn.

Nid digon mo hynny chwaith. Yr oedd yn rhaid imi gael rhywun i *ddehongli* Iris er mwyn ei chadw hi drwy'r ddwy act olaf, yn ganolbwynt i weithrediad y ddrama, rhywun, hynny yw, i gymryd lle Iris, rhywun i roi cusan Iris ar law'r llofrudd yr awr y rhwystrwyd ei lofruddiaeth ef. Felly y bu raid galw ar Galista.

Yr wyf yn petruso yn ei chylch hi. Mi hoffwn fod wedi gwneud cyfiawnder â hi. Mae ganddi well ymennydd na neb arall yn y ddrama, ymennydd llawer cyflymach nag y sy gan ei brawd. Mae ganddi sythweliad sy fel nodwydd yn treiddio. Fe ddeallodd hi argyfwng Marc tra oedd ei brawd eto'n ymbalfalu. Y mae ei chusan hi ar law Marc a'i geiriau ar ôl gwneud yn rhybudd o natur terfyn y drydedd act. Deallodd hi'r blwch sigareti ar air. Hi, na welsai Iris erioed, sy'n dehongli Iris i Marc. Hi'n unig a welodd o'r cychwyn fwriad Iris a thynged Iris, a thrwy ran fawr o'r drydedd act fe wnaeth ei gorau i baratoi Marc ar gyfer yr hyn oedd i ddyfod. Hi hefyd sy'n dehongli meddwl Marc i Phugas. Wedyn, braidd cyn bod Marc ei hun yn sylweddoli ei amcan ei hunan, mae hi'n gweld ei fwriad ef i'w saethu ei hunan ac yn gafael ynddo ac yna'n ei fwrw ef ar ei liniau i derfynu'r cwbl. Gall Calista aros ar y llwyfan yn llonydd ac yn fud am hydau: mae hynny'n rhan o'i chymeriad hi ac mi hoffwn i i gynulleidfa glywed ei distawrwydd hi. Camp anodd i actores yw gwrando fel yna. Ac wrth gwrs, oblegid ei bod hi'n ddeallus y mae ganddi ddigrifwch ac y mae hi'n ffraeth.

Nid rhaid imi ddweud fawr am Phugas. Mae o'n darllen yr un awduron â minnau, a dylwn rybuddio'r darllenydd mai darn o lên-ladrad digywilydd oddi ar Pascal yw ei araith fawr ef yn y drydedd act.[5] Mae'n od iawn ac yntau'n ddyn mor onest na fuasai ef yn dweud hynny wrth ei thraddodi hi.

Gofynnodd un gŵr craff imi sut yr oedd Marc yn gwybod am droedigaeth Paul Claudel a heb glywed am droedigaeth yr apostol Pawl.[6] Wn i ddim, tad, ond yr ydwyf wedi siarad gyda phobl fel yna yn Ffrainc ac yn Lloegr. Eithriad yw hi bod llenor ifanc yn Ewrop heddiw yn adnabod dyfyniad o'r Testament Newydd. Mae'r ddrama hon yn arswydus o hen-ffasiwn Gymreig,—anodd tynnu dyn oddi ar ei dylwyth. Wn i ddim chwaith sut y daeth y bobl yma i ddyfynnu emynau Cymraeg.[7]

Actorion o Gaerdydd ac Abertawe oedd Chwaryddion Cyngor y Celfyddydau y sgrifennais i'r ddrama hon iddynt.[8] Oherwydd hynny defnyddiais 'fe' ac nid 'fo' drwy'r holl waith. Gallai actorion o'r gogledd newid hynny. Nid oes dim arall y gellir ei alw'n dafodiaith leol o gwbl yma. Fy nod yn fy holl ddramâu yw llunio iaith sy'n ystwyth a naturiol i'r glust ac yn draddodiadol lenyddol. Os caf i gennad i chwanegu nodyn personol, dywedaf ymhellach mai'r cyhoeddwyr a bwysodd arnaf y dylwn gyhoeddi'r ddrama. Nid wyf i'n meddwl fod fy nramâu i yn briodol i'r cwmnïau drama Cymraeg cyffredin. Y mae'r cwmnïau hwythau o'r un farn.

Rhyw ddiwrnod, efallai, fe ddysg actorion Cymraeg, yn wŷr ac yn ferched, ar lwyfan theatr ac yn y stafelloedd darlledu a theledu, nad oes modd bod yn actor da mewn unrhyw iaith heb ddiwylliant eang, heb ddarllen helaeth ar glasuron a llenyddiaeth fyw yr iaith, heb wybodaeth goeth o safonau llafar gorau'r iaith, heb barch egnïol i gynaniad, heb syniad uchel iawn am urddas yr iaith lafar. Fe ddysgir y pethau hyn i actorion proffesyddol ym mhob gwlad y mae ynddi theatr bwysig. Nid oes gennym ni ysgol ddrama Gymraeg, ac nid oes gan y Gorfforaeth Ddarlledu chwaith athro llafar nac ysgol i ddysgu llefaru Cymraeg. Ni cheir cwmni drama a fo'n deilwng o urddas cenedl a chanddi etifeddiaeth lenyddol fawr heb ysgol lefaru gyfuwch ei safon ag ysgolion Paris neu Lundain.

S. L.

YR ACT GYNTAF

(Pan gyfyd y llen y mae IRIS *yn troi mewn dawns yn araf ei hunan, a'r gramoffôn ar y bwrdd yn canu'r waltz sydd yn 'Der Rosenkavalier'.*[9] *Mae'r fflat ar y llawr a'r stryd i'w weld drwy'r ffenestr yn aneglur. Ychydig iawn o ddodrefn ond mae pob darn yn ddethol, megis y soffa Ffrengig yn null 1830; llymder gyda gwybodaeth. Ar y mur ger y drws y mae icon, sef darlun ar bren o'r Madonna a'r Baban. Ar ei gefn y mae darlun o'r ordd a'r cryman, y sumbol Comiwnyddol: hwnnw a ddangosir amlaf. Nid oes dim darlun arall.)*

IRIS: Marc! O dyma braf, dyma braf . . . Tyrd, dawnsia gyda mi, ar unwaith . . . dawnsia waltz. Dyma beth yw nefoedd . . .

(Y ddau'n canu wrth ddawnsio gyda'r miwsig.)
(Chwerthin llon.)

MARC: Wyddost ti, mae dawnsio waltz cyn tynnu fy nghot ucha' yn waeth na phacdril yn y fyddin.

IRIS: Druan ohonot ti y milwr bach chwyslyd! Tyn dy got a'th het a dyro nhw i mi.

MARC: Dyna ti. Whiw! *(Y mae Marc yn tewi'r gramoffôn a hithau'n cadw ei got a'i het.)*

IRIS: 'Doedd gen' i mo'r help. 'Roedd yn rhaid imi gael dweud fy ngorfoledd. 'Dyw hi ond pedwar o'r gloch. 'Doeddwn i ddim yn dy ddisgwyl di am ddwy awr arall.

MARC: Oes rhaid imi ddawnsio felly o hyn tan chwech?

IRIS: Na, fe gawn siarad hefyd. 'Roeddwn i'n ysu am dy gwmni.

MARC: Dyna'r pam y mae'r icon ar y mur a'i wyneb allan, mae'n debyg?

IRIS: Wrth gwrs. Mair Forwyn a'i Baban. Mi rois y gramoffôn i ganu er mwyn imi gael dawnsio. Ac yr oedd yn rhaid imi gael cwmni. Felly Mair a'r Baban amdani. Maen nhw'n hoff o ddawnsio, wyt ti'n deall? On'd ŷch chi, Arglwyddes? Ond dyna fe, fe'u trof nhw â'u hwyneb tua'r wal, y fyddin gudd â nhw . . . Dyna'r ordd a'r cryman yn awr. *(Mae hi'n troi'r llun i ddangos y sumbol ar ei gefn.)*

MARC *(yn sychlyd)*:
Swyddogol ar y naw.

IRIS: Ie, pa wraig briod ar ei phen ei hunan mewn fflat fedrai ddawnsio dan hwnna?

MARC: Be' sydd i'w ofni?

IRIS: I'r ordd ddisgyn ar fy mhen a'r cryman 'sgubo fy nhraed wrth imi ddawnsio.

MARC: Chreda' i ddim y gallai hynny rwystro iti ddawnsio.

IRIS: Ddim tra byddi di gyda mi, yr hen Karl Marx![10] Dyma'r tro cyntaf ers chwe mis iti ddod adre'n gynnar. Yn union megis ateb i weddi!

MARC: Ti a'th weddïau! Petai fy mhenaethiaid i'n dy glywed di, fe'm teflid i allan o'r heddlu politicaidd bendramwnwgl.

IRIS: A faint o golled fyddai hynny, os gwn i? 'Rwyt ti yno dair blynedd heb godi ceiniog ar dy gyflog na dyrchafiad swydd. Mi weddïa' i cyn bo hir am iti *gael* dy daflu allan.

MARC *(dan chwerthin)*:
Wel, paid â gweddïo am hynny heddiw o bob diwrnod.

IRIS: Heddiw o bob diwrnod! Marc, sut y gwyddit ti? A minnau'n dyheu am iti ddod adre'n gynnar imi gael dweud y newydd.

MARC: I *ti* ddweud y newydd?

IRIS: Pwy arall?

MARC: Oes gennyt tithau newydd?

IRIS: Newydd pwysig.

MARC: Mae gen' innau newydd.

IRIS: 'Does dim cymhariaeth yn bosibl.

MARC: Fe gawn weld . . . *(gan roi ei ddwylo ym mhocedi ei siaced).* Cnau i'm llaw, pwy sydd i ddweud ei stori gyntaf?

IRIS: Y chwith.

MARC *(gan ddangos ei law)*:
Ti piau hi. Ymlaen â'th newydd.

(Dyd hithau ei braich yn ei fraich ef.)

IRIS: Mae e'n wir, Marc.

MARC: Be' sy'n wir?

IRIS: Tyrd i eistedd ar y soffa, mae hyn yn bwysig . . . *(Eisteddant)* . . . 'Nawr 'te, mae e'n wir.

MARC: Wrth gwrs ei fod e'n wir, 'nghariad i, a thithau'n dweud hynny. Chlywais i monot ti'n dweud celwydd o fwriad eto. Fyddai'n ormod gofyn iti be' sy'n wir?

IRIS *(gan neidio i'w thraed)*:
Wel, ar f'einioes i, chi'r meibion yw'r pethau mwyaf twp sy'n cerdded ar ddwy goes ar y ddaear yma. Wyddost ti, 'dydw i'n synnu dim oll na chefaist ti ddim codiad yn dy gyflog ers canrif.

MARC: Mae siawns y ca' i godiad reit dda cyn bo hir bellach.

IRIS: Fe fydd ei eisiau fe, 'machgen glân i, fe fydd ei eisiau fe . . . Wyt ti'n deall yn awr?

MARC *(gan godi i'w draed)*:
Iris?

IRIS: Marc!

(Yn eu gorfoledd dawnsiant gyda'i gilydd mewn waltz o gwmpas yr ystafell, a hithau'n isel-ganu miwsig y waltz o 'Der Rosenkavalier'. Yna sefyll a chusanu.)

MARC: Wyt ti'n siŵr?

IRIS: Reit siŵr. Dyma'r ail fis.

MARC: Ein plentyn ni.

IRIS: Wel, gobeithio. Beth wyt ti'n ei feddwl ydw i?

MARC: Paid ag amau. Nid gofyn cwestiwn yr oeddwn i, ond synnu uwchben ffaith.

IRIS: Ie, ffaith, ffaith, mae'r bywyd 'ma'n ffaith. A ninnau wedi dechrau ofni.

MARC: O di—dyma beth yw newydd da.

IRIS: Marc, paid â cholli arnat dy hun. Dal dy dafod.

MARC: Pam? Be' ddywedais i?

IRIS: Yr oeddit ti ar fin dweud diolch fyth.

MARC: Mi allwn i ddweud diolch fyth gystal â thithau.

IRIS: Swyddog yn yr heddlu politicaidd yn awgrymu'r bod o Dduw!

MARC: 'Does dim rhaid hynny. Gallaf ddweud diolch fyth wrth fywyd, wrth yr egni creadigol sydd yn dy gnawd ti a minnau. Iris, Iris, mae'r peth yn wyrth. *(Y mae ef yn cusanu ei dwylo hi, bob yn ail law ar ras wyllt.)*

IRIS: Marc, be' dd'wedai Karl Marcs? Comiwnydd Marcsaidd yn sôn am wyrth! Yn union fel plentyn yn yr Ysgol Sul![11] Mae'r peth cynddrwg â bod yn genedlaetholwr *bourgeois*.[12]

MARC: 'Rwyt ti'n meddwl a thithau bellach dan dy ofal y gelli di blagio fel y mynni. Mae'n resyn fod merched yn dirywio wrth droi'n famau.

IRIS: Di-rywio wrth droi'n famau! Amhosibl, syr! Mae'n rhyw ni'n aros.

MARC: A'ch cythreuldeb.

IRIS: Ysbryd yw cythraul. 'Does dim cythraul mewn Marcsiaeth.

MARC: Rhaid cadw'r gair i ddisgrifio merch briod sy'n tyfu'n fam.

IRIS: Mae hi'n galed arnat ti na fedri di ddim rhegi ond mewn metaffor. Mi alla' i ddweud wrthyt ti am fynd i'r diawl, ac fe fydd ias o arswyd yn saethu drwy 'mronnau i rhag i'r peth ddigwydd. Ac yn awr fwy nag erioed. Rhaid imi dy gadw di'n agos ataf i am byth bellach, Marc . . .

MARC: Ni'n tri.

IRIS: Ie, ni'n tri. Mae e'n fyw, Marc. Yn fuan iawn cha' i ddim plygu i roi esgid am fy nhroed heb wybod hynny. Fedra' i ddim peidio am funud â synnu. On'd yw e'n rhyfedd, yn od?

MARC: Geni plentyn? Mae'r peth wedi digwydd o'r blaen, wyddost ti.

IRIS: Ddigwyddodd e 'rioed i mi . . . Nac iddo yntau 'chwaith.

MARC: Efallai mai merch fydd hi.

IRIS: Dyna brofi na ddigwyddodd dim tebyg o'r blaen. Wyddom ni ddim beth i'w ddisgwyl.

MARC: 'Dwyt ti ddim yn disgwyl aderyn y to.

IRIS: Pwy ŵyr, gan mai ti yw'r tad.

(Y maent yn dawnsio waltz fechan gyda'i gilydd eto.)

MARC: Iris, rhaid inni ddathlu hyn. Oes gennyt ti win yn y tŷ?

IRIS: Dim byd da. Phrynais i ddim gwin ers tri mis. Mae hanner potel o win gwyn Awstria, o Voslau gerllaw Vienna. Wyt ti'n cofio?

MARC: O Vienna? Tyrd ag ef yma. 'Rwyf i'n mynd i Vienna yfory.

IRIS *(gan sefyll yn stond)*:
Smalio 'rwyt ti?

MARC: Nage.

IRIS: O ddifri'? Dyna dy newydd di?

MARC: O ddifri'.

IRIS: I Vienna?

MARC: Ie, Vienna.

IRIS: Ond mae'r peth yn amhosibl.

MARC: Ydyw i ddyn preifat. Cael fy ngyrru yno'n swyddogol yr wyf fi.

IRIS: Dyna'r sut y daethost ti adre' mor gynnar heddiw?

MARC: Yn gymwys felly. Er mwyn imi gael pacio a pharatoi.

IRIS: A minnau'n bwrw mai ateb i'm gweddi oedd dy ddyfod di!

MARC: Mi ddaliaf fy nhafod rhag dy blagio.

IRIS: Peth peryglus yw gweddïo *am* ddim oll. 'Does wybod sut yn y byd y bydd yn rhaid talu.

MARC: Beth arall y buost ti'n gweddïo amdano?

IRIS: Yr hen stori,—am i benbwl o Farcsydd a adwaen i gael digon o fennydd neu o ras i droi'n Gristion.[13]

MARC: A'i daflu ar y clwt? Faint, os gwn i, y byddit ti'n barod i'w dalu am hynny?

IRIS: Wel, ei werth e yw grot a dimai. Efallai, pe dôi hi'n fargeinio, y rhown i ragor.

MARC: Dos i nôl gwin Vienna.

IRIS: Pa mor hir fyddi di yn Vienna?

MARC: Tridiau. Efallai bedwar. Dim rhagor.

IRIS: Tridiau yn Vienna! Mae sŵn mynd am wib i Baradwys yn y geiriau. Pam na chawn i ddod gyda thi?

MARC:	Mi rown i'r byd i gyd am iti gael dod.
IRIS:	Hwrê! Hwrê!
MARC:	A pham hwrê?
IRIS:	Am fy mod i'n siŵr yn awr nad yw dy galon di ddim yn yr heddlu politicaidd.
MARC:	Bydd ddistaw, Iris. Cofia fod pobl yn pasio ar y stryd.

(Exit IRIS i nôl y gwin. Wedi cael ei chefn y mae MARC yn ymollwng am foment i ddangos yn ei ymddygiad a'i wyneb ei bryder meddwl. Cais eto wenu'n naturiol pan ddychwel hithau gyda hambwrdd a'r hanner potel gwin a dau wydr.)

IRIS (gan dywallt y gwin a heb edrych arno ond am eiliad pan ddaeth hi i mewn):	Beth yw'r boen sydd yn dy lygaid di, was?
MARC:	Fe fyddai'n rhyfedd imi beidio â phoeni a minnau'n dy adael di am y tro cyntaf oddi ar ein priodas, a thithau'n feichiog.
IRIS:	Fe fyddai fy ngadael i fel arall yn waeth o lawer.
MARC:	'Dwyt ti'n ddim ond bwrlwm o ddireidi a chwerthin. Fyddi di'n chwerthin wrth weddïo?
IRIS:	Gwarchod; wyt ti'n meddwl fy mod i'n sant? Pan fydda' i'n dweud fy mhader mi fyddaf mor sobr â phechadur . . . Hwde, cymer dy win. Ti piau cynnig y llwnc-destun.
MARC:	Iddo fe!
IRIS:	Neu hi!
MARC:	P'run fynni di?
IRIS:	Y cynta' ddaw.
MARC:	Yfwn i'r cynta' ddaw. Iechyd!
IRIS:	A rhyddid!
MARC:	Ust, ferch! 'Rwyt ti'n rhyfygus hyd at berygl weithiau.
IRIS:	Ond dyna'r athrawiaeth swyddogol. Yn y gymdeithas ddiddosbarth bydd llywodraeth yn gwywo a diflannu, a fydd dim heddlu politicaidd. Bydd rhyddid i bawb. Mi gaf innau fynd gyda thi i Vienna wedyn.
MARC:	Ac yfed Voslau yn y gerddi a mynd i'r opera i wrando ar 'Der Rosenkavalier'.

IRIS: 'Rwy'n casglu nad dyna dy neges di yn Vienna y tro hwn?

MARC *(gan geisio chwerthin yn ysgafn)*:
Nage wir. Cenhadaeth swyddogol. Tipyn yn wahanol. Fe'm dewiswyd i am fy mod i'n gyfarwydd â'r ddinas.

IRIS: Felly! Y sector Americanaidd? . . . Fedri di ddim gwrthod?

MARC: Gwrthod? Fe fuost ti yn y fyddin gudd pan oedd y Nazïaid yma. Fe wyddost nad oes dim gwrthod a byw.

IRIS: Gwaith fel yna yw e? Ond clerc yn unig wyt ti yn yr heddlu politicaidd.

MARC: Clerc oeddwn i tan y bore heddiw. Fe'm galwyd i wedyn i mewn i swyddfa'r pennaeth. Mi gefais lawer o ganmoliaeth a darllen fy record yn y llu awyr ac wedyn yn y fyddin gudd yn y rhyfel. Yna fe roddwyd imi'r genhadaeth hon. Ac addewid, os llwyddaf, y caf i ddyrchafiad i swydd go bwysig.

IRIS: A chyflog go bwysig?

MARC: Fe gawn fagu'r plentyn yma—a'r plant eraill—fel y cefaist ti dy hunan dy fagu cyn i'r rhyfel a'r chwyldro ddigwydd.

IRIS *(gan godi ei gwydr)*:
Iechyd da'r Comisâr Marc!

MARC *(gan chwerthin)*:
Wn i ddim am hynny. Ond fe gawn ni symud reit fuan wedyn o'r twll yma, beth bynnag.

IRIS: Paid â rhedeg ar y twll yma. Yr wyf i wedi cysgu gyda thi yma, wedi ymddŵyn ar blentyn yma. Yma y cawsom ni loches wedi'r gofidiau. Mae ambell dwll yn anwylach na phlas.

MARC: Mae tlodi'n rhamant i ti. Fe'm magwyd i'n dlawd. 'Doedd dim rhamant ynddo.

IRIS: Felly mae'r genhadaeth yma i Vienna'n beryglus?

MARC: Soniais i ddim gair am berygl.

IRIS: Y mae rhywun i farw, on'd oes?

MARC: Wyt ti'n cofio'r noson honno yn y rhyfel y daethom ni i lawr yn yr helicopter i achub Ifano?

IRIS: A'n cael ein hunain ar ymyl gwersyll y Nazïaid? Wrth gwrs fy mod i'n cofio. Ti achubodd ein bywydau ni i gyd. Y noson honno y collais i 'nghalon iti, y gwalch.

MARC: Mi ddaru tithau ddangos nad oedd gennyt ti ddim un syniad beth oedd ofn.

IRIS: Paid â meddwl hynny. Yr oedd fy nghalon i'n curo fel calon cyw iâr, ond na feiddiwn i mo'i ddangos. Mi alla' i dy weld di y funud yma yn cerdded yn syth at y tri sowldiwr hynny a'u gynnau yn eu dwylo.

MARC: Y pryd hynny y Blaid Gomiwnyddol oedd calon y fyddin gudd. Dyna'r pam yr ymunais i â hi. Yr oedd gennym antur, gobaith, beiddgarwch, dewrder, a'r teimlad ein bod ni'n frodyr yn y frwydr. 'Roedd bywyd yn dda y dyddiau hynny. Yr oeddem ni'n credu yn ein cenhadaeth, yn ymdaflu i ddannedd perygl, ac yn frodyr. 'Doedd neb yn amau'i gilydd na neb yn amau'r nod. Brodyr!

IRIS: Fe ddaru 'ni ennill, Marc, fe ddaru 'ni ennill. Dyna'r drychineb. Oblegid hynny y mae'r hanner ohonom ni a oedd yn y fyddin gudd yn awr yn y carchar neu waeth, y rhai oedd yn frodyr i mi, o'r un ffydd â mi. Mi briodais i un o'r Blaid. Dyna'r pam yr wyf i'n ddiogel. Petaem ni wedi colli'r rhyfel a'r chwyldro, fe fyddem ni eto oll ar ffo mewn tyllau, ac yn frodyr fel cynt. Heddiw a ninnau wedi ennill, y mae'r enw brawd yn air o ddychryn. Pan glywa' i swyddog yn dweud y Brawd Marc, rwy'n amau ar unwaith ei fod ef am dy restio di.

MARC: Peth erchyll yw i unrhyw blaid lwyddo. Y noson honno yr oedd brawd yn enw i farw trosto.

IRIS: Pam yr wyt ti'n mynd yn ôl at y noson honno'n awr?

MARC: Fe ddarllenwyd adroddiad am yr hyn a wnes i'r noson honno imi y bore 'ma. Wyddwn i ddim eu bod nhw'n gwybod am y peth.

IRIS: 'Does dim na wyddan nhw. Maen nhw'n gwybod lliw dy berfedd di.

MARC (*gan dynnu blwch sigaret o boced ei wasgod yn sydyn*):
Gymeri di sigaret?

IRIS: Gyda'r gwin? Na wnaf, diolch; o barch i Tada. Fe fyddai'n troi yn ei fedd, os cafodd e fedd . . . Beth yw hwnna? Blwch sigareti newydd? Ble prynaist ti ef? Dyro ef imi i gael ei weld.

MARC: Na. Mae gen' i un arall yr un fath.

IRIS: Un arall? Mae gennyt ti ddau?

MARC: Mi gefais fenthyg y ddau i fynd i Vienna.

IRIS: Dim ond eu benthyg? Gan bwy?

MARC: Gan fy mhennaeth yn y swyddfa, y Cyrnol Krechlen.

IRIS: Blwch arian? Neu blatinwm? Dyro weld.

MARC: Na wnaf yn wir. Fentrwn i mo'i roi yn dy law di.

IRIS: Pam? Fe'i cei'n ôl.

MARC: Pistol yw e.

IRIS: Pistol?

MARC: Pistol trydan. Mae'r baril a'r bwled ynddo ar ochr y colyn. Mae botwm ar ymyl y cas yma dan fy mawd i. Gellwch gynnig sigaret i ddyn fel hyn, mae yntau'n estyn ei law i'w chymryd: 'does raid ond pwyso bawd ar y botwm ac fe'i saethir ef ag un ergyd drwy ei galon. Y peth pwysicaf yn y ddyfais yw nad oes dim sŵn o gwbl. Mae'r ergyd yn hollol ddistaw. Mi fûm i'n profi'r peth y bore 'ma. Mi saethais drwy ddrws derw trwchus heb i bedwar ohonyn nhw yn y 'stafell nesaf glywed dim. Dyfais electronig. Mae'n newydd sbon. Y math o bistol a fuasai'n ffortiwn i ni yn y fyddin gudd bum mlynedd yn ôl.

IRIS: Yr oeddwn i'n iawn gan hynny. Yr wyt ti'n mynd i'r rhanbarth Americanaidd o Vienna?

MARC: Digon gwir.

IRIS: Oes gennyt ti basport?

MARC (*yn cadw'r pistol yn ei boced ac yn tynnu'r pasport allan a'i roi iddi*): Peth prinnach na phlwtoniwm.[14]

IRIS (*gan ei studio*):
Welais i ddim pasport er pan oeddwn i'n blentyn gyda Tada. Wyddost ti, mae ei ddal e rhwng fy nwylo megis gwarant fod Ewrob eto'n bod a rhyddid yn bod . . . Beth yw hyn, swyddog diogelwch? 'Rwyt ti wedi *cael* dy ddyrchafiad eisoes!

MARC:	Dyrchafiad dros dro. Ar gyfer y gwaith yn Vienna. Popeth yn dda os cadwaf i ef.
IRIS:	Yr wyt ti wedi dweud gormod, Marc, iti beidio â dweud y cwbl.
MARC:	Mi gei di glywed y cwbl. Mi addewais i hynny iti pan dderbyniais i'r swydd. Bydd ei ddweud yn help i minnau. Ond cofia dithau dy addewid.
IRIS:	Mi addewais roi fy nghyngor a gadael y penderfynu i ti.
MARC:	Fe fydd yn anos nag y tybi di y tro hwn.
IRIS:	Yn y fyddin gudd y priod'som ni. Yr wyf innau, â'm llaw fy hun, wedi saethu dyn yn farw.
MARC:	Milwr a Nazi oedd am dy dreisio di. Mae hyn yn wahanol.
IRIS:	'Does dim rhaid dweud wrthyf i fod gwahaniaeth rhwng y fyddin gudd a'r heddlu politicaidd. Yr oeddwn *i* yn y fyddin gudd.
MARC:	*Mae* merched yn yr heddlu politicaidd.
IRIS:	Fe'u gwelais nhw. Ac yr oeddwn i'n berffaith fodlon . . . Pwy wyt ti'n mynd i saethu yn Vienna? Swyddog yr ysbïwyr Americanaidd?
MARC:	Nage. Un o'n gwladwyr ni'n hunain. Ffoadur. Bradwr. Gelyn i'r Wladwriaeth. Un sydd wedi ei werthu ei hun i'r Fatican a'r Americanwyr. Un sydd wedi ei gondemnio i farwolaeth gan yr Uchel Lys am fradychu ei wlad.
IRIS *(gan wenu)*:	Sgowndrel? Dihiryn?
MARC *(heb weld ei gwên; y mae ef yn brysur yn ei argyhoeddi ei hun)*:	Ie, sgowndrel a pherygl.
IRIS:	Un sy'n tanseilio'r Llywodraeth ac yn paratoi chwyldro?
MARC:	Yn gymwys felly. Gelyn styfnig i Lywodraeth ein gwlad.
IRIS:	Cristion?
MARC:	Cristion, wrth gwrs.
IRIS:	Phugas?
MARC:	Ie, Phugas! Sut y gwyddost ti? Phugas!

IRIS: Wel, 'roedd y disgrifiad yn gweddu. Heblaw hynny, mi ddarllenais sawl disgrifiad tebyg yn y papur newydd. Mae'n rhaid i wraig i swyddog diogelwch ddarllen y papurau swyddogol.

MARC: Fe wyddost fod yr Uchel Lys wedi ei gondemnio i farwolaeth?

IRIS: 'Roedd hynny yn y newyddion bythefnos yn ôl.

MARC: 'Roedd y ddedfryd yn deg, Iris. Byddai unrhyw ddedfryd arall yn amhosibl. Fe fu'n gwneud propaganda cyson yn erbyn y Llywodraeth er mwyn chwalu ei hawdurdod. Fe wyddost fod y Llywodraeth wedi rhoi mis o rybudd i holl offeiriaid y deyrnas i gymryd llw o ffyddlondeb i'r Wladwriaeth a gwadu pob awdurdod tramor.[15]

IRIS: Gwn, debyg iawn.

MARC: Yr hyn na wyddost ti ddim yw fod Phugas yn Vienna yn golygu a chyhoeddi papur ac yn ei smyglo rywsut neu'i gilydd i mewn i'r wlad yma.

IRIS: Yr arswyd!

MARC: Fe gafodd y plismyn sgŵp go fawr echdoe. Fe gawsom afael ar y rhifyn diwethaf o'r papur, bwndel ohonynt. *Y Groes* yw ei deitl. Dyma gopi iti gael gweld. Prif erthygl fawr gan Phugas ei hun yn galw ar yr offeiriaid i wrthod y llw. Edrych arno.

IRIS: 'Does dim rhaid. Yr ydw i wedi ei ddarllen e.

MARC: Beth?

IRIS: Mae gen' i gopi'r fan yma yn fy masged wnïo.

MARC: Mae gennyt ti gopi? A'r plismyn yn chwilio pob congl o'r ddinas am gopi! Ble cefaist ti e?

IRIS: Fy nghariad i, mae rhai pethau na hoffet ti sy'n ŵr priod imi ddim i mi eu dweud wrth swyddog diogelwch.

MARC: Paid â phrofocio. Mae hwn yn fater rhy bwysig.

IRIS: Hwyrach na cha' i fyth siawns eto. Un o'r rhesymau y'th briodais i di oedd fy mod i'n cael cymaint o flas ar dy brofocio di.

MARC: Yn yr eglwys y cefaist ti ef? Fe addewaist i mi beidio â mynd i'r eglwys.

IRIS:	Mi addewais beidio â chael fy ngweld yn mynd i'r Offeren. Yr wyf i wedi cadw f'addewid.
MARC:	Mae'r Uchel Lys wedi condemnio Phugas i farwolaeth.
IRIS:	Dyna ddewr yw'r Uchel Lys!
MARC:	Fe'm dewiswyd i i fynd i Vienna i gyflawni dedfryd yr Uchel Lys.
IRIS:	Fe wyddost fod Phugas yn perthyn imi?
MARC:	Perthyn iti? Na wn i. Mi wyddwn ei fod e'n ffrind mawr i'th dad ers talwm.
IRIS:	Phugas yw fy nhad-bedydd i.

MARC *(gan chwerthin)*:
'Dyw hynny ddim yn berthynas.

IRIS:	Mae'n berthynas ysbrydol. I ni, y mae'r ysbrydol yn ffaith.
MARC:	Fe dd'wedwyd hynny wrthyf yn y swyddfa y bore 'ma.
IRIS:	Fod Phugas yn dad-bedydd imi?
MARC:	Ie. Rhaid inni gydnabod fod yr heddlu politicaidd yn fedrus. Maen nhw'n gwybod y pethau mwyaf annisgwyl . . . Dyna'r pam y rhoddwyd y dasg hon i mi.
IRIS:	Er mwyn iti gael y pleser o fwrdro fy nhad-bedydd i?

MARC *(yn poethi dipyn)*:
Mae hynny'n annheg. Nid mwrdro yw saethu bradwr yn y fyddin wedi dedfryd llys marsial. Nid mwrdro yw cyflawni dedfryd llys barn suful. Hwy sy'n gyfrifol am gyfiawnder eu dedfryd. Gwas dan lw i ufuddhau ydw i, gwneud eu gorchymyn nhw. Mae cosb yn rhan o gyfiawnder.

IRIS:	Estyn sigaret i ddyn dan gogio cyfeillgarwch a'i saethu drwy ei galon. Y dull modern ar gusan Jwdas. Ai dyna gyfiawnder llys barn?
MARC:	Fel yna y gwnaethom ni yn llysoedd barn y fyddin gudd droeon yn y rhyfel.
IRIS:	'Rwy'n addef fod hynny'n wir. Dull ffiaidd o ryfela oedd ein dulliau ni yn y fyddin gudd yn aml, ac yn yr holl fudiad tan ddaear fu drwy Ewrob.
MARC:	Ond angenrheidiol. 'Doedd gennym ni ddim dewis gyda'r Nazïaid.

IRIS: Mi welais i hynny pan ddaru 'nhw grogi Tada. Wedyn y fyddin gudd oedd y lleiaf o ddau ddrwg, a 'doedd dim dewis.

MARC: Rhaid iti ddeall, Iris, fod yr un peth yn wir i ni'r Comiwnyddion heddiw. Un agwedd ar y drefn gyfalafol oedd Nazïaeth. A thra fo cyfalafiaeth yr America'n aros, y mae rhyfel yn aros, a rhaid wrth ddulliau rhyfel. Yr Americanwyr a'r Fatican sy'n cynnal Phugas, yn rhoi arian a lloches iddo, yn trefnu ei bropaganda yn ein gwlad ni, a hynny er mwyn paratoi gwrthryfel yn erbyn y Blaid a'r Llywodraeth. Mae e'n apelio at anwybodaeth ddall yr offeiriaid gwledig a'r tyddynwyr i ddatod gwaith y Chwyldro Comiwnyddol. Dyna'r pam y mae ei saethu ef yn farw â blwch sigaret yn gyfiawnder.

IRIS *(yn codi a mynd ato)*:
'Rwy'n gobeithio dy fod di'n credu hynny'n onest. Wyt ti'n gwir gredu hynny, Marc?

MARC *(gan roi ergyd iddi sy'n ei thaflu hi i'r llawr)*:
Dos i gythraul, y bitsh! 'Rw' i'n gwneud fy ngorau glas er y bore i gredu hynny.

IRIS *(gan ddawnsio i'w thraed a dawnsio o'i gwmpas ef mewn llawenydd)*:
Shîc! Cosac! Brando! Valentino![16] Y gwryw mawr cryf! Arwr a charwr y ffilmiau Americanaidd cyfalafol! Fe ddylet gnoi gwm fel hyn. *(Y mae hi'n dynwared y cnowyr gwm.)*

MARC: Wyt ti wedi meddwi, dywed?

IRIS: Ydw. Wedi meddwi o orfoledd o wybod dy fod ti'n onest, Marc, a'th fod di mewn poen meddwl yn ceisio dy berswadio dy hun, yn ceisio dy argyhoeddi dy hun. Ond fedri di ddim, fedri di ddim. Llofrudd yw llofrudd a mwrdwr yw mwrdwr, ac fe wyddost ti hynny gystal â minnau. Hwrê! *(Mae hi'n dawnsio o'i gwmpas.)*

MARC: Na, ferch, na. 'Dyw'r peth ddim mor syml â hynny. Fe gytunaist ti mai'r fyddin gudd oedd y lleiaf o ddau ddrwg. Fe all mwrdwr hefyd fod y lleiaf o ddau ddrwg.

IRIS: Y mwrdwr hwn?

MARC: Ie, hwn. Rhaid iti fy helpu i, Iris.

IRIS: I fwrdro fy nhad-bedydd? Mi wnawn i lawer, wrth gwrs, er mwyn pasport.

MARC: Gwrando, yn ystod y chwe mis diwethaf fe wnaeth ein swyddogion ni eu gorau ddwywaith i ddal Phugas, ei daflu i mewn i gar modur a'i gipio drosodd i sector y Rwsiaid. Yr ail waith fe fuon' mor agos i lwyddo fel y rhoddwyd fflat iddo uwchben swyddfa Americanaidd. Bydd ditectydd yn ei ddilyn ef i bobman liw dydd ac y mae dau blismon milwrol wrth ddrws y tŷ. Chaiff neb fynd i'w weld e heb apwyntmant na heb ei chwilio gan y plismyn cyn mynd i mewn rhag ofn bod ganddo ef arfau.

IRIS: 'Rwy'n deall y blwch sigareti'n awr.

MARC: Mae dau o'n sbïwyr gorau ni wedi bod yn gwylio'r fflat o gaffe sydd dros y ffordd. Fe wyddom holl drefn ei ddiwrnod e. Yr adeg fwyaf manteisiol yw rhwng naw a hanner awr wedi naw y bore. Y pryd hynny bob dydd fe fydd ei chwaer e sy'n cadw tŷ iddo yn cychwyn i'r farchnad. Bydd yntau ar ei ben ei hunan, yn gweithio ar ei lythyrau. 'Does ganddo ddim ysgrifennydd ac eithriad yw i neb alw i'w weld cyn tua chanol dydd. Os gellir mynd i mewn ato'r pryd hynny a gwneud y gwaith yn sydyn, gellir mynd allan yn dawel hamddenol. Chlyw'r plismyn i lawr yng ngwaelod y grisiau ddim sŵn o'r blwch sigareti. Bydd modur yn sefyll yn barod wrth y caffe sydd yn union gyferbyn. Gallwn felly fod yn ddiogel yn y Rhanbarth Rwsaidd cyn i'w chwaer gyrraedd yn ôl o'r siopau. Mae'r cwbl wedi ei drefnu fel na fydd dim damwain na dim methiant.

IRIS: 'Rwyt ti'n dweud dy bisin yn dda.

MARC: O leiaf, mae'r heddlu politicaidd yn gwybod eu gwaith.

IRIS: Welaist ti gwmni o amaturiaid yn actio drama erioed? 'Does dim byd fel yna ynglŷn â'r heddlu politicaidd.[17] Pa ran sydd i mi yn y ddrama 'ma?

MARC: Yr unig siawns i mi gael apwyntmant a medru mynd i mewn i'r fflat heibio i'r plismyn yw bod gen' i neges oddi wrthyt ti at dy dad-bedydd. Llythyr ymlaen llaw. Dim ond nodyn byr i ddweud ein bod ni wedi priodi yn y fyddin gudd a'm bod innau wedi cael pasport i fynd i Vienna ar fusnes ac yn dal ar y cyfle i roi neges iddo. Gelli ddweud yng ngeiriau'r bardd Americanaidd, wyt ti'n cofio, *For auld lang syne*.[18] Er mwyn bod yn sicr, gelli 'chwanegu mai neges yw e oddi wrth dy dad cyn iddo farw.

IRIS: Nid ti a feddyliodd am hyn, ai e?

MARC: Nage, mae arna' i ofn. Mae'r cynllun yn rhy glyfar i mi. Yr wyf i'n iawn mewn awyrblan neu'n gyrru car modur drwy wersyll o Nazïaid. Yr unig ddarn o'r antur yma sy'n apelio ata' i yw wynebu'r ddau blismon wrth y drws a hwythau'n chwilio'r blychau sigareti.

IRIS: Fe dd'wedwyd wrthyt yn y swyddfa yn union yr hyn a glywais i gennyt yn awr?

MARC: Fe dd'wedwyd y cwbl deirgwaith a bu'n rhaid imi 'sgrifennu'r cwbl wedyn o'm cof i brofi fy mod i'n sicr ohono. Yna fe losgwyd y papur.

IRIS: A'r hyn yr wyf i i'w roi yn y llythyr?

MARC *(Y mae ei dôn drwy'r cwbl yn dra mater-o-ffaith)*:
Rhaid iddyn nhw gael y llythyr heno er mwyn iddo gyrraedd Vienna gyda'r awyrblan. Wedyn mi gaf innau ateb yn y gwesty yn Vienna 'fory. Gallaf fynd i'w weld e drennydd a bod yn ôl gartre' cyn pen tridiau.

IRIS: Mae dy benaethiaid di yn y swyddfa am gael gweld y llythyr heno?

MARC: Mae hynny'n hanfodol i'r cynllun.

IRIS: Nhw fydd yn ei bostio?

MARC: Pwy arall fedrai anfon llythyr allan o'r wlad yma? Wrth gwrs marc post Vienna a roir arno, y sector Americanaidd.

IRIS: Erbyn pa bryd y mae eisiau'r llythyr yma?

MARC: Mi rois fy ngair yn bendant y cân nhw'r llythyr cyn chwech ar gloch. Fel rheol mae'r awyrblan yn cychwyn tua saith.

IRIS: Felly dyna'r sut y'th anfonwyd di adre'n fuan?

MARC: Debyg iawn. 'Dyw'r heddlu politicaidd ddim yn afradu oriau gwaith.

IRIS: Mae dy wydr di'n wag, 'y nghariad i. Mae tipyn o win yn aros yn y botel.

(Mae hi'n llenwi ei wydr ef: yntau'n ei gymryd a llyncu diferyn.)

MARC: Ie Voslau, on'de? Rhaid imi ofyn amdano yn Vienna. 'Dw' i ddim yn honni gwybod am winoedd fel ti. Rhaid dechrau'n ifanc i fagu chwaeth. Ddechreuais i ddim yn ifanc . . . Ond mi gofiaf yr enw Voslau. Mi dd'wedaf, gwin bach reit neis, ond heb ryw lawer o frid. Ydy hynny'n iawn?

IRIS: I'r dim fel *connoisseur*. *(Mae hi'n eistedd ar y soffa ac yn cymryd ei gwnïo ac yn siarad yn dawel.)* Marc, fe fuon ni gyda'n gilydd mewn perygl mawr yn rhy aml yn y fyddin gudd imi beidio ag adnabod pob arwydd, pob simptom, yn dy lais ac yn dy ddull di. Yr ydym ni'r funud yma mewn perygl?

(MARC yn mynd yn gyflym at y ffenestr, at y drws, ac allan, yn cau'r drysau a thynnu'r llenni. Yna dyfod i eistedd wrth ei hymyl.)

MARC: Rhaid iti 'sgrifennu'r llythyr yma yn union fel y dywedais i.

IRIS: Ddaru 'nhw feddwl y byddwn i'n debyg o wrthod?

MARC: Do.

IRIS: Ac os gwrthoda' i?

MARC: Fe fydd y plismyn yma cyn saith ar gloch.

IRIS: Carchar?

MARC: Iris, pan fydd y merched acw â'u pastynau rhwber yn curo gwraig feichiog, ar ei chroth hi y byddan nhw'n cychwyn, wedyn ar ei phen hi. Wedyn ei rhoi hi i'r bechgyn.

(Seibiant.)

IRIS: A thithau?

MARC: Fe ofalan' fy mod i'n cael gwrando arnat ti gyntaf.

IRIS: Mae arna' i ofn, Marc. Oherwydd yr hyn sy yn fy nghroth i.

MARC: Mi ddywedais i wrthyt y gallai llofruddio fod y lleiaf o ddau ddrwg. Rhaid dewis rhwng Phugas a'r plentyn. A 'does dim dianc. Phugas neu'r plentyn.

IRIS: Mae arna' i ofn, Marc.

MARC: Iris, mae gennym ni hawl i ychydig hapusrwydd mewn bywyd, mae gennym ni hawl i fagu'r plentyn yma mewn diogelwch. Nid ein cyfrifoldeb ni yw bywyd Phugas. Fe ddewisodd ef ei lwybr, ac os na saethaf i ef fe'i lleddir gan rywun arall. Pan fydd un sowldiwr yn syrthio yn y rheng fe ddodir un arall i gymryd ei le. Waeth inni heb â brwydro yn erbyn y Wladwriaeth. Yr unig fodd i fyw o gwbl yn y byd sosialaidd hwn yw bodloni ac ufuddhau. Heddiw yr hyn y mae'r Llywodraeth yn ei orchymyn sy'n gyfiawn. Dyna'r unig foesoldeb democrataidd. Fedri dithau ddim esgor ar dy blentyn ond yn unig drwy blygu i'r ffaith.

IRIS *(heb godi ei llais)*:
: Dos yn fy ôl i, Satan.[19] Rhwystr wyt ti i mi.

MARC *(heb ddeall o gwbl)*:
: Be' 'rwyt ti'n ei ddweud?

IRIS: Dim, dim, cablu'r oeddwn i. 'Dyw fy mhen i ddim yn glir . . . Mi ddo' i'n iawn mewn munud. 'Rwy'n dechrau gweld fy ffordd.

MARC: 'Does dim ond un ffordd. Rhaid ei rhodio hi.

IRIS: Mae hi'n ffordd go gul.[20] 'Rwy'n amau a oes lle arni hi i ddau.

MARC: Dy ffordd di yw fy ffordd i, Iris.[21]

IRIS *(gan godi ei law ef yn sydyn i'w chusanu ac yn llawen iawn ei llais)*:
: Diolch iti am ddweud hyn'na . . . Wyddost ti, mae'n wir yr hyn a ddywedodd dy swyddogion di am Tada.

MARC: Beth?

IRIS: Fe ddaru e cyn ei grogi adael neges i Phugas. Yr oedd warden yn y gell gyda ni ar y pryd.

MARC: Mi wyddwn ei fod e'n wir. Fe gymerwyd y rhan fwyaf o'r wardeiniaid carchar i mewn i'n gwasanaeth ni ar ôl y chwyldro ac fe gadwyd pob record yn ofalus.

IRIS: Fe glywaist ti'r neges felly?

MARC: Naddo. Fe dd'wedwyd y byddai'n well imi ei ofyn gennyt ti. Yr oedden nhw'n chwerthin. Debyg mai rhyw jôc ysgafn oedd y neges.

IRIS: Fel y mae pethau wedi eu trefnu, y mae hi'n ddigri'. Phugas oedd yr unig un a fentrodd i'r carchar i'w weld e a rhoi ei enw a'i gyfeiriad i'r swyddogion wrth y porth a hynny ar ôl ei gondemnio i'w grogi. Dyma eiriau olaf Tada amdano: 'Dywed wrtho, 'ngeneth i, os byth y saif yntau mewn perygl einioes, fy mod i'n gobeithio y bydd rhywun o'm teulu innau yno i roi help llaw iddo' . . . Ac fe fyddi di yno, Marc—i estyn sigaret iddo.

YR ACT GYNTAF

MARC: Mi alla' i eu gweld nhw yn yr offis acw yn mynd o 'stafell i 'stafell i adrodd y jôc yna . . . Iris, a wnei di wynebu ffeithiau? Fe fyddai marwolaeth Phugas yn sydyn heb ond eiliad o boen. Fe fyddai dy farwolaeth di gyda'th faich yn rhywbeth y byddai raid i mi edrych arno ac fe fyddai'n araf. Mae hyd yn oed y meddwl am hynny yn codi gwallt fy mhen i . . . Mae'n rhaid i mi ddewis rhwng Phugas a thi, rhwng Phugas a'r plentyn yn dy groth di. A rhaid i tithau ddewis. Yr wyf wedi addo bod yn ôl yn yr offis cyn chwech.

IRIS: Mi dd'wedais fy mod i'n gweld fy ffordd. Paid ag ofni. Mae popeth yn glir . . . Mi 'sgrifennaf y llythyr cyn chwech.

MARC: O'r diwedd! O, diolch, diolch! Mi fûm i'n meddwl ers chwarter awr mai defnyddio'r ddau flwch sigareti, yma, yn y 'stafell hon, oedd yr unig ffordd allan ohoni.

IRIS: Cymer di ofal faeddu fy ngharped i.

(Y mae yntau'n chwerthin o ryddhad ac yn yfed diferyn o win.)

IRIS: Tyrd i eistedd wrth fy ymyl i yma eto am funud, Marc.

(Yntau'n gwneud. Mae hi'n cymryd ei llaswyr o'r pwrs yn y fasged wnïo.)

Wyt ti'n gweld hwn? Dyma fy llaswyr i a delw'r grog. 'Dyw e'n ddim ond darn o ofergoeledd i ti. Ond i mi, y llun hwn o Grist ar y groes, hwn yw'r sumbol mwyaf cysegredig sy'n bod.[22] Fe wyddost fod hynny'n wir?

MARC: Gwn, mi wn hynny.

IRIS *(yn hunanfeddiannol iawn)*:
Yr wyf i wedi addo 'sgrifennu'r llythyr iti, yn union fel y mae dy swyddogion yn ei ofyn. Yn awr, gwrando. A delw Croes fy Arglwydd yn fy nwylo, yr wyf i'n tyngu llw ac yn addunedu nad edrychaf i fyth ar dy wyneb di mwy, os lleddi di fy nhad-bedydd, ac na fyddaf i ddim yma pan ddychweli di o Vienna, ac na weli di fyth mohonof i'n fyw.

(Seibiant. Mae hi'n cadw'r llaswyr. MARC yn rhodio'r stafell fel llew.)

MARC: Mae dy synhwyrau di wedi drysu! 'Rwyt ti'n wallgo'! Yn wallgo' wyllt! Yn lloerig!

IRIS *(yn cymryd ei gwydr ac yfed)*:
Oes golwg un wedi drysu arna' i?

MARC *(yn gynddeiriog)*:
: Beth yw ystyr hyn?

IRIS *(yn dawel iawn)*:
: Cariad yw'r ystyr, fy mod i'n dy garu di.

MARC: 'Rwyt ti'n dewis ffordd od felltigedig i ddangos hynny.

IRIS: Ffordd hunanol, 'rwy'n cyfaddef. Cymer y gwir plaen; edrycha' i ddim ar fy nghariad, ar dad fy mhlentyn i, wedi troi'n gachgi o lofrudd.

MARC: Mi eglurais i'r cwbl iti. Mi ddangosais iti fod yn rhaid dewis rhwng mwrdwr yma a mwrdwr yn Vienna. Chlywaist ti ddim? Ddaru 'ti ddim deall?

IRIS: Siwr iawn, mi glywais. Mi dybiais imi ddeall.

MARC: Mi ddywedais fod bywyd ein plentyn ni'n dibynnu ar dy lythyr di. Ddaru 'ti ddeall hynny?

IRIS: Mae gen' i gyfrifoldeb i'm tad hefyd. Hoffwn i mo'i gyfarfod e yn un o dafarnau'r Purdan a dweud wrtho mai fi drwy fy llythyr a yrrodd fwled drwy galon ei gyfaill.[23]

MARC: Ond fe addewaist 'sgrifennu'r llythyr?

IRIS: Wrth gwrs. Fe'i 'sgrifennaf yn awr. *(Y mae dawns yn ei llais hi.)*

MARC: Yn awr, wedi d'addunded a'r llw! 'Dyw'r llythyr werth dim yn awr.

IRIS: Mae'r llythyr fel dawns yn awr. Dawnsia gyda mi, Marc! Dawnsia! *(Mae hi'n ei dynnu i ddawns.)*

MARC: 'Dwyf i'n deall dim arnat ti.

IRIS *(gan ddawnsio waltz yn ei freichiau)*:
: Marc, y mae rhyddid gerllaw.

MARC: Rhyddid?

IRIS: Ie, rhyddid.

MARC: A sut?

IRIS: Gyda'm llythyr i fe'th gymeran nhw di i Vienna a thros y ffin i'r sector Americanaidd. Cei groeso i mewn i fflat Phugas. Cei roi iddo neges Tada. Cei ddweud ein holl stori ninnau. Fe all yntau gael help yr Unol Daleithiau i warantu dy fywyd a threfnu diogelwch. Byddi allan o'r wlad yma'n rhydd.

MARC: A'th adael dithau yn nwylo'r heddlu!

IRIS: Mae hynny'n anodd, mi wn. Ond gwrando. Mae gen' i holl brofiad y fyddin dan ddaear. 'Rwy'n arbenigwr ar ymguddio. Mae gan yr Unol Daleithiau ddirprwy lysgennad yma. Y mae yntau ar y ffôn mewn cyswllt â Vienna. Mi gaf loches ganddo cyn i'r heddlu wybod nad wyt ti ddim yn dychwelyd. Wedyn, ymhen amser, fe gaiff Phugas helicopter iti. Gelli drefnu i'm cipio i atat. Fe wnaethom y peth droeon gyda'r brodyr yn y rhyfel. Mis neu ddeufis o bryder, wedyn bydd popeth yn iawn.

MARC: Fedra' i ddim! Fedra' i mo'th adael di. Mae'r siawns yn rhy wael, cant i un yn ein herbyn.

IRIS: Fe dd'wedaist dy hun nad oes dim dewis. Os arhosi, carchar a'm chwipio a'm treisio heno. Os ei di a saethu Phugas, mae'n bywyd ni ar ben ac yn uffern.

MARC: Yn ôl dy eglwys di, yn uffern y byddi dithau. Mae dy lw a'th adduned yn dy ddamnio.

IRIS: Fy nghariad i, 'does arna' i ddim eisiau nefoedd hebot ti. Dyna'r pam y mae'n rhaid iti fynd.

MARC: Os af i, 'dwyf i'n addo dim.

IRIS: Beth yw ystyr hynny?

MARC: Mae'n rhaid imi fynd i Vienna. 'Does dim dewis arall ond dinistr. Gallaf ddewis dychwelyd. Mae modd iti newid dy feddwl a thorri adduned sy'n ffiaidd.

IRIS: Os gwna' i, nid fi fyddaf fi.

MARC: Mi wela' i Phugas a phenderfynu yno. 'Dwyf i'n addo dim.

IRIS: Popeth yn dda. Ti piau penderfynu. Mae'r heddlu politicaidd wedi rhoi inni siawns i ennill rhyddid. Mae perygl. Ond os collwn ni, hyd yn oed os collwn ni, byddwn yn oedi am dridiau y drwg sy'n ein bygwth ni heno. Os enillwn ni, O, os enillwn ni, Marc!

(Y mae hi yn ei freichiau. Nid ydynt yn cusanu.)

MARC: Os collwn ni, mi roddaf fy mywyd i ddial.

IRIS *(gan gymryd ei llaswyr a'i roi iddo)*:
Cymer hwn gyda thi.

MARC: I beth?

IRIS: I gofio f'adduned i.

MARC: Beth wna' i ag ef?

IRIS: Dweud dy bader wrth gwrs.

MARC: Dd'wedais i 'rioed bader yn fy mywyd. 'Dwyf i ddim yn ei wybod e.

IRIS: Pa ots, dyro gusan i'r groes drosof i fel hyn . . . Ac yn awr mi 'sgrifennaf y llythyr.

(Mae hi'n mynd at y bwrdd ac yn eistedd i 'sgrifennu; mae MARC *yn sefyll wrth ei hymyl.)*

Fy annwyl, annwyl dad-bedydd . . . Dyma Marc . . . peth di-fedydd . . . ond fi piau fe.

Y MAE'R LLEN YN DISGYN

YR AIL ACT

(Fflat ar lofft yn Vienna. Desg a theleffôn. Llyfrau a phapurau sydd amlycaf; y mae llyfrau neu bapurau ar bob cadair, a rhaid eu symud neu eu rhoi ar y llawr er mwyn eistedd. Ffenestri yn y cefn. Y ffordd allan o'r fflat ar chwith y llwyfan. Ffordd i 'stafelloedd eraill ac i'r gegin ar y dde. Pan gyfyd y llen y mae PHUGAS *yn sgwrsio drwy'r teleffôn . . .)*

PHUGAS: Ie, popeth yn dda . . . Ydy'r moddion yn barod? . . . Purion . . . Erbyn pump ar gloch . . .

(Daw CALISTA *i mewn wedi ei gwisgo i fynd allan ac edrych drwy'r ffenestr yn y cefn.)*

Ond mae'n rhaid mynd â nhw iddi hi heno . . . Ie, heno . . . Wyt ti'n deall fod yn rhaid bod gartref cyn i Hilda godi? . . . Rhaid . . . O'r gorau, mi ddof i'r ysbyty erbyn pump ar gloch. Cofia fod yn bwysig cael y doctor ati hi cyn y Sul . . . Wnei di ofalu fod yr ambiwlans mewn trefn? . . . A rhybuddio'r *chauffeur* . . . Fe ddylai gychwyn tua saith . . . Diolch yn fawr . . . Da bo' . . . *(Dyry'r teleffôn i lawr).*

CALISTA: Pwy yw Hilda? Enw newydd i mi.

PHUGAS: Hilda yw'r lleuad. Mae hi'n codi cyn tri.

CALISTA: Wyt ti'n bwriadu mynd eto heno.

PHUGAS: Wrth gwrs.

CALISTA: Er gwaetha'r doctor?

PHUGAS: Dyma fy mywyd i.

CALISTA: 'Rwyt ti'n dra hyderus. Byddai'n fwy rhesymol iti ddweud, dyma fy angau i.

PHUGAS: Paid â phryderu.

CALISTA: 'Dwyf i ddim yn pryderu. Mae dy thrombosis di'n gysur mawr i mi.

PHUGAS: Pam? Wyt ti wedi blino ar y bywyd yma?

CALISTA: Mae'r bywyd *yma'n* burion. Pan oeddit ti oddi yma, mi fûm i'n poeni. Raid imi ddim bellach.

PHUGAS: Oes rhyw newid?

CALISTA: Y mae i mi. Os syrthi di i afael yr N.K.V.D. neu'n heddlu politicaidd ni, mi wn i bellach y byddi di'n dianc ar drawiad llygad dan eu dwylo nhw.[24]

PHUGAS *(gan chwerthin yn braf)*:
Digon gwir. Feddyliais i ddim am hynny. Ond ddywedodd y doctor ddim byd yn erbyn teithio mewn awyrblan.

CALISTA: Ofynnaist ti iddo?

PHUGAS: Cato pawb, naddo. Alla' i ddim gadael i ddoctor ymyrryd â'm gwaith i.

CALISTA: I ddyn hanner cant oed yn diodde' gan ei galon, nid parasiwtio drwy'r cymylau yw'r ffordd gallaf i deithio'r ddaear, wyddost ti.[25]

PHUGAS: Fydd dim parasiwt i mi na heno nac eto. 'Does dim angen fy rhybuddio i. Fedra' i ddim fforddio marw.

CALISTA: Gelli'n hawdd. Arna' i y daw'r gost.

PHUGAS: Rhaid imi gael disgybl gynta' i gario'r gwaith ymlaen. Mi drefna' i i farw wedyn.

CALISTA: Fe ddylet hysbysebu am brentis. Gelli warantu prentisiaeth fer. A stad drefnus yn etifeddiaeth *(gan ddangos yr ystafell ag ystum)*.

PHUGAS: Mae gen' i rifyn arbennig o'r papur ac y mae gen' i ŵr ifanc o offeiriad, y ddau i'w gollwng i'r wlad heno. Yr offeiriad ifanc sydd i gymryd y parasiwt. Mynd yn gwmni iddo hyd at y naid yr wyf i. Peth digon cynhyrfus yw disgyn â pharasiwt i ganol gelynion. Cael a chael fydd hi. Hwyrach y caiff e loches. Hwyrach mai syrthio'n ddel a wnaiff e i ddwylo'r plismyn. A rhaid iddo gario parseli o'r papur i'r persondy nesa'. Y peth lleia' y galla' i ei wneud yw bod gydag e hyd at y naid.

CALISTA: Mae gan yr offeiriaid bythefnos eto cyn y llw.

PHUGAS: Dyna'r pam yr wyf i am gael y rhifyn hwn o'r papur yno cyn y Sul. Ond paid â gobeithio am ferthyron. Mae pyllau Siberia'n rhy agos . . . Yn y deunaw mis diwethaf yr ydw i wedi anfon wyth o offeiriaid ifainc, newydd eu hordeinio, yno. Mae gen' i sicrwydd fod tri ohonyn nhw wedi eu rhoi i'r Rwsiaid a'u hanfon i Siberia. Fe ddaliwyd dau o fewn chwarter awr iddynt ddisgyn, a'u crogi fel ysbïwyr cyn pen mis,—er mwyn calondid i'r lleill . . . [26] Wyddost ti, 'rydw i'n fy ngweld fy hun yn llofrudd, yn danfon bechgyn glân i'w crogi a'u saethu. Fe ddylid fy saethu innau.

CALISTA: Cymer gysur, maen nhw wedi dy gondemnio di i farwolaeth.

PHUGAS: A minnau'n ddihangol o'u cyrraedd, yn byw yn fras ac esmwyth yma.[27]

CALISTA: Dyna'r tro cyntaf erioed imi dy glywed di'n dweud fy mod i'n gwneud bwyd da. 'Dyw e ddim yn hawdd yn Vienna y dyddiau hyn . . . Wyddost ti be' gefais i gan y Capten Christopher ddoe?

PHUGAS: Cusan?

CALISTA: Pwys o goffi Brasil.

PHUGAS: Coffi Brasil?

CALISTA: Ie, grawn cyfain, heb eu rhostio. Y rhodd orau ers blwyddyn. Digon i bara inni am chwe wythnos gyda gofal.

PHUGAS: Calista, rhaid iti roi hanner pwys ohonyn nhw imi heno.

CALISTA: Hanner pwys? I be'?

PHUGAS: I'r offeiriad ifanc i fynd ag e gydag e yn y parasiwt. Fe fydd hanner pwys o goffi yn sicrhau croeso cardinal iddo yn y persondy cynta' y daw ef ar ei draws.

CALISTA: Edrych arna' i, Phugas.

PHUGAS: Wel, be' sy?

CALISTA: Wyt ti'n fy ngweld i?

PHUGAS: Dd'wedodd y doctor ddim fod drwg ar fy llygaid i.

CALISTA: Fe wyddost ti felly fy mod i'n bod.

PHUGAS: 'Rwyt ti'n bod fel yr wyf innau'n bod. I wasanaethu. 'Does dim bod arall.[28]

CALISTA: Mae gwahaniaeth rhyngom. I mi y mae coffi'n goffi. I ti yr un peth yw e â diod wermod neu gamomeil. Welais i ddim pwys o goffi ers wyth mlynedd. A chyn imi ei agor, cyn rhostio gronyn, yr wyt ti'n cymryd ei hanner oddi arna' i.

PHUGAS: Wyt ti'n gwrthod?

(Mae hi'n mynd at y ffenestr i edrych allan.)

CALISTA: Na, fe'i rhoddaf iti. Dan regi. Mae'n siŵr y bydd yr heddlu politicaidd reit falch o'i brofi . . . Helô! Dyma rywbeth newydd.

PHUGAS: Yn y stryd?

CALISTA: Tri yn lle dau.

PHUGAS: Yn y caffe?

CALISTA: Mae'r ddau arferol yno. Mae un arall gyda nhw. Gŵr ifanc a chôt fawr amdano a het feddal dros ei lygaid. Maen nhw'n dangos y tŷ iddo fe. Mae ganddyn nhw gar modur yn sefyll gerllaw, a'r gyrrwr yn ei sêt yn barod.

PHUGAS: Pam 'rwyt ti'n dweud mai nhw piau'r modur?

CALISTA: 'Does neb arall yn y caffe.

PHUGAS *(gan groesi i roi cip)*: A'r gyrrwr yn y sêt yn barod. Yn barod i beth?

CALISTA: Pwy ŵyr? I'th gipio di drosodd i sector y Rwsiaid.

PHUGAS: Dim peryg'. Mae gen' i lond y bwrdd yma o lythyrau. 'Dw'i ddim yn mynd allan o'r tŷ.

CALISTA: Mae gennyt ti ymwelydd.

PHUGAS: Gŵr Iris! Fydd e ddim yn hir. Hanner awr ar y mwya', meddai fe. Mi dd'wedais wrtho am alw wedi naw.

CALISTA: Beth petai ef yn dy hudo di allan i'r car modur acw?

PHUGAS: Mae'r plismyn wrth y drws. Fe ddeuen gyda mi.

CALISTA: Beth yw ei waith e?

PHUGAS: Dd'wedodd hi ddim. Dim ond ei fod yn Vienna ar fusnes.

CALISTA: Wyddost ti ddim amdano fe?

PHUGAS: Peth di-fedydd, mae Iris yn ei alw fe. Os iaith ei thad sy ganddi hi, ystyr hynny yw ei fod e'n gomiwnydd.

CALISTA: O ran hynny, be' wyddost ti bellach am Iris ei hunan?

PHUGAS: Ers chwe blynedd wn i ddim oll am Iris . . . tan ei llythyr hi ddoe. Heddiw, mi wn o leia' ei bod hi'n ferch ei thad.

CALISTA: Welais i mo'i llythyr hi.

PHUGAS: Fe'i dangosaf iti pan ddoi di'n ôl. Fedrwn i ddim ddoe . . . Wyt ti'n cofio yng ngherdd Dante fel yr aeth Beatris at Fyrsil i ofyn iddo helpu Dante golledig? . . . [29] Petai Beatris wedi anfon llythyr ato,—llythyr fel yna yw llythyr Iris.

CALISTA: Taith i Uffern oedd y canlyniad.

PHUGAS: Wyt ti'n awgrymu fy mod innau'n mynd i'r sector Rwsaidd?

CALISTA: 'Rwyt ti'n mynd ymhellach na hynny heno.

PHUGAS: Ond nid gyda gŵr Iris.

CALISTA: Wyt ti'n addo nad ei di ddim allan y bore 'ma?

PHUGAS: Paid ag ofni. 'Dyw fy angel gwarcheidiol i ddim yn rhydd tan bedwar.

CALISTA: 'Does gen' i ddim llawer o ffydd yn y ditectydd Americanaidd yna. Nac yn y Capten Christopher 'chwaith o ran hynny. Mae e'n ormod o ŵr bonheddig i fedru deall ein heddlu politicaidd ni.

PHUGAS (*gan gymryd pistol bychan allan o ddrôr ei ddesg am funud i'w ddangos*): Mae gen' i hwn hefyd. Diolch i'r plismyn wrth y drws, mae hynny'n fwy nag y sy gan neb a ddaw i mewn i'r 'stafell yma.

CALISTA: Ie, mi wn dy fod di'n gwbl ddiogel yma . . . (*Mae hi'n rhoi cip olaf drwy'r ffenestr.*) Fydda' i ddim yn hir. Fedra' i ddim peidio â bod yn anesmwyth rywsut. Mi gaf olwg ar y dyn ifanc newydd yna wrth basio.

(*Exit* CALISTA. PHUGAS *wrth ei ddesg yn agor copi o Dante, ac edrych arno a darllen llinell yn hyglyw, wedyn yn edrych ar bapur o'i gyfieithiad.*)

PHUGAS: . . . Lucevan gli occhi suoi piu che la stella . . .
Disgleiria ei llygaid hi yn fwy na'r seren,
A dechrau dweud yn dyner ac yn isel . . . . [30]
Dante, Dante, 'does dim cyfieithu arnat ti . . .

(*Mae'r teleffôn yn canu.*)

Ie, Carl? . . . Ydw, 'rw' i'n ei ddisgwyl e . . . Mae ganddo lythyr yn fy llaw i ddoe? . . . [31] Dyna fe. Danfonwch e i fyny, wnewch chi? . . . Be'? 'Rydych chi wedi ei chwilio e? 'Does ganddo ddim arfau o gwbl . . . Dim ond sigareti a phasport? (*chwerthin*) . . . Popeth yn dda . . .

(Rhoi'r teleffôn i lawr. Ymhen eiliad cân cloch y fflat. Â PHUGAS *allan ac arwain* MARC *i mewn.)*

A dyma chi! Croeso i chi, croeso!

MARC: Chi yw Phugas, syr?

PHUGAS: Siwr iawn, myfi fy hunan, y bwgan brain enwog! Dowch i mewn i'r fflat. Maddeuwch i mi eu bod nhw'n chwilio'ch pocedi chi fel yna.

MARC: Popeth yn dda, syr. Chawson nhw ddim byd mwy peryglus na dau flwch sigareti.

PHUGAS: Wrth gwrs, mi wn yn iawn. Mi hoffwn i fod wedi'ch eithrio chi, gan eich bod chi'n rhyw hanner perthyn, megis. Mae rhywbeth gwrthun a diraddiol yn eu dwylo nhw'n rhedeg dros gorff dyn ac yn crafu ei bocedi. Ond fynnai'r awdurdodau milwrol ddim eithriad, a dyna fe.

MARC: Peidiwch ag ymddiheuro, syr. 'Roedd y ddau blismon Americanaidd yn gwrtais a diffwdan.

PHUGAS: 'Rwy'n deall oddi wrth lythyr Iris mai rhyw hanner awr yn unig sy gennych chi. Mi symuda' i'r llyfrau yma oddi ar y gadair i chi gael eistedd. Dyna fe, eisteddwch. Fe welwch sut un aflêr ydw i. Yn awr!

MARC: Diolch i chi. Ond fe fu rhoi'r llyfrau 'na ar y llawr yn dipyn o dreth arnoch chi?

PHUGAS: Twt, twt, y galon yma. 'Dyw hynny'n ddim oll. Peth mawr, peth od iawn yw cael cyfarch neb o'r hen wlad y dyddiau hyn; ac yn Vienna o bobman. Ond yn gynta' peth d'wedwch wrthyf i, sut mae hi?

MARC: Yr hen wlad?

PHUGAS: Nage, mi wn sut mae honno, yn gleisiau i gyd. Sut mae Iris? 'Dyw hi ddim tan gleisiau, beth bynnag. Ydy hi'n chwerthin a dawnsio o hyd?

MARC: Fel yna 'roeddech chithau'n ei 'nabod hi?

PHUGAS: Wrth gwrs, 'doedd hi fawr fwy na chroten pan grogwyd ei thad. Welais i mo'ni hi fyth wedyn. Fe fu'n rhaid i minnau fynd tan ddaear, fel y byddem ni'n dweud. Mae'n siŵr ei bod hithau wedi sobri ar ôl hynny.

MARC:	Mae hi'n chwerthin a dawnsio o hyd, yn enwedig dan berygl. Yn y fyddin gudd y daeth hi a mi at ein gilydd.
PHUGAS:	Welsoch chi felly na'i thad na'i mam hi?
MARC:	Naddo 'rioed. Wrth gwrs, mi wyddwn amdanyn nhw cyn cyfarfod â hi . . . Mae gen' i neges i chi oddi wrth ei thad hi.
PHUGAS:	Felly y d'wedodd hi yn ei llythyr. Cyn dod at hynny mi garwn i glywed rhagor amdani hi ei hunan. Mae hi'n iach? Ydy bywyd yn gwenu arnoch eich dau?
MARC:	Mae hi'n disgwyl plentyn cyn diwedd y flwyddyn yma.
PHUGAS:	Mae hi'n disgwyl plentyn! Yn disgwyl plentyn! Felly 'dyw'r hen deulu ddim ar ben . . . 'Rydw' i'n cofio ei thaid hi, gwladgarwr pur. Fe fu'n athro yma yn Vienna gyda'r hen Masaryk, ac yn aelod unwaith o'r senedd ymerodrol.[32] Un o'r hen ysgol, wyddoch chi, yn llawn o atgofion am Szechenyi a Kossuth.[33]

(Cyfyd MARC a mynd at y ffenestr ac edrych allan. Y mae tinc gelyniaeth yn ei lais pan sieryd nesaf ac nid yw ef yn eistedd.)

MARC:	Ar eich traws chi, syr. Mae'r bywyd yna ar ben. Onid un o'ch dynion chi a ddywedodd, gadewch i'r meirw gladdu eu meirw?[34] Mae gen' i gar modur yn aros amdana' i i'm dwyn yn ôl i'r wladwriaeth sosialaidd acw. Yn Nwyrain Ewrob 'does neb yn sôn am enw Masaryk heddiw, na Kossuth. 'Does dim ystyr i wladgarwch a chenedlaetholdeb yn ein byd comiwnyddol ni. 'Dyw'r gorffennol 'chwaith yn cyfri' dim ond fel ffon ysgol i ddringo arni tua'r dyfodol.
PHUGAS:	Mi anghofiais eich bod chi yn y blaid Gomiwnyddol. I ni Gristnogion, Duw piau'r gorffennol, hefyd, holl ganrifoedd hanes, ac oblegid hynny y mae'r gorffennol i ni'n cyfri' yr un fath â'r dyfodol . . . Ond nid i ddadlau y daethoch chi yma'r bore heddiw.

MARC (gan sefyll o'i flaen):
Plentyn siawns ydw i.

PHUGAS:	Dadl neu ffaith yw hynny?[35] Imi, chi yw priod Iris. Dyna'r pam y mae i chi groeso yma.
MARC:	Yn y fyddin gudd y priod'som ni.
PHUGAS:	Yr oedd hithau'n amddifad.

MARC: Heb dad na mam na theulu.

PHUGAS: Megis plentyn siawns.

MARC: 'Doedd dim hen deuluoedd. 'Doedd dim teuluoedd o gwbl yn y fyddin gudd. Unigolyn oedd pob un ohonom yno, pob un yn sefyll ar ei sodlau ei hunan.

PHUGAS: Ac yr oeddech chi'n hapus yno! Marc, 'dych chi ddim mwy o Gomiwnydd na minnau. Fe gawsoch gyfle teg i ddweud nad oes gan blentyn siawns ddim teulu ond y proletariat, mai undeb y dosbarth gweithiol sy'n cyfri'. Yn lle hynny dyma chi'n honni mai unigolyn ŷch chi ac mai'r unigolyn yn sefyll ar ei sodlau ei hun sy'n cyfri'. Yn y fyddin gudd, nid yn y Blaid Gomiwnyddol, y buoch chi'n hapus. Rhyddfrydwr ydych chi Marc, a *bourgeois* fel finnau.

MARC *(yn ddig)*: Yr wyf i yma'n swyddogol ar waith y Llywodraeth a'r Blaid Gomiwnyddol.

PHUGAS: Wrth gwrs. Mi wn i hynny. Heb hynny allech chi ddim bod yn y Sector Americanaidd. Mor agos at ryddid! Lle y mae pobl yn credu yn hawliau'r unigolyn! Fel chi, Marc! Fe ellir bod yn y Blaid Gomiwnyddol heb fod yn Gomiwnydd. Wedi'r cwbl y mae gennych chi obaith am deulu hefyd. Yn y Blaid Gomiwnyddol yn unig y mae siawns am yrfa . . . Ydy Iris yn aelod?

MARC: Fe wyddoch ei bod hi'n Gristion.

PHUGAS: Mae'n dda cael sicrwydd. Mae gan dad-bedydd hawl i ofyn hynny, wyddoch chi. 'Dyw bod yn Gristion ddim yn help i'ch gyrfa chi . . . Ond y mae'n dda iawn i Gristnogaeth.

MARC: Be' sy'n dda i Gristnogaeth?

PHUGAS: Bod yn amharchus ac yn amhoblogaidd ac yn beryglus.[36] Yr Eglwys yw'r fyddin gudd bellach, Marc. 'Does arnoch chi ddim chwant ymuno? Mae ynddi le i'r unigolyn. Ar hyn o bryd mae gen' i ddigon o le i beilot awyrblanau da hefyd.

MARC: Nid i hynny y des i yma.

PHUGAS: Nage, mae'n debyg. Pa bryd y byddwch chi'n dychwelyd?

MARC: Ar unwaith wedi gorffen fy nhasg yma.

PHUGAS: Peth eithriadol yw bod neb o'r hen wlad ar fusnes yn

	Vienna. Mae'n rhaid fod gan yr awdurdodau ymddiried arbennig ynoch chi.
MARC:	'Rwyf i yma ar genhadaeth go arbennig hefyd.
PHUGAS:	Mae'n siŵr. A finnau'n eich cadw chi yn holi a dadlau. Wel, fe ddaethoch yma i roi neges oddi wrth Iris, ac 'rwyf i'n ei weld e'n garedig iawn.
MARC:	Mae gen' i neges arall bwysicach.
PHUGAS:	I mi?
MARC:	I chi, y brawd Phugas.

PHUGAS *(gan fynd ato)*:
    Welwch chi, gyfaill 'dych chi ddim yn iach. Be' sy'n bod?

MARC:	Thâl y tric yna ddim. Yr wyf i yma i'ch gweld chi'n swyddogol ar ran yr heddlu politicaidd.
PHUGAS:	Chi! Yn swyddog yn yr heddlu politicaidd?
MARC:	Yn rhinwedd fy swydd y des i yma. Neges swyddogol sy gen' i.

PHUGAS *(yn anghrediniol)*:
    A thric i ddyfod o hyd i mi yma oedd llythyr Iris?

MARC:	Mae'r Americaniaid yn gwarchod yr alltud yn ofalus. 'Rydych chi mor ddefnyddiol iddyn nhw! Llythyr Iris oedd yr unig agoriad drws.
PHUGAS:	'Does bosib' fod Iris yn perthyn i'r heddlu politicaidd?
MARC:	Ar gais yr heddlu politicaidd y 'sgrifennodd hi ei llythyr.
PHUGAS:	Na. Na. Mae hynny'n gelwydd. Marc, dywedwch wrthyf mai celwydd yw hynny.
MARC:	Mae rhamant yr hen deuluoedd yn diflannu, on'd yw e? Heb lythyr ganddi sut y gallwn i gyrraedd hyd atoch chi yma? Sut y down i heibio i'r milwyr Americanaidd yna fu'n chwilio fy mhocedi i ac yn agor fy mlwch sigareti i, rhag ofn fod ynddo bistol? Llythyr Iris agorodd y ffordd.[37]
PHUGAS:	Nid llythyr bradychu oedd ei llythyr hi. Acenion cariad ac onestrwydd oedd ym mhob brawddeg. Eich gwraig briod chi yw hi, ŵr. Fedrwch chi mo'i sarnu hi fel yna.
MARC:	Pa ots gennych chi am fy ngwraig briod i? Cadw'r ddelw sy

gennych yn eich dychymyg o ferch ei hen ffrind ac wyres yr arwr a fu'n gyfaill i Masaryk, dyna sy'n eich poeni chi.

PHUGAS: Mae rhywbeth dyfnach na hynny'n fy mhoeni i, yr ofn fod bradychu a gwerthu cyfeillion wedi mynd yn beth normal a naturiol ymhlith pobl ifainc fy ngwlad i, ofn fod cywirdeb ac anwyldeb a haelioni a hunanaberth a chadw ffydd wedi darfod . . . Maddeuwch i mi am siarad fel yna. Fe ddywed'soch fod gennych chi neges i mi, neges olaf ei thad hi . . . Ydy hynny'n wir? Nid celwydd yw hynny hefyd, tric i gael dod yma?

MARC: Os celwydd yw e, nid fy nghelwydd i. 'Roedd hynny yn y llythyr.

PHUGAS: Oes rhyw fantais arbennig i chi o haeru y gall eich gwraig briod chi gynllunio celwydd?

MARC (fel taran):
Oes. Mae bywyd ei hunan yn dibynnu i mi ar fod adduned yn gelwydd. 'Rwy'n mentro'r cwbl ar hynny.

PHUGAS: Adduned? 'Dw' i ddim yn deall. Nid adduned oedd neges ei thad hi?

MARC: Rhaid imi gyflwyno fy neges swyddogol gyntaf, neges oddi wrth y Llywodraeth.

PHUGAS: O'r gorau. Fe fydd hynny'n anterliwt go ddigri' wrth y llall.

MARC: Fe gewch chi farnu pa mor ddigri'. Wyddoch chi fod Uchel Lys ac Arlywydd y wlad wedi'ch condemnio chi i farwolaeth am frad?

PHUGAS: Tad annwyl, gwn. Mi fydda' i'n derbyn papurau'n gyson o'r hen wlad, heblaw danfon papurau yno. Mae'n debyg eich bod chi sydd yn yr heddlu politicaidd ym mysg fy narllenwyr rheolaidd i. Mi fydda' innau'n darllen eich papurau chithau. Mi ddarllenais hanes fy nghondemniad yn y bwletin swyddogol. Mae'n wir na welais i ddim gair am amddiffyniad. Mae'n debyg fod yr amddiffyn a'r erlyn yn unfrydol.

MARC: Fe'm danfonwyd i yma i gyflawni dedfryd yr Uchel Lys.

PHUGAS: Chi?

MARC: Fi.

PHUGAS: Pam chi?

MARC *(gan godi ei ysgwyddau)*:
Un o'r teulu.

PHUGAS: Dyna ddiben llythyr Iris?

MARC: Er mwyn hynny y gorchmynnwyd y llythyr.

PHUGAS: Ac fe wyddai hi hynny.

MARC: Wrth gwrs.

PHUGAS: Ac fe gytunodd hi? Fe 'sgrifennodd—! Na, peidiwch ag ateb. 'Does gen' i ddim hawl i ofyn y fath gwestiwn. Eich gwraig chi yw hi. Eich gyrfa chi sy'n unig yn ei meddwl hi. Mae hynny'n iawn . . . Yr ydych chi yma i gyflawni'r ddedfryd. Ga' i wybod sut? 'Does gennych chi ddim arfau. Ac fe welwch, 'does dim lle yma i grogi neb. 'Does gen' i ddim rhaff 'chwaith, 'does dim lle i raff,

MARC: Mae digon o le ym mhobman i farw.

PHUGAS: Horas neu Solomon dd'wedodd hynny?[38]

MARC: Hoffech chi glywed neges olaf fy niweddar dad yng nghyfraith yn awr?

PHUGAS: Mae gen' i syniad, y brawd Marc, y byddai peidio â rhoi'r neges yn haws inni'n dau.

MARC: Peidiwch ag ofni. 'Rwyf i bron dod i ben â hi . . . *(Mae ef yn croesi i roi cip drwy'r ffenestr.)* Fedra' i ddim cadw'r car modur yna'n sefyll yn rhy hir.

PHUGAS: Y car o flaen y caffe? Chi piau hwnnw?

MARC: Y noson cyn ei grogi fe ofynnodd ei thad i Iris roi gwybod i chi, os byth y byddech chithau mewn perygl einioes, ei fod e'n gobeithio y byddai rhywun o'i deulu ef yno i roi help llaw i chi . . . Dyna'r cwbl. *(Mae MARC yn tynnu'r blwch sigareti o'i boced ond heb ei agor.)*

PHUGAS: Os byth y byddwn i mewn perygl einioes! . . . Ac fe ddaeth y tro . . . Ac wrth gwrs, dyma chi!

MARC: Yn gymwys felly. Dyma fi. Un o'r hen deulu. Yn yr olyniaeth. *(Y mae MARC yn croesi'n sydyn at PHUGAS:)* Gymerwch chi sigaret?

(Y mae'n agor y blwch sigareti a'i estyn i PHUGAS a'i fawd ar y botwm. Y mae llaswyr Iris yn syrthio allan o'r blwch. Y mae

PHUGAS *yn codi'r llaswyr mewn syndod. Saif* MARC *fel delw a'i law dde gyda'r blwch yn syrthio'n llipa i'w ochr. Yna gyda chri o chwerthin sy'n husteria y mae'n syrthio i'r gadair, a'i law a'r blwch sigareti yn hongian dros fraich y gadair.)*

(Daw CALISTA *i mewn o'r chwith.)*

PHUGAS *(wrth* CALISTA*):*
    Brandi, cognac, o'r gegin!

(Yn syth, heb air nac edrych, â CALISTA *ar draws y llwyfan ac exit i'r gegin.)*

MARC: Iris! . . . Iris! . . . Iris! . . . 'Rwyt ti wedi ennill! . . . Ti sy wedi ennill, Iris! . . . Iris! . . .

(Daw CALISTA *â'r brandi. Mae* MARC *yn ymysgwyd, yn cau'r blwch sigareti, a'i roi iddi hi . . .)*

MARC: Rhowch hwn i lawr ar y ddesg acw. Ar unwaith.

(Mae hi'n gwneud. Cymer yntau'r brandi ac yfed llwnc ac ail.)

MARC: Chi yw'r chwaer.

CALISTA: Ie, Calista.

MARC: Fe ddaru 'chi ddychwelyd lawer cynt nag arfer.

CALISTA: Do, lawer cynt.

MARC: Pam?

CALISTA: Am fy mod i'n eich amau chi.

MARC: Oes golwg llofrudd arna' i?

CALISTA: Ddim yn awr. Yr *oedd* golwg llofrudd arnoch chi yn y caffe.

MARC: Fe ddaru'n llygaid ni gyfarfod. Yr oeddem ni'n chwilio'n gilydd. Be' welsoch chi?

CALISTA: Mi welais boen tosturi. Yr oedd yn ddrwg gennych drosof i.

MARC: Ai dyna olwg llofrudd?

CALISTA: Ie, eich math chi o lofrudd.

MARC: Dyna'r pam y daethoch chi'n ôl mor fuan?

CALISTA: Wrth gwrs. Chi ddaru fy rhybuddio i.

MARC: Iris ddaru achub ei fywyd e.

CALISTA: Iris? Sut?

MARC: Iris a hwn 'na . . . *(gan bwyntio at y llaswyr sydd o hyd yn nwylo* PHUGAS. *Y mae* MARC *yn parhau i eistedd a hwythau ar bob tu iddo)* Ŷch chi'n gweld, yr oedd y sowldiwr yng ngwaelod y grisiau yn chwilio fy mhoced i. Yr oeddwn innau'n cymryd arna' i fod yn gwbl ddihitio a didaro, ac felly sylwais i ddim ei fod ef wedi taflu'r llaswyr yna i mewn i'r blwch sigareti cyn ei gau . . . Pan syrthiodd y llaswyr allan wrth imi gynnig sigaret i'ch brawd, mi gefais i ergyd o ddychryn fel strôc . . . Hynny achubodd ei fywyd e.

CALISTA: Llaswyr Iris yw e?

MARC: Mae croes ar un pen. Ar honno y gwnaeth hi'r adduned.

CALISTA: Beth oedd yr adduned?

MARC: Fe dyngodd hi lw, a'r groes yn ei dwylo, os saethwn i Phugas yn farw, yn ôl y gorchymyn, na welwn i fyth mo'ni hithau wedyn yn fyw.

CALISTA *(wrth* PHUGAS*)*:
Wyt ti'n deall, pistol saethu o ryw fath yw'r blwch sigareti.

PHUGAS: A minnau newydd ddweud nad oedd dim anwyldeb na haelioni na chadw ffydd ym mhobl ifainc y wlad Gomiwnyddol! Gwae fi!

MARC: Pam 'rwyt ti'n fy erlid i, Iris? 'Dyw'r peth ddim yn deg.[39]

CALISTA: Be' sy nad yw'n deg?

MARC: Fe'i cewch e gan ddewiniaid y negro yng nghanolbarth yr Affrig; ymyrraeth y meddwl o bell i ladd neu i atal lladd. Nid damwain a roes y llaswyr yna y tu mewn i'r blwch sigareti. Hi a'i taflodd ef yno â'i meddwl, Iris, tydi!

CALISTA: Gweddi yw ein henw *ni* ar hynny.

MARC: Mi ddes i yma gan benderfynu na chredwn i ddim i'w llw hi. Sut y gallwn i gredu? Ei bywyd hi a'i phlentyn neu fywyd eich brawd oedd y dewis. Fe roed y dewis arna' i. Fe wyddai hi hynny pan dyngodd hi'r llw mor greulon! Fe wyddai hi hynny pan roes hi'r llaswyr i mi i'w gadw. Dyna'r pam y mynnais i mai celwydd oedd yr adduned. Celwydd o fygythiad ffiaidd! Mi ddes yma dan raid i saethu'ch brawd. Mi daerais yn fy erbyn fy hunan yr anghofiai hi'r llw; y byddai hi yno wedyn i'm derbyn i'n ôl. Ac yna, y funud honno, a'm bawd ar y botwm, ar eiliad yr ergyd, fe syrthiodd ei llaswyr hi o 'mlaen i—fel cleddyf Duw!

(Y mae CALISTA yn gostwng ar ei glin ac yn cusanu llaw MARC. Cymer PHUGAS groes y llaswyr a gwneud arwydd y groes yn urddasol ac araf ar ei dalcen a'i ddwyfron ei hunan.)

MARC: Pam 'rych chi'n cusanu fy llaw i, llaw llofrudd?

CALISTA *(ar ei glin)*:
Oblegid eich bod chi wedi'ch dewis i dorri'ch calon.

PHUGAS: Os ei bywyd hi neu fy mywyd i oedd i'w golli, y mae Iris mewn perygl yn awr.

MARC *(gan neidio i'w draed)*:
Ewch at y ffenest' i edrych beth y mae'r ddau 'na yn ei wneud.

CALISTA *(ger y ffenestr)*:
Mae'r modur ar gychwyn. Mae'r ddau'n sefyll wrth ei ddrws ac yn edrych tuag yma.

MARC: 'Does dim ond actio'n gyflym a fedr ei hachub hi . . . *(wrth Phugas)* Oes gennych chi swyddog diogelwch Americanaidd wrth law?

PHUGAS: Y Capten Christopher. Mae ei offis e ar y llawr oddi tanom ni.

MARC: Fedrwch chi ddeud wrtho am Iris a gofyn iddo helpu? 'Does gen' i ddim ond brawddeg neu ddwy o'u hiaith nhw.

PHUGAS: 'Does dim angen eu hiaith nhw . . . *(gan ffonio)* Carl, ydy'r Capten Christopher wedi cyrraedd? . . . Do! . . . Ddywedwch chi wrtho mod i'n gofyn iddo ddyfod i fyny yma ar unwaith os yw e'n rhydd? . . . Mater o bwys a brys arbennig, yn ei faes e . . . Diolch! *(rhoi'r ffôn i lawr)* Mae e'n siarad ein hiaith ni heb arwydd o lediaith, ond yn unig ei fod e'n siarad fel llyfr ac yn rhy gywir i fod yn un ohonom.

CALISTA: Mae'r modur yn mynd a'r ddau sbïwr gydag e.

MARC: Oes siawns i'r Americanwr yma fy nghredu i? Os dyweda' i fy stori, onid llechgi yn gadael ei wraig heb amddiffyn fydda' i iddo fe? Dyna'r hyn ydw i i mi fy hunan. Mae byw gyda mi fy hunan yn annioddefol yn awr . . . Sut un yw e?

PHUGAS: Boston o'i gorun i'w sawdl. Gŵr gradd o Harvard a Pharis;[40] arbenigwr ar *espionnage* yn y rhan hon o Ewrob. Gellwch ymddiried ynddo. Dyma fe ar y gair.

(Mae'r gloch yn canu, CALISTA'n agor, a daw CHRISTOPHER i mewn.)

PHUGAS: Christopher, dyma ŵr ifanc, Marc, sy'n briod â merchbedydd i mi . . . *(Moesymgrymiad gan CHRISTOPHER heb ysgwyd llaw)* Merch y cyfaill marw y dywedais i wrthych amdano . . . Y mae Marc newydd gyrraedd yma o'n gwlad ni. Swyddog yw e yn yr heddlu politicaidd acw . . .

CHRISTOPHER: *Mein Herr!*[41]

PHUGAS: Bu'n rhaid iddo adael ei wraig ar ôl, ac y mae hi mewn perygl mawr, perygl oherwydd iddi fynnu achub fy mywyd i. Ond fe fyddai'n well fod Marc yn dweud ei stori ei hunan. Wnewch chi wrando arno fe.

CHRISTOPHER: Gwrando sut? Yn gyfaill preifat i chi i roi fy marn? Neu yn fy swydd?

PHUGAS: Yn eich swydd, 'rwy'n meddwl. Bydd yn rhaid i Marc ofyn am loches boliticaidd.

CHRISTOPHER: Ydy'r gŵr ifanc yn cytuno? Dyna ei ddymuniad?

MARC: Ydw. Mae'n rhaid bellach.

CHRISTOPHER: O'r gorau, syr. A gaf i yn gyntaf weld eich papurau chwi? Yr ydych yn perthyn i'r heddlu politicaidd?

MARC: Ydw.

CHRISTOPHER: Ac fe ddaethoch oddi yno—pa bryd?

MARC: Echdoe. Mewn awyrblan.

CHRISTOPHER: Y mae gennych ddau basport felly. Un i ddyfod i Awstria. Ac un *ad hoc* a gawsoch ddoe gan y Rwsiaid yn Vienna?

MARC: Oes.

CHRISTOPHER:
    A gaf i eu gweld hwy ynghyd â'ch tocyn swyddog cyfrinachol a'ch tocyn aelod o'r blaid?

(Cymer MARC y cwbl o'i boced a'u rhoi iddo.)

CHRISTOPHER:
    Swyddog diogelwch sydd ar y cyntaf. Peilot awyr a pheiriannydd ar yr ail. Pa un sy'n gywir?

MARC: Mae'r ddau'n gywir.

CHRISTOPHER:
    Er pa bryd yr ydych chwi'n swyddog diogelwch?

MARC: Ers tridiau.

CHRISTOPHER:
    Dyrchafiad ar gyfer y daith hon i Vienna?

MARC: Ie.

CHRISTOPHER:
    Beth oedd eich neges yma?

MARC: Saethu Phugas yn farw.

CHRISTOPHER:
    Â pha arf? Oni chwiliwyd eich person cyn i chwi ddyfod i fyny?

MARC: Mae'r pistol ar y ddesg acw. Blwch sigareti sy'n saethu bwlet drwy ddyfais electronig ac yn ddi-sŵn.

(CHRISTOPHER yn plygu dros y blwch ar y ddesg heb gyffwrdd ag ef.)

CHRISTOPHER:
    Oes rhywun heblaw chwi a'r plismon ar y llawr wedi gafael yn hwn?

CALISTA: Fi ddaru ei roi e ar y bwrdd.

CHRISTOPHER:
    Neb arall?

MARC: Ond fy mhennaeth i yn y swyddfa. Fe a'i rhoes e imi.

CHRISTOPHER:
    Pa adran?

MARC: Ff.T.G[42]

CHRISTOPHER:
Y Cyrnol Krechlen?

MARC *(yn synnu)*:
Ie.

(Mae CHRISTOPHER *yn taenu hances-poced fawr dros y blwch ac yna'n ei roi yn ei boced.)*

CHRISTOPHER:
Mae gennym ni brint o flaenau bysedd eich cyrnol. Gellir rhoi praw' ar y rhan honno o'ch stori . . . Yn awr, syr, yr wyf yn gwrando.

MARC: Ga' i dorri'r stori yn fyr iawn? Mae pob munud yn cyfri' o hyn allan i achub bywyd fy ngwraig i. Mi ateba' i faint a fynnoch chi ar ôl i chi gael pethau'n symud.

CHRISTOPHER *(gan foesymgrymu)*:
Yr wyf yn gwrando.

MARC: Clerc oeddwn i yn swyddfa'r heddlu politicaidd. Mi gefais orchymyn dridiau'n ôl i ddyfod yma i Vienna i saethu Phugas yn farw yn unol â dedfryd llys barn. Cefais orchymyn hefyd i gael llythyr gan fy ngwraig at ei thad-bedydd er mwyn imi gael fy nerbyn i mewn yma. Mi es adre'. Fe gytunodd Iris i 'sgrifennu'r llythyr ar un amod, sef fy mod i ar unwaith yn ceisio lloches boliticaidd gan yr Unol Daleithiau—beth yw eich term chi? Seilym?

CHRISTOPHER:
Y mae lloches yn derm mwy moesgar.

MARC: Ei syniad hi oedd y gallech chi ffonio at eich cynrychiolydd yn y ddinas acw a threfnu cuddfan iddi rhag y plismyn hyd nes dyfod cyfle i'w smyglo hi allan o'r wlad. Fe fu hi gyda mi yn y fyddin gudd yn ystod y rhyfel ac fe ddaliai hi y gallai hi guddio'n llwyddiannus dros dro. Fe fu'n rhaid imi fodloni, oblegid fe dyngodd hi lw na wnâi hi ddim arall, a 'doedd gennym ni ddim ond dwy awr i drefnu'r cyfan. Fy mwriad cyntaf i oedd diystyru ei llw hi er mwyn mynd yn ôl ati. Ond fe'm rhwystrwyd. Yn awr 'does gen' i ond apelio atoch chi i'w helpu hi.

CHRISTOPHER:
Ac yr ydych felly eisoes wedi colli hanner awr o leiaf?

MARC: Ydw. Mae hynny'n wir.

CHRISTOPHER:
Ni ofynnaf i yn awr pa fodd y'ch rhwystrwyd. A ydyw cyfeiriad eich cartref sydd ar y pasport yn gywir?

MARC: Ydy.

CHRISTOPHER:
A fydd hi yno heddiw?

MARC: Tan y bore 'ma.

CHRISTOPHER:
Yr oedd Krechlen yn fodlon ar ei llythyr hi?

MARC: Yn hollol fodlon.

CHRISTOPHER:
Felly nid yw'r heddlu politicaidd yn debyg o'i drwgdybio hi nes clywed am y methiant yma?

MARC: Dyna 'ngobaith i.

CHRISTOPHER:
Pa bryd y disgwylid i chwi ddychwelyd i'r sector Rwsaidd?

MARC: Cyn i Galista ddyfod yn ôl o'r siopau.

CHRISTOPHER:
Y mae Calista wedi dyfod yn ôl.

CALISTA: Mae'r modur oedd i'w gludo fe wedi mynd a'r ddau sbïwr ynddo.

CHRISTOPHER:
Felly bydd eich pencadlys chwi yn y sector Rwsaidd yn dechrau holi?

MARC: A ffonio at Krechlen.

CHRISTOPHER:
Phugas, yr ydych yn fy rhoi i mewn sefyllfa anodd. Galwasoch fi yma yn fy swydd i helpu gwraig y gŵr hwn. Yn awr, yn ôl ei gyfaddefiad ef ei hun, fe ddaeth ef yma i gyflawni llofruddiaeth. Fy nyletswydd i, ar ei dystiolaeth ef ei hunan, yw ei restio ef a'i roi yn nwylo'r plismyn.

PHUGAS: Christopher, maddeuwch i mi. Gallwn drafod tynged Marc eto. Fy merch-bedydd i yw hon: mae hi'n fwy na hynny hefyd imi. Mae hi newydd ei haberthu ei hunan, gan ddeall i'r fodfedd ei pherygl, er mwyn achub fy mywyd i. Fedrwch chi wneud rhywbeth gynta', drwy'r teleffôn, i geisio help iddi hi?

CHRISTOPHER:
Y mae hynny yn fy meddwl i. Os cyhoeddwn ni ar unwaith yn awr fod cais at fwrdwr wedi ei rwystro a'r darpar lofrudd wedi ei restio, onid dyna'r modd gorau i ohirio unrhyw berygl iddi hi am dro?

CALISTA:
Na. 'Dyw hynny ddim yn ddigon. Fe dd'wedodd Marc fod ei bennaeth yn gwybod am gysylltiad Iris â'm brawd. Os felly, a'r newydd yn cyrraedd yno fod Phugas wedi dianc yn fyw a Marc wedi methu yn ei dasg, maen nhw'n siŵr o restio Iris ar unwaith.

CHRISTOPHER:
Ac wedyn?

(Mae CALISTA'n ateb drwy godi ei dwylo ac ysgwyd ei phen yn drist.)

CHRISTOPHER:
Rhaid symud. Mi wnaf. Y maent hwy yn gwybod fod Marc yma. Gan hynny y dewis yw cyhoeddi ei fod wedi apelio am loches ffoadur neu gyhoeddi ei fod wedi ei restio. Yr ail sydd orau ar hyn o bryd. *(Mae'n mynd at MARC.)* Yr wyf yn eich restio chwi yn ffurfiol yn awr. Fe'ch gadawaf yma dan ofal Phugas a rhoddaf orchymyn yn eich cylch wrth waelod y grisiau. Anfonaf amdanoch i gael eich holi'n llawn yn nes ymlaen. Ar y funud, gan fod Phugas yn feichiau drosoch a thros wirionedd eich stori mi geisiaf gael gair drwy'r ffôn gyda'r dirprwy lysgennad. Trwy lwc nid yw'r llen haearn wedi llwyr ddisgyn ar eich prifddinas chwi eto. Fe ellir ffonio.[43]

MARC:
Fe wyddoch fod y swyddfa acw'n gwrando ar bob ymddiddan teleffôn yn eich llysgenhadaeth chi?

CHRISTOPHER:
Gwir iawn. Ond y mae sumbolau ac arwyddion. Os bydd pethau'n lwcus, efallai y cewch chwi hyd yn oed glywed ei llais hi heddiw brynhawn. Fe wnawn ein gorau i drefnu noddfa iddi hi.

PHUGAS: Christopher, mae gen' i gyhoeddiad am bump y prynhawn yma.

CHRISTOPHER:
Cyhoeddiad awyrblan?

PHUGAS: Ie.

CHRISTOPHER *(gyda gwên)*:
Yr ydych yn rhoi llawer o bryder i ni, Phugas. Yn swyddogol, nid wyf i'n gwybod fod gennych chwi awyrblan. Pwy yw'r peilot?

PHUGAS: Yr un un ag arfer. Yr unig un.

CHRISTOPHER:
Cofiwch fod yn hanfodol i'ch peilot fod yn un o'ch cydwladwyr chwi, rhag ofn i chwi ddisgyn yn anffodus.

(Cân ar y ffôn, PHUGAS yn ateb.)

PHUGAS *(yn siarad yn y ffôn)*:
Chauffeur yr ambiwlans? Wyt ti'n siŵr? . . . Chwilia eto ac yn drwyadl iawn, wnei di? Mi ddof drosodd gyda swyddog cyn gynted ag y galla' i.

(Rhoi'r ffôn i lawr.)

CALISTA: Beth yw'r newydd? Mae golwg gynhyrfus arnat ti!

CHRISTOPHER:
Pwy yw chauffeur yr ambiwlans?

PHUGAS: Chauffeur yr ambiwlans yw'r gair sy'n gennym ni am beilot fy awyrblan i. Mae e wedi ei wthio i mewn i gar modur a'i gludo drosodd i sector y Rwsiaid.

LLEN

Y DRYDEDD ACT

(Yr un olygfa ag yn Act II. Y mae CALISTA *a* MARC *yn yfed te.* MARC *ar ei draed.)*

CALISTA: Beth amdano?

MARC: Be'r ydych chwi'n ei alw fe?

CALISTA: Te. Fe glywsoch sôn am de?

MARC: Do, mi glywais amdano. A dyna yw te? Mae e'n ddiod od iawn.

CALISTA: Rhowch ragor o siwgwr ynddo.

MARC: I be'?

CALISTA: Rhag iddo fod yn rhy chwerw.

MARC *(gan wneud)*:
Ddywed'soch chi fod rhai pobl yn yfed hwn ddwywaith y dydd?

CALISTA: Pedair gwaith y dydd mewn rhai gwledydd.

MARC: Mae Gorllewin Ewrob yn fwy rhyfedd nag y breuddwydiais i. Ddo' i fyth i ddeall pobl a fedr yfed hwn bedair gwaith y dydd.

CALISTA: Ond y maen nhw'n ei yfed e yn Rwsia a Sina.

MARC: Pam? Ydy e'n rhan o'u crefydd nhw?

CALISTA: Cwestiwn anffyddiwr. Pam na wnewch chi eistedd? 'Rych chi'n yfed te fel Sais.

MARC: Sut y mae'r Sais yn yfed te?

CALISTA: Gan gerdded o gwmpas fel chi, a'i gwpan a'i soser fel hances poced yn ei law ac yntau'n sgwrsio.

MARC: Fedra i ddim eistedd. Ydy'r teleffôn yma'n gweithio'n iawn?

CALISTA: Fethodd e ddim eto. Estyniad yw e oddi wrth y teleffôn yn yr offis ar y llawr.

MARC: Fe dd'wedodd Christopher, pe dôi'r alwad, yr anfonai ef yma, heb fod angen i mi fynd i lawr.

CALISTA: Peidiwch â rhoi gormod o obaith ar y teleffôn. Fe fyddai peidio â chlywed yn llawn cystal â chlywed.

MARC: Mi hoffwn i ddweud wrthych chi, mae'ch caredigrwydd chi'n fy mharlysu i. Mi ddes i yma i ladd eich brawd ac yr ydych chithau'n gofalu amdana' i fel chwaer.

CALISTA: Marc, bwriwch y syniad yna o euogrwydd allan o'ch meddwl. All neb eich cyhuddo chi o fwriadu llofruddiaeth. Chi eich hunan yw'r unig dyst yn eich erbyn chi. 'Dyw llysoedd barn yr Americaniaid ddim fel ein llysoedd ni acw. Yma all neb ei gyhuddo ei hunan drwy gyffes gyhoeddus.

MARC: On'd ydw i dan rest yn ffurfiol y funud hon?

CALISTA: Yn ffurfiol, yn unig ar gyfer y radio a'r papurau. Oblegid mai hynny sy orau dros dro er mwyn rhoi siawns i'n ffrindiau ni i geisio cuddio'ch gwraig. Fe fuoch chi i lawr am ddwy awr yn y swyddfa gyda'r Capten Christopher a'r swyddogion eraill. Ddaru 'nhw sôn gair am y restio?

MARC: Naddo. 'Roedden nhw'n hynod o gyfeillgar, hyd yn oed wrth gymryd print fy mysedd i.

CALISTA: Heblaw hynny, pan ddaeth eich cyfle chi i saethu, a 'mrawd heb siawns i'w amddiffyn ei hunan, a heb fod ddim oll i'ch rhwystro chi, fe ddaru 'chi wrthod gwneud.

MARC: Gwrthod gwneud! Heb ddim i'm rhwystro i! Calista, os cafodd dyn ei rwystro erioed, mi gefais i y funud honno.

CALISTA: Mi glywais am un arall yn dweud hynny,—ar ei ffordd i Ddamascus.[44]

MARC: Pwy oedd hwnnw?

CALISTA: Iddew. Cyn eich oes chi. Fyddech chi ddim yn ei 'nabod e. Sôn am y peth fel y byddai cyfreithiwr yn ei weld e yr oeddwn i. O safbwynt cyfraith 'doedd dim i'ch rhwystro chi. Chi wrthododd gyflawni'ch cenhadaeth. Chi beidiodd â saethu. Chi ddewisodd arbed ei fywyd e.

MARC: Peidiwch â dweud hynny. Nid fy newis i oedd e. Deuddydd yn ôl mi ddadleuais gydag Iris mai'r dewis i mi oedd mwrdwr yma yn Vienna neu fwrdwr acw gartre'. Phugas neu hi. Peidiwch â dweud fy mod i wedi dewis. Fe glywsoch Christopher yn edliw imi fy mod i eisoes wedi colli hanner awr o'r amser prin y gellid ei hachub hi. Wyddoch chi ei

	bod hi'n anodd imi beidio â mynd yn wallgo' yn aros a disgwyl wrth y teleffôn yma?
CALISTA:	Hen ferch ydw i. 'Does dim rhaid dweud wrth hen ferch fod aros a disgwyl yn flin.
MARC:	'Rych chi'n cellwair i'm diddanu i a phasio'r amser ac yfed te. Ond o leia', y mae gennych chi eich brawd.
CALISTA:	Oes am dipyn, diolch i chi. Heno fe fydd yntau'n mynd yn ei awyrblan hen-ffasiwn a simsan i ollwng offeiriad ifanc mewn parasiwt i lawr yn ein gwlad ni. Y mae thrombosis â'i afael ynddo. Hawsa' peth i beiriant hen awyrblan fethu. Hawsa' peth i'w galon yntau sefyll ar drawiad. Gall ddigwydd heno, neu wythnos i heno, neu fis i heno. Mae'n siŵr o ddigwydd. A'r cwbl y bydda' i'n ei wybod fydd fod y nos yn pasio, a'r wawr yn pasio, a'r dydd yn pasio. Dim arall. Aros a disgwyl, a fydd y teleffôn ddim yn canu.
MARC:	Ydy hyn yn wir? Ydy e'n debyg o farw'n sydyn ac yn fuan?
CALISTA:	Dyna a dd'wedodd y doctor wrthyf i.
MARC:	Felly, petawn i wedi saethu, wnaethwn i ddim ond achub y blaen ychydig bach ar gwrs natur?
CALISTA:	Mae hynny'n wir am bob llofruddiaeth.
MARC:	A 'doedd dim rhaid imi ofidio gymaint â chymaint amdanoch chithau. 'Roeddych chi eisoes wedi wynebu'r peth.
CALISTA:	Nid gofidio amdanaf i a'ch rhwystrodd chi.
MARC:	Wedyn fe fuasai Iris y funud yma yn ddiogel. Fyddai ddim angen i minnau fod yn disgwyl mewn gwewyr am gloch y teleffôn yma.
CALISTA:	Ydych chi'n anghofio'i hadduned hi?
MARC:	Nac ydw. Ond mae arna' i eisiau gwybod y cwbl a wnaeth hi drwy ei hymyrraeth. Ai tric oedd ei hadduned hi?
CALISTA:	Marc, nid er mwyn achub bywyd ei thad-bedydd y gwnaeth Iris ei hadduned. Mae hi'n hwyr glas i chi ddechrau deall eich gwraig.
MARC:	Pam yntau, meddwch chi?
CALISTA:	Er mwyn eich cipio chi rhag gyrfa llofrudd yn yr heddlu

politicaidd. Er mwyn rhwystro i'r Brawd Marc dyfu'n Swyddog Diogelwch Marc ac wedyn drwy fwrdrad ar fwrdrad yn Gomisâr Marc. Er mwyn eich gwared chi rhag y drwg yma. Gadewch imi am unwaith ddefnyddio iaith y Cristion,—er mwyn achub eich enaid chi.

MARC: Ydych chi'n meddwl na wn i mo hynny? 'Rwyf i'n ymladd yn erbyn hynny ers tridiau, yn ceisio mygu'r syniad o hynny. Mi dd'wedais mai er mwyn achub Iris er ei gwaethaf y penderfynais i saethu'ch brawd. Hanner gwir oedd hynny. Yr hanner arall o'r gwir oedd ei fod e'n ddull o'm hachub i fy hunan oddi wrth ei gweddïau hi.

CALISTA: Oddi wrth ei chariad hi.

MARC: O'r gorau, oddi wrth ei chariad hi. Mae dull Iris o garu yn fy nychryn i. Mae hi'n fy ngharu i fel petai tragwyddoldeb yn bod.

CALISTA: Pa ateb rowch chi i'w chariad hi?

MARC: I mi, dyhead yw caru, chwant am ei meddiannu hi. Mae fy holl natur i'n ei hawlio hi i mi fy hunan. Mi wn i beth yw eiddigeddu wrth ei Duw hi a'i gasáu, oblegid bod ganddi hi fywyd ar wahân i mi, a chariad arall. Ac i mi, hi yw'r cwbl, holl ddaioni bywyd. Fedr dim caru arall fyth ddigwydd imi. Ond fe allodd hi fy ngyrru i yma i Vienna heb wybod pa bryd y doem ni at ein gilydd nesa'. Fe allai dyngu llw i beidio â'm gweld i fyth os gwnawn i fel y gorchmynnwyd imi. Crafanc yw fy nghariad i. Llaw agored yw cariad Iris. Hynny'n fwy na dim sy wedi troi'r daith yma i Vienna yn daith drwy uffern.

CALISTA: Hwyrach, ond mynd i'r pen, y dewch chi allan ohoni eto i ail-weld y sêr.

MARC: Y sêr, a thawelwch ffurfafen y nos? Fel y gwelais i nhw droeon wrth ddychwelyd o gyrch awyr yn y rhyfel? Hynny sy yn eich meddwl chi? Ydych chi'n tybio fod siawns i'r teleffôn yma ganu ac imi gael clywed ei llais hi mewn diogelwch fel seren?

CALISTA: Mewn diogelwch? 'Rych chi'n gofyn am lawer, Marc. Pa ddiogelwch a welodd neb ohonom ni yn y rhan yma o Ewrob ers ugain mlynedd? 'Does dim ond un diogelwch.

(Daw PHUGAS atynt.)

CALISTA: Gefaist ti newydd amdano fe?

PHUGAS: Do, gwaetha'r modd.

CALISTA: Newydd drwg gan hynny.

PHUGAS: Adroddiad gan un a fu'n llygad-dyst o'r cwbl. Gwraig oedd yn digwydd bod yn edrych drwy ffenestr ei llofft ar y pryd.

CALISTA: Ac fe'i gwelodd hi e'n cael ei gipio?

PHUGAS: 'Roedd hi'n weddol gynnar y bore ac yr oedd y stryd yn wag. Daeth yntau allan o'r tŷ a chychwyn cerdded ar y palmant yn hamddenol i gyfeiriad y siopau. Daeth car modur y tu ôl iddo ac fe safodd y gyrrwr a gweiddi cwestiwn,— gofyn y ffordd fel y tybiai'r wraig. Neidiodd tri dyn allan o gefn y modur a gafael ynddo a thaflu cadach fawr am ei ben e a'i luchio yntau i mewn i'r car, ac i ffwrdd â nhw. Welodd y wraig mo rif y modur. 'Roedd y cwbl drosodd mewn eiliad, meddai hi, a'r stryd eto'n wag a distaw. Rhedodd hithau i lawr a chwilio am blismon neu swyddog i ddweud ei stori. Ond fedrai hi ddim disgrifio neb ohonyn nhw.

CALISTA: Oes rhywbeth y gellir ei wneud?

PHUGAS: Mae plismyn y ddinas a'r awdurdodau Americanaidd yn casglu'r manylion. Fe'u danfonir nhw gyda phrotest daer at swyddogion y sector Rwsaidd. Fe gawn ateb ymhen tridiau eu bod nhw yn chwilio a holi'n drwyadl heb ddyfod o hyd iddo na chlywed dim amdano yn y sector Rwsaidd. Rhaid felly fod rhyw gamgymeriad a byddai'n well inni holi yn sector y Saeson. A dyna ben. Chlywn ni fyth ddim rhagor amdano fe.

CALISTA: Fe fydd y nos yn pasio a'r dydd yn pasio. Dim arall, a fydd y teleffôn ddim yn canu. Na, 'does dim diogelwch.

MARC: Ydy, hyn wedi digwydd o'r blaen?

PHUGAS: Dyma'r ail beilot imi ei golli mewn pum mis. Rhaid eich llongyfarch chi, Marc, ar berthyn i heddlu politicaidd sy'n fentrus ac yn fedrus. Maen nhw'n disgyn fel barcut ar eu 'sglyfaeth, a'i gipio'n syn ac yn sydyn.

MARC: Fi yw eu methiant cynta' nhw.

CALISTA: Oes gan y bachgen yma deulu?

PHUGAS: Wyddai e ddim. 'Roedd ganddo gariad o feistres yn byw gydag ef yma, un o ferched Vienna, merch nobl. Mae ganddi blentyn o Rwsiad teirblwydd oed, Mongoliad, mud a byddar a di-ddeall.

CALISTA: Oes ganddi hi waith?

PHUGAS: Gwnïo mewn siop ddillad. 'Doedd hi ddim yn dibynnu arno fe. Mi fynnodd hi gadw'r plentyn er mai plentyn trais yw e ac mai sioc y treisio sy'n peri ei fod ef yn waeth ei gyflwr nag anifail.

CALISTA: 'Does dim y gallwn ni ei wneud drosti?

PHUGAS: Dim ond ei gadael hi i'w phoen a'i phlentyn hanner-pan.

MARC: Phugas, sut y gellwch chi gredu fod Duw?

PHUGAS: Mi wn, mi wn. 'Does gan neb esboniad sydd hyd yn oed yn dechrau gwneud y boen sy yn y byd yn rhesymol.

MARC: Mi glywais rai o'ch offeiriaid chi'n brolio fod gan yr Eglwys ateb i bob cwestiwn.

PHUGAS: Duw a faddeuo iddyn nhw eu cabledd.

MARC: I'r Comiwnydd, rhan o broses hanes yw poen. Fe ddiflanna gyda'r rhyfel dosbarth.

PHUGAS: Fedrwch chi ddweud hynny wrth eneth a'i chariad newydd ei gipio oddi arni i'w grogi gan fwrdrwyr?

CALISTA: Nage, nid dadlau y mae Marc, ond erfyn am help.

PHUGAS: 'Does gen' i ddim help i'w gynnig iddo. 'Does gen' i ddim help i neb. 'Rydw i'n methu gyda phawb sy'n dibynnu arna' i. 'Rwyf i'n anfon bechgyn glân o offeiriaid i weithio ym mhyllau Siberia. Fi yw'r *agent provocateur* gorau sy gan ein Llywodraeth ni yn Vienna. Ystyriwch y bachgen yma. Fe fu'n beilot imi ers misoedd. Fe fu gyda mi mewn peryglon. Unwaith fe fu'n rhaid inni lanio a thrwsio'r peiriant o fewn deng milltir i'r brifddinas ddwy awr cyn i'r wawr dorri. Gallasech feddwl wrth ei ymddygiad e mai yn y sector Americanaidd o Awstria yr oeddem. Heb gyfeirio unwaith at y perygl fe ddywedodd wrthyf stori ei gariad a thrwsio'r carbwretor yr un pryd. Yr oedd hi'n gwrthod ei briodi e oblegid fod ganddi'r plentyn Mongolaidd, a fynnai hi ddim rhoi'r baich arno fe. A heddiw fe'i cipiwyd fel yna liw dydd golau, a fedra' i wneud dim drosto na dim dros ei gariad e . . . Rhan o broses hanes!

CALISTA: Be' wnei di heno?

PHUGAS: Mi yrraf fy hunan.

CALISTA: Yrraist ti ddim ers blwyddyn.

PHUGAS: Mae gen' i dystysgrif peilot ers chwarter canrif.

CALISTA: Mae gennyt ti hawl i fod yn ddibris o'th fywyd dy hunan. 'Does gennyt ti ddim hawl i beryglu offeiriad ifanc sy'n mynd i'w genhadaeth gynta'. Fe wyddost y gelli di farw yn sêt y peilot

PHUGAS: Mi wn fod yn rhaid mynd yno heno.

CALISTA: Gelli ohirio.

PHUGAS: 'Dyw'r Llywodraeth ddim yn gohirio llw teyrngarwch yr offeiriaid. Fedra' innau ddim gohirio. Y Llywodraeth sy'n trefnu f'amserlen i. Mae gelynion mor ffyddlon i'w gilydd â chariadon.

(Daw CHRISTOPHER i mewn atynt.)

MARC *(yn sydyn wrth CHRISTOPHER):*
Ydych chi'n credu fod Duw?

CHRISTOPHER *(ar ôl y sioc):*
Cwestiwn anweddus ac anamericanaidd!

MARC: Anamericanaidd? Beth yw ystyr hynny? Yn fy ngwlad i gweniaith fyddai galw peth yn anamericanaidd.

CHRISTOPHER: Maddeuwch i mi. Fe ddaeth eich cwestiwn chwi mor sydyn fel yr anghofiais i wrth bwy yr oeddwn i yn siarad. I ni— gyda'ch cennad—ystyr anamericanaidd yw croes i'r safon o ymddygiad sy'n briodol i swyddog yng ngwasanaeth yr Unol Daleithiau.

MARC: Be' sy'n anweddus yn fy nghwestiwn i?

CHRISTOPHER: Mae'n anodd imi egluro i estron. Fe gewch Americanwyr, rwy'n cyfaddef, sy'n gofyn cwestiynau fel yna, ac yn wir gwestiynau mwy personol na hynny, ac yn hy. Ond yn y gymdeithas Americanaidd y gwn i amdani mater preifat yw credu yn Nuw, nid cwestiwn i'w daflu at neb mewn salon.

MARC: Hynny yw, mae holi am Dduw braidd fel holi am y tŷ bach?

CHRISTOPHER *(yn ddifrifol)*:
: I ni y mae'r naill mor breifat â'r llall.

MARC: Ydy'r naill mor bwysig â'r llall?

CHRISTOPHER:
: Y pethau preifat yw'r pethau pwysicaf i'r Americanwyr.

MARC: Fel yr ydw i'n deall, eich maes arbennig chi yw problemau gwledydd Deau-ddwyrain Ewrob?

CHRISTOPHER:
: Cywir.

MARC: 'Does ond chwe awr er pan ddiarddelwyd fi o'm gwlad ac o'r Blaid Gomiwnyddol. Credwch fi, yn fy ngwlad i ac yn yr holl wledydd yma, nid cwestiwn preifat yw'r cwestiwn a oes Duw. Y mae e'n gwestiwn personol, siŵr iawn. At hynny, dyna gwestiwn politicaidd a chyhoeddus pwysicaf Ewrob i gyd. Y mae dyfodol Chwyldro'r Proletariat yn dibynnu ar yr ateb. 'Dych chi ddim wedi dechrau dysgu a-bi-ec Ewrob os na wyddoch chi hynny. Y mae pob Comiwnydd yn Ewrob a Rwsia'n gytûn ar hynny.

CHRISTOPHER:
: Mae'n dda gennyf i gael eich tystiolaeth chwi. Y mae'n cadarnhau llawer a ddywedodd Phugas wrthyf i o bryd i'w gilydd. Ond paham yr ydych yn gofyn hyn i mi yn awr?

MARC: Oblegid na wn i mo'r ateb. Oblegid nad ydw i na Chomiwnydd na Christion. Oblegid bod f'amheuaeth i wedi dinistrio 'mywyd i heddiw. Mi ddes i yma'n anffyddiwr i gyflawni gorchymyn fy Llywodraeth, ac fe syrthiodd llaswyr a chroes ar draws fy mhistol i. Oherwydd hynny y mae einioes fy ngwraig i mewn perygl a'r plentyn sy yn ei chroth hi. Yr ydw innau yma yn aros i'r teleffôn ganu, fel dyn yn disgwyl datguddiad. Pe cawn i ond clywed ei llais hi!

CHRISTOPHER:
: Mi ddeuthum i yma i ddywedyd wrthych ynghylch hynny.

MARC: Oes gennych chi ryw newydd imi?

CHRISTOPHER:
: Yr ydym wedi archwilio a dilyn eich holl atebion chwi y ddwy awr y buoch chwi gyda ni. Cawsom eu bod oll yn gywir ac yn werthfawr. Bydd yn dda gennym eich holi'n

helaeth eto. Ond fy neges i'n awr yw dweud imi gael awdurdod i roi gwybod i chwi y daw caniatâd yn fuan i roi lloches boliticaidd i chwi, a'ch bod chwi'n ddyn rhydd y tu mewn i sector Americanaidd Vienna ar unwaith yn awr.

MARC: Diolch i chi. Mae Calista wedi cynnig gwely imi yma heno.

CHRISTOPHER:
Da hynny. Byddai'n beryglus i chwi fynd allan heno.

MARC: Oes gennych chi newydd arall?

CHRISTOPHER:
Yr ydym wedi bod yn siarad gyda swyddogion ein llysgenhadaeth. Fe addawsant hwy symud ar unwaith a dwyn adroddiad imi ar y teleffôn. Fe ddaw'r neges drwodd atoch chwi yma, Phugas. Gall ddyfod unrhyw funud yn awr.

PHUGAS: Fyddwch chi'n gamblo, Marc?

MARC: Yn y casino? Ar y byrddau?

PHUGAS: Neu ar geffylau, neu ar rasio awyrblanau?

MARC: Yn y llu awyr ddechrau'r rhyfel yr oeddem ni oll yn betio'n drwm. Yn y casino pan geid siawns i fynd yno. Wedyn ar bob cyrch awyr betio ar y nifer ohonom ni a ddôi'n ôl o'r cyrch. Yr oedd sbri ryfygus wrth fetio ar ein bywydau ni'n hunain. Ar ôl hynny, yn y fyddin gudd, 'doedd gan neb ohonom arian i fetio.

PHUGAS: Yn y fyddin gudd gamblo oedd byw?

MARC: Mae hynny'n wir. Yr oedd terfyn pob dydd a therfyn pob nos yn siawns.

PHUGAS: Pam felly'r ych chi'n gofyn am sicrwydd mewn bywyd yn awr?

MARC: Sicrwydd?

PHUGAS: Sicrwydd fod Duw.

MARC: Dewis Iris yw fy sefyllfa i'n awr. Nid fy newis i. Ac os nad oes Duw mae'r dewis yn greulon a gwallgo'. Moesoldeb *bourgeois* y mae'r Comiwnyddion yn ei alw e. Bellach, dyma fi, nid yn alltud ond yn froc môr, heb na gwlad na phlaid na theulu na pherthynas o fath yn y byd. 'Does gen' i ddim i roi ystyr i fywyd ond Iris a'm lluchiodd i yma, a'r siawns ei bod hithau'n ddiogel. Mae gen' i hawl rhesymol i wybod ai gwallgofrwydd oedd ei dewis hi, ai gwallgofrwydd oedd ei ffydd hi, ai gwallgofrwydd a'm taflodd i yma yn Vienna. Mae'n rhaid imi gael gwybod.

PHUGAS: Mae gwybod yn amhosibl. 'Does neb yn gwybod fod Duw.

MARC: Felly 'does gennych chi ddim ateb i wallgofrwydd?

PHUGAS: Mae rhai ohonom ni'n *credu* fod Duw.

MARC: Mi wn. Paul Claudel yn mynd yn anffyddiwr i mewn i eglwys *Notre Dame*. Mae e'n sefyll wrth y drydedd golofn ac yn craffu ar ddelw. A'r funud honno mae e'n credu, yn credu fel un yn gwybod, 'does dim amheuaeth yn bosibl iddo weddill ei oes . . . [44] 'Dyw hynny'n ddim help i mi. Nid profiad normal mohono. Fe gewch ddegau o ddynion mewn seilym sy'n credu fel yna, yn credu fel rhai'n gwybod eu bod nhw'n cerdded ar eu pennau, ac mai gwdihŵ yw'r nyrs.

PHUGAS: 'Rydych chi yn eich lle. Rhodd yw credu. Nid pawb sy'n cael y rhodd.

MARC: Ac os na chefais i'r rhodd? Os na fedra' i gredu? Os yw credu yn air heb ystyr imi?

PHUGAS: 'Does dim yn aros ond gamblo.

MARC: Sut y mae gamblo ar Dduw?

PHUGAS: Fe'ch taflwyd chi yma i gasino eich bywyd yn Vienna. 'Does dim dianc yn bosibl, mae'r drysau wedi eu cau arnoch; a chewch chi ddim aros heb fetio,—dyna reol y byrddau. O'r gorau, betiwch fod Duw! Mentrwch eich bywyd ar ei fod ef; chewch chi ddim dal llai na hynny ar y byrddau hyn. Mae'r bet yn rhesymol, ac y mae'n rhaid i chi fetio, gan fod gwybod yn amhosibl a fedrwch chi ddim credu. Fedrwch chi ddim peidio â betio 'chwaith, oblegid yr un peth yw peidio â betio â betio nad oes Duw. Dyna'r pam nad oes dim dianc rhag y bet yn y casino hwn. Marc fedrwch chi ddim betio nad oes Duw. Fyddai hynny ddim yn fet rhesymol. Mae hi'n rhy hwyr. Fe goll'soch fore heddiw, drwy fethu fy saethu i, bob ennill a fuasai ar y bet. Mae'ch gyrfa lwyddiannus chi ar ben. 'Rydych chi eisoes wedi colli'r cwbl ond eich bywyd. Teflwch eich bywyd gan hynny ar y bwrdd a betiwch fod Duw. Ystyriwch: cyn cael gwybod ai colli ai ennill a wnewch chi, fe fyddwch eisoes wedi rhoi ystyr i'ch byw yn

Vienna, oblegid wedi betio 'does dim gwallgofrwydd, 'does dim ond aros i weld y digwydd. Mae'n bosibl yr enillwch chi'r bet,—os felly, bydd eich gwobr yn fawr. Os collwch chi'r bet,—wel, beth sy gennych chi i'w golli nad ydych chi wedi ei golli'n barod? Fe dd'wedsoch eich hunan eich bod chi wedi colli'r cwbl—

MARC (*fel taran*):
Celwydd! Celwydd! Chollais i mo'r cwbl eto, mae Christopher yma'n dyst. Chollais i mo Iris eto! Mae gen' i Iris i'w dal ar y byrddau. Mi ddaliaf Iris mewn bet.

CALISTA: Be' wnewch chi â bywyd Iris?

MARC: Ei dal i brofi a oes Duw. Mae Iris yn credu. Mae hi'n ymddiried yn Nuw. Gwareded Duw hi yr awron ac mi gredaf innau. Os clywa' i ei llais hi ar y teleffôn a hithau'n ddiogel, mi roddaf innau fy mywyd i Dduw![45]

CALISTA: Fedrwch chi ddim bargeinio â bywyd Iris. Fedrwch chi ddim betio â bywyd Iris. 'Does gennych chi ddim hawl.

MARC: Pam na fedra' i? Pam nad oes gen' i hawl? Hi yw fy mywyd i.

CALISTA: Be' wyddoch chi nad yw hi wedi gwneud ei bargen ei hunan?

MARC: Pa fargen a fedrai hi?

CALISTA: Er eich mwyn chi. Mae bargeinio caled yn bosib'.

MARC: Os clywa' i ei llais hi—

(*Y mae cloch y teleffôn yn canu'n uchel. Mae'r cwmni ar y llwyfan yn sefyll oll fel rhai wedi eu rhewi. Ail larwm ar y teleffôn.*)

PHUGAS: Christopher, chi piau hwn.

(CHRISTOPHER *yn cymryd y ffôn.*)

CHRISTOPHER:
Captain Christopher speaking . . . Long distance call? . . . O.K., Carl, send it straight through . . . Yeah . . . Ie, dyma fe . . . Neges bersonol i'r Brawd Marc . . . Mae hyn yn od, yn bur od. Gobeithio ei fod yn iawn . . . Dyma chi, Marc.

(*Cymer* MARC *y ffôn; mae'r tri arall yn sefyll yn agos gan edrych arno.*)

(Egyr y llen yn y cefn i dangos IRIS *yn eistedd ar stôl wrth ddesg yn swyddfa'r Heddlu Politicaidd a gwraig o swyddog yn sefyll wrth ei hymyl megis doctor. Microffôn ar y ddesg o'u blaen, clustffonau am bennau Iris a'r swyddog. Mae'r swyddog yn medru rheoli'r microffôn i roi gorchmynion i* IRIS. *Ni chlywir mo'r swyddog yn siarad, ei gweld yn unig. Golwg angau ar Iris; sieryd yn araf a chydag ymdrech, fel y dywed y swyddog wrthi. Y mae ei dwylo hi y tu cefn iddi. Ni ddengys y meimio unrhyw gam-drin o gwbl, ond y mae Iris mor ufudd ag awtomaton.)*

IRIS: Fi sydd yma, Marc.

MARC: Iris! Iris! Mae hyn yn nefoedd, Iris! Diolch fyth am gael clywed dy lais di. O ble'r wyt ti'n siarad? O'r swyddfa Americanaidd?

IRIS: Nage, Marc. O swyddfa'r heddlu, o'r carchar.

MARC: O ble?

IRIS: O garchar yr heddlu politicaidd.

MARC: Carchar yr heddlu! Iris, 'dwyt ti ddim yn eu dwylo nhw? Na, na!

(Gwelir llaw'r swyddog ar y microffôn a hithau'n rhoi siars i IRIS, *yna mae* IRIS *yn siarad megis ar ôl y swyddog.)*

IRIS: Chaf i ddim ateb cwestiynau o gwbl, Marc. Yr ydw i yma er y bore. Yr wyf i yma i roi neges swyddogol iti, a hynny'n unig. Mae gennyt ti ail flwch sigareti.[46] Maen nhw'n addo os defnyddi di hwnnw yn awr yn ôl y gorchymyn a roddwyd iti, yr arbedan nhw fy mywyd i . . . *(yna'n gyflymach ac uwch, gydag ymdrech)* Esgus, Marc . . . Oes gennyt ti'r llaswyr? . . . dyro gusan—

(Mae ei phen hi'n disgyn ar y ddesg a llaw'r swyddog yn troi'r microffôn . . . Mae'r olygfa'n diflannu.)

MARC *(gan barhau i ddal y ffôn wrth ei glust)*:
Mae hi wedi tewi . . . ar ganol brawddeg . . . Glywsoch chi?

CALISTA: Mi glywais i'r ddau air ola', dyro gusan.

MARC: Chlywsoch chi mo'i neges hi?

(Mae'r tri'n ysgwyd eu pennau'n drist.)

Ddaw dim rhagor . . . Dim rhagor . . . fyth. *(Dyry'r ffôn i lawr.)*

CHRISTOPHER:
    Mae'n eglur fod gan Krechlen ysbïwr yn gweithio yn ein llysgenhadaeth ni. Mi fûm i'n ofni hynny drwy'r bore, ond yr oedd yn rhaid mentro. Fel yna y cafodd ef wybod inni addo i chwi, petai modd, gael clywed ei llais hi. Mae'r hiwmor dieflig yna yn nodweddiadol o Krechlen . . . *(gan fynd at* MARC*)* Mae'n ddrwg gennyf, gyfaill, yn ddrwg calon gennyf. Fe wnaethom ein gorau, ond yr oeddem ni'n rhy hwyr.

MARC: Hanner awr yn rhy hwyr. Yr hanner awr a gollais i fore heddiw.

CHRISTOPHER:
    Peidiwch â dweud hynny. Ni wyddom ni ddim o'r manylion eto. Mi af i ar unwaith yn awr i gychwyn ymchwil.

(Exit CHRISTOPHER.*)*

CALISTA: Fedrwch chi roi gwybod inni be' dd'wedodd hi?

MARC: Neges swyddogol oddi wrthyn *nhw*. Dim personol ond un gair a'r frawddeg olaf.

PHUGAS: Beth oedd y neges swyddogol?

MARC: Fod gen' i ail flwch sigareti sy'n bistol. Addo yr arbeden nhw ei bywyd hi os cyflawnwn i fy nghenhadaeth yn Vienna â hwn. *(Y mae'r pistol yn ei ddwylo ef.)*

PHUGAS: Beth amdani felly?

MARC: Mae hi'n rhy hwyr.

PHUGAS: Symudai Calista ddim am hanner awr. Mae gennych chi ryddid y sector Americanaidd. Gallech gerdded allan o'r tŷ ac i'r sector Rwsaidd heb eich rhwystro gan neb. Gallech ffonio'n syth wedyn.

MARC: Fe dd'wedodd Iris ei hunan un gair ar y diwedd,—*esgus,* Marc. Hynny yw, cogio, celwydd. Ddywed'sai hi mo hynny a hithau yn eu gafael nhw. Fe dawodd ar ganol brawddeg.

PHUGAS: Mae Iris yn ddiogel.

(Mae CALISTA*'n codi llaswyr Iris oddi ar y ddesg.)*

MARC: Mi glywais ei llais hi mewn diogelwch! . . . Beth yw'r tric sy gan fywyd o beri i ddyn herio a phroffwydo'i ddamnedigaeth ei hunan . . . Bedlam yw bywyd, gwallgofdy yw Ewrob i gyd.

CALISTA: Marc, rhowch y pistol yna i mi.

(*Mae hi'n gafael yn ei fraich.*)

MARC: 'Does dim rhaid i chi ofni. Chynigia' i ddim sigaret i'ch brawd.

CALISTA: Nid peri i chi saethu fy mrawd oedd bwriad y neges swyddogol a gawsoch chi drwy Iris.

MARC: Beth oedd y bwriad?

CALISTA: Y peth yr ydych chi ar fin ei wneud yn awr.

MARC: Sut y gwyddoch chi?

CALISTA: Dyna'r pam y daru 'nhw gario Iris at y teleffôn,—er mwyn i'w llais hi cyn marw eich gyrru chi i'ch saethu'ch hunan. Heddiw mae'ch marwolaeth chi yn bwysicach lawer iddyn nhw na marwolaeth Phugas. Ydych chithau'n bwriadu gwneud eu hewyllys nhw?

MARC: Waeth gen' i amdanyn' nhw. Mae 'mywyd i ar ben.

CALISTA: Wrth gwrs fod eich bywyd chi ar ben. Ond byw gyda'ch bywyd ar ben yw'ch galwad chi'n awr.

MARC: Galwad? Pa alwad sydd i mi?

CALISTA: Mae Iris yn galw arnat, Marc. Hi a'th ddanfonodd di atom ni. Hi a roes ei bywyd drosot ti, i'th gadw di rhag drwg. Ddaru hi ddim dianc rhag poen. Fe ddewisodd ei phoen, ac fe wyddost ti hynny; fe yfodd ei chwpan i'r gwaelod,[47]—er dy fwyn di, er mwyn dy gael di gyda hi am byth. Rhaid i tithau 'nawr fyw, a'th fywyd di ar ben, nid dy fywyd dy hunan, ond bywyd Iris. Fe adawodd hi rodd iti, llaswyr ei gweddïau hi. Cymer ei llaswyr hi, a dyro'r pistol i minnau.

(*Maen nhw'n cyfnewid y pethau.*)

MARC: Be' wna' i â'i llaswyr hi?

CALISTA: Gwna fel y gwnaeth Iris, dyro gusan i'r groes.

MARC (*gan syrthio i'w liniau a chodi'r llaswyr at ei wefus*):
Iris, Iris, gweddïa drosof i.

(*Eiliad o seibiant.* CALISTA*'n claddu ei hwyneb yn ei dwylo.*)

PHUGAS: Marc, mae gen' i daith awyrblan heno. Mae'r dasg sy'n fy ngalw i yn bwysig. Byddai'n ddiogelach fod gen' i beilot. Ddoi di gyda mi?

MARC *(gan godi)*:
Gymeri di fi?

PHUGAS: Mae hi'n genhadaeth beryglus. Mae'r trychineb y bore heddiw'n dangos eu bod nhw ar ein trywydd ni.

MARC: 'Does gen' i ddim i'w golli na byddai ei golli yn ennill mawr.[48]

PHUGAS: Yn fy ngwasanaeth i rhaid iti gadw dy fywyd chwerw fel y bydd cybydd yn cadw ei aur.

MARC: 'Rwy'n dechrau dysgu.

PHUGAS: Mae arna' i angen, nid peilot yn unig, ond cydweithiwr ac olynydd. Rhaid i'r gwaith fynd ymlaen ar fy ôl i. Fe'th gymera' i di os bodloni di i hynny.

MARC *(gan roi ei law iddo)*:
'Rwyf i wedi rhoi cusan i'r groes.

CALISTA *(wrth MARC)*:
Dyma dy gartre' di bellach.

PHUGAS: Rhaid paratoi i fynd. Mae gofyn casglu offeiriad a rhifyn arbennig o'r papur. Rhag ofn damwain byddai'n well fod gennym arfau . . . *(mynd at y ddesg a rhoi'r pistol yn ei boced)* Calista, dyro'r blwch sigareti i Marc. Fe wnaiff hwnnw'r tro iddo heno.

(CALISTA'n rhoi parsel gyda'r blwch sigareti i MARC.)

CALISTA: Cymer hwn gyda thi hefyd.

PHUGAS: Be' sy yn hwn'na?

CALISTA: Pwys o goffi i'r offeiriad.

LLEN

TERFYN

NODIADAU

1. Yn y rhaglen a gyhoeddwyd ar gyfer y perfformiad cyntaf gan Chwaraeyddion Cyngor y Celfyddydau dywed: 'Y mae tridiau rhwng yr act gyntaf a'r ail', a bod y fflat 'yn y Swyddfa Americanaidd yn Vienna'. Dywed hefyd mai 'estyniad dros dro' a roddir i'r llwyfan yn hytrach nag 'ychwanegiad', fel yn y fersiwn argraffedig. Yn rhaglen y cyflwyniad Saesneg (cyf. R.O.F. Wynne, cynhyrchwyd gan Thomas Taig) gosodwyd yr Act gyntaf yn 'A flat in a capital city yn South East Europe, tua'r flwyddyn 1950'. Yn dilyn rhyddhad Awstria cytunodd Galluoedd y Cynghreiriaid i rannu Awstria rhyngddynt yn ardaloedd meddianedig (9 Gorffennaf 1945). Rhannwyd dinas Vienna rhwng byddinoedd Rwsia (dwy ardal), Prydain (dwy ardal), Yr Unol Daleithiau (un) a Ffrainc (un), gyda'r ardal ganol dan reolaeth heddlu rhyngwladol. Ar ôl etholiadau a chytundeb newydd gan y Galluoedd, sefydlwyd Llywodraeth Ganolog i weithio dan awdurdod Cytundeb Rheoli Newydd. O'r dechrau gweithiai byddinoedd y Cynghreiriaid Gorllewinol â'i gilydd i gryfhau democratiaeth yn y wlad, ond fel y gwaethygai'r Rhyfel Oer o1948 ymlaen fe gaewyd y llen haearn ar sectorau'r Rwsiaid. (Gweler isod, n.43.) Tri mis ar ôl perfformiad cyntaf *Gymerwch Chi Sigaret?* arwyddwyd cytundeb newydd rhwng y Galluoedd a roddodd derfyn ar y feddiannaeth (6 Rhagfyr 1955).

2. Gweler erthygl R.L. Hughes, *Y Tyst*, 22 Rhagfyr 1955, er mwyn blasu rhywfaint ar y beirniadu a fu ar y ddrama.

3. Cyhoeddir *Y Tyst* gan Undeb yr Annibynwyr.

4. Cawn hanes un o'r rhain yn y ddrama *Excelsior*, lle y sylwa'r dramodydd: 'Tua'r amser hwnnw, 1950–1960, yr oedd nifer o fechgyn ifainc talentog ac uchelgeisiol ym Mhlaid Cymru yn troi at y Blaid Lafur ac yn codi'n ymgeiswyr ac yna'n aelodau seneddol a rhai yn aelodau o'r Llywodraeth. Ymhen y rhawg cododd ambell un i Dŷ'r Arglwyddi. Pwy all eu beio? Yno yr oedd bywoliaeth a gyrfa. Ond y mae cychwyn yn genedlaetholwr politicaidd Cymraeg a gorffen yn Nhŷ'r Arglwyddi yn stori ddigri dros ben ac yn amserol.' *Excelsior* (1980), 7–8.

5. Blaise Pascal (1623–62). Gweler ffynhonnell dadleuon Phugas yn ei *Pensées*, a gyhoeddwyd gyntaf mewn fersiwn anorffenedig yn 1670. Gweler yn neilltuol rif 418, lle y ceir ymdriniaeth enwog o'r bet fod Duw mewn bod (gweler hefyd uchod, t.666).

6. Hoffwn feddwl na fydd angen i neb sy'n darllen *Gymerwch Chi Sigaret?* droi yn ôl at Actau'r Apostolion ix.1–30 i ddarllen hanes tröedigaeth Saul ar yr heol i Ddamascus. Nid yw hanes tröedigaeth Paul Claudel (1868–1955), bardd a dramodydd yr oedd gan Saunders Lewis feddwl uchel ohono, mor adnabyddus yng Nghymru. Ceir yr hanes mewn ysgrif a ysgrifennodd yn 1911 dan y teitl, *Ma Conversion*. Dywed yno sut yr aeth i mewn i eglwys Notre Dame ym Mharis yn anffyddiwr ar ddydd Nadolig 1886, yn llanc

deunaw oed a chael tröedigaeth sydyn a chyflawn y bu'n ymladd yn ofer yn ei herbyn am bedair blynedd wedyn. 'Mewn eiliad cyffyrddwyd fy nghalon a chredais. Credais, gyda'r fath rym, gyda'm holl fodolaeth wedi ei siglo yn y fath ffasiwn, gyda chred mor nerthol, gydag argyhoeddiad mor gyflawn, nad adawodd le i'r amheuaeth leiaf, na allai, o hynny ymlaen, yr holl lyfrau, yr holl ddadleuon, holl ddamweiniau bywyd prysur naill ai siglo fy ffydd na, a dweud y gwir, hyd yn oed ei chyffwrdd.' (Gweler y gwreiddiol yng ngolygiad Gallimard, *Oeuvres Complètes de Paul Claudel*, XVI, (1959), 190.) Gweler hefyd isod, t.666.

7. Gweler isod, nodiadau 25, 27, 37, 47 a 48.

8. Ffurfiwyd cwmni Saesneg a Chymraeg gan Bwyllgor Cymreig Cyngor y Celfyddydau yn Ne Cymru, gyda'r amcan o gyflwyno detholiad cynhwysfawr o ddramâu i Gymru. Fe'i rheolid yn uniongyrchol gan Bwyllgor Cymreig Cyngor y Celfyddydau. Ysgrifennodd Saunders Lewis *Gymerwch Chi Sigaret?* yn arbennig i'r cwmni Cymraeg. Fe'i cynhyrchwyd gan Herbert Davies, 23 Medi 1955, yng Ngŵyl Ddrama Genedlaethol Cymru, Llangefni. Yn ôl y rhaglen ganwyd Herbert Davies yn Llundain ond treuliodd rai blynyddoedd yn America cyn dychwelyd i Gymru. Bu'n feirniad drama i'r *South Wales Evening Post* am chwe blynedd ac wedyn yn ohebydd arbennig y *Western Mail* yng Nghaerdydd. Erbyn 1955 yr oedd wedi ysgrifennu tair drama. Ef oedd cynhyrchydd yr Young Wales Players yn Abertawe. Heblaw am gynyrchiadau Cymraeg, bu'n gyfrifol am gyflwyno fersiwn Saesneg o *Blodeuwedd* dan y teitl, *The Lion and the Owl*, gyda Everyman Theatre. Fe'i cyflogwyd gan y BBC fel cynhyrchydd ar ôl ymddiswyddiad Emyr Humphreys. Wedyn ymfudodd naill ai i Awstralia neu i Dasmania. Cyflwynwyd David Tinker (1924–) i Saunders Lewis gan Herbert Davies. Gweithiodd ar *Siwan, Gymerwch Chi Sigaret?* a *Brad* a daeth i adnabod Saunders Lewis yn dda. Yn 1963, blwyddyn darlith *Tynged yr Iaith*, cyhoeddodd Saunders erthygl ar waith David Tinker fel arlunydd yn *The Anglo-Welsh Review*, XIII 31, t.21.

9. Cyfansoddwyd *Der Rosenkavalier* (1911) gan Richard Strauss (1864–1949), gyda *libretto* gan Hugo von Hofmannsthal. Y mae'r opera yn nodedig am ei chomedi chwerw-felys a'i harddull sgyrsiol.

10. Y mae'n debyg fod Iris yn cyfeirio at Karl Marx (1818–83) yma yn hytrach nag at Lenin neu Stalin oherwydd ei fod yn gyfrifol am Faniffesto'r Comiwnyddion a gyhoeddwyd yn 1848 a'r dadansoddiad byd-enwog o systemau economaidd, *Das Kapital* (1867)–ond a dweud y gwir, byddai'r ymadrodd yn gweddu'n well i Gymro yn 1955 na Phabyddes o'r Wcráin!

11. Er ei ddechrau yn 1780 bu'r mudiad i sefydlu ysgolion Sul ar gyfer addysg grefyddol yn hynod bwysig yng Nghymru, wrth gwrs, ond ar wefus Iris, a fyddai wedi cael ei haddysg grefyddol mewn ysgol Babyddol, y mae sôn amdano yma yn anacroniaeth.

12. Cenedlaetholwyr *bourgeois* oedd pob un o arweinwyr cenhedloedd Ewrop yn y cyfnod rhwng y chwyldro rhamantaidd a'r Rhyfel Byd Cyntaf a

frwydrodd dros annibyniaeth i'w gwledydd: hynny yw, dynion a ystyriodd y genedl yn ymgorfforiad o ddelweddau a buddiannau'r dosbarth cymdeithasol a grewyd yn sgil datblygiad y system gyfalafol yn Ewrop a'r mecanweithiau cymdeithasol a ymddangosodd wedyn. Rhwng 1918 ac 1991 bu'n frwydr hir rhwng y cenedlaetholwyr *bourgeois* hyn a'r Comiwnyddion a ffieiddiai'r syniad o'r genedl-wladwriaethau a sefydlwyd ar ôl Cyngres Fien. Y mae'r un frwydr ideolegol wedi ei hymladd yng Nghymru ers sefydlu Plaid Cymru gan Saunders Lewis ac eraill yn 1925, er bod llawer ym Mhlaid Cymru—yn arbennig er refferendwm 1979—wedi ymdrechu i gymodi egwyddorion sosialaidd a rhaglen wleidyddol cenedlaetholdeb.

13. Y mae'n ddiddorol gweld Iris, fel Pabyddes ddeallusol, hunan-ymwybodol, yn ansicr ar y pwynt pwysig hwn y bu cymaint o ymgecru yn ei gylch dros y blynyddoedd. Un o'r pethau yr oedd yr uchel-Galfinwyr ymhlith y Methodistiaid yn ei ddrwgdybio mewn dynion rhyddfrydol fel John Jones Talysarn oedd eu tueddi briodoli tröedigaeth i'r ymennydd yn hytrach nag i ras dwyfol. Byddai Saunders Lewis wedi darllen am y ddadl rhwng John Jones a John Elias yn llyfr ei dad-cu (Owen Thomas, *Cofiant John Jones, Talysarn* (1874), 584). Yn *Buchedd Garmon* cyfeiriodd at y ddadl hon yn fwy uniongyrchol, oherwydd dyna sail heresi'r Pelagiaid, sef eu bod yn dadlau fod dyn yn medru ymgyrraedd at ffydd yn Nuw yn rhinwedd ei ymdrechion ei hun, heb ymyrraeth gras dwyfol.

14. Y mae plwtoniwm yn elfen gemegol ymbelydrol a ddarganfuwyd yn 1940. Gyda màs critigol sydd â thraean o eiddo wraniwm, y mae'n ddefnyddiol iawn yn y broses o gynhyrchu bomiau.

15. Oherwydd y cyfeiriadau hyn tueddaf i gymryd fod Saunders Lewis yn meddwl am y sefyllfa yng Ngwlad Pwyl, er na ddymunai leoli'r ddrama mewn unrhyw wlad neilltuol. Gweler uchod, t.601.

16. Y mae'r geiriau hyn i gyd yn awgrymu rhywbeth tebyg i'r hyn a awgrymir y dyddiau hyn gan y gair 'macho'. Daw 'shîc' o'r gair Ffrangeg, 'chic', sy'n cyfleu'r un peth â'r gair Saesneg, 'cool' yn y cyd-destun hwn. Cyfetyb 'Cosac' i'r gair 'cossack', sy'n awgrymu dyn â phriodolaethau gwrol iawn. Bu Brando a Valentino yn actorion enwog am y rhannau gwrywaidd y maent wedi eu perfformio. Gellid disgwyl i Iris fod yn gyfarwydd iawn â Rudolph Valentino (1895–1926), arwr rhamantaidd y sgrin mewn ffilmiau fel *The Sheik* a *Monsieur Beaucaire*, ond y mae'r ffaith ei bod hi'n defnyddio enw Marlon Brando fel hyn yn anacronig. Yr oedd Saunders Lewis yn meddwl am Brando fel cymeriad 'cosac' oherwydd ei ran yn ffilm Kazan, *A Streetcar Named Desire*, a ymddangosodd yn 1952, ond rhaid ei fod wedi anghofio fod Iris yn siarad ddwy flynedd cyn hynny, yn 1948.

17. Rhaid ei fod yn anodd i gynulleidfa Llangefni dderbyn y geiriau hyn fel pe baent yn dod o enau Iris yn hytrach nag o enau ei chreawdwr. Yr oedd barn Saunders Lewis am gyflwr y theatr amatur yn hysbys iawn i'r cyhoedd. Gweler er enghraifft, *Y Faner*, 15 Hydref 1947, lle y dywed, 'Os bydd y sinemâu'n gorfod cwtogi eu rhaglenni bydd y duedd i droi at y

ddrama amatur yn cynyddu. Ond ysywaeth, sothach a roir ar y llwyfan gan amlaf gan y cwmnïau hyn yn Neau Cymru, dynwarediadau truenus o ddramâu masnachol theatrau Llundain. Y mae chwaeth y Cymry di-Gymraeg mewn llên a drama Saesneg yn anhraethol is na chwaeth y Saeson yn Lloegr yn yr ardaloedd diwydiannol yno. Am Gymru Gymraeg pa addewid sydd?'

18. Y mae'n rhaid bod pawb ond Marc yn gwybod fod y geiriau enwog hyn yn perthyn i'r Albanwr Robert Burns, yn hytrach nag i unrhyw fardd Americanaidd.

19. Cyfeiria Iris at eiriau'r Iesu a ddefnyddiwyd ganddo unwaith yn ystod ei demtasiwn: Luc iv.8— 'Dos ymaith, Satan, yn fy ôl i; canys ysgrifenedig yw, Addoli yr Arglwydd dy Dduw, ac ef yn unig a wasanaethi', ac am yr ail dro wrth geryddu Pedr am iddo wrthod y syniad y byddai'n dioddef llawer: gweler Marc viii.33—'Dos ymaith yn fy ôl i, Satan; am nad wyt yn syniedy pethau sydd o Dduw, ond y pethau sydd o ddynion.'

20. Adlais o Mathew vii.14: 'Oblegid cyfyng yw y porth, a chul yw y ffordd, sydd yn arwain i'r bywyd; ac ychydig yw y rhai sydd yn ei chael hi.'

21. Adlais—yn ddiarwybod i Marc, ond nid i Saunders Lewis—o eiriau enwog Ruth i Naomi (Ruth i.16): 'canys pa le bynnag yr elych chwi, yr af finnau; ac ym mha le bynnag y llettyech di, y llettyaf finnau: dy bobl di fydd fy mhobl i, a'th Dduw di fy Nuw innau.'

22. Llinyn o leiniau pren yw'r llaswyr, wedi eu trefnu'n ddegau, gyda delw o'r Iesu ar y Groes a ddefnyddir wrth adrodd degawdau gweddïau cyfrinion Mair, yn cynnwys yr 'Henffych Fair' (gweler uchod, t.586, n.39). Y mae'n rhan o addoliad beunyddiol y Pabydd ffyddlon, rhywbeth a fyddai yn nwylo Iris bob tro y byddai hi'n gweddïo ac yn symbol effeithiol iawn o burdeb ei ffydd ym meddwl ei gŵr.

23. Nid oedd trasiedïau hynafol Groeg byth yn bell iawn o feddyliau Saunders Lewis. Y mae'r geiriau hyn yn adlais o'r hyn a ddywed Antigone yn nrama Soffocles, wrth drafod ei marwolaeth ei hun gyda'r un sicrwydd ffydd: 'Ond rwy'n disgwyl/cael croeso gan fy nhad a chan fy mam/ a llawen croeso gennyt ti, fy mrawd.' *Antigone*, cyf. gan W.J. Gruffydd, 48. Nid yw syniad y Pabydd o burdan, lle puro eneidiau'r rhai nad ydynt yn ddigon drwg i'w damnio ac nad ydynt ychwaith yn ddigon da i fynd yn syth i'r nefoedd, yn annhebyg iawn i'r syniad o'r byd nesaf a fynegir yn nramâu hynafol Groeg. Gweler uchod, t.589, n.65.

24. Ni ddisgwyliem i Galista fod yn ansicr o'i ffeithiau ynglŷn â lluoedd diogelwch yr Undeb Sofietaidd ond sieryd yma fel pe bai hi'n anwybodus o'r newid yn statws ac enw'r NKVD a sefydlwyd yn 1935 fel Comisariat Gwerinol ar gyfer Materion Gwladol. Er 1943 rhoddwyd cyfrifoldeb am ddiogelwch y wladwriaeth i'r NKGB ac, yn 1946, ddwy flynedd cyn cyfnod y ddrama, trowyd y ddau Gomisariat yn Weinidogaethau. Dylai Calista fod wedi sôn am yr MVD neu'r MGB, a oedd yn gyfrifol am ddiogelwch yng ngwledydd dwyrain Ewrop. Ond efallai nad oedd hi'n dilyn newyddion o'r

Undeb Sofietaidd ac nad oedd hi'n gwybod mwy am y pethau hyn na Saunders Lewis a'r gynulleidfa a wyliai ei ddrama chwe blynedd yn ddiweddarach.

25. Cymharer emyn 679, *Llyfr Emynau Y Methodistiaid Calfinaidd a Wesleaidd* (1927): 'Derfydd imi deithio'r ddaear,/ Tragwyddoldeb sydd gerllaw.'

26. Dyma adlais o ddywediad enwog Voltaire, sy'n dod â Chandide i Loegr mewn da bryd i fod yn dyst i ddienyddiad y Llyngesydd Byng yn 1757, fel bwch dihangol am fethiannau llywodraeth y cyfnod. Y mae rhywun yn esbonio i Candide fod Byng yn cael ei saethu am ei fod yn rhy bell oddi wrth lyngesydd o Ffrancwr yr oedd i fod i'w ymladd. Gofyn Candide onid oedd y Ffrancwr yr un pellter oddi wrtho ef. Etyb y Sais: 'Cela est incontestable . . . Mais dans ce pays-ci il est bon de tuer de temps en temps un amiral pour encourager les autres.' Gweler *Candide ou l'optimisme*, R. Pomeau (ed.), *Complete Works of Voltaire*, The Voltaire Foundation, 48 (1980), 224.

27. Cymharer 'O fryniau Caersalem', emyn 701, *Llyfr Emynau Y Methodistiaid Calfinaidd a Wesleaidd*, (1927): 'Cawn edrych ar stormydd ac ofnau,/ Ac angau dychrynllyd, a'r bedd,/ A ninnau'n ddihangol o'u cyrraedd/ Yn nofio mewn cariad a hedd.'

28. Cymharer *Siwan*, t.575 uchod: Llywelyn: ''Dydw i ddim yn bod iti.' / Siwan: ''Rwyt ti'n bod fel mae hunllef yn bod er y bore hwnnw.' Dyna un o'r geiriau y mae'r pwyslais mwyaf arno drwy gydol gweithiau aeddfed y dramodydd—a dylai hynny ein hatgoffa o'r cyfochredd sydd rhwng ei waith ef ac eiddo'r dirfodwyr.

29. Yn *Divina Commedia, Inferno*, II. Gweler isod, n.27

30. *Divina Commedia, Inferno*, II, 55–7. Yn y llinellau hyn y mae'r bardd Fyrsil yn disgrifio Beatris, cariad Platonig Dante a hithau eto'n fyw, yn dod ato i erfyn arno i'w chynorthwyo yn ei hymgais i achub y bardd. Y mae'n amlwg o'r hyn a ddywed Phugas uchod fod Saunders Lewis am inni sylweddoli'r tebygrwydd rhwng agwedd ac ymddygiad Beatris ac Iris, a'r modd y mae'r naill a'r llall yn pryderu am gyflwr ysbrydol y gwŷr y maent yn eu caru. Defnyddia Saunders Lewis y cyfeiriad hwn i bwysleisio nad yw cynllun Iris i achub Marc yn gyd-ddigwyddiad ond yn hytrach yn rhywbeth y mae hi wedi gweddïo amdano'n aml.

31. Cymeraf mai ystyr y llinell hon yw, 'Mae ganddo lythyr yn fy llawysgrifen i, dyddiedig ddoe.'

32. 'Yr hen Masaryk' yw Tomas Masaryk (1850–1937), sylfaenydd plaid wleidyddol a fu'n ymgyrchu dros hunanreolaeth i Tsiecoslofacia (1900), a lwyddodd i ddwyn perswâd ar yr Arlywydd Wilson a sicrhau sefydlu'r wladwriaeth annibynnol yn un o amodau Cytundebau Versailles ar ôl y Rhyfel Byd Cyntaf.

33. Istvan Szechenyi (1791–1860), gwladgarwr tra mad yn Hwngari a arferai ddadlau dros foderneiddio'r economi fel amod anorfod cynnydd

gwleidyddol. Aeth o'i gof ar ôl y chwyldro yn 1848, pan galedodd Awstria ei hagwedd at Hwngari a dechrau dod â'r gormes hynafol yn ôl. Lajos Kossuth (1802–94), ymladdodd dros annibyniaeth Hwngari. Arweiniodd y wladwriaeth annibynnol rhwng 1848 ac 1849 nes cael ei orfodi i ffoi o flaen byddinoedd Rwsia a Chroatia. Treuliodd weddill ei oes yn Lloegr a'r Eidal.

34. Y mae'r cyfeiriad hwn yn lletchwith iawn, gan mai'r Iesu yw 'un o'ch dynion chi': gweler Mathew viii.21–2: 'Ac un o'r disgyblion a ddywedodd wrtho, Arglwydd, gad i mi yn gyntaf fyned a chladdu fy nhad. A'r Iesu a ddywedodd wrtho, Canlyn fi; a gad i'r meirw gladdu eu meirw.'

35. Y mae Marc yn fwy na phlentyn siawns yn yr ystyr lythrennol, gan fod defnydd Saunders Lewis o'r ymadrodd yn amwys. Plentyn siawns yw pob dyn yn ei hanfod, heb ddarganfod ei dad ysbrydol. Cofiwn fel y mae Pascal yn trin y bet yn nechrau'r *Pensées*—'Teflir yr enaid i mewn i'r corff— ac am y berthynas rhwng hyn ac ymadrodd enwog yr athronydd Heidegger fod profiad hanfodol dyn yn un o fod wedi ei daflu i mewn i fodolaeth. Gobaith Marc yw cael tir y dirfodwyr yn sad dan ei draed yn ei frwydr yn erbyn cynrychiolwyr Iris yn Fien.

36. Y mae Phugas yn mynegi'r gred gyffredinol mai wrth fynd yn ôl at amgylchiadau'r Eglwys Gynnar y caiff Cristion y lles mwyaf a'r amodau gorau o safbwynt ysbrydol. Ymddengys fod y datblygiadau yng Ngwlad Pwyl yn cyfiawnhau'r syniad hwn, gan fod cyflwr a chryfder yr Eglwys wedi gostwng yn sylweddol er llwyddiant Solidarnosc.

37. Cymharer emyn John Elias, rhif 360, *Llyfr Emynau Y Methodistiaid Calfinaidd a Wesleaidd*: 'Pan grymodd Iesu ei ben,/ Wrth farw yn ein lle,/ Agorodd ffordd, pan rwygai'r llen,/ I bur drigfannau'r ne'.'

38. Y mae cwestiwn Phugas, wrth gysylltu'r bardd ysgafn o Rufain â'r brenin doeth, yn ffordd eironig o sylwi ar natur ystrydebol datganiad Marc.

39. Cymharer geiriau Saul; Actau ix.4: 'Ac efe a syrthiodd ar y ddaear, ac a glybu lais yn dywedyd wrtho, Saul, Saul, paham yr wyt yn fy erlid i?'

40. Y mae Prifysgol Harvard, a sefydlwyd yn 1636, yn mwynhau bri tebyg i Rydychen a Chaergrawnt. Y mae Phugas yn sôn am Boston, sydd â lle arbennig yn hanes y rhyfel am annibyniaeth yr Unol Daleithiau, fel cartref i'r diwylliant Protestannaidd neilltuol a gysylltir â New England.

41. Y mae'r ebychiad Almaeneg hwn yng ngenau Americanwr sy'n siarad pa iaith bynnag a siaredir gan gyd-wladwyr Marc a Phugas, yn awgrymu ei fod o dras Almaenaidd, ond byddai hynny'n gwrthdaro â'r hyn a awgrymwyd gan Phugas uchod, sef ei fod yn gynnyrch y diwylliant Americanaidd a ddeilliodd o Loegr.

42. Er bod y sillafiad yn awgrymu'r Gymraeg, yr wyf yn ansicr a ddylid cymryd fod y llythrennau hyn yn cyfateb i eiriau Cymraeg neu eiriau Rwseg, fel KGB, MVD ac ati. Yn ôl adroddiad yn *The Times*, yr oedd Khokhlov yn aelod o'r 'ninth section (odtel) "for terror and diversion", subordinate to the second department of the M.V.D'. Gweler 'Surrender to Americans of Russian terrorist', 23 April 1954.

43. Defnyddiwyd yr ymadrodd 'llen haearn' am y tro cyntaf gan yr arweinydd Natsïaidd, Joseff Goebbels, ym mis Chwefror 1945, ('ein userner Vorhang'), ond Winston Churchill a'i gwnaeth yn ymadrodd cyfredol yn nhrafodaeth wleidyddol y Gorllewin ar ôl ei ddefnyddio mewn prysneges a anfonodd at arlywydd yr Unol Daleithiau, 12 Mai 1945 ac mewn araith ddylanwadol iawn a roddodd yn Fulton, Missouri, 5 Mawrth 1946. 'An iron curtain is drawn down upon their front. We do not know what is going on behind it', medd Churchill, gan gyfeirio at y ffordd yr oedd yr Undeb Sofietaidd yn ynysu'r tiriogaethau a feddiannwyd gan eu byddinoedd ar ôl y Rhyfel rhag y Gorllewin fel ag i barhau â'u polisïau o gomiwneiddio heb ymyrraeth o'r Gorllewin. Gweler F.J. Harbut, *The Iron Curtain, Churchill, America and the Origins of the Cold War* (1986).

44. Gweler uchod, n.6

45. Cymharer Graham Greene, *The End of the Affair* (1951). Yno y mae Sarah, sy'n wraig briod, yn treulio'r prynhawn gyda'i chariad. Maurice. Fel y mae Maurice yn mynd i lawr y grisiau cwymp bom V1 gerllaw, gan chwythu'r drws ffrwnt i mewn i'r tŷ ar ei ben ef. Pan â Sarah i lawr y grisiau gwêl ei gorff o dan y drws a chymer yn ganiataol ei fod yn farw. Â'n ôl i fyny'r grisiau eto, mewn sioc, a gweddïa ar i Dduw ei adfer, er nad yw hi ddim yn credu: 'Dear God, I said—why dear, why dear?—make me believe. I can't believe. Make me, I said, I'm a bitch and a fake and I hate myself. I can't do anything of myself. Make me believe . . . Let him be alive and I will believe . . . Do this and I'll believe. But that wasn't enough. It doesn't hurt to believe. So I said, I love him and I'll do anything if you'll make him alive. I said very slowly, I'll give him up for ever, only let him be alive with a chance . . . and then he came in at the door, and he was alive, and I thought now the agony of being without him starts, and I wished he was safely back dead again under the door' (Library Edition, 1959, 112–13. Sylwer ar eiriau Iris uchod, t.620: 'Peth peryglus yw gweddïo *am* ddim oll. 'Does wybod sut yn y byd y bydd yn rhaid talu.'

46. Y mae hyn yn gamgymeriad ar ran y dramodydd. Nid oes modd i Krechlen wybod nad yw Marc wedi rhoi'r ddau flwch sigaréts i'r Americaniaid. Ni ŵyr neb ond Phugas, Calista, Capten Christopher a'r gynulleidfa hynny!

47. Cymharer emyn 390, *Llyfr Emynau Y Methodistiaid Calfinaidd a Wesleaidd* (1927): 'Y gŵr a fu gynt o dan hoelion . . .,/ A yfodd y cwpan i'r gwaelod,/ Ei Hunan ar ben Calfari.'

48. Cymharer Williams Pantycelyn: 'Gwacter annherfynol ydyw/ Meddu daear, da, na dyn;/ Colled ennill popeth arall,/ Oni enillir Di dy hun' *Llyfr Emynau Y Methodistiaid Calfinaidd a Wesleaidd*, 201.

Atodiad

Mair Fadlen

CYFLWYNIAD

Ysgrifennodd Saunders Lewis ddwy gerdd yn seiliedig ar fuchedd Mair Magdalen. Cyhoeddwyd y gyntaf ohonynt am y tro cyntaf yn *Y Llenor* yn 1935 (XIV (2) 73–8) ac yn yr un gyfrol â *Buchedd Garmon* ym Mawrth 1937. Ymddangosodd yr ail yn *Yr Efrydydd* Hydref 1944 (3edd Gyfres, IX, 2–3) ac yn *Siwan a Cherddi Eraill* (1956). Fe'i ceir hefyd yn R. Geraint Gruffydd (gol.), *Cerddi Saunders Lewis* (1986). Cynhwysir y gerdd gynharach yma am ddau reswm: am fod iddi ran bwysig yn natblygiad meddwl y dramodydd yn y cyfnod cyn iddo ddychwelyd at y ddrama gyda *Buchedd Garmon*, ac oherwydd nas cynhwysir yn *Cerddi Saunders Lewis* ac o ganlyniad nad yw o fewn cyrraedd llawer darllenydd.

Cyfeirir at Fair Magdalen yn y Testament Newydd ymhlith y gwragedd a iacheid gan yr Iesu, 'y rhai oedd yn gweini iddo o'r pethau oedd ganddynt'.[1] Dywedir yn Luc viii.2 ac ym Marc xvi.9 i'r Iesu yrru saith gythraul allan ohoni. Dywedir hefyd yn yr Efengylau ei bod hi ymhlith y gwragedd a safai wrth y Groes, a'i bod hi wedi mynd at y bedd yn fore iawn y dydd cyntaf o'r wythnos i eneinio ei gorff a'i ddarganfod yn wag. Yn y diweddglo i Marc dywedir hefyd mai iddi hi yr ymddangosodd yr Iesu gyntaf ac yn Ioan xx.13–18 disgrifir ei chyfarfod â'r angylion wrth y bedd ac â'r Iesu atgyfodedig:

A hwy a ddywedasant wrthi, O wraig, paham yr wyt ti yn wylo? Hithau a ddywedodd wrthynt, Am ddwyn o honynt hwy fy Arglwydd i ymaith, ac nas gwn pa le y dodasant ef.

Ac wedi dywedyd o honi hyn, hi a droes drach ei chefn, ac a welodd yr Iesu yn sefyll: ac nis gwyddai hi mai yr Iesu oedd efe.

Yr Iesu a ddywedodd wrthi, O wraig, paham yr wyt ti yn wylo? pwy wyt ti yn ei geisio? Hithau, yn tybied mai y garddwr oedd efe, a ddywedodd wrtho, Syr, os tydi a'i dygaist ef, dywed i mi pa le y dodaist ef, a myfi a'i cymmeraf ef ymaith.

Yr Iesu a ddywedodd wrthi, Mair. Hithau a droes, ac a ddywedodd wrtho, Rabboni; yr hyn yw dywedyd, Athraw.

Yr Iesu a ddywedodd wrthi, Na chyffyrdd â mi; oblegid ni ddyrchefais i etto at fy Nhad: eithr dos at fy mrodyr, a dywed wrthynt, Yr wyf yn dyrchafu at fy Nhad i a'ch Tad chwithau, a'm Duw i a'ch Duw chwithau.

O ddyddiau cynharach yr Eglwys ystyrid Mair Magdalen yn gymeriad pwysig iawn a chesglid nifer o chwedleuon amdani. Diflannodd rhai o'r rheini yn y canrifoedd cyntaf, yn sgil y frwydr rhwng carfanau gwahanol yn yr Eglwys, nes iddynt ymddangos o'r newydd gyda darganfod y llyfrau

Coptaidd yn Nag Hammadi yn 1945.² Yn y dogfennau hyn pwysleisir y berthynas gorfforol rhwng Iesu a Mair a rhoddir iddi ran bwysicach yn yr Eglwys Gynnar nag eiddo Pedr ei hun.³

O'r dechrau bu tuedd i gymysgu Mair Magdalen â sawl cymeriad arall o'r un enw y sonnir amdanynt yn yr Ysgrythurau, ac yn arbennig â Mair, chwaer Martha a Lasarus, y Fair Bethania y sonnir amdani yn Ioan xxi.1–8, y fenyw a ddisgrifir ym Marc xiv.3, yn eneinio traed yr Iesu yn nhŷ Simon y gwahanglwyfus, a hyd yn oed gyda'r wraig odinebus y cawn ei hanes yn Ioan viii.3. O ganlyniad i'r duedd i gysoni'r hyn a ddywedir yn yr Efengylau gwahanol, datblygwyd portread cyfansawdd o gymeriad cymhleth ac iddi hanes lliwgar.

A hithau'n ferch i rieni o uchel dras, rhannodd Mair etifeddiaeth fawr â Martha a Lasarus a chymryd i'w rhan hi'r gaer ym Magdala, Bethania. Disgrifiodd rhai o awduron yr Oesoedd Canol Fair yn eithriadol hardd a synhwyrus, a dweud iddi ymroi i bleserau'r cnawd. Cysylltwyd ei henw ag enw Ioan yr Efengylydd y credid mai ef oedd i'w phriodi yng Nghana cyn i'r Iesu ei ddenu i'w ddilyn ef a gadael ei briodferch. Dywedodd rhai mai digio a wnaeth Mair oherwydd hynny a throi i odinebu. Yna, wrth gyfarfod â'r Iesu, trodd hi'n gyfan gwbl oddi wrth bechod, gan gyfeirio holl ddyheadau'i henaid tuag ato ef. O ddyfnder anobaith ar ôl ei farw, fe'i dyrchafwyd i ddealltwriaeth lawn o'i Dduwdod ar ôl cwrdd ag ef yn yr ardd, ac aeth i siarad â'r disgyblion eraill fel un ag awdurdod newydd. Gydag amser, teithiodd i Brofens ac yna cyflawnodd wyrthiau yn rhinwedd ei ffydd a'i hymroddiad disglair.

Cymerodd hanes Mair ei ffurf fwyaf adnabyddus yn *Legenda Aurea* Jacobus de Voragine, archesgob Genoa, casgliad o fucheddau'r saint a gyhoeddodd tua'r flwyddyn 1255. Esboniodd Jacobus ystyr enw Mair a'r arwyddocâd a roddid iddi gan yr Eglwys yn yr Oesoedd Canol:

> Mae Magdalen yn golygu naill ai *manens rea*, sef yn aros mewn euogrwydd, neu dan arfau, heb ei choncro, gogoneddus, a deallwn fod y rheiny yn cyfeirio at yr hyn ydoedd cyn ei thröedigaeth, yn ystod ei thröedigaeth ac ar ôl ei thröedigaeth. Oherwydd cyn ei thröedigaeth fe arhosai mewn cyflwr o euogrwydd, wedi ei llwytho gan drymder y gosbedigaeth dragwyddol; yn ei thröedigaeth yr oedd dan arfau a heb ei choncro yn rhinwedd arfwisg penyd, oherwydd rhoddodd amdani arfwisg ardderchog penyd, gan ddyfeisio aberthiad gwahanol ohoni hi ei hun er mwyn gwneud iawn am bob un o'r pleserau yr oedd hi wedi ei fwynhau; ar ôl ei thröedigaeth yr oedd hi'n odidog trwy ormodedd gras, oherwydd lle y ceid cyflawnder pechod, ceid gras yn gyflawnach.⁴

I'r Eglwys yn yr Oesoedd Canol, felly, bu Mair, fel pechadures, yn enghraifft ddefnyddiol iawn i ddangos sut y mae pechod yn arwain, trwy'r Iesu, at gyflwr o berffaith ras a sancteiddrwydd. I Jacobus y mae pechod yn fesur o nerth achubol Duw. Fel y sylwebodd ei gyfieithydd o Gymro ar odineb Mair: 'Mynych y troes Iessu y pechaduriaid mwyaf yn orau i buchedd.'[5]

Gwelodd Saunders Lewis Mair mewn ffordd wahanol. Tueddai awduron yr Oesoedd Canol i golli golwg ar yr unigolyn wrth bwysleisio'r teip. Gwelent hwy bechod Mair fel amlygiad o'r pechod sydd ynghlwm wrth y natur ddynol, yn hytrach nag yn agwedd ar ei natur hi ei hun. I Saunders Lewis yr oedd pechod yn rhywbeth a ddarganfyddai'r unigolyn ynghlwm wrth hanfod ei brofiad personol, yn agwedd ar ei hunaniaeth ac yn ganlyniad iddo. Y bobl a ddaliai ei ddiddordeb ef, fel dramodydd, oedd y rhai a feddai'r gonestrwydd i wynebu gwirionedd y cyflwr truenus hwn a'r beiddgarwch i ymladd yn ei erbyn, ym mha ffordd bynnag a fyddai'n bosibl. Dyna seintiau a chariadon ei ddramâu—y rhai a ymatebai i'r her gyda'u holl egni—Amlyn, yn gas, er enghraifft, Hofacker gyda chryfder meddwl a chysondeb moesol.

Sail seicoleg Saunders Lewis oedd syniadaeth Freud, ac yn arbennig ei argyhoeddiad ynglŷn â pherygl hunanataliad. Ni chredai ei fod yn bosibl gwadu bodolaeth y chwant sydd ynghlwm wrth ein natur. Ei wrthod, meddai, oedd ei droi'n 'atalnwyd yn y diymwybod, a magu hadau gwallgofrwydd a drwg'.[6] Ar y llaw arall, rhaid cydnabod fod ceisio cyfyngu byw i fyw trwy gyfrwng y synhwyrau'n unig yn ffurf arall ar wallgofrwydd, fel y dargenfydd Gronw Pebr yn *Blodeuwedd*. Cydnebydd Gronw fod rhaid caniatáu i serch newid i gariad, gan adael i ddyheadau gwyllt ieuenctid dyfu i fod yn brennau'r fagwyr a godir o gwmpas perthynas gŵr a gwraig. Ond yn *Blodeuwedd*, hyd yn oed ar ôl i Ronw fwrw pwysau'i benderfyniad ef ar ochr Llew yn y ddadl rhwng y gŵr a'r wraig, daliwn i gydymdeimlo â dyhead gwyllt y ferch a wnaethpwyd o flodau am ryddid a hunangyflawniad. Yn *Siwan* cydnabyddir hyn gan y dywysoges, hyd yn oed pan ddaw yn ôl at wely ei gŵr—gŵyr ei bod wedi'i hachub gan angau Gwilym rhag diflastod syrffed serch, ond gŵyr hefyd ei bod hi, wrth golli'r dyhead a fu farw gydag ef, wedi colli'r union symbyliad y mae arni ei angen er mwyn dal i fyw.

I Saunders Lewis dyheu yw byw, a ffynhonnell pob dyhead yw'r chwant y sonia Blodeuwedd amdano, 'sy'n gyrru'r had/ I chwalu'r pridd a'i ceidw rhag yr haul'.[7] O'r symbyliad hwnnw y tyf pob cymhelliad dynol, yn cynnwys dyhead y sant am uniad â'r Duwdod. Darganfyddai gadarnhad o hynny yng ngweithiau Williams Pantycelyn: 'Y nwyd anifeilaidd hwn, prif swmbwl bywyd dyn, ei chwant direol a lywia ei feddwl boed gwsg boed effro, mewn breudwyd neu fyfyrdod, hwn, medd Pantycelyn, yw'r cyfrwng a ddwg dyn at Dduw.'[8] Siom y synhwyrau, darganfod gwacter y tu mewn i harddwch brau'r byd, yw man cychwyn y siwrnai tuag at Dduw, a dechrau profiad echrydus a ddarlunnir gan Ieuan y Groes yn Nos y Synhwyrau, medd Saunders Lewis. 'Deall hynny, a gwybod digon am ein natur ddynol ein hunain a dyfnder ein cnawdolrwydd, a rydd i ni, na phrofasom ddim ohonynt, ryw olau ar danbeidrwydd llosgol y puredigaethau hyn.'[9] Disgrifia'r broses hon yn Burdan byw, pan losgir elfennau cnawdol natur y sant, a'i adael yn dyheu am Dduw yn unig, ond gyda'r un egni nwyd a symbylasai ei gariad at y byd. Dyna sy'n esbonio iddo ef yr hyn a ddisgrifiwyd gan rai fel 'cnawdolrwydd' emynau diweddaraf Williams Pantycelyn:

> I rai na phrofasant a brofodd Williams, na wybuant erioed na'i uffern ef na'i nef, na'i ymdrechion ingol na'i wobr anhraethadwy, diau mai cnawdol a goreofn yr ymddengys y penillion hyn. Diau hefyd mai cnawdolrwydd a bair eu canu gan ddynion na deallasant y llymder a oedd y tu ôl iddynt na'u lle ym mywyd Pantycelyn. Ond i'r ychydig a ŵyr ddilyn yn barchus o hirbell anturiaethau dewraf dynion, a ŵyr yn anad dim i ba ddibenion anhygoel y lluniwyd ein cnawd, fe berthyn emynau olaf Williams, ei 'emynau cnawdol', i'r un dosbarth â hymnau Jacopone da Todi a'r Sant Ieuan y Groes, sef dosbarth clasuron barddoniaeth gyfriniol.[10]

Cyhoeddwyd ei astudiaeth o Williams Pantycelyn yn 1927 ac yno ceir cefndir y gerdd gyntaf ar Fair Magdalen. Ymddengys fod yr astudiaeth o lenyddiaeth gyfriniol a wnaeth Saunders Lewis gogyfer â'i waith ar y Pêr Ganiedydd wedi ei baratoi i gydnabod deunydd cerdd yng nghyfeiriad moel Jacobus at y berthynas honedig rhwng Mair ac Ioan. Awgryma'r cyfeiriad at briodas Cana yn ei destun ef nad oedd y bardd yn ymwybodol o'r farn gyffredin mai o'i briodas â Mair Magdalen yng Nghana y cipiwyd Ioan gan yr Iesu i fod yn ddisgybl iddo ef.[11] Ni chyfeiriodd Jacobus at y berthynas rhwng Ioan a Mair Magdalen ond er mwyn ei gwadu, ond bu'r cyfeiriad hwnnw'n ddigon o symbyliad i ddechrau Saunders Lewis ar ei waith.

Amcan Saunders Lewis wrth ysgrifennu oedd denu'r darllenydd i rannu melyster a swyn serch synhwyrus Magdalen a'r un pryd i dderbyn anocheledd ei siom. Er bod ynddi ddeialog, cerdd yw, yn hytrach na drama, oherwydd nid arwain y symbyliadau emosiynol a ddisgrifir at symudiadau y gofynnir inni eu gwneud yn weledig. Cyflwynir Mair ar yr union eiliad y'i gorfodir i dderbyn siom ei serch, ond cyn iddi ymateb i'r siom hwnnw. Yr un pryd, ceidw Saunders Lewis y darllenydd yn ymwybodol o'r ymateb hwn ac o'r gwrthymateb a'i dilynodd, y godinebu a'r penyd, y ddau ohonynt yn y dyfodol ar y noson hon ym Methania. Er mwyn gwneud hyn ymetyl rhag datblygu Simon yn gymeriad cyson. Rhydd iddo ef ddwy swyddogaeth wrthgyferbyniol—fel carwr, dena Mair i gysur serch y synhwyrau, ac fel proffwyd, cyfeiria at ei dyfodol fel pechadures edifeiriol.

Er bod y gerdd yn dilyn ffurf deialog, rhaid i'r darllenydd ddeall nad yw Simon ond dyfais sy'n caniatáu i'r bardd liwio'i ymateb i sefyllfa Mair a sicrhau ei fod yn deall fod ei phechod a'i hedifeirwch yn ganlyniadau i'r gallu i garu. O'r safbwynt hwn, y mae'n ddiddorol cymharu'r gerdd arall a ysgrifennodd Saunders Lewis ar Fair bum mlynedd yn ddiweddarach. Myfyrdod yw honno ar y darn o Efengyl Ioan a ddyfynnwyd uchod, yn trin profiad Mair ar ei thaith trwy'r ardd i eneinio corff yr Iesu a'i hymateb wedi ei ddarganfod yn fyw. Pwysleisir yma ddioddefaint echrydus un y mae'i holl ddyheadau wedi marw gyda'u gwrthrych—ail Nos y Synhwyrau na allai neb ei dioddef eto ers datguddio gwir ystyr y Croeshoeliad:

> Yng nghafn nos y synhwyrau, ym mhair y mwg;
> Gwynnodd y gwallt mawr a sychasai ei draed,
> Gwywodd holl flodau atgo' ond y gawod waed;
> Cwmwl ar gwmwl yn ei lapio, a'u sawr drwg
> Yn golsyn yn ei chorn gwddf, ac yn difa'i threm
> Nes diffodd Duw a'u hofnadwyaeth lem,
> Yn y cyd-farw, yn y cyd-gladdu dan wg.

Ymdrechodd y bardd yn y gerdd hon i gael y darllenwyr, 'na wybuant erioed na'r uffern na'r nef a wyr y sant', ddeall ei 'hymdrechion ingol' a'i 'gwobr anhraethadwy', er nad oes ganddynt y profiad ysbrydol i'w rhannu. Felly fe'i hadeiladodd ar wrthgyferbyniad rhwng sylwebaeth ddychmygus ar y naill law a symlrwydd yr adroddiad Beiblaidd ar y llall. Gwelir y patrwm hwn yn eglur yn y pennill olaf. Egyr â'r adroddiad cwta, 'Hurtiwyd hi. Drylliwyd hi', yr esbonnir ei ystyr inni yn y llinellau nesaf—'Ymsuddodd yn ei gwae. Mae'r deall yn chwil a'r rheswm ar chwâl.' Yna cawn gipolwg ar yr hyn sy'n anhraethadwy, 'y grym sy'n Air/ I gyfodi a bywhau', cyn troi'n ôl gyda'r geiriau olaf at symlrwydd anhydraidd geiriau'r Iachawdwr a'i hymateb hi—'a dywedodd Ef wrthi, Mair,/ Hithau a droes a dywedodd wrtho, Rabboni.'

Y mae'n amlwg fod gan y ddwy gerdd hyn yr un cefndir meddyliol yn y gwaith a wnaethpwyd gogyfer â'r astudiaeth ar Williams Pantycelyn ac a fynegwyd hefyd yn *Amlyn ac Amig*, a gyfansoddwyd yn yr un cyfnod.[12] Ond er gwaethaf hyn, y maent yn hollol wahanol o ran naws a chyfeiriad—a gwelir yr un gwahaniaeth hefyd rhwng y gerdd gynharach a'r ddrama. Serch hynny, y mae gan y *Mair Fadlen* gyntaf ei phriod le yng ngyrfa Saunders Lewis, fel yr awgrymir gan y cyfeiriadau at hanes Esther a Fasti a geir ynddi. Y mae'r rhain yn tynnu'n sylw at y berthynas rhwng y gerdd, a gyfansoddwyd rywbryd rhwng 1929 ac 1935, a'r ddrama, *Esther*, a lwyfannwyd gyntaf ym Medi 1959 a'r pwyslais a roddai Saunders Lewis trwy gydol ei yrfa ar ran y synhwyrau ym mhrofiad dyn. Wrth ddarllen *Mair Fadlen* y mae'n hawdd cofio dechreuad y dramodydd yn ddisgybl i estheteg Walter Pater. Defnyddiodd Bantycelyn fel cyfrwng i gymodi'r elfen esthetig hon â'r ymwybyddiaeth chwerw o freuder bywyd dyn a ddaeth i'w ran pan oedd yn filwr yn Fflandrys yn y Rhyfel Byd Cyntaf. Bu dylanwad Freud hefyd yn bwysig yn y broses hon, a oedd newydd ei chwblhau yn nechrau'r tri degau. Gall fod yn wir dweud fod ei chanlyniadau'n fwy amlwg yng ngweithiau mawr y dramodydd nag y maent yn y gerdd hon, ond ar y llaw arall ni ddylid esgeuluso'r synwyrusrwydd ysgafn a graslon a welir yma. Y mae cydnabod hynny yn elfen hanfodol yn y feirniadaeth a wnâi gyfiawnder nid yn unig ag *Esther*, ond hefyd â *Brad* a *Cymru Fydd*.

Nodiadau

[1] T. Rees *et al.* (gol.), *Y Geiriadur Beiblaidd* (1926), II, 928.

[2] Ceir hanes y darganfyddiad hwn yn E. Pagels, *The Gnostic Gospels* (1979).

[3] Gweler Efengyl Philip, lle y dywed: 'Carai'r Iachawdwr Fair Magdalen fwy na'r holl ddisgyblion. A chusanai hi ar ei cheg yn aml. Bu gweddill y disgyblion yn genfigennus ohoni. Dywedasant wrtho, "Pam wyt yn ei charu fwy na neb ohonom?" Atebodd yr Iachawdwr a dywedodd wrthynt, "Pam na charaf i chi fel y caraf hi?"' Gweler W. Forster (ed.), *Gnostics—A Selection of Greek Texts* (1974).

[4] *The Golden Legend, Readings on the Saints*, cyf. W.G. Ryan (1993), II, 375. Ni chyfieithwyd y darn hwn o'r gwreiddiol yn y testun a gyflwynodd Gwenallt yn *Bulletin of the Board of Celtic Studies*, IV (iv), 1929, 325–9.

[5] Ibid., 336.

[6] *Williams Pantycelyn* (1927), 166. Gweler hefyd, ibid., 170: 'Y mae Williams, fe welir, o'r un farn â Freud am flaenoriaeth nwyd rhyw ar bob nwyd arall.'

[7] Gweler uchod, t.234.

[8] *Williams Pantycelyn* (1927), 166.

[9] Ibid., 88.

[10] Ibid., 184.

[11] Gwadodd Jacobus y stori am briodas Ioan a Magdalen yn ei fersiwn o fuchedd Ioan, ond ni soniodd amdani ym muchedd Magdalen.

[12] Gweler uchod, t.165. Cyfansoddodd Saunders Lewis *Amlyn ac Amig* i'w darlledu ddydd Nadolig, 1939.

Mair Fadlen

Llawer o lyfreu ys sydd yn dywedud pan ddylysseu Ieuan evangylwr briodi Mair Fagdalen y erchi or Iesu iddo i galyn ef a chadw i vorwyndawd ac felly y gwnaeth. Am hynny sorri a wnaeth Mair Fagdalen ac ymroddi i bechodau ac yn vwya i odineb:

Buchedd Mair Vagdalen, BBCS IV, 336.

BETHANIA YN YR HWYR

SIMON A MAIR

SIMON: Ai unig ym Methania
Wyt ti, o ddwys leuad ha',
Yn tywys oriau tawel,
Diawel nos Iwdea?

MAIR: Heno, wele, f'anwylyd
A ddaw, a chusan a ddyd
Ar fy min; fe dry fy mâr
Yn dawelwch dialar.

SIMON: Ni ddaw drwy'r gwyll ond gwylliaid—Arabia
    A rheibus lewpartiaid;
      Traed di-ras y traeturiaid
    A ran y nos ar eu rhaid.

MAIR: Er dy ogan a'th anair,
Diau gwobr cariad a gair;
Heno derfydd anhunedd
A'r hir nos a droir yn hedd.

SIMON: Neithiwr, ba law enethig—a dynnai'r
    Delltenau cuddiedig,
      Pa druan riddfan hir drig:
    'Dyfod mae'r mab pendefig'?

MAIR: Taw â'th greulon wirionedd,
A gad imi'r gau a'i hedd.

SIMON: Mae tre' yng Ngalilea—ac yno
    Fe genir hosanna
      Am Un a'i lais fel manna
    Fo'n hudo llawr â'i wawr iâ.

    Dŵr y pydewau di-haf—ar ei air
      A wisg wrid cynhaeaf,
        A gwyw ffynhonnau gaeaf
      A bair win y Medi braf.[1]

    O'i glywed, fe ddywedan',—pob breuddwyd,
      Pob pereiddiwch anian,
        Pob hir-gydwefus gusan,
      Pob atgof, yn angof ân'.

MAIR:	Ac Ieuan y cusanau?
SIMON:	Ieuan ddigusan a gau.
MAIR:	Dyddiau fu i'm dyweddi, Uchel gân angel o ne' Yng nghaer Iôn, yng nghôr Hwnnw, Pes clywai, ni faliai fo A mi'n egwan, yn anhy, Heb lais ond parabl isa' Yn sibrwd yn ddwys obry Hen gyfrinion noson ha'.
SIMON:	Gweigion ddwylo, Ysig wylo, Oes a'u gwelodd Wedi'r caru Dialaru Nas doluriodd?
MAIR:	Un ochenaid Ing fy enaid Nid ynganodd.
SIMON:	Clais a gweli Bun ddieli, Bwy na ddaliodd?

MAIR:	Onid rhyw neidr hoyw ei naid—yn sydyn
	    Ag arswydus amnaid
	    A wân friw i ddiniwaid
	    Yw ple dy dosturi o'm plaid?

SIMON:	Pes medrwn, neidiwn i nwydwyllt—ddwyfron
	    Y wyryf hon yn araf a hyllt,
	Cans mwyn yw'r gwenwyn a gynnull—durfing
	    Golyn fy ing yn dy galon wyllt.

	Fel sguthan a wân brynhawnol—osteg
	    A thwrw ei hedeg i'w nyth rheidiol
	Drwy awyr yr hwyr, f'anguriol—hiraeth,
	    O enethig gaeth, a wân i'th gôl.

MAIR:	Clo yn sêl i'm calon sydd Mal llurig rhag mall lawrudd. Esther am Ahasferus Ag oel a tharth, arogl thus,

MAIR FADLEN

          Flwyddyn yn eurllys Susan
          Arhoes i'w phuro ar wahân:[2]
          Anos ni bydd i minnau
          Yn olew nych ymlanhau
          Er ei fwyn a eura f'oes,
          F'annwyl, biau fy einioes.

SIMON: Eistedd ar leithig Esther—y Dwyrain
              Bu deryll ysblander
          Fasti, y lloer alabaster,
          A'i sang ar fagwyrydd y sêr;
          Un gair a'i lond o greulonder,
          Gair ysgafn o winsafn glwth nêr,
          Gair du a glybu arogleuber—glust,
              A bu glo ar geinder.

MAIR: Rhoddais i un urddas serch,
          Trwsiais ei ben â'm traserch—
          O'i enau ef ei hunan
          Daw im y gair du a'm gwân.

SIMON: Di-glod ferthyrdod! a'th irder—a lif
              Mewn wylofain ofer,
          Moryndod a'i chwim fireinder
          Yn hysb flwng wedi'r saib aflêr;
          Anystwyth a balch rymuster
          Mynwes fo grin dan ei blinder
          Carol symudol y sêr—a edliw,
              A'u byrhoedlog leufer.

MAIR: I eithaf byd pe'm gwthiai,
          Yno draw fy nghalon drôi
          A'i chyflym awch, fel haul myg
          A dremyg siwrnai'i dramwy.

SIMON: Os di-chwant drigiant y tra—diddial
              A ddewis dy gnofa,
            Gyr gosb ar dy gnawd: gwregysa
            Y chweg lwynau awch; a glanha
            Lafoerion y lleidr lafuria
            I'w gethin grog ar Olgotha,
          A ffug it eurfyg yrfa—weryddon,
              Neu'r eiddil Fernica.[3]

MAIR: Wedi siom, ba fyd y sy?
          Ysig ni ŵyr anwesu.

SIMON: Fel blodau yw brau wobrwyon—anwes
         A enir mewn hinon—
         Ai gorau yw na flaguron'
         Am mai i'w tranc cyflym y trôn'?
         Ymdroi i ulw mae meidrolion
         A buan o'u saib ni wiw sôn,
         Nesu i minnau mae noson—na'm dawr
         Ba awr y daw'r dirion.

MAIR: A heno?

SIMON: Bord a daenaf
       O rawn teg, pomgranad haf,
       Am mai hi, ail Fasti ferch—
       Alcam a lif o goelcerth
       Yn glaer a phuredig lân—
       O'i mud ac ynfyd gwynfan
       Im a ddaw yn fflam ddiosg,
       A'i hydr lam yn rhaeadr losg.
       Ennaint o nard Amana,[4]
       O bersawr ros Persia'r ha',
       A erchais ti, iyrches ŵyl,
       I eneinio fy annwyl;
       Hwn o'i eurgoffr yn offrwm
       Hyd dres y porfforwallt trwm
       Heno'n hwyr a lanwo 'nhŷ,
       A'i awelon fy ngwely.

MAIR: Heno'r nos o'i siwrnai hir
      Hyd gras du-welltog rostir,
      A'r tew lwch yn hortio â'i liw
      Tlodaidd y traed telediw,
      Daw blin bererin i'm bro,
      O'i gur adref, o'i grwydro.
      Ar y traed fy nagrau trwm
      Ddyhidlaf, ar luddedlwm,
      A'r nard têr, yn iraid Duw,
      Yn fwynder ar draed f'unduw,
      A'i dywel, wedi'i dywallt,
      I'w sychu yn gu fo'r gwallt.[5]

SIMON: Arall law, arall liain,
       Amgen gawg y rhawg na'r rhain
       I draed dy Ieuan ryw dro—[6]

MAIR: Hai, pa sŵn? Pwy sy yno?
Ieuan!
     Mae'n dod. Hosanna!

SIMON: Diau. A thithau o'th ha'
Ar ffo, heno, dan ddunef
O drum tranc a droi i'm tref.

(Exit.)

LLEN

NODIADAU

1. Gweler Ioan ii.7–9. *SL*. Cyfeiriad yw hwn at y briodas yng Nghana, pryd y trowyd y dŵr yn win.

2. Esther i.10–19. *SL*. Gweler isod, Cyfrol II. Gwrthododd y frenhines Fasti ddod gerbron Ahasferus pan alwodd amdani. Am hynny, 'llidiodd y brenin yn ddirfawr' a difethwyd hi. Yn ei lle, ar ôl profi llancesi o'i holl deyrnas, dewisodd Ahasferus yr Iddewes Esther a'i gwneud hi'n frenhines yn lle Fasti. 'Yna y gwnaeth y brenin wledd fawr i'w holl dywysogion a'i weision, sef gwledd Esther.'

3. Gweler Ffordd y Groes, Safle VI, S. Veronica. *SL*. Cysylltir Santes Fernica â sawl cymeriad yn y Testament Newydd ond yn arbennig â menyw y sonnir amdani yn y *Mors Pilati* apocryffaidd, a ddymunai gael llun yr Iesu ar ddarn o liain. Wrth glywed hyn dywedir i'r Iesu beri i'w wyneb ymddangos ar y lliain, yr hawlir ei fod yr un â'r lliain a gedwir yn eglwys Sant Pedr yn Rhufain. Y mae hanes arall, a dyfodd er y bedwaredd ganrif ar ddeg, am Fernica yn cynnig lliain i'r Iesu i sychu ei wyneb pan oedd yn cario'r Groes a bod llun ei wyneb wedi ymddangos arno'n wyrthiol. Defod eglwysig yw safleoedd y Groes, sy'n coffáu taith yr Iesu trwy Gaersalem i Olgotha. Erbyn hyn derbynnir pedwar ar ddeg o arosfannau, yn cynnwys y chweched, lle coffáu chwedl Fernica.

4. Gweler Caniad Solomon iv.8: 'Tyred gyd â mi o Libanus, fy nyweddi, gyd â mi o Libanus: edrych o ben Amanah, o goppa Senir a Hermon, o lochesau y llewod, o fynyddoedd y llewpardiaid.'

5. Marc xiv.3, etc. *SL*. 'A phan oedd efe yn Bethania, yn nhŷ Simon y gwahanglwyfus, ac efe yn eistedd i fwytta, daeth gwraig a chanddi flwch o ennaint o nard gwylyb gwerthfawr; a hi a dorrodd y blwch, ac a'i tywalltodd ar ei ben ef.'

6. Ioan xiii.3–5. *SL*. 'Efe a gyfododd oddi ar swpper, ac a roes heibio ei gochl-wisg, ac a gymerodd dywel, ac a ymwregysodd. Wedi hynny efe a dywalltodd ddŵr i'r cawg, ac a ddechreuodd olchi traed y disgyblion, a'u sychu â'r tywel, â'r hwn yr oedd efe wedi ei wregysu.'